广西考古文集

（第三辑）

广西文物考古研究所　编著

文物出版社

北京

封面设计　周小玮

责任印制　陆　联

责任编辑　杨新改

图书在版编目（CIP）数据

广西考古文集（第三辑）/广西文物考古研究所 编著. – 北京：
文物出版社，2007.10

ISBN 978-7 -5010-2278-6

Ⅰ. 广…　　Ⅱ. 广…　　Ⅲ. 考古工作 – 广西 – 文集
Ⅳ. K872. 670. 4–53

中国版本图书馆 CIP 数据核字（2007）第 112389 号

广西考古文集

（第三辑）

广西文物考古研究所　编著

*

文物出版社出版发行

（北京东直门内北小街2号楼）

http://www.wenwu.com

E-mail: web@wenwu.com

北京达利天成印刷公司印刷

新 华 书 店 经 销

787×1092　1/16　印张：41.75　插页：3

2007年10月第一版　2007年10月第一次印刷

ISBN 978-7 -5010-2278-6　定价：248.00 元

目　录

一、报　告

二、论　文

田东百渡旧石器时代遗址发掘报告

广西文物考古研究所

田 东 县 博 物 馆

（一）前　言

　　为配合田东至靖西二级公路工程建设，2002年秋，广西壮族自治区文物工作队（现广西文物考古研究所）会同田东县博物馆对百渡旧石器时代遗址进行抢救性考古发掘。发掘面积700平方米，出土遗物约1500件。

　　百渡遗址位于田东县祥周镇百渡村大渡屯西约1公里的山包上，右江的南岸，距田东县城约10公里，离全国重点文物保护单位高岭坡遗址也只有20公里之遥，地理坐标为北纬23°36′42″，东经107°01′36″（图一）。该遗址西面和南面为群山，东面和北面为广

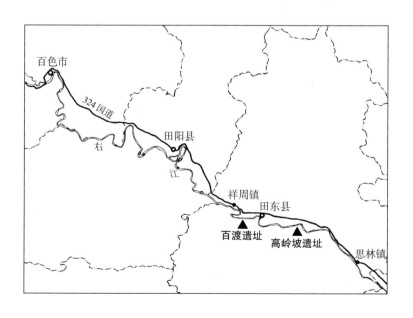

图一　百渡遗址地理位置示意图

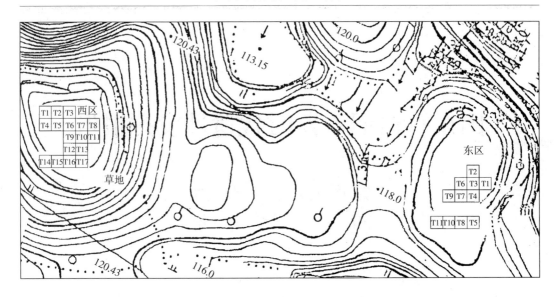

图二　百渡遗址地形和探方分布图

阔的河谷平原，地势西北高东南低。遗址包括东西两个山包，面积约10000平方米（彩版一，1）。

　　此次发掘分东、西两个区，总面积700平方米。东区位于遗址东面低矮的小山包，相对高度约10米，共布5米×5米探方11个，面积为275平方米。西区位于遗址的西部较为高大的山包，比东区所在的山包高出近15米，共布5米×5米探方17个，面积为425平方米。所有探方均为正南北向。

　　发掘工作先从东区开始，之后发掘西区。各区探方单独编号，东区所布的11个探方，编号依次为ET1、ET2、ET3……ET11；西区所布的17个探方，编号依次为WT1、WT2、WT3……WT17（图二；彩版一，2）。发掘时按自然层的先后，在自然层之内以10厘米为一水平层逐层下挖。各探方的地层分别单独编号。发掘完毕后，通过对各区、各探方地层关系的对比分析，对地层进行统一划分。

　　对于出土的遗物，以探方西南角为基点，测出遗物在探方的三维空间位置；凡是大小在3厘米以上的出土物均给予编号，每个区的遗物统一编号。

（二）地质、地貌与地层

1. 地质、地貌

　　在考古发掘过程中，我们发现该遗址的地质情况跟百色盆地其他遗址不一样，比较复杂，于是我们请广西地质工程勘察研究院的覃新丹研究员到发掘现场进行指导。我们对遗址及周边地区开展了第四纪地质调查。现将调查的结果简介如下：

百渡遗址处于百色盆地东南边缘，盆地与山地界线清楚。山地海拔200~300米，山坡海拔150~170米的部位残留有Ⅳ级阶地。祥周以西约15公里，百色盆地与布兵盆地之间为一顶面平坦的地垒，海拔185米，两侧发育较典型的Ⅳ级阶地。地垒的东北侧Ⅳ级阶地被断层错断为逐级降低的四个台阶，最高一级海拔175米，其上可见砾石层及残留的网纹红土。

在遗址南面的山坡上，可以看到Ⅳ级阶地形成的残丘，其上保留有厚30厘米的砾石层，也可见残留网纹红土。残丘的坡地上可以看到侵蚀后搬运到这里堆积下来的Ⅳ级阶地砾石层。但是这里尚未发现保存完整的Ⅳ级阶地原始阶地面。

遗址位于盆地南缘紧靠山地的两个底矮小丘上，海拔分别为134米和122米，即为本次考古发掘的西区和东区。西区小丘的顶部有0.8米厚的红色黏土，其中发现石制品。红黏土风化较强烈，但未见典型网纹红土和Ⅳ级阶地的砾石层。东区小丘的顶部有不足1米厚的红色黏土风化壳，其中发现石制品，但红黏土之下未见Ⅳ级阶地所具有的砾石层。东区小丘下部可见一层西薄东厚的灰黑色黏土，推测为后期冲沟中堆积的含炭质淤泥。

遗址以北为右江Ⅰ级和Ⅱ级阶地形成的盆地平原，Ⅰ级阶地高100米左右，Ⅱ级阶地高108~112米，其上都未发育红色风化壳（图三）。

2. 地层

此次发掘，东西两个区的地层堆积基本是一致的，由上而下可分为两层。现以东区探方ET3北壁和西区WT9北壁为例，对地层的堆积情况分别介绍如下。

东区探方ET3北壁的地层（图四）：

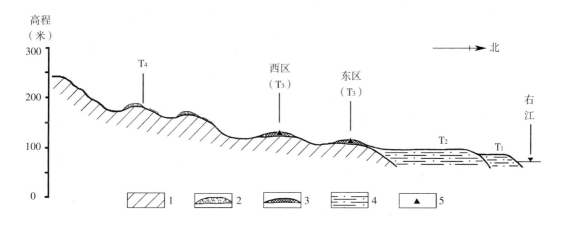

图三　百渡遗址地质剖面图

1.基岩　2.残留阶梯砾石　3.红土风化壳　4.亚砂土　5.旧石器

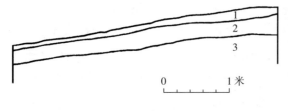

图四 ET3北壁地层剖面图

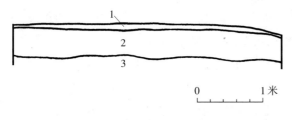

图五 WT9北壁地层剖面图

第1层：黄褐色黏土、亚黏土，结构疏松，呈颗粒状，土质较硬，含少量植根。厚5~16厘米。此层出土少量石制品。

第2层：亚黏土层，土色为红色，同时杂有少量点状黄白色，看起来类似网纹红土。土质硬实，结构颗粒状。厚20~30厘米，整个探方均有分布。此层出土石制品。

第3层：基岩风化层。出露厚约40厘米。未发现任何文化遗存。

西区WT9北壁的地层（图五；彩版二，1）：

第1层：灰黄色亚黏土。土质硬实，结构颗粒状。厚5~13厘米，整个探方均有分布。此层因暴露地表，上部干燥，结构较疏松，往下逐渐紧密。此层出土有石制品。

第2层：红色亚黏土。厚33~45厘米，整个探方均有分布。此层出土较多石制品。

第3层：基岩风化层。出露厚约15厘米。未发现任何文化遗存。

西区第1层和第2层是一种渐变关系，它们之间无明显界线，两层均出土石制品。在西区北部的几个探方如WT3、WT5、WT6的第1层仅部分保存，WT2甚至只有第2层，第1层已被完全侵蚀掉。东区多数探方的地层可分为两层，两者之间也无明显界限，而是一种渐变关系。但靠近冲沟的探方，如ET10、ET11南部的地层堆积较为复杂，第1层可分为两个亚层，上色灰黄，土质较软，出土的石制品有的具有冲磨痕迹。

（三）石英碎片分布面

此次发掘，在西区发现数量众多的石制品，其中大多数是断块和碎片，在山顶部位分布比较密集，尤以探方WT6、WT7、WT9、WT10的第2层石制品密度最大，有的地方成片分布，石制品多为断块和碎片，可能是加工石器的地方。另外，在西区还发现两处石英碎片分布面，均位于发掘区的西北部，一处位于探方WT3的东部，另一处发现于探方WT8的西南部。

第一处面积近1平方米，形状略呈长三角形，长约1.5米，最宽近1米（图六）。碎片多呈弥漫性分布，中间部位比较密集，往外密度渐小直至消失。这些石英都是很小的碎片或碎块，大小多在1厘米以内，未发现石核和石锤，也无大的片块。碎块者多有节

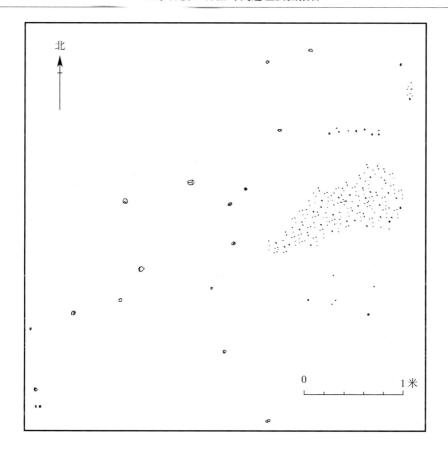

图六　WT3②石英碎片及其他石制品平面分布图

理面，无锋利边缘，而碎片的边缘很锋利，具有切割的功能。在石英分布面的西面散布许多其他石制品，有石器、断块和碎块，其中石器很少，绝大多数都是断块和碎块。这些石制品和石英碎片分布面同在一个平面上。

第二处大小和第一处差不多，但形状略呈长方形。碎片的分布也是呈弥漫性的，以靠近探方西南角部位较为密集。与第一处不同的是：碎片分布面周围的其他石制品很少，而碎片中间则有1件砍砸器。石英也都是很小的碎片或碎块，大小多在1厘米以内，未发现石核和石锤，也无大的片块。碎块者多有节理面，无锋利边缘，而碎片的边缘很锋利，具有切割的功能（彩版二，2；图版一，1）。

（四）石制品

此次发掘出土的遗物全为石制品，没有发现玻璃陨石。石制品总数约1500件。由于发掘时间很紧，我们只对大小在3厘米以上的石制品进行编号。西区有编号的共622件，东区有121件，两区共743件。由于东区出土的石制品数量少，加之两个区的石制品无明显区别，因此，我们将两个区的石制品合起来一并介绍。

此次出土的石制品除东区个别具有明显冲磨痕迹外，其余的都具有锋利的棱角，没有磨蚀的痕迹，有的石制品能够拼合。在西区，石制品分布密度较大。石制品表面多为黄褐色，无明显风化；所有石制品都没有网纹红土印痕。石制品种类包括砾石、石锤、石砧、石核、石片、石器、断块和碎片，其中断块的数量最多，占了石制品总数的70%以上，而石器所占的比例不大（表一）。

1. 砾石

50件。又可分为无人工痕迹砾石和有人工痕迹砾石两种。砾石的形状有扁圆、扁长、三角形、四边形和不规则形等，大小以5~10厘米最多，次为10~15厘米者，15厘米以上

表一 石制品种类统计表

种类	砾石	石锤	石砧	石核	石片	石器	断块	合计
数量	50	16	1	23	70	56	527	743
百分比(%)	6.7	2.2	0.1	3.1	9.4	7.6	70.9	100

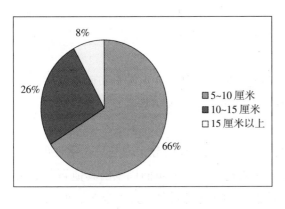

图七 砾石大小百分比示意图

者最少（图七）。岩性有砂岩、石英岩、石英、硅质岩等（表二）。有人工痕迹的砾石，其一端或一侧有一、二个小片疤，或者面上有个把崩疤，既不属于石核，也不是石锤。这类石制品，我们称之为打击砾石。在百渡遗址中这种打击砾石共有28件，占砾石总数的56%。无人工痕迹砾石和有人工痕迹砾石一样，均与其他石制品共存，当为人工备料。

表二 砾石岩性统计表

名称	砂岩	石英岩	石英	硅质岩	合计
数量	17	19	12	2	50
百分比(%)	34.0	38.0	24.0	4.0	100

2. 石锤

16件，其中一件已残。形状有长条形、三角形、半圆形等，以长条形为主，三角形次之。岩性有石英岩、硅质岩、石英，其中石英岩最多，占70%以上。大小差别较大，长最大值170、最小值72毫米，平均值101毫米；宽最大值109、最小值50毫米，平均值76毫米；厚最大值74、最小值33毫米，平均值52毫米；重最大值1260、最小值114克，平均值439克。使用部位在一端、一侧、两侧、一端及一侧，其中使用部位在一端的占了一半。这些石锤均为打击石锤，使用部位均多由片疤组成，片疤小而宽，层层叠叠。

标本WT7②：416，原料为一黄褐色近长条形的石英岩砾石，器身厚重。以一端为把手，另一端用以锤击，锤击面很陡直，与器身底面的交角在80°以上；锤击一端片疤层层叠叠，部分尾部折断形成陡坎；锤击边缘钝厚。长133、宽82、厚74毫米，重1140克（图八，4）。

标本序15，原料为一黄褐色石英岩砾石，一面稍平，另一面凸起，平面形状可能为圆形。用砾石的两侧锤击；锤击部位片疤层层叠叠，片疤均不大，片疤面很陡；锤击边缘钝厚。长77、宽67、厚57毫米，重360克（图八，3；图版一，2）。

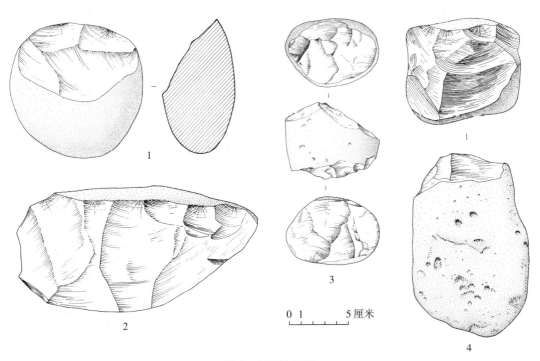

0 1   5厘米

图八　石锤与石核

1、2. 石核（WT13②：585、WT11②：261） 3、4. 石锤（序15、WT7②：416）

3. 石砧

1件（标本WT12②：475）。原料为石英岩砾石，平面近似平行四边形，两面扁平，两端为断裂面。使用痕迹见于一面，且主要集中在一端。使用痕迹为坑疤，多如黄豆或绿豆大小，坑疤不深。从坑疤的特征看，这些使用痕迹当为砸击所致。长212、宽129、厚91毫米，重3720克（图版一，3）。

4. 石核

23件（表三）。由砂岩、石英岩、硅质岩、石英等四种不同岩性的砾石原料构成，以砂岩、石英岩为主，石英和硅质岩都很少。形状有四边形、圆形、扇形和不规则形等。石核大小差别较大，长最大值285、最小值66毫米，平均值132毫米；宽最大值165、最小值56毫米，平均值95毫米；厚最大值119、最小值26毫米，平均值68毫米；重最大值4960、最小值140克，平均值1215克。有单台面石核、双台面石核和多台面石核三种，其中单台面石核最多，多台面石核最少。从台面特征看，有自然台面和人工台面两种，其中利用自然台面剥片的石核12件，人工台面的石核11件。人工台面是以石片疤为台面，即素台面，没有经过修理。台面角最大值130°、最小值60°，平均值83°。从台面角和石片疤的特征看，打片方法基本上是直接锤击法，碰砧法用得很少，但不见砸击法打片的石核。大多数石核只有3~4个石片疤，最多的片疤也不超过10个。

标本WT5③：98，单台面石核。原料为一较厚的黄褐色石英岩砾石，一面稍内凹，另一面凸起。台面位于凹面，沿砾石边缘连续打片；石核利用率低，仅有三个较大的片疤；打击点均清楚；片疤面略内凹，其中两个片疤宽大于长。器身略呈四边形。长153、宽137、厚93毫米，重2100克，台面角70°~93°（图版一，4）。

标本WT13②：585，单台面石核。原料为褐白色的石英砾石，两面均凸起。自然台面。打片时，沿砾石的一边由一面向另一面打击；打击点均清楚；剥片面可见四个片疤，片疤面略内凹，从完整的片疤看，片疤宽大于长。器身平面大致呈圆形。直径105、厚55毫米，重700克，台面角70°（图八，1）。

标本WT11②：261，双台面石核。原料为一灰褐色石英岩砾石，一面较平，另一

表三　石核统计表

类别	岩性				种类			台面特征		合计
	砂岩	石英岩	硅质岩	石英	单台面	双台面	多台面	自然台面	人工台面	
数量	10	6	3	4	9	8	6	12	11	23
百分比(%)	43.5	26.1	13.0	17.4	39.1	34.8	26.1	52.2	47.8	100

面凸起。自然台面。先以较平面为台面，沿 端和 侧反复打片；再以凸起面为台面，沿另一边多次打片；打击点清楚；片疤数量大，石核利用率高；多数片疤比较规整，且长大于宽的片疤多。器身平面近菱形。长196、宽110、厚88毫米，重2180克，台面角70°~93°（图八，2；图版一，5）。

标本序17，多台面石核。原料为黄褐色硅质岩砾石。以砾石的上下两个面和一侧面为台面进行打片，其中上下两面为自然台面，侧面为片疤台面；打击点不甚清楚；打片次数多，石核利用率高；片疤有大有小，而以小的片疤居多，长大于宽的片疤占多数。器身形状不规则。长181、宽120、厚70毫米，重1980克，台面角78°~101°。

5. 石片

70件（表四）。岩性有砂岩、硅质岩、石英岩、石英。石片尺寸不大，长最大值108、最小值17毫米，平均值40毫米；宽最大值105、最小值18毫米，平均值44毫米；厚最大值37、最小值6毫米，平均值13毫米；重最大值380、最小值5克，平均值45克。绝大多数为自然台面，人工台面很少。打击点大多都比较清楚；半锥体比较明显，双锥体石片很少。95%标本的石片角在90°以上，其中又以100°~120°的占大多数。宽大于长的石片为43件，占60%以上。打片均采用硬锤直接打击，打片方法以锤击法为主，特征明确的碰砧法石片很少，不见砸击法石片。大多数石片背面保留有或多或少的砾面。石片形状有三角形、梯形、椭圆形和不规则形等，而以梯形为主。多数石片具有锋利的棱角，有明显冲磨痕迹者少见，且只见于东区出土的石制品中。具有使用痕迹的石片很少。

标本WT4②：37，原料为一浅灰褐色砂岩。自然台面；打击点粗大，半锥体突出，放射线清楚。半锥体上有一块纵向裂疤，应是打片时因受力过大而震裂的，破裂面下半部平坦，从破裂面的近端至远端有一条岩石结理线。石片背面近端部位和右侧有几个片疤，其中右侧的片疤不完整，应为该石片先前打片的阴疤，而近端的两个片疤的打击台面及打击点均与该石片的台面和打击点相同，因此这两个片疤应是打片时因受力过大而崩裂的。由此判断，该石片的打制是把大石核置于地上，双手紧握大石锤向下猛击而得。石片平面近三角形，两侧和远端边缘平直、锋利，远端边缘有使用痕迹。长108、宽105、厚37毫米，重380克，石片角120°（图九，1；图版二，1）。

表四　石片统计表

类别	岩性				形状			台面特征		背面特征		合计
	砂岩	硅质岩	石英岩	石英	梯形	三角形	不规则	自然台面	有疤台面	无疤	有疤	
数量	29	21	13	7	40	15	15	64	6	47	23	70
百分比(%)	41.4	30.0	18.6	10.0	57.2	21.4	21.4	91.4	8.6	67.1	32.9	100

　　标本序26，锤击石片。原料为一灰褐色石英岩。自然台面；打击点清楚，半锥体微显，放射线清楚，破裂面较平整；背面左半部是层叠的片疤，右半部保留有部分自然砾面；石片两侧边缘锋利，左侧边缘可见较多细小而浅平的崩疤，应是使用痕迹。石片呈椭圆形。长40、宽46、厚15毫米，重60克，石片角112°（图九，2；图版二，2）。

　　标本WT10②：532，锤击石片。原料为深灰色细砂岩。平面近梯形。自然台面；打击点较大，半锥体微显，放射线及同心波纹不清楚；背面右下侧边缘有少许自然砾面，其余部分全是层叠的片疤，其打击方向与石片的打击方向相同；石片的左右两侧边缘钝厚，远端边缘锋利。长62、宽72、厚13毫米，重80克，石片角105°（图九，5）。

　　标本WT2②：302，原料为浅黄色细砂岩。形状不规则。自然台面；双锥体，半锥体凸出，放射线清楚，同心波纹不显；背面左半部保留有部分自然砾面，右侧为层叠的片疤，其打击方向与石片的打击方向相同；左右侧边缘钝厚，远端边缘锋利，可见较多细小而浅平的崩疤，应是使用痕迹。长35、宽49、厚9毫米，重30克，石片角105°。从半锥体的特点和长宽比看，该石片可能是用碰砧法剥片的（图九，3）。

　　标本WT16②：314，原料为一灰褐色的硅质岩。平面近四边形。自然台面；打击点窄小，半锥体凸出；放射线清楚；同心波纹不显；背面上半部全是层叠的片疤，其打击

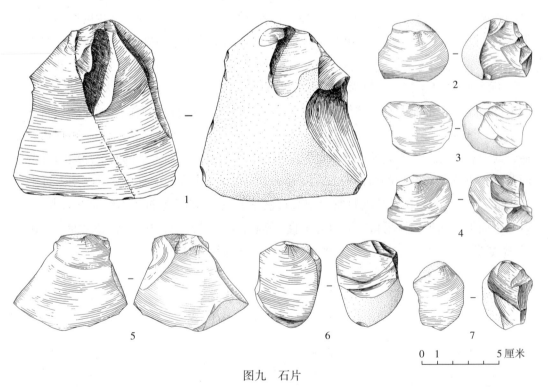

0　　1　　　　　　5厘米

图九　石片

1. WT4②：37　2. 序26　3. WT2②：302　4. WT8②：519　5. WT10②：532　6. WT16②：314　7. WT1②：66

方向与石片的打击方向相同；下半部保留自然砾面；左侧下半部折断了一小块，边缘钝厚；右侧保留自然砾面，边缘同样钝厚；远端边缘稍锋利。无使用痕迹。长52、宽37、厚18毫米，重60克，石片角125°（图九，6；图版二，4）。

标本WT8②：519，原料为一浅灰褐色的硅质岩。平面近四边形。自然台面；打击点窄小，半锥体凸出；放射线清楚；同心波纹不显；背面全是片疤；右侧及远端边缘稍锋利。未见使用痕迹。长39、宽44、厚9毫米，重30克，石片角105°（图九，4；图版二，5）。

标本WT5②：161，原料为灰色石英岩。平面近三角形。台面较宽，自然台面；双锥体，打击点窄小，半锥体凸出，有一个小锥疤，放射线清楚，同心波纹不显；背面左侧及下部边缘保留有部分自然砾面，右侧为层叠的片疤，其打击方向与石片的打击方向相同；左右侧及远端边缘锋利。长41、宽48、厚14毫米，重40克，石片角110°。从台面的宽度、半锥体和长宽比看，该石片可能是用碰砧法剥片的（图版二，3）。

标本WT1②：66，原料为一灰色的硅质岩。平面近四边形。自然台面；打击点窄小，半锥体凸出；放射线清楚；同心波纹小显；背面除右侧边缘保留部分自然砾面外，其余部分全是层叠的片疤，部分片疤的打击方向与石片的打击方向大致相同；两侧及远端边缘稍锋利。长40、宽30、厚9毫米，重20克，石片角104°（图九，7）。

6. 石器

56件。类型分为砍砸器、手镐、刮削器等三种，其中砍砸器最多，次为刮削器，手镐最少（图一〇）。

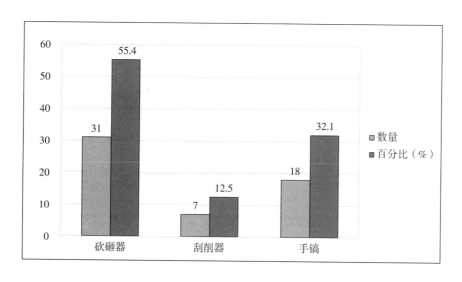

图一〇　石器类型柱状图

砍砸器　31件，占工具总数的55.4%。均系用砾石直接打制而成，未发现以石片或岩块为毛坯者。岩性有石英岩、砂岩、石英、硅质岩、砾岩等，其中以砂岩和石英为主，两者加起来达65%，其次为石英岩，硅质岩很少，砾岩仅个别。器体较大，长最大值192、最小值88毫米，平均值121毫米；宽最大值129、最小值70毫米，平均值97毫米；厚最大值91、最小值37毫米，平均值60毫米；重最大值2010、最小值320克，平均值916克。除2件为两面加工外，其余均为单面加工而成。通常由扁平的一面向较凸的一面打击，剥片使用锤击法和碰砧法，以锤击法为主。加工简单，多数标本加工面的片疤数约5~8个，器身大部分保留砾面。多数标本的刃缘经过修整，刃缘多比较平齐。器身平面形状有四边形或梯形、三角形、扁圆形、椭圆形和不规则形等，以四边形和三角形为主。大多数标本棱角锋利，只有极少数具有明显的冲磨痕迹。具有使用痕迹的标本很少。根据刃数，可分为单边砍砸器、双边砍砸器两种（表五）。

标本WT9②：564，原料为一黄白色的石英砾石，一面较平，另一面稍凸起；一端较宽，另一端较窄。沿砾石的较宽端由凸起面向较平面多次剥片，打出一道宽凸弧刃；单面加工；片疤多较大而浅平；刃缘锋利整齐，经过修整。器身平面略呈梯形。长153、宽122、厚61毫米，重1420克，刃角57°（图一一，5；图版二，6）。

标本WT16②：203，原料为一黄白色的石英砾石，一面稍下凹，另一面凸起。沿砾石一侧多次剥片，打出一道直刃，单面加工，打击方向为由凹面向凸起面打击；片疤多较大而浅平，部分尾部折断形成陡坎；刃缘整齐锋利，经过修整，未见使用痕迹。器身近半圆形。长128、宽102、厚91毫米，重840克，刃角73°（图一一，3；图版三，1）。

标本WT1②：573，原料为黄褐色石英岩砾石，一面较平，另一面凸起。沿砾石一侧剥片，打出一道弧刃，两面加工；片疤多较大而浅平，部分尾部折断形成陡坎；刃缘平齐锋利，有修整，未见使用痕迹。器身形状不规则。长105、宽86、厚66毫米，重680克，刃角81°（图一一，2）。

标本WT9②：10，原料为一灰褐色的石英岩砾石，一面较平，另一面凸起。沿砾石的一端和一侧剥片，分别打出一道凹刃和一道直刃，单面加工，打击方向为由较平面向

表五　石砍砸器统计表

类别	岩性					形状				加工方式		刃数		刃缘特征		刃部修整情况		合计
	石英岩	砂岩	石英	硅质岩	砾岩	四边形	三角形	圆形	不规则	单面加工	两面加工	单刃	双刃	直刃	凸刃	修整	未修整	
数量	7	10	10	3	1	13	8	5	5	28	3	29	2	12	19	25	6	31
百分比(%)	22.5	32.3	32.3	9.7	3.2	42.0	25.8	16.1	16.1	90.3	9.7	93.6	6.4	38.7	61.3	80.7	19.3	100

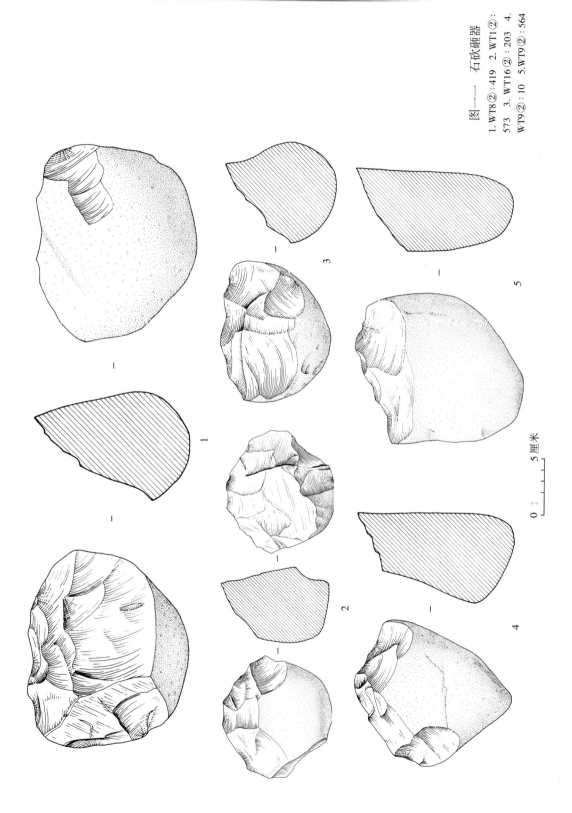

5厘米

0

凸起面打击；片疤多较大而深凹，尾部多折断，形成阶梯状或陡坎；加工仅限于刃部，其余保留砾面；刃口较陡，刃缘锋利，经过较多修整，有使用痕迹。器身厚重，平面近梯形。长132、宽118、厚73毫米，重1000克，刃角55°~81°（图一一，4）。

标本WT8②：419，原料为一灰褐色石英岩砾石，一面较平，另一面凸起。在砾石相邻的两侧各打出一道直刃和一道略弧凸的刃；单面加工，除把手外，加工的一面布满片疤；片疤多较大而浅平，部分片疤尾部折断形成阶梯状或陡坎；两刃缘均锋利平齐，经过修整；器身较厚，近梯形。长140、宽125、厚90毫米，重1780克，台面角62°~78°（图一一，1；图版三，2）。

标本WT6②：47，原料为黄褐色细砂岩砾石，两面均凸起。沿砾石的两侧各打出一条直刃，两刃相交形成一圆钝的尖角，成为尖刃砍砸器。单面加工，把手保留砾面。片疤较大，且两侧的片疤深凹。刃部很少修整，刃缘未见使用痕迹。器身略呈三角形。长126、宽113、厚75毫米，重1060克，台面角65°~80°（图一二，8）。

标本WT3②：60，原料为一黄褐色的石英岩砾石，器身较厚，两面均凸起。沿砾石的一端多次单面剥片，打出一道凸弧刃；打击片疤多较大而深凹，部分片疤尾部折断形成陡坎；刃缘锋利但不甚整齐，经过较多修整，有使用痕迹。器身平面近四边形。长132、宽124、厚91毫米，重1900克，刃角76°（图一二，7）。

标本ET11②：92，原料为一灰褐色硅质岩砾石，两面均稍凸起。在砾石的一侧打出一直刃，单面加工，加工面有多层片疤；刃口陡直，经修整，刃缘锯齿状，有使用痕迹；刃部两侧各有一个较大的片疤。器身略呈四边形。长87、宽63、厚39毫米，重300克，刃角83°（图一二，4；图版三，3）。

标本WT17②：333，原料为一浅灰褐色石英岩砾石，一面较平，另一面凸起。沿砾石的一端单面剥片，打出一道弧刃，打击方向为由较平面向凸起面打击；片疤多较大而浅平。刃缘锋利整齐呈弧凸状，可见一些细小而浅平的崩疤，应是使用痕迹。器身平面近椭圆形。长100、宽85、厚44毫米，重420克，刃角60°（图一二，2）。

标本WT17②：450，原料为一浅黄褐色石英岩砾石，一面较平，另一面凸起。沿砾石的一侧多次单面剥片，打出一道直刃，打击方向为由较平面向凸起面打击；片疤多较大而浅平；刃缘平直锋利，经修整，未见使用痕迹。器身近四边形。长108、宽78、厚52毫米，重510克，刃角65°（图一二，5）。

标本WT17②：445，原料为一黄白色扁薄的石英砾石，一面较平，另一面凸起。沿砾石的一端多次单面剥片，打出一道弧刃；打击方向为由较平面向凸起面打击；加工面凹凸不平，部分片疤尾部折断形成陡坎。刃缘锋利平齐呈弧凸状，经过修整，未见使用痕迹。器身近圆形。长99、宽94、厚40毫米，重380克，台面角65°（图一二，6；图版三，4）。

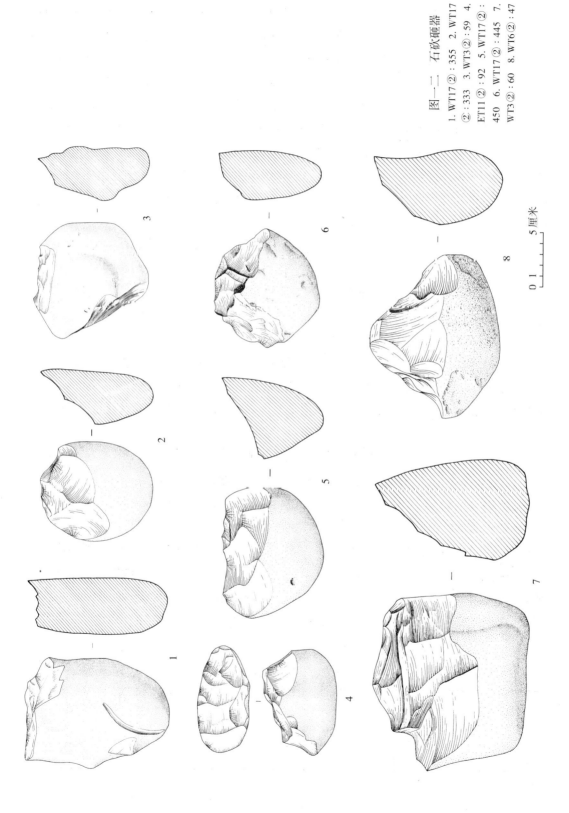

图一二 石砍砸器

1. WT17②：355 2. WT17②：333 3. WT3②：59 4. ET11②：92 5. WT17②：450 6. WT17②：445 7. WT3②：60 8. WT6②：47

标本WT4②：8，原料为一褐白色的石英砾石，一面较平，另一面凸起，一端较宽，另一端较窄。沿砾石的较宽端多次单面剥片，打出一道直刃，刃缘平直锋利；打击方向为由凸起面向较平面打击；片疤多较大而浅平；刃缘平齐，经过修整，未见使用痕迹。器身近三角形。长107、宽80、厚55毫米，重580克，刃角70°（图版三，5）。

标本WT11②：441，原料为一灰褐白色的石英岩砾石，一端较宽，另一端较窄；一面较平，另一面凹凸不平，中部可见几个旧的打击片疤，疤缘已磨圆，可能是早期的人工制品经过搬运冲磨后再被当做原料使用。沿砾石的较宽端多次单面剥片，打出一道宽弧刃，刃缘平齐锋利；打击方向为由较平面向不平面打击；片疤多较小而浅平，部分片疤尾部折断形成陡坎；刃缘平齐，未见使用痕迹。器身近四边形。长132、宽82、厚56毫米，重560克，刃角55°（图版三，6）。

标本WT17②：355，原料为一黄褐色石英岩砾石，一面较平，另一面凸起。沿砾石的较宽端多次单面剥片，打出一道直刃，刃缘锋利整齐；打击方向为由较平面向凸起面打击；片疤多较小而深凹，部分片疤尾部折断形成陡坎。器身平面略呈三角形。长125、宽91、厚56毫米，重780克，刃角76°（图一二，1）。

标本WT3②：59，原料为浅黄褐色细砂岩砾石，一面稍平，另一面凸起。在砾石的一侧角多次单面剥片，打出一道直刃；打击方向为由稍平面向凸起面打击；片疤多较小而浅平；刃缘平齐锋利，经过修整，有使用痕迹；器身的一侧垂直打掉了一小块，打击方向与刃口的打击方向相同，应是修整把手留下的痕迹。器身形状不规则。长102、宽87、厚51毫米，重640克，刃角50°（图一二，3）。

标本WT11②：262，原料为一褐白色的石英砾石，一面较平，另一面凸起。沿砾石的一端多次单面剥片，打出一道直刃，刃缘锋利；一侧为垂直的破裂面；片疤多较大而浅平；刃缘很少修整。器身近四边形。长121、宽78、厚57毫米，重760克，刃角80°（图版四，1）。

刮削器　18件，占工具总数32.1%。除一件是以石片为毛坯外，其他刮削器都是用砾石直接加工而成的。岩性有砂岩、硅质岩、石英岩和石英四种，以砂岩为主，次为硅质岩，石英最少（表六）。长最大值107、最小值50毫米，平均值75毫米；宽最大值94、最小值25毫米，平均值60毫米；厚最大值56、最小值14毫米，平均值33毫米；重最大

表六　石刮削器统计表

类别	岩性				毛坯		刃数		刃缘特征			合计
	砂岩	硅质岩	石英岩	石英	砾石	石片	单边	双边	直刃	凸刃	凹刃	
数量	7	4	4	3	13	5	17	1	5	10	3	18
百分比(%)	38.9	22.2	22.2	16.7	72.2	27.8	94.4	5.6	27.8	55.5	16.7	100

值420、最小值10克，平均值195克。多用一面或两面扁平的圆形或椭圆形砾石单面打制而成；加工时，通常由扁平的一面向较凸的一面打击，使用锤击法打制，加工简单，器身大部分保留砾面。修整仅限于刃缘部分。刃口有厚有薄，刃角最大值75°、最小值40°，平均值57°。80%以上的刃缘都是平齐的，锯齿状刃缘很少。形状有三角形、四边形、圆形和不规则形四种。根据刃缘情况，刮削器可分为单边刮削器、双边刮削器。

标本WT16②：167，原料为一浅灰色砂岩小砾石，一面较平，另一面凸起；一端较宽，另一端较窄。沿较宽端多次单面剥片，打出一道直刃，打击方向为由较平面向凸起面打击；片疤多较大而浅平，片疤尾部多折断形成陡坎；刃缘平直锋利，有使用痕迹。器身平面近梯形。长71、宽58、厚47毫米，重230克，刃角45°（图一三，3；图版四，2）。

标本WT2②：124，原料为一扁平的浅灰褐色砂岩砾石。在砾石的一端剥片，打出一道凹刃，单面加工，器身大部分保留砾面；刃缘很少修整，有使用痕迹。器身近四边形。长107、宽79、厚30毫米，重340克，刃角46°（图一三，5）。

标本WT12②：482，原料为一灰黄色硅质岩，石片毛坯。第二步加工限于石片右侧，由背面向破裂面加工；片疤小而浅平；刃缘平齐锋利，有使用痕迹。长84、宽64、厚34毫米，重220克，刃角56°（图一三，2；图版四，3）。

标本WT7②：501，毛坯为一灰色砂岩断块，一面为破裂面，另一面大部分仍然保留有砾石面，小部分为片疤。沿片疤面的一侧多次单面剥片，打出一道凸弧刃，刃缘锋利整齐。器身近椭圆形。长79、宽58、厚35毫米，重120克，刃角59°（图一三，1；图版四，4）。

标本WT11②：350，原料为灰色硅质岩小砾石。沿砾石的周边由一面向另一面剥片，加工出一盘状刃，被加工的一面几乎全是片疤，仅在近中间部位保留一小块石皮。部分刃缘经过修整，未见使用痕迹。长63、宽57、厚23毫米，重90克，刃角68°（图一三，4）。

标本WT3②：11，原料为一灰黄色硅质岩，厚石片毛坯，石片破裂面较平，背面为砾石面。第二步加工限于石片右侧远端部位，由背面向破裂面加工，片疤大而浅平；远端中部边缘有许多崩疤，应为使用痕迹。长82、宽65、厚31毫米，重205克，刃角47°（图版四，5）。

手镐　7件，占石器总数近12.5%。原料均为砾石，岩性有石英岩（3件）、砂岩（2件）、硅质岩（2件）。长最大值198、最小值130毫米，平均值171毫米；宽最大值126、最小值84毫米，平均值106毫米；厚最大值75、最小值55毫米，平均值65毫米；重最大值2020、最小值630克，平均值1532克。手镐的制作多是在扁长形砾石的上部剥片，加工出一个尖而成，而且通常是左侧边加工较多，侧刃较长，而右侧仅在靠近尖部稍作加工。但也有一两件标本的两侧加工到把端。用锤击法打制。多数标本的刃缘都有修整痕迹，而且以端刃较为集中。尖部有锐尖状和舌状两种，以侧尖居多，且多侧向左侧。形

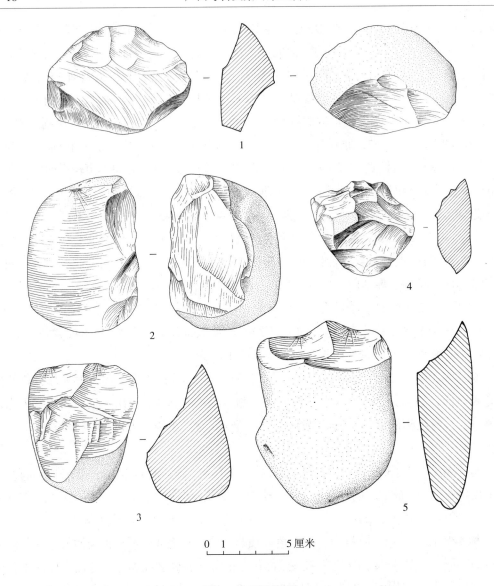

图一三　石刮削器

1. WT7②：501　2. WT12②：482　3. WT16②：167　4. WT11②：350　5. WT2②：124

状有梨形、三角形、肾形和不规则形四种。少数标本有使用痕迹。

标本WT5②：95，原料为一灰褐色石英岩砾石，一面较平，另一面凸起。沿砾石的两侧单面剥片，向一端加工出一舌状尖。左侧的加工限于上半部，而右侧加工至把端。器身左半部有多层片疤，右半部的片疤多较大而深凹。侧缘整齐但不甚锋利。尖部有较多的修整。器身较短、厚重，平面近梨形。长120、宽110、厚80毫米，重1240克，台面角60°~73°（图一四，5）。

标本 ET3②：4，原料为一扁长形灰褐色砂岩砾石，一端较宽，另一端较窄。沿砾石左侧中部向较窄一端多次单面剥片，打出一条直刃，刃缘锋利平齐，经过较多修整；而右侧仅在上端剥片一次，使之形成一个端刃。加工简单，大部分器身保留砾面。器身粗大，略呈长梨形。长192、宽126、厚70毫米，重2010克，刃角70°~78°（图一四，2；图版四，6）。

标本 WT17②：549，原料为一扁长形灰褐色石英岩砾石，两面均凸起。沿砾石两侧反复剥片，向一端加工出一尖。两侧加工面较陡，左侧缘略内凹，右侧缘弧凸，于端部斜至左侧，与左侧缘相交，形成一斜尖。上端中部经过剥片减薄，形成一个向端部倾斜的平面。两侧均加工至根部，除中部以下至把端保留有石皮外，整个面大部分经过加工。片疤较大，两侧缘和尖部都经过修整。背面弧凸，呈船底形。该标本加工比较复杂，两侧多次剥片，使器身变窄，尖部又经过减薄。器身略近肾形。长130、宽84、厚55毫米，重630克，刃角66°~82°（图一四，3；图版五，1）。

标本 WT2②：41，原料为一灰褐色近三角形的砾岩砾石，一面较平，另一面凸起。先从砾石左侧中部向远端多次剥片修出一道直刃，再在右侧近远端处剥片修出一道较短

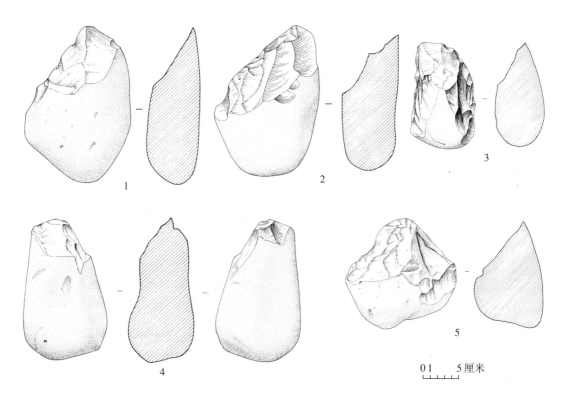

图一四　石手镐及其半成品

1. WT2②：41　2. ET3②：4　3. WT17②：549　4. ET8②：13　5. WT5②：95（4为半成品）

的直刃，刃缘均平直锋利；两刃在远端左侧汇聚形成一稍钝的、向左边倾斜的尖角，断面呈平凸；两加工面相交处形成一到明显的凸棱；单面加工，片疤多较大而浅平，部分片疤尾部折断形成陡坎。整件器物加工经济简单，加工面仅为器身的三分之一，基本上没有改变原料的形状。长198、宽120、厚75毫米，重1060克，刃角45°~65°（图一四，1；图版五，2）。

7．半成品和废品

（1）半成品

在西区出土的石制品中，有一定数量的石器半成品和残品。这里的半成品是指原料经过一定的加工，但尚未制成工作刃，而又不属于石核或其他类型者。这些半成品多是原料不好，工具制作者可能是在制作过程中发现难以加工成器后即放弃进一步加工。半成品中，砍砸器3件、刮削器3件、手镐1件；残品中，砍砸器4件、刮削器1件。

标本ET8②：13，为手镐半成品。原料为一黄褐色近长三角形的石英岩砾石，两面均凸起；原料结构面较多，并有一定的风化。在砾石的窄端及一侧附近进行了初步的剥片，打下几个较大的片疤，两面加工；片疤多不完整，加工面凹凸不平；侧刃钝厚，尖刃尚未加工好，属于一件半成品。可能是因原料结构面多、匀质性差，工具制作者在制作过程中发现这个问题后即放弃进一步加工。长167、宽106、厚75毫米，重1320克（图一四，4；图版五，3）。

标本WT4②：1，为砍砸器半成品。原料为一扁平石英砾石，结构面多匀质性差。在砾石的一端进行了初步的剥片，右半部的剥片因原料差没有形成一个完整的片疤面，而在刃口部位形成一个凹缺，无法进一步加工出一个工作刃。长126、宽97、厚56毫米，重790克。

标本WT17②：348，为砍砸器半成品。原料为一近长方形的扁平石英砾石，结构面多，匀质性差。在砾石的一端进行了两次剥片，第二次剥片沿结构面破裂，尚未加工出一个工作刃。长79、宽55、厚29毫米，重160克（图版五，4）。

（2）断块和碎片

断块是指在剥片时沿自然节理断裂的石块，或者破碎的石制品小块，断块的尺寸可以很大，但在统计分析时很难将它们划归某种特定的石制品类型。而碎片则是在剥片或石器的第二次加工修整过程中崩落的长度在1厘米以下的小片。百渡遗址的断块光是编号的就有527件，如果加上小于3厘米的小片块，总数在1000件以上，约占石制品总数的70%。多数出土于地层的第2层。从编号的部分看，有石皮（砾石面）的断块占60%，而无石皮约占44%；3~5厘米303件，5~10厘米207件，10厘米以上17件。断块形状多不规则，多数可见人工痕迹。

（五）讨论与小结

1. 石制品的特征及技术分析

百渡遗址石制品的原料均为砾石，岩性有砂岩、石英岩、硅质岩、石英和砾岩，其中以砂岩为主，次为石英岩，硅质岩和石英也占较大比例，砾岩个别。从大小、岩性和形状看，这些砾石在遗址南面山头顶部砾石层均能找到，表明制作石器的原料全部来自附近第Ⅳ级阶地的砾石层。这种情况和百色盆地其他旧石器遗址相同[1]。

从石制品种类和原料的对比分析看，石器制作者对不同岩性的原料已有初步的认识，对石料的选择有一定的倾向性。例如，石锤更多选用石英岩砾石，因为石英岩韧性较大，不易破裂；打制石片的石核更多地选用砂岩砾石，而石英岩砾石因韧性较大，很少用做石核；在制作石器方面，属于重型工具的砍砸器，用料则不人讲究，砂岩、石英岩、石英都占较人比例，而属于轻型工具的刮削器，则倾向于选取砂岩、硅质岩等质地较为细腻的砾石做原料。这些都显示出石器制作者对不同质地石料的特点已经有了比较清楚的认识。

石核分为单台面石核、双台面石核和多台面石核三种。其中双台面石核和多台面石核比例较高，两者加起来超过60%，而且片疤数也较多，尤其是原料较好的石核，打片次数很多，对石核比较充分地利用，如标本WT11②：261。从台面特征看，虽然以自然台面为主，但人工台面占有较高的比例（48%）。剥片基本上采用锤击法，碰砧法少见。石核个体较大。台面角较大。与百谷遗址、上宋遗址[2]出土的石核相比，百渡石核已有了较高的利用率，显示出较进步的性质。

石片尺寸不大，没有大石片（15厘米以上）。剥片采用锤击法和碰砧法，以锤击法为主。自然台面的石片居多，人工台面的石片较少；背面全为砾面的石片占多数，而背面有片疤的石片数量较少，这反映了石片多数为初次打片。原料为砂岩、硅质岩的石片多数具有明显的半锥体，放射线亦比较清楚，而在石英石片上这些特征不明显。此次发现的石片较多，但真正具有使用痕迹的石片极少。

石器类型有砍砸器、手镐、刮削器等三种，缺乏手斧。由于有一件标本在形制上很像薄刃斧，所以在最初报道时把它归到薄刃斧类型[3]，但仔细观察把手（即石片近端）上的片疤并不是第二步加工的，有的是石片被剥离之前形成的，有的则是打片时因打击点受力过大而向背面崩裂的崩疤，实际上还是一件大石片。因此，百渡遗址未发现真正的薄刃斧。从石器组合看，砍砸器数量最多，是组合的主体，其次是刮削器，手镐所占的比例很小。砍砸器均为砾石打制而成，绝大多数都是单面加工，但也有一两件是两面制作的，且两面的剥片都比较多。两面制作的砍砸器在百色盆地旧石器中非常少见，在地层出土的更是少之又少。砍砸器的加工都比较简单，剥片通常限于器身的一端或一侧，器身大部分保留砾面；和百色盆地其他遗址相比，砍砸器的尺寸较小。刮削器的毛坯几乎都是用砾石直接加工而成，只有一件是以石片为毛坯的。均为单面加工，尺寸也较小。此次出土的手镐虽然有几件，但典型的不多。其中一种是利用扁长形的砾石在一侧的上半部反复剥片，打出一侧刃，而另一侧只是在端部稍作加工，打下一两个片疤，形成一个一刃带一尖的石器。这是百渡手镐的一个突出特点。在此之前，通过发掘出土的手镐地点只有田东坡西岭一个，但出土的手镐不多，只有2件，但制作比较对称[4]。

　　此次发现的两处石英碎片分布面，都是分布在同一层位，且相距不远，分布相对集中，范围清楚。两处的石英碎片大小和分布密度基本相同。这些碎片的尺寸小，几乎都是在3厘米以下，不见石核和石锤。碎片的边缘锋利的不多，原因可能是锋利的碎片多已被带走，留下的主要是没有用的部分。

　　总体而言，百渡遗址的石制品除东区个别具有明显的冲磨痕迹外，其余的都具有锋利的棱角，没有明显磨蚀的痕迹，有的石制品能够拼合，加之石英碎片分布面的存在，可以肯定，这些石制品是属于原地埋藏的，没有经过搬运。遗址出土的石制品种类有砾石、石锤、石核、石片、断块和石器等，包括原料、加工工具、半成品、成品以及废品。从石制品的组合看，断块占了石制品总数的70%以上，砾石、石锤、石片也不少，而石器还不到8%。这反映出石器加工场的性质，特别是石英碎片分布面的发现，更是一个有力的证据。但从石器的刃部多有使用痕迹来看，这里又是古人类使用石器进行活动的地方。因此，该遗址既是制作石器的场所，同时又是古人类生产、生活的地方。实际上这种兼有两种以上功能的遗址在其他旧石器时代遗址中也有发现，例如在陕西洛南盆地的狼牙洞遗址中就是一个集石器加工场和居所于一身的遗址[5]。从石器的大小、制作技术和组合等方面看，百渡遗址的石器和盆地中第Ⅳ级阶地网纹红土地层出土的石器似乎有一定的差别。

2. 遗址的成因及年代

　　百渡遗址由于没有发现玻璃陨石或其他可供测年的遗物，因此尚无具体的测年结果。但根据遗址地质地貌的研究和石器的比较分析，可以对遗址的年代做出大致的推断。

　　百色盆地是由于新生代构造运动而形成的。上新世纪末和第四纪初期，右江开始形成[6]。右江形成后，由于百色盆地持续间歇性抬升，右江河谷发育成七级阶地。在这七级阶地中，除Ⅰ级阶地外，Ⅳ级阶地在盆地的分布最为广泛，仍保留台地状的阶地形态。该阶地沉积中发育了红壤型红色风化壳，顶部红壤层之下为典型网纹红土。广泛分布于百色盆地的80万年前的玻璃陨石，其原生层位就是这典型的网纹红土层[7]。

百渡遗址位于盆地的东段。从百色盆地发育历史及阶地序列看，百渡遗址以南的山麓地带残存Ⅳ级阶地，其时代应为距今80万年。该阶地在这里保存较差，说明Ⅳ级阶地形成后，有一次比较明显的侵蚀。这里的Ⅳ级阶地被切割，阶地砾石层被搬运至坡地，成为披覆于山麓的砾石层。阶地前缘部分，受到的侵蚀最为强烈，阶地砾石层被破坏殆尽，基岩也被侵蚀而降低，其顶部可能残留一些侵蚀过程中堆积下来的黏土沉积，这就是本次考古发掘的西区与东区。它形成的年代显然晚于Ⅳ级阶地的年代，而应与Ⅲ级阶地的年代相当。由于距今65万~40万年，华南经历了一次气候暖湿时期，Ⅳ级阶地的堆积此时已发育成网纹红土[8]。而百渡遗址的堆积没有形成网纹红土，因此，百渡遗址的年代可能在距今40万年以后。这个时期百渡地区位于盆地边缘，离水源较近，又是地势较高的地貌部位，古人类可能选择具有这样地形条件的场所作为栖息地。他们制造的工具有可能保存在遗址的坡积黏土中。此后，随盆地上升，遗址附近又形成Ⅱ级和Ⅰ级阶地。遗址也被进一步侵蚀切割，呈现孤立小丘，成为现今地貌景观。

从石器的比较看，白渡遗址出土的石器也缺乏一些古老的特征，而表现出一些进步的性质。

如前所述，百渡遗址出土的石器具有一些明显的特点，与百色盆地其他遗址如枫树岛遗址、南半山遗址等第Ⅳ级阶地网纹红土层出土的石器有所不同[9]，表现在：（1）枫树岛等遗址出土的所有石制品都有比较明显风化的痕迹，石制品的表面泛白，一些质地较软的制品甚至有明显的侵蚀，而百渡遗址出土的石制品则没有这种现象；（2）枫树岛等遗址石制品的器表通常有网纹红土印痕，而百渡遗址没有；（3）枫树岛等遗址出土有手斧，而百渡没有；（4）与这些遗址相比，百渡遗址出土的石器尺寸较小；（5）百渡石器的制作如打片技术具有一些进步的性质；（6）百渡遗址出土的石器中有的以已受明显冲磨的早期石制品作为毛坯，这种现象在枫树岛等遗址中未发现过。另一方面，在百色盆地第Ⅲ级阶地出土的石器中从未发现有手斧，石制品表面也没有网纹红土印痕，风化也不明显。例如，广西文物考古研究所于2005年对百色大梅遗址B区的发掘，在红土地层中出土了数百件石器，种类有砍砸器、手镐、刮削器等，却没有一件手斧，也无玻璃陨石；石器表面风化不明显，石皮没有泛白的现象，也无网纹红土印痕；而且，也发现有用已被冲磨过的早期石制品做毛坯的标本[10]。因此，百渡遗址的石器和第Ⅳ级阶地网纹红土层出土的石器有较大的差别，而与第Ⅲ级阶地出土的石器接近。

综上所述，百渡遗址的年代应晚于枫树岛遗址、南半山遗址等遗址的年代，应和大梅遗址B区下文化层的年代相当，绝对年代可能为距今40万~30万年。

3. 百渡遗址发掘的意义

本次发掘的收获和意义主要有：

（1）首次在地层中揭露出两处石英碎片分布面。这些石英碎片显然是制作石器时剥落的，表明古人类曾经在这里进行制作石器的活动；碎片分布面的存在，还表明这次出土的石器属于原地埋藏，没有经过搬运。

（2）此次发掘出土了上千件文化遗物，大大地丰富了百色旧石器的出土资料。特别是这些遗物地层清楚，没有经过搬运，和在百色盆地第Ⅳ级阶地网纹红土地层出土的石器有一定的差别，这为百色盆地旧石器的分期提供了难得的资料。

（3）百渡遗址含石器的地层直接压在基岩风化面上，而不是像盆地众多的遗址或地点那样均位于河流阶地上，含石器的地层之下是砾石层。这为百色盆地旧石器埋藏地点增添新的类型，扩大了古人类的活动范围。它表明古人类活动的范围广泛，包括河边、平地、山前及山顶等各种不同的地带，由于地质作用，就可能形成不同的遗址类型。

附记： 在发掘期间，田东县博物馆给予我们积极的配合和大力支持。中国科学院地质与地球物理研究所袁宝印研究员对本报告地质地貌部分的编写给予指导并帮绘制了遗址地质剖面图。我们对此表示感谢。本次发掘领队为谢光茂，队员有彭长林、杨清平、韦革、黄秋艳、田丰、陈忠伟、黄鑫等。参加资料整理的人员有谢光茂、林强、彭长林、黄鑫、黄霖珍、黄明扬等。

执笔：谢光茂　林　强　彭长林
　　　杨清平　韦　革　黄　鑫
　　　黄秋艳
绘图：杨结实
摄影：彭长林

注　释

［1］　广西壮族自治区博物馆：《百色旧石器》，文物出版社，2003年。

［2］　广西壮族自治区文物工作队等：《广西百色市上宋旧石器时代遗址发掘简报》，《广西考古文集》（第二辑），科学出版社，2006年。

［3］　谢光茂、彭长林、杨清平等：《百色盆地旧石器考古获重大发现》，《中国文物报》2002年9月27日。

［4］　林强：《广西百色田东坡西岭旧石器时代遗址发掘简报》，《人类学学报》2002年第2期。

［5］　王社江、张小兵、沈晨等：《洛南花石浪龙牙洞1995年出土石器制品研究》，《人类学学报》2004年第2期。

［ 6 ］ 广西壮族自治区地方志编纂委员会编:《广西通志·自然地理志》,广西人民出版社,1994 年。

［ 7 ］ 袁宝印、侯亚梅、王伟颉等:《百色旧石器遗址的若干地貌演化问题》,《人类学学报》1999 年第 3 期; Hou Y M, Potts R., Yuan B Y., et al. Mid-Pleistocene Acheulean-like Stone Technology of the Bose Basin, South China. Science. 2000, 287(5458): 1545-1700.

［ 8 ］ 黄镇国、张伟强、陈俊鸿等:《中国南方红色风化壳》,海洋出版社,1996 年。

［ 9 ］ 王颉:《广西百色枫树岛旧石器遗址再次出土手斧》,《中国文物报》2005 年 5 月 31 日; 王颉、莫进尤、黄志涛:《广西百色盆地大妹南半山遗址发现与玻璃陨石共生的手斧》,《科学通报》2006 年第 18 期。

［10］ 大梅遗址是本文第一作者于 2005 年主持发掘的,报告尚未发表。

广西红水河流域新石器时代遗址
考古调查报告

广西文物考古研究所

红水河是珠江流域西江水系干流，发源于云南省沾益县的南盘江，在贵州省望谟县蔗香村与北盘江汇合后始称红水河，自西向东横穿广西中部，至象州县石龙镇与柳江汇合改称黔江。红水河干流全长659公里，流域包括乐业县、天峨县、南丹县、凤山县、东兰县、巴马瑶族自治县、大化瑶族自治县、都安瑶族自治县、马山县、忻城县、来宾市的新宾区等县区。广西20世纪80年代全区文物普查时，曾对流域作了较详细的文物调查，发现一批新石器时代遗址和遗物。1990~1991年因岩滩水电站建设，我们对大化琴常、音墟等遗址进行抢救性的发掘，出土了一批遗物和墓葬[1]。2004~2005年对乐滩水电站淹没区的都安北大岭等遗址进行发掘，发现新石器时代的中、晚期文化[2]。为进一步了解与北大岭遗址相关的红水河流域新石器时代遗址的文化面貌，我们在发掘期间并于2006年4~5月，对北大岭遗址周围和红水河流域的新石器时代遗址进行了重点调查，新发现了3处新石器时代遗址。现选择较有代表性的6处遗址介绍如下（图一）。

一、坡六岭遗址

坡六岭遗址（编号06BBP）位于巴马瑶族自治县巴马镇巴廖村停岁屯东北方向的坡六岭上，遗址北距县城4公里，巴廖河从遗址西北部流过，东南面紧临设长河，南为一冲沟，冲沟后为连绵不断的山峦。遗址所在地为一相对突出的二级阶地，已辟为农地，主要种植玉米，顶部开阔平坦，为遗址的中心区。遗址东西宽约100米，南北宽约50米。剖面地层可分为三层：第1层为灰褐色的耕土层，较疏松。厚约20厘米。地表散布大量的砾石、石锤、砺石、断块、石片、碎屑，以及石斧、研磨器等石器或石器毛坯等，特别是石英断块和碎屑较多。第2层为灰黄色沙黏土层，土质较板结。厚约25厘米。出露少量的石器。第3层为棕黄色沙黏土层，土质板结致密。厚约20厘米。出露少量的石器。

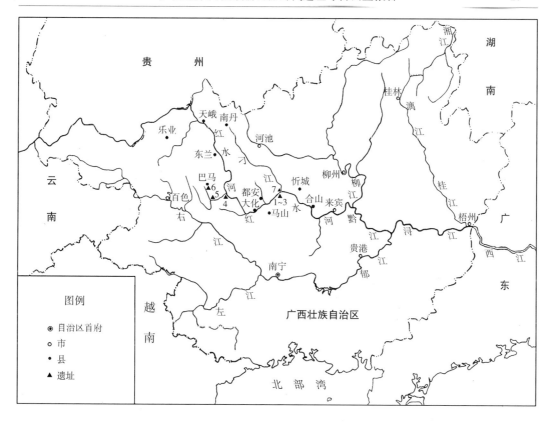

图一　红水河流域新石器时代遗址位置分布示意图

1. 马山索塘岭　2. 马山拉如岭　3. 马山古楼坡　4. 大化大地坡　5. 大化江坡　6. 巴马坡六岭　7. 都安北大岭

采集的遗物全是石器，类型包括石斧、石斧（锛）毛坯、石锤、研磨器、石拍、砺石等。现将巴马瑶族自治县文物管理所原采集的部分石器（编号BBP）一并介绍。

砺石　5件。以粗砂岩砾石为原料，磨面多为弧形凹槽和窄槽，一般都有多个使用面。标本06BBP：7，紫褐色粗砂岩砾石。平面近椭圆形，一面隆凸，另一面稍微平整。使用面位于隆凸面，为两个平行圆弧凹槽，其中一个凹槽较宽较深，另一个凹槽较浅较小。长15.3、宽11、厚3.8厘米，重1050克（图二，1）。标本06BBP：5，青灰色粗砂岩砾石。平面近椭圆形，一端稍微残断，两面均略弧。双面使用，均有三道圆弧形平行凹槽，其中正面两道凹槽较宽，另一道为窄槽，可能为磨砺骨锥一类的工具形成的痕迹。背面凹槽除中间一道较宽较深外，其余均较浅。长14.5、宽14.5、厚6厘米，重825克（图二，2）。标本06BBP：9，灰褐色粗砂岩。平面呈不规则形。器体较厚，一端及一侧为残断面。双面使用，面部各有一道同向弧凹槽，其中一面为窄槽，另一面为宽弧槽。长13.1、宽13.3、厚9.6厘米，重1290克（图二，3）。标本06BBP：8，灰褐色粗砂岩。平面呈四边形。两端为截断面，面部正中有一个较浅的长条形弧槽。左侧缘较直，有一个

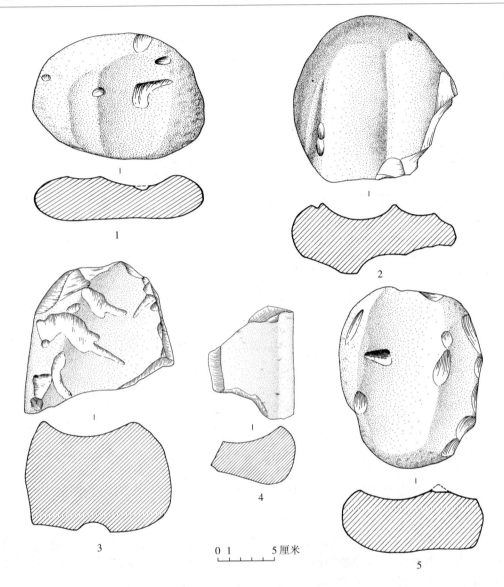

图二　坡六岭遗址出土砺石

1. 06BBP：7　2. 06BBP：5　3. 06BBP：9　4. 06BBP：8　5. 06BBP：1

近圆柱状的磨面。长9.5、宽7.1、厚4.4厘米，重340克（图二，4）。标本06BBP：1，黄褐色粗砂岩砾石，平面近椭圆形。一面隆凸，另一面稍微平整。使用面位于隆凸面，为两个平行圆弧凹槽，其中一个凹槽较宽较深，另一个凹槽较浅较小。长15.7、宽12.5、厚5.5厘米，重1000克（图二，5）。

研磨器　9件。有扁长形、圆柱形、圆锥形、扁椭圆形、扁圆形五种。

扁长形研磨器　1件（标本06BBP：16）。平面近梯形，器体略显扁平，横截面呈椭圆形。系以扁长形青灰色粗砂岩砾石为原料制作而成。器体上部有砸击崩疤，器身亦有零星砸击疤痕，可能兼作石锤使用。下端为一椭圆弧形磨面，磨面较小，因风化而略显不清。长10.8、宽6.5、厚4.5厘米，重260克（图三，1）。

圆柱形研磨器　3件。标本06BBP：17，灰色砂岩。平面呈梯形，器身略显粗短，近

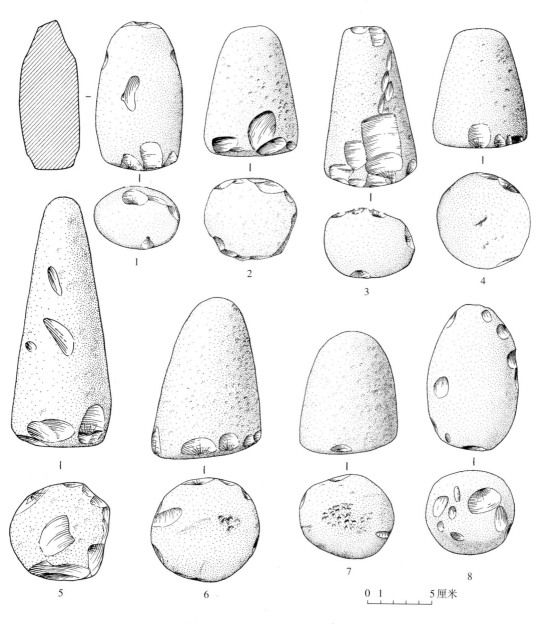

图三　坡六岭遗址出土石研磨器

1. 扁长形（06BBP：16）　2~4. 圆柱形（06BBP：17、BBP：38、BBP：40）　5~7. 圆锥形（BBP：39、BBP：37、BBP：36）
8. 扁椭圆形（06BBP：21）

圆柱状。器体打磨浑圆，但保留较多修整时形成的坑疤。把端微弧，下端为研磨面，磨面近椭圆形，边缘保留有修整时形成的大片崩疤，磨面上亦布满砸击疤痕。长 9.6、磨面宽 7 厘米，重 365 克（图三，2）。标本 BBP：38，青灰色细砂岩。平面呈梯形，器身稍长，略呈圆柱状，上端稍窄，下部略宽，横截面略呈椭圆形。器身有零星打制坑疤，局部有轻微磨痕。把端有明显的砸击崩疤，当为作石锤使用时形成的；下端为研磨面，磨面近椭圆形，稍显隆弧，边缘尚保留有修整时形成的崩疤。长 12.1、最大直径 7 厘米，重 440 克（图三，3）。标本 BBP：40，青灰色细砂岩。平面呈梯形，器体稍显矮胖，呈圆柱状。把端稍窄，下部较宽。通体打磨浑圆光滑；两端均有圆形研磨面，把端磨面微弧，上布满细小麻点，下端磨面较平整。长 8.7、把端磨面宽 3.6、下端磨面宽 7.1 厘米，重 320 克（图三，4）。

圆锥形研磨器　3件。标本 BBP：39，青灰色细砂岩。器体浑圆修长，经打磨，呈圆锥状。把端尖弧，下端为研磨面，磨面边缘布满大片的打制片疤，磨面平整，有较多砸击疤痕。长 18.3、磨面宽 7.5 厘米，重 580 克（图三，5）。标本 BBP：37，青灰色细砂岩。器体粗矮，把端稍显弧圆，略呈圆锥状，通体打磨光滑，器身布满细小砸击麻点及坑疤。下端为研磨面，磨面稍微倾斜，面部略弧，边缘有大片的砸击崩疤，磨面中部有零星砸击坑疤。长 11.8、磨面宽 8.25 厘米，重 600 克（图三，6）。标本 BBP：36，青灰色细砂岩。平面近梯形，器体矮胖厚重，把端弧圆。器身布满砸击坑疤及麻点。下端为研磨面，磨面近椭圆形，面部略弧，有零星砸击坑疤。长 9、磨面宽 7.2 厘米，重 850 克（图三，7）。

扁椭圆形研磨器　1件（标本 06BBP：21）。青色泥质岩。器身近扁圆形。体形较小，周边及面部布满砸击坑疤及麻点，当同时兼作石锤使用。器身共有磨面两处，分别位于器体下部和面部，器体下部磨面随器身弧度呈半弧形带状；面部磨面较平整，磨面下有少许砸击坑疤。长 10.7、宽 7 厘米，重 215 克（图三，8）。

扁圆形研磨器　1件（标本 06BBP：15）。灰褐色粗砂岩。器身近椭圆球形，通体布满打制疤痕，可能同时兼作石锤使用。下端及器体双面均有研磨痕迹，但使用程度较轻。长 6.6、宽 6、厚 3.9 厘米，重 310 克（图四，1）。

石拍　1件（标本 BBP：44）。青灰色细砂岩。体型稍小，腰部磨出一圈束腰状凹槽；使用面位于下部，呈菱形。系先在器体下部磨出一个平滑的磨面，然后再在磨面上刻划出网状沟槽而成。长 6.1、宽 6.2、厚 4.5 厘米，重 190 克（图四，2）。

石锤　2件。有长条形和椭圆球形两种。

长条形石锤　1件（标本 06BBP：34）。灰黄色粗砂岩砾石。两端稍窄，有砸击崩疤，器身有零星砸疤。长 13.3、宽 5.2、厚 3.1 厘米，重 285 克（图四，3）。

椭圆球形石锤　1件（标本 06BBP：18）。青灰色粗砂岩砾石。椭圆球形，器身布满砸击坑疤及锄痕。长 11.6、宽 7.9、厚 6.4 厘米，重 470 克（图四，4）。

锛　2件。均为梯形。标本 06BBP：25，青绿色闪长岩。体形较小，器表稍微风化，两侧及刃部有零星打制片疤。刃部单面稍微磨制。长5.2、宽3.6、厚1厘米，重20克（图四，5）。标本06BBP：28，灰白色阳起石石英长石岩。平面近梯形，两侧有修整片疤，双面磨刃。弧刃，刃缘锋利，有锯齿状使用缺口。长4.5、宽4.7、厚1.1厘米，重35克（图四，6）。

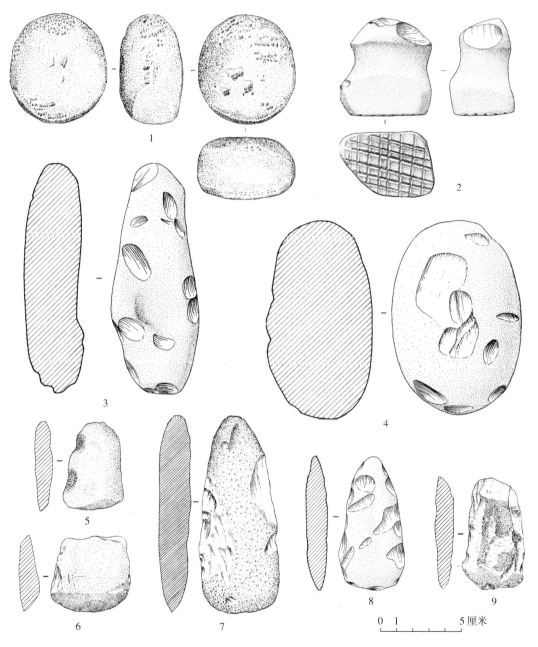

图四 坡六岭遗址出土石器

1.研磨器（06BBP：15）2.石拍（BBP：44）3.长条形石锤（06BBP：34）4.椭圆球形石锤（06BBP：18）5、6.石锛（06BBP：25、06BBP：28）7、8.石斧（06BBP：22、BBP：41）9.斧（锛）半成品（06BBP：30）

斧 2件。均为三角形。标本06BBP：22，青绿色闪长岩。器体细长，器表稍微风化，两侧有打制痕迹。双面磨刃，弧刃，因风化使用痕迹不清楚。长12、宽5、厚1.4厘米，重145克（图四，7）。标本BBP：41，灰白色阳起石石英长石岩。器表风化严重，器体扁薄，两侧稍微打制，打制疤痕不清，刃部双面磨制。长7.9、宽4.1、厚1厘米，重40克（图四，8）。

斧（锛）半成品 1件（标本06BBP：30）。青色泥质岩。平面近梯形，通体打制，两侧缘有细碎的打制片疤，刃部双面及器体正面稍微磨制。长6.6、宽3.7、厚1.1厘米，重30克（图四，9）。

斧（锛）毛坯 7件。依器物平面形状分为长方形、梯形和三角形三种。

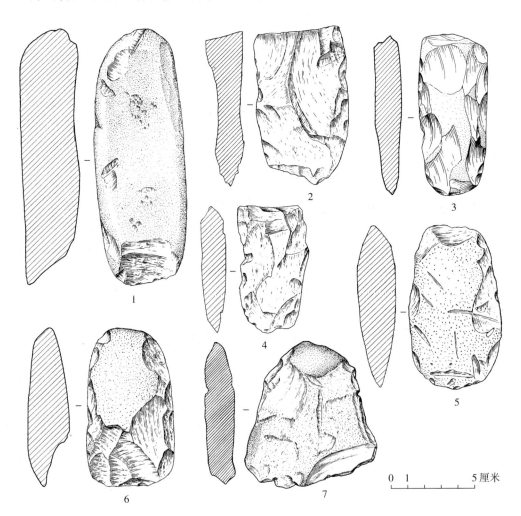

图五 坡六岭遗址出土石斧（锛）毛坯

1~4. 长方形（06BBP：13、06BBP：27、BBP：43、06BBP：26） 5、6. 梯形（06BBP：23、06BBP：24）
7. 三角形（06BBP：29）

长方形斧（锛）毛坯　4件。有刃端单面打制、两侧两端双面打制及通体打制三种。标本06BBP：13，青灰色细砂岩。器体细长，把端略弧，刃部单面打制，其余部位保留砾石面。长15.1、宽5.3、厚3.4厘米，重420克（图五，1）。标本06BBP：27，灰白色阳起石石英长石岩。上部略残，正面通体打制，片疤大小深浅不一，背面片疤主要集中在两侧缘，中部保留少许砾石面。长9.2、宽5.6、厚2厘米，重50克（图五，2）。标本BBP：43，灰褐色黑云母石英长石岩。平面呈长方形，器表风化严重，上端为截断面，两侧双向连续向面部打制，片疤层叠，刃端稍作打制。长9.4、宽4.1、厚1.7厘米，重100克（图五，3）。标本06BBP：26，灰白色阳起石石英长石岩。把端残断，通体打制，两侧缘片疤较细碎。长7.3、宽5、厚1.6厘米，重130克（图五，4）。

梯形斧（锛）毛坯　2件。有局部打制和通体打制两种。标本06BBP：23，青绿色闪长岩。器体宽扁，略有风化，两侧稍显弧圆。两侧及把端双面打制，片疤大小深浅不一。长9.7、宽5.3、厚2.1厘米，重165克（图五，5）。标本06BBP：24，青绿色闪长岩。把端弧圆，器表风化严重，打制部位主要集中在刃部，两侧缘亦有零星打制片疤。长9.5、宽5.5、厚2.5厘米，重190克（图五，6）

三角形斧（锛）毛坯　1件（标本06BBP：29）。灰黄色泥质岩。体形稍宽，两侧及刃部有双面打制片疤。长8.5、宽8、厚1.4厘米，重150克（图五，7）。

二、江坡遗址

江坡遗址（编号06DQJ）位于大化瑶族自治县羌圩乡那良村六洪屯西南，羌圩中学后面。南为灵岐河，西北靠羌圩河。遗址为两河交汇处的二级阶地上，地形狭长，已辟为果园。南北长约80米，东西宽约30米。地表散布一些石器。剖面上不见文化层堆积。

采集的遗物全是石器，类型有砍砸器、石锤、研磨器、砺石及毛坯。

砍砸器　1件（标本06DQJ：11）。黄褐色硅质岩。平面近长方形，体形较大，器体宽扁。在一端打制刃部，为单边直刃，器体上部正面有一个较浅的打制片疤，刃端单面打制，片疤较浅。刃面陡直，刃缘略显厚钝，无二次修整及使用痕迹。刃角65°，长15.8、宽9.6、厚4.2厘米，重890克（图六，1）。

石锤　2件。依器物平面形状分为长方形和椭圆球形两种。

长方形石锤　1件（标本06DQJ：1）。灰褐色粗砂岩。器身略显扁平，器体正面中部有一浅圆底凹坑，周围有零星砸击坑疤；背面右侧及下部各有一处大的使用崩疤，面部有零星砸击坑疤。长12.8、宽6.7、厚3.6厘米，重390克（图六，2）。

椭圆球形石锤　1件（标本06DQJ：5）。黄褐色硅质岩。器体边缘布满砸击疤痕。长10.3、宽7.6、厚6.8厘米，重680克（图六，3）。

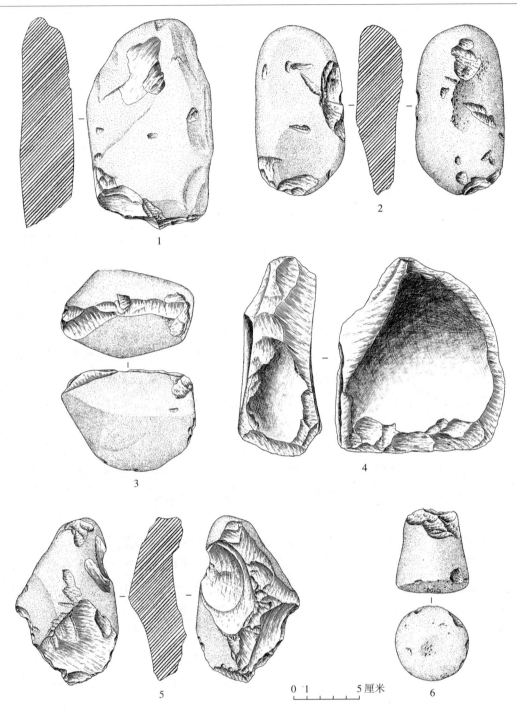

图六　江坡遗址出土石器

1. 砍砸器（06DQJ：11）　2. 长方形石锤（06DQJ：1）　3. 椭圆球形石锤（06DQJ：5）　4. 砺石（06DQJ：8）　5. 斧（锛）毛坯（06DQJ：2）　7. 研磨器（06DQJ：4）

砺石　1件（标本06DQJ：8）。黄褐色粗砂岩。器体较厚，两面及一侧均有弧形磨槽。长15、宽12.9、厚6.4厘米，重1680克（图六，4）。

斧（锛）毛坯　1件（标本06DQJ：2）。黄褐色硅质岩。平面近三角形。正面左侧上部有一个较大的打制石片疤，刃端双面打制，片疤均较大。长12.6、宽8.2、厚4.4厘米，重290克（图六，5）。

研磨器　1件（标本06DQJ：4）。青绿色辉长岩。器体呈束腰圆柱状。把端残断，器身打磨光滑，下端为研磨面，磨面不甚光滑平整，边缘有砸击崩疤。残长6.5、磨面宽5.7厘米，重280克（图六，6）。

三、大地坡遗址

大地坡遗址（编号06DQD）位于大化瑶族自治县羌圩乡古龙村占龙屯北面的大地坡，红水河与灵岐河交汇处的二级阶地上，北临灵岐河，东靠红水河，西为石灰岩山，南为一冲沟。阶地最高处为一较平坦的台地，以下为多级梯地，皆已辟为农地。遗址东西长约100米，南北宽约250米，堆积主要分布在靠红水河一侧的台地上，从陡坎剖面看，文化堆积相当丰富。地层包含大量的石片、碎屑，特别是一种石英的碎屑较多。堆积可分为二层：第1层为灰褐色耕土层，土质疏松。厚约25厘米。地表可见大量的石器、断块、砺石、石片、碎屑等石制品。第2层为棕褐色沙黏土，厚约1米。包含物有石器、断块、石片、碎屑等石制品。

采集的遗物全是石制品，包括打制石器和磨制石器两大类，打制石器的类型有砍砸器、手镐，磨制石器有石斧、石锛、斧（锛）半成品、斧（锛）毛坯、石锤、砺石等。

砍砸器　2件。均为单边直刃。标本06DQD：50，灰黄色中粒石英砂岩。平面近椭圆形，器体扁平光滑，右侧为陡直平滑的砾石截断面，下端单向打制刃部，刃面平缓，片疤不甚明显。刃缘稍窄，略微内凹，较锋利，无明显二次修整及使用痕迹。长12、宽10、厚4.8厘米，重745克（图七，1）。标本06DQD：49，黄褐色细粒石英砂岩。平面近圆形，面部凹凸不平，在砾石一侧单向打制刃部，刃面微内凹。刃缘锋利，无明显二次修整及使用痕迹。长9.8、宽10.2、厚4.8厘米，重615克（图七，2）。

手镐　1件（标本06DQD：47）。灰绿色辉长岩。平面近三角形，器体正面稍微扁平，背面略显隆弧，系用长圆形砾石两侧沿一端单面连续打片在一端相交形成一个圆钝的尖而成，侧面打制较多，其中右侧打片部位已达把端，片疤或大或小，深浅不一。长13.6、宽8.2、厚5.2厘米，重720克（图七，3）。

石锤　3件。形状有梯形、椭圆形和近球形三种。

梯形石锤　1件（标本06DQD：1）。青色硅质岩。器体厚重，表面光滑。使用部位

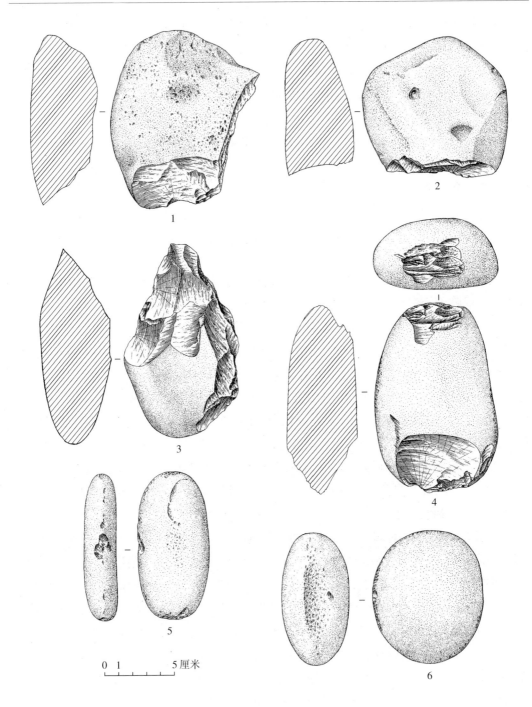

0　1　　　　　5厘米

图七　大地坡遗址出土石器

1、2. 砍砸器（06DQD：50、06DQD：49）　3. 手镐（06DQD：47）　4. 梯形石锤（06DQD：1）　5. 椭圆形石锤（06DQD：2）
6. 近球形石锤（06DQD：3）

集中在两端及两侧，其余部位保留完整砾石面。上部疤痕稍小，打击点上布满较为细碎的砸疤，顺着着力点往正面方向有一块大而深的片疤崩裂；下部打击点稍大，片疤沿打击点向两面崩裂，石片疤大而深，两侧亦有较细碎的砸疤。长13.2、宽8.8、厚4.9厘米，重800克（图七，4）。

椭圆形石锤　1件（标本06DQD：2）。紫红色细粒石英砂岩。器体扁平，两端及一侧有零星砸击坑疤及麻点，其中一端为稍平的琢打面，可能兼琢击用，面部无使用痕迹。长10.4、宽5.1、厚2.3厘米，重200克（图七，5）。

近球形石锤　1件（标本06DQD：3）。青绿色辉长岩。平面呈扁椭圆形，面部略显弧圆，沿砾石周边布满零星砸击坑疤及麻点，面部无使用痕迹。长9.2、宽7.9、厚4.3厘米，重585克（图七，6）。

砺石　3件。均为粗砂岩材质，有砾石及岩块两种，以砾石居多。磨痕均为弧槽。标本06DQD：6，灰褐色粗砂岩。平面呈不规则形，器体稍薄，一端已残断。背面有一个大而深的弧形磨槽，磨面较平滑。正面有两个较大的弧形磨槽，其中右侧磨槽一部分已残，两道凹槽间有一道与之平行的窄槽，可能为磨砺细小骨器一类的工具时所致。长13、宽10.7、厚3.4厘米，重510克（图八，1）。标本06DQD：5，灰褐色粗砂岩。平面近椭圆形，背面弧圆。选用椭圆形砂岩砾石较宽的一面作为使用面，磨面稍宽，呈浅凹槽状，其余部位无使用面。长12.2、宽9、厚4.7厘米，重700克（图八，2）。

磨切器　1件（标本06DQD：48）。紫褐色粗砂岩。平面近梯形，器体扁薄，一端残断。面部有作为砺石使用形成的磨面，用于切割石料的刃部位于一侧，刃缘较直，为圆形刃。长5.3、宽5、厚1.2厘米，重35克（图八，3）。

石斧　7件。器形有长方形、

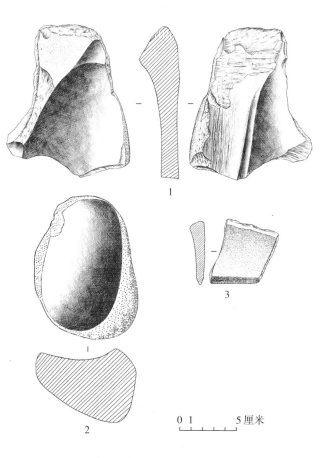

图八　大地坡遗址出土石器
1、2.砺石（06DQD：6、06DQD：5）　3.磨切器（06DQD：48）

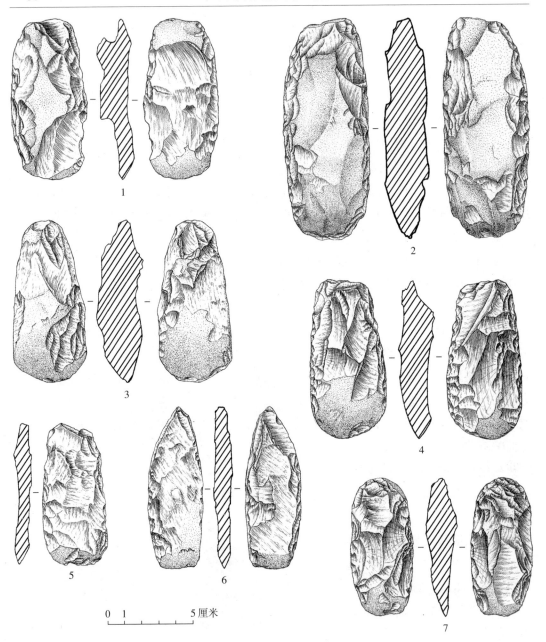

图九　大地坡遗址出土石斧

1、2. 长方形（06DQD：39、06DQD：40）　3~5. 梯形（06DQD：35、06DQD：36、06DQD：37）　6. 三角形（06DQD：41）
7. 长椭圆形（06DQD：38）

梯形、三角形和长椭圆形四种。刃部有直刃、圆刃和尖弧刃三类，均经过打坯，一般仅刃部磨制，个别器身有局部磨痕。

　　长方形石斧　2件。标本06DQD：39，灰白色硅质岩。把端稍弧，主要通过两侧缘集中向面部打制，面部片疤大而浅，正面上部保留少许砾石面，背面右下角有一个大而深的打制片疤，上部有一自然形成的凹坑。刃部双面精磨。偏锋，弧刃，刃缘锋利，无明显使用痕迹。刃角65°，长9、宽4.3、厚2厘米，重60克（图九，1）。标本06DQD：40，灰白色阳起石石英长石岩。器身两侧缘有较为密集的打制片疤，面部保留砾石面；刃部双面磨制，正锋、弧刃，刃缘有使用形成的层叠状崩疤。刃角65°，长12.5、宽4.8、厚2.2厘米，重190克（图九，2）。

梯形石斧　3件。标本06DQD：35，灰褐色透闪石。器身面部微弧，两侧略外张。器体右下角有一个大而深的打制片疤，两面磨刃。正锋，弧刃，刃缘因使用而略显厚钝。刃角65°，长9、宽4.2、厚2.7厘米，重150克（图九，3）。标本06DQD：36，青灰色硅质岩。器体稍扁，顶部平直，两侧微张。器身布满打制片疤，片疤较密，大小深浅不一。双面磨刃，刃部正面左下角及背面刃缘中部均保留有打制片疤。正锋，圆弧刃，刃缘有细小使用缺口。刃角72°，长9、宽4.3、厚2.1厘米，重110克（图九，4）。标本06DQD：37，青灰色硅质岩。器体扁薄，两侧微张。器身布满打制片疤，双面磨刃。正锋，弧刃，刃缘有细小使用缺口。刃角40°，长8、宽3.7、厚1厘米，重35克（图九，5）。

三角形石斧　1件（标本06DQD：41）。灰白色阳起石石英长石岩。系用天然岩块制作而成，器体扁长，仅两侧缘稍作修整，片疤小而浅。双面磨刃，正锋，直刃，刃缘锋利，无使用痕迹。刃角48°，长9、宽3.2、厚1厘米，重35克（图九，6）。

长椭圆形石斧　1件（标本06DQD：38）。灰白色硅质岩。平面呈长方形，两端弧圆。器身布满大而密的打制片疤，仅刃部稍微磨制，刃面较光滑，弧刃，偏锋，刃缘锋利，无使用痕迹。刃角35°，长7.8、宽3.6、厚1.7厘米，重75克（图九，7）。

石斧残段　3件。尖弧刃、弧刃及圆刃各1件。标本06DQD：44，灰白色硅质岩。上部残断，器体两侧缘保留有细小打制片疤。刃部双面精磨，器体两侧缘稍微磨制。偏锋，尖弧刃，刃缘锋利，无使用痕迹。刃角60°，残长7.3、宽5.8、厚1.8厘米，重100克（图

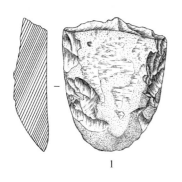
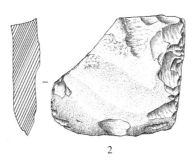
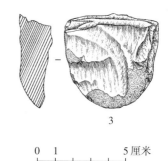

0　1　　　　　5厘米

图一〇　大地坡遗址出土石斧残段

1.06DQD：44　2.06DQD：46　3.06DQD：45

一〇，1）。标本06DQD：46，灰白色硅质岩。器体宽扁，上部残断，左侧缘较锐，有轻微修整痕迹。刃部双面稍微磨刃。正锋，刃缘近直，有细小使用缺口。刃角55°，长6.6、宽7.2、厚1.2厘米，重90克（图一〇，2）。标本06DQD：45，灰褐色硅质岩。上部残断，刃部双面精磨。偏锋，圆弧刃，刃缘锋利，无使用痕迹。刃角70°，长5.2、宽5.3、厚1.8厘米，重60克（图一〇，3）。

石锛　2件。长方形、梯形各1件。

长方形石锛　1件（标本06DQD：43）。青绿色闪长岩。正面略弧，背面稍平，两侧保留有深浅大小不一的片疤。除刃部精磨外，器身正面亦稍微磨制。弧刃，刃缘锋利，无使用痕迹。刃角60°，长9.8、宽4.7、厚2.3厘米，重160克（图一一，1）。

梯形石锛　1件（标本06DQD：42）。灰白色阳起石石英长石岩。体形稍小，器身扁薄。系用岩块石片修整而成，正面保留岩石劈裂面，边缘有修整时留下的细碎片疤。除刃部双面精磨外，两侧棱角亦稍加磨制，但磨制略粗，尚保留少许修整片疤痕迹。刃缘略微斜直，锋利，无使用痕迹。刃角50°，长5.6、宽3.3、厚0.8厘米，重25克（图一一，2）。

斧（锛）半成品　3件。有三角形和长方形两种。

三角形斧（锛）半成品　1件（标本06DQD：32）。灰白色硅质岩。平面呈三角形。器身保留细长的剥片痕迹，两端经二次修整，器身面部稍微磨制。长6.2、宽4、厚1.1厘米，重30克（图一一，3）。

长方形斧（锛）半成品　2件。标本06DQD：30，青灰色硅质岩。刃部已残，通体打制，两侧缘片疤稍显细密，面部片疤大而浅。背面单面磨刃，正面器身局部有轻微磨痕。残长9.8、宽4.7、厚2厘米，重85克（图一一，4）。标本06DQD：29，黄褐色硅质岩。器身背面稍微隆起，两端及两侧有打制片疤，正面为较平整的砾石劈裂面，劈裂面上有轻微磨痕。长9.7、宽4.4、厚1.7厘米，重75克（图一一，5）。

斧（锛）半成品残段　2件。均为刃部。标本06DQD：34，灰白色硅质岩。上部残断。两侧缘及刃部有连续双面打制片疤，刃部双面磨制。尖弧刃。残长5.7、宽5.2、厚1.5厘米，重40克（图一一，6）。标本06DQD：33，青白色硅质岩。上部残断。通体打制，器身保留有大小不一的打制片疤，两侧缘有细而密的砸疤。通体磨制。残长6.5、宽5.8、厚3厘米，重50克（图一一，7）。

斧（锛）毛坯　9件。多以岩块作为原料打制，岩性以灰白色硅质岩为主，以通体打制居多，两侧双面打制者也不少。器形有长方形、梯形、三角形、椭圆形四种。

长方形斧（锛）毛坯　3件。标本06DQD：9，灰白色阳起石石英长石岩。平面呈长方形，器表稍微风化，把端略厚，刃端稍薄。通体打制片疤较浅。长10.7、宽4.5、厚2.8厘米，重185克（图一二，1）。标本06DQD：10，灰白色阳起石石英长石岩。平面呈长方形，器表稍微风化，把端微弧，打制部位主要集中在两端及两侧，片疤较浅。长10.4、

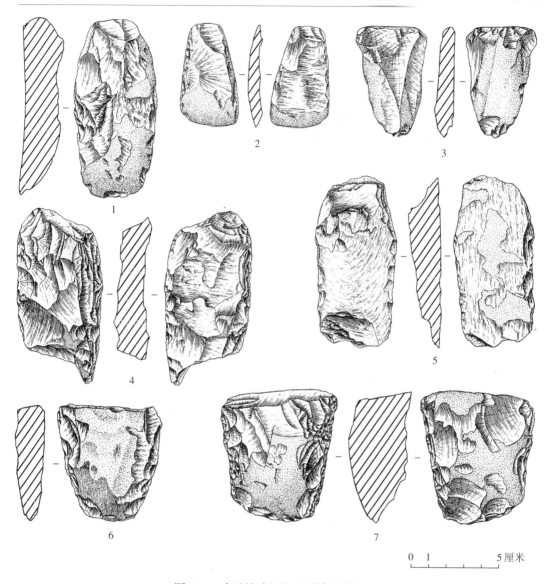

图一一　大地坡遗址出土石锛及半成品

1. 长方形石锛（06DQD：43） 2. 梯形石锛（06DQD：42） 3. 三角形斧（锛）半成品（06DQD：32） 4、5. 长方形斧（锛）半成品（06DQD：30、06DQD：29） 6、7. 斧（锛）半成品残段（06DQD：34、06DQD：33）

宽4.2、厚3.3厘米，重180克（图一二，2）。标本06DQD：18，浅灰白色阳起石石英长石岩。平面呈长方形。通体打制，片疤主要集中分布于两侧，呈层叠状。长10、宽4.5、厚2厘米，重100克（图一二，4）。

　　梯形斧（锛）毛坯　2件。标本06DQD：19，浅灰白色阳起石石英长石岩。平面近梯形，面部稍微风化，凹凸不平。除右侧近把端处有少许单面打制片疤外，其余打制部位主要集中于器体下部两侧及端部，均为双面打制，其中刃部及右侧打制片疤稍大，正面上部及背面保留较多石皮。长13、宽4.4、厚2.5厘米，重190克（图一二，3）。标本06DQD：
15，浅灰白色阳起石石英长石岩。器体扁小，平面近梯形，两侧微张。通体打制，周边密
布修整形成的层叠状细小片疤。长7.6、宽3、厚1.8厘米，重35克（图一二，5）。

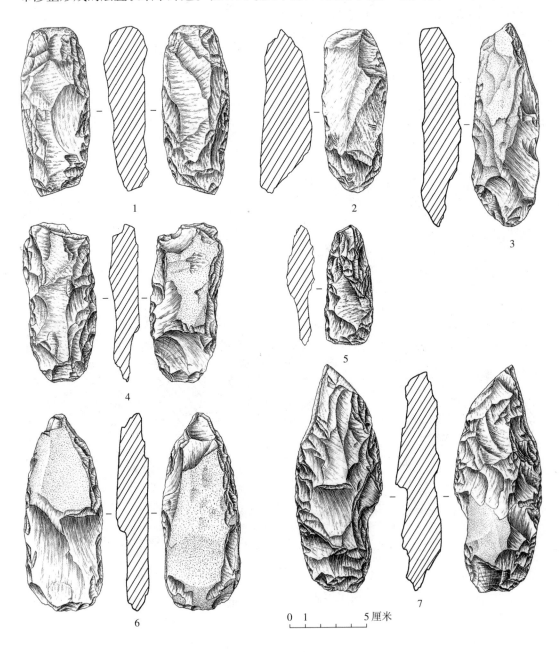

图一二　大地坡遗址出土石斧（锛）毛坯

1、2、4. 长方形（06DQD：9、06DQD：10、06DQD：18）　3、5. 梯形（06DQD：19、06DQD：15）　6、7. 三角形（06DQD：17、06DQD：16）

　　三角形斧（锛）毛坯　2件。标本06DQD：17，青黄色硅质岩。平面近三角形，把端尖弧，刃部弧圆。系用岩块沿两侧缘向双面连续剥片而成，片疤较细。长12.6、宽5.2、厚2厘米，重155克（图一二，6）。标本06DQD：16，青白色硅质岩。平面近三角形，把端稍尖，刃部微弧。通体打制，由两侧向面部剥片，器身布满较密的打制片疤。长14.5、宽5.6、厚3厘米，重260克（图一二，7）。

　　椭圆形斧（锛）毛坯　2件。标本06DQD：23，青白色硅质岩。平面近椭圆形，两端稍显弧圆。通体打制，正面稍平，上部有一个较大的打制片疤，下部及边缘有较细密的修整片疤；背面隆凸，片疤大而浅。长9.4、宽5.4、厚3厘米，重165克（图一三，1）。

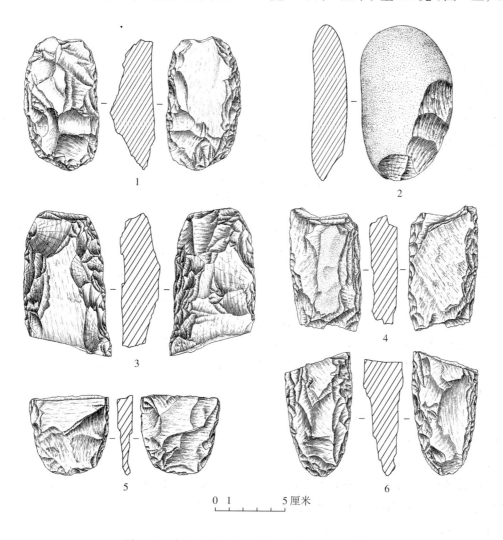

1　　　　　　　　　　　　　　　　　2

3　　　　　　　　　　4

5　　　　　　　　　　6

0　1　　　　　5厘米

图一三　大地坡遗址出土石斧（锛）毛坯及其残品

1、2.椭圆形斧（锛）毛坯（06DQD：23、06DQD：25）　3.上段斧（锛）毛坯残品（06DQD：12）　4.中段斧（锛）毛坯残品（06DQD：11）　5、6.下段斧（锛）毛坯残品（06DQD：20、06DQD：13）

标本06DQD：25，红褐色砂岩。平面近椭圆形，仅刃部及右侧单面打制，其余部分保留砾石面，片疤大而深。长11、宽6.6、厚2.4厘米，重170克（图一三，2）。

斧（锛）毛坯残品　4件。有上段、中段、下段几部分。

上段斧（锛）毛坯残品　1件（标本06DQD：12）。青色硅质岩。平面呈长方形，刃端残断，通体打制，片疤大小深浅不一，背面保留少许岩石自然断裂面。残长10.2、宽6、厚2.3厘米，重185克（图一三，3）。

中段斧（锛）毛坯残品　1件（标本06DQD：11）。青黄色硅质岩。平面呈长方形，两端残断，两侧双面连续打制，片疤浅而细碎。残长8.5、宽5、厚2厘米，重130克（图一三，4）。

下段斧（锛）毛坯残品　2件。标本06DQD：20，灰白色阳起石石英长石岩。上部残断，仅余刃部，系用岩块通体打制而成，面部片疤稍大，但较浅，两侧缘片疤密而细碎。残长5.5、宽5.6、厚1.1厘米，重100克（图一三，5）。标本06DQD：13，浅灰白色阳起石石英长石岩。平面近三角形，把端残断，刃端尖弧，通体打制，片疤主要集中于两侧，排列较密，浅而细碎。残长8.7、宽4.7、厚2.9厘米，重135克（图一三，6）。

四、索塘岭遗址

索塘岭遗址（编号06MJS）位于马山县金钗镇独秀村那烂屯索塘岭，处于红水河南岸，东北距六卓岭约100米。遗址西南为一冲沟，北为红水河，东南为土岭，种植松树。遗址已辟为玉米地，有数级陡坎，顶部较平坦。分布面积南北宽约50米，东西宽约80米。从剖面看，堆积分为二层：第1层为灰褐色沙黏土耕土层，厚约20厘米。地表散布一些断块、砾石、石片、石器等石制品。第2层为棕红色沙黏土层，较板结。厚约30厘米。包含大量细小的动物骨骼、红烧土、炭屑、石片、碎屑以及少量石器。

采集的遗物皆为石器，类型有石锛、石斧、斧（锛）毛坯、石锤等。

石锛　2件。长方形及长条形各1件。

长方形石锛　1件（标本06MJS：3）。灰白色硅质岩。平面近长方形，系由岩块制作而成，未见修整片疤。刃部双面精磨。近直刃，刃缘锋利，无使用痕迹。长8.5、宽3.5、厚1.7厘米，重55克（图一四，1）。

长条形石锛　1件（标本06MJS：1）。红褐色硅质岩，器身窄而弧圆，右侧及刃端保留有打制片疤。刃部双面精磨，尖弧刃，刃面有一个较大的使用崩疤。长12、宽3.8、厚2.5厘米，重135克（图一四，3）。

石斧　1件（标本06MJS：9）。青黄色硅质岩。平面呈梯形，两侧及把端双面连续打制，部分片疤大而深。通体磨制，面部精磨，两侧及把端打击棱角稍微磨平。弧刃，刃

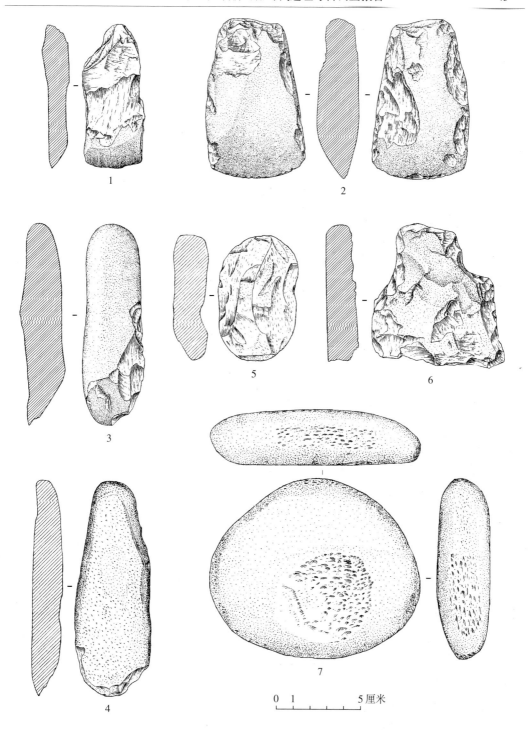

图一四　索塘岭遗址出土石器

1. 长方形石锛（06MJS：3）　2. 梯形石斧（06MJS：9）　3. 长条形石锛（06MJS：1）　4. 梯形斧（锛）毛坯（06MJS：4）　5. 椭圆形斧（锛）毛坯（06MJS：5）　6. 双肩石器（06MJS：6）　7. 石锤（06MJS：12）

缘锋利，有锯齿状使用痕迹。长 9.4、宽 5.8、厚 2.5 厘米，重 190 克（图一四，2）。

斧（锛）毛坯　2 件。梯形、椭圆形各 1 件。

梯形斧（锛）毛坯　1 件（标本 06MJS∶4）。黑褐色石英长石岩。面部平整，器表略有风化，仅刃部打制，片疤小而细碎。长 13、宽 4.5、厚 1.6 厘米，重 135 克（图一四，4）。

椭圆形斧（锛）毛坯　1 件（标本 06MJS∶5）。灰白色阳起石石英长石岩。器体风化严重，器身周边有连续打制片疤，片疤较细碎。长 7.3、宽 4.6、厚 2 厘米，重 100 克（图一四，5）。

双肩石器　1 件（标本 06MJS∶6）。灰白色阳起石石英岩。器体下部残断，短柄，肩略斜，两肩不太对称，肩部有捆缚磨痕；器体两侧有连续打制片疤，两面均磨制，一面磨砺较平滑。残长 8、宽 8、厚 1.8 厘米，重 170 克（图一四，6）。

石锤　1 件（标本 06MJS∶12）。灰白色细粒石英砂岩。器体扁薄，周边有密集的砸击麻点。长 12.4、宽 10.6、厚 3.1 厘米，重 600 克（图一四，7）。

五、拉如岭遗址

拉如岭遗址（编号 06MJL）位于马山县金钗镇乐江村九一屯拉如岭，东、西为一冲沟，南为山坡土岭，种有松树，东北部与北大岭隔红水河相望。遗址已辟为农地，有数级陡坎，顶部开阔、平坦。东西宽约 100 米，南北宽约 80 米。剖面地层分为二层：第 1 层为灰褐色沙黏土耕土层，厚约 18 厘米。地层散布断块、砾石、砍砸器、石片等石制品。第 2 层为棕色沙黏土层，厚约 40 厘米。包含大量的断块、砾石、砍砸器、石片等石制品。

采集的遗物皆是石制品，石制品类型有砍砸器、刮削器、石片、石锤等，以打制石器为主。

砍砸器　12 件。均为单边刃砍砸器，有直刃和弧刃两种。器身大部保留自然砾石面，以单向打制为主，刃面大多平缓锋利。

单边直刃砍砸器　10 件。岩性以细粒石英砂岩为主。一般在端部或一侧单向打制刃部。标本 06MJL∶1，灰褐色细粒石英砂岩。器身平面呈梯形，较厚重。在砾石下端单向打制出刃部，其余部分保留完整砾石面，打制片疤较大，打片痕迹均较为清楚，刃面平缓，刃缘锋利，略微内凹，无明显二次修整及使用痕迹。刃角 60°，长 12.5、宽 9、厚 6 厘米，重 860 克（图一五，1）。标本 06MJL∶3，灰褐色细粒石英砂岩。器身平面呈梯形，器体厚重。在砾石下端单向打制出刃部，右侧下部有一个大的打制片疤，刃面较陡直，刃缘锋利，无明显二次修整及使用痕迹。刃角 69°，长 12、宽 7.7、厚 6 厘米，重 895 克（图一五，2）。标本 06MJL∶2，灰褐色细粒石英砂岩。器身平面近长方形，器体略显厚重。在砾石长侧边单向打制出刃部，片疤大而深，左侧有一个较大的打制片疤，其余部分保

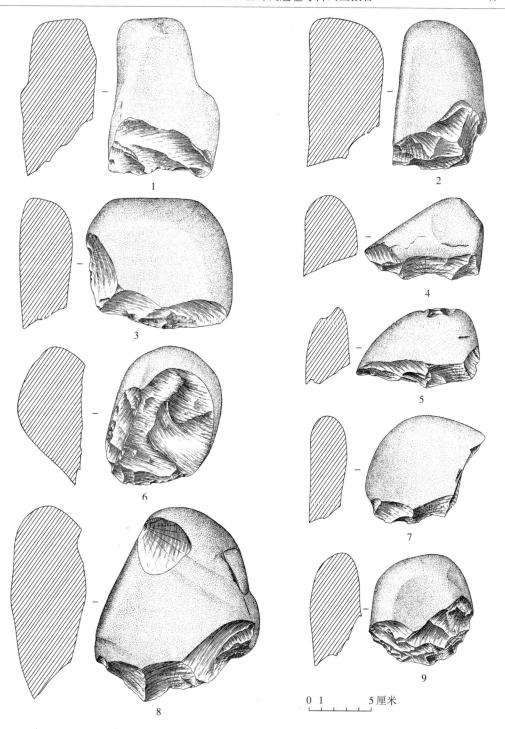

图一五 拉如岭遗址出土石砍砸器

1~7. 单边直刃（06MJL：1、06MJL：3、06MJL：2、06MJL：8、06MJL：12、06MJL：9、06MJL：13） 8、9. 单边弧刃（06MJL：4、06MJL：5）

留砾石面。刃面平缓，刃缘锋利，有细小使用崩疤及缺口。刃角60°，长10.5、宽11.6、厚4.3厘米，重795克（图一五，3）。标本06MJL：8，灰褐色细粒石英砂岩。器身平面略呈三角形，器形稍小。系在三角形砾石一侧单向打制刃部而成，其余部位保留砾石面。刃面较陡直，片疤稍大，刃缘略有起伏，无二次修整及明显使用痕迹。刃角57°，长6.7、宽10.2、厚4.3厘米，重365克（图一五，4）。标本06MJL：12，灰黄色石英长石岩。器身平面近梯形。系在椭圆形砾石一侧单向打制刃部而成，上部及右侧各有两个砸击片疤，其余部位保留砾石面。刃面较陡直，片疤较密，部分片疤大而深。刃角50°，长5.9、宽10.3、厚3.5厘米，重260克（图一五，5）。标本06MJL：9，灰褐色细粒石英砂岩。器身平面呈椭圆形。系由器体上部向另一端打制一个较大的劈裂面加工而成，刃面较为平滑。刃缘锋利，有明显二次修整痕迹。刃角40°，长11.7、宽8.6、厚5.2厘米，重600克（图一五，6）。标本06MJL：13，青灰色辉长岩。器身平面近椭圆形，器体扁薄。右侧为砾石截断面，下端单面打制刃部，刃面较陡直，片疤大而深，直刃，刃缘无使用痕迹。刃角70°，长9、宽8、厚3.3厘米，重395克（图一五，7）。

单边弧刃砍砸器　2件。岩性以细粒石英砂岩为主。一般在端部单向打制刃部，刃面一般较陡直，片疤大而密。标本06MJL：4，灰褐色细粒石英砂岩。器身平面略呈梯形，器体较厚重。上部左侧有一个较大的打制片疤，下端单向打制出刃部，片疤较大，打击点及放射线较清楚。刃面平缓，未经修整。刃角65°，长16、宽12.6、厚6.1厘米，重1385克（图一五，8）。标本06MJL：5，青灰色硅质岩。器身平面近椭圆形。在砾石下端及两侧单向打制出刃部，刃面略缓，片疤层叠，刃缘凸出，有二次修整形成的缺口。刃角55°，长6、宽8.2、厚4.2厘米，重380克（图一五，9）。

刮削器　4件。岩性有硅质岩和石英长石岩两种，一般用砾石打制而成，也有少量用石片修整制作的。

砾石刮削器　3件。标本06MJL：6，青灰色硅质岩。平面略呈梯形，下端单向打制出刃部，刃面较陡直，片疤层层叠叠；弧刃，有使用痕迹。刃角70°，长6.5、宽7、厚3.9厘米，重205克（图一六，1）。标本06MJL：16，灰白色长石石英岩。平面略呈椭圆形，系用椭圆形砾石从一侧向另一侧剥片修整而成，打击点及放射线清楚；刃缘经二次修整，有细小层叠的片疤。刃角45°，长5.8、宽7.3、厚2.7厘米，重115克（图一六，2）。

石片刮削器　1件（标本06MJL：20）。灰黄色石英长石岩。平面呈圆形，系由砾石石片修整而成，背面为石片剥裂面，打击点及放射线清楚；正面上部有一个大的打击片疤，右侧有剥片痕迹，周边有锯齿状修整痕迹。刃角25°，长4.5、宽4.6、厚1厘米，重22克（图一六，3）。

石锤　1件（标本06MJL：26）。灰褐色中粒石英砂岩。扁椭圆形，器身周边布满砸击坑疤和麻点。长8.7、宽6.5、厚3.2厘米，重290克（图一六，4）。

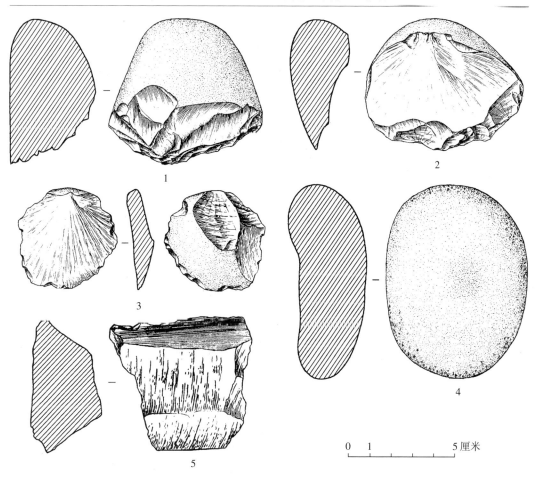

图一六　拉如岭遗址出土石器

1、2.砾石刮削器（06MJL：6、06MJL：16）　3.石片刮削器（06MJL：20）　4.石锤（06MJL：26）　5.切割痕石废料（06MJL：17）

切割痕石废料　1件（标本06MJL：17）。灰白色石英长石岩。平面近长方形，器体上下两端均为截断面，器身一侧有一条稍宽的切割痕迹，切割面稍微内凹；另一侧为两条平行的切割凹槽，一条稍窄，另一条略宽，两条凹槽呈子母口状。长6、宽6.5、厚3.3厘米，重155克（图一六，5）。

六、古楼坡遗址

古楼坡遗址（编号06MJG）位于马山县金钗镇乐江村上凌屯古楼坡，地形为东西向狭长形。北为红水河，与北大岭遗址隔河相望，南为连绵的土山，种植松树。东为平坦的玉米地，西为一冲沟，与拉如岭遗址相距约500米。遗址自南向北倾斜，有数级陡坎。

南北宽约 50 米，东西宽约 100 米。剖面分为二层：第 1 层为灰褐色沙黏土耕土层，厚约 20 厘米。地表散布断块、石片、砍砸器等石制品。第 2 层为棕红色的沙黏土层，厚约 40 厘米。可见大量的动物骨骼、炭屑、红烧土，以及一些石片、石器、碎屑等石制品。

采集的遗物皆为石器，石器分打制石器和磨制石器两种，以打制石器居多；打制石器的类型主要为砍砸器，磨制石器有石斧、石锛、斧（锛）毛坯等。

砍砸器　15 件。有单边直刃、单边弧刃、凸刃和双边刃四种。

单边直刃砍砸器　7 件。岩性以细粒石英砂岩为主。多在端部及一侧单向打制刃部。标本 06MJG：16，灰褐色细粒石英砂岩。平面近梯形，器身右侧为残损断裂面；下端单向打制刃部，刃面较陡直，片疤大而浅；刃缘近直，无明显二次修整及使用痕迹。刃角 58°，长 9.5、残宽 5.5、厚 3.3 厘米，重 220 克（图一七，1）。标本 06MJG：8，青灰色硅质岩。平面近三角形，器身上部及右侧各有一个大而深的打制片疤，沿底边单面打制刃部，刃面较陡直，片疤大而深。直刃，刃缘锋利，局部有锯齿状二次修整痕迹。长 7、宽 9.5、厚 5.1 厘米，重 380 克（图一七，2）。

单边弧刃砍砸器　3 件。岩性以细粒石英砂岩为主，有部分硅质岩。标本 06MJG：7，青灰色硅质岩。平面近三角形，在右侧及下部单面打制刃部，刃面略缓，片疤层叠，打击点及放射线清楚。弧刃，刃缘锋利，无明显二次修整及使用痕迹。刃角 65°，长 11.1、宽 8.2、厚 4.2 厘米，重 430 克（图一七，3）。标本 06MJG：5，灰褐色细粒石英砂岩。平面呈长方形，器体扁平，正面略隆弧。右侧为陡直的砾石截断面；下部单向打制刃部，刃面平缓，部分片疤稍大；刃缘微弧，无明显二次修整及使用痕迹。刃角 70°，长 9.5、宽 10.9、厚 3.8 厘米，重 595 克（图一七，4）。标本 06MJG：10，灰褐色细粒石英砂岩。平面近三角形，器身弧圆，顶部有一撮砸击疤痕，可能兼作石锤使用；下端单向打制刃部，片疤大而浅。刃面较陡直，刃缘稍经修整，较锋利，无明显使用痕迹。刃角 80°，长 6.7、宽 9、厚 5.9 厘米，重 320 克（图一七，5）。

凸刃砍砸器　2 件。标本 06MJG：2，灰褐色细粒石英砂岩。平面近圆形，系沿扁圆形砾石一半边缘打制刃部而成，另一半保留完整砾石面，刃面陡直，片疤较大，打击点及放射线清楚。弧刃，刃缘锋利，未经二次修整。刃角 80°，长 9、宽 10、厚 4.5 厘米，重 500 克（图一七，6）。标本 06MJG：1，灰黄色石英砂岩。平面呈四边形，器体扁平，顶部凹弧，两侧平直；在砾石下部单向打制刃部，刃面两侧内凹，左侧为劈裂面；刃缘稍窄，且向外凸出。刃角 70°，长 9.7、宽 12.5、厚 3.6 厘米，重 600 克（图一七，7）。

双边刃砍砸器　3 件。均为细粒石英砂岩。一般在砾石的一端和一侧或两端单向打制刃部。标本 06MJG：3，黄褐色细粒石英砂岩。平面近长方形，器身光滑平整，两侧缘微弧。在砾石上下两端分别单面打制刃部，左侧亦经修整，但尚未加工成刃，上下两端刃面平缓。长 11.8、宽 8、厚 4.5 厘米，重 530 克（图一八，1）。标本 06MJG：15，灰褐

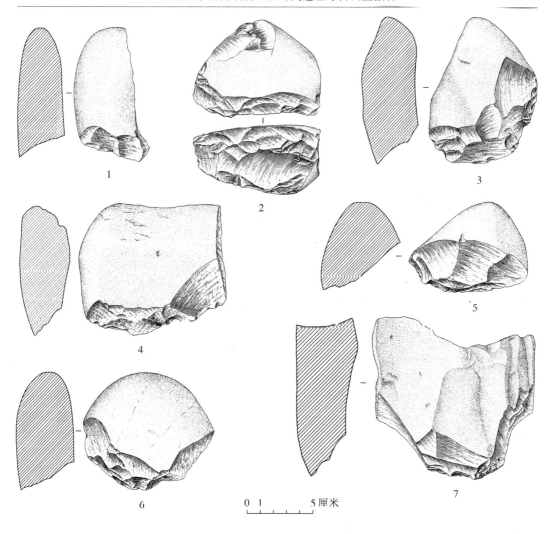

图一七 古楼坡遗址出土石砍砸器

1、2.单边直刃（06MJG：16、06MJG：8）3~5.单边弧刃（06MJG：7、06MJG：5、06MJG：10）6、7.凸刃（06MJG：2、06MJG：1）

色细粒石英砂岩。平面呈椭圆形，器体厚重，器身弧圆平滑。在砾石上下两端分别朝正反两面单向打制刃部，刃面均较陡，上部刃面微内凹。两刃均无明显二次修整及使用痕迹。长9.7、宽8.5、厚5.2厘米，重660克（图一八，2）。标本06MJG：11，青灰色辉长岩。平面近椭圆形，上部平直，有打制片疤，左侧缘及下部打制刃部。长8.8、宽7、厚4.6厘米，重390克（图一八，3）。

刮削器 3件。均用砾石石片制作而成。标本06MJG：18，青灰色硅质岩。平面近梯形，器体扁薄，系用石片稍经修整制作而成，正面为平滑的砾石劈裂面，背面上部有深浅大小不等的打制片疤，刃缘位于下部，较锋利，有零星修整缺口。长5.3、宽7.2、厚

1.3厘米，重55克（图一八，4）。标本06MJG：22，灰白色硅质岩。平面近圆形，器体扁薄，周边有细碎的锯齿状修整缺口。长5.4、宽5.4、厚1厘米，重35克（图一八，5）。

　　石锤　1件（标本06MJG：23）。紫褐色石英砂岩。平面呈椭圆形，器体宽扁，器身边缘有零星砸击坑疤及崩疤。长15、宽11.5、厚4.5厘米，重1300克（图一八，6）。

　　石斧　2件。标本06MJG：26，青绿色辉长岩。平面呈长方形，器体宽扁，顶部微

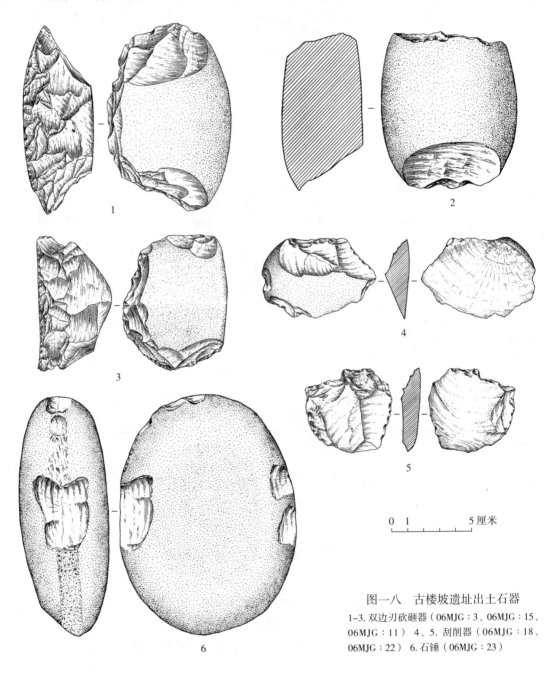

0　1　　　　　　5厘米

图一八　古楼坡遗址出土石器

1~3. 双边刃砍砸器（06MJG：3、06MJG：15、06MJG：11）　4、5. 刮削器（06MJG：18、06MJG：22）　6. 石锤（06MJG：23）

弧，两侧有双面打制片疤，片疤大而深。仅刃部磨制，正锋，斜弧刃，刃缘锋利，有使用形成的缺口。长8.8、宽6.5、厚1.7厘米，重150克（图一九，1）。标本06MJG：30，黑褐色石英长石岩。平面呈长方形，器表风化严重，上部残断，右侧下部有一个模糊的打制片疤。残长6.5、宽3.8、厚1.4厘米，重55克（图一九，2）。

石锛 1件（标本06MJG：28）。灰白色石英长石岩。平面近三角形。系用砾石制作而成，器表风化严重，两侧及刃部有模糊的打制痕迹，刃部轻微磨制。长5.7、宽4.3、厚1厘米，重30克（图一九，3）。

斧（锛）毛坯 2件。有梯形和三角形两种。

梯形斧（锛）毛坯 1件（标本06MJG：25）。灰白色硅质岩。器体扁薄，平面呈梯形，顶部近直，两侧微张。系用岩块制作而成，两侧有细碎而密集的片疤。长8.2、宽4.6、厚1.3厘米，重55克（图一九，4）。

三角形斧（锛）毛坯 1件（标本06MJG：20）。青灰色硅质岩。平面近三角形，器身为平滑的砾石面，把端残断，残断处有一个打制片疤；下部略束腰，刃部为一打击截断片疤。残长8.7、宽7.8、厚2厘米，重150克（图一九，5）。

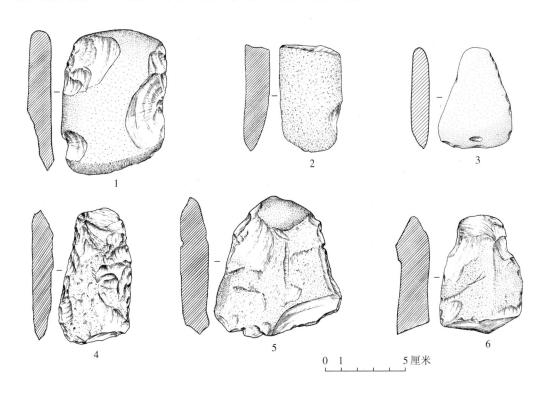

图一九 古楼坡遗址出土石器

1、2.石斧（06MJG：26、06MJG：30）3.石锛（06MJG：28）4.梯形斧（锛）毛坯（06MJG：25）5.三角形斧（锛）毛坯（06MJG：20）6.双肩石器毛坯（06MJG：27）

双肩石器毛坯　1件（标本06MJG：27）。灰白色石英长石岩。平面略呈梯形，器表风化严重，下部为砾石截断面，上部两侧稍微打出肩部，把端及左右两侧单面打制，片疤小而细碎。长7.8、宽5.3、厚2厘米，重90克（图一九，6）。

七、结　语

红水河沿岸分布众多的新石器时代遗址，此次调查工作所发表的以上6处遗址，文化层堆积特征除江坡遗址外的其他5处遗址都与北大岭遗址极为相似，遗址地表都散布大量的制作石器产生的断块、石片、碎屑，以及毛坯、半石品、成品，并且地层剖面可见动物骨骼遗存。石制品类型基本上涵盖了石器制作场的各阶段产品，包括毛坯、半成品、成品，以及原料、工具，制作石器产生的石片、碎屑、断块等。因此，这些遗址都有可能与北大岭一样存在石器制作场的遗迹。从石器类型看，基本上都有打制石器存在，以砍砸器、刮削器为主，制作简单，单面加工。磨制石器以斧、锛、斧（锛）毛坯为主，斧、锛的加工特点主要以精磨刃部为主。

此次调查遗址的文化内涵、器物特征与北大岭遗址第一期基本一致，年代也应基本接近，据北京大学第四纪年代测定实验室对北大岭第一期地层的碳样进行测定，年代在距今8000年左右，因此拉如岭、古楼坡、索塘岭、江坡、大地坡等遗址的年代最早可能与此年代相当，但遗址年代可能有早晚关系，如大地坡遗址出现磨制石器，坡六岭发现石拍，索塘岭、古楼坡发现双肩石器，因此遗址与北大岭一样可能存在早、晚两期不同的文化遗存。根据邓聪先生认为环珠江口的石拍流行于距今6000~5000年间，是东亚已知最古老的"树皮布文化系统"[3]，因此，坡六岭的地层堆积年代在距今6000年左右。

红水河流域分布的以北大岭遗址第一期为代表的同类型遗址，具有类似的文化特征：存在石器制作场，打制石器和磨制石器并存，典型器物有砍砸器、研磨器、磨刃石器，陶器以粗绳纹陶为主，器形简单。堆积可分为早、晚两期，代表了一种新的具有明显地域特色的新石器时代文化。

附记：本次考古调查得到了河池市文物站、南丹县文物管理所、东兰县文物管理所、巴马瑶族自治县文物管理所、大化瑶族自治县文物管理所、都安瑶族自治县文物馆、马山县文物管理所等单位的大力支持和协助，在此谨表谢意。

执笔：谢广维　林　强　宁永勤

绘图：张小波　蒋新荣　杨结实

注　释

［ 1 ］ 邱龙：《大化县音墟新石器时代遗址》，《中国考古学年鉴·1992》，文物出版社，1993 年；李庆斌：《大化县琴常新石器时代遗址》，《中国考古学年鉴·1992》，文物出版社，1993 年。

［ 2 ］ 林强、谢广维等：《广西都安北大岭遗址考古发掘取得重要成果》，《中国文物报》2005 年 12 月 2 日。

［ 3 ］ 邓聪：《史前蒙古人种海洋扩散研究——岭南树皮布文化发现及其意义》，《东南文化》2000 年第 11 期。

隆安县虎楼岭、北庙遗址发掘报告

广西文物考古研究所

隆安县文物管理所

2005年8月，为配合南百高速公路工程建设，广西文物工作队（现广西文物考古研究所）对广西隆安县境内的虎楼岭及北庙遗址进行考古发掘，现将发掘情况介绍如下（图一）。

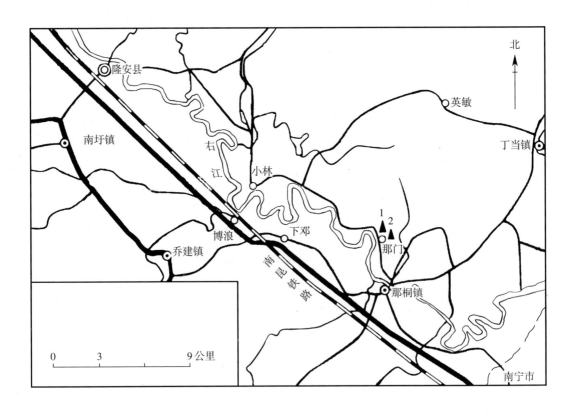

图一　遗址位置示意图

1.虎楼岭　2.北庙

一、虎楼岭遗址

虎楼岭遗址位于隆安县那桐镇那门村的北面约500米的虎楼岭坡地上，地处东经107°50′46″，北纬23°5′7.8″。遗址所在地为一南北向土岭，其北面远处是连绵的石山，南面是低矮的丘陵岗地，右江从其西南部缓缓流过，周围是大片的农田。这一带是桂南大石铲遗址分布较为密集的地区，在方圆2公里范围内的安平屯、那楼岭、虎楼岭、三门水库等地都曾采集到大石铲。

（一）布方情况及地层堆积

遗址地貌特征为东北高西南低，依据地形地貌现状，共布5米×5米探方40个，编号为T1、T2……T40，发掘面积1000平方米。由于遗址地处山坡上，受长期雨水冲刷及耕种影响，原生文化层位多已被破坏，地层均为次生堆积，一般可分为三层，深50~70厘米不等。现以T37为例介绍如下（图二）：

T37东壁共分为三层，总厚度为57厘米。

第1层：现代耕土层，灰褐色土，质疏松，厚7~13厘米，未见古代文化遗物。

第2层：近现代扰土层，浅黄褐色，质略疏松，厚0~17厘米，未见遗物。

第3层：黄褐色土，质较纯较黏硬，厚20~40厘米，出土砾石及刮削器3件。

第3层下为黄色生土及铁锰结核颗粒。

（二）遗　物

发掘过程中未发现遗迹现象，出土遗物数量也较少，仅出土刮削器及石斧各1件。在发掘的同时，我们对遗址周边进行深入细致的走访调查，但由于正值农作物生长繁茂的

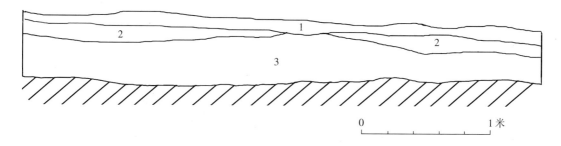

图二　虎楼岭 T37 东壁剖面图

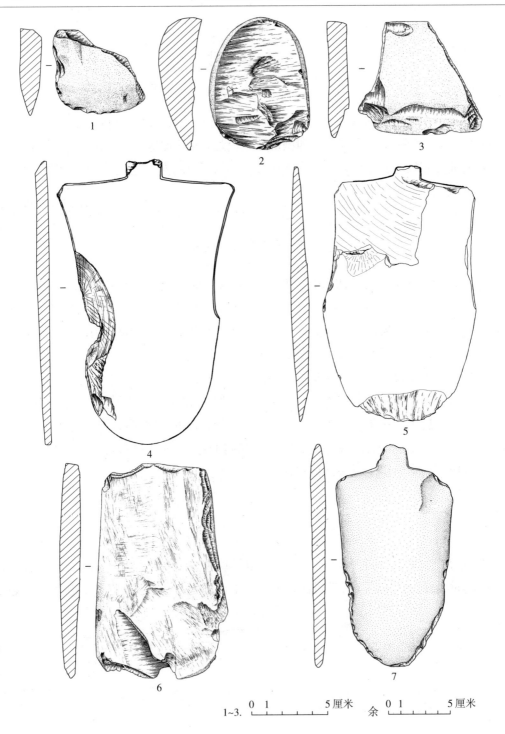

1~3. ├─0─1─────5厘米┤　　余 ├─0─1─────5厘米┤

图三　虎楼岭及其周边出土和采集石器

1. 石斧（T29②：1）　2. 刮削器（T37③：1）　3. 切割砺石（虎楼岭采：1）　4. A型 I 式石铲（安平屯采：1）
5. A型 II 式石铲（安平屯采：2）　6. C型石铲（虎楼岭采：2）　7. B型石铲（三门水库采）

季节，加之长期以来的耕作破坏，许多此前曾采集到石铲的地点在本次调查过程中并未采集到遗物。现将遗址出土器物及遗址周边采集遗物一起介绍如下。

石斧　1件（标本T29②：1）。灰白色细砂岩。器体上部已残，唯余刃端。通体磨制，侧面保留有打击疤痕。弧刃，刃缘有使用时形成的缺口。残长5、宽6、厚1.4厘米（图三，1）。

刮削器　1件（标本T37③：1）。灰黄色硅质岩。器体略呈梯形，系用椭圆形砾石采用锐棱砸击法劈裂制作而成，刃面有零星小而浅的打制片疤，刃缘薄而锋利，有二次修整痕迹。长8.6、宽6.5、厚2.9厘米（图三，2）。

切割砺石　1件（虎楼岭采：1）。灰黄色粗砂岩。器体大部已残，刃面有磨切痕迹，刃缘厚钝。从以往发现的情况看，此类石器一般用于对石料的切割。长7.5、残宽8.2、厚1.4厘米（图三，3）。

石铲　4件。分别采自虎楼岭及其周边的安平屯、三门水库三地。根据器形特征可分为三型。

A型　2件。为安平屯村民挖沼气池时所得，出土情况不详。均为短柄，平肩束腰。可分两式。

Ⅰ式　1件（安平屯采：1）。灰色页岩。截面呈长方形，通体磨制，面部平整，器体显得较为伸展。短柄，宽平肩，束腰。左侧微残，弧圆刃，刃缘厚钝，未开刃。长23、宽14.6、厚1厘米（图三，4）。

Ⅱ式　1件（安平屯采：2）。灰色页岩。面部平整，器体略显局促肥硕。短柄，平肩稍窄，略束腰，器体下部宽大，弧刃，偏锋，刃缘锋利。长20.6、宽12.6、厚1.5厘米（图三，5）。

B型　1件（三门水库采）。灰白色页岩。短柄，肩部微斜，器体略呈三角形，通体磨光。尖弧刃，刃缘厚钝。长18、宽9.5、厚1厘米（图三，7）。

C型　1件（虎楼岭采：2）。灰黄色页岩。平面呈梯形，器体宽扁，一面磨制平整，上端有打制片疤，两侧斜张，侧缘有切割痕迹；弧刃，刃部稍残，一面磨制较平。长17.2、宽11、厚1.5厘米（图三，6）。

二、北庙遗址

北庙遗址位于隆安县那桐镇那门村东面一个低矮的土岗上，西北距虎楼岭约1公里，南距那桐镇约3公里，西距右江约1.2公里，背靠一列较高的东西向土山，前面为开阔的平原丘陵，西面有一眼泉水，灌溉着周围的田地。遗址东西长约200米，宽约80米，地处东经107°52′1″，北纬23°4′36″，总面积约16000平方米。

（一）布方情况及地层堆积

本次发掘按正方向共布5米×5米探方35个，编号为T1、T2……T35，发掘面积875平方米。遗址地层堆积较浅，从上至下共有四层堆积。现以T29西壁为例介绍如下（图四）：

T29西壁共分为四层，总厚度35厘米。

第1层：灰黑色耕土层，厚10厘米，结构疏松，包含大量植物根须及近现代陶瓷砖瓦碎片。

第2层：灰褐色土，厚8厘米，土质稍硬，未见包含物，本层下发现灰坑及柱洞各1个。

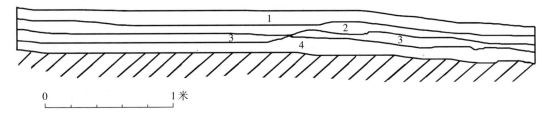

图四　北庙T29西壁剖面图

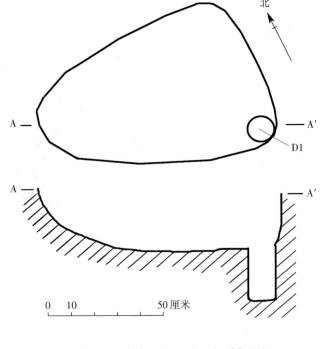

图五　北庙遗址H1及D1平、剖面图

第3层：浅褐色土，厚约0~8厘米，结构疏松，包含大量红烧土颗粒。

第4层：深褐色土，厚约12厘米，结构紧密，包含少量红烧土颗粒。

（二）遗　迹

除T29内发现灰坑及柱洞各1个外，其余各方均未发现遗迹。

H1　位于T29内，开口于第2层下，打破第3、4层及生土。平面近三角形，为弧壁圜底，内填灰褐色土，无遗物出土。在坑底东南角底部发现柱洞1个（编号

D1）。长1.04、宽0.64、深0.24米（图五）。

D1　位于H1底部东南角。圆形，直壁，平底，内填灰褐色土，无文化遗物。口径10、深24厘米（图五）。

（三）遗　物

由于遗址地层堆积较浅，加之晚期破坏较为严重，在地层内仅出土少量石器碎片及断块等，石器均为地表采集。器形以石铲为主，石料多为页岩，也有个别硅质岩。

石铲毛坯　1件（北庙采：1）。青灰色页岩。平面呈梯形，器体宽大，但较薄，两侧及刃端有打制片疤，但仅打出粗坯，尚未进一步磨制。长25.6、宽13.6、厚1.5厘米（图六，1）。

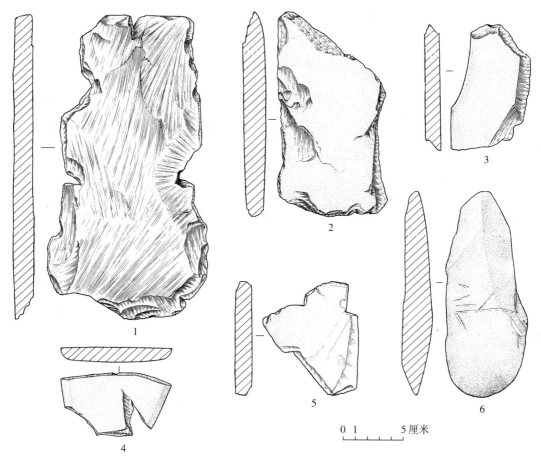

0　1　　　　　5厘米

图六　北庙遗址采集石器

1.石铲毛坯（北庙采：1）　2.石铲半成品（北庙采：2）　3.B型双肩石器（北庙采：5）　4.石铲残段（北庙采：6）　5.A型双肩石器（北庙采：4）　6.石斧（北庙采：7）

石铲半成品　1件（北庙采：2）。青灰色泥质页岩。器体大部已残，器身呈三角形。未见磨制痕迹。长17、宽9、厚1.9厘米（图六，2）。

石铲残段　1件（北庙采：6）。青灰色细砂岩。器身大部已残，仅留刃端上部。通体精磨，器身横截面近半弧形，背面磨砺较平整，正面微弧，刃端残断。残长5、宽9.2、厚1.1厘米（图六，4）。

双肩石器　2件。可分为两型。

A型　1件（北庙采：4）。灰黄色砂岩。器体大部已残，仅留上部。短柄平肩，面部有磨痕，两肩平直。残长9.3、宽8.1、厚1.4厘米（图六，5）。

B型　1件（北庙采：5）。灰黄色页岩。器体大部已残，仅留上部，磨制较精细。长柄溜肩，左侧有切割痕迹。残长10、残宽6.8、厚1.1厘米（图六，3）。

石斧　1件（北庙采：7）。灰褐色细砂岩。器体平面近三角形，器体风化严重，未见打制痕迹，刃部稍微磨制，偏锋，弧刃。长17、宽7、厚2.5厘米（图六，6）。

三、结　语

大石铲遗址是广西南部最具地方性特征的一种新石器时代晚期文化遗存，主要分布于靠近河流湖泊的丘陵或岗坡上，其分布范围西到靖西德保，南到合浦，东到容县北流，北到来宾等县，包括来宾、平南、贵港、玉林、北流、容县、浦北、合浦、邕宁、南宁、武鸣、扶绥、崇左、大新、隆安、平果、德保、靖西等十八个县市。其中以隆安县东南部、扶绥县北部、邕宁县西北部分布最为密集。本次发掘的两个遗址由于保存状况不甚理想，加之出土遗物不多，对于解决桂南地区大石铲文化的诸多问题仍有欠缺，但在发掘过程中所获取的一批遗物对于研究这一地区古代文化的发展还是具有一定价值的。

附记：本次发掘得到隆安县文体局，隆安县文物管理所的大力支持，在此表示衷心感谢。本次发掘领队为林强，参加发掘的有谢广维、陈建华等。

执笔：谢广维　林　强
绘图：张小波

龙州县更洒岩洞葬调查清理报告

广西文物考古研究所

龙州县博物馆

2006年下半年，广西龙州县逐卜乡三叉村谷更屯的村民梁永忠等5个人到村前山上寻蛇，在山上的一个洞穴中发现有陶器、石器等文化遗物。龙州县博物馆接到报告后，派人到实地查看，证实是一处古代岩洞葬。2007年3月，广西文物考古研究所会同龙州县博物馆到实地进行调查并对史泗岩洞葬进行了清理，现将调查清理情况报告如下。

（一）岩洞葬概况及清理经过

岩洞葬位于龙州县逐卜乡三叉村谷更屯东约200米的更洒山上，北纬23°36′44.6″，东经107°01′40.5″。谷更屯四面环山，所在的山间谷地面积约1平方公里。谷地东面连绵的山体，当地人称之为更洒山，该山由数个连成一体的高低错落的山峰组成，高度约100~200米，从远处仰望，在面向谷地的山体不同的高度上隐约可见一些裂缝和洞口（图一）。岩洞葬所在洞穴，高出地面约21米，洞口朝西北（273°）。洞口略呈长方形，宽3、高1~1.9米。洞内由主洞及支洞组成，主洞平面呈长弧形，长约37、宽3.9~7.5、高0.5~5.1米，进洞约12米右侧的洞壁上有一小支洞，支洞口距主洞地面3.8米，洞口略呈三角形，宽约1.5、高约1米，被板状岩块遮挡并分成左右两个入口，左低右高；洞体平面呈长方形，外高内低，长约6.8、宽0.6~1.8、高0.6~2米（图二；彩版三）。古人就是利用支洞作为葬所。

据发现者陈述，他们进到支洞时，发现陶器主要摆放在洞内左侧靠近洞壁的地方，出于好奇，他们将洞内暴露的文化遗物全部取出并打碎了部分陶器，还挖开洞内所有堆积以寻宝。我们调查时发现，在主洞前部有一凹坑，是当地群众挖岩泥留下的，从剖面上观察，主洞堆积分4层：第1层是钙板，厚约20~30厘米；第2层是含铁锰颗粒的黑色胶结层，厚20~30厘米；第3层是钙板，厚30~40厘米；第4层是灰黄色胶结层，厚20~30厘米。在堆积的断面上没有发现文化遗物。在支洞口下面主洞的地面上采集到一些陶器

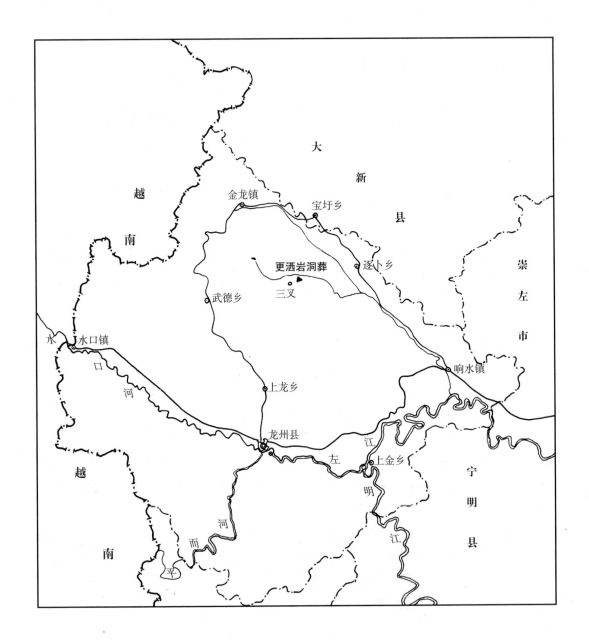

图一　龙州更洒岩洞葬位置示意图

碎片，是发现者将陶器从支洞口丢下遗留的，支洞内则狼藉一片，钙板碎块、泥土、陶片、石器等全部混杂在一起，器物的原始摆放位置已经无法复原。由于洞内黑暗，我们将支洞内的所有堆积搬出洞外过筛清理，筛出了陶片、石器、骨骼碎片、人牙、果壳等遗物。

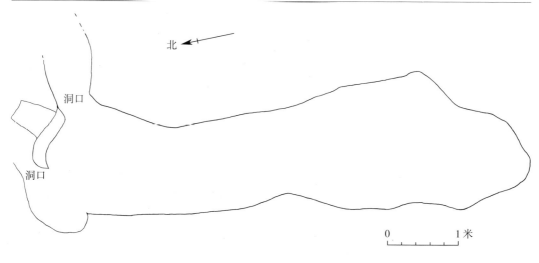

图二　更洒岩洞葬所在洞穴平面图

（二）遗　物

洞内采集和清理出土的遗物有陶器、石器、人牙、果壳、骨骼碎片等。分述如下。

1. 陶器

28件。其中18件可修复。均为夹细砂陶，不见泥质陶。陶色不均匀，器表一般有灰黑、红褐色陶两种，以灰黑为主，也见有灰褐、灰陶，器内多为红褐色。陶器质地普遍较差，疏松，表皮多有剥落现象，器表有较多小孔隙，少量较硬。陶器火候普遍较低，器壁较薄。纹饰绝大多数为细绳纹，仅见一片为刻划纹（图五，4）。绳纹装饰风格一般为竖向、斜向，以竖向为主，腹部比较规整细密，底部错乱。陶器制作方法均为泥片贴塑，口和领部有轮制痕迹，抹平且抛光，绝大多数器表和器内抹有一层泥浆。器类有圜底和圈足，见有一件平底器。圈足足根较矮，为捏附在圜底上，足与器底相连处抹平，器形有釜、壶、碗、杯等。

釜　18件，其中7件可复原，其余为口沿残片。高领，溜肩，扁圆腹，圜底。领部抹平抛光，领与肩相接处抹平。依据口部不同可分两型。

A型　10件，其中5件可复原。敞口。陶质疏松，绳纹为竖向装饰。器形大小不一，比较规整。标本07LZGS：1，夹细砂灰褐陶为主，局部呈灰黑色和红褐色。尖圆唇，敞口，口略外撇，矮直领，溜肩，扁圆腹，圜底。领部平滑。通体装饰细密竖向绳纹，较规整且浅，底部纹饰较杂乱。口径10.4、最大腹径14.8、高16厘米（图三，1；彩版四，1）。标本07LZGS：2，夹细砂灰黑陶。尖圆唇，敞口，矮弧领，溜肩，弧腹，圜底。领部平滑。通体装饰细密竖向绳纹，较规整且浅，底部纹饰较杂乱。口径10、最大腹径13.8、高14厘米（图三，2；彩版四，2）。标本07LZGS：6，夹细砂灰黑陶为主，局部呈灰褐色和红褐色。尖圆唇，敞口，口略外撇，矮斜直领，溜肩，弧腹，圜底。领部平滑。通体

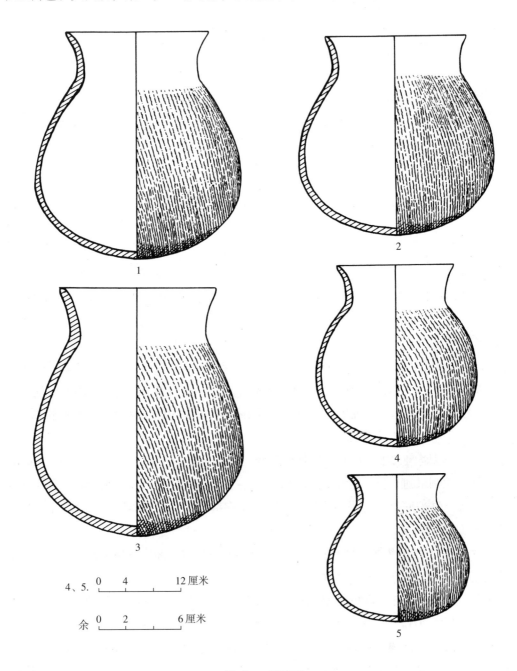

4、5. 0   4   12厘米

余 0   2   6厘米

图三　A型陶釜

1.07LZGS：1　2.07LZGS：2　3.07LZGS：6　4.07LZGS：7　5.07LZGS：9

装饰细密竖向绳纹，较规整且浅，底部纹饰较杂乱。口径11.3、最大腹径15、高17.6厘米（图三，3）。标本07LZGS：9，夹细砂灰褐陶为主，局部呈红褐色。尖圆唇，敞口，口略外撇，矮弧领，溜肩，弧腹，圜底。领部平滑。通体装饰细密竖向绳纹，较规整且浅，底部纹饰较杂乱。口径14、最大腹径20.4、高20.6厘米（图三，5）。标本07LZGS：7，夹细砂灰褐陶为主，局部呈红褐色和灰黑色。尖圆唇，敞口，口略外撇，矮弧领，溜肩，圆腹，圜底。领部平滑。通体装饰细密竖向绳纹，较规整且浅，底部纹饰较杂乱。口径16.6、最大腹径22.7、高25.4厘米（图三，4）。

B型　8件，其中2件可复原。直口。陶质质地较硬，绳纹为斜向装饰，呈旋涡状。标本07LZGS：3，夹细砂灰褐陶为主，局部呈灰黑色。斜平唇，近直口，口略外撇，矮直领，溜肩，鼓腹，圜底。领部平滑。肩上端装饰细密竖向绳纹，下端至底装饰斜绳纹，呈旋涡状，整体较规整且浅，底部纹饰较杂乱。口径10、最大腹径14、高12.8厘米（图四，2；彩版四，3）。标本07LZGS：5，夹细砂灰黑陶。平唇，近直口，矮直领，圆肩，圆腹，圜底。领部平滑。肩上端装饰细密竖向绳纹，下端至底装饰斜绳纹，呈旋涡状，整体较规整且浅，底部纹饰较杂乱。口径10.7、最大腹径18、高16厘米（图四，1；彩版四，4）。

壶　6件，其中2件可复原。高领，溜肩，扁圆腹。依据底部不同可分两型。

A型　2件，其中1件可复原。圜底，长溜肩，器形瘦长。标本07LZGS：10，底部已残，已修复完整。夹细砂红褐陶。圆唇，小敞口，矮斜领，溜肩，肩部较长，扁圆腹，圜底。领部平滑。通体装饰细密竖绳纹，较浅且规整。口径13.5、最大腹径24.2、高32厘米（图四，4；彩版五，1）。标本07LZGS：12，底部已残，为腹部以上残片。夹细砂灰褐陶，局部呈红褐色。圆唇，小敞口，口略外撇。高弧领，溜肩，肩部较长，扁圆腹，圜底。领部平滑，通体装饰细密竖绳纹，较浅且规整。口径11.6、残高28厘米（图四，3）。

B型　4件，其中1件可复原。圈足，短溜肩，器形矮胖。标本07LZGS：8，夹细砂红褐陶。圆唇，敞口，口略外撇。矮斜领，溜肩，肩部较短，弧腹，圈足。领部平滑。领和肩部相接处抹平，通体装饰细密竖绳纹，较规整且浅。口径11.6、最大腹径16.6、高20.4厘米（图四，5；彩版五，2）。标本07LZGS：11，仅残剩下腹部及圈足。溜肩，肩部较短，弧腹，圈足。通体装饰细密竖绳纹，较规整且浅。最大腹径20、残高20厘米（图四，6）。

碗　4件，其中2件复原完整。陶器质地疏松，表皮见有剥落痕迹，器表多见有细小孔隙。依口部变化，可分两型。

A型　3件，敞口。标本07LZGS：4，夹细砂红褐陶为主，局部呈灰褐色和灰黑色。平唇，微敞口，口略外撇，斜弧腹，下底内收，圈足。口部下端有抹平痕迹，碗内平滑。

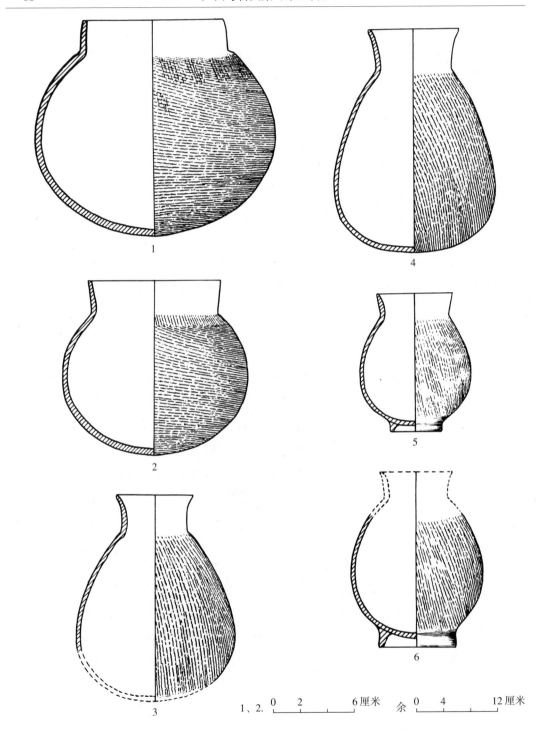

图四　陶壶、釜

1、2. B型陶釜（07LZGS：5、07LZGS：3）　3、4. A型陶壶（07LZGS：12、07LZGS：10）　5、6. B型陶壶（07LZGS：8、07LZGS：11）

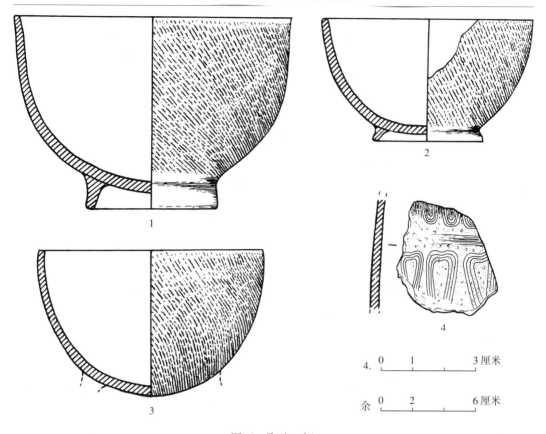

图五　陶碗、杯

1、2.A 型陶碗（07LZGS：4、07LZGS：23）　3.B 型陶碗（07LZGS：24）　4.陶杯腹部刻划纹

通体装饰细密斜绳纹，比较规整，较浅。口径 17.5、高 11.9 厘米（图五，1；彩版五，3）。

标本 07LZGS：23，夹细砂红褐陶为主，局部呈灰褐色。平唇，敞口，斜弧腹，下底内收，圈足。口部下端有抹平痕迹，碗内平滑。通体装饰细密绳纹，比较规整，较浅。口径 13.3、高 7.6 厘米（图五，2；彩版五，4）。

B 型　1 件（标本 07LZGS：24）。夹细砂红褐陶为主，局部呈灰黑色。平唇，微敛口，斜弧腹，下底内收，圈足已残，见有圈足痕迹。口部下端有抹平痕迹，碗内平滑。通体装饰细密斜绳纹，比较规整，较浅。口径 14.2、残高 9.2 厘米（图五，3）。

杯　仅存底部及腹部残片，无法复原。平底。装饰刻划纹和绳纹组合。

2. 玉石器

9 件。器形较小，制作精致，绝大部分为硅质岩，部分为玉质。计有斧、锛、凿、玦等。

石斧　1 件（标本 07LZGS：20）。灰黄色硅质岩。通体磨光，肩部打制，表面风化严

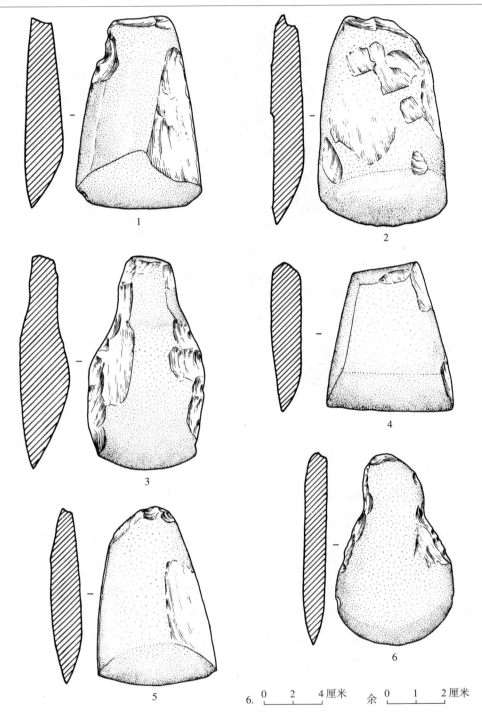

图六　石器

1、2、5. C 型石锛（07LZGS：16、07LZGS：14、07LZGS：19）　3. A 型石锛（07LZGS：17）　4. B 型石锛（07LZGS：13）　6. 石斧（07LZGS：20）

重。宽长柄，顶端呈弧形，不对称打制双斜肩，两侧边和表面略平直，半圆刃，刃面平缓，刃缘已钝。通体长 12.8、宽 8、最厚 1.5 厘米（图六，6；彩版六，1）。

石锛 6件。硅质岩。依据肩部和形状不同可分三型。

A 型 1件（标本 07LZGS：17）。灰色硅质岩。通体磨光，但表面有较多打制残留的疤痕。双肩，宽短柄，顶端平，不对称打制双溜肩，器身一侧边已残，正面略凸，背面平直，单面弧刃，刃面较陡，刃缘锋利。通体长 7、残宽 4、刃宽 3.4、最厚 1.6 厘米（图六，3；彩版六，2）。

B 型 2件。无肩，平面呈梯形，截面为长方形。标本 07LZGS：15，深灰色硅质岩。通体磨光，顶端及侧边有断面的疤痕。器身较小，表面平直，侧边斜直，单面弧刃，刃面较陡，刃缘锋利。通体长 4.4、上宽 2.6、刃宽 4.1、最厚 1 厘米（图七，3；彩版六，3）。标本 07LZGS：13，灰黑色硅质岩。通体磨光。器身较小，顶端斜平，表面平直，侧边斜直。单面弧刃，刃面较陡，刃缘锋利。通体长 4.9、上宽 2.4、刃宽 4.4、最厚 1 厘米（图六，4）。

C 型 3件。无肩，平面呈长方形，截面为扁椭圆形。标本 07LZGS：19，深红褐色硅质岩。通体磨光。器身较小，顶端向上凸，正面向下平直，背面向下内收，侧边斜直。单面弧刃，刃面较陡，刃缘锋利。通体长 5.8、上宽 2.6、刃宽 4、最厚 1 厘米（图六，5；彩版六，4）。标本 07LZGS：16，深灰黄色硅质岩。通体磨光，局部有打制的疤痕。器身较小，顶端平，正面向上隆起，背面平直，侧边斜直。单面微弧刃，刃面较陡，刃缘锋利。通体长 6.3、上宽 2、刃宽 4.1、最厚 1.2 厘米（图六，1）。标本 07LZGS：14，深灰黄色硅质岩。通体磨光，局部有打制的疤痕。器身较小，顶端略弧，正面平直，背面有一大疤痕，侧边斜直。单面微弧刃，刃面较陡，刃缘锋利。通体长 6.9、上宽 3.2、刃宽 4.3、最厚 1 厘米（图六，2；彩版六，5）。

玉凿 1件（标本 07LZGS：18）。灰绿色玉质。通体磨光且抛光。平面呈长方形，器

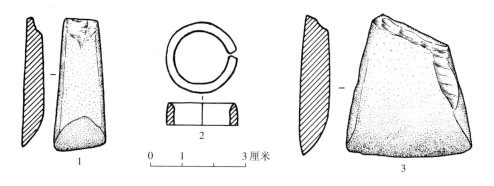

图七 玉石器

1. 玉凿（07LZGS：18） 2. 玉玦（07LZGS：21） 3. B 型石锛（07LZGS：15）

身较小，瘦长。顶端平直，侧边平直，正面略隆起，背面平直。单面斜平刃，刃面较陡，刃缘锋利。通体长 4.1、宽 1.6、最厚 0.55 厘米（图七，1；彩版六，6）。

玉玦　1件（标本 07LZGS：21）。灰黄色。圆环状，中间有缺口。内径 1.7、高 0.7、厚 0.25 厘米（图七，2）。

3. 其他

人牙　60颗。仅存牙冠而不见牙根。经鉴定，分属 10 个个体。计未成年人 3 个（4~9岁），青年人 5 个（20~23 岁 1 个，25~30 岁 4 个），中年人 2 个（35~40 岁 1 个，40~45 岁1 个）。

果壳　36 枚。为桐油果壳，坚硬，多呈椭圆形，均在一端开有小孔。长径为 2~3 厘米，短径为 1~2 厘米。因墓葬的原始状态已被完全破坏，无法判断果壳是人为遗留还是动物带入。

骨骼碎片　为人或动物的肢骨碎片，风化严重。

（三）结　语

关于更洒岩洞葬的年代，我们可以从墓葬形式和随葬品特征两方面来讨论：首先，从墓葬形式看，这种利用天然阴暗隐秘的岩洞作为葬所的习俗，在广西出现的时间早，延续时间长，从夏商时期一直到民国末年都有流行，各个不同的历史时期都有其不同的特点。据研究，先秦时期的岩洞葬多不挖墓坑，不土埋，不使用葬具，而是直接将尸骨和随葬品放置在洞穴中，有的还用石头封堵洞口[1]。从最早发现者的陈述及岩洞的清理情况看，更洒岩洞葬的随葬品多裸露于地表，部分器物表面被风化或钙化，洞内土层稀薄，土量稀少，骨骼碎小且风化严重。这些现象表明，当时尸骨和随葬品是直接放置在洞穴中的，与武鸣等地先秦时期的岩洞葬的埋葬方式是一样的，它们的年代也应相当。其次，从随葬品特征看，陶器均为夹砂陶，泥片贴塑，绝大多数器表和器内抹有一层泥浆，领部有轮制痕迹，抹平且抛光，器形单一，以高领、圜底为主，不见三足器，纹饰也简单，除极少量的刻划纹外，就是竖向或斜向的细密绳纹，器类以釜为主，还有壶、碗、杯等，其中釜与感驮岩二期[2]、武鸣岜旺[3]、大新歌寿岩[4]所出相似，壶与感驮岩二期、武鸣岜马山[5]所见接近，所出石器与感驮岩二期、大新歌寿岩也比较接近。总体看来，更洒岩洞葬的年代晚于武鸣岜旺、大新歌寿岩而早于武鸣岜马山、敢猪岩[6]，大概介于感驮岩二期前段与后段之间。综合武鸣岜旺、那坡感驮岩的测年结果，可以推断更洒岩洞葬的绝对年代约为距今 3500~3000 年。

左江上游流域的早期岩洞葬，除更洒岩洞葬外，还有龙州八角岩洞葬、大新歌寿岩洞葬。1958年在龙州八角乡发现的岩洞葬，出土的陶釜与更洒岩的A型陶釜基本相同[7]，它们的年代应相当。1973年发现的大新歌寿岩洞葬，出土的陶器、石器与更洒、八角岩洞葬所见的均属于同一考古学文化的遗存，只是发展阶段的不同而有所差别，更洒岩洞葬的发现，为我们研究这一考古学文化的发展演变提供非常难得的资料。

附记： 参加调查和清理的人员有韦江、李珍、何安益、黄志光、黄云忠、韦志贞等，资料整理由何安益、韦江负责，蒋新荣、蒋发娇对出土的陶器进行了修复。

执笔：韦　江　何安益　黄志光

绘图：蒋新荣　蒋发娇

摄影：王梦祥

注　释

［1］ 彭书琳：《广西崖洞葬调查研究的回顾》，《广西考古文集》（第二辑），科学出版社，2006年。

［2］ 广西壮族自治区文物工作队等：《广西那坡感驮岩遗址发掘简报》，《考古》2003年第10期。

［3］ 广西壮族自治区文物工作队等：《广西武鸣县岜旺、弄山岩洞葬发掘报告》，《广西考古文集》（第二辑），科学出版社，2006年。

［4］ 广西壮族自治区文物工作队：《广西先秦崖洞葬综述》，《广西考古文集》，文物出版社，2004年。

［5］ 广西壮族自治区文物工作队等：《广西武鸣县岜马山岩洞葬清理简报》，《文物》1988年第12期。

［6］ 广西文物考古研究所等：《武鸣县敢猪岩洞葬发掘简报》，《广西考古文集》（第三辑），文物出版社，2007年。

［7］ 广西壮族自治区文物管理委员会：《广西出土文物》，文物出版社，1978年。

武鸣县敢猪岩洞葬发掘简报

广西文物考古研究所
南宁市博物馆
武鸣县文物管理所

1974年，武鸣县马头乡政府在那堤村敢猪山一处天然洞穴内挖取磷矿做肥料时，村民在洞内发现铜戈1件，并将文物送交广西博物馆，之后广西博物馆派人对此岩洞进行了调查[1]。2006年8月，广西文物考古研究所等单位在对该洞进行复查时发现较多的陶片，根据出土的陶片确证其为一处岩洞葬后随即进行了发掘，发现较多的人骨和陶器、石器、玉器、骨器等遗物。现将发掘情况报告如下。

（一）自然地理环境和岩洞葬概况

敢猪岩洞葬位于今马头镇那堤村东约1公里的敢猪山。敢猪山是一座海拔高度约270米，相对高度约70米，东西长约600、南北宽约500米的土石山。石灰岩主要分布在山的东部和北部边缘地带，并有少量大小不一的岩溶洞穴，岩洞葬就位于东面山麓的一处天然洞穴内。敢猪山地处大明山脉腹地的边缘，周围是绵绵不断的高山和林立的山峰，东部山脚为一小块山间洼地，北部有一叫坝荷河的小河从东向西流过，该处的地貌特征为典型的峰丛洼地。岩洞葬所在的洞穴在近山顶处，高出山脚约60米。这里山势陡峭，难以攀登，而且洞口小而隐蔽不易发现。洞口东南向，为椭圆形，长约2、宽约1.2~1.5米。据村民介绍，在1974年时曾将洞口炸宽，现今的洞口为炸宽后的形状，在洞口处的岩壁上我们还可以清晰地见到岩石被炸后留下的痕迹。原洞口较现在的为小，略呈圆形，直径约0.8~1米，位置也在现洞口的最上部，高出洞室底约4米。入洞后即为一个较小的洞室，在洞室的西北、西南两角又各有一个洞室，西南经过一条长约4米、宽仅容一人爬行通过的过道即进入南侧洞，西北有一个高、宽约2米的洞口与北侧洞相连，但原来被淤泥封堵，两不相通。两侧洞室很大，均低于前洞，但洞内均在1974年开挖磷肥时被挖乱，北洞还在其北面人工炸开一个洞口用于运送磷肥。经调查，岩洞葬主要在前洞室。

前洞为一个平面大致呈"凸"字形的洞室，近洞口处较窄为突出的部分。东西长约6.6、南北宽约6米，面积约30平方米。洞室顶近圆锥形，南、北、西三面壁较直，最高约7米。地面地势从洞口往西倾斜，发掘前近洞口处有大小石块和泥土堆积，最厚约2米（图一）。经发掘，在洞室的西、西北和西南部地表下只零星发现有少量碎陶片。在西南部有一个凹坑，形状大致为椭圆形，长约2.4、宽2.1、深约0.5厘米，内有较多的人骨、陶片和玉石器。大量的人骨、陶片、玉石器、陶器等主要集中在洞室的中部，东部近洞口处基本没有发现遗物。另外，在通往两侧洞的过道中发现极少量的陶片，这些陶片估计是从前洞室随水、泥土搬运所至。从发掘情况看，墓葬主要位于前洞室的中部偏东处，呈南北向分布。西部原可能也有墓葬，但已被破坏，现地势低平，估计是1974年挖磷肥时将其挖掉，因为在发掘时，我们在洞口外从洞内搬运出去的泥土中发现有较多的陶片和少量石器，而现今

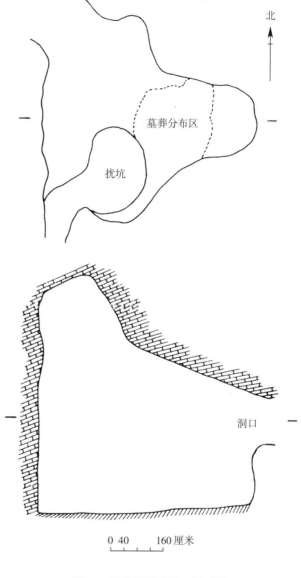

图一　敢猪岩洞葬平、剖面图

墓葬保存较好处其上部则堆有较厚的石块和泥土，这有可能是墓葬得以保存下来的原因。

洞内堆积大致为：表层土黑而干、质疏松，很薄；之下为一层也很薄的黄褐色黏土，内含较多从洞顶掉落的石灰岩块；此层下为黄土。人骨和随葬品大多夹在黄褐色黏土层中。在人骨和随葬品处，土多呈黑色，而且黑色土大都有相对集中的分布范围；上部的人骨也多呈黑色，下部人骨则为黄色，周围的石灰岩石块有被火烧裂的现象，头骨则多数被烧成碎片。因此我们推测，当时在安放好死者之后，在尸体上覆盖一些树枝等，然后用火烧过。至于为什么要如此处理尸体，目前还不清楚。根据随葬品的位置和黑土分

布的范围，我们大致可以看出有8处相对集中的人骨摆放处，多呈长方形，在此，为叙述方便，我们将其分为Ⅰ~Ⅷ号人骨架。Ⅰ号人骨架位于最南部，东为洞壁，西面即为洞内一处大凹坑，部分人骨和随葬品已崩塌到坑中；分布范围约为长方形，长约80、残宽55厘米。内有少量人骨和陶豆、盘、海贝、贝壳等随葬品；从出土的人骨和随葬品的位置来看，人骨架应大致为南北向摆放，头向北。Ⅱ号人骨架位于Ⅰ号人骨架的北部，呈东北—西南向分布，西南部为凹坑，部分已被破坏，长约90、宽70厘米。内发现有较多的人骨，人骨少部分被烧成黑色，有肢骨、头骨残片、人牙等，以及陶罐、纺轮等较多的陶片、石凿、玉玦、玉片、贝壳等遗物。Ⅲ号人骨架位于Ⅱ号的北部，呈东北—西南向分布，长约85、宽80厘米，南部拐角处可能被Ⅱ号人骨架叠压。内发现有较多的人骨，有肢骨、肋骨、头骨残片、人牙等，人骨上部多被烧成黑色，下部为黄色；随葬品多，有陶片、陶纺轮、玉石锛、玉石凿、玉环、玉片、骨镞等20余件和小石子101颗；其中一上肢下纵向放置有玉石器8件，玉环大部分出自此处，小石子位于人骨架的东北，呈西北—东南向的长条状分布，长约55、宽10厘米，上部有人骨压住，是在起取完人骨后才出露。Ⅳ号人骨架紧挨在Ⅲ号人骨架的西南，呈西北—东南向分布，西部大部分已被人为和自然破坏，长约90、宽70厘米。内发现有少量的人骨，人骨多被烧成黑色，周围的土也多为黑色，另有少量的陶片和玉石锛等随葬品。Ⅴ号人骨架位于Ⅲ号的北面，其南角与Ⅲ号相接，呈西北—东南向与Ⅳ号平行分布，西北角部分被破坏，长约90、宽70厘米。内发现有少量被烧成黑色的人骨，以及较多的陶片，海贝、石锛，大量的玉片、玉管等遗物。玉片、玉管主要集中在东南部一个很小的范围，埋葬时可能是同一件串饰。Ⅵ号人骨架在Ⅴ号的东面，呈东南—西北向分布，西部被火烧过的痕迹很明显，土呈黑色，东部也有黑土、木炭，但不成片，在西部有少量被火烧过的人骨。除几堆陶片外，不见玉石器等随葬品。Ⅶ号人骨位于墓葬的东北边缘，紧靠洞室北壁，此处没有火烧过的痕迹，也没有发现人骨，但有较多的陶片，1件较完整的陶罐和6件陶纺轮。另外在2号陶片堆下发现一堆小石子和一件石锛，因这里地势最高，这些遗物不可能从其他地方流失而来，因此，这里原来应摆放有尸体，形状不清，长约110厘米。Ⅷ号人骨架位于Ⅲ号的东南，呈东南—西北向分布，西北紧临Ⅲ号人骨架，东南紧挨洞壁，长约110、宽70厘米。有少量未被烧过的人骨及少量碎陶片。另外，在Ⅲ、Ⅵ和Ⅷ号人骨架之间有一堆近方形摆放的小石子，共有400余颗，从其所处的位置来看，最有可能为Ⅷ号人骨架的随葬品（图二）。

　　敢猪岩洞葬内发现的人骨均不完整，多为碎片，所采集的人骨经鉴定有16个个体，其中男性6个，女性7个，未成年3个（见表）。从发掘情况看，洞内没有发现挖墓坑的现象，安置死者的方式应为平地摆放。根据几处人骨架分布的范围和形状大致可以看出，葬式可能为屈肢葬，葬法为一次葬。

（二）随葬品

随葬品数量较多，除陶片外，还有陶器、石器、玉器、骨器、铜器、海贝等100余件，以陶器和玉石器为主。

1. 陶器

陶器多为碎片，有1000余片，有口沿、圈

敢猪岩洞葬人骨性别、年龄统计表

男性（岁）	女性（岁）	未成年（岁）
45~50	55以上	3~4
约30	55以上	5~6
25~30	约25	13~15
约40	约50	
约45	约30	
成年	成年	
	成年	

足和腹片，少量较完整的陶器。从陶片的统计来看，均为夹砂陶，以夹细砂为主，占陶片总数的98%以上，粗砂陶不足2%；陶色有红、红褐、灰黄、橙黄、灰、黑等几种，以红褐、橙黄和黑色为主，但器表颜色多不均匀，一件器物上常有多种颜色并存。器表多素面，约占95%以上，少量饰细绳纹。以圜底器和圈足器为主，三足器极少，只发现1件锥状足；圈足与器身分做，然后粘接而成。从残存的口沿看，器形有壶、釜、罐、钵、杯、豆、盘、簋形器、纺轮等，以罐、壶为主。

壶　26件。敞口，尖唇，折沿，高领，圆肩。肩以下残。从发现较多的圈足来看，底为圜底加圈足。素面。根据口部的不同特征，又可分为两式。

Ⅰ式　19件。大敞口，领斜直。标本2006WG∶92，夹细砂红褐陶。口径12.4、残高5.6厘米（图三，4）。标本2006WG∶96，夹细砂红褐陶。残高8厘米（图三，8）。

Ⅱ式　7件。微敞口，口小，领较直。标本2006WG∶93，夹细砂红褐陶。平沿。口径7.6、残高5厘米（图三，5）。标本2006WG∶94，夹细砂红褐陶。口径10.8、残高11.6厘米（图三，6）。标本2006WG∶95，夹细砂红褐陶。斜溜肩。口径10、残高8.8厘米（图三，7）。

罐　19件。分五型。

A型　12件。敞口罐，数量较多。分两式。

Ⅰ式　7件。大敞口，尖唇，沿外折，直领，圆肩或溜肩。肩以下残。标本2006WG∶89，夹细砂红褐陶。直领较矮，圆肩。口径13.8、残高5.4厘米（图三，1）。标本2006WG∶91，夹细砂红褐陶。领较高，圆肩。口径12.4、残高5.2厘米（图三，3）。标本2006WG∶90，夹细砂灰黑陶。领斜直，溜肩。口径12、残高5.2厘米（图三，2）。

Ⅱ式　5件。敞口，尖唇，束颈，圆肩或溜肩。肩以下残。标本2006WG∶97，夹细砂红褐陶。溜肩。口径9.2、残高3.2厘米（图三，9）。标本2006WG∶98，夹细砂橙黄陶。口较小，斜溜肩。口径7.2、残高4.2厘米（图三，10）。标本2006WG∶104，夹细砂红褐陶。宽圆肩。残高3.4厘米（图四，7）。

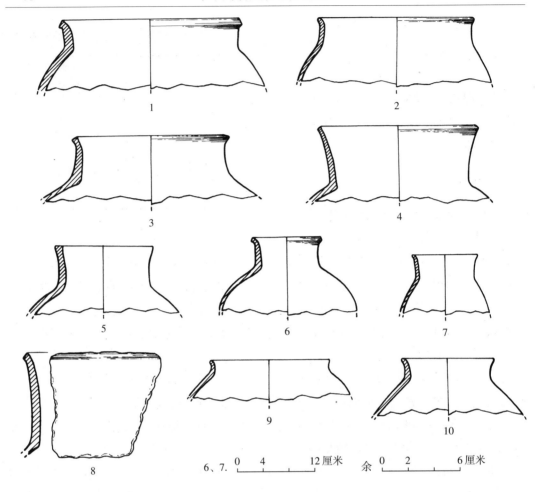

图三　陶器

1~3. A 型 I 式罐（2006WG：89、2006WG：91、2006WG：90）　4、8. I 式壶（2006WG：92、2006WG：96）　5~7. II 式壶
（2006WG：93、2006WG：94、2006WG：95）　9、10. A 型 II 式罐（2006WG：97、2006WG：98）

　　B 型　1 件（标本 2006WG：103）。夹细砂灰黑陶。敛口，直领，圆肩。肩以下残。
口径 7.4、残高 3 厘米（图四，6）。

　　C 型　4 件。微敞口，尖唇，微束颈，肩不明显，深腹近直，最大径在腹下部近底处，
圜底。器表饰细绳纹，有的在腹上部还有锯齿状附加堆纹。薄胎。标本 2006WG：100，
夹细砂灰黑陶。只存下腹以上部分。器表通体饰细绳纹。施纹方法为从左上往右下滚压。
口径 9.6、残高 7.2 厘米（图四，2）。标本 2006WG：102，夹细砂灰黄陶。仅存下腹至底
部分，圜底。残高 7 厘米（图四，5）。

　　D 型　1 件（标本 2006WG：106）。夹细砂红褐陶。敞口，平沿，束颈，溜肩。肩上
有一对錾状贯耳。口径 11.6、残高 5 厘米（图五，1）。

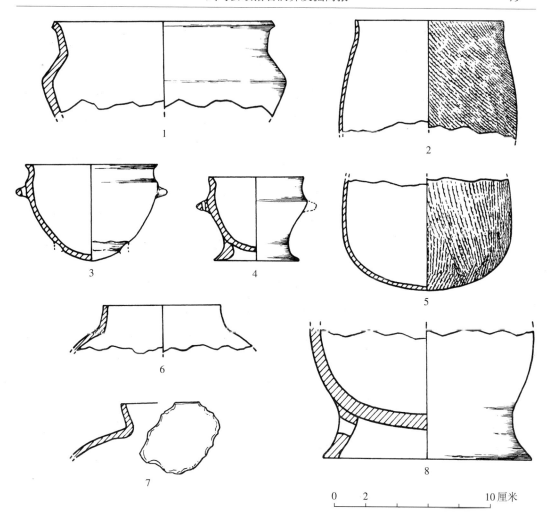

图四 陶器

1. 盆（2006WG：99） 2、5. C型罐（2006WG：100、2006WG：102） 3、4. I式圈足罐（2006WG：101、2006WG：29）
6. B型罐（2006WG：103） 7. A型II式罐（2006WG：104） 8. 圈足（2006WG：105）

E型 1件（标本2006WG：107）。夹细砂红褐陶。微敞口近直，束颈，深腹。肩上有一对錾状贯耳。口径11.2、残高6厘米（图五，2）。

圈足罐 敞口，平沿，束颈，深弧腹，尖圆底，底附喇叭形矮圈足。肩部有一对錾状贯耳。较完整的4件，可分两式。

I式 2件。溜肩，深腹内收，尖圆底，圈足较矮。两耳在肩下部。标本2006WG：29，夹细砂红褐陶。口径6、足径5.4、高5.2厘米（图四，4）。标本2006WG：101，夹细砂红褐陶。圈足脱落。口径8.4、残高6厘米（图四，3）。

II式 2件。圆肩，圆腹。标本2006WG：01，夹细砂陶，器表颜色不匀，有耳处为红褐色，两耳之间有两块黑色。圜底。圈足较高，足上穿两孔。口径9、足径7.2、高7.9厘米（图五，9）。标本2006WG∶113，夹细砂红褐陶。宽沿，短直领，圆肩，圆腹。腹下部残。肩部有耳，现已残。口径9.4、残高4.6厘米（图五，8）。

盆　1件（标本2006WG∶99）。夹细砂，陶色不匀，有红褐、褐、灰黑等。大敞口，尖唇，沿外折，斜直领，折肩，折腹。腹下残。口径13.8、残高5.8厘米（图四，1）。

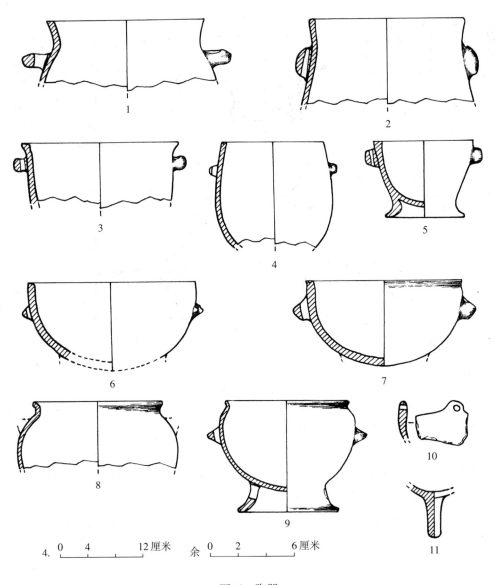

图五　陶器

1. D型罐（2006WG∶106）　2. E型罐（2006WG∶107）　3. B型钵（2006WG∶108）　4. 釜（2006WG∶109）
5. 杯（2006WG∶110）　6、7. A型钵（2006WG∶111、2006WG∶112）　8、9. Ⅱ式圈足罐（2006WG∶113、
2006WG∶01）　10. 器耳（2006WG∶114）　11. 器足（2006WG∶115）

釜　1件（标本2006WG：109）。夹细砂陶，器表颜色不匀，有灰、灰黑、红褐等几种。微敛口，口沿中部有一周浅凹槽，深弧腹。圜底已残。口径14.4、残高14.8厘米（图五，4）。

钵　分两型。

A型　为圈足钵，较完整的2件。直口或微敞口，平沿，深直腹，圜底，底附圈足，但足均已脱落，形状不清。腹上部有一对錾状贯耳。标本2006WG：111，夹细砂红褐陶。直口，底残。口径12.2、残高5.4厘米（图五，6）。标本2006WG：112，夹细砂红褐陶。微敛口，口沿中部有一周浅凹槽。圈足残。口径11.2、残高6厘米（图五，7）。

B型　1件（标本2006WG：108）。夹细砂黑陶。敞口，斜平沿，直腹。腹下部残。口下有一对錾状贯耳。口径11.4、残高4.6厘米（图五，3）。

杯　1件（标本2006WG：110）。夹细砂红褐陶。微敛口近直，宽平沿，深直腹，圜底。底附喇叭形矮圈足。口下有两个对称的錾状贯耳。口径7.2、足径5.8、高5.4厘米（图五，5）。

豆　2件。夹细砂红褐陶。敞口，尖唇，微斜沿，浅盘，弧腹，下附圈足。标本2006WG：51，豆盘内底和圈足内底为黑色，喇叭形高圈足，中有一小节圆柱形柄。口径10.4、盘深2.6、圈足直径7.4、高6.8厘米（图六，4）。标本2006WG：120，只存部分豆盘。圈足残。口径10.2、残高2.6厘米（图六，8）。

簋形器　较完整的2件。敛口近直，深直腹。标本2006WG：117，夹砂灰陶，器表部分有烟熏的痕迹，呈黑色。圆唇，圜底，底附圈足，矮圈足略外撇。口径10、足径6.9、高9厘米（图六，2）。标本2006WG：116，夹砂橙黄陶。平沿，深直腹。底残。口径13.6、残高9厘米（图六，1）。

盘　1件（标本2006WG：30）。夹砂红褐陶。敞口，尖唇，微折沿，弧腹，深盘，圜底。底附矮圈足，足略外撇。器形不规整。口径20、足径13.6、高10.4厘米（图六，7）。

圈足　数量较多，现选4件较完整的进行介绍。标本2006WG：118，夹细砂灰黄陶。可能为豆类的高圈足。喇叭形，上接盘底。足径7.8、足高4.5厘米（图六，5）。标本2006WG：46，夹细砂红褐陶。喇叭形高圈足。足径10、足高5.4厘米（图六，6）。标本2006WG：121，夹细砂红褐陶。与器底连在一起。矮圈足外撇，中穿对称的两孔。可能是罐类的圈足。足径6.8、足高2.2、残高4.8厘米（图六，9）。标本2006WG：105，夹细砂灰黑陶。与器底连在一起。矮圈足外撇，中穿对称的两孔。可能是壶类的圈足。足径13.4、足高3.4、残高8厘米（图四，8）。

纺轮　11件。除1件破碎外，其余大部分保存完整。泥质陶，陶色有红、红褐、黑、灰黑、灰黄、橙黄等几种。均为圆饼形，有的外缘中间微鼓，两面平，中穿孔。除1件素面外，其余在一面刻划两圈凹弦纹。器体大小相当，仅标本2006WG：44体略大，直

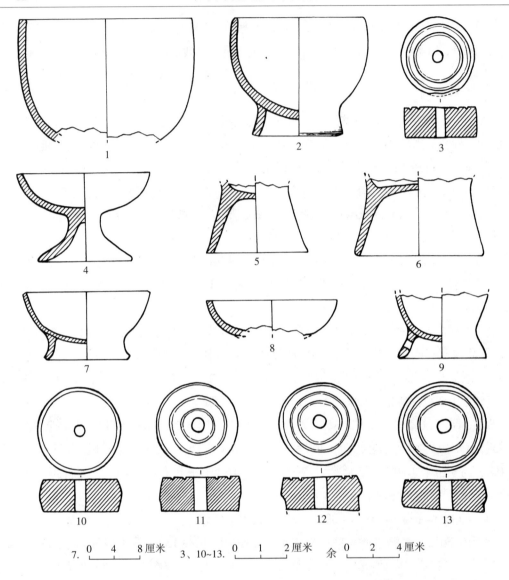

7. ├─0─┼─4─┼─8─┤厘米　　3、10~13. ├─0─┼─1─┼─2─┤厘米　　余 ├─0─┼─2─┼─4─┤厘米

图六　陶器

1、2. 篮形器（2006WG：116、2006WG：117）　3、10~13.纺轮（2006WG：53、2006WG：04、2006WG：05、2006WG：
47、2006WG：07）　4、8.豆（2006WG：51、2006WG：120）　5、6、9.圈足（2006WG：118、2006WG：46、2006WG：
121）　7.盘（2006WG：30）

径为3.85厘米。标本2006WG：04，灰黑色。素面。直径3.3、孔径0.36、厚1.2厘米（图
六，10）。标本2006WG：05，红褐色。正面饰两圈凹弦纹。直径3.1、孔径0.5、厚1.3厘
米（图六，11）。标本2006WG：47，黑色。不太规整，背面略小。正面饰两圈凹弦纹。
直径3.1、孔径0.5、厚1.2厘米（图六，12）。标本2006WG：07，红褐色。正面饰两圈凹
弦纹。直径3.4、孔径0.5、厚1.2厘米（图六，13）。标本2006WG：53，灰黄色。直壁，

两面平，器形规整。正面饰两圈凹弦纹。直径2.8、孔径0.4、厚1.1厘米（图六，3）。

器足　1件（标本2006WG：115）。夹细砂橙黄陶。长乳突状，与器底连在一起。上饰模糊细绳纹。为三足器之一足。足高3.2厘米（图五，11）。

器耳　2件。均呈半环形，立于口沿之上，耳中穿一孔。因只存耳部一小块，器形不详，可能是钵类器。标本2006WG：114，夹细砂灰黑陶。耳宽1.4、残高3.4厘米（图五，10）。

2. 石器

全部为磨制石器，而且磨制光滑，器形精美。绝大部分器物的顶端不加工，为凹凸不平的不规则形态。器体小，刃部大多没有使用痕迹。器类有锛、凿、钺、刀等，以锛、凿为主，多为生产工具。

锛　14件。分四型。

A型　9件。为上窄下宽的长条形。分两式。

Ⅰ式　8件。背面平，正面多呈弧形隆起。单面微弧刃或近直刃，均有一较宽的磨刃面。顶端不规整未磨制，余磨光。标本2006WG：78，两面扁平，两侧边平直，磨刃面较陡直。长10、刃宽4.4、厚0.9厘米（图七，1）。标本2006WG：41，背面平，正面微呈弧形隆起。微弧刃，磨刃面较陡直。长7、刃宽3.9、厚0.8厘米（图七，2）。标本2006WG：77，体较短。背面平，正面微呈弧形隆起。微斜弧刃，磨刃面陡直。长4.9、刃宽3.6、厚0.7厘米（图七，6）。标本2006WG：73，微弧刃，一刃角缺，磨刃面较宽而平缓，近刃处较陡直。长6、刃残宽3.3、厚0.9厘米（图七，5）。标本2006WG：23，浅褐色。微斜弧刃，磨刃面较宽而平缓，近刃处较陡直。长6.9、刃宽4.5、厚1.1厘米（图七，9）。标本2006WG：74，黑色。上端残。正面呈三角突起。微弧刃，磨刃面略呈三角形，较宽而平缓。残长5.3、刃宽4.2、厚1.4厘米（图七，8）。标本2006WG：71，浅褐色。体小。近直刃，磨刃面呈梯形，窄而陡。长3.6、刃宽2.7、厚0.5厘米（图七，7）。

Ⅱ式　1件（标本2006WG：42）。深灰色。上端残。背面为弧形，正面平。单面近直刃，一刃角缺，磨刃面较窄而平缓。残长4.1、宽3.2、厚0.55厘米（图八，9）。

B型　1件（标本2006WG：63）。深灰色硅化石灰岩。近长方形。背面平，正面微隆起。单面直刃。现仅存约一半，通体磨光。长5.7、刃宽3.3、厚0.7厘米（图八，8）。

C型　3件。短梯形。背面平，正面微隆起或平。单面直刃或斜直刃，磨刃面宽而平缓，但近刃处较陡。标本2006WG：66，暗青色。顶平直，磨刃面为梯形，通体磨光。长3、刃宽2.9、厚0.65厘米（图九，3）。标本2006WG：48，暗青色。腰部微内凹，磨刃面呈不规则长方形。除顶端外，余磨光。长3.4、刃宽3.4、厚0.6厘米（图九，1）。标本2006WG：88，灰黄色。器表大部被一层黑色所包裹。一刃角微缺，磨刃面为宽梯形。除

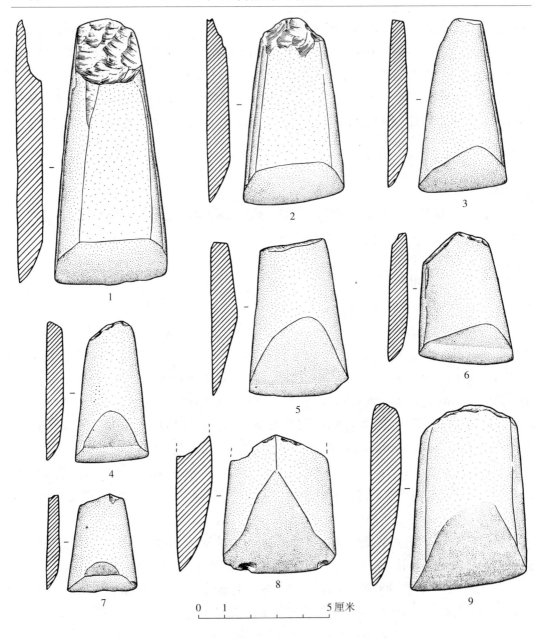

图七　玉器、石器

1、2、5~9. A 型 I 式石锛（2006WG：78、2006WG：41、2006WG：73、2006WG：77、2006WG：71、2006WG：74、2006WG：
23）　3、4. A 型玉锛（2006WG：72、2006WG：49）

顶端外，余磨光。长 4.3、刃宽 3.5、厚 0.6 厘米（图九，2）。

　　D 型　1 件（标本 2006WG：61）。浅灰黄色。长梯形。两面扁平，两侧平直，横断面呈长方形。两端均有单面平直刃，但刃部不在同一面上，上端刃角为圆形，磨刃面宽

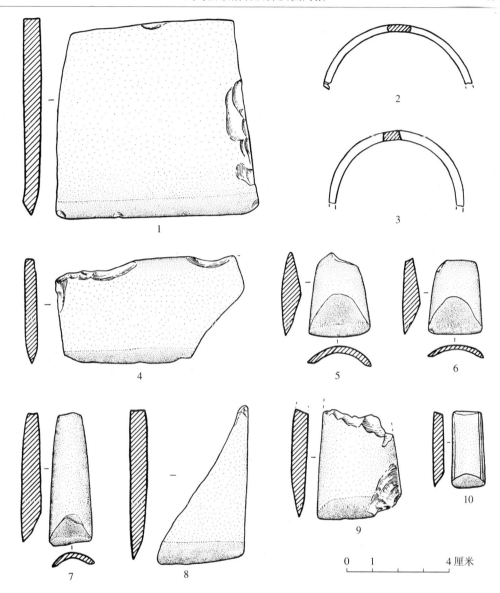

图八　玉器、石器

1. 石钺（2006WG：75）　2. 玉璜（2006WG：80）　3. 玉镯（2006WG：81）　4. 石刀（2006WG：86）　5、6. 凹刃石锛（2006WG：69、2006WG：70）　7. 凹刃石凿（2006WG：65）　8. B型石锛（2006WG：63）　9. A型Ⅱ式石锛（2006WG：42）　10. B型凹刃玉凿（2006WG：68）

而平缓；下端刃角近直，磨刃面窄而陡直。器形规整，通体磨光。长 4.4、上刃宽 1.5、下刃宽 2.3、厚 0.55 厘米（图九，8）。

　　凹刃石锛　2件。均为短梯形。背面弧形，正面中部微突出，为器物的最厚处，单面凹弧刃。除上端外，余磨制光滑。标本 2006WG：69，青灰色。长 3.15、刃宽 2.35、最厚 0.7 厘米（图八，5）。标本 2006WG：70，灰黄色中夹白色，似玉。长 2.9、刃宽 2.1、最厚 0.65 厘米（图八，6）。

凿　2件。分两型。

A 型　1件（标本 2006WG：67）。浅褐色中夹白色，似玉。上小下大的细长条形。背面平，正面隆起，横断面近梯形。单面直刃，磨刃面近三角形。宽而平缓，通体磨光。长 4.8、顶宽 0.9、刃宽 1.8、厚 0.5 厘米（图九，6）。

B 型　1件（标本 2006WG：45）。淡青色，器表光亮似玉。近长方形的扁平长条形，顶端略窄。两面平，两侧边平直。单面直刃，磨刃面近梯形，较窄而陡直。除顶端外，余全部磨光。长 4.8、顶宽 1.3、刃宽 1.7、厚 0.5 厘米（图九，4）。

凹刃石凿　1件（标本 2006WG：65）。石质和平面形状与 A 型凿相同，为上小下大的细长条形。但背面呈弧形，正面微隆起。单面凹弧刃。除顶端外，余全部磨光。长 5、顶宽 1、刃宽 1.6、厚 0.7 厘米（图八，7）。

钺　1件（标本 2006WG：75）。灰黑色细砂岩。器体为薄而扁平的梯形。双面直刃。上端和两面磨光，两侧边未磨。长 7.26、刃宽 7.8、厚 0.63 厘米（图八，1）。

刀　1件（标本 2006WG：86）。石质与钺相同。体残，形状不清。器体扁平，双面直刃。残长 7.2、宽 3.85、厚 0.42 厘米（图八，4）。

小石子　597颗，除8颗分散在各处外，其余分三堆集中放置在一起。Ⅶ号人骨架处的 2006WG：56 有 50 颗，Ⅲ号人骨架处的 2006WG：60 有 101 颗，Ⅷ号人骨架处的 2006WG：16 有 438 颗。均为采自于河滩的小砾石，多扁方形，也有部分圆形、椭圆形和不规则形等。大部分经过人为的加工，将石子的一端或两端敲掉一小部分，也有一些未经加工，为石子的自然形态。三堆石子不仅在数量上不同，在个体上也有差异，数量多的石子普遍较大，数量少的石子个体也较小。如数量最多的 2006WG：16，石子最大的长 2.1、宽 1.6、厚 0.7 厘米，最小的长 1.3、宽 0.8、厚 0.5 厘米，大部分在长 1.4~2、宽 1.2~1.6 厘米之间。数量最少的 2006WG：56，石子最大的长 1.5、宽 1.1、厚 0.7 厘米，最小的长 1.1、宽 0.8、厚 0.6 厘米。而 2006WG：60 的石子个体则介于两者之间，大小均有。

3. 玉器

数量较多，玉质为以透闪石为主的软玉类，器形有锛、凿等生产工具和玦、环、镯、璜、管饰和穿孔玉片等装饰品，以装饰品为主。玉制的生产工具与石器在器形、制作方法上相同，器体小，刃缘锋利，没有使用痕。

锛　3件。分两型。

A 型　2件。形状与 A 型石锛相同，为上窄下宽的长条形。背面平，正面微隆起呈弧形。单面近斜直刃。顶端不规整，未磨制，余磨光。标本 2006WG：49，器表灰色。磨刃

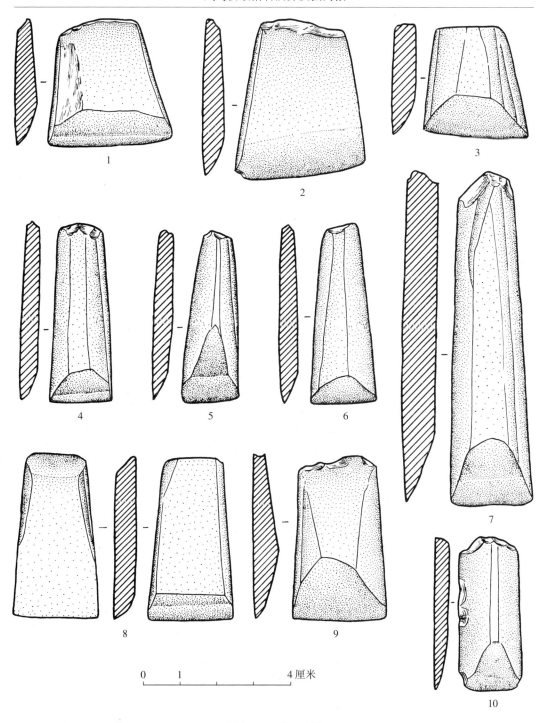

图九　玉器、石器

1~3. C 型石锛（2006WG：48、2006WG：88、2006WG：66）　4. B 型石凿（2006WG：45）　5. A 型玉凿（2006WG：76）　6.
A 型石凿（2006WG：67）　7. A 型凹刃玉凿（2006WG：79）　8. D 型石锛（2006WG：61）　9. B 型玉锛（2006WG：59）　10.
B 型玉凿（2006WG：26）

面较窄而陡，呈宽梯形，磨刃面上还有一略呈三角形的磨面。长5.3、顶宽1.9、刃宽2.9、厚0.6厘米（图七，4）。标本2006WG：72，器表浅灰黑色。磨刃面较宽而平缓，呈三角形。长6.6、顶宽1.9、刃宽3.4、厚0.75厘米（图七，3）。

B型　1件（标本2006WG：59）。器表浅灰白色。近长方形。背面平，正面隆起，上端中部平，横断面呈不规则的六边形，最厚处在器身中部。单面直刃，磨刃面宽而平缓，呈近三角形。顶端不规整，未磨制，余磨光。长4.4、顶宽2.1、刃宽2.5、厚0.7厘米（图九，9）。

凿　2件。分两型。

A型　1件（标本2006WG：76）。浅灰白色。形状与A型石凿相似。单面直刃，磨刃面呈平缓的梯形。长4.6、顶宽0.8、刃宽1.6、厚0.5厘米（图九，5）。

B型　1件（标本2006WG：26）。浅灰色。长方形。背面平，正面微隆起。单面直刃，两刃角缺，磨刃面为窄而陡直的长方形。除顶端外，余全部磨光。长4.1、宽1.7、厚0.4厘米（图九，10）。

凹刃玉凿　2件。分两型。

A型　1件（标本2006WG：79）。淡青色。与凹刃石凿相同。长条形，背面呈弧形，正面微隆起，中间平。单面凹弧刃。除顶端外，余全部磨光。长8.9、顶宽1.5、刃宽2.3、厚0.9厘米（图九，7）。

B型　1件（标本2006WG：68）。灰白色。形状与B型玉凿相同，但器体短小。正面平，背面呈弧形。单面微凹弧刃。顶平直，一侧边有一道切割痕。通体磨光。长2.9、顶宽1.1、刃宽1.3、厚0.4厘米（图八，10）。

玦　4件。均为圆形。分两型。

A型　2件。均为两面扁平的圆形，体薄，中间单面钻孔，玦口两面或一面斜切。器表光滑。标本2006WG：21，器体呈鸡骨白色。外径3.5、孔径1.9、玦口宽0.03~0.09、厚0.12厘米（图一〇，1）。标本2006WG：27，器体呈浅灰白色，体薄半透明。残断，现仅存约八分之一，玦口单面斜切。复原后外径3.5、孔径1.9、厚0.11厘米（图一一，1）。

B型　2件。青灰色，外周不规整，两面平且边缘均斜削，形成双台面；中孔单面钻，玦口双面斜切。标本2006WG：22，外径3.33、孔径2.13、玦口宽0.09~0.19、厚0.26厘米（图一〇，3）。标本2006WG：20，外径3.08、孔径2.09、玦口宽0.1~0.3、厚0.22厘米（图一〇，2）。

环　8件。其中7件完整，分两型。

A型　6件。均为青灰色，形状相同，大小有别，似为从小到大组合的两套。不规整的扁圆形，两面平，器大者两面边缘斜削，形成双台面，正面斜削面较宽，背面较窄；器小者仅正面边缘斜削。中孔单面或双面对钻，位置都不在正中，多偏向一侧。标本

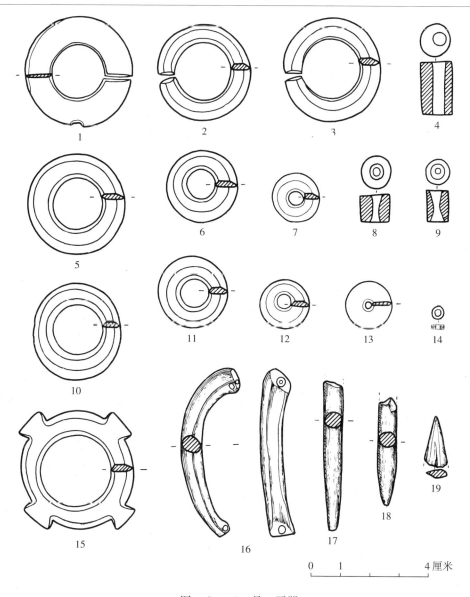

图一〇　玉、骨、牙器

1. A 型玉玦（2006WG：21）　2、3. B 型玉玦（2006WG：20、2006WG：22）　4、8、9、14. 玉管（2006WG：11）　5~7、10~12. A 型玉环（2006WG：58、2006WG：57、2006WG：38、2006WG：39、2006WG：36、2006WG：37）　13. 穿孔圆玉片（2006WG：11）　15. B 型玉环（2006WG：40）　16. 牙璜（2006WG：82）　17、18. 骨锥（2006WG：84、2006WG：83）　19. 骨镞（2006WG：50）

2006WG：37，外径 1.55、孔径 0.64、厚 0.14 厘米（图一〇，12）。标本 2006WG：58，中孔两面对钻。外径 3.28、孔径 1.93、厚 0.16 厘米（图一〇，5）。标本 2006WG：38，外径 1.62、孔径 0.6、厚 0.16 厘米（图一〇，7）。标本 2006WG：57，外径 2.34、孔径 1.64、厚 0.19 厘米（图一〇，6）。标本 2006WG：36，外径 2.31、孔径 1.12、厚 0.19 厘米（图一

〇，11）。标本2006WG：39，近椭圆形。外径2.88~3.13、孔径1.93、厚0.18厘米（图一〇，10）。

B型　2件。1件残，仅存一小块。质地、形状、制作方法与A型相似，只是外缘多了四个等距外突的边饰，器体稍大。标本2006WG：40，中孔双面对钻。外径3.7、孔径2.62、厚0.2厘米，边饰外突0.4、宽0.88~0.99厘米（图一〇，15）。

璜　1件（标本2006WG：80）。豆青色。半圆环形，断面为扁平长方形。一端内侧横向切割出一凹槽，外侧纵向切割出一道凹槽，然后在近端部内外凹槽相对处穿一小孔。另一端残断。通体磨光。残长5.8、宽0.84、厚0.25厘米（图八，2）。

镯　1件（标本2006WG：81）。残存约五分之三。灰白色。圆形，断面为扁平长方形。残长5.2、宽0.56、厚0.29厘米（图八，3）。

管饰　33件。全部出自V号人骨架处，出土时与穿孔圆玉片集中放置在一起，原来应是同一件串饰。有灰黑、青灰、乳白、灰白等色，以乳白、灰白两色为多。大小不同，均为圆管状形，中穿孔，孔多对穿而成，且多不在正中。孔径根据器物的大小而不同（图一〇，8、9）。最大的长1.8、直径1.05、孔径0.4厘米（图一〇，4），最小的长0.17、直径0.5、孔径0.2厘米（图一〇，14）。

穿孔圆玉片　有少量碎烂，大部分完整，完整的有1743片。除少数几片散布于它处外，绝大多数与管饰放置在一起。有灰白、青、淡青、乳白、黑等颜色，以淡青和青色为主，占90%以上。灰白色玉片的质地较差，硬度低，现多扭曲变形，体较大；淡青和青色玉片硬度高，器表有光泽，体较小。均为圆形，中穿孔。大小、厚薄略有差异，最大的一件（标本2006WG：11）为黑色，直径1.5厘米（图一〇，13），最小的直径仅0.29厘米；绝大部分直径在0.4~0.5、厚0.09~0.1厘米之间，最薄的厚度不足0.05厘米。

4. 铜器

此次发掘没有发现，只1974年采集到1件铜戈，出土的具体位置不详。器体扁薄，援前部残失，从残留部分观察，原似是近三角形援，援中脊起棱，上下阑突出，长方形直内，内后部有斜向而相邻的二穿。援残长6、内长4厘米。

5. 其他

骨锥　2件。用兽骨制成。均残，只存尖端。圆锥形。标本2006WG：83，横断面为扁圆形。残长3.4、直径0.54~0.48厘米（图一〇，18）。标本2006WG：84，残长4.74、直径0.59厘米（图一〇，17）。

骨镞　1件（标本2006WG：50）。仅残存前锋部分。锋尖，横断面略呈菱形。残长1.6厘米（图一〇，19）。

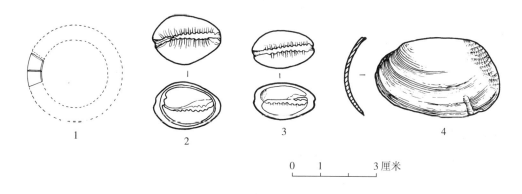

图一一 玉器、贝类

1. A型玉玦（2006WG：27） 2、3. 海贝（2006WG：12、2006WG：52） 4. 贝壳（2006WG：31）

牙璜 1件（标本2006WG：82）。白色，用兽牙磨制而成。不规则半环形，两端各往内侧对穿一孔。长5.3、厚0.6厘米（图一〇，16）。

海贝 2枚。均为椭圆形齿贝，背面被磨穿成一近椭圆形孔。标本2006WG：12，长2.38、宽1.65、厚0.67、孔径1.2~1.75厘米（图一一，2）。标本2006WG：52，体较小，背部被磨去较多，所以孔大而浅，孔两侧下凹，体也变薄。长2.1、宽1.3、厚0.32、孔径1.06~1.62厘米（图一一，3）。

贝壳 6枚，其中5枚集中放置在Ⅰ号人骨架旁。近椭圆形，多碎烂，体薄较小。没有经过加工。标本2006WG：31，长4.48、宽2.8厘米（图一一，4）。

（三）结 语

与敢猪相似的岩洞葬在广西已发现多处，在武鸣县内就发现了岜旺、弄山[2]、岜马山[3]、独山[4]等4处，敢猪岩洞葬与它们相比有一定的共性，同时也有较大的差异，这种差异性主要是年代的不同所致。从出土的随葬品来看，敢猪岩洞葬与岜旺、弄山、独山岩洞葬的差别较大，而与岜马山岩洞葬则有较多的相同。岜旺、弄山的石器以有肩石锛、铲为主，陶器以饰细绳纹、多线刻划纹的圜底罐为主，少量的圈足器、三足器；独山岩洞葬的随葬品主要是青铜兵器和生产工具，两者间没有多大的可比性。敢猪岩洞葬在随葬品的组合、形制上与岜马山的基本相似，如陶器以素面为主，多圈足器，壶、罐、带耳的圈足杯、纺轮等器形基本相同；长条形玉石锛、凿、凹刃凿、玉镯等几乎一样；出土的小石子在形状、大小和放置方法上也完全相同。虽然敢猪岩洞葬中的C型陶罐、乳突状足与岜旺、弄山的相同，但数量极少，显然已是这类器物的孑遗。因此，其年代比岜旺、弄山岩洞葬晚，比独山岩洞葬早，应与岜马山岩洞葬相当。另外，一些随葬品与马头元龙坡西周至春秋时期墓地的相似，带耳的圈足陶罐、簋形器，A 型玉玦、玉片分别与元龙坡的 I 式碗、I 式玉玦等同类器相似；而且元龙坡 M237 随葬的小石子与敢猪的也相同[5]。石锛、凹刃石凿，陶簋、带耳圈足罐也与感驮岩遗址第二期后段所出的同类器相似[6]。1974 年在该洞发现的一件铜戈，据研究为商代晚期[7]。综合以上分析，我们认为，敢猪岩洞葬的年代大致为商晚期到西周早期。

敢猪岩洞葬出土的器物虽与其他先秦时期的岩洞葬有些共性，但其差异性也非常明显，有自己独特之处。如陶器中带耳的圈足器较多，陶豆在其他的岩洞葬中很少出现；玉石器中以体小的锛、凿为主，包括较多的凹刃锛、凿，并且随葬较多的玉环、玦、管、玉片等装饰品。在埋葬方法上，与其他岩洞葬一样为平地摆放，但敢猪岩洞葬保存较好的埋葬环境为我们提供了岩洞葬中一些新的葬俗；对死者的尸体在安放好后用火焚烧这在以前发现的岩洞葬中尚没有见到，各个不同个体的摆放位置和方式以及从人骨架摆放的范围可以看出葬式为屈肢葬；敢猪岩洞葬中所发现的人骨经鉴定有 16 个个体，有老人、青壮年，也有未成年的儿童，这说明，敢猪岩洞葬应是一处家族（或家庭）墓地，从随葬品的数量和较多的玉质生产工具、装饰品及随葬三堆小石子的现象来分析，他们还是一个比较特殊的家族（家庭）；Ⅲ号人骨架位于墓葬的中心，而且随葬品的数量最多，可以看出他（她）应是这个家族（家庭）的主人。这些新的内容为我们研究先秦时期岩洞葬的埋葬习俗提供了十分重要的资料。

附记：参加发掘的有广西文物考古研究所的李珍、南宁市博物馆的黄云忠、武鸣县文物管理所的韦志贞和百色右江民族博物馆的刘康体。人骨鉴定由彭书琳研究员完成。

执笔：李　珍　黄云忠
刘康体　韦志贞
绘图：蒋新荣　张小波

注　释

[1]　广西壮族自治区博物馆：《近年来广西出土的先秦青铜器》，《考古》1984 年第 9 期。

[2]　广西壮族自治区文物工作队、南宁市博物馆、武鸣县文物管理所：《广西武鸣县芭旺、弄山岩洞葬发掘报告》，《广西考古文集》（第二辑），科学出版社，2006 年。

[3]　广西壮族自治区文物工作队、南宁市博物馆、武鸣县文物管理所：《广西武鸣芭马山岩洞葬清理简报》，《文物》1988 年第 12 期。

[4]　武鸣县文物管理所：《武鸣独山岩洞葬调查简报》，《文物》1988 年第 12 期。

〔5〕 广西壮族自治区文物工作队、南宁市博物馆、武鸣县文物管理所:《广西武鸣马头元龙坡墓葬发掘简报》,《文物》1988年第12期。

〔6〕 广西壮族自治区文物工作队、那坡县博物馆:《广西那坡县感驮岩遗址发掘简报》,《考古》2003年第10期。

〔7〕 同〔1〕。

灌阳县古城岗战国墓

广西文物考古研究所
灌阳县文物管理所

　　墓葬位于灌阳县新街乡湘溪村西约300米的土山岭上（图一），山名雀儿山，因山上有古代城址，又名古城岗。山岭略呈东北—西南向的长条形，北部为战国至汉晋时期的古墓群，南部为汉观阳县故城址。1973年12月，灌阳县文物管理所在山岭上离城址北约50米处清理古墓葬一座，编号M1。现将发掘情况报告如下。

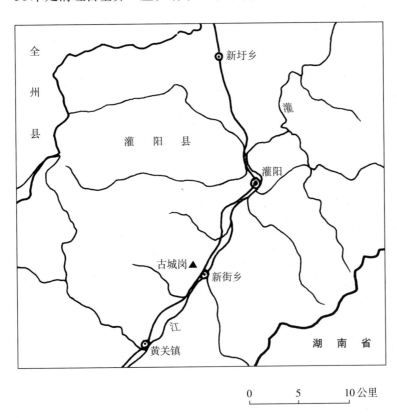

图一　灌阳县古城岗战国墓位置图

（一）墓葬形制

　　该墓在地表可见清楚的封土堆，呈馒头形，直径约12米，高0.7米。墓室为长方形竖穴土坑，口大底小。墓口长3.62、宽2.02米，墓底长3.38、宽1.6米，墓深2.56米。墓向56°。在墓室的左侧，有一长约2.3、宽0.8米的灰黑色土带，应是棺木位置所在地。在此处外的右侧，有11件随葬品顺着棺木的方向摆放成一行。棺木和人骨已朽无存，葬式不清（图二）。

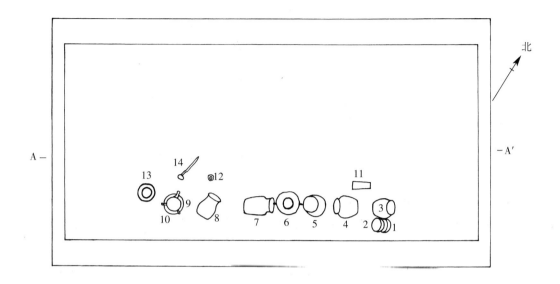

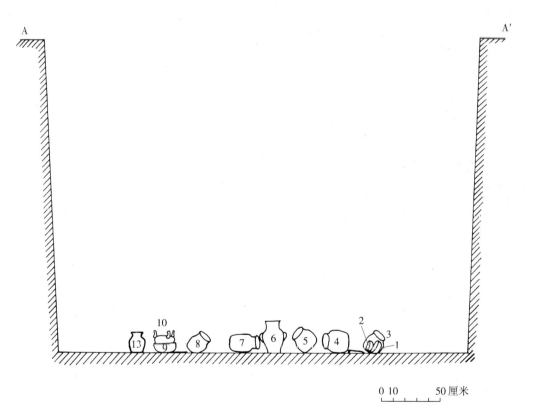

0 10   50厘米

图二　M1平、剖面图

1、2.陶杯　3~5、8.C型陶罐　6.陶壶　7.A型陶罐　9.陶鼎　10.陶三足瓿　11.铁斧　12.陶纺轮　13.B型陶罐　14.铁削

（二）随葬品

随葬品共14件，有陶器、铁器，以陶器为主。

1. 陶器

12件。有夹细砂和泥质陶两类，大部分为泥质陶。器形有鼎、壶、罐、瓿、杯、纺轮等，以罐为主。

鼎　1件（标本M1∶9）。夹细砂灰陶。微敞口，深圆腹，圜底近平，底附三兽蹄形足。口下部有对称的方形立耳一对，耳上部残。口径12.2、腹径15.4、高15.2厘米（图五，1）。

壶　1件（标本M1∶6）。泥质灰褐陶。敞口，长颈，圆肩，深圆腹，矮圈足外撇，肩附对称双环耳。从肩至腹下部拍印细方格纹，但肩部纹饰大多已被抹平，肩部还有三周单线凹弦纹。口径11.8、最大腹径18.6、高25.2厘米（图三，1）。

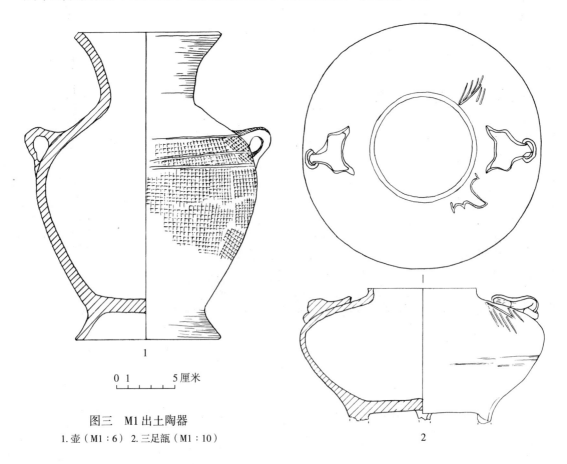

0　1　　　5厘米

图三　M1出土陶器

1.壶（M1∶6）2.三足瓿（M1∶10）

三足瓿 1件（标本M1:10）。泥质灰褐陶。小口微敞，短领，圆肩微折，腹扁圆，底附三足，足残。肩部装饰对称的兽形耳一对。素面，肩部有少量刻划符号。口径8.8、残高10.6厘米（图三，2）。

罐 6件。分三型。

A型 1件（标本M1:7）。夹细砂灰陶。微敞口，宽平沿外折，粗长直领，溜圆肩，圆鼓腹下坠，圜底内凹。器表从领至底通体饰绳纹，领部纹饰被抹半不清晰，底部绳纹多交错。口径10.8、腹径17.2、高18.1厘米（图四，2）。

B型 1件（标本M1:13）。泥质褐陶。敞口，宽沿外翻，直领较长，溜肩，圆腹，腹下部内收，平底内凹。肩部素面，腹上部饰叶脉纹，下部为细方格纹。口径9.2、腹径14.6、底径9.2、高15.4厘米（图四，3）。

C型 4件。均为泥质陶，火候较高。多为敞口，平沿，短直领，圆肩，圆腹，平底。标本M1:8，泥质红褐陶。微敞口，平沿，直领较长，溜圆肩，圆鼓腹，平底。肩至底部拍印米字纹。口径11.8、腹径18.8、底径12.4、高18.5厘米（图四，1）。标本M1:5，泥质灰陶。形状与标本M1:8相同，只是器体相对矮胖，器表纹饰不同，肩以下拍印方格纹，间夹椭圆形方格戳印纹，肩至腹部刻划四周单线凹弦纹。口径11.2、腹径16.4、底径10.8、高15.4厘米（图四，5）。标本M1:3，肩以下拍印方格纹，间在方格纹上施菱格突块戳印纹，肩至腹部刻划三周单线凹弦纹。口径11.2、腹径15.6、底径9.8、高14.2厘米（图四，6）。标本M1:4，泥质灰褐陶。平沿微外翻，圆肩，肩至腹上部拍印方格纹，方格纹上间夹复线方框对角线戳印纹，肩部刻划两周单线凹弦纹，腹部刻划两周双线凹弦纹。口径13.8、腹径19.2、底径11.2、高17.4厘米（图四，4）。

杯 2件。均为泥质灰陶。底内有轮旋痕迹，底外部有刮削痕迹，下腹部内收成小平底。素面。标本M1:1，近直口，平沿，浅弧腹，平底微内凹。口径8.9、底径4、高4厘米（图五，2）。标本M1:2，直口，浅直腹，平底微内凹。口径8.8、底径3.3、高3.9厘米（图五，3）。

纺轮 1件（标本M1:12）。泥质灰陶。算珠形，剖面呈六边形，中间穿一圆孔。直径3.9、孔径0.8、高2.3厘米（图五，4）。

2. 铁器

2件。有斧、削两类。

斧 1件（标本M1:11）。长方形，刃部残，刃稍小于首，长方形銎。残长12.4、首宽6.4厘米（图五，5）。

削 1件（标本M1:14）。残。柄细长，环首，平直刃。残长18.2厘米。

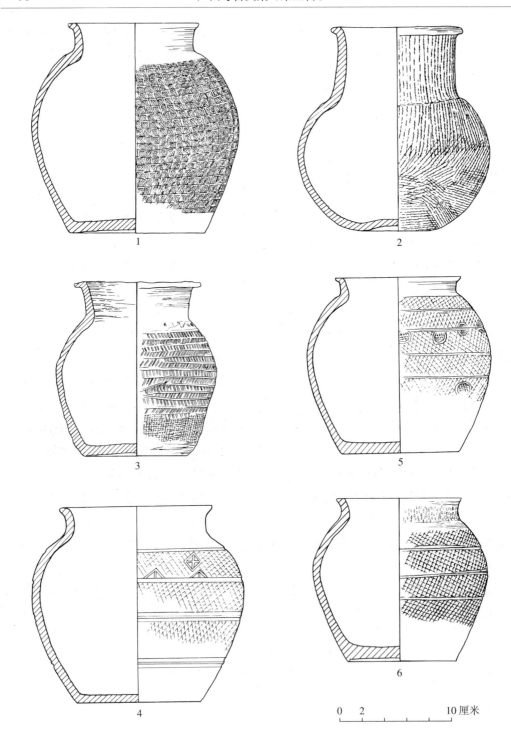

0　2　　　　　　　　　10厘米

图四　M1出土陶罐

1. C型（M1：8）　2. A型（M1：7）　3. B型（M1：13）　4～6. C型（M1：4、M1：5、M1：3）

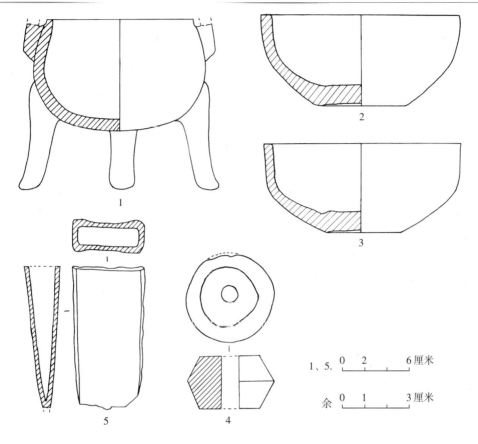

图五　M1 出土陶、铁器
1.陶鼎（M1∶9）　2、3.陶杯（M1∶1、M1∶2）　4.陶纺轮（M1∶12）　5.铁斧（M1∶11）

（三）结　语

　　该墓的形制为长方形竖穴土坑墓，其长宽比约为1.7∶1，属宽坑墓类。这种墓葬形式多见于战国时期。随葬品中的陶、铁器也是战国时期所流行的器形。陶三足瓿、C型罐、杯与平乐银山岭战国墓中所出的同类器相同[1]；陶壶、A型陶罐与湖南龙山县里耶镇李拐堡战国墓[2]、古丈县白鹤湾战国墓[3]所出的同类器相同。因此该墓的年代应为战国时期。

　　灌阳县地处广西的东北部，五岭之一的都庞岭脚下，是岭南北交界之处。在战国时期，这里是楚越交汇之地，虽是越人居住区，但是已受楚文化的影响，这在古城岗一号战国墓中充分地反映出来。如墓底不设枕木沟是越人墓的特点，C型陶罐和陶罐上所饰的米字纹、方格加戳印纹是典型的越式风格；而陶壶、A型陶罐则是楚墓中常见之物。这一墓中两种文化因素共存，说明在战国时期，灌阳一带是越楚文化相互交流、影响、共存的区域。

附记：墓葬发掘和资料整理人员有唐一建、邓根珏、文虹、李珍。

执笔：李　珍　唐一建　文　虹
绘图：蒋新荣　蒋发姣

注　释

［1］ 广西壮族自治区文物工作队：《平乐银山岭战国墓》，《考古学报》1978 年第 2 期。

［2］ 湘西自治州文物管理处等：《龙山县里耶镇李拐堡战国墓》，《湖南考古（2002）》，岳麓书社，2004 年。

［3］ 湘西自治州文物管理处等：《古丈县白鹤湾战国西汉墓发掘报告》，《湖南考古（2002）》，岳麓书社，2004 年。

2005 年合浦县文昌塔汉墓发掘报告

广西文物考古研究所

合 浦 县 博 物 馆

文昌塔汉墓位于广西合浦县县城西南郊，行政隶属于廉州镇乾江村，是国家重点文物保护单位——合浦汉墓群四方岭墓区的边缘部分。1987 年修筑南北（南宁至北海）二级公路时，广西壮族自治区文物工作队（现广西文物考古研究所）会同合浦县博物馆曾在此附近抢救性发掘汉墓 208 座，资料目前尚在整理之中。2005 年 8~9 月，为配合巾政工程公司的建设项目，两单位再次在文昌塔西北侧二级公路下方的岭脚地带发掘汉墓 8 座（图一）。现将这次发掘的情况报告如下。

（一）墓葬形制

8 座墓葬呈东南—西北走向，似有规律地分为三组，组间间距约 60 米，其中 M1 和 M7 为砖室墓，余 6 座为木椁墓。

1. 木椁墓

均为长方形竖穴，由斜坡形墓道和墓室两部分组成。个别墓葬上方有土堆，土色较新，夹杂近现代遗物，并非原来的封土。由于墓地所处为酸性红土，且地势较低，常年潮湿，墓葬的棺椁已朽，骨架无存，葬式亦不详，但棺椁板灰痕大多可见，仍知其规格为棺椁。

M2 墓向 122°。开口距地表约 0.4 米。墓穴凿过砂岩层，四壁较直，表面略粗。原坑土回填，填土为灰白色，间杂石块较多，上部因植物腐殖质渗透略呈灰黑。壁间环筑一周，填土较实，但无夯窝发现；深至距开口 0.85 米，墓道与墓室之间出现内弧形似封门的土筑带，土质灰黑色，结实略带黏性，当是防潮所设（彩版七，1）。墓葬全长 11.68 米，其中墓道长 7.12、宽 1.44~1.62 米，坡度 12°，与墓室相接处形成一台级，距墓底 0.12 米；墓室长 4.56、宽 2.54~2.6 米，深 1.52 米。两纵枕木沟，后端抵壁，前端尚

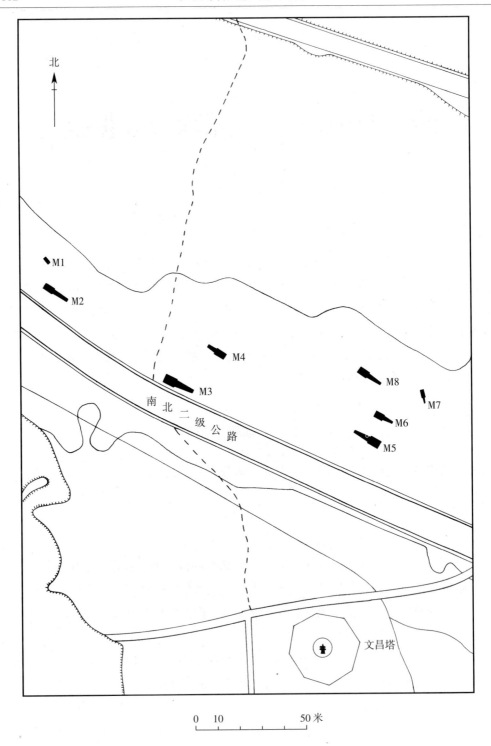

图一　墓葬分布示意图

有一段距离，宽、深约0.12米。枕木沟内侧用0.08~0.1米厚的熟土找平后，上铺约0.04米的白膏泥一层。距离不等的8条抗木槽横跨枕木沟，宽0.1米，深约0.12米。后壁一侧有三块不规则的石块竖起如挡板，石块厚0.09、高约0.26米。随葬品主要集中在墓室后端的一侧，有陶罐、陶壶、陶瓮、陶井及铜鐎壶、砺石等。墓室前端放置陶五联罐和滑石暖炉各1件；棺内头部置铜镜2面，腰部放铜钱1串及铁削1把。另有1陶罐单独置于棺外一旁，似是有意所为（图二；彩版七，2）。

M3 墓向120°。墓葬全长15.15米，其中墓道长9.75、宽2.3米，坡度约为12°；墓室长5.4、宽3.7米，深2.6米。墓室底部见两纵枕木沟抵壁。墓室填土较新，夹杂塑料等物，内已空无一物，后据了解该墓在1987年时已作发掘，但仅限于墓室。本次发掘的墓道有两处较为独特：一是距墓室约0.7米的两壁各有一凹槽，自底部往上高1.35米，凹槽底宽约0.22、深约0.15米，往上略有收分，至顶部呈圆弧形。槽内无朽木等残余。二是距墓道口2.75米处有一宽0.7、高约0.5米的沙隔墙，沙为灰黑色，颗粒较细（彩版七，3）。前者应是象征的门柱，后者则是防止墓道口方向进入的潮气和渗水。

M4 墓向305°。开口距地表约0.5米，墓穴四壁笔直，四角略圆，填土为灰黄色花土。距开口约0.3米深度露出椁室边板的痕迹，可知椁室为"封门式"，左右后三侧距边0.4米，前面封门宽度为1.1米（彩版七，4）。墓葬全长8.96米，其中墓道长4、宽1.4~1.68米，上端坡度为12°，下端有弧形的陡坎，以下则较为平缓；墓室长4.96、宽2.88米，深1.3米。两纵枕木沟，后端基本抵壁，前端尚有一段距离，宽约0.2、深约0.12米。随葬品不多，主要集中在墓室中部的一侧，陶器有罐、双耳罐、壶、瓮、熏炉等，金属器仅见铁灯1件。另一侧棺内头部置铜镜1面，腰部放琉璃、水晶组合串饰1串、铜钱1串及残铜印1枚。2件陶釜则单独置于棺的前端（图三；彩版八，1、2）。

M5 墓向295°。开口距地平面约0.35米。墓道与墓室的填土不同，墓道的填土为较结实的红色土，夹杂较多白色小砾石；墓室开口两侧有半开放式洞槽，一侧4个，一侧对应仅见2个。四壁光滑较直，似经拍打。深至0.65米时，填土由灰黑转为灰黄或灰红色，壁间环筑一周夹小砾石的红土，宽0.45米，填土经筑实，其内中部亦间筑分开；深至1.9米，椁板灰外侧四周见厚约0.05米的白膏泥护边，四角的填土为灰色或灰红色，砂质较多，或为吸潮气所设。墓葬全长13米，其中墓道长7.5、宽约1.5米，斜坡不甚规则，坡度在12°~15°之间；墓室长5.5、宽3.2米，深2.5米。两纵枕木沟，两端未抵壁，宽约0.2、深约0.1米。棺的位置在墓室的中部一侧，痕迹比较清晰，长约2、宽0.8米。随葬品较多，主要集中在墓室的另一侧，中部放置有陶罐、陶壶、陶瓮及铜壶、铜鐎壶、铜灯和铜钱等8件，后端放置的陶器有罐、双耳罐、釜、盂和厕、仓、灶模型明器，铜器有盆、鼎、残件等，共18件。棺内置玛瑙、琉璃组合串饰、铜盆、铜碗、铜扣各1，铜镜则在棺外侧。1件陶五联罐和1件陶罐则分别置于墓室的前端两侧（图四；彩版八，3）。

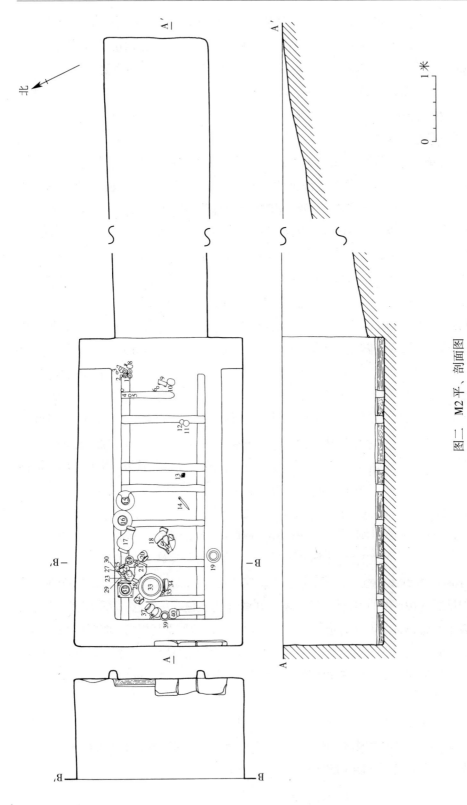

图二　M2 平、剖面图

1. 陶五联罐　2~6. 陶五联罐盖　7、19、20、22、23、26、32、37~40. 陶罐　8、24. 镶嵌壶　9. 滑石暖炉　10. 铜器　11、12. 铜镜　13. 铜钱　14. 铁削　15~18、21. 陶壶　25、27~30. 陶釜　31. 陶井　33. 陶瓮　34~36. 砺石

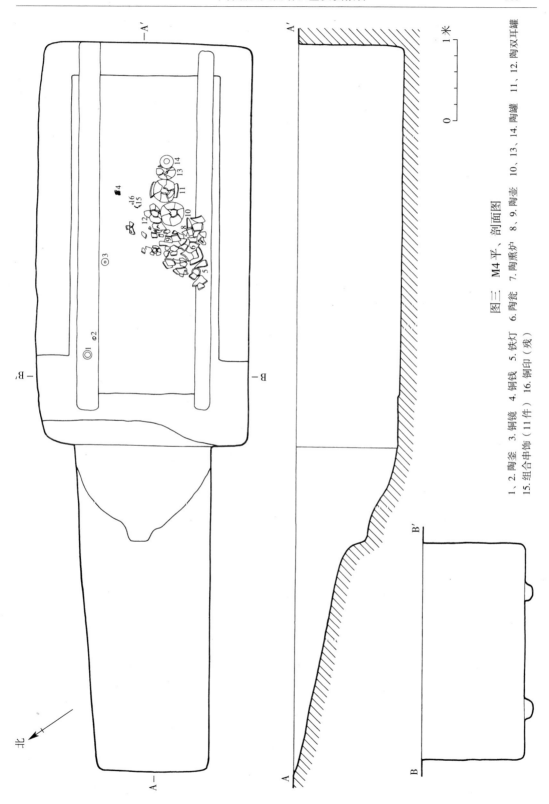

图三 M4平、剖面图

1、2. 陶釜 3. 铜镜 4. 铜钱 5. 铁灯 6. 陶瓷 7. 陶熏炉 8、9. 陶壶 10、13、14. 陶罐 11、12. 陶双耳罐
15. 组合串饰（11件）16. 铜印（残）

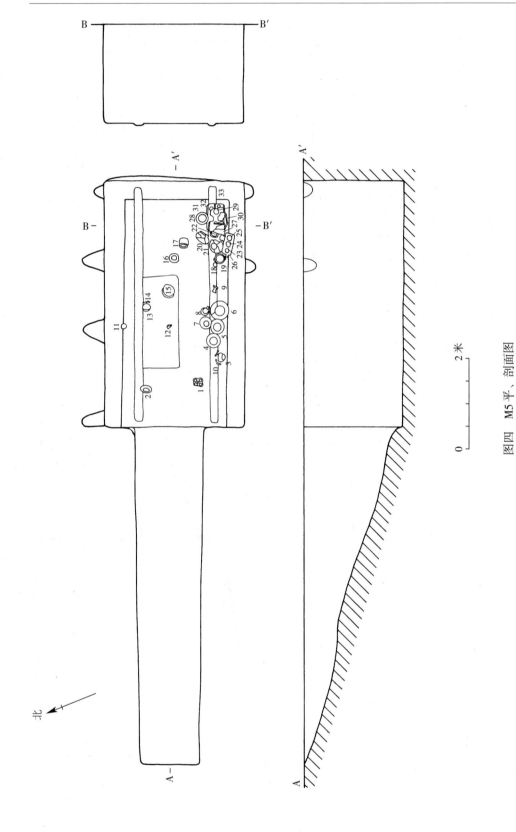

图四　M5 平、剖面图

1. 陶五联罐　2、3、16、17、20、22. 陶罐　4、5. 陶壶　6. 陶瓮　7. 铜壶　8. 铜镦　9. 陶灶　10. 铜灯　11. 铜镜　12. 铜扣（残）　13. 铜碗　14. 组合串饰　15. 铜盆　18. 铜器残件　19. 铜鼎　21. 陶双耳罐　23、24、27、32. 陶釜　25、33. 陶甑　26. 陶灶　28. 铜釜　29. 陶盂　30. 陶厕　31. 陶仓

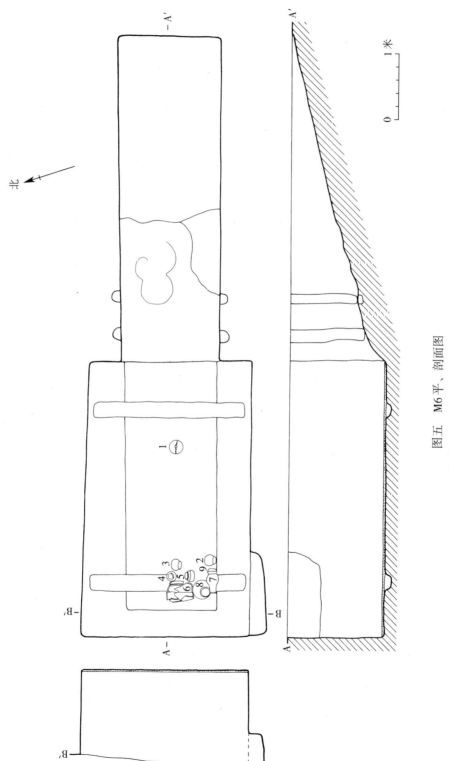

图五　M6平、剖面图

1. 滑石璧　2~6. 陶罐　7、8. 陶壶　9. 陶瓮

M6　墓向114°。墓室后端一角有盗洞，未及底部。墓葬全长9.2米，其中墓道长5、宽1.54米，坡度于约15°，上端斜直，下端凹凸不平，与墓室交接处急陡，两壁见双重门柱，间距0.4米；墓室长4.2、宽2.52米，深1.5米。墓室底部铺一层厚约0.04米的青膏泥。两横枕木沟，两端未抵壁，宽约0.16、深约0.1米。随葬品很少，置于一侧，前端有1件滑石璧，后端有罐、壶、瓮等8件陶器，无金属器发现（图五；彩版八，4）。

M8　墓向119°。开口距地表约1.1米。整座墓葬做工粗糙，不甚规整，全长约11.5米，其中墓道长6.7、底宽约1.3米，坡度16°，下端开口略宽，底部凹凸不平，多脚窝，距墓室约1.25米两侧有门柱凹槽，一侧外还有一斜槽，应寓意为斜撑（彩版九，1）；墓室填土灰黑色，土质松软，含砂量较大。墓室长约4.8、宽约2.8米。两纵枕木沟，两端基本抵壁，宽约0.18、深约0.1米。东北侧墓壁下部有一排水沟，直通数米外的小溪。排水沟高0.85米，下宽0.2米，下窄上宽，下部用石块结砌，防止墓室内泥土流失，仅留缝隙排水（彩版九，2）。随葬品破碎较甚，除前端一侧有1件铜器外，其余多为陶器，且分布在另一侧的中部及靠后位置，有罐、双耳罐、四耳罐、壶、瓮、五联罐、熏炉等，铜器仅镦壶1件（图六；彩版九，3）。

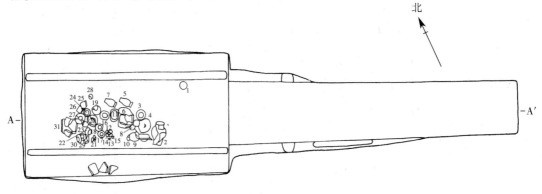

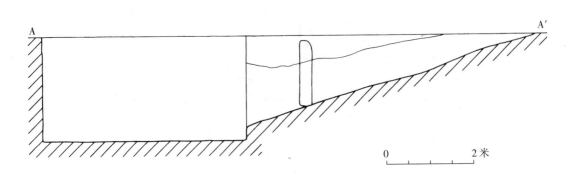

图六　M8平、剖面图

1.铜器残片　2、4、5、7.陶壶　3.陶熏炉　6、11、16~19、21~26、29、30.陶罐　8.陶熏炉盖　9.铜镦壶　10、13~15.陶五联罐盖　12.陶五联罐　20.陶双耳罐　27.陶四耳罐　28.玛瑙串饰　31.陶瓮

2.砖室墓

地面均经平整，无封土堆痕迹。长方形单室，墓壁单砖结砌，墓底铺以人字形地砖。早年被严重盗扰，随葬品余少量或全无。

M1　砖圹墓，无墓道。长 3.44、宽 1.12 米，深 0.72 米。墓砖一面为条状几何拍印纹，单砖规格为长 28、宽 13.5、厚 4 厘米。填土中见残铜钱数枚，残铜印及陶罐口沿各 1 件，无法判断墓向（图七）。

M7　墓向 165°。直券顶砖室墓。墓室后端见较大的盗洞，券顶全塌。墓葬全长 6.92 米，由墓道和墓室两部分组成。墓道斜坡形，坡度为 21°，平面呈梯形，长 3、前宽 0.9、后宽 1.16 米；墓室长 3.92、宽 1.16 米，深 1.2 米。墓道与墓室之间有封门，为错缝平砌。墓室内器物全无，仅在填土中发现陶片数片和器盖 1 件（图八；彩版九，4）。

（二）随葬器物

此次发掘的 8 座墓葬中，除 M3 和早年遭受过严重盗扰的 2 座砖室墓外，其余则基本保存完好，但遗物不多，出土器物共编号 131 个，其中陶器有 98 个编号，修复后实际上为 82 件（组），铜器 23 件，此外还有铁器、滑石器、砺石及玉石、水晶、玛瑙、琉璃串饰共 10 件（组）。部分器物残损，其中铜器锈蚀严重，一些不能辨认器形。

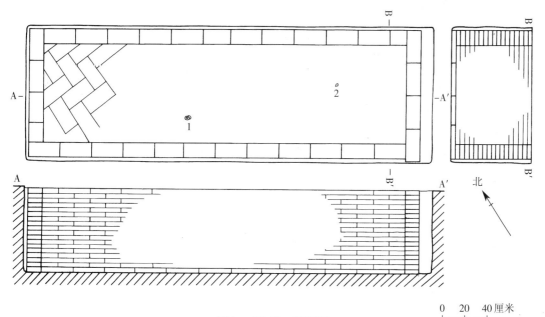

0　20　40 厘米

图七　M1 平、剖面图

1.残铜钱　2.残铜印

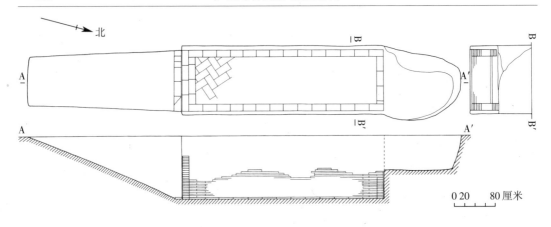

图八　M7平、剖面图

1. 陶器

随葬品中陶器占大部分，共82件（组）。以轮制为主，瓮、壶等用泥条盘筑法再经慢轮修整，器内见泥条筑痕。陶土大都经淘洗，胎质较细腻；大部分为硬陶，但火候都不高；器表原多施青黄釉，釉层已剥落，多呈灰白色。软陶27件，其中M5的软陶有13件，超过陶器总数的一半，其余M4、M6、M8均有软陶出土。M6出土的5件黄白色素面陶罐，胎薄，火候低，可能是专门用来随葬的明器。

瓮　5件。M2、M4、M5、M6和M8各1件。依有耳无耳分两型。

A型　4件。无耳。分四式。

Ⅰ式　1件（标本M5：6）。与罐的形状接近，口较小，直领较高，圆腹，大平底。肩、腹部拍印方格纹加圆形戳印纹，间以弦纹四道。口径18.6、腹径36、底径20.8、高31.2厘米（图九，1；彩版一〇，1）。

Ⅱ式　1件（标本M4：6）。大口，腹长圆，平底，口径与底径相等。肩、腹部拍印方格纹，上覆菱形戳印纹一道。口径19.2、腹径29.6、底径21.6、高29.2厘米（图九，2）。

Ⅲ式　1件（标本M6：9）。大口，下腹斜直较长，底略内凹。肩、腹部拍印方格纹，上覆菱形戳印纹。间以弦纹两道。口径20、腹径29.6、底径20、高28厘米（图九，3；彩版一〇，3）。

Ⅳ式　1件（标本M2：33）。做工较为粗糙，泥条相接处痕迹明显，一侧底部变形内凹较多。灰白色胎，青黄釉大都脱落，器表呈褐色。敞口外翻，唇面经旋刮。有直领如短颈，肩、腹拍印方格纹，上覆四角星形戳印，间以弦纹两道。下腹部有多道竖直线的刻划符号。口径约等于底径，最大径居中。口径19.2、最大腹径28、底径20、高29.6厘米（图九，4；彩版一〇，4）。

B型　1件（标本M8：31）。四对称半环耳，小口略内敛，腹部浑圆，大平底。方格

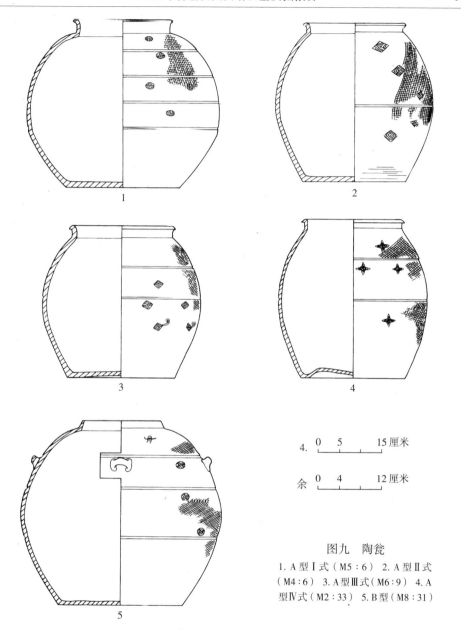

图九　陶瓮
1. A 型 I 式（M5：6）　2. A 型 II 式
（M4：6）　3. A 型 III 式（M6：9）　4. A
型 IV 式（M2：33）　5. B 型（M8：31）

纹加圆形戳印，间以弦纹三道。口径 14.8、最大腹径 37.6、底径 23.2、高 34.4 厘米（图
九，5；彩版一〇，2）。

罐　40 件。其中硬陶 24 件，青灰或灰紫色，M2 出土的 6 件无釉，呈灰白色，其余
灰白胎，釉青黄，大都脱落，表面呈褐色；软陶 16 件，红色、黄白色或灰黄色。这些陶
罐的纹饰有方格纹（9 件）、弦纹（7 件）、方格纹加戳印（11 件），余为素面。有 10 件软
陶破碎较甚，不明型式，其中 M8 有 6 件，M4 有 2 件，M5 有 2 件，其余分为六型。

A 型　15件。扁圆腹。分五式。

Ⅰ式　1件（标本 M5∶3）。小口，卷唇，有直领如短颈，平底。口径略小于底径。肩、腹饰方格纹底加圆形戳印，间以一道凹弦纹。口径 10.1、腹径 16.8、底径 10.4、高 13.6 厘米（图一〇，1）。

Ⅱ式　5件。大口，翻唇，有直领如短颈，平底。口径略小于底径，最大径偏下。标本 M8∶17，肩、腹饰方格纹底加圆形戳印，间以一道凹弦纹。口径 11.6、腹径 16、底径 12、高 12 厘米（图一〇，3；彩版一一，1）。

Ⅲ式　7件。与Ⅱ式近，而最大径居中。标本 M2∶20，肩、腹饰方格纹底加方形戳印，间以一道凹弦纹。口径 11.6、腹径 15.4、底径 12、高 12 厘米（图一〇，2）。

Ⅳ式　1件（标本 M2∶23）。大口，翻唇，扁圆腹，略有折曲，平底。素面。口径 12.6、腹径 16.4、底径 12、高 11.8 厘米（图一〇，6）。

Ⅴ式　1件（标本 M2∶22）。敞口外折，扁圆腹较矮，最大径偏下，大平底。肩、腹饰方格纹底加菱形戳印，间以一道凹弦纹。口径 10.4、腹径 15.6、底径 12.9、高 10.3 厘米（图一〇，7；彩版一一，2）。

B 型　4件。腹部长圆。分两式。

Ⅰ式　1件（标本 M5∶17）。溜肩，下腹斜直较长。肩、腹饰方格纹，间以一道凹弦纹。口径 10.8、腹径 15.6、底径 10.8、高 13.8 厘米（图一〇，8）。

Ⅱ式　3件。丰肩，器腹较圆，口径小于底径。肩、腹饰方格纹底加菱形戳印，间以一道凹弦纹。标本 M8∶25，口径 10.4、腹径 16、底径 12、高 13.4 厘米（图一〇，4）。

C 型　2件。直口较小。分两式。

Ⅰ式　1件（标本 M4∶14）。紫灰色。扁腹较甚，器形较小。肩部饰一道凹弦纹。口径 5.8、腹径 13、底径 6.4、高 7.4 厘米（图一〇，5；彩版一一，3）。

Ⅱ式　1件（标本 M8∶16）。红色软陶。广肩，下腹斜直较长。肩部饰三道凹弦纹。口径 7.6、腹径 17.2、底径 8.8、高 11.4 厘米（图一〇，9）。

D 型　6件。均为软陶。折领，器形较小。分两式。

Ⅰ式　1件（标本 M8∶24）。圆腹。肩部饰一道凹弦纹。口径 10.8、腹径 14.8、底径 8、高 12.8 厘米（图一一，1）。

Ⅱ式　5件。敞口尖唇，丰肩，最大径位于肩部附近，下腹斜直较长。标本 M6∶2，口径 10、腹径 14、底径 9.2、高 12 厘米（图一一，2）。

E 型　2件。大口身较直，器形较小。分两式。

Ⅰ式　1件（标本 M5∶22）。卷唇，丰肩，下腹斜直较长。腹部饰方格纹，肩腹间有三角形刻划符号。口径 10.4、腹径 13.2、底径 10、高 10 厘米（图一一，3；彩版一一，4）。

Ⅱ式　1件（标本 M2∶26）。敞口外翻，腹长圆。肩、腹饰一道凹弦纹。口径 8.6、

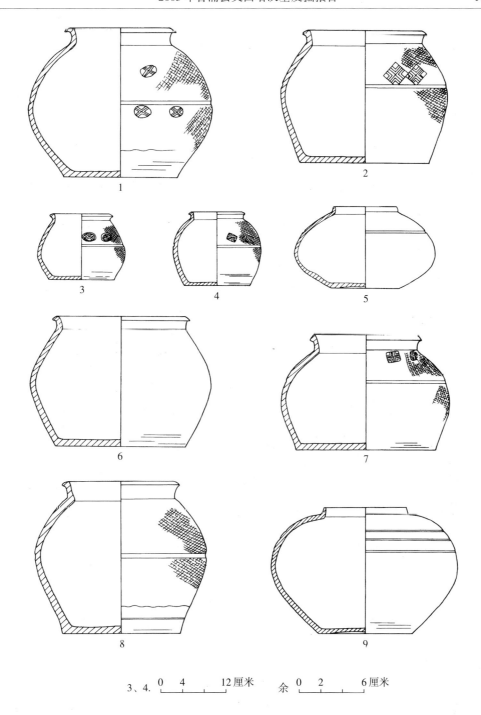

3、4. 0　4　　　12厘米　　余 0　2　　　6厘米

图一〇　陶罐

1.A 型 Ⅰ 式（M5：3）　2.A 型 Ⅲ 式（M2：20）　3.A 型 Ⅱ 式（M8：17）　4.B 型 Ⅱ 式（M8：25）　5.C 型 Ⅰ 式（M4：14）　6.
A 型 Ⅳ 式（M2：23）　7.A 型 Ⅴ 式（M2：22）　8.B 型 Ⅰ 式（M5：17）　9.C 型 Ⅱ 式（M8：16）

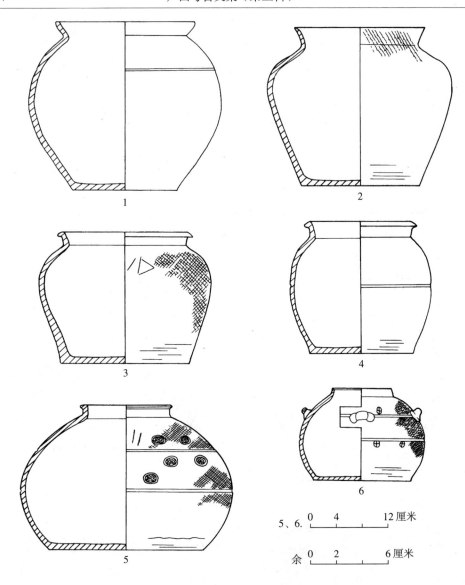

图一一　陶罐、四耳罐

1. D 型 I 式罐（M8∶24）　2. D 型 II 式罐（M6∶2）　3. E 型 I 式罐（M5∶22）　4. E 型 II 式罐
（M2∶26）　5. F 型罐（M8∶6）　6. 四耳罐（M8∶27）

腹径10.8、底径8、高10厘米（图一一，4；彩版一一，5）。

　　F 型　1件（标本 M8∶6）。扁圆高大。口近直，唇外翻，溜肩，扁腹宽大下坠，大平底。肩、腹饰方格纹底加圆形戳印，间以凹弦纹两道。口径14.4、腹径32.8、底径24、高22厘米（图一一，5；彩版一一，6）。

　　双耳罐　4件。两对称半环耳。分两型。

A 型　3 件。直口。分三式。

Ⅰ式　1 件（标本 M5：21）。红陶。火候低，残碎不可复原。带盖，见双半环耳。

Ⅱ式　1 件（标本 M4：11）。溜肩，扁圆腹。口径小于底径。肩、腹部饰两道凹弦纹。口径 9.2、腹径 18.4、底径 13.6、高 14.8 厘米（图一二，2；彩版一二，1）。

Ⅲ式　1 件（标本 M8：20）。丰肩，下腹斜直，最大径居上。口径与底径相若。肩部饰三道凹弦纹。口径 8.8、腹径 15.6、底径 8.4、高 12.4 厘米（图一二，1）。

B 型　1 件（标本 M4：12）。子口内敛，无盖存。扁腹，两对称半环耳，圈足。肩及

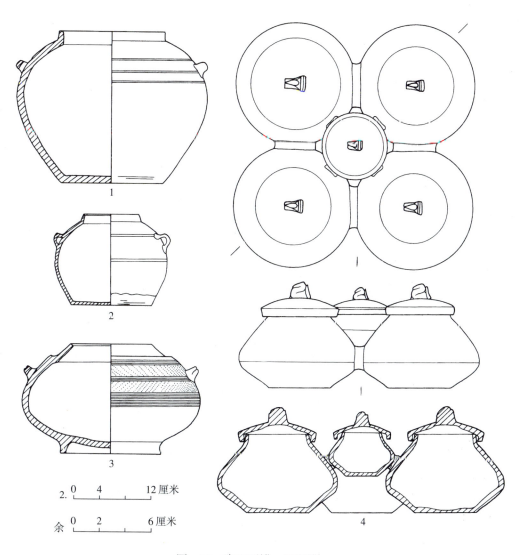

2.
0　　4　　　　12 厘米

余
0　　2　　　6 厘米

图一二　陶双耳罐、五联罐

1. A 型Ⅲ式双耳罐（M8：20）　2. A 型Ⅱ式双耳罐（M4：11）　3. B 型双耳罐（M4：12）　4. A 型Ⅰ式五联罐（M8：12）、器盖（M8：13~15）

上腹饰三组多重弦纹，间以两组连线篦点纹。口径6.8、腹径14.8、底径8.4、高9厘米（图一二，3；彩版一二，2）。

四耳罐　1件（标本M8：27）。小口略内敛，平底。肩腹饰方格纹，上覆圆形戳印纹，间以凹弦纹两道。口径8.8、腹径19.6、底径14.8、高14厘米（图一一，6）。

五联罐　3件。依足有无分两型。

A型　2件。由四个大的罐方形相连，中间加上一个较小的在上面。四个大罐扁圆腹或折腹。每罐有盖，盖纽作鸟型。多素面，局部见细小弦纹。分两式。

Ⅰ式　1件（标本M8：12）（M8：10、M8：13~15为器盖）。大小形状不尽相同，中间小罐低于周围的大罐，盖纽较小且鸟的形状较为简单写意。长20、宽20、通高8.6厘米（图一二，4）。

Ⅱ式　1件（标本M2：1）（M2：2~6为器盖）。四个大罐的罐身及盖的大小均匀，中间小罐高于周围的大罐，盖纽鸟的形状较为清晰。长16.8、宽16.8、通高9厘米（图一三，1；彩版一二，3）。

B型　1件（标本M5：1）。罐均无盖，侈口平唇，扁圆腹，平底。四个大罐外侧各有一蹄足。长19.2、宽19.2、通高10.4厘米（图一三，2；彩版一二，4）。

壶　15件，其中M2有5件，M8有4件，M6和M5、M4各2件，多为成对出土。分两型。

A型　3件。子母口。分三式。

Ⅰ式　1件（标本M5：5）。子口较直，颈部粗直且相对较长，腹扁圆。圈足上部横穿两孔。颈、腹和圈足均饰弦带纹。口径14、腹径31.4、底径15.6、高41.6厘米（图一四，1；彩版一三，1）。

Ⅱ式　1件（标本M5：4）。子口内敛，鼓腹。圈足上部横穿两孔。肩两侧有一半环形耳，另两侧饰一对铺首，铺首略呈方形，眼睛圆突，额顶成瓣尖状，圆鼻突起衔环。颈、腹和圈足均饰弦带纹。口径14、腹径33.6、底径16.8、高45.6厘米（图一四，2；图一五）。

Ⅲ式　1件（标本M4：8）。子口略内敛，短颈收束，鼓腹，圈足外撇，分成两节，上节横穿两孔。肩两侧有一半环形耳。颈、腹和圈足均饰有弦带纹。口径12、腹径28.8、底径16.8、高41.2厘米（图一四，3）。

B型　12件。盘口，扁圆腹，两边有一半环形耳。圈足分成两节，上节横穿两孔。分三式。

Ⅰ式　1件（标本M8：4）。盘口微敞，圈足略外撇。颈、腹和圈足均饰有弦带纹。口径11.6、腹径27.2、底径14.8、高38.4厘米（图一四，4）。

Ⅱ式　5件。盘口小，略内敛，矮圈足外撇。标本M6：7，素面。口径9.2、腹径20、

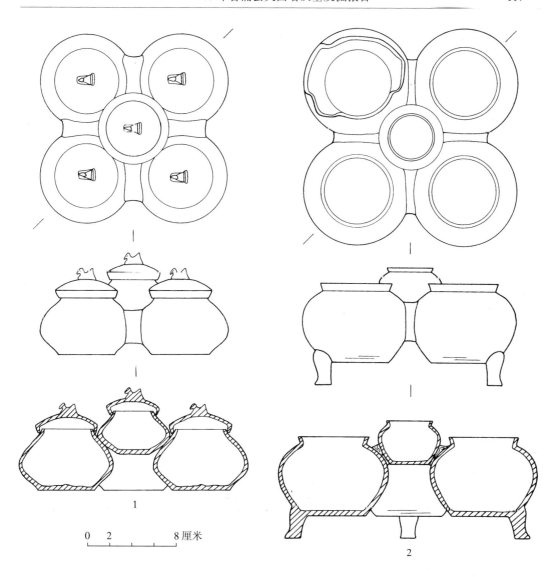

图一三 陶五联罐
1. A型Ⅱ式（M2:1）、器盖（M2:2~6） 2. B型（M5:1）

底径12、高28.4厘米（图一四，5）。

Ⅲ式 6件。盘口外敞，颈部相对较细长，扁圆腹略下坠。标本M2:16，颈、腹和圈足均饰有弦带纹。口径15.2、腹径29.6、底径16.8、高40.8厘米（图一四，6；彩版一三，2）。

盂 1件（标本M5:29）。广口，扁折腹，平底微凹。素面。口径13.2、腹径12.2、底径6.4、高7.2厘米（图一六，1）。

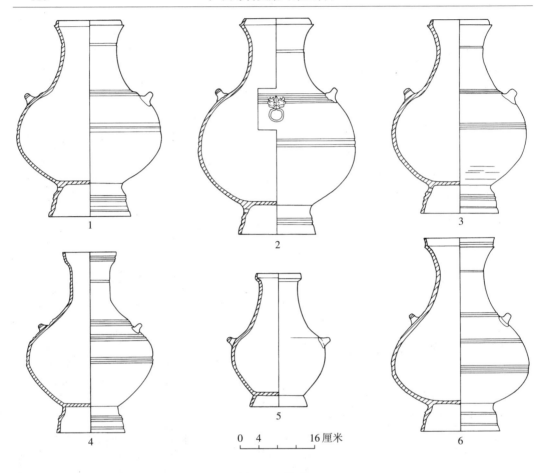

图一四　陶壶

1. A 型 I 式（M5：5）　2. A 型 II 式（M5：4）　3. A 型 III 式（M4：8）　4. B 型 I 式（M8：4）　5. B 型 II 式（M6：7）　6. B 型 III 式（M2：16）

图一五　A 型 II 式陶壶铺首（M5：4）

釜　7 件。分两型。

A 型　5 件。折腹下坠，平底。素面。分两式。

I 式　2 件。标本 M4：1，侈口外翻。口径 8、腹径 9.6、底径 6、高 5.8 厘米（图一六，2）。

II 式　3 件。标本 M2：28，侈口尖唇。口径 5.6、腹径 7.4、底径 4、高 4.4 厘米（图一六，3）。

B 型　2 件。圜底。标本 M2：29，圆腹。口径 5.6、腹径 8.8、高 6.1 厘米（图一六，4）。

熏炉　2 件。分两型。

A 型　1 件（标本 M4：7）。缺盖。豆式，盘内有

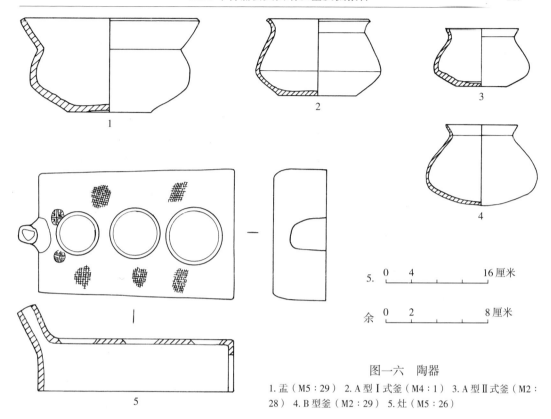

图一六　陶器

1.盂（M5：29）　2.A 型 I 式釜（M4：1）　3.A 型 II 式釜（M2：28）　4.B 型釜（M2：29）　5.灶（M5：26）

焚烧过的痕迹。口径 6.8、盘径 9.4、把径 4.3、足径 10、高 13.6 厘米（图一八，3；彩版一三，3）。

B 型　1件（标本 M8：3）（M8：8 为器盖）。座足下有浅盘相连。分炉盖和炉身两部分，盖面作两层镂空，两层的图案均为三角形间直棱，分层错开，顶端作乳钉状。炉口内敛，腹较深，下与承盘相连。盘较大，广口，平唇，平底。盘口径 14.8、底径 7.2、高 4.2 厘米，通高 18.2 厘米（图一七，1；彩版一三，4）。

井　1件（标本 M2：31）。灰白色胎，釉脱落后表面呈褐色或露胎。整体分井亭、井栏和地台三个部分。圆井栏，圆地台。井亭盖平面近正方形，四坡顶，中有短脊。井栏侈口，以一道凸棱为界，上部敛束，饰两道水波纹，下部近直身。方地台上有对应的四圆形础孔，以插木柱，上覆井亭；井亭近正方形，四阿顶，有瓦垄，正中短脊。栏高 15.4 厘米，地台直径 21.6 厘米，井亭边长约 20 厘米（图一七，2；彩版一四，1）。

仓　1件（标本 M5：31）。红色软陶。两坡悬山顶，盖顶粗脊，面上仅刻数道横线，可能是表示茅草房顶。正面中间开一门，前有走廊底板，底板外侧有四小圆孔，尽端两壁上也各有两个，原应是安插竹木作栏杆之用。两山墙顶部各有两三角形镂空供通风。四面墙体无表示梁架结构的刻划横直线条。面阔 29.6、进深 28、通高 24 厘米（图一八，1；

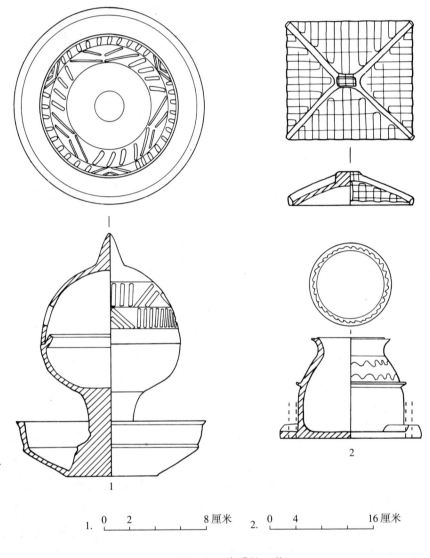

图一七　陶熏炉、井

1. B 型熏炉（M8：3）、器盖（M8：8）　2. 井（M2：31）

彩版一四，2）。

　　灶　1件（7个编号）。包括1灶2甑4釜。标本 M5：26，红色软陶。灶体长方形较矮，无地台伸出。灶门开敞作拱形；后端有烟囱斜翘，状如圆柱，内孔与灶内相通。灶面上饰圆形戳印及席纹，开圆形釜眼三个，大小不等，从前往后依次增大。出土时1釜及2套釜甑散置一旁，原于灶上的摆放位置不详，其中 M5：33甑底有一不规则孔；M5：25甑底有七圆孔，外圈六孔环绕中央一孔。全长33.2、通高13.2厘米（图一六，5；彩版一四，3）。

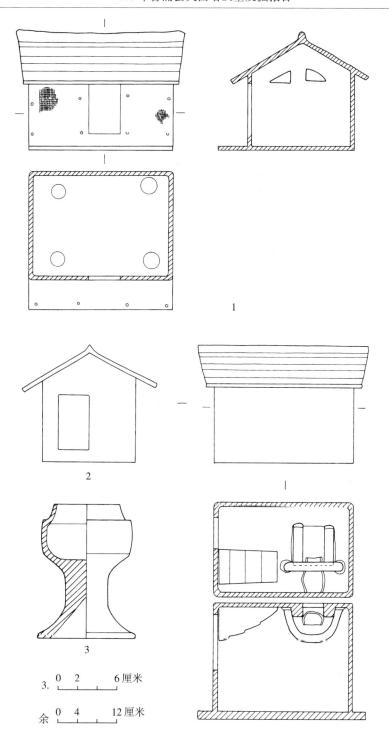

图一八　陶器

1. 仓（M5∶31）　2. 厕（M5∶30）　3. A型熏炉（M4∶7）

厕　1件（标本M5：30）。盖顶与仓（标本M5：31）相似，唯正脊较尖。一侧开门，外侧有台阶，里侧为厕，有凸起的蹲位及装便溺的行清，上有拱形的扶手。面阔28.8、进深19.2厘米（图一八，2；彩版一四，4、5）。

2. 铜器

铜胎矿化严重，呈灰白色。大都器物挤压变形破碎，器形难辨，无法复原。

鼎　1件（标本M5：19）。残破较甚，可复原。带盖，盖面隆起，以一周凸棱为界，中部平圆，中央为柿蒂纹纽座，圆纽。子口合盖，敛口，扁圆腹，腹壁较直，圜底，矮蹄足，底部有烟炱。长方形附耳窄高略外撇。口径15.6、通高15.8厘米（图一九，1）。

鐎壶　4件。标本M8：9，盖面较平，盖与器口有枢轴扣接。子口合盖，腹扁圆，有流，侧附长方形直錾，錾微向上斜，中空以安木柄，下附三足。腹中饰宽带纹两周。枢

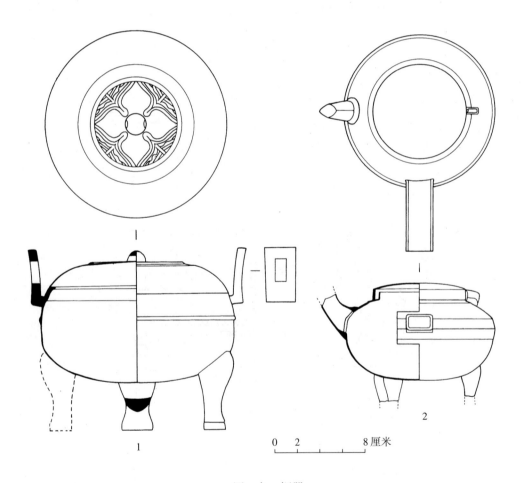

0　2　　　　8厘米

图一九　铜器

1. 鼎（M5：19）　2. 鐎壶（M8：9）

轴、流及足残。口径 7.2、腹径 13.4、銎长 6.2、残高 10.4 厘米（图　九，2）。标本 M2：8、M2：24 仅余三蹄足及把。标本 M5：8，口沿残。扁圆腹，平底，腹上有凸弦纹，纹间出把，把直，中空，略上翘。三蹄足瘦直较高，截面似三角形。腹径 12.4、残高 12.6 厘米（图二〇，1）。

　　壶　1 件（标本 M5：7）。残碎，原有盖，见半环耳及另一侧的铺首衔环。口径约9.5 厘米。

　　盆　1 件（标本 M5：15）。挤压变形。口残，腹壁直，小圜底。素面。残高 9 厘米（图二〇，6）。

　　碗　1 件（标本 M5：13）。广口深腹，平底。腹上有凸棱一周，上下两侧及口沿饰宽带纹。口径 13.2、高 6.6 厘米（图二〇，2）。

　　釜　1 件（标本 M5：28）。侈口，折沿，束颈，鼓腹，圜底。两环形附耳，耳间有一道凸弦纹穿过。口径 15.2、腹径 19.2、高 15.6 厘米（图二〇，5）。

　　灯　1 件（标本 M5：9）。灯盘圆形，直壁平底，灯把缺，状如行灯。灯盘下有短柱连灯座，灯座缺。灯盘口径 7.2、残高 4.8 厘米（图二〇，4）。

　　印　2 件，编号为 M1：2 和 M4：16。方印，仅余部分碎块，有无纽或印文，不详。

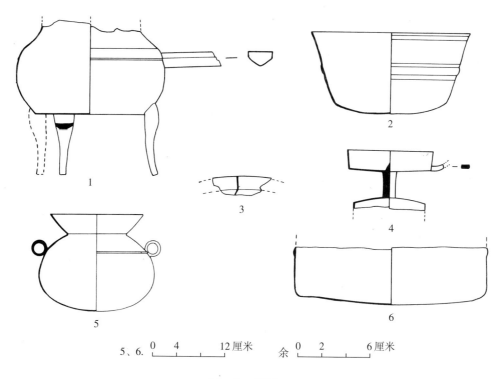

图二〇　铜器

1.鐎壶（M5：8）　2.碗（M5：13）　3.扣（M5：12）　4.灯（M5：9）　5.釜（M5：28）　6.盆（M5：15）

铜镜　4面。

昭明镜　3面。标本 M5∶11，镜面开裂，缘略残缺。素宽缘，圆形、圆纽，乳钉纹纽座，座外一周凸面圈带纹及一周内向八连弧纹。外区两周弦纹之间可辨铭文为"内而质以昭明，光象日月……"。直径10.9、缘厚0.3厘米（图二一，1）。标本 M2∶11，素宽缘，圆形、圆纽，内向十二连弧纹，铭文为"内而清而以而昭而明而光而日而月而不泄"。直径10.7、缘厚0.45厘米（图二一，2）。标本 M4∶3，素宽缘，圆形、圆纽，内向八连弧纹外区两周弦纹之间铭文为"内而清而以而昭而明而光而日月"。直径9.6、缘厚0.4厘米（图二一，4；彩版八，2）。

日光镜　1面（标本 M2∶12）。素宽缘，圆形、圆纽，座外一周凸面圈带纹及一周内向十二连弧纹。外区两周弦纹之间可辨铭文为"见日之光……"。直径7.6、缘厚0.32厘

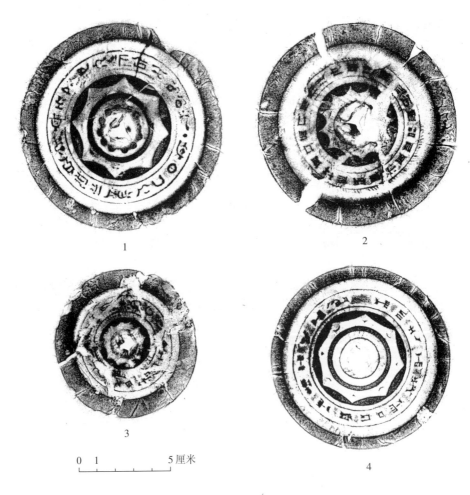

1

2

3

0　1　　　　　5厘米

4

图二一　铜镜

1、2、4.昭明镜（M5∶11、M2∶11、M4∶3）　3.日光镜（M2∶12）

米（图二一，3）。

铜钱　3 串。M1∶1，已被盗。见 2 枚，残。M5∶10，50 多枚。钱较轻薄，仅五铢两字约略可辨，钱文的字体较长，五字中间两笔较直，铢字金旁三角较小，朱头方折。直径 2.4、穿宽 0.9 厘米。M4∶4，11 枚。五铢钱，均残碎。

铜扣　1 件（标本 M5∶12）。原为漆器口沿的镶嵌物，残碎，仅余一小截。面宽 1.2 厘米（图二〇，3）。

铜器残件　3 件。编号分别为 M5∶18、M2∶10 和 M8∶1，每件仅见数小片，器形不明。

3. 其他

铁削　1 件（标本 M2∶14）。锈蚀严重。柄扁条形，末端成环首。削体与柄同出，刃部稍为突出，前端斜收成锋。通长 33、中宽 2.4 厘米（图二二，1）。

铁灯　1 件（标本 M4∶5）。锈蚀严重，足与把残缺。灯盘敞口，口径 12、高 2.4 厘米（图二三，2）。

滑石璧　1 件（标本 M6∶1）。一面半素，一面钻刻圆点与同心圆圈，圆点与同心圆圈有五周阴刻弦纹间隔，分成四圈作圆形排列。内外平沿。直径 17.2、厚 1.2 厘米（图二二，3；图二四）。

滑石暖炉　1 件（标本 M2∶9）。略呈长方形，敞口，器底有四短足。长 15.2、宽 12.4 厘米（图二三，1；彩版一五，1）。

砺石　3 件。细砂岩，灰白色，表面有黄色土沁，一面光滑，有使用过的痕迹。扁条形。标本 M2∶34，四角不太规整，略圆。长 19.2、中宽 6.4、中厚 2.8 厘米（图二二，2；彩版一五，2）。标本 M2∶35，长 20、宽 3.9、厚 2.4 厘米（图二二，4；彩版一五，2）。标本 M2∶36，两端斜直。长 16、宽 2.2、厚 2.2 厘米（图二二，3；彩版一五，2）。

玛瑙串饰　1 串（标本 M8∶28）。共 7 枚，各枚大小形状不尽相同，有圆榄形、多面榄形

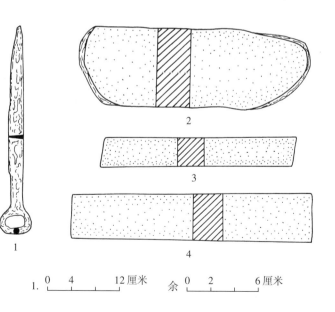

图二二　铁削、砺石

1. 铁削（M2∶14）　2~4. 砺石（M2∶34、36、35）

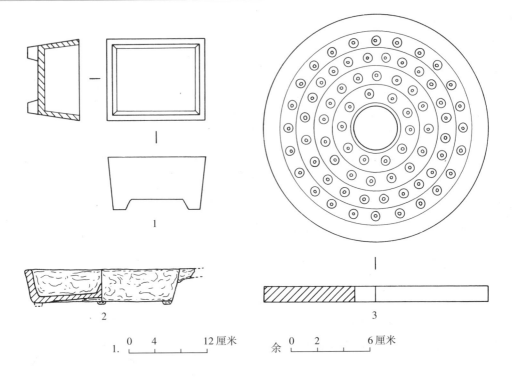

0   4   12厘米
1.

余　0   2   6厘米

图二三　铁器、滑石器

1.滑石暖炉（M2：9）　2.铁灯（M4：5）　3.滑石璧（M6：1）

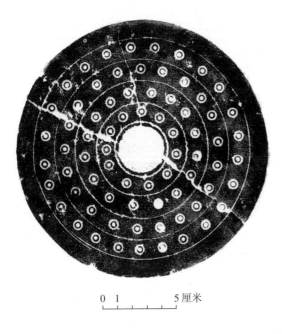

0   1   5厘米

图二四　滑石璧（M6：1）

及圆形等。其中4枚的颜色为橘红，3枚为黑白或黄白相间的缠丝玛瑙。榄形最长一节长3.25、中间径0.9、两头径0.55厘米；最短一节长1.65、中间径0.9、两头径0.6厘米；圆形的一枚径1厘米（彩版一五，3）。

组合串饰　2串。标本M4：15，共11枚。黄白色玉管1，酒瓶状白色水晶1；黄白缠丝玛瑙7，长短不一，圆榄形或扁榄形；浅蓝色六棱管状琉璃1，深蓝色琉璃冲牙1。玉管两头斜割，长4、直径1.5、孔径0.5厘米；冲牙上端横穿孔，牙尖略钝，长1.35厘米（彩版一五，4）。标本M5：14，共8枚，其中玛瑙7

枚，琉璃1枚。玛瑙有圆榄形、扁榄形、圆形、方形等，颜色橘红或淡红。其中4枚为黑白或黄白相间的缠丝玛瑙，长1.3~2.35厘米，最大径0.4~0.9厘米。琉璃深蓝色，六棱管状，长0.9、径0.52厘米；方形玛瑙边长1.4厘米，孔从两对角穿过（彩版一五，5）。

（三）结　语

1. 墓葬年代

我们从墓葬形制和随葬品两方面入手，与合浦汉墓及岭南其他地区发掘的汉墓资料比较，对这批墓葬的年代进行大致推断，分期以《广州汉墓》[1]的五期分法为参照。

（1）木椁墓

M5、M4、M8、M6、M2这类带墓道的单室墓，《广州汉墓》中定为Ⅱ型⑤式，西汉前期已出现；西汉中、后期，几乎占发掘墓葬的40%；至东汉前期，仅余零星。在合浦，元鼎六年（公元前111年）始设郡县，这个时期前后的墓葬迄今为止几乎没有发现[2]，而Ⅱ型⑤式竖穴木椁墓则是西汉后期流行的一种墓葬形制，如凸鬼岭M7、M11、M12、M17和M19[3]。迄东汉前期，合浦的墓葬多为砖木合构墓和小型砖墓，发表的资料中还未见这种类型的墓葬。

随葬品的基本组合为瓮罐壶，瓮罐的肩腹饰方格纹加戳印纹，间以一道或数道凹弦纹（图二五、二六），亦是合浦这个时期墓葬中常见的器物和纹饰特征。

M5出土的A型Ⅰ式瓮口较小，直领较高，圆腹似罐，这种类型的罐在合浦汉墓中出现的年代较早，稍后演变为Ⅱ式，体形开始高大，但腹部还是略鼓，与Ⅰ式相同的是灰白胎未施釉、火候不高。其后的Ⅲ式与Ⅳ式，腹身显直，口径更大，青黄釉层较厚，火候亦很高，局部有流釉现象。至于B型瓮，在广州汉墓中贯穿西汉三期，在这个墓地的相对年代，从陶质陶色和组合器物等观察，应介于Ⅱ式和Ⅲ式之间。出土的硬陶陶罐主要有三型：A型扁圆腹，器形较矮；B型腹部长圆，器形高大；C型直口较小。前两型有短颈，平底或略内凹。这几型罐都是合浦西汉后期墓葬常见的型式。其演变过程也比较清晰，如从卷唇到翻唇，从短颈到折领等。壶在风门岭M23等西汉后期墓葬中可以看到子母口的出现较盘口早，前者出现在M5和M4，但M4∶8的颈部和腹部略显收束，年代略为靠后，其余三式盘口壶从Ⅰ式到Ⅲ式的演变大致为腹部变扁、圈足升高。

综合随葬品特征，M5、M4、M8、M6和M2这五座竖穴木椁墓属西汉后期墓，其中M5年代最早、M4次之，其年代早晚依次排列。

（2）砖室墓

M1和M7两座砖室墓，虽然已经盗扰，基本无随葬品，但从墓葬形制可判断其所属分期。M1结构简单，墓壁单隔砌砌，规模较小，这种砖圹墓是土坑墓向砖室墓的过渡形

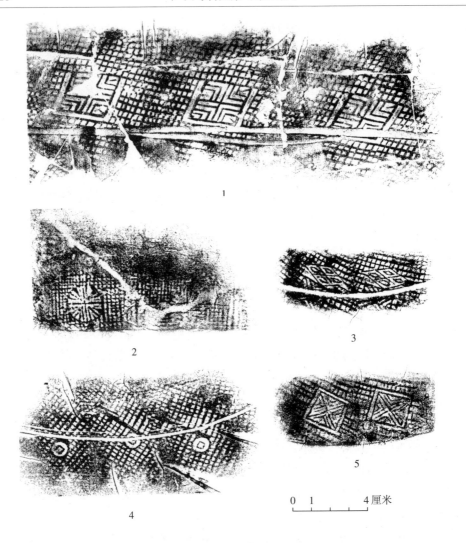

图二五　陶器纹饰拓本

1. M4：6　2. M5：26　3. M2：19　4. M2：37　5. M8：25

式，年代应为东汉前期；M7为带墓道的直券顶单室墓，墓壁和券顶均以单砖结砌，与母猪岭 M2、M4[4] 较为接近，年代应为东汉后期。

2. 墓葬特点

合浦在两汉时期是岭南重要的政治和经济中心，厚葬之风给合浦留下了一个规模宏大的墓葬群。该墓葬群分布在县城的东、南、北三面，东西长 12.5 公里，南北平均宽度为 5.5 公里，总面积约 68 平方公里。据估算，合浦汉墓群的地下墓葬多达 1 万座左右，是目前国内保存较好的大型墓葬群之一。文昌塔汉墓属四方岭墓区，是汉墓分布的一个密

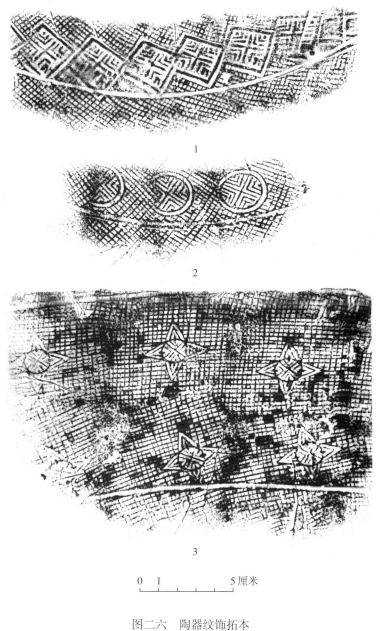

1

2

3

0 1   5厘米

图二六 陶器纹饰拓本
1. M2∶20 2. M8∶17 3. M2∶33

集区。

　　本次发掘的这批墓葬位于坡脚地带，地理位置相对较差，随葬品不多，以陶器为主，硬陶火候不高，可能为明器的软陶占相当比例；青铜器仅20余件，金属器极少。墓葬的做法粗糙、埋葬较浅；出土的玛瑙、琉璃、玉石、水晶串饰等奢侈品不多。由上述推测，这里应是一处平民墓地。

但从这批墓葬的形制和随葬品来看，总体上较以往发现的合浦汉墓呈现出更浓郁的地域特点。如 M3、M6 和 M8 的墓道底端两侧有一重或两重的凹槽，象征封门的门柱；M5 见可能为墓上建筑的洞槽遗存；M2 墓室底部后端用石板护边；M6 的两条枕木沟为横向等等。此外，该墓地在防潮防水方面也较有特点，如 M3 墓道前端筑沙槽；M5 墓道填土结实，墓室壁间环筑一周夹小砾石的红土，四角用砂质较多的灰色或灰红色土筑实，椁板外四周用厚白膏泥护边；M8 东北侧墓壁下部有一排水沟，直通数米外的小溪。

随葬品陶器组合有别于其他墓地的瓮罐、鼎壶或瓮罐鼎壶的组合，且出现带足五联罐、滑石璧、F 型罐、陶厕等，这些器物中带足五联罐被认为是岭南汉墓的典型器物，以往未见出土，其余也不见于风门岭[5]、九只岭[6]、盘子岭[7]、堂排[8]、禁山，甚至距离数百米的凸鬼岭和望牛岭[9]墓地。模型明器中，仅 M2 有井、M5 有仓灶，M4 仅在墓室前端的一侧单置两陶釜，象征意义较为明显，可见井、仓、灶等模型明器在这一墓地并不普遍。

总之，文昌塔这批发掘的汉墓，对于我们全面深入了解合浦汉墓的文化内涵以及进一步的区域对比研究等，都提供了重要的资料。

附记：此次考古发掘领队为熊昭明，参加发掘人员有熊昭明、廉世明等，器物修复由石武、焦文轩完成。本次发掘还得到合浦县文体局和市政工程公司的大力支持，特此致谢。

执笔：熊昭明　廉世明
绘图：刘　群　李新民
拓片：李举荣　潘育生
摄影：党春宁

注　释

［1］广州市文物管理委员会、广州市博物馆：《广州汉墓》，文物出版社，1981 年。下文涉及广州汉墓内容的引用，无特别注明出处者，均引自本书。

［2］广西壮族自治区文物工作队等：《合浦风门岭汉墓——2003~2005 年发掘报告》，科学出版社，2006 年。报告中把 M27 定为西汉中期墓，这是合浦汉墓中唯一一座定为该时期的墓葬。下文涉及风门岭汉墓内容的引用，无特别注明出处者，均引自本书。

［3］广西壮族自治区文物工作队、合浦县博物馆：《合浦县凸鬼岭汉墓发掘简报》，《广西考古文集》，

文物出版社，2004 年。

[4] 广西文物工作队、合浦县博物馆：《广西合浦县母猪岭东汉墓》，《考古》1998 年第 5 期。

[5] 广西壮族自治区文物工作队、合浦县博物馆：《广西合浦县九只岭东汉墓》，《考古》2003 年第 10 期。

[6] 广西壮族自治区文物工作队：《广西北海市盘子岭东汉墓》，《考古》1998 年第 11 期。

[7] 广西壮族自治区文物工作队：《广西合浦县堂排汉墓发掘简报》，《文物资料丛刊》4。

[8] 广西壮族自治区文物工作队：《广西合浦县禁山七星堆东汉墓葬》，《考古》2004 年第 4 期。

[9] 广西壮族自治区文物考古写作小组：《广西合浦西汉木椁墓》，《考古》1972 年第 5 期。

附表　合浦文昌塔汉墓登记表　　　　（长度单位：米）

墓号	方向	墓葬结构						随葬器物			年代
		封土		墓道		墓室					
		高	直径	宽	坡度	长×宽－深	葬具	其他	陶器	铜器	其他	
M1	不明	－	－	－	－	3.44×1.12－0.72	单棺	单隅砖圹	罐口沿	印、钱		东汉前期
M2	122°	－	－	1.44~1.62	12°	4.56×（2.54~2.6）－1.52	一棺一椁		五联罐、罐11、壶5、釜5、瓮井	镶壶2、镜2、铜器?、钱	铁削、滑石暖炉、砺石3	西汉后期
M3	120°	－	－	2.3	12°	5.4×3.7－2.6	一棺一椁	曾发掘	器盖			西汉后期
M4	305°	－	－	1.4~1.68	上端12°	4.96×2.88－1.3	一棺一椁	开口有柱洞	釜2、瓮、壶2、罐3、双耳罐2、熏炉	镜、钱、印	铁灯、组合串饰	西汉后期
M5	295°	－	－	1.5	12°~15°	5.5×3.2－2.5	一棺一椁		五联罐、罐6、双耳罐、壶2、瓮、灶、釜4、甑2、盂、厕、仓	壶、镶壶、灯、钱、镜、铜扣、盆、碗、鼎、釜、铜器?	组合串饰	西汉后期
M6	114°	－	－	1.54	15°	4.2×2.52－1.5	一棺一椁	两横枕木沟	罐5、壶2、瓮		滑石璧	西汉后期
M7	165°	－	－	0.9~1.16	21°	3.92×1.16－1.2	单棺	直券顶				东汉后期
M8	119°	－	－	1.3	16°	4.8×2.8－2.35	一棺一椁	有排水沟	壶4、熏炉、罐14、双耳罐、四耳罐、五联罐、瓮	镶壶、铜器?	玛瑙串饰	西汉后期

2005年阳朔县高田镇古墓葬发掘报告

广西文物考古研究所
桂林市文物工作队
阳朔县文物管理所

一、概　况

　　阳朔县高田镇位于广西东北部，距阳朔县城南部约7.8公里，国道321线从高田镇中间穿过（图一）。此次发掘的古墓葬位于321国道两侧，西侧为龙盘岭古墓群（代号为05YGL）（图二A、B），东侧为乐响古墓群（代号为05YGX）（图三）。

　　龙盘岭位于高田镇西北面约1.4公里的龙潭村和鹤岭村之间的龙盘岭西南坡地上，距321国道约1公里，坡地西北高，东南低，西南为缓坡地，龙口河流经龙盘岭的西北面。乐响古墓群位于高田镇东约6公里乐响村委南面缓坡地上，四周环山；西南面为老虎头古墓群，二者相距约1公里，有沙子溪流经乐响。

　　因桂林至梧州高速公路桂林至阳朔段和阳朔至平乐段阳朔境内的工程建设涉及文物古迹，2005年9~10月，广西文物考古研究所联合桂林市文物工作队、阳朔县文物管理所对龙盘岭和乐响古墓葬进行抢救性考古发掘。两地共发掘37座古墓葬，其中在龙盘岭发掘32座，编号为05YGLM1~05YGLM32（以下简称LM1~LM32），乐响5座，编号为05YGXM1~05YGXM5（以下简称XM1~XM5）（附表）。两地发掘的墓葬出土大批文物，现将发掘情况报告如下。

二、汉至三国墓

（一）墓葬形制

　　33座。其中龙盘岭发掘28座，为LM1~LM12、LM14~LM22、LM26~LM32；乐响发掘了5座，为XM1~XM5。这批墓葬近半数有封土堆。根据构筑材料和形制的不同，可将

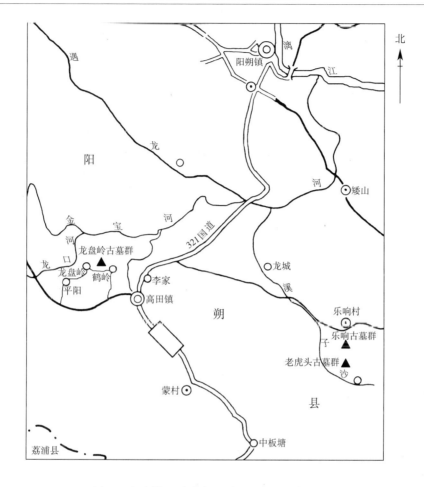

图一　龙盘岭和乐响古墓群地理位置示意图

墓葬分为土坑、砖木、砖室、砖石、石室五类，现分别叙述。

1. 土坑墓

15座，为竖穴土坑，均在龙盘岭发现，为LM2~LM5、LM7、LM8、LM10、LM17、LM18、LM20、LM21、LM26、LM27、LM29、LM32，其中LM29为同冢异穴合葬墓，分a、b两墓。该类墓葬均残存有封土堆。墓室多数口大底小，呈漏斗形。墓道多为斜坡式，少量为巷道式，墓道与墓底不齐平，墓道略高。有7座墓葬墓底有前、后平台，前低后高，前台底部均为生土，后台为人工夯筑平整，作为棺室，有个别墓葬底部台面铺鹅卵石或片石；剩余墓葬墓底没有平台。墓内填土为黄褐色黏土，比较疏松。人骨和葬具已朽，葬式不明，仅LM5底部见棺痕，大致可以看出棺的范围和大小。随葬品多在前台出土，器物多数完好，少量为碎片，无法修复。随葬器物多的有十余件，少的仅两三件或

图二 A　龙盘岭墓葬分布图

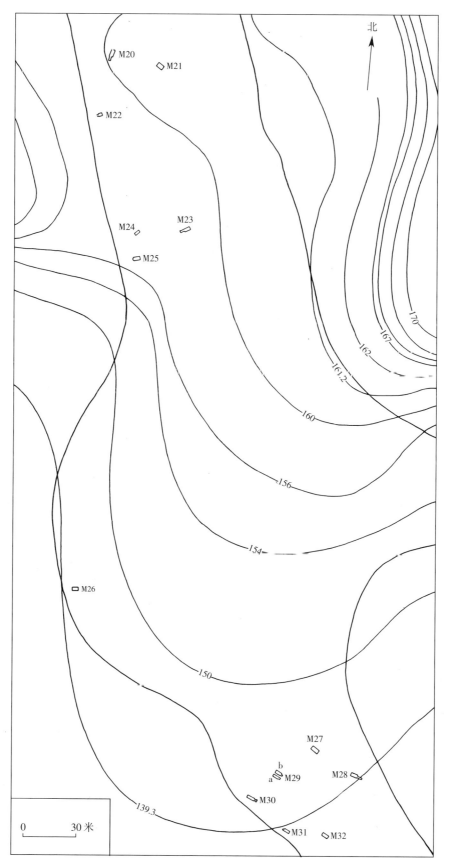

图二 B　龙盘岭墓葬分布图

图三　乐响墓葬分布图

没有；绝大多数为陶器，少量青铜器和铁器。该类墓绝大多数已被盗，盗洞一般有1~3个。根据墓葬构筑形制的不同分三型。

Ⅰ型 7座。编号为LM2、LM7、LM18、LM21、LM26、LM27、LM32。近长方形竖穴土坑墓，无墓道。依据墓室结构不同可分两亚型。

Ⅰa型 3座。分别为LM21、LM26、LM27。墓底有前、后平台，前低后高。

LM21 封土堆直径14、高1米。墓向123°。此墓被扰动。墓室开口距地表深0.6米。墓室东窄西宽，转角为直角。墓长4.25、宽2.2~2.46米，深2.1~2.3米。墓底平整，有前、后平台，后台铺鹅卵石块。墓壁规整。无随葬品，估计已被盗空（图四）。

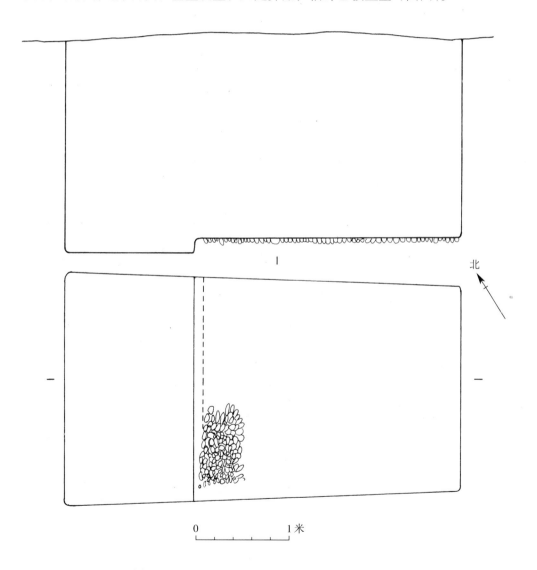

图四 汉至三国Ⅰa型竖穴土坑墓LM21平、剖面图

LM26　封土堆直径17、高1.2米。墓向92°。此墓被扰动。墓室开口距地表深1.2米。墓室为漏斗形，上宽下窄，东宽西窄，转角为圆角。墓口长4.5、宽2.75~2.86米，墓底长3.56、宽2.08~2.2米，墓深2.3米。墓底为生土，平整，有前、后平台。随葬品均在墓底前台出土，比较完整，有陶罐、壶、盂等（图五）。

LM27　封土堆直径12、高1.2米，墓向123°。墓室开口距地表深1.2米，墓室呈漏斗形，转角为直角，墓口长5.12、宽2.6米；墓底长4.64、宽2.08~2.2米，墓室深2.2~2.52米。墓底前后平台，铺不规则形片石。墓壁比较规整，平直。随葬品集中分布在前台西北角，陶器有罐、壶、纺轮、器盖等；铁器有削、棺钉（图六；彩版一六，1）。

Ⅰb型　4座。编号为LM2、LM7、LM18、LM32。墓底平整，无平台。墓内填土为黄褐色黏土。人骨和葬具已朽，葬式不明。

LM2　封土堆直径13、高1.2米。墓向113°。有盗洞。因工程施工破坏墓室，墓室开口情况不详。墓室窄长，直角长方形，长4.06、宽1.32米，残深0.6米。墓壁比较规整。墓底平整。随葬品均为陶罐（图七）。

LM7　封土堆直径15、高1.4米。墓向140°。有盗洞至墓底。因工程施工破坏墓室，墓室开口情况不详。墓室直角长方形，比较规整，长3.2、宽2米，残深0.4米。墓壁垂直，墓底平整。随葬品均为陶器，部分为碎片，有罐、盂等（图八）。

LM18　封土堆直径16、高1.6米。墓向130°。有三个盗洞至墓底。因工程施工破坏墓室，墓室开口情况不详。墓室直角长方形，比较规整。墓口长4.1、宽2.12~2.24米，墓底长3.95、宽2.12~2.24米，残深0.6米。墓壁规整，墓底平整。随葬品有陶罐、盂、樽、井盖及青铜钵等（图九）。

LM32　封土堆直径10、高1米。墓向115°。墓室圆角长方形，宽而长。墓室开口距地表深0.74米，长4.3、宽1.1~1.94米，深1.56米。墓壁不十分规整，东、西墓壁近直，南、北略呈弧形。墓底平整，为生土。随葬品有陶壶、罐等（图一○；彩版一六，2）。

Ⅱ型　7座。编号为LM3、LM4、LM5、LM8、LM10、LM17、LM20。长方形竖穴土坑墓，有墓道。墓室填土为黄褐色黏土。依据墓底结构不同可分两亚型。

Ⅱa型　4座。编号为LM3、LM4、LM5、LM10。墓底部有前、后平台，前低后高。

LM4　封土堆直径19、高1.8米。墓向313°。有盗洞。因工程施工，墓室开口情况不详。墓底呈漏斗形，上宽下窄。残存墓口长4.85、宽2.48米，墓底长4.15、宽2米，墓残深1.62~1.76米。墓底平整，有前、后平台，高差约0.14米。墓道为斜坡式，较短且浅，高于前台墓底1.06米，坡长1.12、宽0.52、深0.74米。随葬品有陶罐、碗、博山炉、纺轮等（图一一）。

LM5　封土堆直径15、高1.7米。墓向310°。有盗洞。墓室开口距地表深0.4米，呈漏斗形，上宽下窄。墓口长5.05、宽2.45~2.55米，墓底长4.6、宽2.14~2.24米，墓深

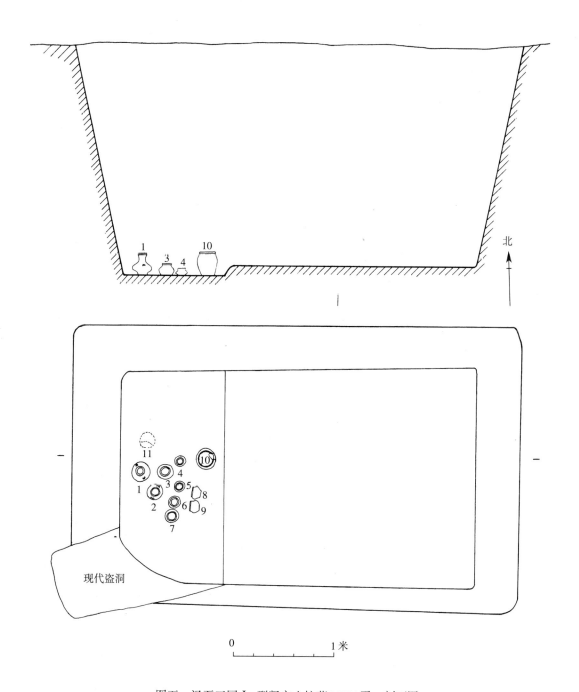

图五　汉至三国 I a型竖穴土坑墓 LM26平、剖面图

1. Db型陶壶　2. B型陶双耳小口罐　3. Ca型陶小口罐　4、5. C型陶盂　7. Cb型陶小口罐　6、8、9. B型陶盂　10. Aa型陶常形罐　11. 陶片

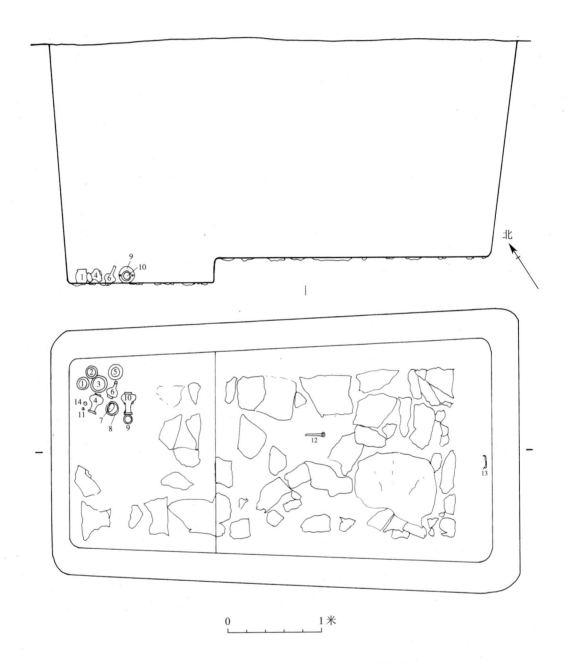

图六　汉至三国 I a 型竖穴土坑墓 LM27 平、剖面图

1. B 型陶小口罐　2. Ab 型陶小口罐　3. 陶三足盉　4、10. Db 型陶壶　5. B 型陶盉　6. 陶瓶　7、9. Bb 型陶器盖　8. Ba 型陶器盖　11. A 型陶纺轮　12. 铁削　13. 铁棺钉　14. B 型陶纺轮

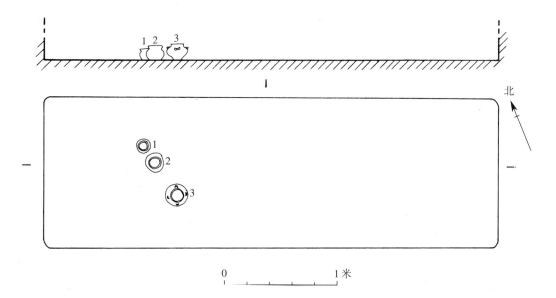

图七　汉至三国 I b 型竖穴土坑墓 LM2 平、剖面图
1.Ea 型陶小口罐　2.Aa 型陶小口罐　3.陶缶形罐

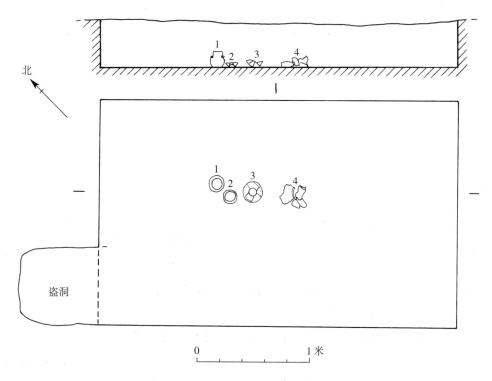

图八　汉至三国 I b 型竖穴土坑墓 LM7 平、剖面图
1.C 型陶双耳小口罐　2.B 型陶盂　3.B 型陶四耳罐　4.Ba 型陶双耳罐

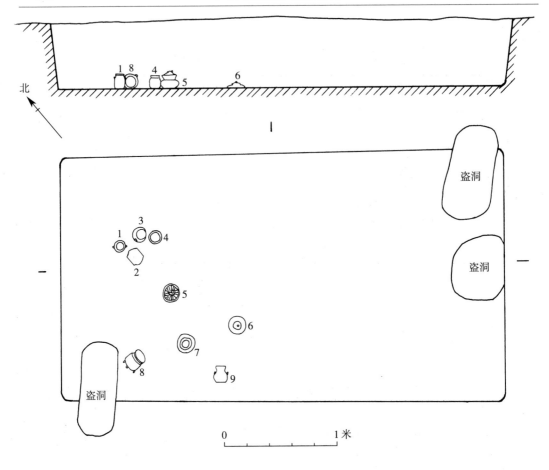

图九　汉至三国Ⅰb型竖穴土坑墓LM18平、剖面图

1.陶樽　2.A型陶双耳小口罐　3.C型陶双耳小口罐　4.A型陶直身罐　5.A型陶盂　6.B型陶井盖　7.青铜钵　8.B型陶直身罐　9.D型陶双耳小口罐

2.28~2.42米。墓底有前、后平台。后台上发现长2、宽1.5米黄灰色土带，内含较多炭粒，可能是棺痕。斜坡式墓道，坡长3.88、宽1.07、深2.3米。随葬品有陶壶（图一二）。

　　LM10　封土堆直径15、高1.7米。墓向304°。墓室开口距地表深1.7米，呈漏斗形，上宽下窄。墓口长4.74、宽2.58米，墓底长4.5、宽2.26米，墓深1.7~1.96米。墓底有前、后平台。墓道为斜坡式，坡长2.04、宽0.84、深1.76米。随葬品有陶釜、壶、罐、碗等，滑石器为碎片，器形不明（图一三）。

　　Ⅱb型　3座。编号为LM8、LM17、LM20。墓底部没有平台。

　　LM8　封土堆直径13、高1.8米。墓向316°。有盗洞。墓室窄而长，因工程施工破坏，墓室开口情况不详。墓室呈漏斗形。残存墓口长3.6、宽0.8米；墓底长3.4、宽0.68米，墓室残深0.5米。墓底平整，为生土，墓底和墓道在同一水平面上。墓道为巷道式，

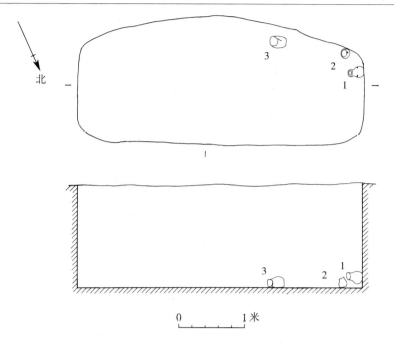

图一〇　汉至三国Ⅰb型竖穴土坑墓 LM32 平、剖面图

1. Ca 型陶壶　2. Aa 型陶双耳罐　3. Bc 型陶常形罐

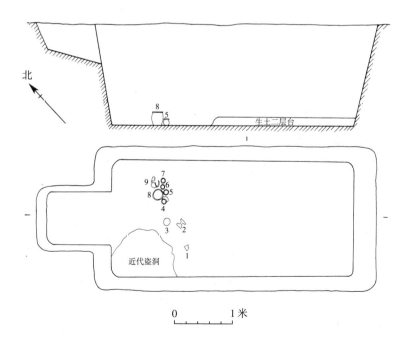

图一一　汉至三国Ⅱa型竖穴土坑墓 LM4 平、剖面图

1. A 型陶纺轮　2. 陶博山炉　3. 陶碗　4~7. Da 型陶小口罐　8. Bb 型陶常形罐　9. Aa 型陶常形罐

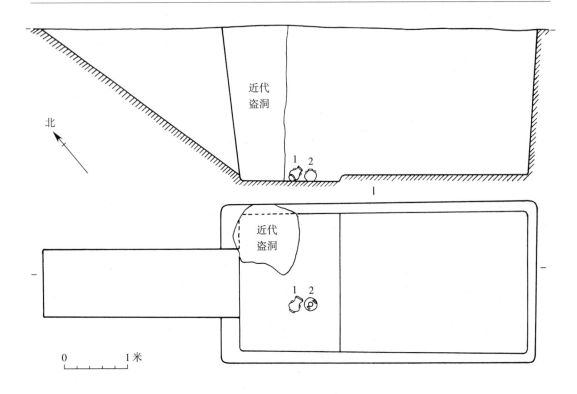

图一二　汉至三国Ⅱa型竖穴土坑墓 LM5 平、剖面图
1. Db 型陶壶　　2. Eb 型陶壶

有一台面，底长 0.9、宽 0.4、残深 0.5 米。随葬品有陶壶、罐，铁矛、舀，铁器在盗洞底部出土（图一四）。

　　LM17　封土堆直径 21、高 2 米。墓向 76°。有盗洞，呈袋状。墓室宽而长，呈漏斗形，上宽下窄，开口距地表深 1.8 米。墓室长 4.8、宽 3.26 米，墓底长 4.76、宽 2.92 米，墓深 3.36 米。墓底为生土，平整。斜坡式墓道，墓道略高于墓室 0.2 米，坡长 5.22、宽 1.78、深 3.36 米。墓壁经过夯打，结实且紧密。由于此墓扰动严重，底部已被掏空，没有发现随葬品（图一五）。

　　LM20　封土堆直径 11、高 1.5 米。墓向 195°。有盗洞。墓室平面近似平行四边形，开口距地表深 0.6 米。墓室长 4.25、宽 1.8~1.9 米，深 2.2 米。墓底平整，铺不规则形青石板。墓道为巷道式，长 2.82、宽 0.72~0.8、深 2.2 米，墓道底部与墓室在同一水平面上。随葬品有陶壶、罐、灯、盂及铁削等（图一六；彩版一六，3）。

　　Ⅲ型　1 座（LM29）。同茔异穴合葬墓。

　　LM29　封土堆直径 13、高 0.6 米。此墓分 a、b 两墓，共用一个封土堆，当为夫妻同茔异穴合葬墓。

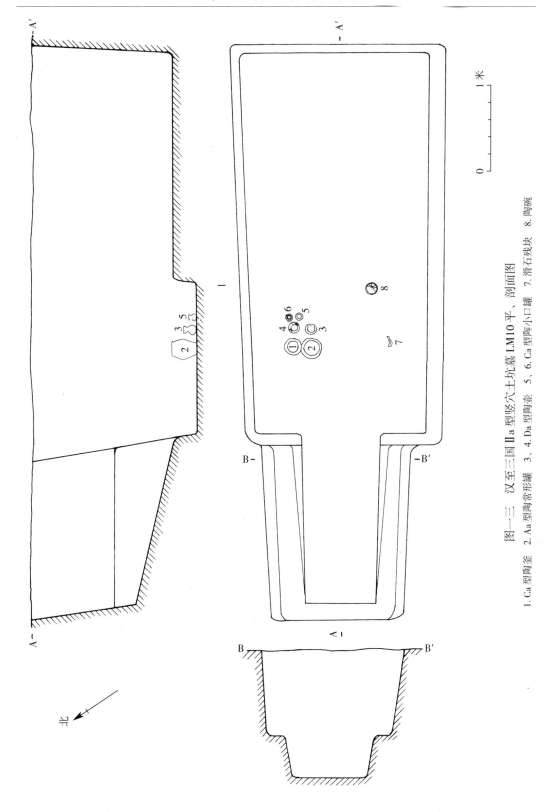

图一三　汉至三国 II a 型竖穴土坑墓 LM10 平、剖面图

1. Ca 型陶釜　2. Aa 型陶常形罐　3、4. Da 型陶壶　5、6. Ca 型陶小口罐　7. 滑石残块　8. 陶碗

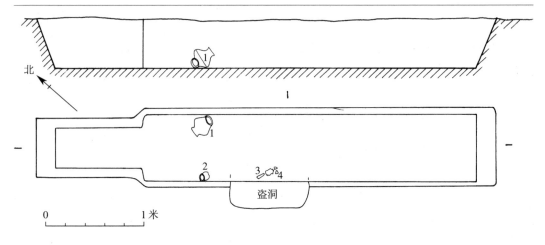

图一四 汉至三国Ⅱb型竖穴土坑墓LM8平、剖面图
1.Cb型壶 2.Db型小口罐 3.铁矛 4.铁舌

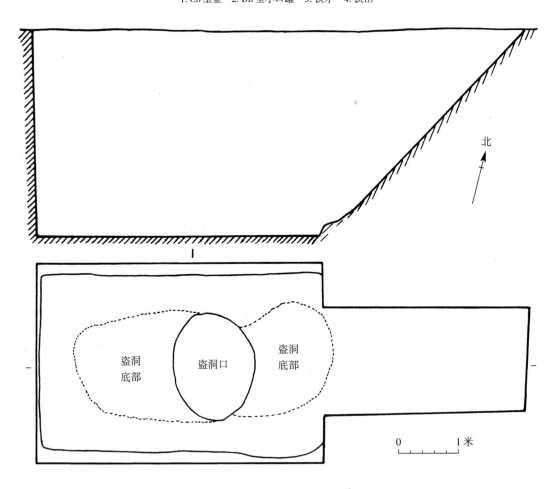

图一五 汉至三国Ⅱb型竖穴土坑墓LM17平、剖面图

LM29a 平面近刀把形，墓向 103°。被盗。竖穴土坑墓，墓室狭窄。因工程施工破坏，墓室开口情况不详。墓室长 3.45、宽 1.15~1.4 米，残深 0.6 米。墓室内填土为黄褐色黏土。墓底平整，为生土。斜坡式墓道，长 1.2、宽 0.8、残深 0.6 米。人骨和葬具已朽，葬式不明。随葬品有陶鼎、罐、纺轮等（图一七，下）。

LM29b 平面近甲字形，墓向 113°。被盗。竖穴土坑墓，墓室略宽。因工程施工破坏，墓室开口情况不详。墓室长 3.55、宽 1.6~1.65 米，残深 0.6 米。墓室内填土为黄褐色黏土。墓底平整，为生土。斜坡式墓道，墓道稍靠近墓壁南侧，长 1、宽 0.61、残深 0.6 米。人骨和葬具已朽，葬式不明。随葬品有陶鼎足、罐等（图一七，上）。

2. 砖木混合结构墓

1 座（LM19）。

LM19 长方形竖穴土坑，封土堆直径 14、高 1 米，不见墓道，墓向为 115°。有盗洞。墓室开口距地表 1.25 米，长 4.2、宽 1.8 米，深 2.1 米。墓室填土为黄褐色黏土。墓室底部有前、后两个平台面，前低后高，前台底部用规格为 36 厘米 × 16 厘米 × 5 厘米青单砖错缝平铺，后台底部用两横两纵砖错缝平铺。人骨和葬具已朽，葬式不明。随葬品有陶壶、簋、卮、盘、器盖、井盖、纺轮等；另在盗洞内出土陶灶（图一八；彩版一七，1）。

3. 砖室墓

11 座。均在龙盘岭发现，为 LM1、LM6、LM9、LM11、LM12、LM14、LM15、LM16、LM22、LM30、LM31。此类墓扰动严重，少量存留有封土堆，多数已被破坏，有长方形、甲字形、中字形、刀把形四类，多数砖室墓有甬道、封门、墓道，墓室少量有前室、后室；券顶均为单券顶，多数已被破坏或坍塌，少量保留。墓葬埋葬普遍较浅，墓口距地表一般在 1 米以内，墓室规模大小不一，大的长约 7 米，宽约 1~2 米，小的长 3 米，宽在 1 米以内。墓道为斜坡式，墓道较短。墓砖绝大多数为青砖，少量为红砖，有长方形、楔形砖，砖侧面一般有绳纹或斜线纹、竖线纹（图一九），部分素面。墓壁错缝横砌，墓底多数错缝平铺，也有直铺或生土层做墓底，还有用碎砖块平铺而成。人骨和葬具已朽，葬式不明。随葬品绝大多数为陶器，其次为青瓷器，少量青铜器和铁器，不见钱币和装饰品。随葬品多数保存完好，少量破碎的基本可以复原；随葬品数量较少，每墓最多不超过 10 件，器物组合一般为釜、罐。根据墓葬构筑形制的不同可分四型。

Ⅰ型 1 座（LM31）。长方形。结构比较简单，直券顶，不见单独的甬道。

LM31 单券顶墓，封土堆已不存。扰动严重，券顶坍塌。墓向 283°。墓室开口距地表深 0.4 米，长 3.35、宽 0.92 米，深 1.56 米。封门向外倾斜，宽 1.5、高 1.8 米。墓道为斜坡式，坡长 1.2、宽 0.7、最深 1.96 米。墓底平整，为生土。墓室填土为黄褐色黏土。墓

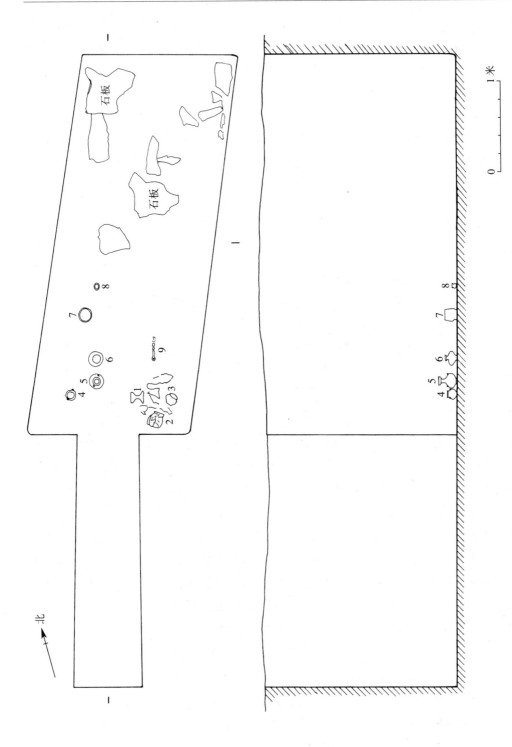

图一六　汉至三国 IIb 型竖穴土坑墓 LM20 平、剖面图

1. 陶灯　2. Aa 型陶常形罐　3. Eb 型陶小口罐　4. C 型陶双耳小口罐　5. Db 型陶壶　6. Ab 型陶小口罐　7. Cb 型陶小口罐　8. D 型陶盂　9. 铁削

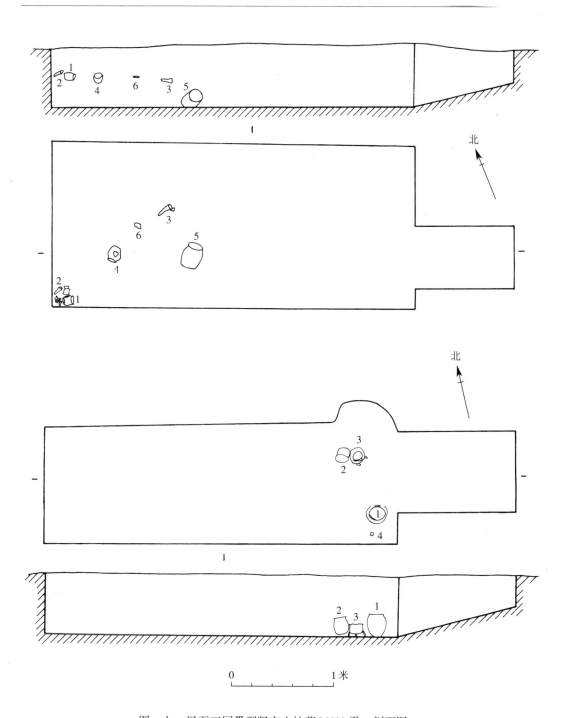

图一七　汉至三国Ⅲ型竖穴土坑墓LM29平、剖面图
上：LM29b　1、6.陶片　2、3.陶鼎足　4. Aa型陶常形罐　5. Aa型陶瓮形罐
下：LM29a　1、2.Bb型陶常形罐　3.陶鼎　4. B型陶纺轮

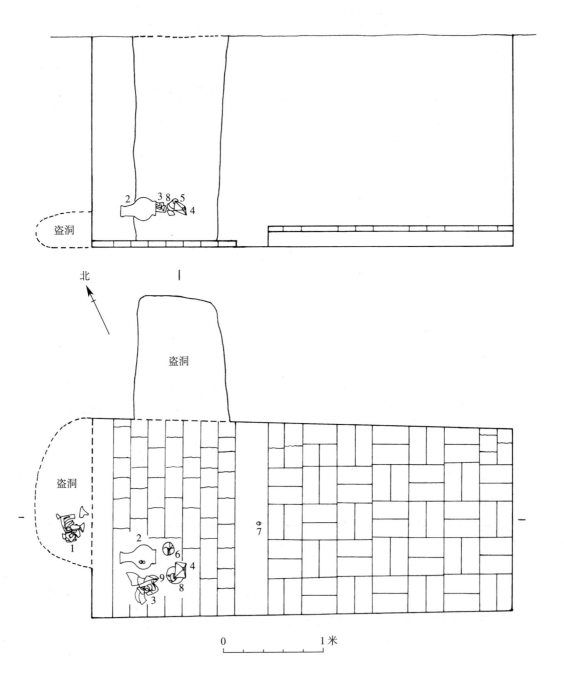

图一八　汉至三国砖木混合结构墓 LM19 平、剖面图

1. 陶灶　2. A 型陶壶　3. 陶簋　4. A 型陶井盖　5. 陶卮　6. A 型陶器盖　7. B 型陶纺轮　8. A 型陶盘

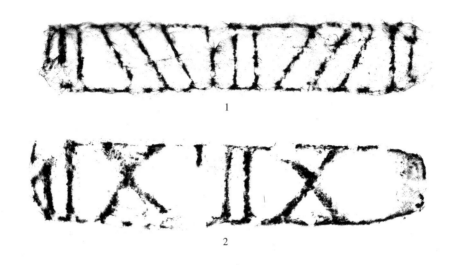

图一九　汉至三国墓墓砖纹饰拓本

1. LM11　　2. LM1

壁单砖错缝横砌，墓砖规格为 32 厘米 × 18 厘米 × 5 厘米红砖。墓壁第 27 层起券，券顶残高 0.3 米，残宽 1.26 米，墓室后壁为原生土。随葬品为陶器，有釜、罐、壶等（图二〇）。

Ⅱ 型　5 座，编号为 LM1、LM6、LM12、LM15、LM22、LM30。甲字形。结构简单，有单独的甬道，甬道长而宽。

LM15　单券顶墓，封土堆直径 11、高 1 米。墓向 297°。有墓室、甬道、封门、墓道四部分。券顶大部分完好，上有盗洞。墓室有前、后室，前室低于后室约 0.06 米。墓室开口距地表深 0.5 米，前室长 3.2、宽 1.8 米，深 1.72 米；后室长 2、宽 1.8 米，深 1.66 米。甬道长 1.36、宽 1.24 米，深 1.08 米。封门宽 1.24、高 1.2 米。斜坡式墓道，坡长 1.82、宽 1.6~1.7 米，深 1.2 米。墓室填土为黄褐色黏土。墓壁、甬道壁、封门单砖错缝横砌，墓砖规格为 31 厘米 × 16 厘米 × 6 厘米青砖。券顶从第 14 层起单券，券高 0.74 米。墓底直铺。随葬品有陶釜、罐等（图二一；彩版一七，2）。

LM6　单券顶墓。墓向 314°。券顶已全部坍塌，扰动严重。封土堆不存。有墓室、甬道、封门、墓道四部分。墓室开口距地表 0.3 米，长 3.24、宽 1.68 米，深 1.46 米。甬道长 0.85、宽 1.04 米，残深 1.23 米。封门宽 1.04、残高 1.4 米。墓室填土为黄褐色黏土。斜坡式墓道，坡长 1.84、宽 0.8~1.4 米，深 0.86 米。墓壁单砖错缝横砌，墓底错缝平铺，墓砖规格为 32 厘米 × 18 厘米 × 6 厘米青砖。墓室后壁和封门已坍塌。墓壁砖从第 14 层开始起券。随葬品有陶釜、罐等（图二二；彩版一七，3）。

Ⅲ 型　3 座，编号为 LM9、LM11、LM14。中字形。此类结构较复杂，有前室、后室、甬道、封门、墓道，个别墓因被破坏，墓道不详。出土随葬品不多，约 1~6 件。

北

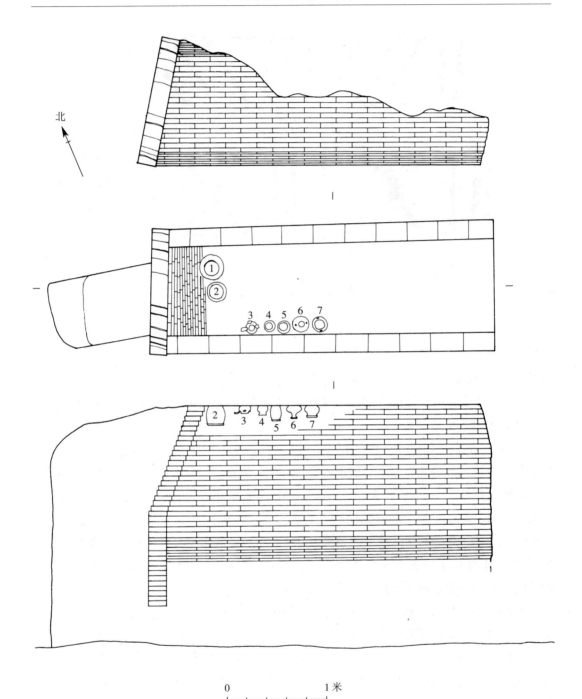

0　　　　　　　　1米

图二〇　汉至三国Ⅰ型砖室墓 LM31 平、剖面图

1. B 型陶釜　2. Ab 型陶常形罐　3. 陶三把罐　4. D 型陶双耳小口罐　5. Bb 型陶双耳罐　6. F 型陶壶　7. C 型陶双耳小口罐

　　LM11　单券顶墓。有前室、后室、甬道、封门、墓道组成。墓向288°。此墓扰动严重，顶部有一盗洞。后室券顶稍完好。墓室开口距地表深0.9米，前室长2.24、宽1.9米，深2.26米；后室长2.6、宽1.5米，深1.8米。墓室填土为黄褐色黏土。甬道长1.38、宽1.08米，从底部至券顶高1.24米；封门宽1.08、残高0.6米；斜坡式墓道，坡长3.05、宽0.8米，深0.8米。墓道底部与甬道、后室在同一水平层，前室低于甬道、墓道0.2米。券顶顶层错落，不再同一水平层上，前室较高，后室居次，最低为甬道，甬道、墓室起券位置不一，墓室从第27层起券，券高0.64米，甬道券高0.36米。墓壁单砖错缝横砌而成，前室底部为生土层，平整。墓道开口右侧有两错缝横砌青砖，墓砖规格为30厘米×17厘米×6厘米。随葬品有陶四耳罐、桶形罐、釜、纺轮等（图二三）。

　　LM14　单券顶墓。有前室、后室、甬道、封门，封门前端位置是陡坎，墓道情况不明。墓向265°。前室券顶有盗洞。墓室开口距地表深0.8米，后室长2.8、宽1.4米，深1.72米；前室长2.45、宽1.92米，深1.94米。甬道长1.36、宽1.08米，从底部至券顶高0.7米。墓室填土为黄褐色黏土。墓壁单砖错缝横砌，第22层起券，券高0.74米，甬道券高0.48米。后室墓底用青砖错缝平铺，前室墓底错缝竖铺，甬道底部为生土，墓底整体成水平状，墓砖规格为34厘米×18厘米×6厘米青砖。随葬品有陶双耳罐、四耳罐、鸟首杯及青瓷碗（图二四）。

　　Ⅳ型　1座（LM16）。刀把形。封土堆直径17、高1.7米。单券顶墓，券顶有盗洞。墓向270°。分墓室、甬道、封门、墓道四部分。墓室开口距地表深0.74米，长3.82、宽1.56~1.68米，深1.7~1.85米。墓室填土为黄褐色黏土。甬道左壁与墓室水平，右壁90°转角，长1.84、宽1.2米，深0.9米。封门残高0.54米。墓道较甬道宽，为巷道式，长1.44~2.24、宽1.78米，深0.8米。墓道最前端有斜坡，墓道两壁用单砖错缝横砌，底部为生土。墓底平整，墓室、甬道、封门、墓道单砖错缝横砌而成，券顶第21层起券，券高1.14米。甬道第7层起券，残高0.56米，墓砖规格为32厘米×18厘米×6厘米。随葬品仅见碎陶片，另外在填土中出土1件铜铃（图二五）。

4. 砖石混合结构墓

　　1座（LM28）。甲字形墓。封土堆直径12、高1米。墓向105°。墓室开口距地表深1米，长3.9、宽1.6米，深1.96米。墓室填土为黄褐色黏土。墓道为台阶式，长3.76、宽0.8~0.96米，深0.58~1.68米；由西向东1.1米处有台阶，共两级；由东向西呈斜坡状。墓室左、右、后三壁由墓口至墓底均用长方形或不规则形扁平石灰石块错缝横砌而成。墓底平整，用残砖平铺或错缝平铺。墓壁一端保留生土。人骨和葬具已朽，葬式不明。随葬品有陶器和铁器，陶器为罐类，铁器为鼎（图二六；彩版一七，4）。

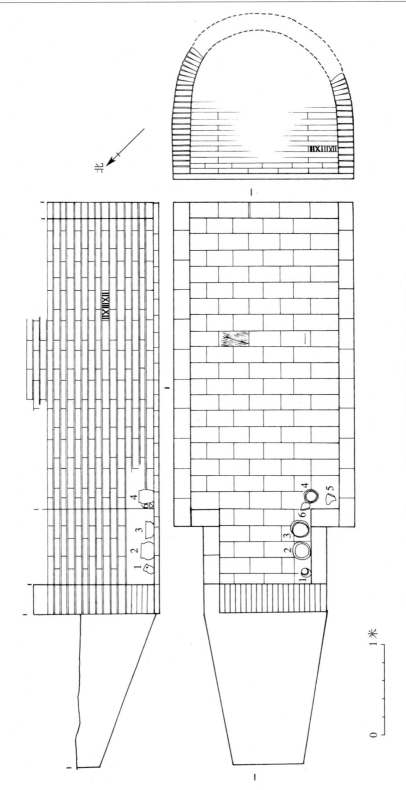

图二二　汉至三国Ⅱ型砖室墓 LM6 平、剖面图

1. D 型陶双耳小口罐　2. Bc 型陶常形罐　3. Ca 型陶釜　4. Bb 型陶常形罐　5、6. 陶片

北

1 米

0

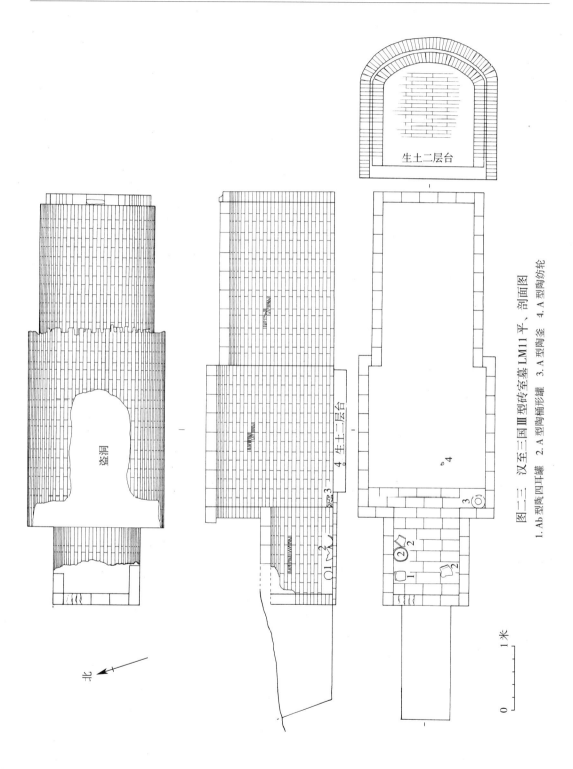

图二三　汉至三国Ⅲ型砖室墓 LM11 平、剖面图

1. Ab 型陶四耳罐　2. A 型陶桶形罐　3. A 型陶釜　4. A 型陶纺轮

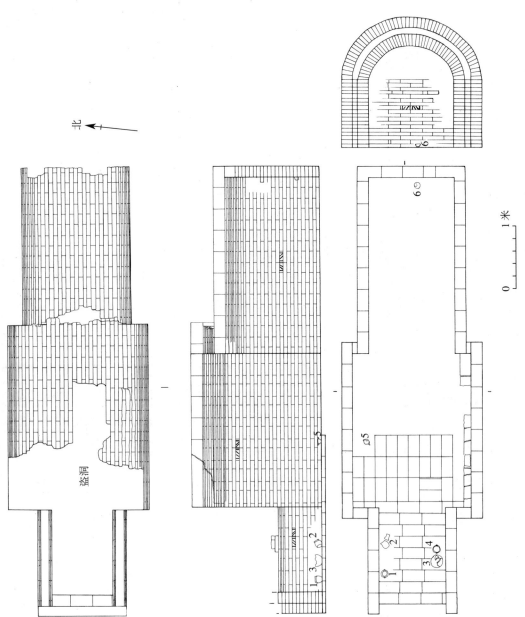

北

盗洞

图二四　汉至三国Ⅲ型
砖室墓 LM14 平、剖面图
1、4. E 型陶双耳小口罐　2. F
型陶双耳小口罐　3. D 型陶四
耳罐　5. 陶鸟首杯　6. 青瓷碗

0　　　1 米

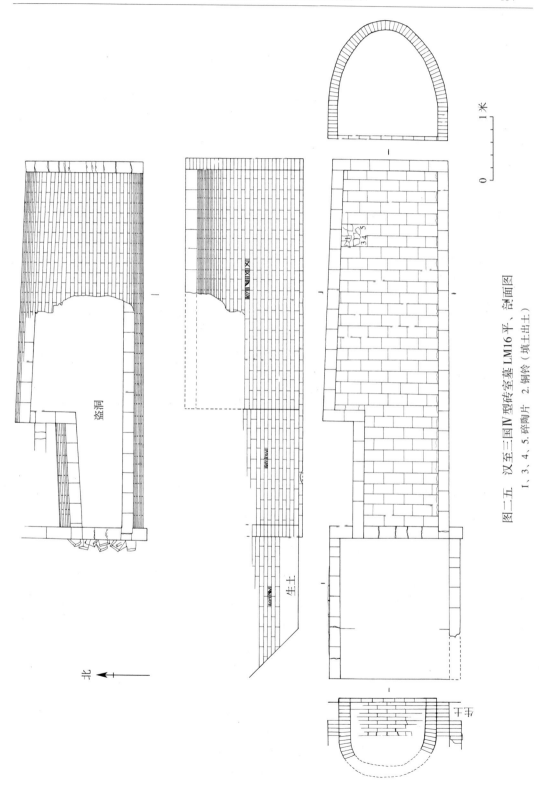

图二五　汉至三国 IV 型砖室墓 LM16 平、剖面图

1、3、4、5. 碎陶片　2. 铜铃（填土出土）

5. 石室墓

5座。均在乐响。此类墓顶部多为穹隆顶，穹隆顶与封土堆自成一体。结构一般为墓室、甬道、封门石、墓道，少量墓室分前、后室。墓壁用长方形扁平石块错缝叠砌，底部石块较厚重，上部较轻。墓底平整，为自然生土面。出土随葬品数量不多，而且多为碎片，大部分可以修复完整。按照形状可分两型。

Ⅰ型　4座，编号为XM2~XM5。甲字形。根据墓室结构不同可分两亚型。

Ⅰa型　1座（XM2）。墓室有前、后室。

XM2　穹隆顶。墓向210°。有前室、后室、甬道、封门、墓道五部分。封土堆直径6、高1.7米，穹隆顶高2米，高出地表，覆盖表土形成封土堆。顶部有盗洞，破顶进入墓室。顶部距地表深0.52米，距墓室开口深1.9米。墓底平整，为生土层，墓室填土为灰黑色淤土。后室长3.1、宽3.1米，深3.1米；前室长1.8、宽1.4米，深1.2米。甬道长0.86、宽1米，深1.2米。封门为一整块石板，宽1、高1.6、厚0.16米，封门上端与甬道顶部齐高，下端深入生土约0.24米，墓道内有一块大石块顶住封门。斜坡式墓道，坡长2.2、宽0.7~1米，深2.05米。墓壁及穹隆顶用不规则石块叠砌而成，多为长方形，未经加工。墓壁石块较大，起顶处石块较小。人骨和葬具已朽，葬式不明。随葬品均破碎，分布比较凌乱，但比较集中分布在前室和甬道中，有陶罐、釜和五铢钱（图二七；彩版一八）。

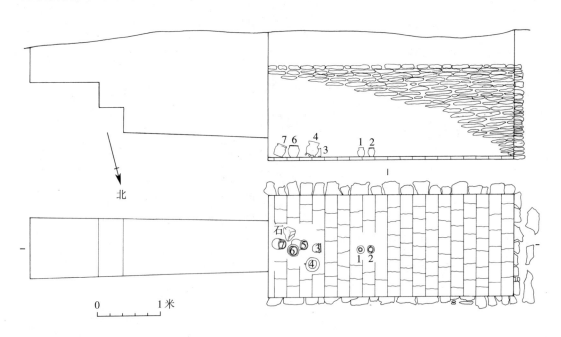

图二六　汉至三国砖室混合结构墓LM28平、剖面图

1、5. C型陶双耳小口罐　2. Ab型陶瓮形罐　3. Bb型陶双耳罐　4. 铁鼎　6. Bc型陶常形罐　7. Bb型陶常形罐

北

盗洞

0   1 米

图二七　汉至三国 Ⅰa 型石室墓 XM2 平、剖面图

Ⅰb型　3座，编号为 XM3~XM5。墓室没有前后室。

XM5　穹隆顶。墓向230°。有墓室、甬道、封门、墓道四部分。封土堆直径5、高0.9米，穹隆顶高1.7米，高出地表，覆盖表土形成封土堆。有盗洞。墓室开口距地表深1.28米。墓室近正方形，长2.9、宽2.8米，深3.7米。墓室内填土为灰黑色淤土。甬道长2.3、宽1.2米，深1.52米。封门石宽1.2、残高1.2米，用不规则石块错缝叠砌而成。斜坡式墓道，坡长2.8、宽1.2米，深2.5米。墓壁及穹隆顶用不规则石块叠砌而成，多为长方形，未经加工，墓壁石块较大，起顶处石块较小。人骨和葬具已朽，葬式不明。因被盗，随葬品摆放位置凌乱，多为碎片，陶器有罐及釜残片，青瓷器有四耳罐，铁器有铁棺钉等（图二八）。

Ⅱ型　1座（XM1）。刀把形。墓室宽长，穹隆顶。

XM1　穹隆顶。墓向220°。有墓室、甬道、封门、墓道四部分。封土堆直径6、高0.94米。该墓已被扰动，有盗洞。穹隆顶高1.3米，高出地表，覆盖表土形成封土堆。墓室开口距地表深1.34米，长3.2、宽2.16~2.2米，深2.42米。墓室填土为灰黑色淤土。甬道长2.1、宽1.2米，深1.04米。甬道左壁与墓室左壁在同一平面。封门上有一条长方形石块压顶，下面为不规则长方形石块错缝横砌而成。斜坡式墓道，坡长2.4、宽0.8~1.2米，深2.16米。墓底平整。墓壁及穹隆顶用不规则石块叠砌而成，多为长方形，未经加工，墓壁石块较大，起顶处石块较小。人骨和葬具已朽，葬式不明。因被扰动，随葬品均破碎，分布在甬道和墓室前端，比较凌乱，陶器为罐、纺轮、陶釜碎片，铁器为刀（图二九；彩版一九）。

（二）随葬品

174件，其中陶器160件，青瓷器5件，铁器7件，青铜器2件。大部分器物保存较好，铁器和青铜器保存极差，特别是青铜器，均已破碎。龙盘岭的墓葬出土随葬品基本完好，而在乐响的墓葬出土随葬品基本没有完整器，除铁器和陶纺轮外，其余均需修复复原。另外，龙盘岭和乐响两地均不见铜镜和装饰品，而且龙盘岭汉墓不见钱币。

1. 陶器

160件。陶器基本上为轮制，少量用泥条盘筑法，陶土经过淘洗，胎质细腻，多为灰白胎；少量没有淘洗，夹砂。器表大部分上腹施青黄釉，下腹不施釉，大部分脱落，多数施釉陶器局部呈月白色窑变。一般在肩、腹部饰弦纹和方格纹，也有菱形纹、条纹、刻划符号等（图三〇），下腹多素面，上腹见有在方格纹上压印菱形纹。陶器器类主要为罐、壶、釜、纺轮、盘等日常生活用器，也有少量的鼎、灯、樽、碗、卮、博山炉等，明器

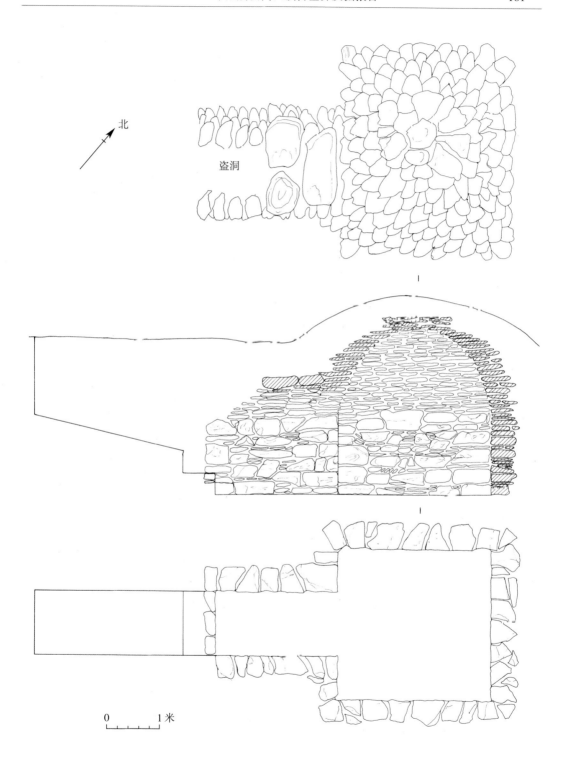

北

盗洞

0 1米

图二八　汉至三国Ⅰb型石室墓XM5平、剖面图

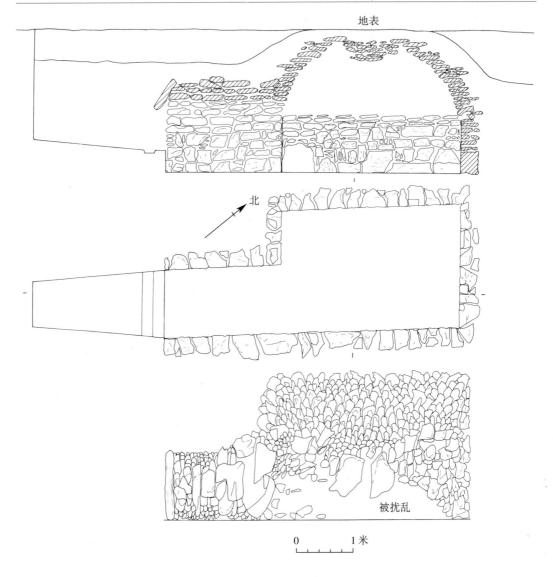

图二九　汉至三国Ⅱ型石室墓XM1平、剖面图

比较少，仅有灶、井盖等。

鼎　3件。标本LM29a∶3，夹砂灰褐陶。圆唇，敞口，凹折沿，束颈，垂腹，圜底。圆锥状三足。饰拍印条纹。口径23.2、高16.4厘米（图三一，1；图版六，1）。

壶　14件。高领，有颈。依据口部和颈部不同可分六型。

A型　1件（标本LM19∶2）。泥质灰陶。深盘口，长颈，口外侧内凹。斜平唇，溜肩，扁圆腹，喇叭形高圈足，足有穿孔。肩有横向半环耳和兽鼻环耳。饰凹弦纹、叶脉纹、双交斜线方格纹，内填篦点纹。青黄釉，已剥落。口径12、底径13.6、高31.6厘米

（图三一，3；彩版二〇，1）。

B型 1件（标本XM4∶8）。泥质灰陶。深盘口，短颈。斜平唇，溜肩，扁腹，喇叭形高圈足。肩有兽鼻环耳。饰水波纹、凸弦纹、凹弦纹。口径11.8、底径17.4、高26厘米（图三一，2；彩版二〇，2）。

C型 2件。浅盘口，短颈，口外撇。依据腹部不同可分两亚型。

Ca型 1件（标本LM32∶1）。泥质灰陶。斜平唇，溜肩，腹部略鼓，喇叭形高圈足，足有穿孔。肩有横向半环耳。饰凹弦纹。口径13.6、底径13.2、高24.4厘米（图三一，4；图版六，2）。

Cb型 1件（标本LM8∶1）。泥质灰陶。斜平唇，溜肩，腹部略扁，喇叭形高圈足，足有穿孔。肩有横向半环耳。饰凹弦纹。青黄釉。口径13.4、底径13.5、高25.6厘米（图三二，1）。

D型 7件。子母口，短颈。依据器身高矮不同可分两亚型。

Da型 2件。器身较矮，釉层易剥落。标本LM10∶3，泥质灰陶。圆唇，溜肩，扁腹，喇叭形圈足，足有穿孔。肩有横向半环耳。饰凹弦纹。口径9.5、底径5.6、高15.5厘米（图三二，4；图版六，3）。标本LM10∶4，泥质灰陶。圆唇，斜肩，扁腹，喇叭形圈足。肩有横向半环耳。饰凹弦纹。口径8.5、底径7.7、高16.2厘米（图三二，6）。

Db型 5件。器身略高，施青釉，青里泛黄或绿。标本LM27∶10，泥质灰陶。圆唇，溜肩，扁圆腹，喇叭形高圈足，足有穿孔。肩有横向半环耳。饰弦纹。釉色局部呈月白色。口径8.6、底径8.9、高21.8厘米（图三二，2）。标本LM27∶4，泥质灰陶。圆唇，溜肩，扁圆腹，喇叭形高圈足，足有穿孔。肩有横向半环耳。饰凹弦纹，局部呈月白色和褐色。口径9、底径11.3、高20.8厘米（图三二，3）。标本LM20∶5，泥质灰陶。平唇，盘口，圆肩，扁腹，喇叭形高圈足，足有穿孔。肩有横向半环耳。饰凹弦纹。口径10.4、底径9.6、高19.8厘米（图三二，5）。标本LM26∶1，泥质灰陶。平唇，直口，溜肩，扁腹内收，喇叭形高圈足，足有穿孔。肩有横向半环耳。饰凹弦纹。口径10.5、底径12.2、高21.8厘米（图三三，1）。标本LM5∶1，泥质灰陶。圆唇，斜肩，扁腹，喇叭形高圈足，足有穿孔。饰凹弦纹。釉色局部呈月白色。口径10、底径12、高23.2厘米（图三三，2；图版六，4）。

E型 2件。小口，细颈，弧腹。依据颈部不同可分两亚型。

Ea型 1件（标本XM4∶9）。泥质灰陶。平唇，浅盘口，长细颈，矮圈足。横向半环耳。饰水波纹和凹弦纹。口径6.7、底径15.3、高16.8厘米（图三三，3，图版六，5）。

Eb型 1件（标本LM5∶2）。泥质灰陶。圆唇，敛口，子母口，圆肩，短细颈，平底内凹。饰凹弦纹、方格纹。施青黄釉，局部呈月白色。口径7.8、底径16.8、高20.4厘米（图三三，4；彩版二〇，3）。

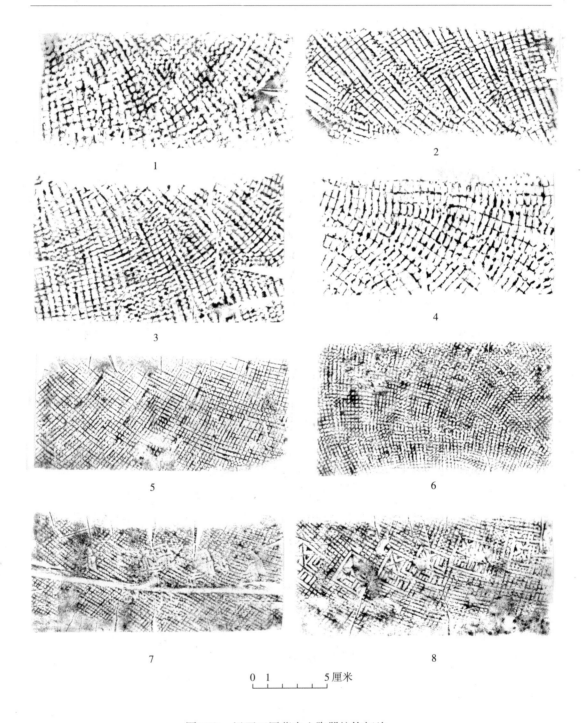

图三〇　汉至三国墓出土陶器纹饰拓片

1~6.方格纹（LM22：1、LM11：3、LM15：5、LM6：3、LM29b：11、LM17：2）　7~9.方格菱形组合纹（LM2：2、LM20：2、LM10：2）　10、12.叶脉纹（LM19：2、LM19：3）　11.兽鼻环耳（LM19：2）　13、14.鱼鳞纹（LM19：3、LM2：3）　15.水波纹（XM4：9）　16.刻划纹（LM14：3）

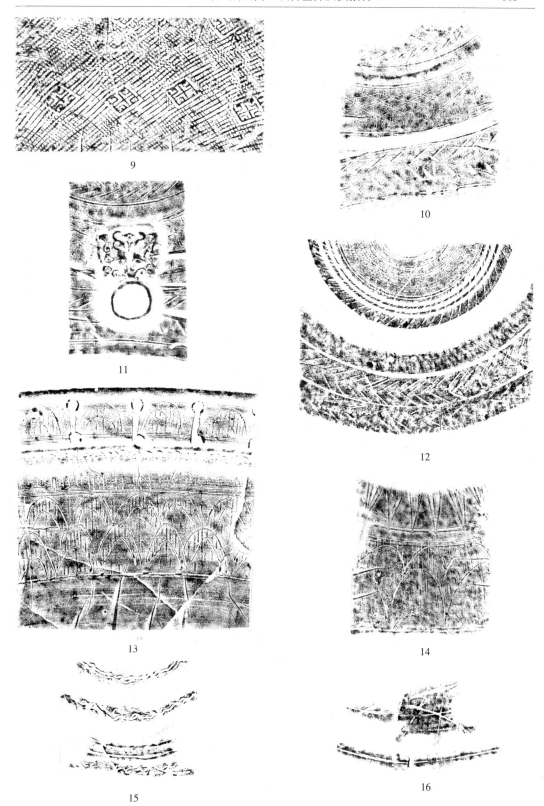

9

10

11

12

13

14

15

16

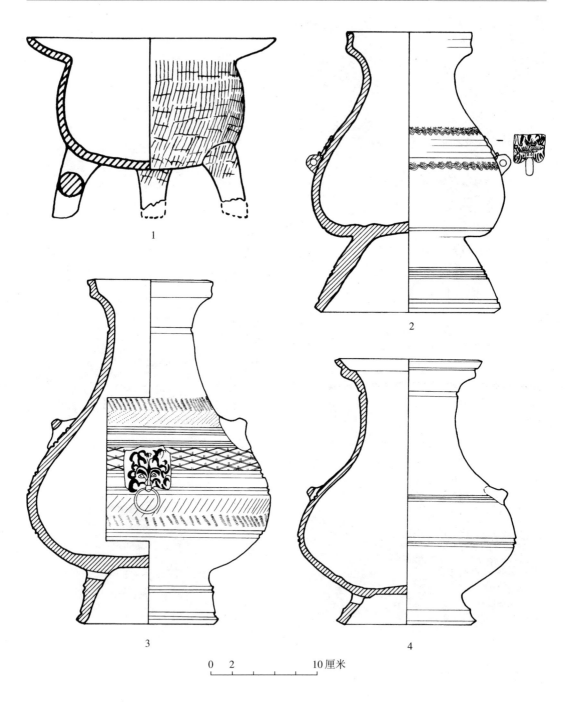

图三一　汉至三国墓出土陶鼎、壶

1. 鼎（LM29a：3）　2. B 型壶（XM4：8）　3. A 型壶（LM19：2）　4. Ca 型壶（LM32：1）

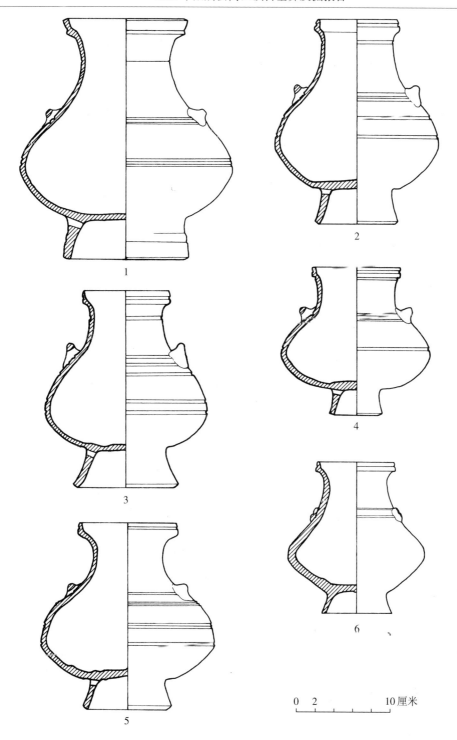

图三二 汉至三国墓出土陶壶

1. Cb 型（LM8：1） 2、3、5. Db 型（LM27：10、LM27：4、LM20：5） 4、6. Da 型（LM10：3、LM10：4）

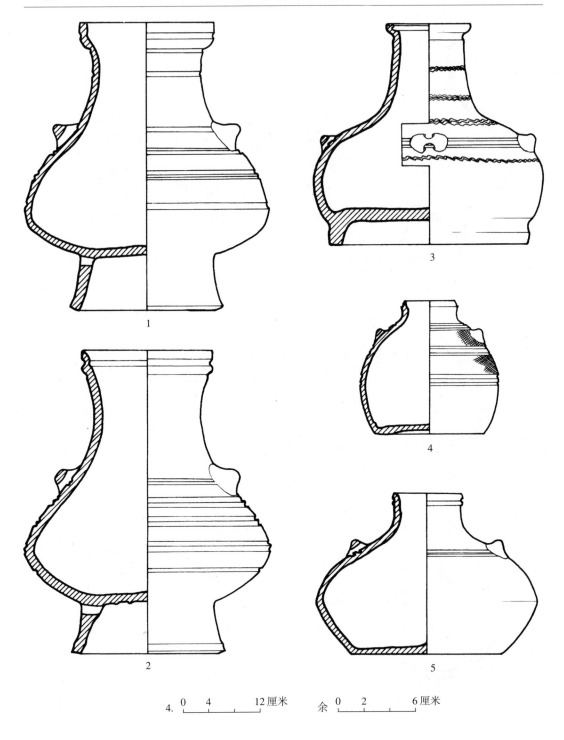

4. $\underset{\text{0}\quad\text{4}\qquad\quad\text{12厘米}}{\vdash\!\!-\!\!-\!\!-\!\!-\!\!\dashv}$　　　余 $\underset{\text{0}\quad\text{2}\qquad\text{6厘米}}{\vdash\!\!-\!\!-\!\!\dashv}$

图三三　汉至三国墓出土陶壶

1、2. Db 型（LM26：1、LM5：1）　3. Ea 型（XM4：9）　4. Eb 型（LM5：2）　5. F 型（LM31：6）

F型 1件（标本LM31：6）。泥质灰胎。尖圆唇，小口，敞口，子母口，短颈，矮领，溜肩，扁腹，平底。肩有横向半环耳。饰凹弦纹。施青黄釉，局部部分呈月白色。口径5.4、底径11.6、高12.2厘米（图三三，5；彩版二〇，4）。

常形罐 24件。一般在上腹装饰方格纹和菱形纹，普遍在上腹施青黄釉。根据领和口部不同，分三型。

A型 7件。平折唇，微矮领。依据腹部不同可分两亚型。

Aa型 5件。斜弧腹。标本LM10：2，泥质灰陶。敞口，圆肩，平底。饰斜方格纹、菱形纹。施青黄釉，局部已剥落。口径17.6、底径19、高22.2厘米（图三四，1）。标本LM29b：4，泥质灰褐陶。敞口，溜肩，平底内凹。饰斜方格纹。施青黄釉，局部已剥落。口径14.4、底径16、高22.4厘米（图三四，3）。标本LM26：10，泥质红褐陶。直口，溜肩，平底内凹。饰斜方格纹。口径15.6、底径18、高21.4厘米（图三四，5）。标本LM20：2，泥质灰陶。敞口，溜肩，平底内凹。饰斜方格纹、菱形纹。施青黄釉，已剥落。口径16、底径16、高22.2厘米（图三四，2）。标本LM4：9，泥质灰黄陶。敞口，溜肩，弧腹，平底内凹。饰斜方格纹。口径17.4、底径18.6、高21.6厘米（图三四，4）。

Ab型 2件。斜直腹。标本LM1：1，泥质红褐陶。敛口，溜肩，平底内凹。饰斜方格纹。施青釉，流釉处呈月白色。口径15、底径16.8、高17.2厘米（图三四，6）。标本LM31：2，泥质红褐陶。敞口，溜肩，平底内凹。饰斜方格纹。口径15.4、底径15.2、高19.6厘米（图三五，1）。

B型 16件。平折唇，无领，束颈，溜肩，平底内凹。依据口和下腹不同可分三亚型。

Ba型 1件（标本LM3：2）。广口，下腹为弧腹。泥质红陶。敞口。饰斜方格纹、菱形纹。小底残。口径18.2、底径21.8、高19.7厘米（图三五，2）。

Bb型 9件。小口，下腹为弧腹。标本LM29a：1，夹砂灰陶。敛口。饰斜方格纹。口径14、底径16、高20厘米（图三五，3）。标本LM29a：2，夹砂红褐陶。直口。饰斜方格纹。口径15.2、底径16.8、高20.2厘米（图三五，4）。标本LM28：7，泥质灰褐陶。敞口。饰斜方格纹、凹弦纹。口径15.6、底径16.6、高21.8厘米（图三五，5）。标本LM4：8，泥质红陶。敞口。饰方格纹。口径16.4、底径17.3、高20.8厘米（图三五，6）。标本LM1：3，泥质灰陶。敛口。饰方格纹。口径16.5、底径18.4、高18.9厘米（图三六，1）。标本LM1：6，泥质灰褐陶。敛口。饰方格纹。局部施青釉。口径14.4、底径16、高18.2厘米（图三六，2）。标本XM5：2，泥质灰褐陶。直口。饰斜方格纹。口径15、底径16.4、高19.6厘米（图三六，4）。标本LM1：2，泥质红褐陶。敛口。肩饰斜方格纹。局部施青黄釉。口径15.6、底径16.5、高19.7厘米（图三六，3）。标本LM6：4，泥质灰陶。敞口。饰斜方格纹。口径14.8、底径14.8、高16厘米（图三六，5）。

Bc型 6件。小口，平折唇，下腹为斜直腹。标本LM32：3，夹砂灰陶。敞口。饰

6. $\underline{\quad 0 \qquad 3厘米}$ 余 $\underline{\quad 0 \qquad 4厘米}$

图三四　汉至三国墓出土 A 型陶常形罐

1~5. Aa 型（LM10：2、LM20：2、LM29b：4、LM4：9、LM26：10）6. Ab 型（LM1：1）

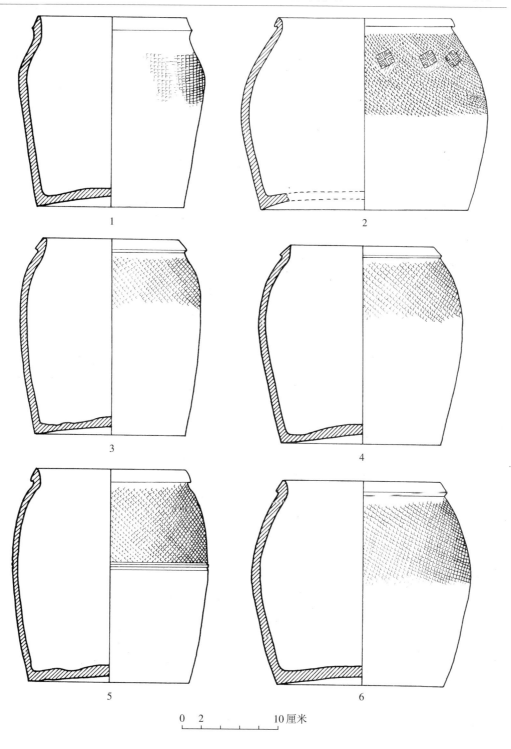

0 2   10厘米

图三五　汉至三国墓出土陶常形罐

1. Ab 型（LM31：2）　2. Ba 型（LM3：2）　3~6. Bb 型（LM29a：1、LM29a：2、LM28：7、LM4：8）

1~3. ├─0─3──9厘米　5. ├─0─4──12厘米　余 ├─0─2──6厘米

图三六　汉至三国墓出土 B 型陶常形罐

1~5. Bb 型（LM1：3、LM1：6、LM1：2、XM5：2、LM6：4）6~8. Bc 型（XM4：5、LM32：3、XM3：5）

斜方格纹。口径15、底径17.6、高19.2厘米（图三六，7）。标本XM4：5，泥质灰陶。敞口。饰斜方格纹。口径13.6、底径15.4、高15.8厘米（图三六，6）。标本XM3：5，泥质红褐陶。微敞口。饰斜方格纹。口径16、底径17、高18.2厘米（图三六，8）。标本XM3：2，泥质灰褐陶。敛口。饰斜方格纹。口径14.6、底径15.6、高17.4厘米（图三七，1）。标本LM28：6，泥质灰陶。直口，口部形状已变形。饰斜细方格纹。口径10.4、底径15.8、高19.8厘米（图三七，2）。标本LM6：2，泥质灰陶。敞口。饰斜方格纹。局部施青黄釉。口径15.8、底径17.2、高17厘米（图三七，3）。

C型 1件（标本LM1：5）。泥质灰陶。子母口。圆唇，敛口，束颈，溜肩，斜直腹，平底内凹。饰斜方格纹。口径14.4、底径16.2、高18.3厘米（图三七，4）。

四耳罐 10件。肩上有四个对称半环耳。依据器身大小可分四型。

A型 5件。器身矮胖。圆唇，子母口，内口敛，束颈，溜肩，弧腹斜收，平底内凹。横向耳。依据口部不同可分两亚型。

Aa型 2件。敛口。标本XM4：3，泥质灰陶。饰凹弦纹。口径14.4、底径14.8、高19.4厘米（图三七，5）。标本XM1：3，泥质灰陶。饰凹弦纹。施釉已剥落。口径13.6、底径14.8、高18.6厘米（图三七，6）。

Ab型 3件。敞口。标本LM11：1，泥质灰陶。唇中部有一道凹弦纹。施青釉。口径12.8、底径12.2、高16厘米（图三八，1）。标本XM4：2，泥质红褐陶。饰凹弦纹。口径13.4、底径15.6、高19.4厘米（图三八，2）。

B型 2件。器身瘦高，圆唇，子母口，束颈，溜肩，弧腹，平底内凹。横向耳。标本LM1：4，泥质红褐陶。敛口。饰弦纹和方格纹。施釉，已剥落。口径14.2、底径17.4、高22.5厘米（图三八，3）。标本LM7：3，泥质红褐陶。敛口。耳残。饰弦纹、方格纹。施釉，已剥落。口径16.6、底径17.1、高22.3厘米（图三八，4）。

C型 1件（标本LM15：1）。泥质灰陶。圆唇，小敞口，窄直平沿，束颈，斜肩，折腹，平底内凹。横向耳。口径10.8、底径10.8、高13.8厘米（图三九，1）。

D型 2件。矮直领，圆肩。标本LM14：3，泥质灰陶。平折唇，微敛口，弧腹。平底内凹。器表面磨光。横向耳。肩、腹各有一道弦纹，一耳处有"ᵡ"刻划符号。口径13.6、底径14.8、高18厘米（图三九，6）。

双耳罐 6件。圆唇，子母口，束颈，肩上有对称分布的半环耳。器身普遍瘦高。上腹普遍施青黄釉。依据最大腹部位置不同可分两型。

A型 2件。最大腹在中部，溜肩，鼓腹内收，平底内凹。依据口部不同可分两亚型。

Aa型 1件（标本LM32：2）。泥质灰胎。近直口。饰弦纹、方格纹。施釉，已剥落。口径11、底径11.8、高17厘米（图三九，2）。

Ab型 1件（标本XM5：1）。泥质红褐陶。敞口。饰凹弦纹。施青黄釉。口径10.2、

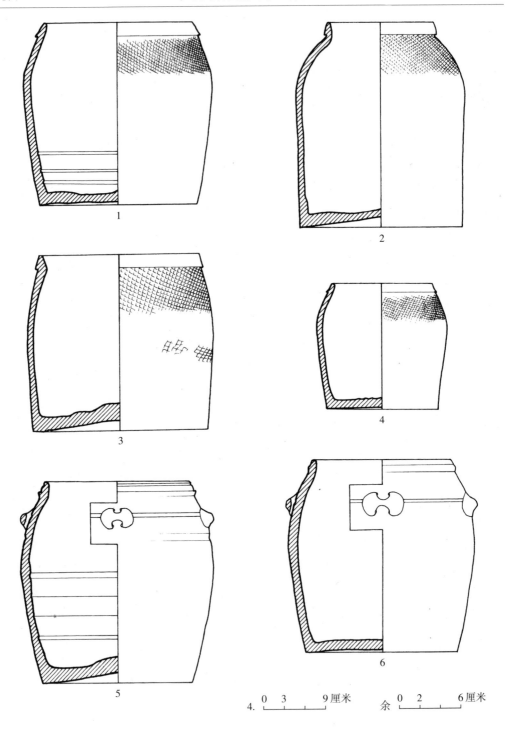

图三七　汉至三国墓出土陶常形罐、四耳罐

1~3.Bc 型常形罐（XM3：2、LM28：6、LM6：2）　4.C 型常形罐（LM1：5）　5~6.Aa 型四耳罐（XM4：3、XM1：3）

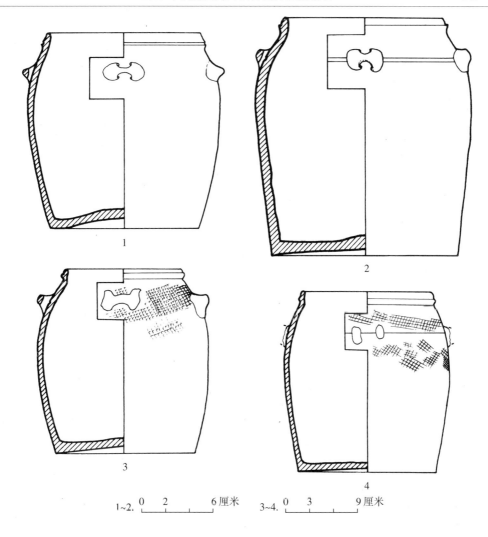

图三八　汉至三国墓出土陶四耳罐
1、2. Ab 型（LM11：1、XM4：2）3、4. B 型（LM1：4、LM7：3）

底径 12、高 15.2 厘米（图三九，5）。

B 型　4 件。最大腹在上部。根据口部不同可分两亚型。

Ba 型　2 件。敞口，弧腹内收。标本 XM4：6，泥质红褐陶。平底内凹。饰弦纹。施青黄釉。口径 9.6、底径 10.8、高 17.6 厘米（图三九，3）。标本 LM7：4，泥质灰陶。平底。饰凹弦纹、斜方格纹。施青釉，局部剥落。口径 11.8、底径 12.6、高 18.6 厘米（图三九，7）。

Bb 型　2 件。近直口。标本 LM28：3，泥质灰陶。圆肩，圆腹，平底内凹。饰凹弦纹和浅方格纹。施青釉，已剥落。口径 11.6、底径 14、高 17.6 厘米（图三九，4）。标本

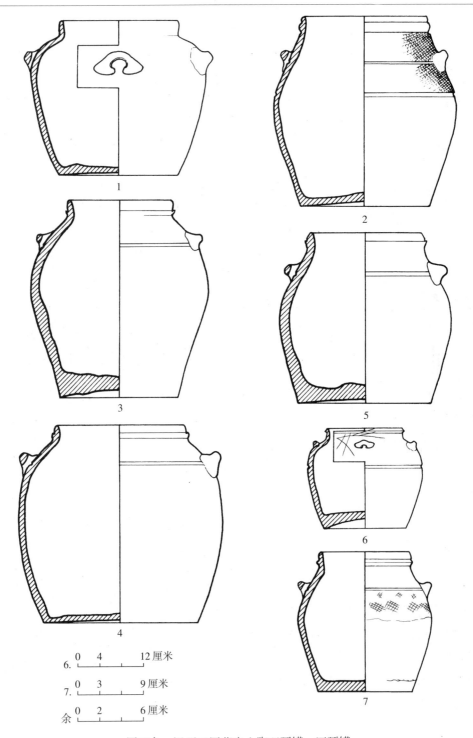

図三九　汉至三国墓出土陶双耳罐、四耳罐

1. C 型四耳罐（LM15：1）　2. Aa 型双耳罐（LM32：2）　3、7. Ba 型双耳罐（XM4：6、LM7：4）　4. Bb 型双耳罐（LM28：3）　5. Ab 型双耳罐（XM5：1）　6. D 型四耳罐（LM14：3）

LM31∶5，泥质灰陶。溜肩，弧腹内收，平底内凹。饰斜方格纹、凹弦纹。施青釉，已剥落。口径12、底径12.8、高17.8厘米（图四〇，1）。

小口罐　19件。器身矮小，小口。依据口、腹部不同可分七型。

A型　3件。平折唇，矮领，鼓腹、平底内凹。根据肩部和腹部不同可分两亚型。

Aa型　1件（标本LM2∶2）。泥质灰陶。直口，圆肩，下腹为弧腹，平底内凹。饰斜方格纹、菱形纹、凹弦纹，见有"X"刻划符号。施青釉，已剥落。口径12、底径12、高12.8厘米（图四〇，2）。

Ab型　2件。溜肩，下腹斜直。标本LM20∶6，泥质红褐陶。敞口。肩饰斜方格纹。施青釉。口径11、底径11.6、高13.2厘米（图四〇，3）。标本LM27∶2，夹砂红褐陶。直口。饰方格纹。口径10.8、底径11.2、高13.4厘米（图四〇，6）。

B型　1件（标本LM27∶1）。泥质灰褐陶。平折唇，敞口，溜肩，束颈，弧腹，平底内凹。饰斜方格纹。施青釉，已剥落。口径14、底径13.4、高13.6厘米（图四一，1）。

C型　5件。敞口，束颈，溜肩，折腹内收。依据唇和口部不同可分两亚型。

Ca型　3件。平折唇。标本LM10∶5，泥质红褐陶。平底微内凹。口径8.1、底径8.6、高8.8厘米（图四〇，4）。标本LM10∶6，泥质灰褐陶。平底。口径7.3、底径6.3、高8.2厘米（图四〇，5）。标本LM26∶3，泥质灰陶。平底内凹。饰凹弦纹。施青黄釉，流釉处局部呈月白色。口径9.4、底径11.8、高11.4厘米（图四〇，7）。

Cb型　2件。圆唇，子母口，平底内凹。标本LM20∶7，泥质灰陶。饰凹弦纹。施青黄釉。口径9.4、底径11.6、高12.4厘米（图四一，2）。标本LM26∶7，泥质灰胎。饰凹弦纹。施青黄釉，局部呈月白色。口径10.4、底径12、高13.6厘米（图四一，3）。

D型　5件。圆肩，弧腹，平底内凹。依据腹部不同可分两亚型。

Da型　4件。平折唇，敞口，束颈，最大腹径在中部。标本LM4∶5，泥质红褐陶。素面。口径7.6、底径9、高9厘米（图四一，4）。标本LM4∶4，泥质红褐陶。饰方格纹，纹饰较浅，已被抹蚀。口径8、底径9.2、高10厘米（图四一，6）。标本LM4∶6，泥质红褐陶。饰方格纹、凹弦纹。口径8、底径10.2、高9.2厘米（图四一，7）。标本LM4∶7，泥质红褐陶。素面。口径7.6、底径8.8、高9.4厘米（图四一，11）。

Db型　1件（标本LM8∶2）。泥质灰褐陶。圆唇，直口，短沿，束颈，溜肩，斜弧腹，半底内凹。最大腹径在上部。素面。口径7.6、底径7.6、高8厘米（图四一，8）。

E型　2件。平折唇，敞口，矮领，折腹。依据肩部不同可分两亚型。

Ea型　1件（标本LM2∶1）。泥质红褐陶。斜平唇，侈口，内口微敞，矮颈，圆肩，折腹，平底内凹。素面。施釉，呈灰褐色。口径9、底径9.6、高9厘米（图四一，10）。

Eb型　1件（标本LM20∶3）。泥质灰陶。尖圆唇，侈口，内口敞，矮领，束颈，溜肩，折腹内收，平底内凹。素面。施釉，呈灰褐色。口径10、底径9.4、高10.6厘米（图

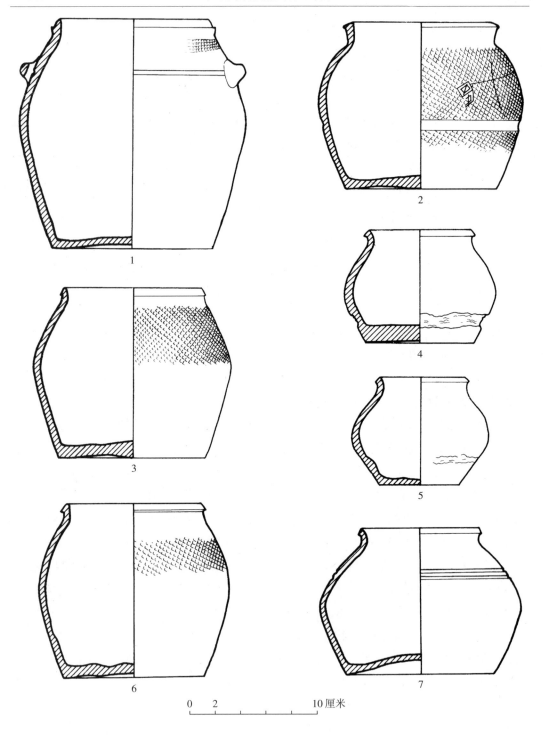

图四〇　汉至三国墓出土陶双耳罐、小口罐

1. Bb 型双耳罐（LM31：5）　2. Aa 型小口罐（LM2：2）　3、6. Ab 型小口罐（LM20：6、LM27：2）　4、5、7. Ca 型小口罐（LM10：5、LM10：6、LM26：3）

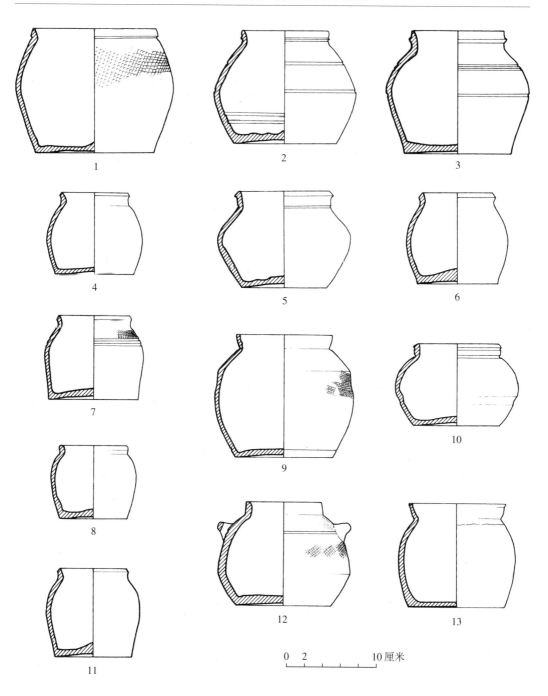

图四一　汉至三国墓出土陶小口罐、双耳小口罐

1. B 型小口罐（LM27∶1）　2、3. Cb 型小口罐（LM20∶7、LM26∶7）　4、6、7、11. Da 型小口罐（LM4∶5、LM4∶4、LM4∶6、LM4∶7）　5. Eb 型小口罐（LM20∶3）　8. Db 型小口罐（LM8∶2）　9. Fa 型小口罐（LM12∶4）　10. Ea 型小口罐（LM2∶1）　12. A 型双耳小口罐（LM18∶2）　13. Fb 型小口罐（LM9∶6）

四一，5）。

F型　2件。平唇，敞口，凹折沿，束颈。依据腹部、底部不同可分两亚型。

Fa型　1件（标本LM12：4）。泥质红褐陶。圆肩，鼓腹，平底内凹。饰浅方格纹。口径10.8、底径11、高13.4厘米（图四一，9）。

Fb型　1件（标本LM9：6）。泥质灰褐陶。唇中部内凹，溜肩，弧腹，平底。素面。口径11、底径10.6、高11.3厘米（图四一，13）。

G型　1件（标本LM9：3）。泥质灰陶。尖圆唇，微敞口，矮弧领，束颈，溜肩，折腹，平底。素面。施青黄釉。口径8.4、底径6.1、高6.8厘米（图四三，9）。

双耳小口罐　16件。器身普遍较矮。小口，束颈，有一对称横向半环耳。饰弦纹、方格纹。普遍施青釉。依据腹部不同，可分六型。

A型　1件（标本LM18：2）。泥质灰褐陶。平唇，直口，矮直领，圆肩，折腹，平底内凹。肩饰弦纹、方格纹。口径8.4、底径10.6、高11.4厘米（图四一，12）。

B型　1件（标本LM26：2）。泥质灰陶。圆唇，子母口，内口敞，斜肩，折腹，平底内凹。饰凹弦纹。施青黄釉，流釉处呈月白色。口径12、底径10.8、高13厘米（图四二，1）。

C型　6件。子母口，溜肩，微弧腹，下腹斜直。标本LM18：3，泥质灰陶。圆唇，近直口，平底内凹。饰凹弦纹、方格纹。施青黄釉。口径9.4、底径9.6、高12厘米（图四二，2）。标本LM28：5，泥质灰陶。圆唇，微敞口，平底内凹。饰凹弦纹。施青黄釉。口径9.2、底径11.6、高12厘米（图四二，3）。标本LM28：1，泥质红褐陶。圆唇，敛口，平底内凹。饰凹弦纹。施青黄釉，局部已剥落。口径9、底径11.8、高12.2厘米（图四二，4）。标本LM7：1，泥质灰陶。圆唇，近直口，平底。饰凹弦纹、斜方格纹。施青黄釉，已剥落。口径9.4、底径10.4、高12.3厘米（图四二，5）。标本LM31：7，泥质灰胎。圆唇，敞口，平底内凹。饰凹弦纹、斜方格纹。施青黄釉，局部呈月白色窑变釉。口径9.6、底径10.4、高12厘米（图四二，6）。标本LM20：4，泥质灰褐陶。圆唇，敞口，平底内凹。有一耳残。饰凹弦纹。施青黄釉，局部已剥落。口径8.4、底径8.6、高11厘米（图四二，7）。

D型　5件。子母口，溜肩，折腹内收。标本LM18：9，泥质灰陶。圆唇，近直口，平底内凹。饰凹弦纹、方格纹。施青黄釉。口径8.8、底径10、高11.8厘米（图四二，8）。标本LM31：4，泥质灰胎。圆唇，微敞口，平底。饰凹弦纹。施青黄釉，局部呈月白色。口径8、底径9.4、高11厘米（图四二，9）。标本XM3：3，泥质红褐陶。圆唇，敛口，平底内凹。饰凹弦纹。施青黄釉。口径8.4、底径10、高10.2厘米（图四二，10）。标本LM6：1，泥质灰陶。圆唇，微敛口，平底。饰凹弦纹。施青黄釉，已剥落。口径7.6、底径8、高10.2厘米（图四二，11）。标本LM9：7，泥质灰陶。圆唇，内口敞，平底内凹。饰凹

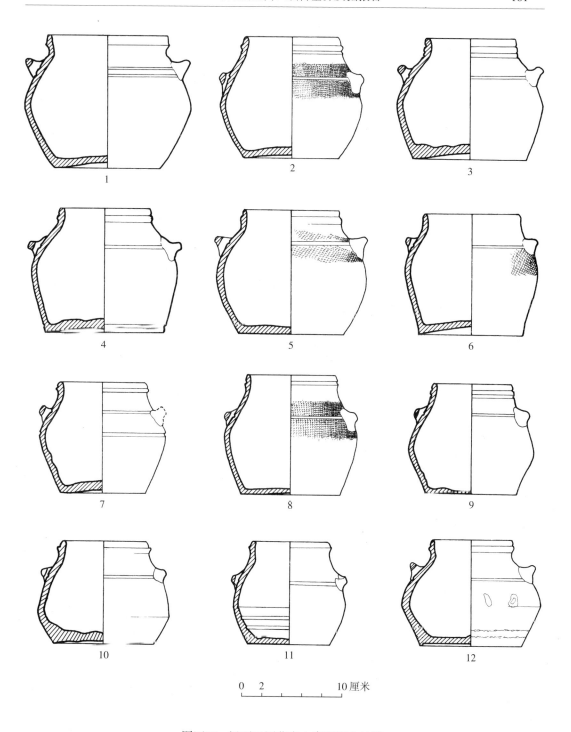

0　2　　　　　　10厘米

图四二　汉至三国墓出土陶双耳小口罐

1. B 型（LM26：2）　2~7. C 型（LM18：3、LM28：5、LM28：1、LM7：1、LM31：7、LM20：4）　8~12. D 型（LM18：9、LM31：4、XM3：3、LM6：1、LM9：7）

弦纹。施青黄釉，滴釉处呈月白色。口径 8.1、底径 10.2、高 10.6 厘米（图四二，12）。

E 型　2件。子母口，溜肩，直腹。标本 LM14：4，泥质灰陶。斜平唇，内斜敛口，底部微内凹。饰弦纹。口径 10、底径 12、高 13.6 厘米（图四三，1）。标本 LM14：1，泥质灰陶。圆唇，敛口，平底微内凹。饰凹弦纹。口径 8.4、底径 12、高 12.4 厘米（图四三，2）。

F 型　1件（标本 LM14：2）。泥质灰陶。圆唇，子母口，微敞口，圆肩，斜直腹，微凹底。素面。口径 9.2、底径 10、高 12 厘米（图四三，3）。

直身罐　3件。敞口，溜肩，平底内凹。依据口部、腹部不同可分三型。

A 型　1件（标本 LM18：4）。泥质灰陶。圆唇，矮直领，腹部略斜直，平底内凹。腹部窄于肩部。肩部有一对称分布的横向半环耳。饰弦纹。口径 8.8、底径 12.8、高 14 厘米（图四三，4）。

B 型　1件（标本 LM18：8）。泥质灰褐陶。圆唇，矮直颈。腹部平直。有一对称的横向半环耳。饰凹弦纹。局部施青釉。口径 8.8、底径 13.6、高 12.8 厘米（图四三，5）。

C 型　1件（标本 LM15：3）。泥质灰陶。平唇，窄折沿，束颈，微弧腹，平底内凹。饰凹弦纹、斜方格纹。口径 11.2、底径 12、高 13 厘米（图四三，6）。

瓮形罐　12件。整体较瘦高。小口，折沿，束颈，弧腹内收。依据器身不同可分四型。

A 型　2件。器身较矮胖。平底内凹。依据腹部不同可分两亚型。

Aa 型　1件（标本 LM29b：5）。泥质灰陶。敞口，方唇，唇微内凹，凹折沿。圆弧腹，圆肩。饰斜方格纹。口径 11.6、底径 8.4、高 13.4 厘米（图四三，7）。

Ab 型　1件（标本 LM28：2）。泥质灰陶。口部已残。弧腹，溜肩。饰斜方格纹。底径 8.4、残高 12.6 厘米（图四三，8）。

B 型　5件。器身较高且胖。斜平唇，窄凹折沿。依据肩部不同可分两亚型。

Ba 型　3件。溜肩。标本 XM4：4，泥质红褐陶。敛口，圆腹，下腹斜收，平底。饰凹弦纹、方格纹。口径 13.4、底径 13.4、高 22 厘米（图四四，1）。标本 XM1：2，泥质灰黑陶。敞口，弧腹内收，平底内凹。饰凹弦纹、斜方格纹。口径 15.2、底径 14、高 22.2 厘米（图四四，2）。

Bb 型　2件。微折肩。标本 XM3：4，泥质灰黑陶。敛口，斜弧腹。下底残。口径 13、残高 17.8 厘米（图四四，4）。标本 XM5：3，泥质灰黑陶。敞口，斜弧腹，平底内凹。饰凹弦纹、斜方格纹。口径 15、底径 13.6、高 21.2 厘米（图四四，3）。

C 型　2件。器身肥胖。圆肩，圆弧腹。依据口部不同可分两亚型。

Ca 型　1件（标本 LM9：4）。泥质灰褐陶。圆唇，窄凹折沿，平底。饰斜方格纹。口径 12、底径 14.1、高 19.8 厘米（图四四，5）。

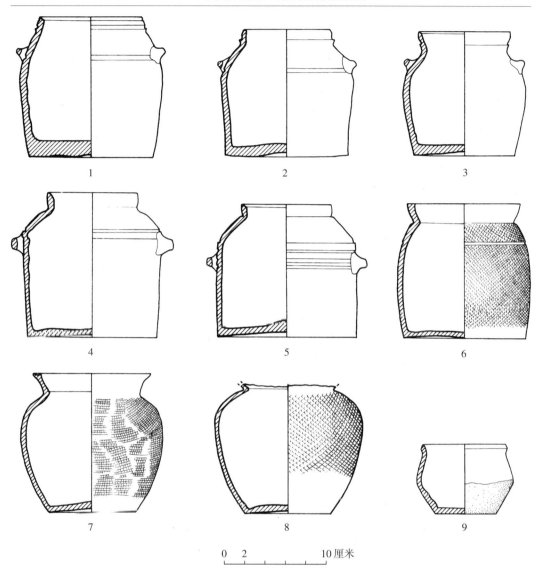

图四三 汉至三国墓出土陶罐

1、2. E 型双耳小口罐（LM14：4、LM14：1） 3. F 型双耳小口罐（LM14：2） 4. A 型直身罐（LM18：4） 5. B 型直身罐（LM18：8） 6. C 型直身罐（LM15：3） 7. Aa 型瓮形罐（LM29b：5） 8. Ab 型瓮形罐（LM28：2） 9. G 型小口罐（LM9：3）

　　Cb 型　1 件（标本 XM2：2）。泥质灰黑陶。略瘦高。斜平唇，窄折沿，平底内凹。饰凹弦纹、斜方格纹。口径 14.6、底径 13.8、高 27.2 厘米（图四五，1）。

　　D 型　3 件。器身瘦长。斜弧腹，平底内凹。标本 LM12：2，泥质灰褐陶。斜平唇，敞口，窄凹折沿。饰方格纹。口径 12、底径 13.6、高 27.2 厘米（图四五，2）。标本 LM15：4，夹砂灰黑陶。斜平唇，窄折沿。饰凹弦纹、方格纹。口径 12、底径 11.2、高 24.2 厘米

图四四　汉至三国墓出土陶瓮形罐

1、2. Ba 型（XM4：4、XM1：2）　3、4. Bb 型（XM5：3、XM3：4）　5. Ca 型（LM9：4）　6. D 型（LM15：4）

（图四四，6）。

桶形罐　4件。桶形。肩有四个对称横向半环耳。束颈，溜肩，平底内凹。依据腹部不同可分两型。

A型　3件。腹部向内斜直。标本LM9：5，泥质灰陶。圆唇，子母口。饰凹弦纹。口径20.5、底径22、高28.4厘米（图四六，1）。标本LM12：3，泥质灰褐陶。圆唇，微敞口，子母口。饰凹弦纹。口径17.6、底径20.2、高26.4厘米（图四六，2）。标本LM11：

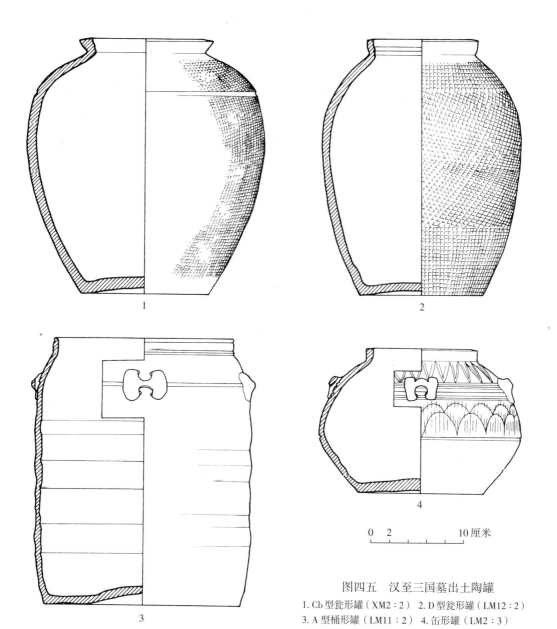

图四五　汉至三国墓出土陶罐

1.Cb型瓮形罐（XM2：2）　2.D型瓮形罐（LM12：2）
3.A型桶形罐（LM11：2）　4.缶形罐（LM2：3）

2，泥质灰陶。平唇，近直口。饰凹弦纹。口径19.2、底径20.8、高28.4厘米（图四五，3）。

　　B型　1件（标本XM5：7）。泥质红陶。圆唇，子母口，内口敛，腹部向外斜直。饰凹弦纹。口径19.6、底径26.4、高30厘米（图四六，3）。

　　缶形罐　1件（标本LM2：3）。泥质灰陶。斜平唇，直口，矮颈，束颈，溜肩，鼓腹内收，平底内凹。肩上有四个对称横向半环耳。肩饰三角斜线锯齿纹，肩和腹间饰两组两道凹弦纹，腹部饰鱼鳞状羽纹，腹中部饰两道凹弦纹。口径12、底径13.6、高15.6厘米（图四五，4）。

　　三把罐　1件（标本LM31：3）。泥质灰陶。直口，矮领，束颈，溜肩，折腹，平底。

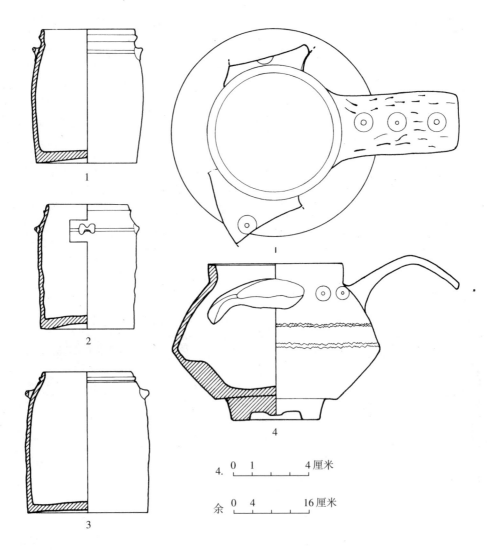

4.　0　1　　　　4厘米

余　0　4　　　　16厘米

图四六　汉至三国墓出土陶桶形罐、三把罐

1、2.A型桶形罐（LM9：5，LM12：3）　3.B型桶形罐（XM5：7）　4.三把罐（LM31：3）

肩有三个扁平曲尺形把，其中有两把已折，仅有一把完整。底部有四个连体乳钉状足，足根相连，乳钉各分离。把上面饰三组双圆圈戳印纹和篦点纹组合纹，肩饰双圆圈戳印纹，腹饰四道两组水波纹。口径7.2、底径4.8、高8.3厘米（图四六，4；图版七，1）。

瓮　1件（标本XM4∶1）。泥质灰陶。圆唇，子母口，内口敛，束颈，溜肩，近直腹，平底内凹。肩有四个对称横向半环耳。饰凹弦纹。口径27.2、底径30.4、高41.6厘米（图四七，4）。

釜　10件。敞口，折沿，束颈，溜肩，圜底。依据唇部不同，可分三型。

A型　2件。平唇，凹折沿。标本LM15∶5，泥质红褐陶。扁圆腹。通体饰斜方格纹。口径25.6、高16.8厘米（图四七，1）。标本LM11∶3，泥质红褐陶。垂腹。通体饰斜方格纹。口径24、高14厘米（图四八，4）。

B型　3件。斜平唇，凹折沿，扁圆腹。标本LM31∶1，夹砂灰黑陶。通体饰条纹。

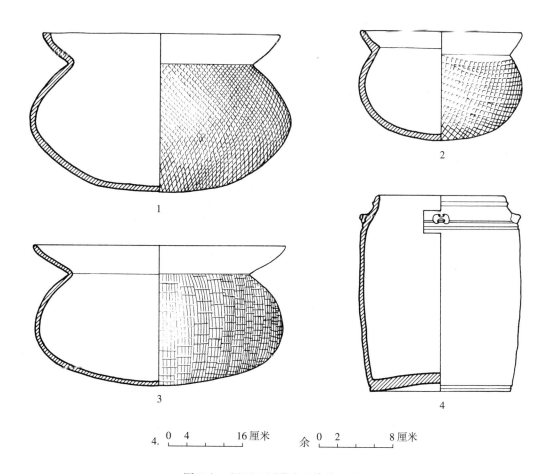

4.　0　4　16厘米　　余　0　2　8厘米

图四七　汉至三国墓出土陶瓮、釜

1. A型釜（LM15∶5）2. Ca型釜（LM6∶3）3. B型釜（LM31∶1）4. 瓮（XM4∶1）

口径27、高14.8厘米（图四七，3）。标本LM12：1，泥质红褐陶。通体饰斜方格纹。口径24.4、高16厘米（图四八，1）。

C型　5件。圆唇。依据口沿不同可分两亚型。

Ca型　2件。浅窄凹折沿。标本LM6：3，泥质灰陶。弧腹。通体饰方格纹。口径17.6、高11.6厘米（图四七，2）。

Cb型　3件。深凹折沿。标本LM22：1，泥质灰黑陶。折腹。口径23.6、高16厘米（图四八，2）。标本XM2：4，泥质灰褐陶。弧腹。通体饰斜方格纹。口径24.2、高17.2厘米（图四八，3）。

三足盂　1件（标本LM27：3）。泥质灰胎。圆唇，敛口，凹折沿，束颈，溜肩，折腹，平底。底有三锥形足。施青黄釉，局部呈月白色。口径14、高11.6厘米（图四九，1；彩版二一，1）。

盂　9件。依据口部和肩部不同，可分四型。

A型　1件（标本LM18：5）。泥质灰陶。尖圆唇，敞口，宽凹沿，束颈，圆肩。带

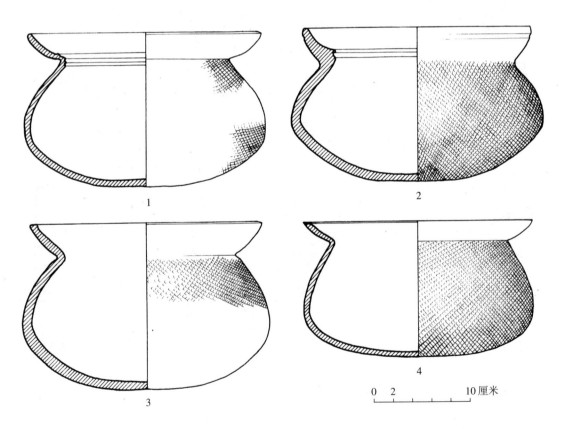

图四八　汉至三国墓出土陶釜

1. B型（LM12：1）　2、3. Cb型（LM22：1、XM2：4）　4. A型（LM11：3）

盖，鼓腹内收，平底内凹。盖面分层，上层为盖顶，顶有一半环耳，周边有三块泥块，上有一道凹弦纹。下层为斜面，口有一道凹弦纹，盖口为敞口，子母口。局部施青釉。口径14.8、底径11.6、通高14.6厘米（图四九，5）。

B型 5件。敞口，短沿，微束颈，溜肩，折腹。标本LM26：8，泥质灰陶。圆唇，平底微内凹。饰凹弦纹。施青釉，局部呈月白色。口径10.2、底径8、高9.2厘米（图四九，2）。标本LM27：5，泥质灰陶。圆唇，平底微内凹。饰凹弦纹。施青黄釉。口径11.2、底径10.8、高11.4厘米（图四九，7）。标本LM26：9，泥质灰陶。外口下端突出。饰凹弦纹。施青釉，局部呈月白色和褐色。口径8.2、底径8、高9厘米（图四九，9；彩版二一，2）。标本LM26：6，泥质灰陶。圆唇，平底微内凹。饰凹弦纹。施青釉，流釉处呈月白色。口径9.8、底径8.6、高9厘米（图四九，3）。标本LM7：2，泥质灰陶。圆唇，子母口，平底微内凹。施青釉，呈墨绿色，局部呈褐色。口径8.7、底径6、高8.8厘米（图四九，4）。

C型 2件。圆唇，敞口，短沿，溜肩，弧腹内收。标本LM26：5，泥质灰陶。平底内凹。底部有旋削削痕。饰凹弦纹。施青黄釉，已剥落。口径7.9、底径5、高7.2厘米（图四九，8）。标本LM26：4，泥质灰陶。平底内凹。饰凹弦纹。施青黄釉，局部呈褐色。口径7.4、底径6、高7厘米（图五〇，5）。

D型 1件（标本LM20：8）。泥质灰陶。器形矮小。圆唇，敞口，窄平折沿，束颈，斜肩，折腹内收，平底内凹。素面。口径5、底径4.4、高4.2厘米（图四九，6）。

碗 2件。圆唇，敞口，直腹，圈足。标本LM10：8，泥质灰陶。下底内收，矮圈足。饰凹弦纹。口径12.1、底径8.1、高7.4厘米（图五〇，2；图版七，2）。标本LM4：3，泥质灰陶。下底内收。喇叭口矮圈足。饰凹弦纹。口径12.6、底径7.2、高7.8厘米（图五〇，4）。

鸟首杯 1件（标本LM14：5）。泥质灰陶。圆唇，敛口，弧腹内收，饼足，足底微内凹。口一侧饰鸟头，比较形象写意，与其对称的另一端则为鸟尾，呈扇状。口下有一道凹弦纹。口径15.4、底径7.8、高8厘米（图五〇，1；图版七，3）。

匜 1件（标本LM19：5）。泥质红褐陶，灰胎。斜平唇，敞口，直腹，平底。腹与底间折角，底部品字形分布三乳钉足，把为曲尺形，前端中穿孔，后端为锯齿状。把手与下腹间饰凹弦纹，弦纹间刻大方格纹，方格纹内填篦点纹。饰青黄釉，流釉处呈月白色。口径9.2、高8.4厘米（图五〇，6；彩版二一，3）。

盘 2件。敞口，微卷沿，曲腹。依据唇部和腹部不同分两型。

A型 1件（标本LM19：8）。泥质灰陶。厚平唇，下腹斜直，平底内凹。施青黄釉，局部流釉处呈月白色。口径16.8、底径7.2、高6.8厘米（图五〇，3；彩版二一，3）。

B型 1件（标本LM3：1）。残片。泥质灰陶。平折唇，下腹微弧。饰凹弦纹。残高

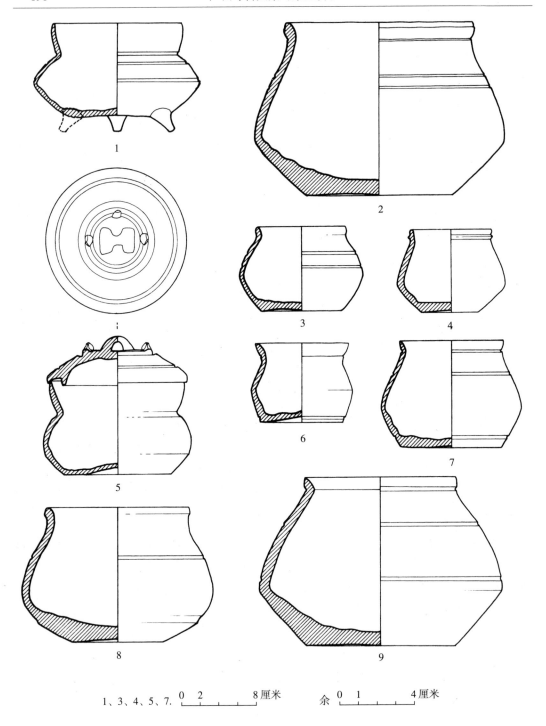

图四九　汉至三国墓出土陶盉、三足盉

1. 三足盉（LM27：3）　2~4、7、9. B 型盉（LM26：8、LM26：6、LM7：2、LM27：5、LM26：9）　5. A 型盉（LM18：5）
6. D 型盉（LM20：8）　8. C 型盉（LM26：5）

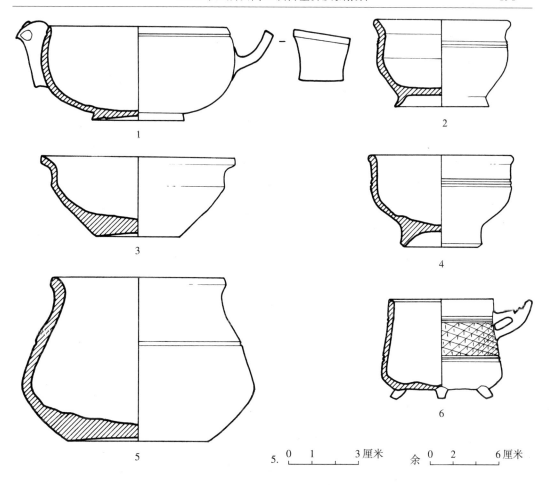

图五〇　汉至三国墓出土陶器

1. 鸟首杯（LM14：5）　2、4.碗（LM10：8、LM4：3）　3. A型盘（LM19：8）　5. C型盂（LM26：4）　6. 卮（LM19：5）

8.3厘米（图五二，1）。

　　簋　1件（标本LM19：3）。泥质红褐陶。带盖，广口，高沿内凹，束颈斜弧腹，高圈足。沿上下两端饰两道凹弦纹，上下弦纹间各有穿孔，穿孔由深刻粗线连接，呈哑铃状，每隔一定距离就为哑铃形图案，每组哑铃间内填鱼鳞纹，再填两道竖直线。颈饰细小水波纹，腹部上下各饰两道凹弦纹，之间内填鱼鳞纹、竖直线纹。盖顶分三层，顶层为平面，上有竖立状环纽，以纽为中心，布满同心圆，平台外饰粗同心圆，再饰斜叶脉纹；中间一层为二层台；外层为弧面，有两圈凹弦纹，弦纹内外饰相交叶脉纹。盖口为斜平唇。敞口。通体施青釉，大部分已剥落，局部成月白色。口径27.6、足径15.4、器身高21.2、通高27厘米（图五一，1；彩版二一，4）。

　　博山炉　1件（标本LM4：2）。泥质灰陶。子母口，口内敛，口中间内凹，折腹，短

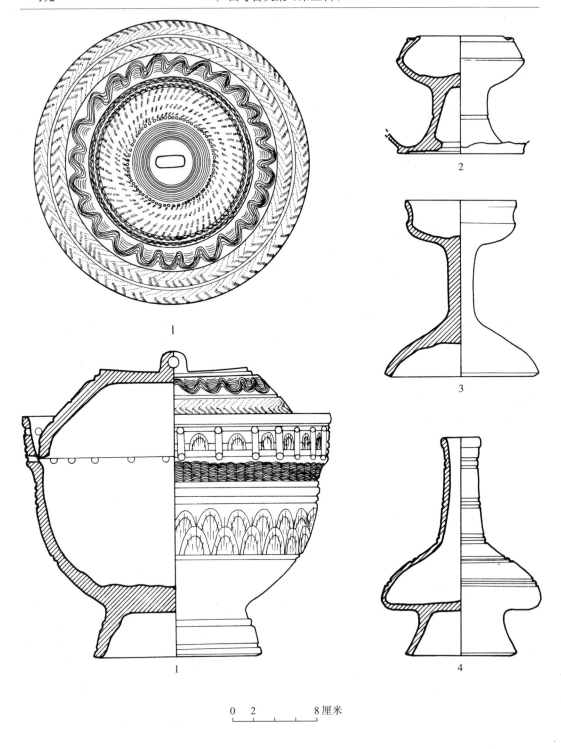

0   2   8厘米

图五一　汉至三国墓出土陶器

1. 簋（LM19：3）　2. 博山炉（LM4：2）　3. 灯（LM20：1）　4. 瓶（LM27：6）

喇叭形把，矮圈足。把及底中空，盖顶不见，底部边缘已残。口下、腹和把中部饰凹弦纹。口径7.6、底径11.4、高10.4厘米（图五一，2）。

灯　1件（标本LM20：1）。泥质灰陶。圆唇，敞口，口下内凹，曲腹，深口，细实把，底座呈倒覆盘形。口径10、底径13.8、高15.6厘米（图五一，3）。

瓶　1件（标本LM27：6）。泥质灰胎。厚圆唇，直口，细长颈，溜肩，扁折腹斜收，喇叭形高圈足。饰凹弦纹。施青黄釉，已剥落。口径3.2、足径10、高19.4厘米（图五一，4；图版七，4）。

樽　1件（标本LM18：1）。泥质灰陶。斜平唇，侈口，内口微敛，束颈，直腹，平底内凹，有三足。饰弦纹。施青黄釉。口径14.2、底径14.8、高13.8厘米（图五二，3）。

灶　1件（标本LM19：1）。泥质红陶。灶体为长方形，灶门开敞，下有地台伸出，上有翘檐口，后端有烟囱，作龙首形。灶面开灶眼三个。灶门上饰双线斜方格纹和篦点纹，灶台饰大方格纹，横线为上下单线，中间为双线，竖线为两条四组，方格内交叉斜线。长36、宽14.4~16.8、高14.4厘米（图五三，1）。

器盖　2件。根据形状不同可分两型。

A型　1件（标本LM19：4）。泥质灰陶。平面呈方形。两条对角成棱脊形成屋脊。

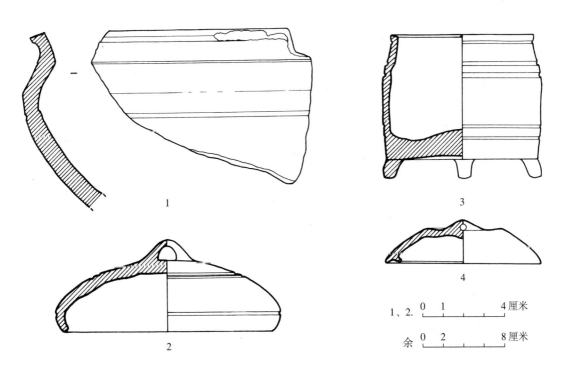

1   3

4

1、2. 0 1   4厘米

余 0 2   8厘米

2

图五二　汉至三国墓出土陶器

1. B型盘（LM3：1）　2. Bb型器盖（LM27：7）　3. 樽（LM18：1）　4. Ba型器盖（LM27：8）

盖划分为四部分，每部分均饰网格纹，内填充篦点纹。角处屋脊向上翘，盖向上隆起成四方锥体，中部顶端有鸟形动物。施青黄釉。长22.4、高6.8厘米（图五三，3）。

　　B型　1件（标本LM18∶6）。泥质红褐陶。平面呈圆饼形。正面由屋顶划分为四部分，每部分都有瓦棱形孔。顶端饰一纽，为狗塑像，攀附在顶上，背面平直。局部施青釉。直径13.8厘米（图五三，2）。

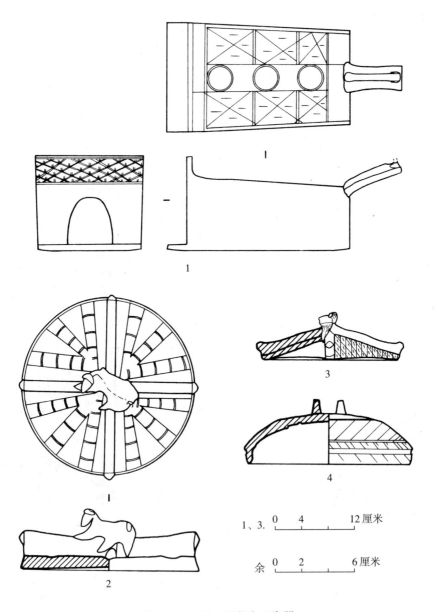

图五三　汉至三国墓出土陶器

1.灶（LM19∶1）　2.B型井盖（LM18∶6）　3.A型井盖（LM19∶4）　4.A型器盖（LM19∶6）

器盖　4件。圆盘形，顶端中间有纽。依据纽的不同可分两型。

A型　1件（标本LM19∶6）。泥质灰白胎。盖纽为凹字形纽。盖口为子母口，口与盖相接处内凹。饰弦纹和斜线纹。器盖表面施釉，多数釉呈酱褐色，局部为青黄釉，流釉处呈月白色窑变。口径12.4、高4.8厘米（图五三，4）。

B型　3件。盖纽为半环纽。依据盖面不同可分两亚型。

Ba型　1件（标本LM27∶8）。泥质灰陶。盖面有平台。盘形，盖顶平整，盖面呈弧面，盖口子母口，中部内凹。直径15.2、高4.2厘米（图五二，4）。

Bb型　2件。盖面为弧形。标本LM27∶7，泥质红褐陶。盖呈弧面，盖口为敞口、圆唇、子母口。盖面中部饰凹弦纹。施青釉。口径10.2、高4.4厘米（图五二，2）。

纺轮　9件。算珠形，中间穿孔。依据是否有台面可分两型。

A型　5件。穿孔两端有台面。标本LM22∶2，泥质灰陶。直径2.8、高2.4厘米（图五四，1）。标本XM1∶5，泥质灰陶。纺轮表面饰细凹弦纹。直径3.1、高2.3厘米（图五四，2）。

B型　4件。穿孔两端无台面。标本LM19∶7，泥质灰陶。直径3.2、高2.9厘米（图五四，3）。标本LM27∶14，泥质灰陶。直径3.6、高2.2厘米（图五四，4）。

2. 青瓷器

5件。有四耳罐、碗、钵。

四耳罐　2件。标本LM9∶2，泥质灰胎，青瓷。斜平唇，直口，圆腹。横向耳。平

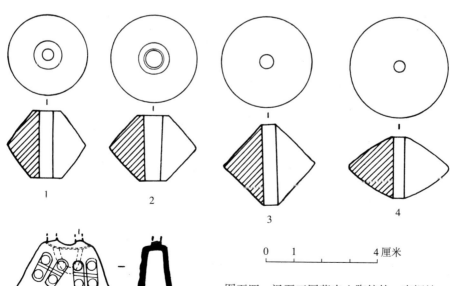

图五四　汉至三国墓出土陶纺轮、青铜铃

1、2.A型陶纺轮（LM22∶2、XM1∶5）　3、4.B型陶纺轮（LM19∶7、LM27∶14）　5.青铜铃（LM16∶2）

底内凹。饰凹弦纹。口径9.5、底径9.8、高16.3厘米（图五五，1；图版七，5）。标本XM5：5，泥质灰胎，青瓷。平折唇，直口，弧腹，平底内凹。腹中部有一对称竖向半环耳。饰凹弦纹。施釉，已剥落。口径12.8、底径14.8、高17.4厘米（图五五，2）。

　　瓷碗　2件。斜弧腹，饼足。标本LM14：6，泥质灰白胎，青瓷。足底微内凹。口部施一圈青黄釉，细小开片。口径12.5、底径3.8、高6.2厘米（图五五，3；彩版二一，5）。标本LM22：3，泥质灰胎，青瓷。足底平整。腹部施青釉，细小开片。口径9.2、底径4.6、高4.8厘米（图五五，4；彩版二一，6）。

　　钵　1件（标本LM9：1）。泥质灰胎。青瓷。圆唇，敛口，斜弧腹，平底。口下有一道凹弦纹，腹部有一圈深按窝。施青釉，已剥落。口径15.6、底径8、高6.7厘米（图五五，5；图版七，6）。

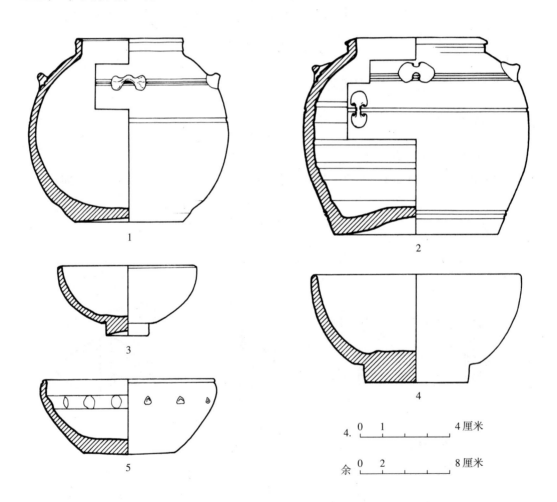

图五五　汉至三国墓出土青瓷器
1、2.四耳罐（LM9：2、XM5：5）　3、4.碗（LM14：6、LM22：3）　5.钵（LM9：1）

3. 铜器

2件。

钵 1件（标本M18：7）。已残，无法提取。平唇，斜肩，曲腹，下底内收，平底。口径16、底径9.8、高7厘米（图五七，1）。

铃 1件（标本LM16：2）。似编钟。扁腹，断面呈椭圆形，顶端有半环耳，平肩，斜平腹，下端呈月牙口。表面有乳钉，但锈蚀严重，其纹饰不清。口径3.6、残高2.5厘米（图五四，5）。

铜钱 共25枚，部分已残。五铢钱，仅在乐响发现，龙盘岭不见出土。五铢钱有普通五铢和剪轮五铢，五字较肥胖，铢字的金字旁上头呈三角形。剪轮五铢用原五铢钱制作。直径一般在2.4、孔径1、厚0.1厘米（图五六）。

4. 铁器

7件。有鼎、刀、削、矛等。

鼎 1件（标本LM28：4）。平唇，敞口，宽凹折沿，束颈，圆肩，圆腹，圜底。肩有两道凸弦纹。口径22.5、高20.2厘米（图五七，2；图版八，1）。

刀 1件（标本XM1：1）。长条形。刀身直，弧刃，柄部窄而短。截面为长方形。长19.1、宽1.2厘米（图五七，4）。

削 2件。标本LM27：12。长条形。环首，椭圆形柄，削身为直背平刃。截面为长方形。长18.6、宽1.6厘米（图五七，5；图版八，2）。

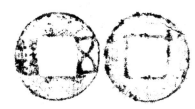

图五六　汉至三国墓出土铜五铢（LXM2：1）
（原大）

矛 1件（标本LM8：3）。刃部已残，仅见銎部，为中门开缝，由上至下椭圆形斜收。残长8.1、上宽2.7、銎长2.4厘米（图五七，3）。

锄 1件（标本XM3：1）。整体呈梯形，圆角方銎，两侧边向上至下向外弧形延伸至刃部，前端两面下收，弧刃。宽7.2、刃宽8.7、銎长6.4、銎宽3、高12.1厘米（图五七，6；图版八，3）。

臿 1件（标本LM8：4）。残，"凹"字形。两边由上至下向外弧形延伸，弧刃、中弯。残长10.1、宽11厘米（图五七，7）。

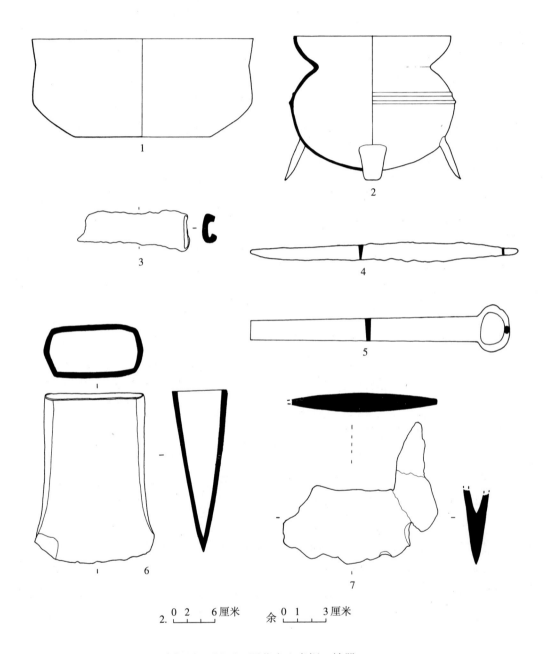

2. ├─0─2──6厘米─┤　　　余 ├─0─1──3厘米─┤

图五七　汉至三国墓出土青铜、铁器

1. 青铜钵（LM18：7）　2. 铁鼎（LM28：4）　3. 铁矛（LM8：3）　4. 铁刀（XM1：1）　5. 铁削（LM27：12）　6. 铁锄（XM3：1）　7. 铁臿（LM8：4）

三、晋—南朝墓

（一）墓葬形制

4座，均在龙盘岭发现。分别为LM13、LM23~LM25。封土堆不残存，扰动严重。该时期墓室窄长，有土坑墓、砖室墓、石室墓三类。

1. 土坑墓

1座（LM13）。

LM13　墓向288°。此墓处于陡坡和断崖上，水土流失较大，另因工程施工破坏，墓室开口和墓壁不十分清楚。墓室直角长方形，窄而短，长2.5、宽1.05米，残深0.2~0.7米。墓底平整。出土随葬品器物完好，陶器有四耳罐，青瓷器有罐、碗等，铁器为刀（图五八）。

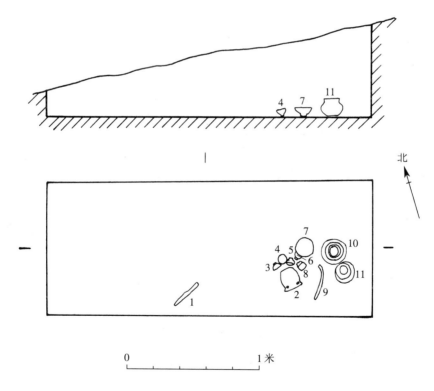

图五八　晋—南朝土坑墓LM13平、剖面图

1、9. 铁刀　2. C型陶四耳罐　3. E型青瓷碗　4、5、8. D型青瓷碗　6. B型青瓷碗　7. A型青瓷碗　10. C型青瓷展唇罐
11. B型青瓷展唇罐

2. 砖室墓

2座。此类墓没有墓道，单砖错缝横砌或二顺一丁结砌。根据是否有甬道可分两型。

Ⅰ型　1座（LM24）。单券顶墓。扰动严重，券顶坍塌。无甬道。墓向44°。墓室开口距地表深0.2米，墓室长3.1、宽0.82~0.9米，残深0.64米。墓室填土为灰黄色黏土。墓壁残存两组单砖二顺一丁结砌砖。墓中间高于墓底，形成棺床，长2.5、宽0.6、高0.08米，用一横一竖单砖错缝横砌，共两层。墓底错缝斜铺。墓壁与棺床之间每隔0.4米有一竖砖由墓底向墓壁正面斜立而砌，夹角约45°。墓口周边用砖错缝横砌，每隔0.26米便有砖侧面而立伸出壁外约0.12米。墓砖规格为28厘米×15厘米×4厘米青砖。人骨和葬具已朽，葬式不明。随葬品有青瓷壶、碗、钵（图五九；彩版二二，1）。

Ⅱ型　1座（LM25）。该墓被严重扰动，但没有被盗。有甬道，窄而短，比较简化。券顶痕迹不明显。墓向226°。墓室开口距地表深0.3米，墓室长4.1、宽1.5~1.58米，残深0.6米。墓室填土为黄褐色黏土。甬道长0.35、宽0.7米，残深0.4米。封门宽0.92、残高0.36米，不见墓道。墓壁单砖错缝横砌，墓底以残砖错缝平铺，墓砖规格为24厘米×18厘米×6厘米青砖。人骨和葬具已朽，葬式不明。出土随葬品共有38件，绝大多数完整，部分为碎片，有青瓷器、青铜器、铁器等。青瓷器有四耳罐、壶、展唇罐、四耳小

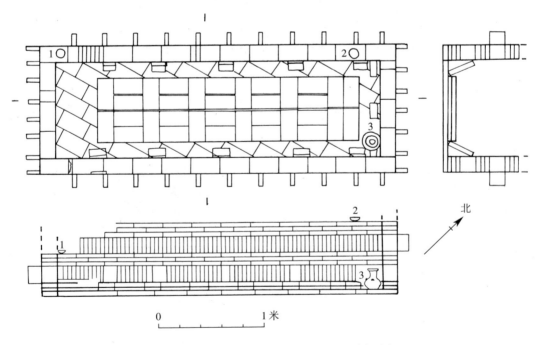

图五九　晋—南朝Ⅰ型砖室墓LM24平、剖面图
1. Cb型青瓷钵　2. C型青瓷碗　3. A型青瓷壶

罐、盂、盆、碗、钵、盒等；青铜器有钵、釜、镦斗、勺等，其中钵、釜比较破碎，无法提取；铁器有刀（图六〇；彩版二二，2）。

3. 石室墓

1座（LM23）。

LM23　墓向244°。扰动严重，有盗洞。该墓分墓室、甬道、墓道。墓室开口距地表深0.9米，长3.4、宽1.44米，残深1.6~2.5米。墓室填土为黄褐色黏土。甬道长1.7、宽1.02~1.44米，残深1.6米，近似梯形。巷道式墓道，长1.7、宽0.98米，残深1.6米。墓底较平整。墓壁用不规则石块及石片叠砌而成。人骨和葬具已朽，葬式不明。出土随葬品均为青瓷器，有碗、钵、粉盒、狮座烛台、砚等（图六一）。

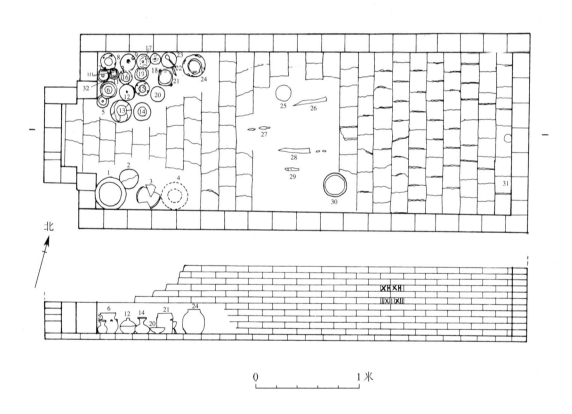

图六〇　晋—南朝Ⅱ型砖室墓LM25平、剖面图

1. 青瓷盆　2、10、32、36、37. Cd型青瓷钵　3. Aa型青瓷钵　4. 青铜釜（已粉碎，无法提取）　5. C型青瓷盂　6. A型青瓷展唇罐　7. B型青瓷盂　8. B型青瓷四耳罐　9. B型青瓷壶　11、25. 青铜钵（已粉碎）　12、17. A型青瓷盒　13. Ab型青瓷钵　14. A型青瓷盂　15. A型青瓷四耳小罐　16. A型青瓷四耳罐　18. B型青瓷盒　19. B型青瓷四耳小罐　20、35. B型青瓷钵　21. B型陶四耳罐　22. 青铜勺　23. 青铜镦斗　24. A型陶四耳罐　26、28. 铁刀　27. 铁棺钉　29. 铁器残件　30. A型青瓷砚　31. Cc型青瓷钵

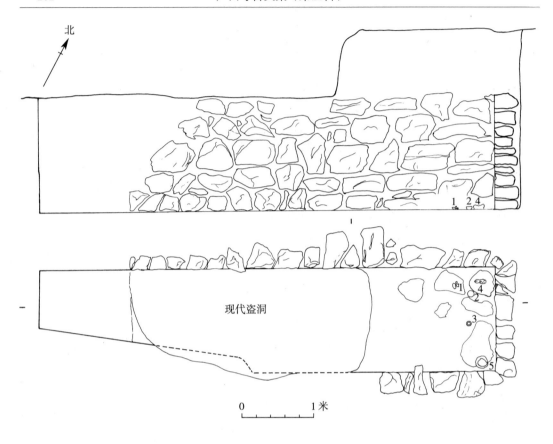

图六一　晋—南朝土坑墓 LM23 平、剖面图

1. Ca 型青瓷钵　2. A 型青瓷碗　3. 青瓷小粉盒　4. 青瓷狮座烛台　5. B 型青瓷砚

（二）随葬品

56 件。其余均被盗。该时期墓虽受到不同程度破坏，但仍出土了不少随葬品，青瓷器占绝大多数，少量为陶器、青铜器、铁器。

1. 陶器

3 件。均为四耳罐。

四耳罐　3 件。一般有四个半环耳，束颈，平底内凹。依据肩部和腹部不同可分三型。

A 型　1 件（标本 LM25：24）。泥质灰陶。平折唇，敞口。圆肩，鼓腹。耳为横向半环耳。肩上有一道弦纹。器表施灰褐色釉。口径 13.6、底径 18.4、高 22.8 厘米（图六二，3）。

B 型　1 件（标本 LM25：21）。泥质灰褐陶。平唇，子母口，内敛。溜肩，斜弧腹。

腹部凹凸不平。耳为横向半环耳，只有一个完好，其余已残。器表施灰褐色釉。口径 14.2、底径 16.6、高 19.2 厘米（图六二，6）。

C 型　1件（标本 LM13：2）。夹砂灰陶。斜平唇，子母口，内口外敞。溜肩，斜直腹。耳为竖向耳。饰弦纹。口径 13.6、底径 13.2、高 16.8 厘米（图六二，4）。

2. 青瓷器

44件。轮制，胎质细腻，坚硬，灰白胎，经过淘洗。器表施青黄釉，比较薄且均匀，细小开片，但火候较低，大部分剥落。部分青瓷器还未还原，呈酱褐色。器类主要以罐、壶、盂、盒、碗、钵等日常生活用器为主，还有个别盆、砚、狮座烛台等。

壶　2件。盘口，长颈。依据是否有耳可分两型。

A 型　1件（标本 LM24：3）。泥质灰胎，青瓷。有四耳无鸡首。圆唇，深盘口，内敞，口下端平直，长颈，圆肩，鼓腹，平底。肩上有四个对称竖立半环耳，较扁平。施青黄釉，已剥落。口径 13.6、底径 10.4、高 22.8 厘米（图六二，1；图版八，4）。

B 型　1件（标本 LM25：9）。泥质灰白胎，青瓷。无耳有鸡首。尖唇，浅盘口，高领，细长颈，圆肩，鼓腹，平底内凹。肩部饰两道凹弦纹。鸡首较形象，有冠、眼、嘴，鸡首中空为流，与鸡首对称的另一侧有耳錾，已残。施青黄釉。口径 8.7、底径 9.6、高 19.6 厘米（图六二，2）。

四耳罐　2件。一般有四个半环耳，束颈，平底内凹。依据肩部和腹部不同可分两型。

A 型　1件（标本 LM25：16）。泥质灰胎，青瓷。平唇，敞口。溜肩，弧腹。耳为横向半环耳。饰凹弦纹。釉已剥落。口径 9.9、底径 10.8、高 15.4 厘米（图六二，5；彩版二三，1）。

B 型　1件（标本 LM25：8）。泥质灰胎，青瓷。圆唇，折沿。斜肩，斜弧腹。耳为横向半环耳。口饰浅凹弦纹。釉已剥落。口径 7.6、底径 8、高 12.2 厘米（图六三，1）。

四耳盘口罐　3件。标本 LM25：33，泥质灰白胎，青瓷。圆唇，浅盘口，口部直，束颈，鼓腹内收，平底内凹。上腹有四个对称的横向半环耳。饰凹弦纹。施青黄釉，已剥落。口径 13.6、底径 13.6、高 21.4 厘米（图六三，2；图版八，5）。

展唇罐　3件。有内外唇，四耳，束颈，平底内凹。依据肩部、腹部不同可分三型。

A 型　1件（标本 LM25：6）。泥质灰白胎，青瓷。内唇平，直口，外唇平，敞口，凹折沿，内唇较外唇高，溜肩，鼓腹斜收。有四个横向桥形耳。饰一圈两边为梯状、中间为方格花边纹。施青釉，已剥落。内口径 9.6、外口径 15、底径 11.6、高 20 厘米（图六三，3）。

B 型　1件（标本 LM13：11）。夹砂灰胎，青瓷。内唇直口，圆唇，外唇为圆唇，凹折沿，敞口，内唇高于外唇。圆肩，斜弧腹。有四个横向桥型耳。施青黄釉。内口径 8、

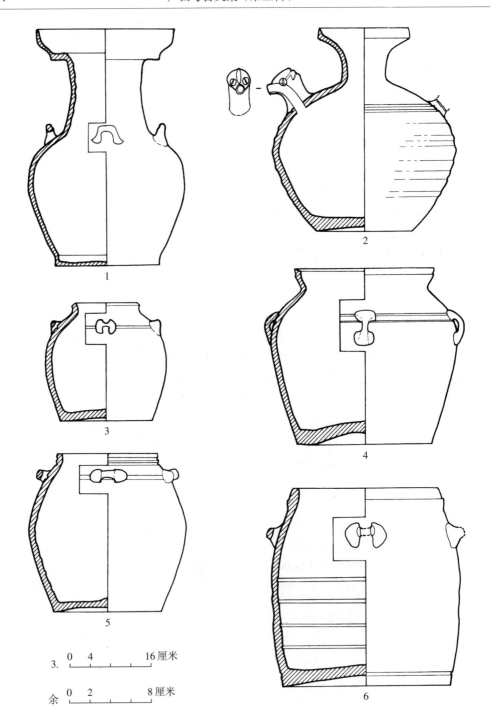

图六二　晋—南朝墓出土青瓷、陶器

1. A 型青瓷壶（LM24∶3）　2. B 型青瓷壶（LM25∶9）　3. A 型陶四耳罐（LM25∶24）　4. C 型陶四耳罐（LM13∶2）　5. A 型青瓷四耳罐（LM25∶16）　6. B 型陶四耳罐（LM25∶21）

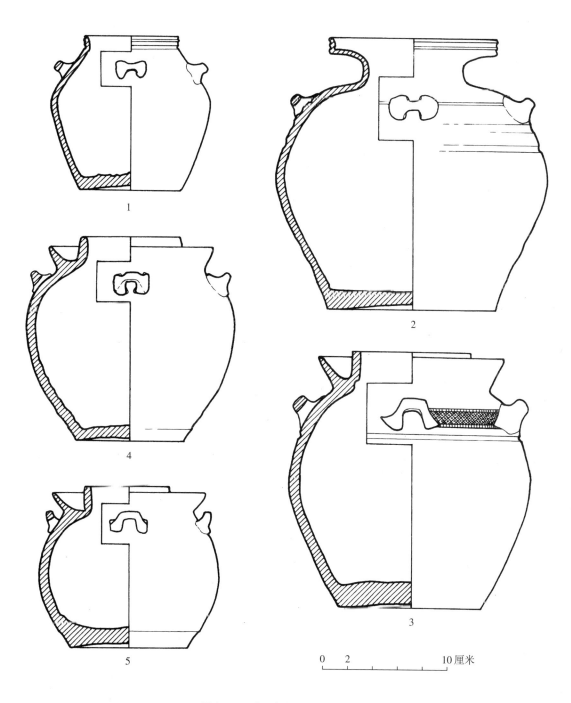

图六三　晋—南朝墓出土青瓷罐
1. B 型四耳罐（LM25：8）　2. 四耳盘口罐（LM25：33）　3. A 型展唇罐（LM25：6）　4. B 型展唇罐（LM13：11）　5. C 型展唇罐（LM13：10）

外口径 13.4、底径 8.8、高 16.2 厘米（图六三，4）。

C 型　1 件（标本 LM13：10）。泥质灰白胎，青瓷。火候硬度高。内唇为平唇，直口，外唇为圆唇，敞口，折沿，内唇略高于外唇。圆肩，圆腹。器表凹凸不平。有四个横向桥形耳。施青黄釉，已剥落。内口径 6.8、外口径 12.2、底径 9.4、高 12.8 厘米（图六三，5）。

四耳小罐　2 件。圆唇，斜肩，扁折腹。肩上有四个捏制而成的横向半环耳。依据口部和底部不同可分两型。

A 型　1 件（标本 LM25：15）。泥质灰胎，青瓷。直口，矮直领，平底。饰浅凹弦纹。施青黄釉，器口有褐色点彩。口径 7.6、底径 7.6、高 7 厘米（图六四，2）。

B 型　1 件（标本 LM25：19）。泥质灰胎，青瓷。敞口，短折沿，束颈，凹底。施青黄釉，有褐色点彩。口径 9.2、底径 6.8、高 7.6 厘米（图六四，1；彩版二三，2）。

盆　1 件（标本 LM25：1）。泥质灰胎，青瓷。圆唇，凹折沿，敞口，斜弧腹，底部内凹，假圈足。饰凹弦纹。施青黄釉，呈褐色，大部分剥落。口径 33.6、底径 20、高 9.2 厘米（图六四，3）。

盂　3 件。圆唇，浅盘口，短束颈，溜肩，大饼足，足底内凹。通体施青黄釉，细小开片。依据口部不同可分三型。

A 型　1 件（标本 LM25：14）。泥质灰胎，青瓷。直口，口与颈相接处略折。内口斜，扁腹内收。饰浅凹弦纹。釉大部分已剥落。口径 11.4、底径 10.6、高 15.2 厘米（图六四，5）。

B 型　1 件（标本 LM25：7）。泥质灰胎，青瓷。敞口，口与颈相接处略弧。带盖，圆唇，扁腹，大饼足，内凹。盖面呈弧形，顶有穿孔，盖口微向上翘，口与面相接处内凹，盖口内侧略尖。饰凹弦纹。釉大部分已剥落。口径 10.2、底径 9.6、通高 15 厘米（图六四，4）。

C 型　1 件（标本 LM25：5）。泥质灰胎，青瓷。圆唇，敞口，中有棱，口与颈相接处转折，内口斜，弧腹。釉大部分已剥落。口径 10、底径 8.4、高 11.8 厘米（图六四，6）。

盒　3 件。圆唇，敛口。通体施青黄釉。细小开片。依据腹部不同可分两型。

A 型　2 件。斜弧腹。标本 LM25：12，泥质灰胎，青瓷。平底内凹。盖面呈弧形，盖顶和盖口附近有多道凹弦纹。纽已残，盖口为子母口，内口敛。釉局部剥落。口径 15.4、底径 8、残高 14.4 厘米（图六四，7；彩版二三，3）。标本 LM25：17，泥质灰白胎，青瓷。平底。盖中部有蘑菇状纽，盖耳呈弧状，口为子母口。器盖上饰数道弦纹，下腹部有数道弦纹。施青黄釉，有褐色点彩。口径 14.4、底径 6.4、通高 13.4 厘米（图六五，1）。

B 型　1 件（标本 LM25：18）。泥质灰胎，青瓷。圆弧腹，微凹底。盖面呈斜面。盖顶有一蘑菇状纽，盖口呈双唇口，内口直、外口斜。盖面有多道凹弦纹。施青黄釉，有

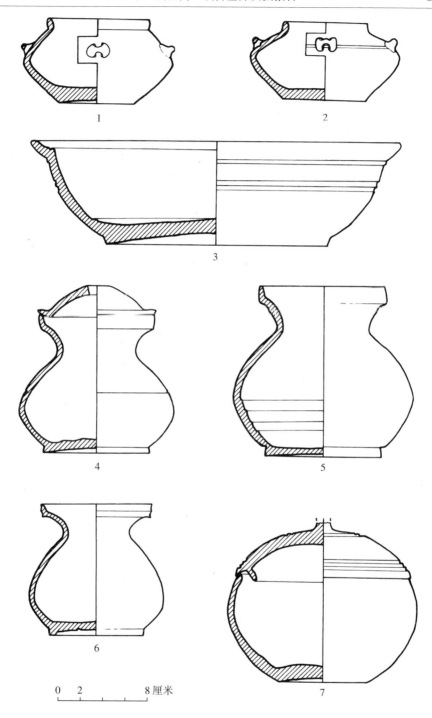

图六四　晋—南朝墓出土青瓷器

1. B 型四耳小罐（LM25∶19）　2. A 型四耳小罐（LM25∶15）　3. 盆（LM25∶1）　4. B 型盂（LM25∶7）　5. A 型盂（LM25∶14）　6. C 型盂（LM25∶5）　7. A 型盒（LM25∶12）

褐色点彩。口径12、底径6.4、通高11.2厘米（图六五，2；彩版二三，4）。

小粉盒　1件（标本LM23：3）。泥质灰胎，青瓷。圆唇，敞口，束颈，圆肩，鼓腹内收，平底。施青黄釉。口径4.4、底径4、高3.1厘米（图六五，3）。

碗　8件。弧腹，饼足，足底内凹。上腹施青黄釉，已剥落。依据口部不同可分五型。

A型　2件。尖圆唇，敞口。标本LM13：7，泥质灰白胎，青瓷。斜弧腹。内平底，有四个圆形砂痕，可能是垫烧痕。器表及底部有轮制刮削及切割痕迹。里外施釉，釉已剥落，内呈月白色窑变。口径13.2、足径6、高6.2厘米（图六五，4）。标本LM23：2，泥质灰白胎，青瓷。外口略内凹，斜弧腹。釉已剥落。口径9.4、底径5.3、高3.7厘米（图六五，5）。

B型　1件（标本LM13：6）。泥质灰胎，夹细砂粒，青瓷。敛口，斜平唇。斜弧腹。器身与足相连处内凹。器表有多道轮制刮削痕。釉已剥落。口径7.4、足径3.6、高4.5厘米（图六五，6）。

C型　1件（标本LM24：2）。泥质灰胎，青瓷。尖唇，直口。上腹近直，下腹弧腹。器身与足相连处平滑。釉已剥落。口径7.8、底径4、高3.7厘米（图六五，7）。

D型　3件。斜平唇，直口。标本LM13：4，泥质灰胎，夹细砂粒，青瓷。口外侧内凹。上腹近直，下腹弧腹。足与器身相连处内凹。器身多处有轮制的刮削痕。釉已剥落。口径7.2、足径2.6、高4.5厘米（图六五，8）。标本LM13：5，泥质灰胎，夹细砂粒，青瓷。口外侧内凹，上腹近直，下腹弧腹。器身与足相连处内凹。器表有多道轮制刮削痕。釉已剥落。口径7.2、足径3.6、高4.6厘米（图六五，9）。标本LM13：8，泥质灰胎，夹细砂粒，青瓷。斜弧腹。器身与足相连处内凹。器表有多道轮制刮削痕。釉已剥落。口径8.3、足径3.4、高4.9厘米（图六六，1）。

E型　1件（标本LM13：3）。泥质灰胎，夹细砂粒，青瓷。平唇，直口，口外侧内凹，上腹近直，下腹弧腹。器身与足相连处内凹。器表有多道轮制刮削痕。釉已剥落。口径8.4、足径3.6、高4.5厘米（图六六，3）。

钵　12件。圆唇。依据口部和腹部大小不同可分三型。

A型　2件。大口，深腹，平底。依据口部不同可分两亚型。

Aa型　1件（标本LM25：3）。泥质灰胎，青瓷。敛口，圆弧腹。底略垫高，成大饼状。饰凹弦纹。施青黄釉，大部分釉已剥落。口径19.8、底径12.4、高11.8厘米（图六六，2；彩版二三，5）。

Ab型　1件（标本LM25：13）。直口，泥质灰胎，青瓷。上腹近直，下腹斜弧腹，底成饼状。饰凹弦纹。施青黄釉，釉呈月白色窑变釉。口径19.2、底径10.2、高8.4厘米（图六六，4）。

B型　2件。中口，浅腹。标本LM25：20，泥质灰胎，青瓷。敞口，斜弧腹，平底。

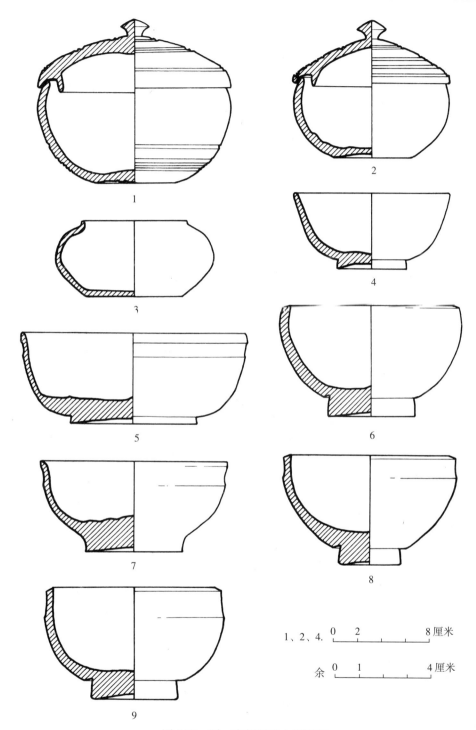

1、2、4. 0 ⊢——⊢——⊢ 8厘米

余 0 ⊢——⊢——⊢ 4厘米

图六五　晋—南朝墓出土青瓷器

1. A 型盒（LM25：17）　2. B 型盒（LM25：18）　3. 小粉盒（LM23：3）　4、5. A 型碗（LM13：7、LM23：2）　6. B 型碗（LM13：6）　7. C 型碗（LM24：2）　8、9. D 型碗（LM13：4、LM13：5）

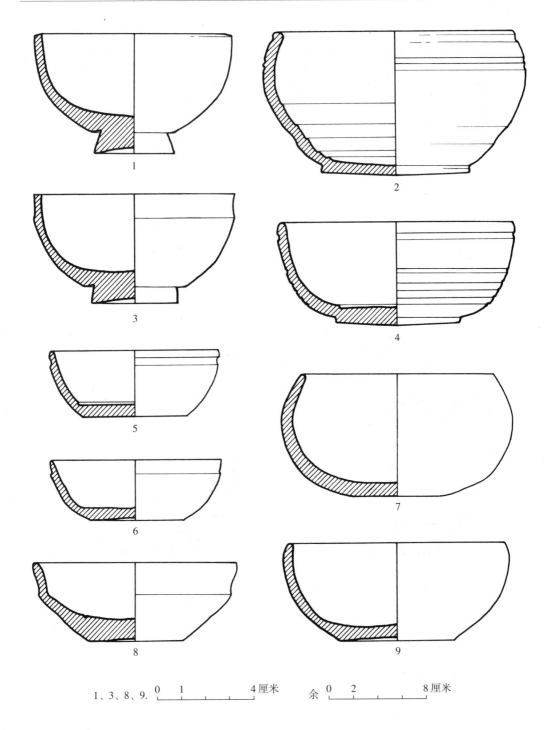

1、3、8、9.　0　1　　　　　　4厘米　　　余　0　2　　　　8厘米

图六六　晋—南朝墓出土青瓷碗、钵

1. D 型碗（LM13：8）　2. Aa 型钵（LM25：3）　3. E 型碗（LM13：3）　4. Ab 型钵（LM25：13）　5、6. B 型钵（LM25：20、LM25：35）　7. Ca 型钵（LM23：1）　8. Cc 型钵（LM25：31）　9. Cb 型钵（LM24：1）

底部有刮削痕。饰凹弦纹。施青黄釉，已剥落。口径14.2、底径8.8、高5.4厘米（图六六，5）。标本LM25：35，泥质灰陶，青瓷。敞口，斜弧腹，口下内凹，平底内凹。釉已剥落。口径14.2、底径7.8、高5厘米（图六六，6）。

C型　8件。小口，浅腹。依据口部和腹部不同可分四亚型。

Ca型　1件（标本LM23：1）。泥质灰胎，青瓷。敛口，圆弧腹，平底。施青黄釉，局部褐色，大部分已剥落。口径15.6、底径7.2、高10厘米（图六六，7）。

Cb型　1件（标本LM24：1）。泥质灰胎，青瓷。敛口，斜弧腹，平底内凹。施青黄釉，大部分已剥落。口径8.8、底径4.8、高4厘米（图六六，9）。

Cc型　1件（标本LM25：31）。泥质灰陶，青瓷。敞口，曲折腹，平底内凹。饰凹弦纹。施釉，已剥落。口径8.5、底径3.9、高3.2厘米（图六六，8）。

Cd型　5件。敞口，斜弧腹。标本LM25：32，泥质灰陶，青瓷。平底内凹。饰凹弦纹。施青黄釉，大部分已剥落。口径7.7、底径5、高2.8厘米（图六七，1）。标木LM25：

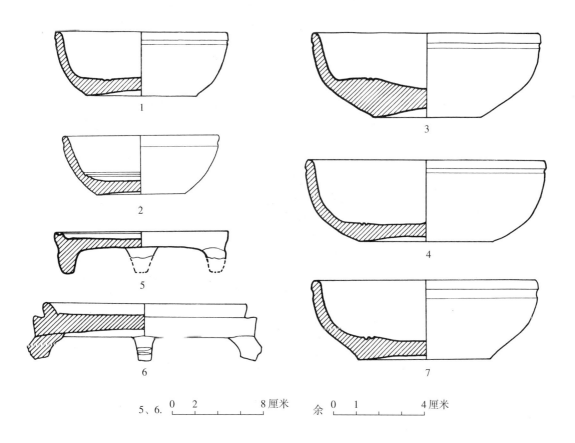

图六七　晋—南朝墓出土青瓷器

1~4、7. Cd型钵（LM25：32、LM25：10、LM25：2、LM25：36、LM25：37）　5. B型砚（LM23：5）　6. A型砚（LM25：30）

10，泥质灰胎，青瓷。平底内凹。饰凹弦纹。施青黄釉。口径6.9、底径4、高2.6厘米（图六七，2）。标本LM25：2，泥质灰胎，青瓷。平底内凹。底有旋制刮削痕。饰凹弦纹。施青黄釉，大部分剥落。口径10.2、底径4.7、高3.7厘米（图六七，3）。标本LM25：36，泥质灰胎，青瓷。平底内凹。底部有旋刮削痕。饰凹弦纹。施青黄釉，大部分已剥落。口径10.6、底径6、高3.6厘米（图六七，4）。标本LM25：37，泥质灰胎，青瓷。口下内凹，平底内凹。底部有旋刮削痕。饰凹弦纹。施青黄釉，已剥落。口径9.9、底径5.9、高3.5厘米（图六七，7）。

砚　2件。呈子母口，两口间内凹，底部内凹，三蹄足。依据口部不同可分两型。

A型　1件（标本LM25：30）。泥质灰胎，青瓷。砚口外低内高。圆唇，敞口，砚面平，仅一足根完好，另两足根已残，三足连体形成。砚口下砚身外突，与砚口呈子母口状。施釉，呈灰褐色。口径18.2、底径20、残高5、砚身高3厘米（图六七，6；彩版二

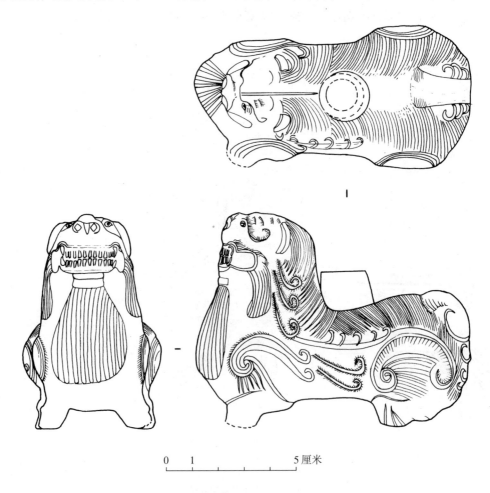

0　　1　　　　　　　　5厘米

图六八　晋—南朝墓出土青瓷狮座烛台（LM23：4）

四，1）。

B 型　1 件（标本 LM23：5）。泥质灰胎，青瓷。砚口外高内低。圆唇，敞口，砚面平，砚身外侧斜收。釉已剥落。口径 15.6、高 3.6 厘米（图六七，5）。

狮座烛台　1 件（标本 LM23：4）。泥质灰胎，青瓷。器体瘦长呈卧伏状，狮头、狮背、狮尾的毛发线条清晰有序，双耳立起，眼略凸出。嘴张开，呈龇牙咧嘴状，露出上下两排牙齿，鼻向上。背中部竖立圆管，中空。狮尾呈伏状，略卷，背部贴塑尾发分梳卷起作图案形，两侧腹毛发卷起呈图案形。足为四足，较矮，足趾清晰。通体施青黄釉。长 10.5、宽 5.4、高 8.2 厘米（图六八；彩版二四，2）。

3. 青铜器

5 件。为釜、钵、镳斗、勺。

釜　1 件（标本 LM25：4）。已粉化，无法提取。敞口，束颈，圜底。口径 14 厘米。

钵　2 件。大小相近。标本 LM25：25，该器物已碎，无法提取和修复。圆唇，敞口，斜弧腹，圜底。口径 14、高约 5 厘米（图六九，2）。

镳斗　1 件（标本 LM25：23）。平唇，敞口，双腹。上腹为弧腹，下腹为折腹。三足，足为竖片状，另一足已残，从下腹上一侧向上翘伸成内弧状，把首为龙头形。口径 13.2、高 14 厘米（图六九，1）。

勺　1 件（标本 LM25：22）。锈蚀严重，无法与镳斗分离。沿部已残，长弯柄，柄端为龙头，勺身呈窝状。长 20.4、宽 4、内深 2.4 厘米（图七〇，1）。

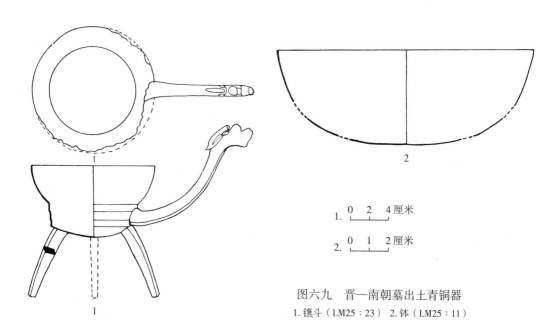

1.
0　2　4 厘米

2.
0　1　2 厘米

图六九　晋—南朝墓出土青铜器
1. 镳斗（LM25：23）　2. 钵（LM25：11）

4. 铁器

4件。均为刀。

刀 4件。标本 LM13：1，柄末、刃部前端已残，平脊锥状柄。条形，斜背，直刃，刃部与柄部间有隔。残长 16.4、宽 2.5 厘米（图七〇，2）。标本 LM13：9，细长刀身较窄为直背，平刃，刃尖处两边内收，刀把为长方形，把身平直，把柄下弯曲，刀身与刀把有斜隔。残长 24.2、刀宽 1.6、把宽 1.3 厘米（图七〇，4）。标本 LM25：28，刀身扁平，略宽，直背，平刃，刀尖后端内收，刀把细长。残长 26.1、宽 2.3 厘米（图七〇，5）。标本 LM25：26，长条形，直背，平刃，刀背与刀柄大致在一平面上，柄下向上斜收，刀刃由上向下斜平。柄截面为长方形，刀身截面为等腰三角形。长 15、宽 1.2 厘米（图七〇，3）。

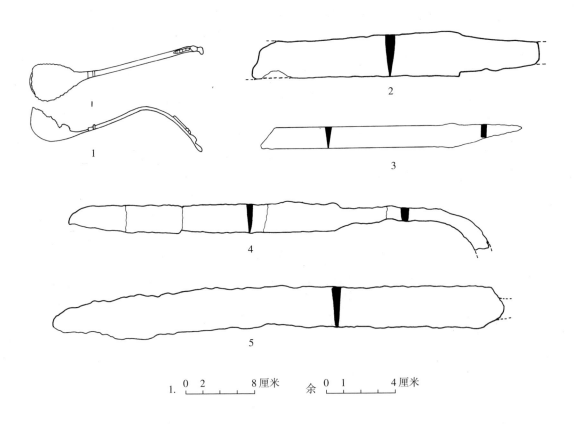

1. 0 2　8厘米　余 0 1　4厘米

图七〇 晋—南朝墓出土青铜、铁器

1. 青铜勺（LM25：22） 2~5. 铁刀（LM13：1、LM25：26、LM13：9、LM25：28）

四、古窑址发掘简况

此次在高田龙盘岭发现了一座窑址（编号为LY1），西北距LM9约17米，位于一个相对平缓的斜坡地上，方向为300°。整体呈馒头形，因工程施工，窑的前端已被破坏。该窑为表土层下开口。窑室平面呈长方形，顶部已坍塌，窑室开口距地表深0.45米，长1.75、宽2米，深1.85米。窑室内填土为黄褐色黏土，含有较多红烧土。火膛平面呈长方形，底部外低内高，呈斜坡状。火膛长0.8、宽2米，底部距地表深2.57米。在窑室后壁有三条长方形垂直至顶部的烟道，烟道等距分布，烟道长1.8、宽0.12~0.2、深0.18~0.2米。该窑先挖土坑，刮削修整后为壁及底部。窑壁垂直向上，窑底平整，高于火膛0.3米。底部和窑壁烧结有红烧土，大部分呈红褐色，局部呈褐色，厚度为0.15~0.2米。仅在填土中发现一块红砖，其质地和颜色与在本地发掘的砖室墓墓砖相似，因此该窑的始烧年代最早可能在东汉后期。这种形制的窑址，在广西最晚见于明朝（图七一；彩版一四，3）。

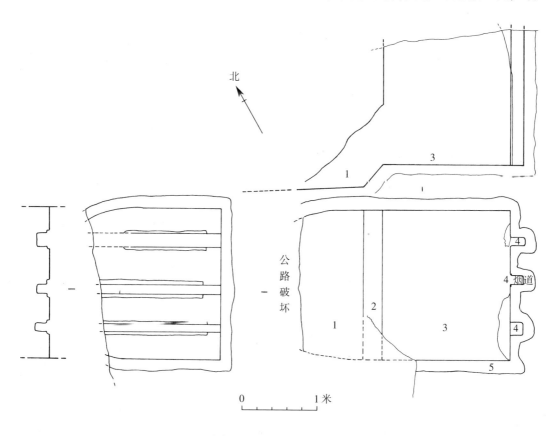

北

公路破坏

0   1米

图七一 LY1平、剖面图

1.火膛 2.火口 3.窑室 4.烟道 5.红烧土

五、结　语

（1）汉至三国墓的形制特征、随葬品特征、年代

高田的汉至三国墓绝大多数为中、小型墓，极少为大型墓。以第一类墓居多，其次为第三类、第五类，最少的为第二、四类墓。前四类墓均在龙盘岭，第五类墓均见于乐响。总体上，高田发掘的五类墓结构比较简单，没有耳室或侧室、腰坑，但墓葬的构筑材料呈现多样化，这种现象在广西汉至三国时期墓葬中不多见，特别是砖石结构为广西目前首次发现。

第一类墓为土坑墓，基本不见棺椁痕迹，可能为单棺无椁。除 I b 和 II b 型墓外，其余各型见于两广地区西汉晚期至东汉前期墓，其中 I a、II a 型接近平乐银山岭汉墓[1]，如墓室有前、后平台，前台为器物坑专用；墓室口大底小呈漏斗形，底部铺鹅卵石。这种构筑特点从战国延续至西汉后期，至东汉初期还有。前、后平台构筑法也见于钟山张屋 I 型墓[2]。由此可知 I a、II a 型墓最晚当为东汉前期。III 型为夫妻同冢异穴合葬墓，形制比较小，与兴安石马坪第一类墓相似[3]。I b、II b 型墓在广西汉代土坑墓中比较常见。高田第一类墓也有明显不同于其他地方的汉墓，如龙盘岭的墓室普遍口大底小呈漏斗形，不规整，多数呈圆角长方形或梯形，墓壁不齐平，墓道较短且不规整；有个别墓墓室比较狭长，较特殊，如 I b 型的 LM2 和 II b 型的 LM8，墓室宽约 1 米，此类土坑墓在两广地区汉墓中都比较少见，表明土坑葬发展到东汉前期，已成衰落之势，逐渐被砖室墓替代。因此这类墓的年代应该略晚，当在东汉前期末段。

由于多数被盗，随葬品组合不是很完整，所出土的随葬品基本为生活用器，仅 LM18 见有明器。随葬品以各种罐、壶为基本组合，不见瓮类，有可能瓮已小型化，被常形罐或瓮形罐代替，类似兴安石马坪汉墓[4]。高田汉墓的 Ca 型壶与钟山张屋 II 式壶接近[5]；LM29 随葬组合为鼎、罐，所见陶鼎与钟山张屋 M24 随葬的鼎雷同[6]，鼎、罐组合属于西汉晚期至东汉前期的风格[7]，因此，LM29 的年代最晚当在东汉前期。LM20 出土的陶灯与平乐银山岭 IV 陶灯相似[8]，其时代应当接近，为东汉前期。而 LM7、LM26 组合为罐、壶、盂，则常见于东汉晚期。从个别器物来看，龙盘岭 Cb、Db 型壶腹部较扁，分别与广西昭平 II、III 式壶类似[9]；龙盘岭的 Eb 型壶造型上与合浦九只岭 A 型平底壶类似[10]，只不过，高田的有双耳，合浦的没有；龙盘岭的 B 型和 C 型盂分别与合浦九只岭 C 型盂和 D 型盂类似[11]，龙盘岭出土的陶瓶与广州东汉后期 III 型相同[12]，A 型盂与广州东汉后期异形盂雷同，B 型直身罐与广州沙顶河出土的直身罐相同[13]。由此可知，LM5、LM7、LM8、LM18、LM26、LM27 当属于东汉后期，其余均为东汉前期，LM29 可能早到西汉后期。而 LM17 随葬品虽被盗空，但从其规模和形制来看，应当属于东汉前期。

第二类墓为砖木混合结构墓。此类墓一般出现在东汉前期,是土坑墓向砖室墓过渡过程中出现的。这种形制在合浦九只岭[14]、凸鬼岭[15]等地均有发现。不过,九只岭和凸鬼岭一般是在封门上用砖横砌,也有个别墓发现有残砖,但龙盘岭仅在墓底铺砖,不见在封门砌砖。该类墓出土的随葬品具有东汉前期风格,如A型壶,为仿青铜样式,为东汉前期常见;而所见的温酒器卮、盘与广州东汉前期出土的同类器基本一致;出土的陶灶与兴安石马坪M21出土的完全相同;出土的陶簋与北海盘子岭M9出土的类似[16],而簋的盖则与钟山张屋的雷同[17]。总体而言,该类墓当为东汉前期。

第三类墓为砖室墓,见于两广地区东汉时期,但此类墓葬本地特征比较明显。墓壁用料多数为青砖,少量为红砖,而且是单砖错缝横砌,墓底砖多平铺,基本不见人字形铺法。这类墓在构筑方法上显然与广西的合浦、贵港同类墓不同,即使与邻近兴安石马坪也存在较大区别,但在形制上与贵港、合浦、兴安、钟山等地东汉时期砖室墓类似,如Ⅰ、Ⅲ型墓葬形制上分别与合浦凸鬼岭Ⅰ、Ⅱ型[18]类似;Ⅲ型墓在墓葬形制、构筑方法与广西昭平界塘一号墓[19]相似,均为单砖,墓底横铺;而Ⅱ型见于兴安石马坪[20]。但因地域差异,个别形制也存在一些区别,如Ⅳ型为刀把形,在广西其他地区比较少见。以上可知,砖室墓的各种形制基本上为东汉后期。但具体到个别墓和随葬品来看,可能存在早晚关系。从器物组合来看,壶、罐、釜为基本组合,均为陶器,F型壶与广州东汉后期墓Ⅱ型小口壶雷同[21],A型陶釜与昭平汉墓Ⅰ式釜类似[22],鸟首杯见于广州东汉后期[23]。另外,LM9、LM14、LM22陶、青瓷器共存,但以陶器为主,出土青瓷器如四耳罐、碗、钵,在广西东汉墓中较少见,出土陶器中Cb型釜、D型四耳罐与合浦岭脚村三国墓[24]出土的同类器风格相近。从这三座墓出土的随葬品来看,如陶鸟首杯和E、F型双耳小口罐等依然为东汉后期风格,因此,从LM9、LM14、LM22出土的随葬品和墓葬形制风格上总体考察,可以判断此三座墓年代为东汉末期,最晚可能至三国,其余当属于东汉后期。

第四类墓为砖石混合结构墓,仅1座,为LM28。LM28形制特殊,为广西目前首次发现:从结构来看,与土坑墓区别在于构筑材料不同,而与砖室和石室存在较大区别,如LM28只在墓壁横砌石块,不起券顶,底部铺砖,因此砖石墓既有土坑墓的特点,又有砖室和石室墓一些特征;从随葬品来看,LM28器物组合为铁鼎、各种陶罐,不见壶,这种组合方式见于兴安石马坪M12,LM28出土的铁鼎与石马坪M12出土的雷同[25],LM28出土的Ab型陶瓮形罐也与石马坪的Ⅱ式常形瓮风格相似[26],而石马坪Ⅱ式瓮延续时间较长,从西汉前期至东汉前期。因此,砖石合构墓的年代应该为东汉后期前段。

第五类墓为石室墓。此类墓广泛存在广西东部地区的梧州、贺州、富川、钟山、昭平、平乐、荔浦等地,墓室大致成方形,一般为穹隆顶,流行时代为东汉晚期[27]。从本次发掘的5座石室墓情况来看,虽已被盗,但依然可以看出它们之间当存在早晚关系,最早可达到东汉前期末段。从墓葬形制来看，Ⅰ型比较普遍，Ⅱ型较少见；从随葬品组合来看，Ⅱ型墓不见常形罐，而在Ⅰ型墓有；从个别墓分析看，如XM4，器物组合为陶瓷、罐、壶、鼎等，这类组合常见于西汉后期至东汉前期。从器物特征来看，出土的B型陶壶为仿青铜样式，造型与合浦堂排汉墓的Ⅰ式壶接近[28]，而合浦堂排汉墓的Ⅰ式壶为西汉晚期；B型壶的口、颈部同柳州市郊东汉墓Ⅱ式壶雷同[29]；而Ea型陶壶早期形制见于贺州高寨Ⅰ式壶[30]，其晚期形制见于广州东汉后期Ⅱ型小口壶，因此，可以判断高田的Ea型壶当介于二者之间，为东汉前期。另外，在XM5出土的青瓷四耳罐，肩部有四耳，腹部有双耳，这种罐在广州东汉后期墓和合浦岭脚村三国墓均有，尤其是与岭脚村三国墓F型六耳罐相似[31]，但从XM5所出土的所有随葬品来看，仅有一件青瓷器，其余均为东汉后期风格的陶器，因此XM5年代当在东汉末期至三国，XM1~XM3的年代为东汉晚期。

（2）晋至南朝墓的形制特征、随葬品、年代

属于该时期的墓有LM13、LM23~LM25，有砖室、石室、土坑。本地区晋代墓有砖室和石室，不见土坑，而南朝墓只见土坑，且土坑墓比较简单、粗糙，墓室比较小型，不见墓道。晋代砖室墓的墓室与此处发现的东汉砖室墓相比，也比较小，石室墓也如此。显然，此地发现的属于晋代和南朝的墓葬构筑方法已经简化。如LM25为单室，墓室比较小，墓底铺碎砖块，但随葬品较丰富，为典型的西晋风格，如出土的青瓷器中的A型盂、A型砚分别与广州市先烈南路出土的盂、Ⅰ型砚相似[32]。另外，LM23~LM25出土的青瓷碗、钵与广西钟山西晋墓[33]、平乐银山岭晋墓[34]、梧州晋墓[35]的风格接近；而LM23出土的狮座烛台为广西首见，但在广东韶关、安徽、上海、河南、江苏等地晋墓中[36]见有出土。由此可知，LM23~LM25年代基本在晋代，可能属于西晋。而LM13出土的随葬品，总体风格与恭城新街南朝墓[37]接近，如B、C型青瓷展唇罐与新街的同类器相似，耳为桥形耳；青瓷碗与新街[38]、桂林东郊南朝墓[39]出土的同类器雷同，由此表明LM13整体上当属于南朝。

（3）高田墓葬形制和随葬品特征

① 墓葬形制特征

阳朔高田龙盘岭和乐响所发掘的古墓葬，有土坑、砖木、砖室、砖石、石室等形制，而且墓葬的年代跨度长，从西汉晚期至南朝，这对于研究两广地区西汉晚期至南朝时期墓葬形制演变规律提供了重要材料，特别是砖石墓的发现，为探索广西东部地区石室墓的起源和发展提供了重要线索。从年代看，土坑墓总体上较早，但也见有属于东汉后期和南朝；从构筑的方法和规模看，从早期较复杂逐渐趋向简化，从大型向小型化发展；砖室墓和石室墓也反映此规律，如东汉后期的砖室墓墓室形制多样，而晋代一般简单化、小型化，墓室结构单一。石室墓在东汉晚期多为方形墓室，墓室比较宽敞，而在晋代为

长方形,墓室狭长。由此可知,在阳朔高田发现的墓葬总体发展趋势为由复杂到简单,从大型到小型。

②随葬品特征

阳朔高田墓葬虽被盗,但仍出土较丰富的随葬品。常见器形有鼎、壶、常形罐、双耳罐、小口罐、瓮形罐、碗、盂、纺轮、釜等,所见器物基本为日常生活用器,类似井、仓、灶、滑石等模型明器不多见。东汉前期为鼎、罐、壶,东汉晚期为壶、罐、釜、纺轮、铁器等,而到了东汉末期至三国为罐、釜、碗,晋代为罐、碗、钵、壶、砚、青铜器,南朝为罐、碗、铁器等。器物组合随时代的发展而变化,不过它们之间也具有共性,如随葬品组合中不见装饰品和青铜镜,绝大部分墓葬没有随葬钱币,而且随葬的铁器、青铜器、模型明器也不多见。另外,从器物的质地分析,不同时代存在很大差异,如东汉前期和东汉后期的随葬品不见青瓷器,均为陶器,东汉后期大部分陶器施青黄釉,月白色窑变比较普遍;到了东汉末期至三国,开始出现青瓷器,但仍以陶器为主;发展至晋代和南朝,陶器已经少见,青瓷器占绝大多数。具体到个别器类,发展和演变规律也相当清楚,如东汉前期陶壶腹部略鼓,少量为仿青铜器,而东汉晚期陶壶腹部略扁,没有仿青铜器;东汉前期陶壶纹饰除凹弦纹外,还有水波纹、网格纹、叶脉纹等,而东汉晚期仅见弦纹和方格纹;东汉前期陶器施釉情况不多,而东汉后期比较普遍,部分出现月白色窑变釉。东汉陶器普遍装饰凹弦纹、方格纹、菱形纹,菱形纹见于常形罐;东汉以后少见菱形纹、方格纹,一般仅见凹弦纹。东汉的壶、碗为圈足,而三国以后圈足少见,为饼足代替。东汉至晋代的耳基本上为半环耳,而南朝的为桥形耳。器类方面,东汉时期较少见碗、钵,而在三国以后较普遍。东汉时期本地不盛行厚葬,而同时期的合浦、贵港等地流行厚葬,到了晋代本地盛行厚葬,如在东汉墓葬中随葬品最多的也就是10余件,而在晋代墓LM25中就出土了30余件。这些现象与当时社会经济发展状况有关,也与当地社会风俗有关,如在平乐银山岭汉墓中也出现此类现象。

③高田墓葬差异形成原因的探讨

高田汉墓在墓葬形制、随葬品组合、器物造型等方面与桂林、贺州、梧州等地发现的汉墓相似,而与合浦、贵港等地有较大差异。这种差异的形成有多种原因,但主要是因为经济发展的不平衡造成的。汉武帝平南越后,本地战事较多;东汉时期,岭南无州,郡县也较少。阳朔秦为桂林郡地,汉属零陵郡始安县,三国甘露元年(265年)地置熙平、尚安两县,是为建县之始。晋时撤尚安县并入熙平县,隋开皇十年(590年)改为阳朔县,县名至此开始。而贵港、合浦分属郁林郡、合浦郡,贵港和合浦在汉代为郡治所在地。根据有关史书记载表明,当时的合浦相当繁荣,因此作为县治的始安县,其经济和文化发展程度无法与合浦等郡地相比;从现存的汉墓分布来看,在合浦、贵港都集中分布有大规模的汉墓群,而在桂东、桂北地区均为零散分布。两汉时期,贵港、合浦一带厚葬之风比较盛行，除陶器外，还有丰富的装饰品、青铜器等，而同时期的桂北一带，其厚葬规模达不到如此盛状，但到了晋代和南朝时期，桂北、桂东地区的厚葬开始盛行。而自孙吴黄武五年（226年）以后，岭南开始设州，扩大郡县，此后岭南得到快速发展，加之中原地区战事频繁，相对安稳的岭南成了北方大量汉人迁入地，客观上促进了当地经济发展，从此时期在桂林、贺州、梧州、恭城等地发现三国至南朝时期墓葬出土随葬品来看，也反映当时的社会发展状况。

附记： 此次发掘领队为林强，执行领队何安益，参加发掘的人员有刘琦、孙强、曾祥忠、黄义兴、林斌、陈桂芬、黄志荣、张进兰、韩民兴、郭改应、刘涛、刘有日。本次发掘得到桂林市文化局、桂林市靖江王陵博物馆、恭城县文物管理所、平乐县文物管理所的大力支持和帮助，在此深表感谢。

执笔：何安益　刘　琦　孙　强
　　　曾祥忠　黄义兴　林　斌
绘图：张进兰
描图：张进兰
摄影：何安益

注　释

［1］广西壮族自治区文物工作队等：《平乐银山岭汉墓》，《考古学报》1978年第4期。

［2］广西壮族自治区文物工作队等：《广西钟山县张屋东汉墓》，《考古》1998年第11期。

［3］广西壮族自治区文物工作队等：《兴安石马坪汉墓》，《广西考古文集》，文物出版社，2004年。

［4］同［3］。

［5］广西壮族自治区文物工作队等：《广西钟山县张屋东汉墓》，《考古》1998年第11期。

［6］同［5］。

［7］广西壮族自治区文物工作队等：《合浦县凸鬼岭发掘简报》，《广西考古文集》，文物出版社，2004年。

［8］同［1］。

［9］广西壮族自治区文物工作队等：《广西昭平东汉墓》，《考古学报》1989年第2期。

［10］广西壮族自治区文物工作队等：《广西合浦县九只岭东汉墓》，《考古》2003年第10期。

［11］同［10］。

［12］广州市文物管理委员会等：《广州汉墓》，文物出版社，1981年。

［13］ 广州市文物考古研究所：《广州市沙顶河汉墓发掘简报》，《广州市文物考古论文集》，文物出版社，1998 年。

［14］ 同［10］。

［15］ 同［7］。

［16］ 广西壮族自治区文物工作队：《广西北海市盘子岭东汉墓》，《考古》1998 年第 11 期。

［17］ 同［2］。

［18］ 同［7］。

［19］ 同［9］。

［20］ 同［3］。

［21］ 同［12］。

［22］ 同［9］。

［23］ 同［12］。

［24］ 广西壮族自治区文物工作队等：《广西合浦县岭脚村三国墓发掘报告》，《广西考古文集》（第二辑），科学出版社，2006 年。

［25］ 同［3］。

［26］ 同［3］。

［27］ 同［5］。

［28］ 广西壮族自治区文物工作队：《广西合浦堂排汉墓发掘简报》，《文物资料丛刊》第四辑。

［29］ 柳州市博物馆：《柳州市郊东汉墓》，《考古》1985 年第 9 期。

［30］ 广西壮族自治区文物工作队等：《广西贺县河东高寨西汉墓》，《文物资料丛刊》第四辑。

［31］ 同［24］。

［32］ 广州市文物考古研究所：《广州市先烈南路晋南朝墓发掘简报》，《广州市文物考古论文集》，文物出版社，1998 年。

［33］ 莫测境：《广西钟山县发现一座西晋纪年墓》，《考古》1988 年第 7 期。

［34］ 广西文物工作队：《平乐银山岭晋墓》，《考古学报》1978 年第 4 期。

［35］ 梧州市博物馆：《广西梧州市晋代砖室墓》，《考古》1981 年第 3 期。

［36］ 广东省文物考古研究所等：《广东肇庆市坪石岗东晋墓》，《华南考古》（1），文物出版社，2004年。

［37］ 广西壮族自治区文物工作队：《广西恭城新街长茶地南朝墓》，《考古》1979 年第 2 期。

［38］ 同［37］。

［39］ 桂林市文物工作队：《桂林市东郊南朝墓清理简报》，《考古》1988 年第 5 期。

附表　阳朔县高田镇龙盘岭和

墓号	类型	封土堆（高×直径）	方向	墓室		墓	
				形状	尺寸（长×宽－深）	形式	坡度
LM1	Ⅱ型砖室		301°	甲字形	3.4 × 1.68–1.3	未	
LM2	Ⅰb 土坑	1.2 × 13	113°	长方形	4.06 × 1.32– 残深 0.6		
LM3	Ⅱa 土坑	1.7 × 15	325°	甲字形	墓口6.2 × （3.3–2.96） 墓底5.2 × （2.56–2.24） 深1.94–2.2	斜坡式	37°
LM4	Ⅱa 土坑	1.8 × 19	313°	甲字形	墓口4.85 × 2.48 墓底4.15 × 2 深1.62 ~ 1.76	斜坡式	15°
LM5	Ⅱa 土坑	1.7 × 15	310°	长方形	墓口5.05 × （2.45 ~ 2.55） 墓底4.6 × （2.14 ~ 2.24） 深2.28 ~ 2.42	斜坡式	35°
LM6	Ⅱ型砖室		314°	甲字形	3.24 × 1.68–1.46	斜坡式	22°
LM7	Ⅰb 土坑	1.4 × 15	140°	长方形	3.2 × 2– 残深 0.4		
LM8	Ⅱb 土坑	1.8 × 13	316°	甲字形	墓口3.6 × 0.8 墓底3.4 × 0.68 残深 0.5	巷道式	
LM9	Ⅲ型砖室		285°	中字形	前室2.4 × 1.8– 残 1.04 后室2.6 × 1.5– 残 1.08	巷道式	
LM10	Ⅱa 土坑	1.7 × 15	304°	甲字形	墓口4.74 × 2.58 墓底4.5 × 2.26 深1.7 ~ 1.96	斜坡式	10°
LM11	Ⅲ型砖室		288°	中字形	前室2.24 × 1.9–2.26 后室2.6 × 1.5–1.8	巷道式	
LM12	Ⅱ型砖室	0.6 × 5	270°	甲字形	2.96 × 1.4–1.1		
LM13	土坑		288°	长方形	2.5 × 1.05– 残深 0.2 ~ 0.7	被扰动，	
LM14	Ⅲ型砖室		265°	中字形	前室2.45 × 1.92–1.94 后室2.8 × 1.4–1.72	被扰动，	
LM15	Ⅱ型砖室	1 × 11	297°	甲字形	前室3.2 × 1.8–1.72 后室2 × 1.8–1.66	斜坡式	43°
LM16	Ⅳ型砖室	1.7 × 11	270°	刀把形	3.82 × （1.56 ~ 1.68）–（1.7 ~ 1.85）	巷道式	
LM17	Ⅱb 土坑	2 × 21	76°	甲字形	墓口4.8 × 3.26 墓底4.76 × 2.92 深3.36	斜坡式	36°
LM18	Ⅰb 土坑	1.6 × 16	130°	长方形	墓口4.1 × （2.12 ~ 2.24） 墓底3.95 × （2.12 ~ 2.24） 残深 0.6		
LM19	砖木	1 × 14	115°	长方形	4.3 × 1.8–2		
LM20	Ⅱb 土坑	1.5 × 11	195°	甲字形	4.25 × （1.8 ~ 1.9）–2.2	巷道式	
LM21	Ⅰa 土坑	1 × 14	123°	长方形	4.25 × （2.2 ~ 2.46）–（2.1 ~ 2.3）		

乐响墓葬登记表 （长度单位：米）

道 长×宽−深	随葬品	时代	备注
发　　　掘	陶常形罐 Ab、Bb3、C，四耳罐 B，纺轮 B	东汉后期	被盗
	陶小口罐 Aa、Ea，缶形罐	东汉前期	被盗，不及底
2.84 × 1.2−1.7	陶常形罐 Ba，盘 B	东汉前期	被盗
1.12 × 0.52−0.74	陶常形罐 Aa、Bb，小口罐 Da4，碗，博山炉，纺轮 A	东汉前期	被盗
3.88 × 1.07−2.3	陶壶 Db、Eb	东汉后期	被盗
1.84 ×（0.8~1.4）−0.86	陶常形罐 Bb、Bc，双耳小口罐 D，釜 Ca	东汉后期	被盗，顶部坍塌
	陶四耳罐 B，双耳罐 Ba，双耳小口罐 C，盂 B	东汉后期	被盗
口 1.1 × 0.6 底 0.9 × 0.4　残深 0.5	陶壶 Cb，小口罐 Db；铁矛，舌	东汉后期	被盗
3.1 × 1.52− 残 0.5	青瓷四耳罐，青瓷钵；陶小口罐 Fb、G，双耳小口罐 D，瓮形罐 Ca，桶形罐 A，四耳罐 D	东汉末至三国	被盗，顶部坍塌
2.04 × 0.84−1.76	陶壶 Da2，常形罐 Aa，小口罐 Ca2，碗，釜 Ca；滑石残块	东汉前期	
3.05 × 0.8−0.8	陶四耳罐 Ab，桶形罐 A，釜 A，纺轮 A	东汉后期	被盗
	陶小口罐 Fa，瓮形罐 D，桶形罐 A，釜 B	东汉后期	被盗，顶部坍塌
墓道不详	青瓷展唇罐 B、C，青瓷碗 A、B、D3、E；陶四耳罐 C；铁刀 2	西晋	被盗，坍塌
墓道不详	陶四耳罐 D，双耳小口罐 E2、F，鸟首杯；青瓷碗	东汉末至三国	被盗
1.82 ×（1.6~1.7）−1.2	陶四耳罐 C，直身罐 C，瓮形罐 D2，釜 A	东汉后期	被盗
（1.44~2.24）× 1.78− 残 0.8	青铜铃（填土出）	东汉后期	被盗，顶部坍塌
5.22 × 1.78−3.36		东汉前期	被盗
	陶双耳小口罐 A、C、D，直身罐 A、B，盂 A，樽，井盖 B；青铜钵	东汉后期	被盗
	陶壶 A，卮，盘 A，篡，井盖 A，器盖 A，纺轮 B，灶	东汉前期	被盗
2.82 ×（0.72~0.8）−2.2	陶壶 Db，常形罐 Aa，小口罐 Ab、Cb、Eb，盂 D，双耳小口罐 C，灯；铁削	东汉前期	被盗
		东汉前期	被盗

墓号	类型		封土堆（高×直径）	方向	墓室		墓	
					形状	尺寸（长×宽－深）	形式	坡度
LM22	Ⅱ型砖室			248°	甲字形	2.1 ×（1～1.05）－0.58		
LM23	石室			244°	刀把形	3.4 × 1.44－残（1.6～2.5）	巷道式	
LM24	Ⅰ型砖室			44°	长方形	3.1 ×（0.82～0.9）－残 0.64		
LM25	Ⅱ型砖室			226°	甲字形	4.1 ×（1.5～1.58）－残 0.6		
LM26	Ⅰa 土坑		1.2 × 17	92°	长方形	墓口 4.5 ×（2.75～2.86）墓底 3.56 ×（2.08～2.2）深 2.3		
LM27	Ⅰa 土坑		1.2 × 12	123°	长方形	墓口 5.12 × 2.6　墓底 4.64 ×（2.02～2.28）深 2.2～2.52		
LM28	砖石		1 × 12	105°	甲字形	3.9 × 1.6－1.96	台阶式	3°
LM29	Ⅲ型土坑	a	0.6 × 13	103°	刀把形	3.45 ×（1.15～1.4）－残 0.6	斜坡式	13°
		b		113°	甲字形	3.55 ×（1.6～1.65）－残 0.6	斜坡式	8°
LM30	Ⅱ型砖室			20°	甲字形	4.1 × 1.5－0.7	斜坡式	49°
LM31	Ⅰ型砖室			283°	长方形	3.35 × 0.92－1.56	斜坡式	20°
LM32	Ⅰb 土坑		1 × 10	115°	长方形	4.3 ×（1.1～1.94）－1.56		
XM1	Ⅱ型石室		0.94 × 6	220°	刀把形	3.2 ×（2.16～2.2）－2.42	斜坡式	5°
XM2	Ⅰa 型石室		1.7 × 6	210°	甲字形	前室 1.8 × 1.4－1.2 后室 3.1 × 3.1－3.1	斜坡式	3°
XM3	Ⅰb 型石室		2 × 6	212°	甲字形	3.2 × 3－3.72	巷道式	
XM4	Ⅰb 型石室			263°	甲字形	3.22 × 3.2－残（0.46～0.6）	被破坏，	
XM5	Ⅰb 型石室		0.9 × 5	230°	甲字形	2.9 × 2.8－3.7	斜坡式	14°

道 长×宽–深	随葬品	时代	备注
	陶釜 Cb，纺轮 A；铁器残块；青瓷碗	东汉末至三国	被盗，顶部坍塌
1.7×0.98–残1.6	青瓷小粉盒，青瓷碗 A，青瓷钵 Ca，砚 B，狮座烛台	西晋	被盗，顶部坍塌
	青瓷壶 A，碗 C，钵 Cb	西晋	被盗，顶部坍塌
	青瓷壶 B，四耳盘口罐，四耳罐 A、B，展唇罐 A，四耳小罐 A、B，盆，盂 A、B、C，盒 A2、B，钵 Aa、Ab、B2、Cc、Cd5，砚 A；陶四耳罐 A、B；青铜釜（无法提取）、青铜钵（残）2、青铜镳斗、青铜勺；铁刀2，铁器残片	西晋	顶部坍塌
	陶壶 Db，常形罐 Aa，小口罐 Ca、Cb，双耳小口罐 B，盂 B3、C2	东汉后期	被盗
	陶壶 Db2，小口罐 Ab、B，三足盂，盂 B，瓶，器盖 Ba、Bb2，纺轮 A、B；铁削，棺钉	东汉后期	
3.76×（0.8~0.96）–（0.58~1.68）	陶常形罐 Bb、Bc，双耳罐 Bb，双耳小口罐 C2，瓮形罐 Ab；铁鼎	东汉后期	
1.2×0.8–残0.6	陶鼎，常形罐 Bb2，纺轮 B	东汉前期	被盗
1×0.61–残0.6	陶常形罐 Aa，瓮形罐 Aa，鼎足（残）	东汉前期	
1×1.5–残0.7	碎陶片	东汉后期	被盗，顶部坍塌
1.2×0.7–1.96	陶壶 F，常形罐 Ab，双耳罐 Bb，双耳小口罐 C、D，三把罐，釜 B	东汉后期	被盗，顶部坍塌
	陶壶 Ca，常形罐 Bc，双耳罐 Aa	东汉前期	
2.4×（0.8~1.2）–2.16	陶四耳罐 Aa，瓮形罐 Ba，釜 Cb，纺轮 A；铁刀	东汉后期	被盗
2.2×（0.7~1）–2.05	陶四耳罐 Ab，瓮形罐 Ba、Cb，釜 Cb；五铢钱23	东汉后期	被盗
2.5×0.85–2.15	陶常形罐 Bc2，双耳小口罐 D，瓮形罐 Bb；铁锄	东汉后期	被盗
不详	陶壶 B、Ea，常形罐 Bc，四耳罐 Aa、Ab，双耳罐 Ra，瓮形罐 Ba，瓮，残鼎足，五铢钱残片	东汉前期	被盗，顶部坍塌
2.8×1.2–2.5	陶常形罐 Bb，双耳罐 Ab，瓮形罐 Bb，桶形罐 B，釜 B；铁棺钉；青瓷四耳罐	东汉末至三国	被盗

2005 年平乐县木棺汀发掘报告

广 西 文 物 考 古 研 究 所
桂 林 市 文 物 工 作 队
平 乐 县 文 物 管 理 所

一、地理位置

平乐县位于桂林南部，地理坐标为北纬24°15′~24°54′，东经110°33′~111°03′。境内东、南、西三面环山，地形为东南高西北低，北、中部为喀斯特峰丛、峰林谷地、洼地、河谷平原。此次发掘的木棺汀位于平乐县平乐镇东北约2公里的同乐蒋家村北面木棺汀坡地上，此地为丘陵缓坡地，东面临茶江，自北向南流，北、西面靠山，南面为蒋

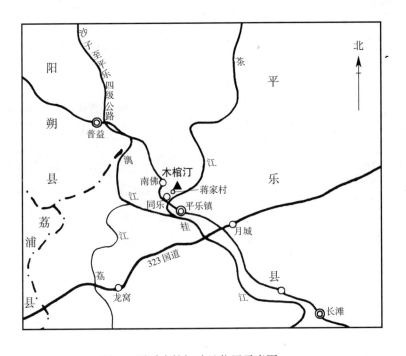

图一　平乐木棺汀遗址位置示意图

家村，属于红壤丘陵，地势平缓，中间高，四周低，主要为耕地，种植有水稻、柑橘、蔬菜等，其南面约1公里处为漓江、茶江、荔江三江交汇处，三江汇合处则为桂江始段（图一）。

为配合桂梧公路阳朔至平乐段的工程建设，2005年8~10月，广西文物考古研究所联合桂林市文物工作队、平乐县文物管理所对木棺汀（代号为05PM）公路用地范围内的文物古迹进行了抢救性考古发掘，其中遗址发掘1050平方米，窑址1座，墓葬发掘153座（图二），出土了一批重要文物。现将发掘的有关情况报告如下。

二、遗址发掘情况

（一）遗址概况

因历年的开垦，该遗址已严重破坏。遗址位于木棺汀的北面中部，从遗址南面公路便道的断面可以看到有大量的瓦片和瓷器碎片。为了解遗址的文化内涵和堆积情况，以公路中线桩K90＋600为探方西南角基点，分别向北、向南、向东共布10米×10米探方10个（编号T1~T10），因扩方，实际发掘面积约1050平方米（见图二）。

（二）地层堆积

从发掘实际情况可知，原生文化堆积基本被破坏，均为填土，仅在T4、T6、T10局部发现少量原生堆积，并有较多的碎灰瓦片堆积，厚约10厘米。次生文化堆积从地表至生土最厚60厘米，最薄20厘米。

下面以T5西壁为例（图三），介绍如下：

第1层：现代耕土层，土质疏松，黄褐色。厚5~25厘米。

第2层：黑褐色土，土质硬度不一，较不规则，局部呈块状结构，厚5~20厘米。出土一些瓦片、瓷片等。

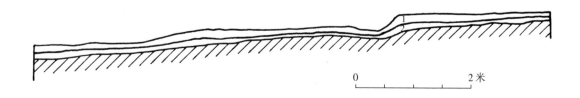

0   2米

图三　T5西壁平、剖面图

（三）出土遗迹

在探方内共发现有墓葬59座（彩版二五，1），其中有一座为动物葬，用火遗迹1处，1处石墙和砖墙残基础。墓葬统一编号，探方内的墓葬将在下段墓葬部分作详细介绍，此节略过。用火遗迹为圆形灶坑，内有较厚的红烧土；石墙和砖墙基础仅残剩极少的部分砖石块，砖和石块周边堆积有灰瓦碎片。在探方内存在几组打破关系：

T10有M45→M46→M44；

T3有M80→M81；

T4有M59→M60。

Z1　开口于T4第2层下。圆形土坑灶。灶的直径为0.3米，烧结面约0.01米，烧土厚0.04米。此灶的上部严重被破坏，只残存一灶底，深0.1米（图四）。

M63　位于T3西南部，T4东南部，开口于第1层下。墓口距地表深0.15米。该墓为动物葬。长方形竖穴土坑，墓室长2.4、宽0.6~0.9米，深0.48~0.52米。墓室内填土为红褐色五花土。墓室内有一具马的骨架。不见随葬器物，但见有小米、铜钱等（图五）。

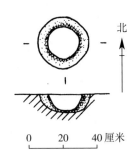

图四　Z1平、剖面图

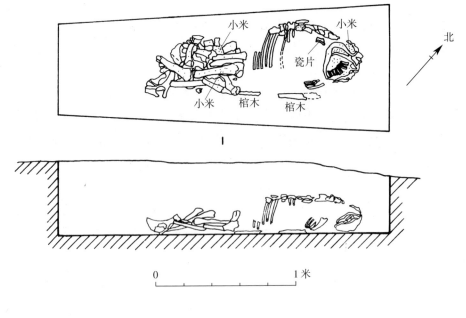

图五　M63平、剖面图

（四）出土遗物

在探方内出土的文化遗物较少，主要为瓷器，有青瓷、酱釉、青花、绿釉瓷等。陶器少见，器形有罐、碗、碟、杯、小口盂等。其中小口盂为东汉时期墓葬常见器形，青瓷器主要为宋代，绿釉瓷片和青花碗为清代。由于探方内出土的文化遗物较少且时代跨度大，为进一步了解遗址的文化内涵，我们对距 T4 南面约 0.5 米的公路断面暴露的瓷器采集了部分标本，该断面长约 5 米，最厚约 0.4 米，堆积厚约 0.3 米，分三层：上层为耕地；中层为暴露的瓷器碎片；下层为生土层。从该断面共获得了上千件陶瓷器标本，主要为碎片，部分可以拼对成完整器形，共修复了 52 件，有陶、瓷器两大类，其中陶器有罐、壶、擂钵、盆等，瓷器有罐、碗、碟、盏、壶等。陶器为夹细砂灰色或褐色缸胎，部分器表施酱釉，素面，平底内凹；瓷器为灰白胎，釉色有青釉、青白、酱釉、褐色点彩、月白色窑变釉等，大部分釉细小开片，内外施全釉，釉不及底，盏均施酱釉，部分呈月白色窑变；瓷器纹饰有莲花瓣、草花、双鱼纹等。

1. 探方内出土文化遗物

13 件。多为瓷器，器形有碗、碟、杯，基本上为青瓷器、酱釉瓷，少量为青花和绿釉瓷片，素面为主，有个别器物装饰莲花和卷草叶纹，以敞口、弧腹、圈足的碗为主，部分为尖唇、饼足。陶器仅小口盂 1 件。

青瓷碗　8 件。弧腹。根据口部、底部不同可分五型。

A 型　2 件。标本 T5②：1，青灰胎，壁厚。束口，尖唇，斜弧腹，饼足，足底内凹。酱釉全腹部。口径 10.8、足径 3.2、高 4.6 厘米（图六，6）。

B 型　1 件（标本 T8②：1）。红胎，胎体厚重、粗糙。方唇，微敞口，弧腹，内平底。圈足较高，挖足较深。青黄釉，施釉至圈足。口径 13.4、足径 5.6、高 6.3 厘米（图六，5）。

C 型　1 件（标本 T7②：1）。灰白胎，细腻。胎体厚重。尖唇，敞口，斜弧腹，圈足稍内收，内凹。粉青釉，釉层较厚，仅足根部无釉。外壁割削一圈莲瓣纹。口径 14.6、足径 4、高 6.8 厘米（图六，1；彩版二五，2）。

D 型　3 件。圆唇，敞口，弧腹，圈足。标本 T3②：1，灰白胎。内底近平，圈足底矮，足墙厚，挖足较浅。青黄釉，釉色暗，施釉至下腹部。口径 17.4、足径 7.4、高 6.4 厘米（图六，2）。标本 T4②：1，青灰胎。内圜底，内有五颗支钉痕。圈足较低，足墙较厚，挖足较浅。青黄釉，施釉至腹部。口径 18.6、足径 7.8、高 6.8 厘米（图六，3）。标本 T9②：1，胎红色。斜弧腹。内圜底，圈足较矮，足墙较厚，挖足较浅。青黄釉至腹

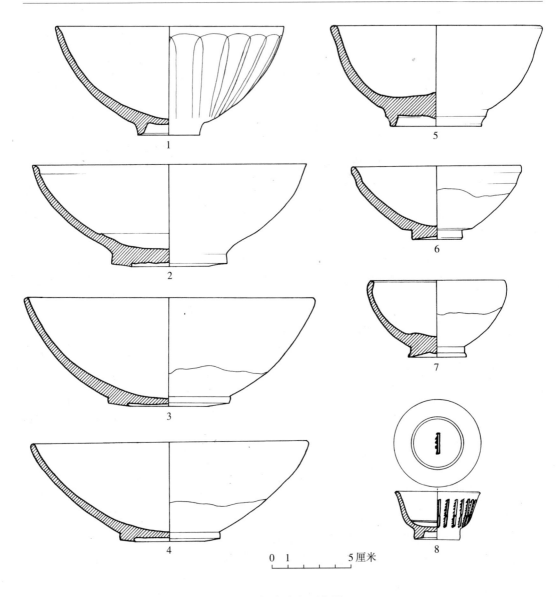

0　1　　　　　5厘米

图六　探方内出土瓷器

1. C 型青瓷碗（T7②：1）　2~4. D 型青瓷碗（T3②：1、T4②：1、T9②：1）　5. B 型青瓷碗（T8②：1）　6. A 型青瓷碗（T5②：1）　7. E 型青瓷碗（T10②：3）　8. 青花瓷杯（T1②：1）

部。口径 17.7、足径 6.4、高 6.2 厘米（图六，4；彩版二五，3）。

E 型　1 件（标本 T10②：3）。黑胎。斜弧腹内收。小饼足，足底内凹，上部小。碗内施酱釉。口径 8.4、足径 3.6、高 4.8 厘米（图六，7）。

青花瓷碗　2 件。尖唇，弧腹，圈足。依据口部不同可分两型。

A 型　1 件（标本 T10②：1）。胎白，细腻。敞口，内平底。圈足稍内收，足墙厚，

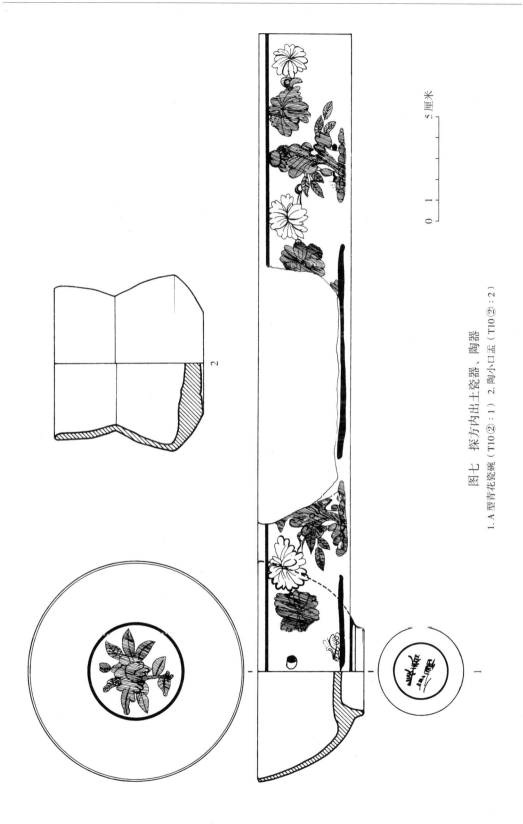

图七 探方内出土瓷器、陶器
1. A 型青花瓷碗（T10②：1） 2. 陶小口盂（T10②：2）

挖足较深。器壁薄，器形轻巧。仅足根无釉。内底圆圈内绘花一朵，外壁有对称花叶两丛，先绘轮廓，后填色，青花色浅淡，底书"长春佳偶"四字。口径10.6、足径4.2、高5.2厘米（图七，1）。

B型　1件（标本T10②：4）。灰白胎。撇口，平底，有涩圈。圈足内收。足根尖无釉。釉为生烧，外壁白釉又用酱釉绘变体"双喜"纹一周，两种字体的"双喜"相间排列，内底也有酱釉画"喜"字。口径14.4、足径6.3、高5厘米（图八，1）。

青瓷碟　1件（标本T6②：1）。青灰胎。撇口，尖唇，斜腹，内圜底。圈足，挖足较浅。暗青釉，施釉至腹上部。内底印花一朵。口径12.2、足径5.6、高3.2厘米（图八，2）。

陶小口盉　1件（标本T10②：2）。泥质灰白陶。圆唇，敞口，高领，领外鼓，束颈，溜肩，折腹内收，平底微内凹。上腹部施青釉。口径7.3、底径4.9、高7.3厘米（图七，2）。

青花瓷杯　1件（标本T1②：1）。胎白，细腻。敞口，尖唇，弧腹，平底。圈足较高，足墙较厚，挖足较深。足部无釉，青花色较暗淡。外壁布满锯齿条状纹饰，作竖条状排列，分上下两排，内底亦有一锯齿条状纹饰。口径5.4、足径2.8、高3厘米（图六，8）。

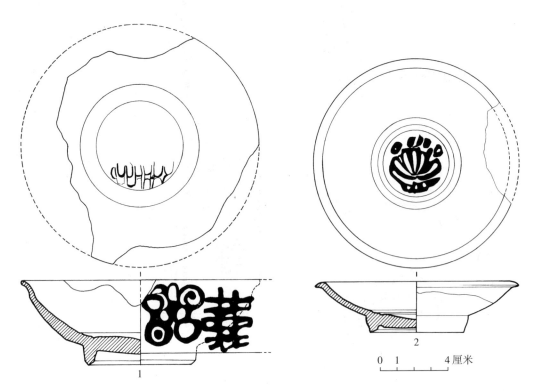

图八　探方内出土瓷器

1. B型青花瓷碗（T10②：4）　2. 青瓷碟（T6②：1）

2. 采集的文化遗物

（1）陶器

25件。一般为夹细砂灰色缸胎，火候较高，器表施釉。器类主要为罐、盆、擂钵等。

罐　7件。依据口部不同可分三型。

A型　4件。敛口，圆唇，卷沿。标本采：2，灰胎，含砂粒。短颈，溜肩，弧腹，下部残。青釉色暗，大部分已剥落。口径13、残高11厘米（图九，1）。标本采：110，胎灰色，含砂粒较多。溜肩，鼓腹，下部残。无釉。口径9.4、残高6.5厘米（图九，2）。

B型　2件。敞口，方唇，折沿。标本采：108，胎红色。溜肩，下部残。酱黑釉。口径8.2、残高4.8厘米（图九，5）。标本采：72，胎红色。短直颈，溜肩，肩部刻有弦纹

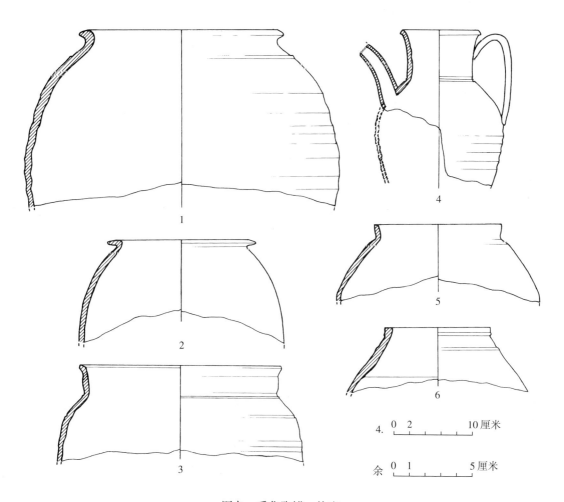

图九　采集陶罐、执壶

1、2. A型罐（采：2、采：110）　3、5. B型罐（采：72、采：108）　4. 执壶（采：3）　6. C型罐（采：79）

一道。下残。无釉。口径 12.6、残高 6 厘米（图九，3）。

C 型　1 件（标本采：79）。直口，平唇，灰胎，含小砂粒。斜颈，溜肩。下部残。口沿部分无釉，余施青釉，釉色暗。口径 6.6、残高 4 厘米（图九，6）。

展唇罐　1 件（标本采：17）。灰胎，含细小砂粒。檐口，下部残。无釉。内口径 8.8、外口径 17、残高 5.5 厘米（图一〇，1）。

带把罐　1 件（标本采：27）。灰胎。敛口，方唇，鼓腹，腹部有把，部分已残。平底。暗青釉，施釉至下腹部，已基本剥落。口径 7.5、底径 9.1、高 11.8 厘米（图一〇，4）。

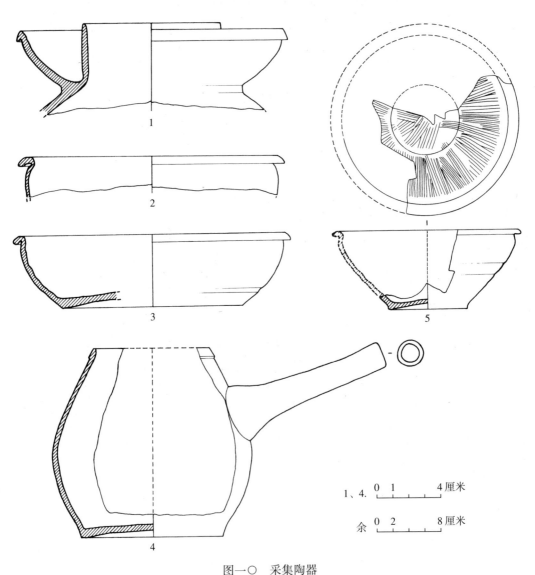

图一〇　采集陶器

1. 展唇罐（采：17）　2. 缸（采：18）　3. 盆（采：57）　4. 带把罐（采：27）　5. 擂钵（采：50）

执壶　1件（标本采：3）。胎红色，夹细小砂粒。微敞口，直颈，溜肩，弧腹。下部残，颈肩部有把，肩部一侧有流。无釉。口径9.8、残高19.4厘米（图九，4）。

盆　8件。标本采：57，胎红色。微敛口，折沿，斜腹，平底。暗青釉已剥落。口径34.2、底径23.2、高9厘米（图一〇，3）。

擂钵　6件。标本采：50，青灰胎。敛口，折沿，斜腹，平底。内壁和底有划痕。无釉。口径约24、底径10、高9.8厘米（图一〇，5）。

缸　1件（标本采：18）。灰黑色缸胎，夹砂粒。敛口，折沿，下残。口径34、残高5厘米（图一〇，2）。

（2）瓷器

35件。灰白和白胎，有青瓷、青白瓷、酱釉瓷等，其中以酱釉瓷居多，其次为青瓷，最少的为青白瓷。瓷器纹饰一般是莲花瓣纹、双鱼、花朵等。器形有罐、碗、碟、盏，以盏居多，盏为月白色窑变。通体施釉，釉不及底。

罐　3件。标本采：29，灰白胎。敛口，平沿，沿面稍内凹，直颈，鼓腹，平底。月白釉，施釉近底。外壁在釉下用青黄釉绘花叶纹，已大部残。口径14.9、底径8.2、高8.8厘米（图一一，1）。

碗　23件。依据口部不同可分六型。

A型　9件。撇口，尖唇，斜腹。标本采：31，灰白胎。内小平底。矮圈足，足墙较厚，挖足较浅。青釉，釉至下腹部，生烧，釉大部分已脱落。口径15、足径7.4、高5.3厘米（图一一，2）。标本采：46，灰白胎。内小平底。圈足低矮，足墙较厚，挖足较浅。青黄釉，至圈足。口径16.8、足径7.2、高5厘米（图一一，4）。标本采：39，灰白胎，细腻。斜腹，内圜底，内底有支钉痕。圈足低矮，足墙较厚，挖足较浅。月白釉，施釉近圈足。口径17、足径5.4、高4.8厘米（图一一，3）。标本采：10，灰白胎。内小平底。圈足低矮，挖足极浅，几乎成饼足。青黄釉，施釉至腹部，大部分已脱落。外壁有刻削的莲花瓣纹，刻工草率随意。口径15.4、足径6.4、高6.5厘米（图一一，5）。标本采：14，灰白胎。圈足低矮，足墙厚，挖足较深。酱黑釉，施釉至下腹部。口径16、足径7.4、高5.3厘米（图一一，6）。

B型　7件。敞口，斜平唇，斜腹。标本采：12，灰白胎。平底。圈足低矮，足墙较厚，挖足较浅。青黄釉，釉中有较多气泡，釉近圈足。口径15.5、足径5.4、高4.5厘米（图一一，7）。标本采：45，灰白胎。饼足，口部用天蓝釉包口。器身为酱釉，施釉至腹部。已大部分残。口径16、足径4.8、高5厘米（图一二，5）。

C型　2件。敞口，圆唇。标本采：25，灰白胎。斜弧腹，内平底。圈足，足墙较厚。青釉，施釉至腹中部。外壁刻莲瓣纹一周。口径15.5、底径5.1、高5.6厘米（图一一，8）。

D型　1件（标本采：55）。灰白胎。撇口，圆唇，斜直腹，平底。圈足低矮，内收，

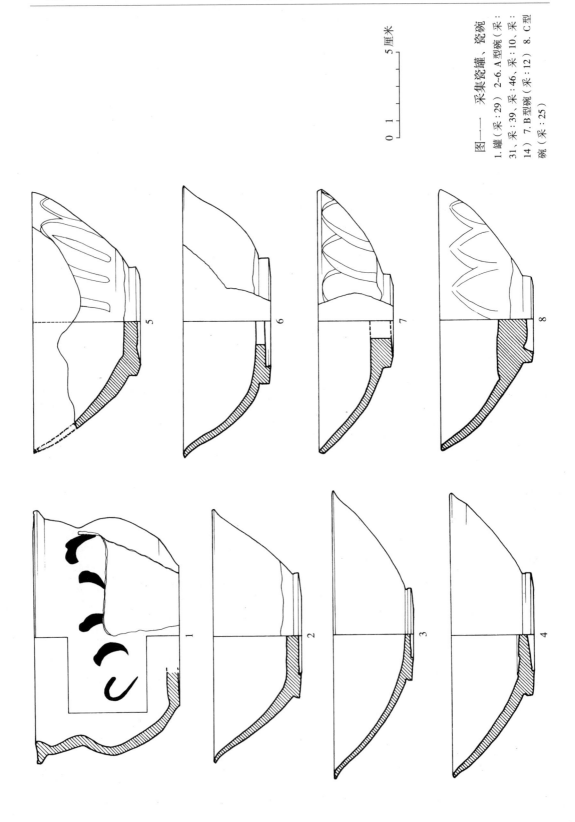

图一一　采集瓷罐、瓷碗

1. 罐（采：29）　2~6. A型碗（采：31、采：39、采：46、采：10、采：14）　7. B型碗（采：12）　8. C型碗（采：25）

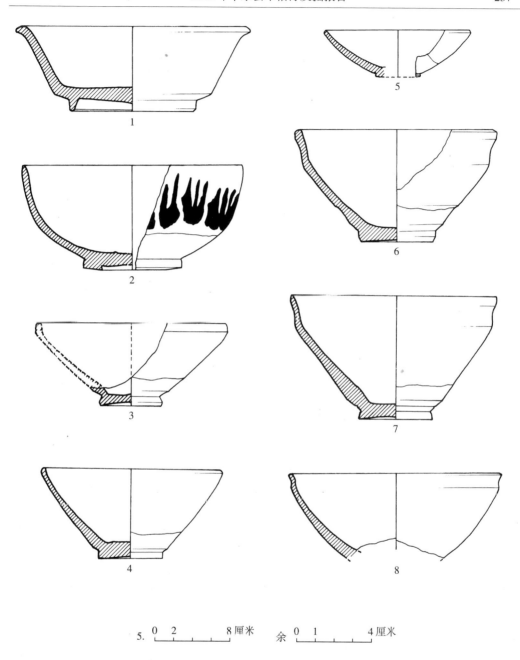

5. $\underset{}{0}\ \underset{}{2}$ ___ 8厘米   余 $\underset{}{0}\ \underset{}{1}$ ___ 4厘米

图一二 采集瓷碗、瓷盏

1. D 型碗（采：55） 2. F 型碗（采：38） 3、4. B 型盏（采：98、采：43） 5. B 型碗（采：45） 6、7. A 型盏（采：36、采：54） 8. C 型盏（采：5）

足墙较薄。釉泛绿色，修胎规整。口径 12.7、足径 6.8、高 4.5 厘米（图一二，1）。

　　E 型　1 件（标本采：42）。灰白胎。撇口，方唇，斜弧腹，小平底。圈足矮小。口沿和足根、足底无釉，青白釉。内壁有印纹外圈有一周连珠纹，其中印有莲蓬、荷叶一周。口径 18.5、足径 4.5、高 6.7 厘米（图一三）。

　　F 型　3 件。直口，尖唇。标本采：38，灰白胎。折腹，平底，内有支钉痕。圈足低矮，足墙较厚，挖足较浅。月白釉，施釉至腹部，外壁有酱釉洒彩。口径 12、足径 5.3、高 5.6 厘米（图一二，2）。

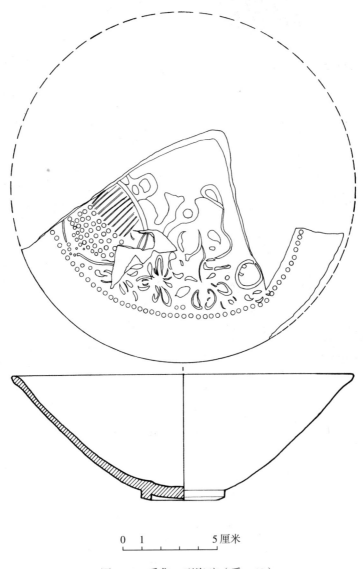

0　1　　　　　5 厘米

图一三　采集 E 型瓷碗（采：42）

碟　3 件。依据口部不同可分两型。

A 型　2 件。撇口，尖唇。标本采：13，灰白胎。斜腹，平底。圈足低矮，足墙厚，挖足较浅。酱釉，施釉至腹部，有部分已剥落。内壁印莲瓣纹一周，内底印纹模糊，似为花朵。口径 14、足径 6.4、高 3.5 厘米（图一四，1）。

B 型　1 件（标本采：8）。灰白胎。敞口，方唇，斜腹，圜底。矮圈足，足墙较厚，挖足较浅。青釉，施釉至腹中部。内壁和内底印莲花、葵花纹。口径 15.6、足径 6.4、高 3.9 厘米（图一四，2）。

盏　6 件。依据口部不同可分三型。

A 型　2 件。束口，尖唇。标本采：36，灰白胎。斜腹，内小平底。饼足。酱墨釉，施釉至下腹部。口径 11、足径 4、高 6 厘米（图一二，6）。标本采：54，灰白胎。束口，尖唇，斜腹，内小平底。饼足低矮。窑变釉，施釉至下腹部。口径 11.2、足径 4、高 6.6 厘米（图一二，7）。

B 型　3 件。敛口，尖唇。标本采：98，青灰胎。斜腹，小平底。饼足。酱黑釉至腹

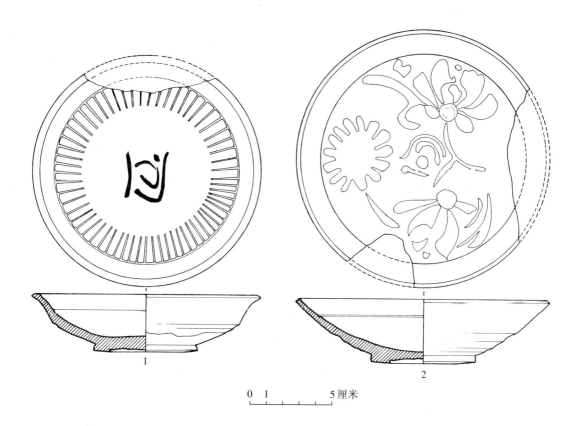

图一四　采集瓷碟
1. A 型（采：13）　2. B 型（采：8）

部。口径 10、足径 3.4、高 4.4 厘米（图一二，3）。标本采：43，灰白胎。微敛口，尖唇，斜腹较深，小平底。饼足。暗青釉至腹部，有一部分已剥落。口径 9.6、足径 3.4、高 4.8厘米（图一二，4）。

C 型　1 件（标本采：5）。灰白胎。束口，圆唇，斜腹。下部残。酱黑釉。口径 11.6、残高 4.5 厘米（图一二，8）。

三、窑　址

（一）窑址现状

仅发现 1 座（Y1），位于探方外西北约 50 米处，开口于表土层下。该窑址保存较差，被一座清代墓（M11）打破。形状为马蹄形，呈西北—东南走向，窑门在东南向。整个窑由窑室、窑门、火膛、火口组成，窑壁及底部由红烧土构成，窑壁烧结呈黑褐色，向上略呈弧形。红烧土厚约 0.2 米，窑室长 1.86、宽 1.6 米，残高 0.6 米，窑门至火道长 0.46、宽 0.8 米，残高 0.78 米。窑室内填土主要为成块状的烧土，也见有灰褐色黏土。出土遗物主要为灰黄色胎筒瓦，也见有青花瓷片、砖瓦片等。在火口外有一长方形的土坑，长约 2.4、宽 2.2、深约 1 米，与窑的开口层位基本在一个水平面上，但底部较窑室深。从其分布及结构看，该坑与窑的火口自然连成一体，没有打破叠压关系，坑内填土与窑室内基本一致，主要为红烧土，也有灰褐色黏土，但坑内底部及周边见有草木灰土，而且坑壁局部有烧结痕迹，四壁清晰，填土自然剥落，当是人工挖成。该坑属于窑的附属体，当为人工活动区（图一五）。

（二）出土遗物

筒瓦　泥质灰黄陶，数量较多。标本 Y1：1，上、下口平唇，上窄下宽，呈子母口状，由下至上渐内收。残长 6.5、宽 7.1 厘米（图一六，1）。标本 Y1：2，上、下口平直，上窄下宽，由下至上渐内收成子母口状。长 7.1、宽 6.4 厘米（图一六，2）。

四、墓　葬

发掘了 153 座古墓葬，除 1 座为葬马墓外，余 152 座葬人。在探方内发掘 59 座，其余为探方以外发掘。主要为长方形竖穴土坑墓，也有"甲"字形墓和长方形砖室墓。根据墓葬随葬品特征可知，这些墓葬的年代有汉、唐、宋、明、清等五个时代，现将这些墓葬分别述之。

北

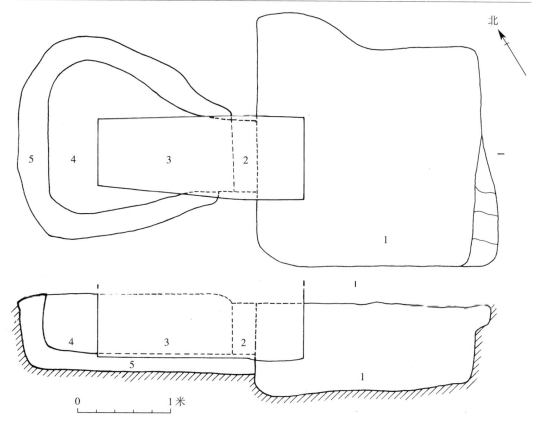

0 ————— 1 米

图一五 Y1 和 M11 平、剖面图
1. 灰烬坑 2. 火膛和火口 3. M11 4. Y1 窑室 5. 红烧土窑壁

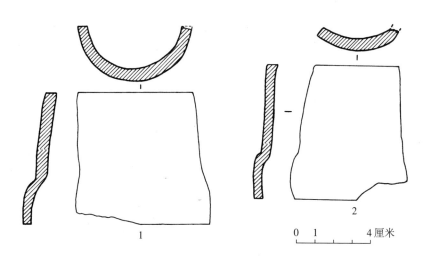

0 1 ————— 4 厘米

图一六 Y1 出土筒瓦
1. Y1 : 1 2. Y1 : 2

（一）汉　墓

2座，已严重破坏，仅有一座有随葬品（M119）。随葬品多为陶器，少量青铜器。

1. 墓葬结构

根据墓葬形状和材质不同可以分为两型。

Ⅰ型　1座（M119）。已被耕地和工程施工破坏。墓向115°。甲字形竖穴土坑墓。分墓室、甬道、墓道三部分。人骨已朽，墓室底部见棺痕。墓室长4.15、宽2.76米，残深0.2~0.3米；甬道长0.7、宽0.7米；墓道为斜坡式，残长0.85米。墓内填土为黄褐色黏土，较软。出土随葬品有陶常形罐、双耳罐、小口罐、盆及青铜铃、青铜剑首、料饰等，墓室底部中间有一红色圆形漆痕，估计为漆器一类器物（图一七）。

Ⅱ型　1座（M127）。墓向20°。墓口已被破坏。长方形砖室墓。墓室长3.56、宽0.78~1.04米，残深0.6米。该墓墓底以残砖错缝横铺而成，偶有纵铺现象，较为杂乱。墓砖呈红色，砖坯残长14~20、宽10~22、厚6厘米。从墓底的分布和结构来看，该墓室分有前后室，前室残长1、宽1米，后室长2.6、宽1米。其墓壁、墓口均已被破坏，仅存墓底。墓道长2.24、宽0.7米。墓道底部南深北浅，呈坡状，深0.3~0.6米。不见任何随葬品（图一八）。

2. 随葬品

11件。主要为陶器，也有青铜器和料饰。陶器有常形罐、双耳罐、盆、小口罐；青铜器有铃、剑首残件、穿孔器及残片；料饰为耳珰形饰件。陶器为灰白胎，肩或腹部一般有一两道凹弦纹或斜方格纹，底部多平底内凹，器表上腹多施青黄釉，细小开片。

陶常形罐　3件。标本M119：11，泥质灰陶。圆唇，子母口，内口微敞，束颈，斜肩，斜腹内收，平底内凹。上腹饰方格纹，下腹素面。口径12.6、底径15.4、高17.4厘米（图一九，1）。标本M119：5，泥质灰陶。圆唇，敛口，口下突出，平直内收，束颈，溜肩，弧腹斜收，平底内凹。肩饰斜方格纹。口径15.2、底径15.6、高18.2厘米（图一九，2；彩版二六，1）。标本M119：10，泥质红灰陶。口已残，存腹部以下。弧腹斜收，平底内凹。腹部饰方格纹。底径17.2、残高15.6厘米（图一九，3）。

陶双耳罐　1件（标本M119：6）。泥质灰胎。斜平唇，侈口，内口敞，束颈，溜肩，折腹内收，平底内凹。肩、腹各有一道凹弦纹。肩有一对称横向半环耳。上腹施青黄釉，局部已剥落，口径10.8、底径10.8、高11厘米（图一九，4；彩版二六，2）。

陶小口罐　1件（标本M119：7）。泥质灰陶。尖圆唇，子母口，内口敞，束颈，溜

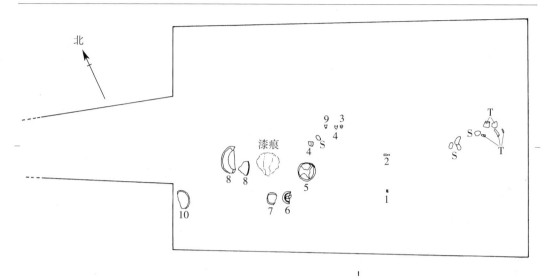

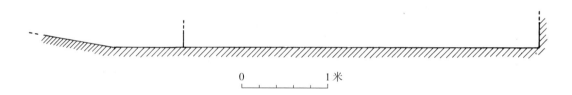

图一七 汉 M119 平、剖面图

1. 耳珰形料饰件 2. 青铜剑首 3. 青铜穿孔器 4. 青铜残件 5、10. 陶常形罐 6. 陶双耳罐 7. 陶小口罐 8. 陶盆 9. 青铜铃 S. 砾石 T. 陶片

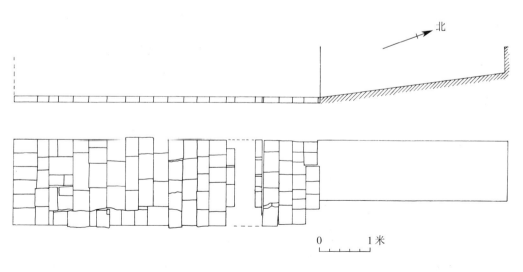

图一八 汉 M127 平、剖面图

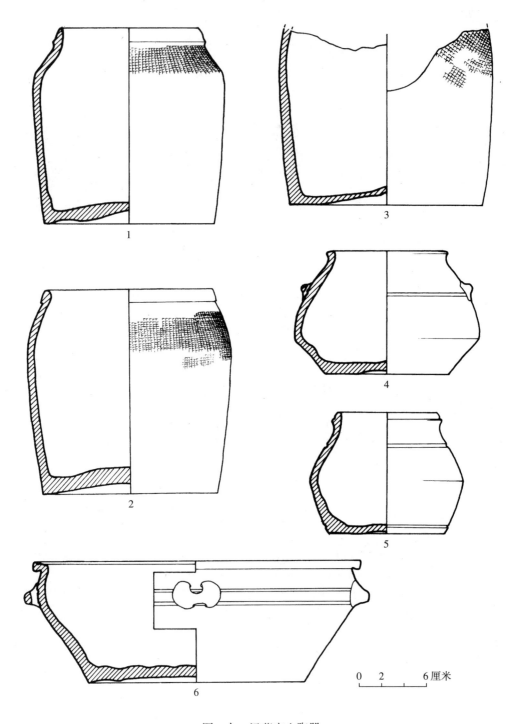

图一九　汉墓出土陶器

1~3.常形罐（M119：11、5、10）　4.双耳罐（M119：6）　5.小口罐（M119：7）　6.盆（M119：8）

肩，折腹斜收，平底内凹。肩饰一道凹弦纹。上腹施青黄釉，已剥落。口径9.2、底径10.3、高10.8厘米（图一九，5；彩版二六，3）。

陶盆　1件（标本M119:8）。泥质灰陶。圆唇，短沿突出平收，敞口，束颈，弧腹内收，平底内凹。上腹有两道凹弦纹，有四个对称横向半环耳。口径29.4、底径19.6、高10.8厘米（图一九，6；彩版二六，4）。

青铜铃　1件（标本M119:9）。上平，有横向环耳，下口呈月牙口，截面椭圆形。表面有方格纹、鼓钉纹，似编钟。宽3.5、高3.5厘米（图二〇，1；彩版二六，5）。

青铜剑首　1件（标本M119:2）。表面锈蚀，首残断。葫芦形，中间穿孔。残长2.4、宽1.8厘米（图二〇，2）。

青铜穿孔器　1件（标本M119:3）。呈半月形。上端突出，下端半月形，中空。宽2.8、高2.8厘米（图二〇，3；彩版二六，6）。

青铜残件　均为残渣片，器形不明。

耳珰形料饰件　1件（标本M119:1）。玻璃质，蓝色，透明。腰鼓形，两端大，束腰，中间穿孔。长1.5、上宽2、下宽1.1厘米（图二〇，4；彩版二六，7）。

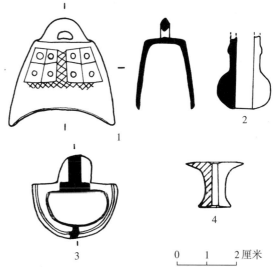

图二〇　汉墓出土青铜器、料饰
1.青铜铃（M119:9）　2.青铜剑首（M119:2）　3.青铜穿孔器（M119:3）　4.耳珰形料饰件（M119:1）

（二）唐　墓

1座（M68）。

1.墓葬结构

M68　位于T9，井口于第1层下。墓向17°。长方形竖穴土坑墓，墓口局部已被破坏，长1.64、宽0.3~0.6米，残深0.3米。墓内填土为五花土，较硬。墓一端宽，一端窄，墓四边有多处扰洞打破。随葬品有青瓷盘口壶、钵、碟、碗及开元通宝等（图二一；彩版二七，1）。

2.随葬品

7件。为青瓷器和铜钱。青瓷器有盘口壶、碗、碟、钵，铜器为开元通宝钱。青瓷

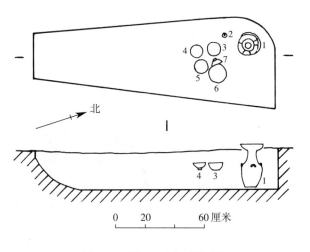

图二一　唐M68平、剖面图

1.青瓷盘口壶　2.开元通宝　3、5.青瓷钵　4、6.青瓷碗　7.青瓷碟

器施青黄釉，有细小开片，除盘口壶仅在腹部以上施釉外，其余为通体内外施釉，但不及底，釉色较薄，极易成片剥落；另外在青瓷钵内外青釉面上呈现月白色窑变釉，月白色比较均匀，散射出蓝光。壶、钵、碟为平底，碗为饼形足。

盘口壶　1件（标本M68：1）。灰胎。圆唇，敞口，凹折沿，近似盘口，沿下有一道凸棱内收。长细颈，溜肩，鼓腹，下底内收，平底内凹。整个器形较瘦长。肩上有四个对称竖向桥形耳。颈、下腹凹凸不平。上腹以上施青釉，有细小开片。口径13.6、底径9.9、高29.4厘米（图二二，1；彩版二七，2）。

碗　2件。标本M68：4，灰胎。斜平唇，敞口，上腹直，下腹弧收，饼足内凹。上腹及钵内施青釉，有细小开片。口径8.2、底径2.8、高4.8厘米（图二二，5）。标本M68：6，灰胎。平唇直口，上腹直，下腹斜弧，饼足内凹。上腹及钵内施青釉，有细小开片。口径8、底径3、高4.6厘米（图二二，4）。

钵　2件。标本M68：3，灰胎。圆唇，敛口，斜弧腹，平底内凹。上腹及钵内施青釉，有细小开片。口及钵内局部呈月白色窑变釉。口径9.7、底径4.8、高5.4厘米（图二二，2；彩版二七，3）。标本M68：5，泥质灰胎。圆唇，敛口，弧腹内收，平底内凹。上腹及钵底施青釉，口及钵内局部呈月白色窑变釉，有细小开片。口径9.1、底径4.4、高5.6厘米（图二二，6；彩版二七，4）。

碟　1件（标本M68：7）。灰胎。尖圆唇，侈口，内口敞，斜弧腹，平底内凹。口及碟内施青釉，有细小开片。碟内底有四个堆沙痕迹，应为窑烧痕迹。口径11.8、底径5.8、高3.1厘米（图二二，3）。

开元通宝　1件（标本M68：2）。圆形方孔，已残碎数块，且风化锈蚀严重，易碎。直径约3厘米。

（三）宋　墓

1座（M47）。

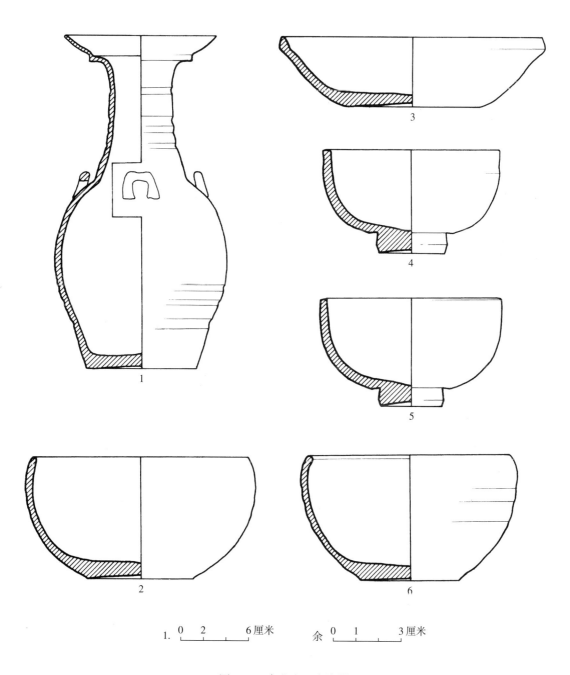

1. $\underset{0\quad 2\qquad 6}{\vdash\!\!\!\!-\!\!\!-\!\!\!-\!\!\!-\!\!\!-\!\!\dashv}$ 厘米   余 $\underset{0\quad 1\qquad 3}{\vdash\!\!\!-\!\!\!-\!\!\!-\!\!\!-\!\!\dashv}$ 厘米

图二二 唐墓出土青瓷器

1.盘口壶（M 68：1） 2、6.钵（M68：3、M68：5） 3.碟（M68：7） 4、5.碗（M68：6、M68：4）

1. 墓葬结构

M47　位于T10东部，开口于第1层下。墓向356°。长方形竖穴土坑墓，开口被破坏。长1.5、宽0.5米，深0.5米。填土为松软的五花土。出土有陶壶、青瓷碗各1件（图二三；彩版二八，1）。

2. 随葬品

2件。1件为青瓷碗，施青黄釉，细小开片，出土时碗作为器盖盖在壶口上；1件为陶壶，褐色缸胎。

青瓷碗　1件（标本M47：1）。灰白胎。圆唇，敞口，斜弧腹内收，矮圈足，足底外撇。上腹内口下饰青釉，有细小开片。口径12.2、底径7、高6.8厘米（图二四，2；彩版二八，2）。

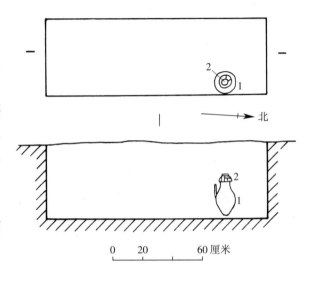

图二三　宋M47平、剖面图
1. 青瓷碗　2. 陶壶

陶壶　1件（标本M47：2）。灰黑陶，夹细砂缸胎。圆唇，敞口，长颈，溜肩，鼓腹内收，平底内凹。肩上有一鋬耳，已残，另对称一侧有流，已残。整体瘦长。口径9.2、底径10、高24.2厘米（图二四，1）。

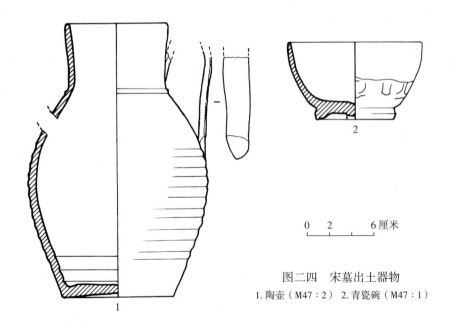

图二四　宋墓出土器物
1. 陶壶（M47：2）　2. 青瓷碗（M47：1）

（四）明清墓

148 座。主要为比较小型的竖穴土坑墓，有少量砖室墓。墓穴一般长 1.7~2.1、宽 0.7~1 米。

1. 墓葬结构

根据墓葬形制和材料不同，可以归为三类：

甲类墓　6 座，为 M37、M69、M86、M92、M129、M150。长方形砖室墓。葬具一般为单木棺，仰身直肢。根据是否有券顶可分两型。

Ⅰ型　5 座，为 M37、M69、M86、M129、M150。墓室为窄长方形，单券顶。

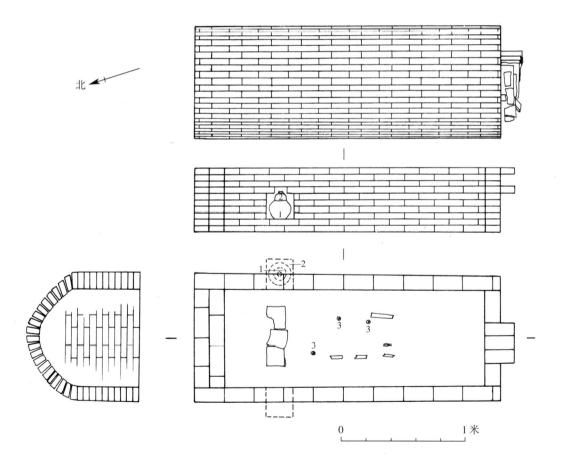

图二五　明清 M129 平、剖面图

1. B 型陶高领罐　2. Ab 型瓷碗　3. 铜钱

　　M129　不见封土堆。墓向17°。墓口距地表深0.7米，墓室长2.1、宽0.76~0.78米，深0.5米。墓室内填土为棕黄色五花土。该墓为单券顶砖室墓，用长、宽、厚分别为24、12、6厘米的长方形青砖错缝横砌，第11层起券，券高0.31米。前、后壁均为青砖错缝横砌。墓底平整，为生土，北端有瓦片，两侧倒盖，中间竖放。墓室后端东西两壁有壁龛，壁龛高0.25、宽0.22、深0.24米。东壁龛内摆放有陶高领罐，罐口盖有青花瓷碗。人骨大部分已朽，仅剩肢骨，但可以看出葬式为仰身直肢，棺木已朽，仅见痕迹，为单棺。出土随葬品有陶罐、瓷碗、铜钱（图二五）。

　　M69　位于T9东南部，开口于第1层下。单券顶砖室墓。不见封土堆。墓向40°。墓口距地表深0.34米，墓室长2、宽1米，深0.78米。墓室内填土为红褐色五花土。墓底部用顺砖平铺，墓壁用长、宽、厚分别为30、15、6厘米的长方形青砖错缝横砌而成，券顶高0.18米，券顶分两层：上层为顺砖平砌，下层为横砖平砌。东西两壁有壁龛，高0.3、宽0.26、深0.29米，两壁龛不对称，壁龛内均摆放有陶高领罐，罐口盖有青瓷碗。人骨和棺木已朽，仅见痕迹，为单棺，葬式不明。随葬有陶高领罐、瓷碗、铜钱等（图二六）。

　　Ⅱ型　1座（M92）。位于T5西南角，开口于第1层下。不见封土堆。墓向16°。墓口距地表深0.67米，墓室长2.5、宽1.8米，深0.6米。墓室宽长，没有券顶，仅一墓壁用砖。墓室填土为黄褐色。墓底平整，为生土。墓东壁砌砖墙，用长、宽、厚分别为25、12、6厘米的长方形青砖错缝横砌，由南向北1.1米段为顺砖垒砌，后1.4米段为横砖垒砌。该墓为夫妻合葬墓，葬式为仰身直肢。女性葬于棺木中，棺木残长1.5、宽0.74、厚约0.1米。男性与女性同向并排葬于东侧，未见棺痕。出土随葬品有铁网坠形器、开元通宝铜钱（图二七）。

　　乙类墓　141座。为近长方形竖穴土坑墓，封土堆已不见。葬具一般为单木棺，仰身直肢。根据随葬品摆放位置可以分为两型。

　　Ⅰ型　9座，为M21、M25、M33、M44、M51、M75、M83、M145、M146。陶器在墓坑外。此类墓随葬的陶罐置于墓坑外，紧靠墓边。

　　M146　墓向16°。墓口距地表深0.2米，墓室长2.06、宽0.84米，深0.8米。墓室填土为黄褐色。墓四壁平直，墓底平整，为生土。头部下垫有瓦片。人骨和棺木已朽，葬式不明，但残留棺木痕迹，有较多草木灰。出土随葬品有陶罐、瓷碗、铜钱等，其中瓷碗为陶罐盖，陶罐放置在墓室后侧墓口开口处，紧靠墓室（图二八）。

　　M44　该墓位于T10西北部，开口于第2层下。被M45、M46打破。不见封土堆。墓向42°。墓口距地表深0.3米，墓室长2.2、宽0.7~0.9米，残深0.5米。墓室填土为五花土。墓底平整，为生土。人骨和棺木已朽，葬式不明。出土陶高领罐、铜钱等，陶高领罐放置在墓室后侧墓口开口处，紧靠墓室（图二九）。

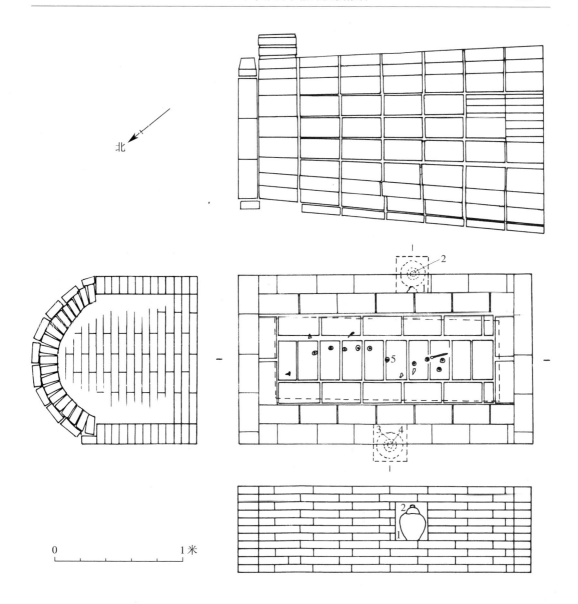

图二六　明清 M69 平、剖面图

1~3 A 型陶高领罐　2、4. Da 型瓷碗　5. 铜钱

M33　墓向 324°。墓口距地表深 0.53 米，墓室长 2.2、宽 0.7~0.88 米，深 0.6 米。墓室内填土为棕黄色五花土。该墓四壁平直，墓底有木炭、石灰、草灰。为仰身直肢葬，葬具已朽，头骨下有横叠的灰瓦片。随葬品有陶双耳罐、铜钱等（图三〇）。

M83　位于 T8 北部，该墓北部在 T8 北隔梁下，开口于第 1 层下。墓向 25°。墓口距地表深 0.43 米，墓室长 2.56、宽 0.92~1.3 米，深 1.03 米。墓室内填土为棕黄色五花土。

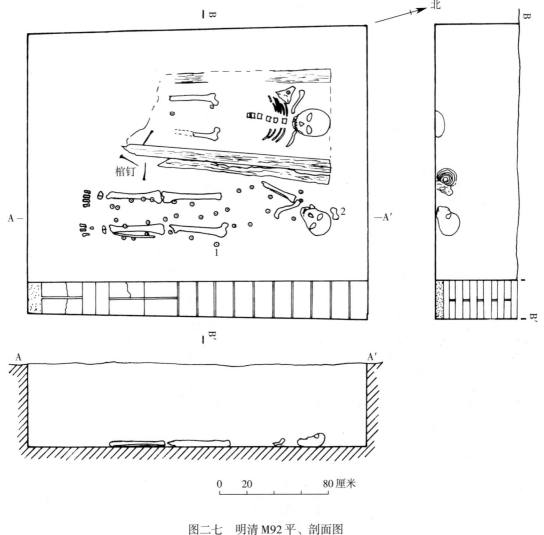

图二七　明清 M92 平、剖面图
1. 铜钱　2. 铁网坠形器

　　该墓四壁平直，墓底有木炭、石灰、草灰。人骨保存较差，可以看出为仰身直肢葬，葬具已朽，有棺痕，长 2、宽 0.45~0.52、厚 0.06~0.15 米。头骨左右两侧和后侧用圆形石灰条围住，头骨、肋骨附近有粟米，头骨附近有少许麻衣纤维等。随葬品有陶四耳罐、铜帽饰、玉烟嘴、铜钱等（图三一）。

　　Ⅱ型　132座，为 M1~M20、M22~M24、M26~M32、M34~M36、M38~M43、M45~M46、M48~M50、M52~M62、M64~M67、M70~M74、M76~M82、M84、M85、M87~M91、M93~M118、M120~M126、M128、M130~M141、M143、M144、M147~M149、M151~M153。陶器在墓坑内。此类墓随葬的陶罐置于墓坑内，紧靠墓边。

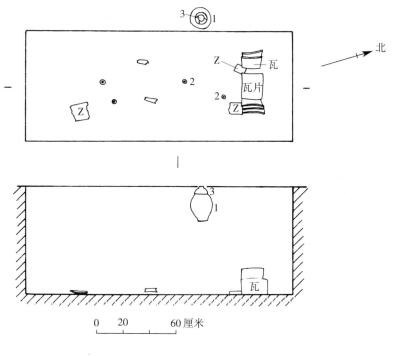

图二八　明清 M146 平、剖面图
1. C 型陶高领罐　2. 铜钱　3. C 型瓷碗　Z. 砖

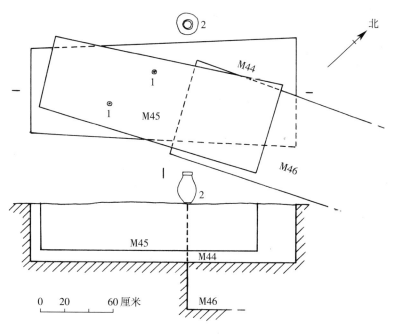

图二九　明清 M44 平、剖面图
1. 铜钱　2. B 型陶高领罐

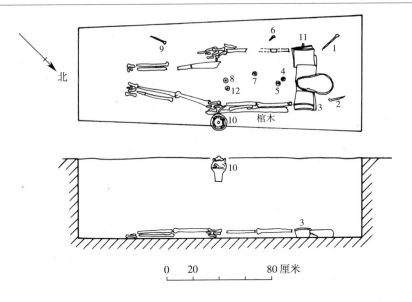

图三〇　明清 M33 平、剖面图

1、2、6、9、11.棺钉　3.瓦片　4、5、7、8、12.铜钱　10. Aa 型陶双耳罐

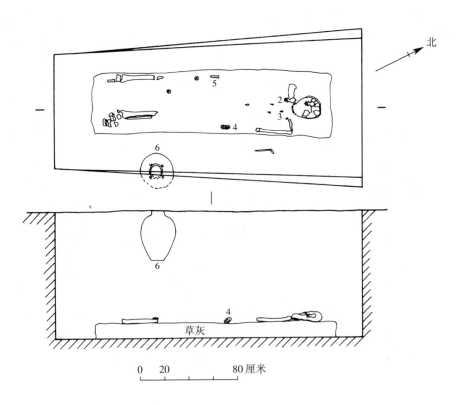

图三一　明清 M83 平、剖面图

1、2.铜帽饰　3. B 型铜扣　4.铜钱　5.玉烟嘴　6. B 型陶四耳罐

　　M2　墓向 115°。墓口距地表深 0.35 米，墓室长 2.35、宽 0.62~0.73 米，深 0.98 米。墓室内填土为棕黄色五花土。墓四壁平直，墓底有草灰、石灰等。人骨已朽，葬式不明，但残留有棺痕，单木棺，长 2、宽 0.5~0.54、残厚 0.1 米。随葬品有瓷将军罐、玉镯、镀银铜钗、铜顶针、玉簪、铜钱等（图三二）。

　　M11　位于 Y1 内，打破 Y1。墓向 120°。墓口距地表深 0.5 米，墓室长 2.2、宽 0.7~0.88 米，深 0.8 米。填土为棕红色五花土，内含众多红烧土块。墓壁不十分平整，但底部平整，有草木灰。人骨大部分已朽，但残留肢骨，可以看出为直肢葬。棺木已朽，有棺痕，单棺。随葬品有陶单流罐、镀银铜簪、镀银铜镯、镀银铜耳环、铜扣、铜钱、玻璃镜等（图三三）。

　　M23　墓向 25°。被盗，墓口距地表深 0.4 米，墓室长 2.5、宽 0.8~0.92 米，深 0.8 米。墓室内填土为棕黄色五花土。墓四壁平直，墓底平整，有木炭和草灰，厚 0.05 米。人骨和葬具已朽，葬式不明，仅残留有数颗人牙齿。随葬品有玻璃料顶戴、坠子、葫芦、串珠、帽饰及小米等（图三四）。

　　M56　位于 T4 中部，开口于第 2 层下。墓向 39°。墓口距地表深 0.35 米，墓室长 2.25、宽 0.78~0.96 米，深 0.83 米。墓室内填土为棕黄色五花土。该墓四壁平直，墓

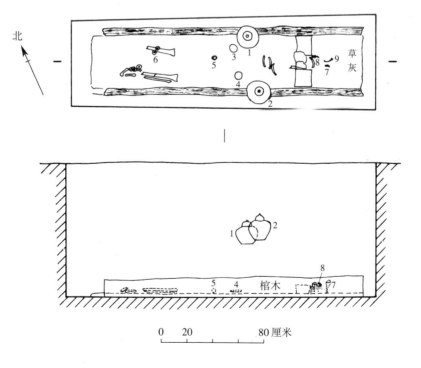

图三二　明清 M2 平、剖面图

1、2.瓷将军罐　3、4.A 型玉镯　5.铜顶针　6.铜钱　7、8.镀银铜钗　9.铜耳勺

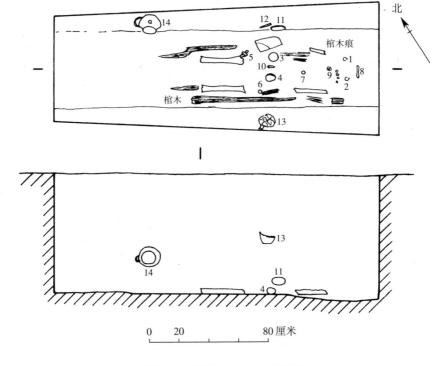

图三三　明清 M11 平、剖面图

1、2. B 型镀银铜耳环　3. A 型镀银铜镯　4. A 型玉镯　5、6. 铜顶针　7. A 型铜扣　8. C 型镀银铜簪　9. 铜钱　10、12. 竹簪　11. 玻璃镜　13. B 型陶单流罐　14. A 型陶单流罐

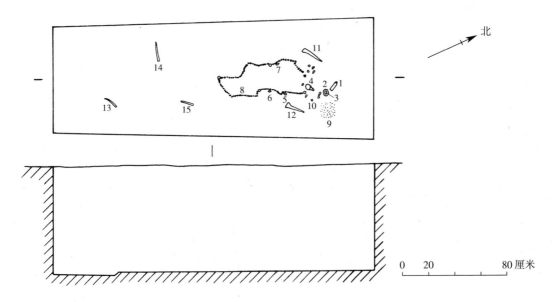

图三四　明清 M23 平、剖面图

1. 玻璃料顶戴　2. 玻璃料帽饰　3、5~7. A 型玻璃料坠子　4. 玻璃料葫芦　8. 玻璃料串珠（共 112 颗）　9. 小米　10. 人牙齿　11~15. 铁棺钉

底有木炭和草灰。人骨保存较差，部分人骨已朽，为仰身直肢葬，葬具已朽，残留有棺钉。随葬品有瓷碗、陶四耳罐、铜钱、铜扣等（图三五）。

M66 位于 T9 东部，北部压在 T9 东隔梁下，开口于第 1 层下。墓向 46°。墓口距地表深 0.4 米，墓室长 2.4、宽 0.76~1 米，深 0.74 米。墓室内填土为棕黄色五花土。该墓四壁平直，墓底有木炭、石灰、草灰。人骨保存较差，为仰身直肢葬，头骨卜有横叠的灰瓦片。随葬品有陶短颈罐、瓷碗、铜耳勺、铜钱等（图三六）。

M64 位于 T9 西北角，北部在 T9 北隔梁下。开口于第 1 层下。墓向 25°。墓口距地表深 0.45 米，墓室长 2.3、宽 0.7~0.98 米，深 0.66 米。墓室内填土为棕黄色五花土。该墓四壁平直，墓底有木炭、石灰、草灰。人骨保存较差，为仰身直肢葬，葬具已朽，残留棺痕，头骨下有横叠的灰瓦片。随葬品有瓷碗、青花瓷罐、铜帽饰、铜扣、玻璃扣、铜钱、铜耳勺等（图三七）。

M76 位于 T6 东南部，开口于第 2 层下。墓向 16°。墓口距地表深 0.4 米，墓室长 2.38、宽 0.72~0.94 米，深 0.95 米。墓室内填土为棕黄色五花土。该墓四壁平直，墓底有木炭、石灰、草灰。人骨保存较差，为仰身直肢葬，葬具已朽。随葬品有陶双耳罐、镀银铜耳环、铜顶针、玉镯等（图三八）。

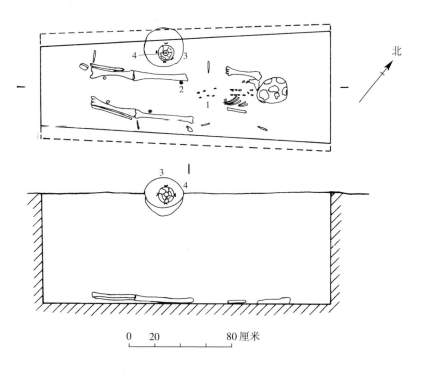

0   20   80 厘米

图三五　明清 M56 平、剖面图
1. B 型铜扣　2. 铜钱　3. A 型陶四耳罐　4. Ac 型瓷碗

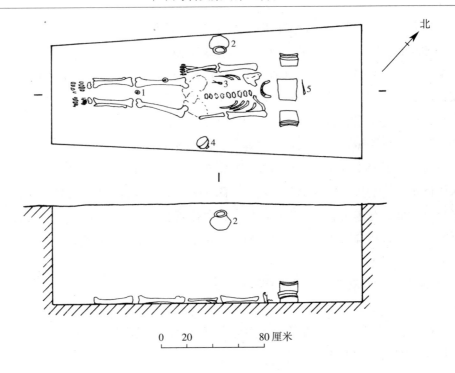

图三六　明清 M66 平、剖面图

1. 铜钱　2. C 型陶短颈罐　3、5. 铜耳勺　4. Ea 型瓷碗

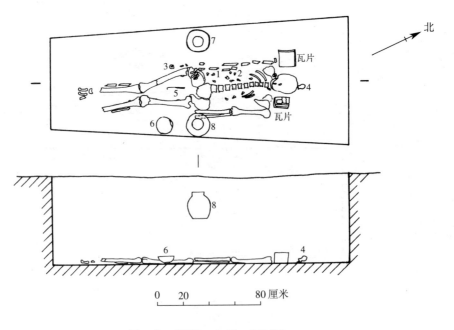

图三七　明清 M64 平、剖面图

1. B 型玻璃扣　2. B 型铜扣　3. 铜钱　4. 铜帽饰　5. 铜耳勺　6. F 型瓷碗　7、8. 青花瓷罐

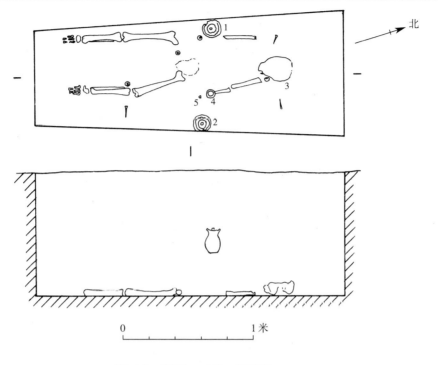

图三八　明清 M76 平、剖面图

1、2. Ba 型陶双耳罐　3. A 型镀银铜耳环　4. A 型玉镯　5. 铜顶针

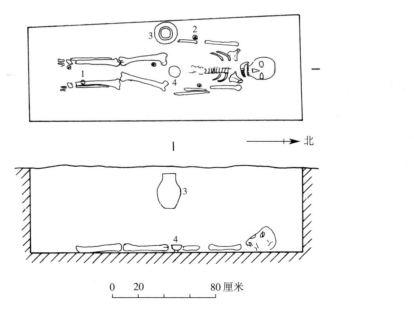

图三九　明清 M96 平、剖面图

1. 银币　2. 铜钱　3. B 型陶高领罐　4. D 型瓷碗

　　M96　位于T2东南角。开口于第1层下。墓向358°。墓口距地表深0.25米，墓室长2.1、宽0.76~0.8米，深0.65米。墓室内填土为棕黄色五花土。墓四壁平直，墓底有石灰、草灰。人骨保存较差，为仰身直肢葬，葬具已朽，有棺痕。随葬品有陶高领罐、瓷碗、银币、铜钱等（图三九）。

　　丙类墓　1座（M142）。砖石混合结构墓。墓向14°。墓口距地表深0.35米，墓室长2.35、宽0.76米，深0.7米。墓口盖有5块长方形石板，四壁以长、宽、厚分别为24、12、5厘米的长方形青砖错缝横砌而成。墓底为生土，整体呈水平状。墓室北端底部仅残存头骨。填土呈黄褐色。不见随葬品，该墓有二次修整迹象（图四○）。

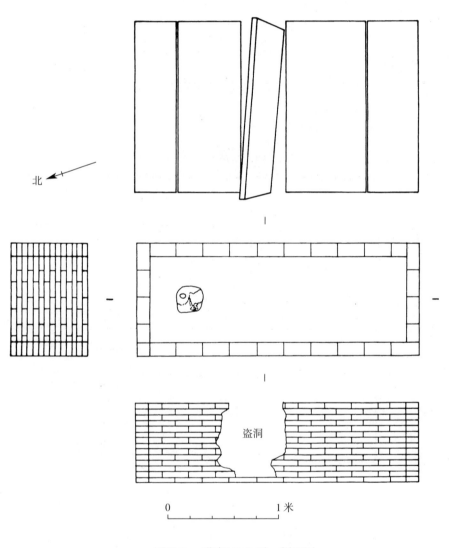

图四○　明清M142平、剖面图

2. 随葬品

1109件。以生活实用器为主，也有随葬专用器物，有较多的装饰品和服饰品，器类有陶器、瓷器、铜器、铁器、玉器、玻璃器、骨器、木器等。

（1）陶器

150件。陶器数量较少，以专用的随葬器为主，也有部分为生活用器，绝大部分为夹砂缸胎，少量为泥质陶。缸胎，较硬，火候高，呈灰色或褐色；基本上施釉，施釉位置一般腹部以上，有通体施釉和条带施釉，釉不及底。纹饰多素面，部分为凸棱和莲花瓣纹。

展唇罐　3件。夹细砂陶。口部为双口，双唇，整体瘦高。依据口部不同可分两型。

A型　1件（标本M60∶1）。灰色缸胎。平唇，敛口，口较高，外唇已残，仅见残痕，溜肩弧腹内收，平底内凹。通体施釉，大部分已剥落。口径10、底径10、高24.6厘米（图四一，1）。

B型　2件。平唇，敞口。标本M74∶3，红褐色缸胎，内口高，外唇已残，仅见痕迹，溜肩，弧腹内收，平底内凹。局部施条带青黄釉，部分已剥落。口径9、底径10.2、高26.8厘米（图四一，2）。

广肩罐　4件。夹细砂陶。肩部外鼓为广肩。依据口部不同可分三型。

A型　1件（标本M149∶3）。灰色缸胎。斜平唇，敛口，唇外突内收，矮领，折肩，弧腹内收，平底内凹。通体施青黄釉。口径11.6、底径10.8、高21.8厘米（图四一，3）。

B型　2件。圆唇，敞口。标本M70∶4，灰色缸胎。卷沿，束颈，溜肩，斜弧腹内收，平底内凹，底中部有圆折断块痕。通体施深黄褐色釉。口径9.6、底径10.8、高20.8厘米（图四二，1；彩版二八，3）。标本M57∶1，灰色缸胎。微卷沿，束颈，肩微折，斜弧腹内收，平底内凹。通体施深灰黄褐色釉。口径9.4、底径8.6、高16.2厘米（图四二，2）。

C型　1件（标本M8∶2）。红褐色缸胎。平唇，直口，矮领，小广肩，肩折，斜弧腹内收，平底。肩施青黄釉。口径6.8、底径7.6、高14厘米（图四一，4；彩版二八，4）。

四耳罐　2件。夹细砂陶。器形大。小口，鼓腹，下底内收，有四耳。依据口部不同可分两型。

A型　1件（标本M56∶3）。灰白缸胎。斜平唇，侈口，内口敞，短颈，圆肩，鼓腹，下底内收，平底内凹。通体施淡青黄釉。颈与肩相连处有四个对称分布的半环耳。口径8.8、底径10.4、高36厘米（图四二，3）。

B型　1件（标本M83∶6）。灰白缸胎。尖圆唇，近直口，口下斜出内收，束颈，圆肩，鼓腹，下底内收，平底内凹。通体施黑褐色釉。口径9.6、底径10.4、高37.6厘米（图四二，5）。

单流罐　2件。夹细砂陶。依据口部不同可分两型。

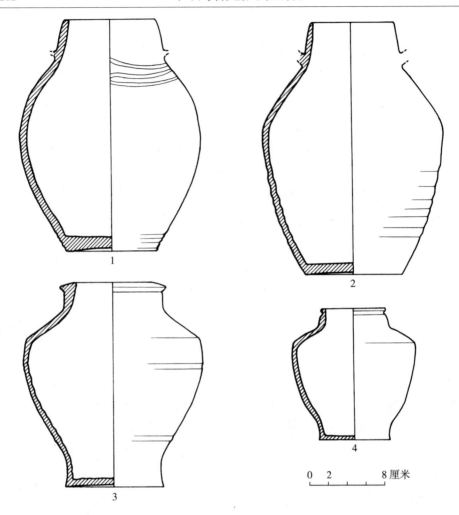

图四一　明清墓出土陶器

1. A 型展唇罐（M60：1）　2. B 型展唇罐（M74：3）　3. A 型广肩罐（M149：3）　4. C 型广肩罐（M8：2）

　　A型　1件（标本 M11：14）。黑褐色缸胎。斜平唇，敞口，微卷沿，束颈，溜肩，扁腹，下底斜收，平底内凹。肩上有凹弦纹，肩与下腹间有捏附的扁耳，与耳垂直的肩上有流口，已残。腹部施釉，呈反光。器表饰弦纹。口径 7.8、底径 8.9、高 11.4 厘米（图四三，1）。

　　B型　1件（标本 M11：13）。灰色缸胎。斜平唇，敛口，溜肩，弧腹内收，平底内凹。最大腹处有一管形把，与把垂直处有管形流。口径 8.1、底径 8.1、高 8.8 厘米（图四三，2）。

　　短颈罐　15件。夹细砂陶。依据口部不同可分三型。

　　A型　11件。尖唇，器身瘦高。依据肩部不同可分三亚型。

　　Aa型　3件。微折肩，鼓腹。标本 M39：4，灰色陶缸胎。敛口，唇外撇，束颈，平底内凹。肩、腹施青黄釉。肩下有四道凸棱。口径 7.2、底径 9.6、高 18.2 厘米（图

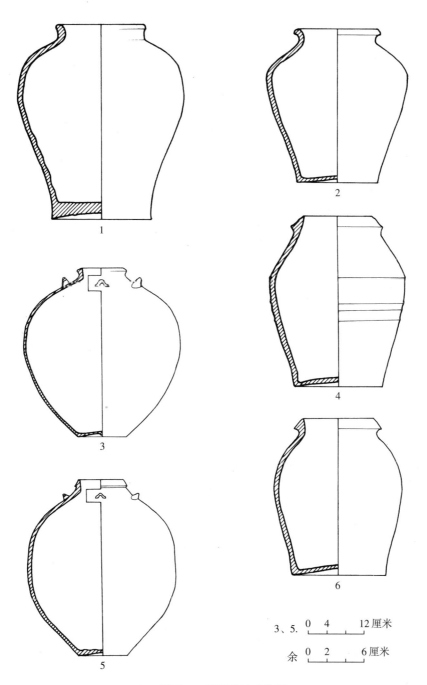

3、5. 0 4 12厘米

余 0 2 6厘米

图四二 明清墓出土陶器

1、2. B 型广肩罐（M70：4、M57：1） 3. A 型四耳罐（M56：3） 4. Aa 型短颈罐（M39：4） 5. B 型四耳罐（M83：6）
6. Ab 型短颈罐（M126：4）

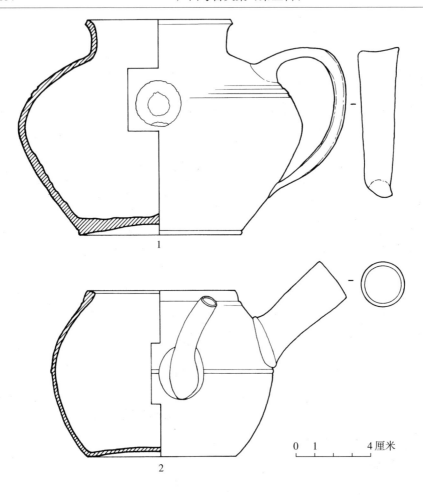

图四三　明清墓出土陶单流罐
1. A 型（M11：4）　2. B 型（M11：13）

四二，4）。

Ab 型　6件。溜肩，鼓腹。标本 M126：4，灰色缸胎。微敞口，束颈，平底内凹。腹施青黄釉。口径 7.6、底径 10、高 16.8 厘米（图四二，6）。

Ac 型　2件。溜肩，弧腹。标本 M120：2，灰黑陶。唇外斜，微敛口，束颈，平底内凹。整体器形瘦高。口径 6.4、底径 8.2、高 14 厘米（图四四，4）。

B 型　3件。尖唇，直口，器身矮胖。标本 M115：3，深灰褐色缸胎。唇向外斜平，束颈，圆肩，鼓腹，平底内凹。上腹施青禄釉。口径 7.2、底径 8、高 10.6 厘米（图四四，3）。

C 型　1件（标本 M66：2）。灰褐色缸胎。器身矮胖。圆唇，敞口，矮凹折沿，束颈，圆肩，斜弧腹内收，平底。腹部局部施黄褐色釉。口径 9.2、底径 7.8、高 10 厘米（图四四，2）。

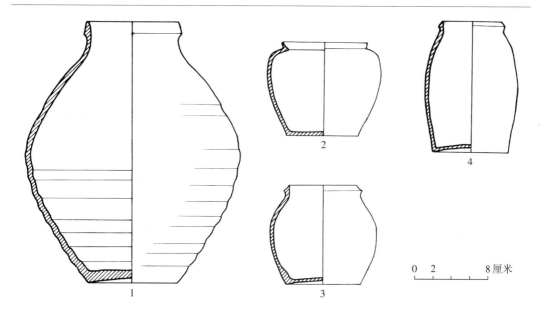

图四四　明清墓出土陶器

1. A型高领罐（M86∶1）　2. C型短颈罐（M66∶2）　3. B型短颈罐（M115∶3）　4. Ac型短颈罐（M120∶2）

高领罐　16件。夹细砂陶。高领，溜肩，鼓腹。依据口部不同可分三型。

A型　3件。圆唇，直口。标本M86∶1，褐色缸胎。唇下突平收，扁弧腹内收，平底内凹。器体瘦高。上腹施酱釉，局部已剥落。下腹有凸棱。口径10、底径9.2、高27.8厘米（图四四，1）。标本M69∶3，红褐色缸胎。外口斜平突出内收，内口近直，扁弧腹，下底内收，平底内凹。表层施深绿色釉。口径8.6、底径11.8、高26.6厘米（图四五，1；彩版二九，1）。

B型　11件。圆唇，敞口。标本M21∶1，灰色缸胎。口外部内凹，上下两端突出成棱，腹凹凸不平。器形瘦高。通体施青黄釉，大部分已剥落。口径9.4、底径11.4、高26.8厘米（图四五，2）。标本M145∶2，灰黑色缸胎。口外侧上下有棱，中间内凹，束颈，颈下有凹痕，平底内凹。通体施青黄釉，已剥落。口径9.2、底径9.8、高26.4厘米（图四五，3）。标本M129∶1，红褐色缸胎。口外侧上下有凸棱，中部间内凹，束颈，下腹凹凸不平。平底内凹。通体施深绿色釉，局部已剥落。口径9.6、底径10、高25厘米（图四五，4）。标本M71∶9，红褐色缸胎。颈中部有一道凸棱，平底内凹。器形瘦高。通体施青黄釉，大部分已剥落。口径9、底径9.2、高26.8厘米（图四六，1；彩版二九，2）。

C型　2件。圆唇，喇叭口。标本M37∶1，红褐色缸胎。卷沿，下底内收，平底内凹。通体施酱釉，大部分已剥落。口径10.4、底径8.2、高26.8厘米（图四六，2）。

双耳罐　104件。夹细砂陶。有器盖，鼓腹，展唇，"W"形耳在外唇口上，对称分

0 2   10厘米

图四五　明清墓出土陶高领罐
1. A 型（M69：3）　2~4. B 型（M21：1、M145：2、M129：1）

布。依据口部不同可分两型。

A 型　55 件。深口。依据腹部纹饰不同可分两亚型。

Aa 型　23 件。腹部饰龙纹。标本 M113：2，灰色缸胎。内口平唇，敛口，斜直，外口斜平唇，深凹折沿，束颈，溜肩，弧腹内收，平底内凹。颈、腹饰有凸棱，有写意双

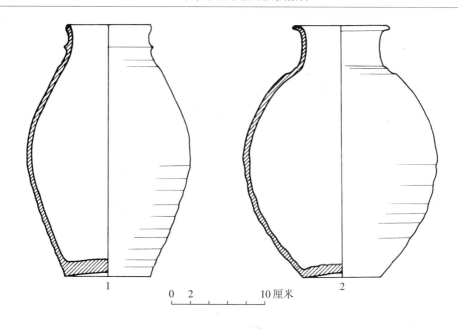

图四六 明清墓出土陶高领罐
1. B型（M71：9） 2. C型（M37：1）

龙戏珠。器盖为平唇，敞口，斜弧腹，顶为饼形纽。上腹施褐绿釉，外唇高于内唇。内口径5.6、外口径11.8、底径8、通高20.4厘米（图四七，1）。标本M137：1，红褐色缸胎。内口平唇，敛口，斜平，外口斜平唇，深凹折沿，束颈，溜肩，斜弧腹内收，平底内凹。带盖，盖口斜平唇，敞口，斜弧腹，顶为饼形纽，内唇高于外唇。颈、腹有凸棱，肩堆塑双龙戏珠。上腹施深绿色釉。内口径6.8、外口径12.9、底径8、通高22厘米（图四七，2）。标本M9：2，灰褐胎。内口平唇，直口，外口斜平唇，深凹折沿，束颈，溜肩，弧腹内收，平底内凹。带盖，盖为斜平唇，斜弧腹，盖顶为饼形纽。内唇高于外唇。颈、腹有凸棱，肩饰双龙戏珠。内口径6.6、外口径13.6、底径8.2、通高21.2厘米（图四八，1）。标本M89：3，红褐色缸胎。内口平唇，近直口，外口斜平，深凹折沿，束颈，溜肩，弧腹内收，平底内凹。带盖，盖为斜平唇，敞口，弧腹，盖顶为饼形纽。内唇低于外唇。颈、腹有凸棱，肩部堆塑双龙戏珠纹。上腹施青绿釉。内口径5.4、外口径12.2、底径8、通高20.8厘米（图四八，2）。标本M137：2，灰褐色缸胎。内唇平唇，近直口，外唇斜平唇，敞口，深凹折沿，束颈，溜肩，内口低于外口，弧腹内收。盖为覆钵形，平唇斜弧腹，顶有饼形纽。外唇高于内唇。肩上部悬捏塑双龙戏珠，腹部有两道凸棱。上腹部施青绿釉。器体瘦长。内口径6.4、外口径12.6、底径9、通高20.4厘米（图四九，1）。标本M105：4，红褐色缸胎。内口平唇，直口，外口圆唇，浅宽凹折沿，束颈，溜肩，弧腹内收，平底微凹。带盖，盖口为平唇，直腹内收，盖顶为饼形纽。内唇略高于

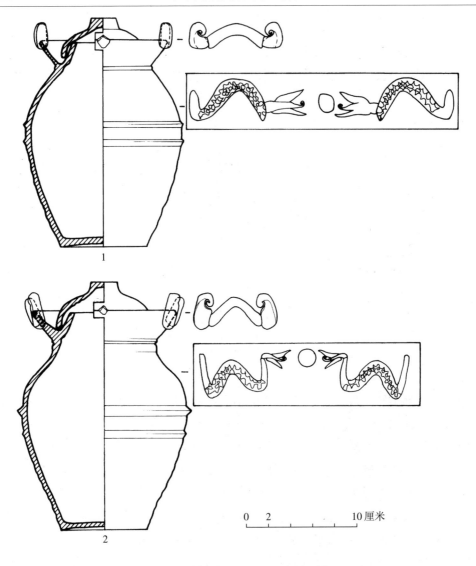

0　2　　　　　　　　10厘米

图四七　明清墓出土 Aa 型陶双耳罐
1. M113∶2　2. M137∶1

外唇。颈、腹有凸棱，肩部堆塑双龙戏珠。上腹施青黄釉。内口径6.2、外口径12、底径8、通高19.3厘米（图四九，2）。标本 M77∶3，红褐色缸胎。内唇为平唇，敛口，斜直，外唇斜平唇，深凹折沿，束颈，溜肩，弧腹内收。带盖，盖口斜平唇，敞口，斜弧腹，盖顶为饼形纽。内唇高于外唇。腹饰捏塑莲花瓣纹，肩塑双龙戏珠。上腹施深绿色釉。内口径5.4、外口径12.4、底径8、通高23.3厘米（图五〇，1）。标本 M88∶3，灰色缸胎。内口斜平唇，敛口，外口圆唇，深凹折沿，束颈，溜肩，弧腹内收，平底内凹。带盖，盖口为斜平唇，斜弧腹，盖顶为饼形纽。内唇低于外唇。颈、腹突出成莲花瓣纹，肩塑双龙

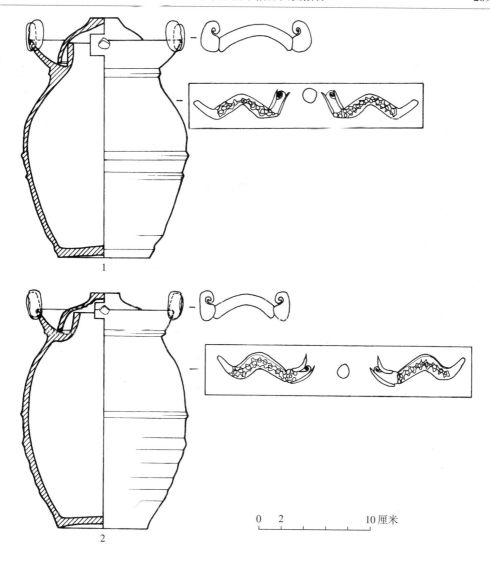

图四八　明清墓出土 Aa 型陶双耳罐
1. M9：2　2. M89：3

戏珠。上腹施深黄绿釉。内口径5.2、外口径11.4、底径7.4、通高22.5厘米（图五〇，2）。

　　Ab 型　32件。腹部不饰龙纹。标本 M79：2，褐色缸胎。内口平唇，近直口，外口斜唇，深凹折沿，束颈，溜肩，弧腹，平底内凹。带盖，盖口平唇，敞口，弧腹，顶为饼形纽。内唇略低于外唇。颈、腹有凸棱，肩有一珠纹。上腹施褐绿釉。内口径5、外口径9.9、底径7.6、通高17.7厘米（图五一，1）。标本 M133：1，灰褐色缸胎。内口平唇，敛口，斜直，外口斜平唇，浅窄凹折沿，束颈，溜肩，弧腹内收，平底。盖为覆钵形，平唇，直口，弧腹，上端有饼形纽。外唇高于内唇。腹部有凸棱，肩上有一珠纹。上腹施

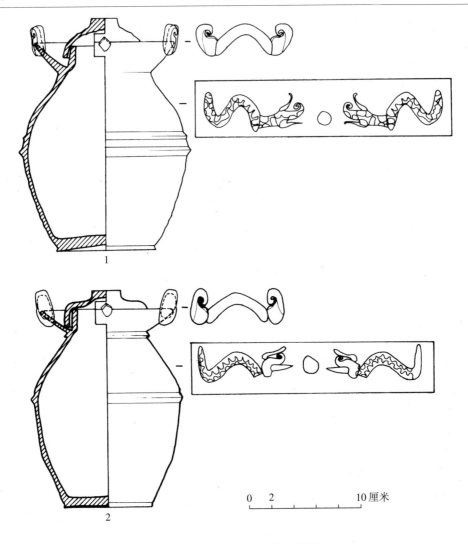

图四九　明清墓出土 Aa 型陶双耳罐
1. M137：2　2. M105：4

青绿釉。内口径4.4、外口径10.4、底径6.1、通高17.3厘米（图五一，2）。标本 M28：2，深褐色缸胎。内口平唇，敛口，斜直，外口斜平唇，深凹折沿，束颈，溜肩，弧腹内收，平底内凹。带盖，盖口为平唇，斜弧腹，盖顶为饼形纽。内唇高于外唇。颈、腹有凸棱，局部莲花瓣状。上腹施深绿釉。内口径5.4、外口径10.8、底径7.6、通高20.2厘米（图五一，4）。

　　B 型　49件。浅口。依据腹部纹饰不同可分两亚型。

　　Ba 型　24件。腹部饰龙纹。标本 M116：2，红褐色缸胎。内口平唇，敛口，斜平，外口斜平唇，敞口，深凹折沿，束颈，溜肩，弧腹内收，平底内凹。带盖，盖口为平唇，

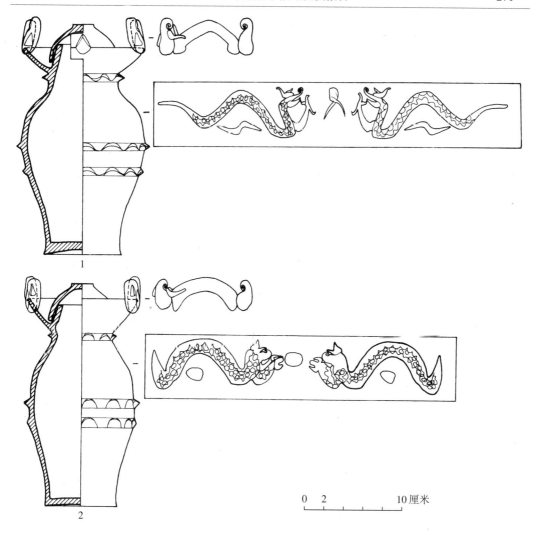

图五〇　明清墓出土 Aa 型陶双耳罐
1. M77：3　2. M88：3

敞口，弧腹，顶为饼形纽，内唇低于外唇。颈、腹有凸棱，肩堆塑双龙戏珠。上腹施深青绿色釉。内口径5.6、外口径11.6、底径7.6、通高19.8厘米（图五二，1）。标本M124：1，褐色缸胎。内口平唇，敛口，斜直，外口斜平唇，浅凹折沿，束颈，溜肩，弧腹内收，平底内凹。带盖，盖口为覆钵形，盖口为平唇，敞口，斜弧腹，顶为饼形纽。腹有凸棱，肩堆塑双龙戏珠纹。上腹施青绿釉。内口径6、外口径12.2、底径7.8、通高20.1厘米（图五二，2）。标本M17：3，深灰色缸胎。内口平唇，敛口，斜直，外口斜平唇，宽浅凹折沿，束颈，溜肩，弧腹内收，平底内凹。带盖，盖为覆钵形，平唇，敞口，斜弧腹，顶为饼形纽。外唇略高于内唇。腹有凸棱，肩堆塑双龙戏珠。腹上施褐绿釉。器身瘦长。内

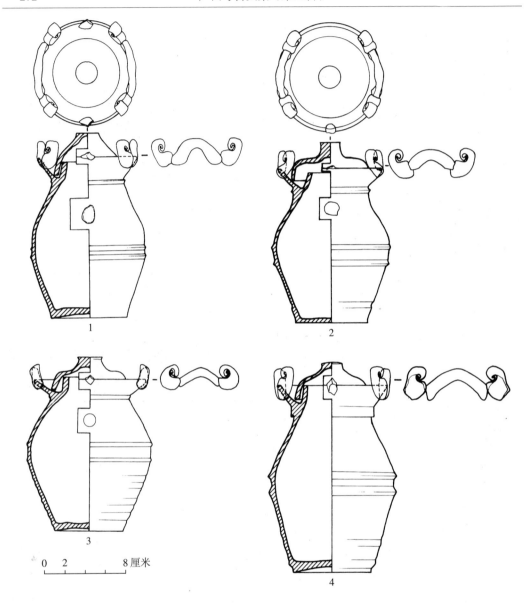

图五一　明清墓出土陶双耳罐
1、2、4. Ab 型（M79：2、M133：1、M28：2）　3. Bb 型（M151：2）

口径6、外口径12.8、底径8.3、通高21.4厘米（图五三，1）。标本 M30：1，红褐色缸胎。内口平唇，敛口，斜平，外口斜平唇，窄凹折沿，束颈，溜肩，鼓腹内收，平底内凹。带盖，盖为覆钵形，斜平唇，敞口，弧腹，顶为饼形纽，内唇高于外唇。腹有凸棱，肩堆塑双龙戏珠。腹以上施青绿釉，已剥落。内口径5.4、外口径11、底径7.3、通高19.9厘米（图五三，2）。

Bb型　25件。腹部不饰龙纹。标本M109∶5，红褐缸胎。内口平唇，敛口，斜直，外口斜平唇，浅窄凹折沿，束颈，溜肩，鼓腹，平底内凹。带盖，盖口平唇，敞口，弧腹，顶为饼形纽。内唇高于外唇。肩有一珠纹。腹施青绿釉。内口径5.6、外口径11.1、底径7.5、通高15.6厘米（图五四，1）。标本M151∶2，灰褐色釉。内口平唇，直口，外口斜平唇，深凹折沿，束颈，溜肩，鼓腹，下底内收，平底内凹。带盖，盖口为斜平唇，敞口，弧腹内收，顶为饼形纽。内唇高于外唇。颈、腹有凸棱，肩有珠形纹。上腹施有青釉。内口径5.2、外口径11、底径6.9、通高16.7厘米（图五一，3）。

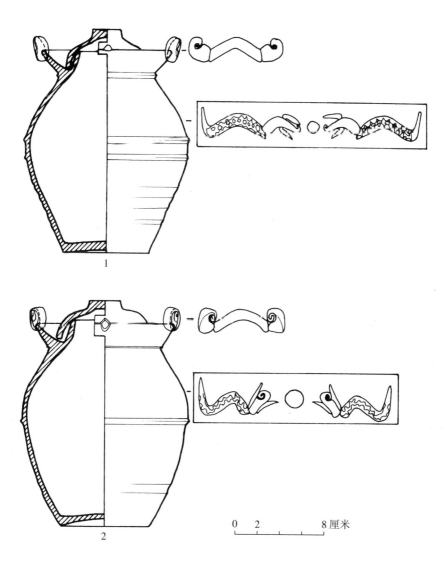

0 2 8厘米

图五二　明清墓出土Ba型陶双耳罐

1. M116∶2　2. M124∶1

直口杯　1件（标本 M99：1）。泥质灰陶。尖唇，侈口，唇向外斜平，口下束颈，直腹，平底内凹。口径9.4、底径9.4、高10厘米（图五四，2）。

盒　1件（标本 M100：4）。泥质灰陶。尖唇，子母口，内口敛，弧腹内收，凹底，底有"茂信"印章图案。表层施黑褐釉。口径5.2、底径5.5、高4.2厘米（图五四，4）。

器足　1件（标本 M42：2）。泥质灰陶。表层饰黄釉，釉色不均匀，足为兽足，有眼、鼻等图案。残高5.9厘米（图五四，3）。

陶烟嘴　1件（标本 M94：1）。泥质灰陶。整体成"L"型，烟锅外层不施釉，在下

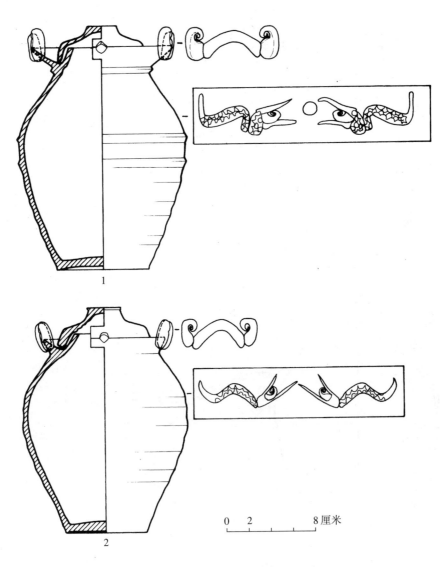

0　2　　　　8厘米

图五三　明清墓出土 Ba 型陶双耳罐
1. M17：3　2. M30：1

端施酱釉，锅呈内圜底状，下端突出成转折，下有一小穿孔，出烟口在上端转弯处。长3.4、宽2.9、高4.2厘米（图五四，5）。

（2）瓷器

76件。绝大多数为生活实用器，少量为明器。有青瓷和青花瓷，以青花居多。青瓷器质地较好，色泽滋润，部分为豆青色，青花瓷器部分质地较好，其描绘的花草图案整齐、简洁，色泽光亮；大部分较差，描绘的花草图案凌乱、繁缛，色泽暗淡。瓷器的胎质呈白色，细腻，经过淘洗。青瓷多数为素面，少量有莲花瓣；青花瓷器少见素面，一般描绘草花等。器类有碗、罐、杯、瓶、烟嘴，以碗为主。

将军罐　2件。标本M2：1，灰白胎。圆唇，侈口，内口敞，束颈，圆肩，斜弧腹内收，平底内凹。口上有钵形盖，盖口为子母口，顶端为柱形把，上端为锥体。通体施青绿釉。口径10、底径11.6、通高25.6厘米（图五五，2）。

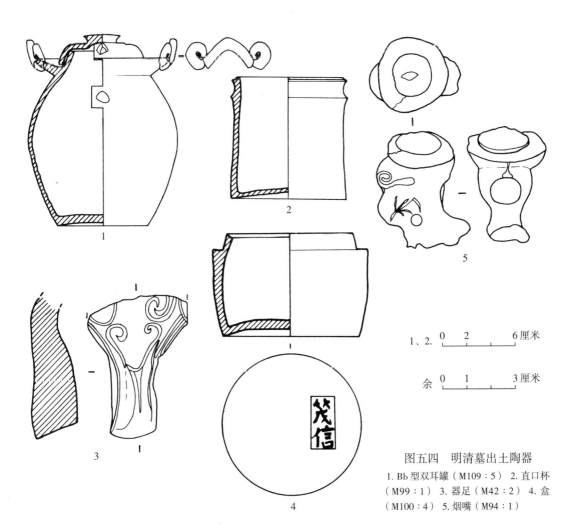

1、2.　0　2　6厘米

余　0　1　3厘米

图五四　明清墓出土陶器

1.Bb 型双耳罐（M109：5）　2.直口杯（M99：1）　3.器足（M42：2）　4.盒（M100：4）　5.烟嘴（M94：1）

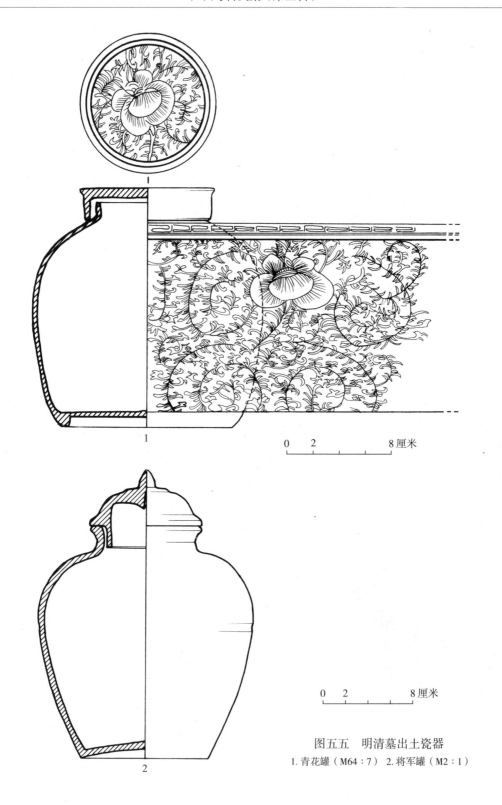

图五五　明清墓出土瓷器

1. 青花罐（M64 : 7）　2. 将军罐（M2 : 1）

青花罐　2件。标本M64：7，白胎。平唇，直口，矮直颈，圆肩，弧腹内收，矮圈足。带盖，盖顶平直，盖口为圆唇，直口，盖口大于器口。盖顶、器身绘缠枝花叶，盖顶为一组，器身共有三组，每组绘同一个花样。口径8、底径13.2、通高18.1厘米（图五五，1；彩版二九，3）。

碗　55件。依据口部不同可分七型。

A型　12件。撇口。可分三亚型。

Aa型　1件（标本M86：3）。胎白，细腻。平沿，大撇口，尖唇，斜直腹，大平底。圈足稍内收，足墙较薄，足根尖，挖足较深。无青花。白釉均匀，细腻。满釉，仅足根部分无釉。口径14.4、足径5.4、高6.6厘米（图五六，2；彩版三〇，1）。

Ab型　1件（标本M129：2）。小撇口，尖圆唇。口下内收，弧腹内收，矮直圈足。青花淡雅，胎质细腻。内底饰鸟、草、印花，腹饰三组鸟、草、荷花印花，足内外饰两道同心圆。器表装饰同心花草、鸟等。通体饰青白釉，釉色好。口径10.1、足径4.3、高5.6厘米（图五六，3，彩版三〇，2）。

Ac型　10件。撇口，圆唇，青花繁缛，颜色黯淡。标本M149：2，胎白，细腻。深弧腹，内平底，圈足平直，修足草率，挖足较深，足根无釉。青花色较浅淡，口沿内直线数道，内底圆圈内布满花朵一朵，外壁缠枝花叶一周，纹饰满壁，面无留白，内底一圈，画风随意草率。口径12.4、足径6、高6.6厘米（图五七，1）。标本M70：5，胎白，细腻。深弧腹，内平底，圈足平直，足根无釉。青花外壁一周缠枝叶纹和花草纹，纹饰暗淡。口径13、足径7.4、高6.4厘米（图五六，1）。标本M88：2，灰白胎，较细腻。内平底，有涩圈，圈足稍内收，足根尖，无釉。内底花一朵，外壁有一周缠枝花朵，画风随意、草率。青花色黯淡。口径13、足径6.6、高6厘米（图五八，1）。标本M42：5，灰白胎，细腻。斜腹，内平底，有涩圈，底心有凹窝，圈足微内收，足墙厚，挖足较深。足根无釉。青花色暗淡，外壁饰浅淡青花绘花叶一周，画风草率，随意。口径12.6、足径6.4、高5.5厘米（图五八，2）。标本M99：2，胎白，细腻。深斜腹，内平底，圈足内收，足墙薄，足根无釉。青花色蓝，浅淡，唇部青花直线一周，内壁青花直线两周，内底枝花一朵，外壁分上下两层，每层用斜线分成小方块，方块内花一朵，花朵枝叶相间排列，足底圆圈内用满文书写，近似阴阳符号。口径11.2、足径4.4、高5.8厘米（图五九，1）。

B型　10件。敞口，深弧腹。依据不同可分两亚型。

Ba型　5件。敞口，方唇，足根内收或垂直。青瓷。标本M69：4，灰白胎，胎厚。壁厚。圈足稍内收。青釉较厚，呈冰裂纹状，器身满釉，仅圈足内底无釉。内底刻一"福"字，外壁刻一周莲花瓣纹。口径11.2、足径5.4、高5.4厘米（图五九，2；彩版三〇，3）。标本M37：2，灰白胎，细腻。大平底，圈足较高，足根较尖，挖足较深，足根和足底无釉，器形较厚。青釉，釉层较厚。口径14、足径5.8、高8.2厘米（图五七，2；彩版三

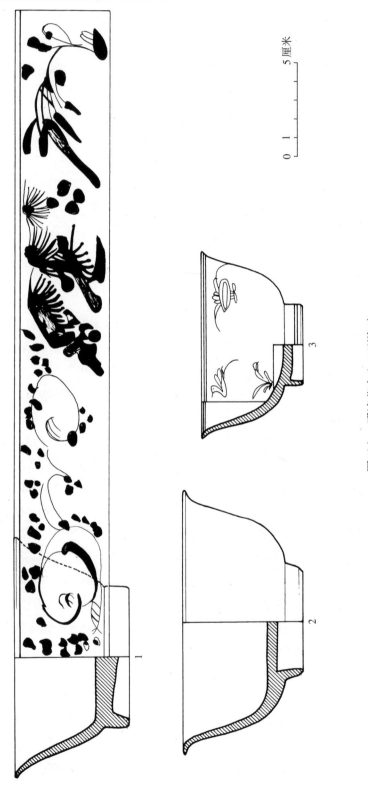

5 厘米

0 1

图五六　明清墓出土 A 型瓷碗

1. Ac 型（M70：5）　2. Aa 型（M86：3）　3. Ab 型（M129：2）

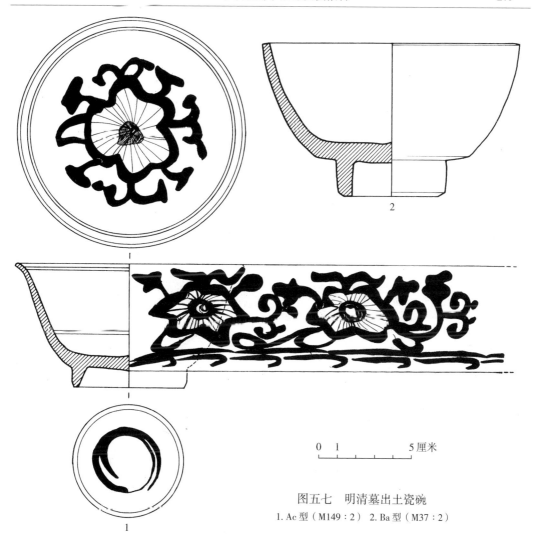

图五七　明清墓出土瓷碗
1. Ac型（M149：2）　2. Ba型（M37：2）

〇，4）。标本 M51：3，灰白胎，细腻。平底，圈足稍内收，足根、足底无釉。器形厚重，灰白色釉。外壁浅刻莲花瓣纹一周。口径13.6、足径5.8、高6厘米（图六〇，1）。

Bb型　5件。敞口，足根外撇。青白瓷。标本 M145：3，灰白胎。尖唇，斜弧腹，平底，圈足平直，挖足草率。底足无釉，青白釉。口径11.2、足径4.9、高5.3厘米（图六〇，2）。标本 M139：2，胎白，细腻。方唇，唇部无釉，深弧腹，内平底，圈足平直，足根尖，无釉，挖足较深。器形规整，釉白均匀。口径12.8、足径5.9、高6.4厘米（图六〇，3）。标本 M71：8，灰白胎，细腻。平唇，斜弧腹，碗口深，矮圈足，足外撇，足底有两道同心圆，中间'月'字形印花。通体饰青白釉，釉质好。口径12.6、足径5.8、高6.4厘米（图六〇，4）。

C型　4件。圆唇，敞口，深弧腹，矮圈足。青花。标本 M146：3，胎白，细腻，轻

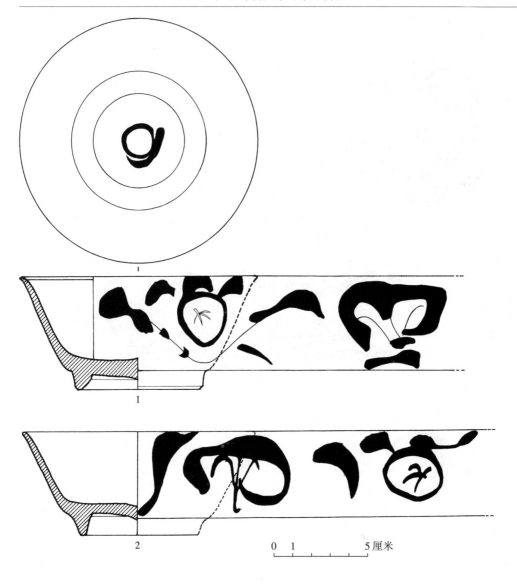

图五八　明清墓出土 Ac 型瓷碗
1. M88：2　　2. M42：5

巧。内圜底，小圈足内收，足墙较薄，仅足根无釉。青花色蓝浅淡，内壁青花直线数道，内底酱釉金鱼一只，外壁上部一周正垂相间的叶纹，壁中部酱釉金鱼四只，圈足青花直线两道。口径13.2、足径4.2、高5.5厘米（图六一，2）。标本 M29：3，胎白，细腻。圈足稍内收，足根不平。满釉，仅足根无釉。内底在釉上刻"日"字，外壁一周花瓣纹，间以"双喜"字，口沿及圈足有两条直线，纹饰丰满，无留白。口径12.6、足径5、高5.5厘米（图六一，1）。标本 M34：1，灰白胎，较细腻。平底有涩圈，圈足，足根无釉。青

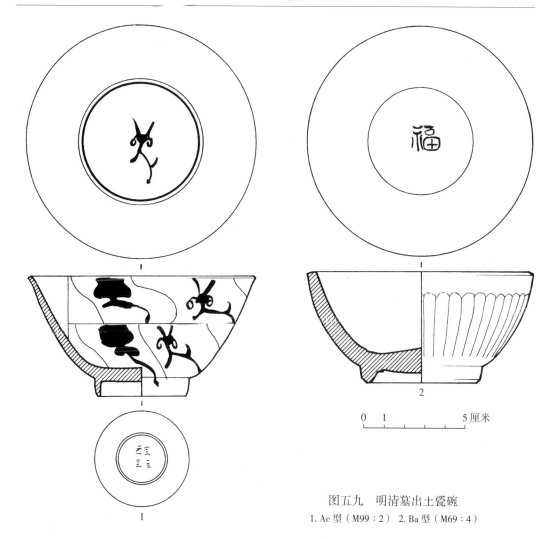

图五九　明清墓出土瓷碗
1. Ac 型（M99：2）　2. Ba 型（M69：4）

花色暗淡，唇部青花一圈，内壁近底青花纹两周，内底一小方块，外壁上下两层，每层分成小方块，方块内有"寿"字一个。口径 12.4、足径 6.4、高 5.6 厘米（图六二，1）。

D 型　5 件。方唇，敞口，深弧腹，矮圈足。青花。标本 M25：2，青灰胎，细腻。壁薄，内平底，圈足矮内收，足墙薄，足根、足底无釉。青花较暗淡，内底两圆圈内一"玉"字，外壁近口沿外有两圆点两周，腹部花叶三枝。口径 13、足径 5、高 5.8 厘米（图六二，2）。标本 M96：4，灰白胎，不够细腻。内圜底，圈足平直，足底有乳突，唇部和足根无釉。青花较暗淡，内底绘两只水鸭，外壁上部一周水鸭，口沿内外有直线数道，画风随意撩草。口径 12.6、足径 5.5、高 6.1 厘米（图六三，1）。标本 M121：1，胎白，细腻。内平底，圈足低矮内收，足壁较薄，足根无釉。青花较蓝，唇部一周青花。内壁弦纹青花一周，内底折枝花一枝；外壁分上下两层，每层用斜线分成小方块，每个方块内画折枝

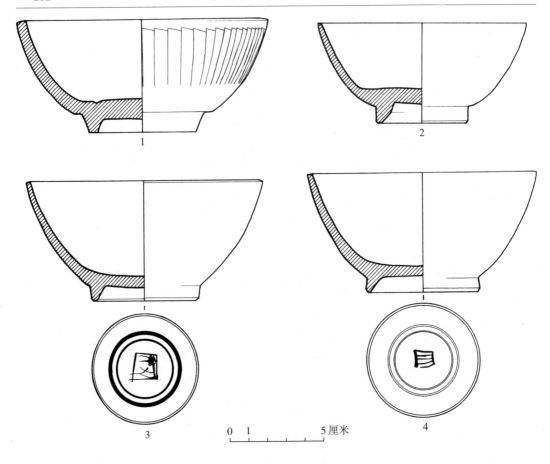

图六〇　明清墓出土 B 型瓷碗
1. Ba 型（M51：3） 2~4. Bb 型（M145：3、M139：2、M71：8）

花一朵，花朵枝叶相间排列。足底画菱形方块，填以直线，其外环以弦纹青花两周。口径 14、足径 6.8、高 6.9 厘米（图六四，1）。

E 型　6 件。敞口，深弧腹，高圈足。青花。依据口部不同可分两亚型。

Ea 型　3 件。方唇。标本 M55：1，灰白胎，细腻。内平底，圈足平直，足根无釉。内壁青花纹数道，内底青花龟一只，外壁鱼、龟、水草，足底圆圈两周，青花色调暗淡，画风草率。口径 11.4、足径 5.4、高 6.7 厘米（图六三，2）。标本 M88：4，胎白，细腻。深斜腹，内平底，圈足平直。青花色暗淡，内底有暗淡青花涩圈和龟；外壁有青花涩圈和花草，两涩圈中间竖排一列鱼，画风随意、草率。器身满釉，仅唇部和足根部无釉。口径 8.3、足径 3.6、高 4.9 厘米（图六四，2）。

Eb 型　3 件。圆唇。标本 M70：3，胎白，细腻。内平底，圈足外撇，挖足较深，足根无釉。青花色蓝，较浅淡，口沿内外青花纹两周，内底龟一只、线纹两周，外壁鱼、龟、

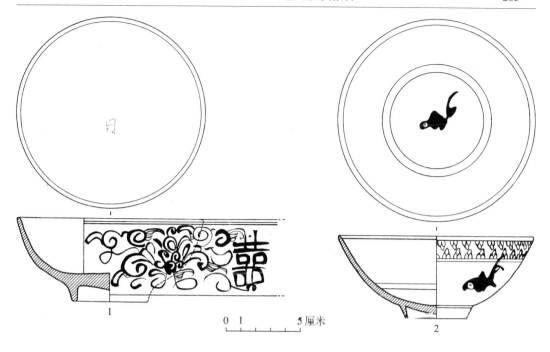

图六一 明清墓出土C型瓷碗

1. M29∶3 2. M146∶3

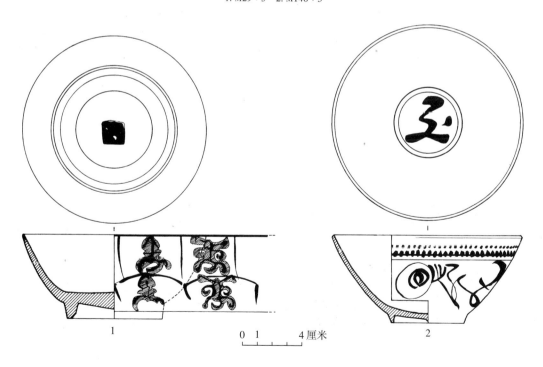

图六二 明清墓出土瓷碗

1. C型（M34∶1） 2. D型（M25∶2）

水草相间排列，圈足弦纹三周，足底两周圆圈内有一印圈。口径11.4、足径5.4、高7.4厘米（图六五，1；彩版三〇，5）。标本M27：2，灰白胎，细腻。深腹，圈足稍内收，足根无釉，挖足较深。青花色浅淡，口沿内外、内壁下部有弦纹两周，内底一点青花，外壁鱼、龟、水草相间排列，底圆圈两周，画风草率。口径11、足径5.4、高6.2厘米（图六四，3）。

　　F型　6件。大敞口，方唇，浅斜腹，矮圈足，足根外撇。青花。标本M126：3，胎白，细腻。大平底，无釉，矮圈足稍内收，足墙较厚。施釉至下腹部。内底青花随意点的一撇，外壁上部网格和花朵相间排列的花纹，下部叶纹数撇。口径14、足径8.2、高4.6厘米（图六五，3）。标本M64：6，灰白胎，细腻。内大平底，有涩圈，矮圈足内收，挖足较浅。足根和足底无釉。口径13、足径6.6、高4.2厘米（图六六，1）。标本M94：4，灰白胎，含砂粒不够细腻。大平底，有涩圈，圈足较矮，足根尖无釉。釉暗淡。青花色暗淡，外壁一周花叶纹，画风草率。口径14.2、足径8、高5厘米（图六五，2）。

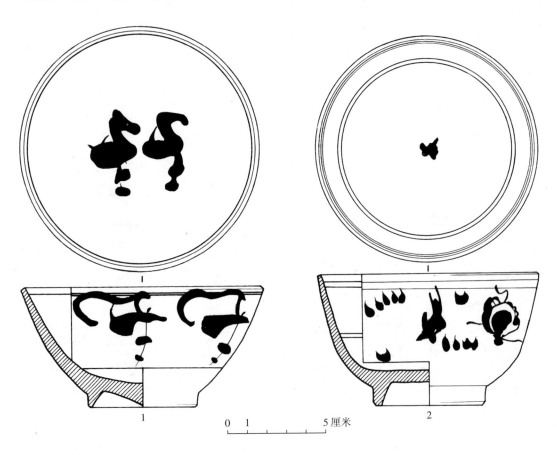

0　1　　　　　5厘米

图六三　明清墓出土瓷碗
1. D型（M96：4）　2. Ea型（M55：1）

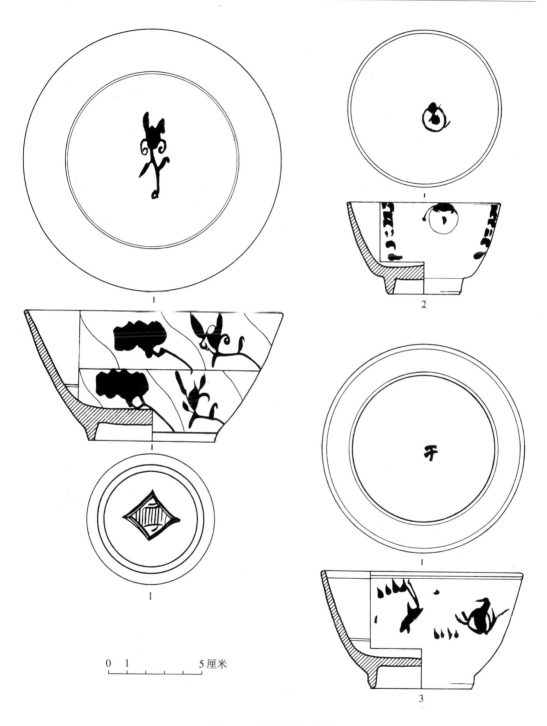

图六四 明清墓出土瓷碗
1. D 型（M121：1） 2. Ea 型（M88：4） 3. Eb 型（M27：2）

G型 12件。大口，圆唇，浅腹，矮圈足，足根外撇。青花。根据口部不同可分两亚型。

Ga型 4件。敞口。标本M106：1，灰白胎，较厚含砂稍多，不够细腻。内平底，有涩圈，圈足平直，制作粗糙，修胎不整齐，壁厚。足底无釉。外壁一周双喜纹和钱纹相间的青花纹，纹饰随意草率。口径14.2、足径7.6、高5.4厘米（图六六，2）。标本M105：2，胎白，细腻。斜弧腹，内平底，有涩圈，圈足内收，足底无釉。外壁一周网格纹和花朵纹相间的青花，画风随意、草率，内底随意画两撇树叶。口径13、足径6.8、

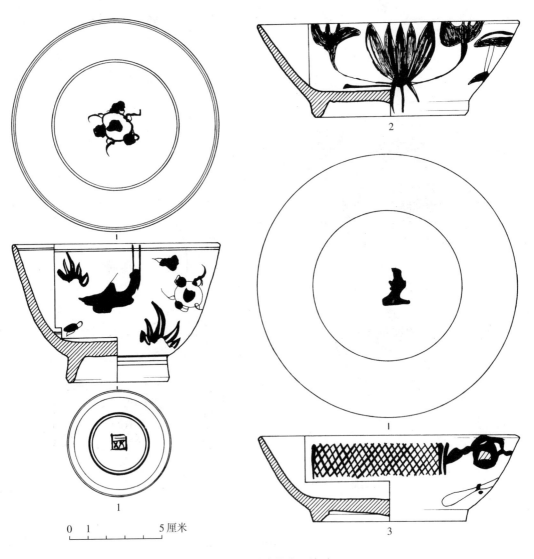

0 1 5厘米

图六五 明清墓出土瓷碗

1. Eb型（M70：3） 2、3. F型（M94：4、M126：3）

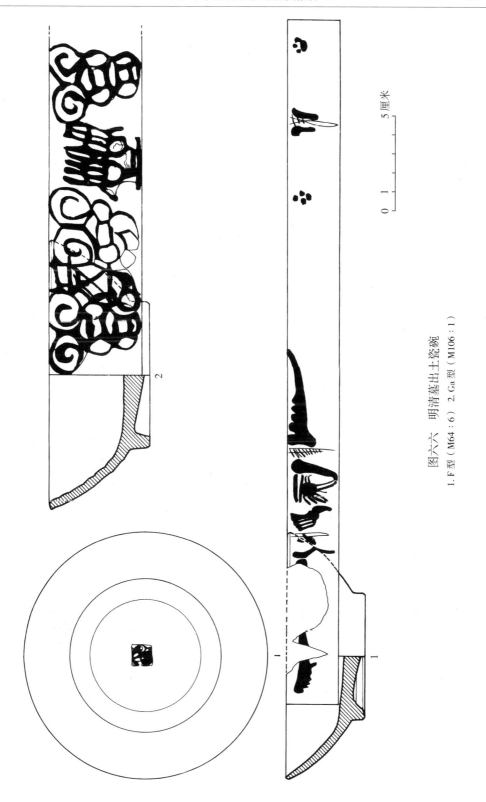

图六六　明清墓出土瓷碗
1. F型（M64∶6）　2. Ga型（M106∶1）

高 5.2 厘米（图六七，1）。

Gb 型　8件。撇口。标本 M130：2，胎白，细腻。内平底有涩圈，圈足微内收，足根尖无釉，足底有乳突。内底釉上刻"明"字，外壁一周青花截枝叶，花朵外轮锯齿状钱纹，青花色暗淡。口径 15.6、足径 7.4、高 6 厘米（图六九）。标本 M111：4，胎白，细腻。内平底，有涩圈，圈足稍内收，足根尖无釉。青花，内底一撇叶纹，外壁一周草叶纹，画风随意、草率。口径 12.4、足径 6.4、高 4.6 厘米（图六八，1）。标本 M79：3，灰白胎，胎质细腻。内平底。无釉，圈足内收，足墙较厚向内斜收，足底无釉，有乳突。外壁一周"山"字青花。口径 11.6、足径 6.5、高 4.1 厘米（图六八，2）。标本 M54：3，灰白胎，有少量砂粒。内平底，有涩圈，圈足稍内收，修足较粗，足根内斜，无釉。青花较暗淡，外壁上部一周花叶与网格纹相间，画风草率，内底花朵一枝。口径 14、足径 6.7、高 4.8 厘米（图六七，2）。标本 M39：5，胎白，细腻。内平底，有涩圈，底心稍内凹，圈足内收，足根尖，无釉。外壁上部一周青花朵，间以四行圆点纹，青花色暗淡。口径 14.2、足径 7.8、高 5.5 厘米（图六八，3）。

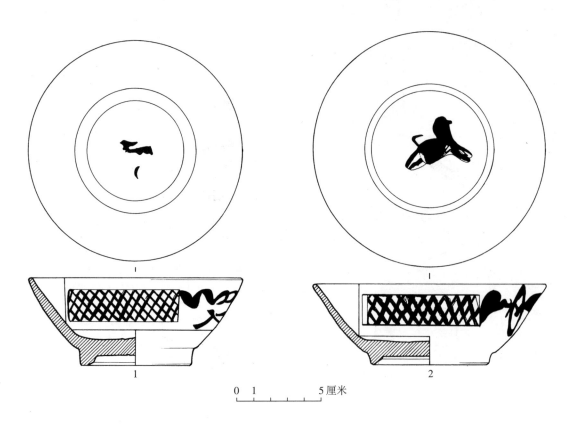

图六七　明清墓出土 G 型瓷碗

1. Ga 型（M105：2）　2. Gb 型（M54：3）

杯 13 件。小口，器身矮小，小圈足。依据口部不同可分三型。

A 型 1 件（标本 M58：10）。胎白，细腻。圆唇，敛口，弧腹，内平底，圈足较小，稍内收，挖足较深，足根无釉。外壁在釉上以粉红、绿两色绘花朵一周，属釉上彩。口径 4、足径 1.8、高 2.6 厘米（图七〇，1）。

B 型 3 件。撇口，圆唇，敞口，斜弧腹。标本 M58：9，胎白，细腻。内尖底，足墙较厚。足底有乳突白釉，圈足部分无釉。口径 4.4、足径 1.5、高 2.3 厘米（图七〇，6）。标本 M137：7，灰白胎，细腻。内小平底，圈足，挖足较浅。青绿色釉，釉层较厚，圈足部分无釉。口径 4.2、足径 1.8、高 2.4 厘米（图七〇，5）。标本 M100：5，灰白胎，含砂粒稍多，欠细腻。平底，圈足内收，足墙较厚，挖足较浅。底足无釉，制造较粗糙。外壁分两层，每层用斜线分成小方块，方块内花朵和枝叶一枝，两者相间排列，青花釉浅淡蓝色。口径 4.8、足径 2.2、高 2.4 厘米（图七〇，2）。

C 型 9 件。方唇，敞口，斜直腹。标本 M56：5，胎白，细腻。内平底，圈足内收，足根和足底无釉。内底和外壁近口沿处有一周青花方块纹。口径 5.2、足径 2.4、高 3.2 厘米（图七〇，7）。标本 M109：9，胎白，细腻。圈足内收，挖足小而浅。底足无釉。内壁青花两周，底部折枝花一朵，外壁缠枝花朵一周，画风随意、草率。青花色较浅淡。口径 4.2、足径 2、高 2.2 厘米（图七〇，4）。标本 M113：4，胎白，细腻。内平底，圈足与器身无明显分隔，足根、足底无釉，挖足较随意。青花色浅淡，唇部青花包口，内壁线纹两周，内底折枝花，外壁缠枝花朵一圈，画风随意、草率。口径 4.6、足径 2.2、高 2.5 厘米（图七〇，3）。

瓶 3 件。小口，器身矮小，小圈足。依据口部和腹部不同可分两型。

A 型 2 件。斜平唇，敞口，圆腹。标本 M100：3，灰白胎，青白瓷。内口敞，矮领，圆肩，矮圈足，腹部中间有一穿孔。口径 3.5、足径 2.4、高 5.4 厘米（图七一，2）。标本 M50：3，灰白胎，青白瓷。沿外撇，矮领，圆肩，矮圈足，腹中部有一穿孔。口径 2.3、足径 2.8、高 5.6 厘米（图七一，3）。

B 型 1 件（标本 M105：5）。胎白，细腻。尖唇，撇口，直腹，短颈耸肩，底内凹。腹部有两个小孔。颈部上套一制灯座。青花色较浅淡，肩部有网格纹一周，腹部为缠枝花叶纹。口径 2.6、足径 5、高 5.2 厘米（图七一，1）。

烟嘴 1 件（标本 M38：4）。灰白胎，青白瓷。形状似侧立的"⌐"形，烟口处为内圆底，嘴前有三道凹弦纹，整个烟嘴形状似兽头形。长 3.1、宽 1.9、高 2.5 厘米（图七〇，8）。

（3）金属器

135 件。

镀银铜镯 4 件。依据形状可分两型。

图六八　明清墓出土 Gb 型瓷碗

1. M111：4　2. M79：3　3. M39：5

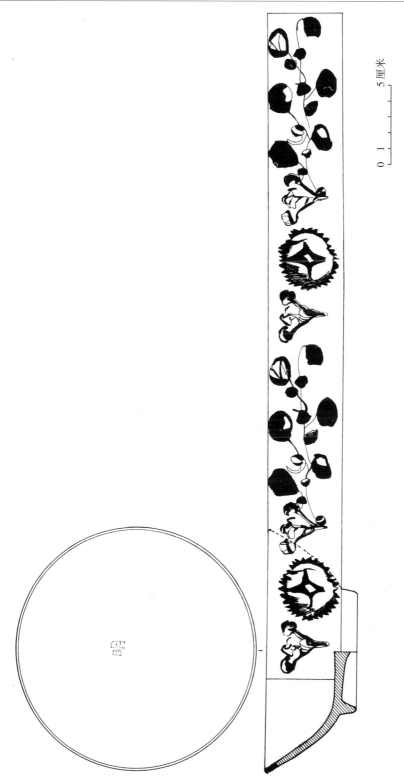

图六九　明清墓出土 Gb 型瓷碗（M130∶2）

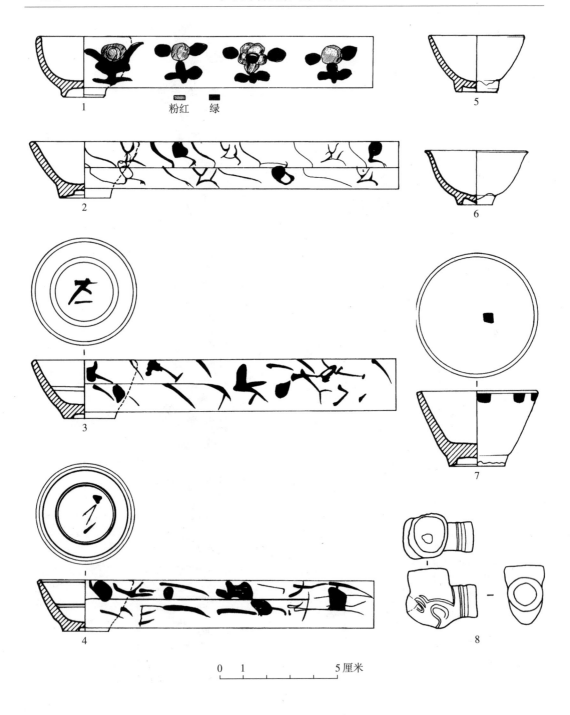

粉红　　绿

0　1　　　　　5厘米

图七〇　明清墓出土瓷器

1.A 型杯（M58：10）　2、5、6.B 型杯（M100：5、M137：7、M58：9）　3、4、7.C 型杯（M113：4、M109：9、M56：5）
8.烟嘴（M38：4）

A 型　3 件。椭圆形。标本 M89：2，环状，截面为圆形。一端不封闭。直径 6.8、厚 0.55 厘米（图七二，1）。标本 M6：7，环状，截面为圆形。外层螺旋包裹一层铜丝条。一端有缺口。直径 6.2、厚 0.4 厘米（图七二，2）。标本 M11：3，环形，截面为圆形，外层螺旋包裹一层铜丝。一端有缺口。直径 6.5、厚 0.6 厘米（图七二，3）。

B 型　1 件（标本 M29：4）。扁形。圆形，不封闭，有缺口，截面为弧线状，外面圆形，内向外内凹。直径 6.2、厚 0.9 厘米（图七二，4）。

镀银铜簪　11 件。依据形状可分四型。

A 型　3 件。长条卷头。标本 M94：6，一端卷曲，另一端为圆锥状，卷曲有圆形刻印图案，可能为"寿"字。长 16、宽 1.1、厚 0.1 厘米（图七二，5）。标本 M132：1，一端弧状，突出成锥状，另一端卷曲成弯头。长 13.1、宽 1.1 厘米（图七二，6）。

B 型　3 件。半圆形。标本 M89：5，中间束腰，两头突出成锥状，截面成弧线。平面两端有对称分布的阴剖图案，图案外围为齿状，内为圆圈。圆圈内分成四部分，每部分刻多重三角形图案。背面中部有"泰和"印章和"X"形。长 6.8、宽 1.7、厚 0.1 厘米（图七三，1）。标本 M58：7，两端向下内凹，中间略直。两端宽，中间窄，两头呈锥状，

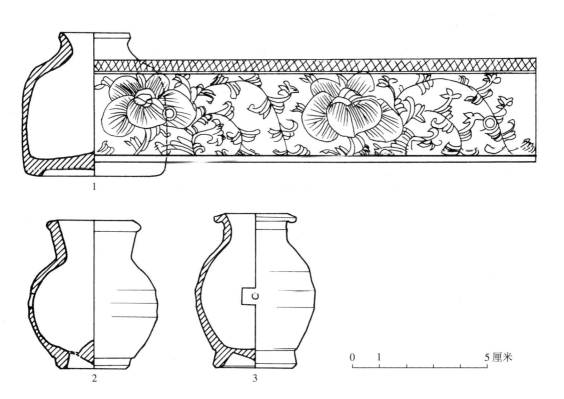

图七一　明清墓出土瓷器

1. B 型瓶（M105：5）　2、3. A 型瓶（M100：3、M50：3）

表层中部有棱脊。表层阴剖图案，图案外层连续相交线。两端外层多条直线，中间为阴剖福寿图案。长9.3、宽1.3、厚0.1厘米（图七三，2）。标本M3：6，曲弧形，中间内凹。表面阴剖图案，外层为锯点纹和菱格纹，中间对称卷叶纹两端呈锥状，阴剖锯点卷草叶纹。长8、宽1.5厘米（图七三，3）。

C型　2件。扁平形。标本M4：3，扁平，中间束腰，两端宽，外收成锥。表面两端阴刻草类图案，对称分布。长8.7、宽0.9、厚0.2厘米（图七三，4）。

D型　3件。曲尺形。标本M111：1，腰鼓形。曲线状，两头尖。中间刻阳剖图案，中部外层为连续相交折线，中间为卷草，两端对称阳剖蝴蝶衔钱图案，背面有印章图案"□万成"。长8.5、宽1.4、厚0.1厘米（图七三，5）。

镀银铜戒指　1件（标本M111：6）。上宽下细，环状，不封闭，展开面中部呈六边形，两端各有一扁平针状突出，两端合拢成环。表层刻有图案，外层为连续三角形，内层为花草。直径2.1、宽1.9、厚0.1厘米（图七三，6）。

镀银铜耳环　27件。依据大小不同可分两型。

A型　14件。体形略大。标本M111：2，环状，上端为细圆条形，不封闭，有缺口，下端扁平，下挂一小环，环再挂一牌饰，为福寿一类吉祥物饰。耳环下端扁平处阴刻花草图案。环直径3.2、宽0.8、厚0.1、通长7.9厘米（图七四，1）。标本M58：8，展开面一端长方形，一端为长圆条形。长方形一面浮雕雕刻金鱼、鲤鱼、草鱼、螃蟹等水生类动植物图案。宽面向上隆起，内层向上凹。直径2.8、宽1厘米（图七四，4）。

B型　13件。体形略小。标本M6：3，环状，上宽下细不封闭，有缺口，展开面为一扁平形铜片和针状铜条，弯曲合拢而成，表面及铜片和铜条相连处刻有吉祥图案。直径2.4、宽0.6、厚0.1厘米（图七四，3）。标本M3：1，环状，上宽下细，不封闭，有缺口，展开面为四个连环铜钱和图案，铜钱刻有"大士五十"字样，另一个不详，还有一个为一般的吉祥图案。直径1.9、宽0.6、厚0.1厘米（图七四，2）。

镀银铜钗　6件。标本M75：4，残，细长条。顶端是帽形，下端成针状。长约9.2、顶残宽2.3、下端宽0.2厘米（图七四，5）。标本M29：7，细锥状。上端为拇指和中指抓一细铜条，另三指竖立。铜指一端弯曲成环状，下吊饰件。长7.3、宽1.1厘米（图七五，3）。标本M2：7，细锥状。上端饰玉鸟，中部为竹节把，下端呈锥状。长9.7、厚0.3厘米（图七五，2）。标本M2：8，细锥状。上端为三指竖立，另两手指弯曲抓一根细铜条。铜条一端弯曲成环状，下吊饰件；另一端突成球状，中间编成玲珑，中间饰多种饰件。饰件有铃、钱、绣球、锁等。通长7、上端宽0.7厘米（图七五，4）。标本M6：1，扁平状，弧形，一端突出成锥，头饰凤头，凤嘴衔饰件。通长12.7、宽0.4厘米（图七五，1；彩版三一，1）。

铜耳勺　6件。标本M2：9，细长形。一端突出内凹成勺，另一端成锥状。勺把表层

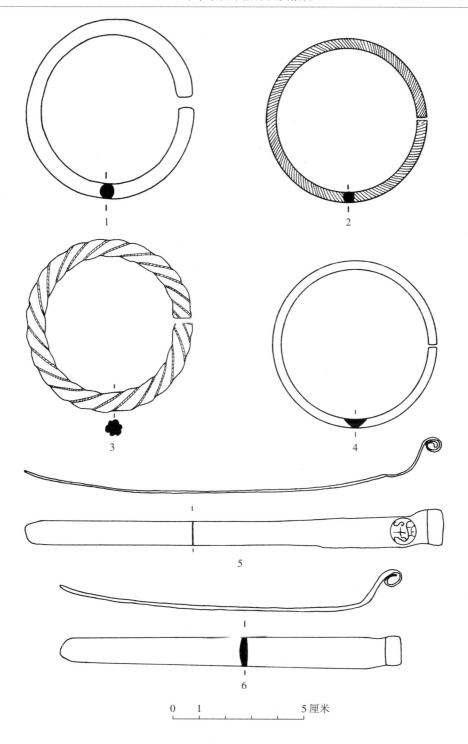

图七二　明清墓出土镀银铜器

1~3. A 型镯（M89∶2、M6∶7、M11∶3）　4. B 型镯（M29∶4）　5、6. A 型簪（M94∶6、M132∶1）

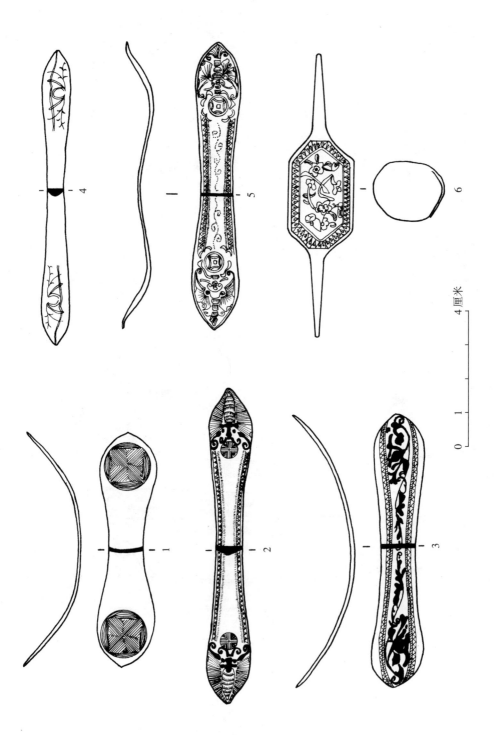

图七三　明清墓出土镀银铜器

1~3. B型簪（M89∶5、M58∶7、M3∶6）4. C型簪（M4∶3）5. D型簪（M111∶1）6. 戒指（M111∶6）

0　　1　　　　　4厘米

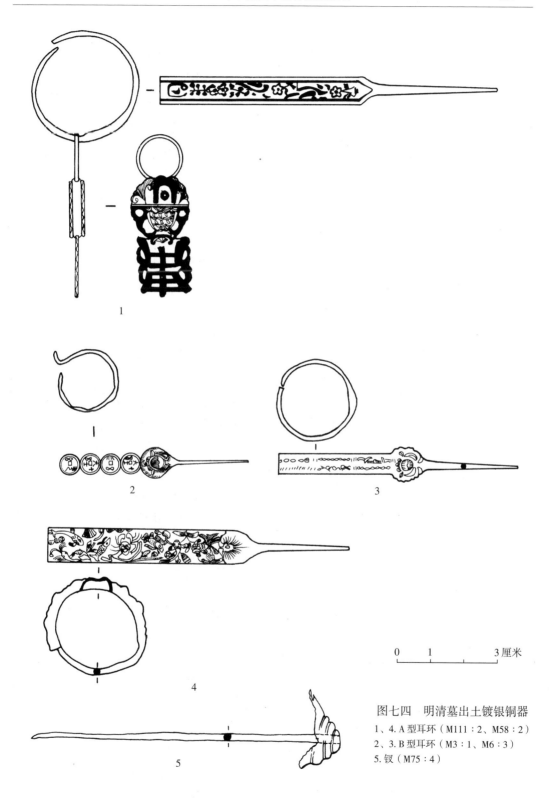

图七四　明清墓出土镀银铜器

1、4. A 型耳环（M111：2、M58：2）

2、3. B 型耳环（M3：1、M6：3）

5. 钗（M75：4）

有螺旋纹。长11.4、宽0.2厘米（图七六，1）。标本M6：2，细长条。一端突出内凹成勺，另一端成针状。中间鼓。勺把表层有螺旋纹。长10.9、宽0.4厘米（图七六，2）。标本M66：3，细长条。顶端有环，两把通过一个环相连，一把底延伸成扁形，弯曲成勺，另一把成针状，上端为菱形，下端为圆形。长7.6、宽0.2厘米（图七六，3）。标本M64：5，条形。一端突出成扁平形状弯成勺，柄部为方形，上有竹节把。长9.7、厚0.3厘米（图七六，6）。标本M66：5，细长条形。前端突出内凹成勺，后端圆锥形，中间为弯形，勺把后端有螺旋纹。长13.1、宽0.3厘米（图七六，7）。标本M138：7，呈细圆锥状。上端为环下吊链锁圆圈。长8.9、厚0.2厘米（图七六，5）。

铜耳环　1件（标本M34：3）。圆环状。一端不封闭，有缺口。直径2.4、厚0.3厘米（图七六，3）。

铜钥匙　1组（标本M14：1）。顶端中间穿孔。标本M14：1–1为圆条形，一端有一长方形铜片相连。长8.5、宽1厘米（图七八，3）。M14：1–2为扁平状，一端为圆形。长6.3、宽0.65厘米（图七八，4）。

铜帽饰　11件。标本M35：1，青铜鎏金。覆钵形底座。上有阴刻图案，分两组：一组为鱼跃龙门，另一组为龙形。座上托一鎏金铜球，上下各有花瓣形，球与座间有钉相连。底座直径3.2、球径2.3、通高5.4厘米（图七七，1）。标本M83：1，底座为帽形，表层为斜方格网状，每个网格四角均有小圆钉，网格内镂空。底座上有扁圆球形，球上下有花瓣形座卯紧。底座与球间有铜条相连，底座下端铜条有蘑菇形，铜条底端有圆形铜片把铜卯紧。球径3.8、球宽2.3、底径4、通高5.8厘米（图七七，5）。标本M64：4，底座为覆盘形，底座上为球形，球上端有圆扣状，四分割为"V"字形。底座与球有青铜条相连。球径2.4、底径2.2、通高4.7厘米（图七七，8）。标本M83：2，底座为铜质覆钵形，上有三周小圆球组成，各层间小圆球错位分布，圆球下由阴刻线条相连，成网格状，每个网格四角均有小圆钉。底座上有一白玉质圆球形，中间穿孔，上下各有一底座卯紧，底座呈花瓣状，球与底座有铜条相连接，铜条下端也有螺纹口与圆片固紧。球径3.4、底径3.4、底座高1.4、通高6.8厘米（图七七，2；彩版三一，2）。标本M22：1，青铜质，底座为覆钵形，表层饰莲花瓣，错位分布，上有一铜球。铜球口下有花瓣形座卯紧，球与底间有铜条相连接，铜条下有螺纹。球径3、底径3.2、通高5厘米（图七七，6）。标本M34：5，底座为铜质覆钵形，上有三圈错位分布的小圆球。圆球下有条形线连接小圆球，线条间镂空，底座上有一鎏金铜球，上下有花瓣形座卯紧，球与底座有铜条相连，铜条下有螺纹。球径2.9、底径3.5、通高6.7厘米（图七七，7）。标本M3：5，铜质。平面是圆形，截面为台状，中空，外层由两层饰花瓣形组成，中间有一圆桶形组成，内镶花瓣。直径1.9、孔径0.75、高0.7厘米（图七七，3）。标本M111：3，覆钵形座，两层，每层边为花瓣状。顶层镶嵌料珠，顶也为料珠。直径1.6、高0.8厘米（图七七，4）。

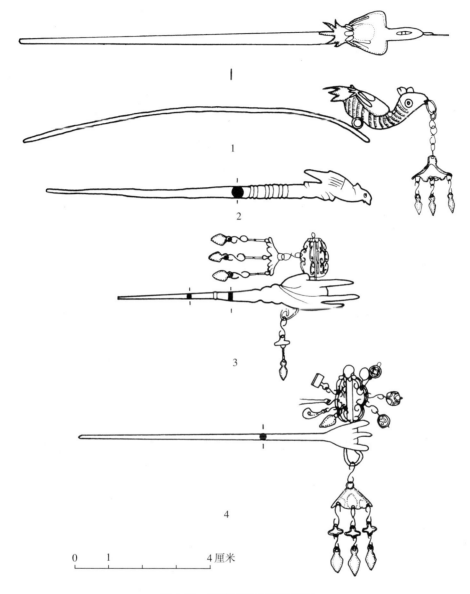

图七五 明清墓出土镀银铜钗
1. M6：1 2. M2：7 3. M29：7 4. M2：8

铜烟斗 6件。标本 M26：6，锅为弧状，锅下为杆，圆形，穿孔。长 9.1、杆径 1.1、锅直径 2.2 厘米（图七八，5）。

秤 1件（标本 M67：2）。仅残秤杆和盘。杆为骨质，为细长条形，上有刻度。盘为青铜，浅圆盘，边上有三个穿孔。杆长 24.2、厚 0.4、盘径 5.4 厘米（图七八，1）。

铜扣 47件。依据形状不同可分两型。

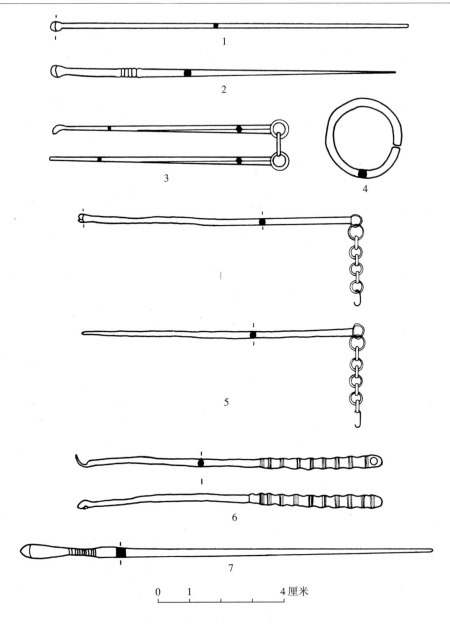

图七六　明清墓出土铜耳勺、耳环

1~3、5~7.耳勺（M2∶9、M6∶2、M66∶3、M138∶7、M64∶5、M66∶5）　4.耳环（M34∶3）

　　A型　3件。圆饼形。标本 M26∶2，表面向上隆起，上刻有花、鸟、草图案，背面中部有一环。直径1.4、厚0.1、高0.5厘米（图七九，1）。

　　B型　44件。灯泡形。标本 M148∶4，下端有穿孔。长1.7、宽1.1厘米（图七九，2）。标本 M62∶1，表面刻花瓣状，鎏金，底下有环。长1.9、宽1.3厘米（图七九，3）。

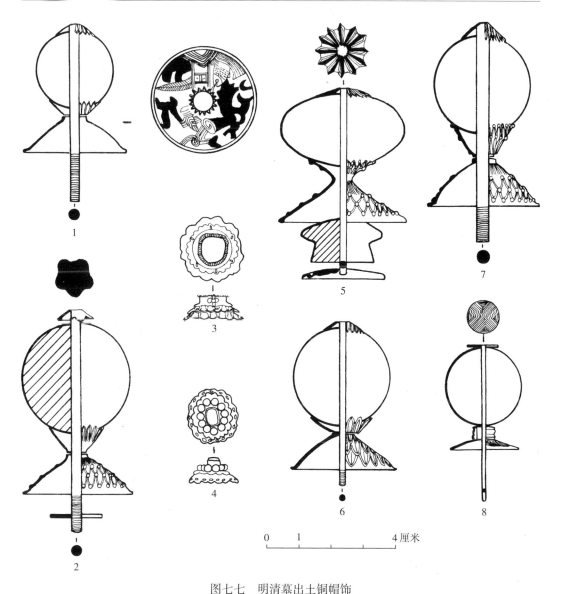

图七七　明清墓出土铜帽饰

1. M35：1　2. M83：2　3. M3：5　4. M111：3　5. M83：1　6. M22：1　7. M34：5　8. M64：4

标本 M53：2，上端形状似莲台，表面略弧，刻有莲花、莲子等，下端向下延伸成环。长 1.2、宽 1.2 厘米（图七九，4）。标本 M22：3，圆球形，下端延伸出有环，球面中部有凹弦纹，球面有小鼓钉。长 1.8、宽 1.4 厘米（图七九，6）。标本 M22：2，圆球状，球下端向下延伸出环，球面刻花瓣形图案。长 1.8、宽 1.2 厘米（图七九，5）。

铜顶针　10 件。标本 M11：5，圆筒形，表面光滑。直径 2、宽 1.3、厚 0.1 厘米（图八○，2）。标本 M11：6，圆筒形。一端不封闭有缺口，表层有三道凹弦纹。直径 2、宽

0.9、厚0.2厘米（图八〇，3）。标本M2：5，环状，不封闭，有缺口，用一块圆头长方形铜片弯曲合拢而成，表面平。直径1.8、宽1.1、厚0.05厘米（图八〇，4）。标本M29：9，环状，由一块圆头长方形扁平铜皮弯曲合拢制成，呈环状。直径1.7、宽1.3、厚0.1厘米（图七九，7）。标本M73：4，环状。由一块圆头长方形铜片弯曲合拢而成，表面光滑。直径2、宽1.3、厚0.1厘米（图八〇，6）。标本M73：5，环状。由一块圆头长方形铜片弯曲合拢而成，表面光滑。直径1.7、宽1.2、厚0.1厘米（图八〇，5）。标本M76：5，环状，不封闭，由一块圆头长方形铜片弯曲合拢而成，表面光滑，极薄。直径1.8、宽1、厚0.02厘米（图八〇，1）。

　　铁剪刀　1件（标本M70：2）。表面锈蚀。刃部为扁长方形。上下咬合紧密，双把呈反"s"曲折条形。尾端已残。残长21.7、刃残长10.8、刃宽2.3厘米（图七八，2）。

　　铁钺形器　1件（标本M93：1）。形状呈带把钺，把中穿孔。一端突出成刃，另一端有三柱状。头为圆柱状。长13.5、把径1.9、刃宽6.8厘米（图八一，1）。

　　铁网坠形器　1件（标本M92：2）。束腰状，上下两面平直，两端成半圆形。长8.35、宽5.7、厚2.5厘米（图八一，2）。

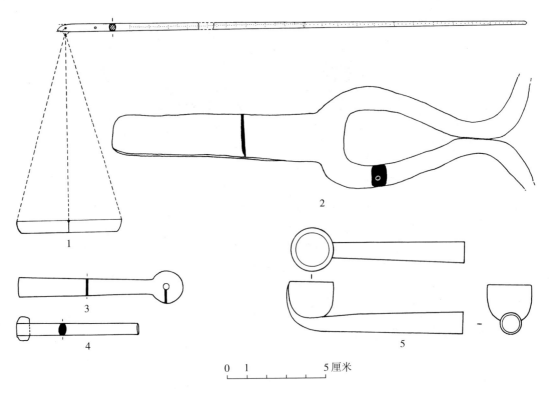

0　1　　　　　5厘米

图七八　明清墓出土器物

1.秤（M67：2）（杆为骨质、盘为铜质）　2.铁剪刀（M70：2）　3、4.铜钥匙（M14：1-1、M14：1-2）　5.铜烟斗（M26：6）

（4）玉、石、骨器

26 件。

玉镯　10 件。依据形状可分两型。

A 型　7 件。圆条形。标本 M58：4，浅绿色。环状，颜色不均匀，局部绿白翠，截面为圆形。直径 6.9、厚 0.9 厘米（图八一，3）。标本 M11：4，浅灰绿色。环状，截面为圆形。直径 7、厚 0.9 厘米（图八一，4）。标本 M76：4，浅灰绿色。环状，截面为圆形，细腻滋润。直径 7、厚 1 厘米（图八一，5）。

B 型　3 件。扁圆形。标本 M138：3，深绿色，颜色均匀。环状，截面呈半圆形，内平外圆。直径 6.8、厚 1.2、宽 0.8 厘米（图八二，1）。标本 M109：3，浅灰绿色。环状，截面呈半圆形，内平外圆。直径 6.6、宽 0.7、厚 0.7 厘米（图八二，2）。标本 M138：4，深绿色。环形，截面为半圆，内平外圆。直径 6.6、厚 1.1、宽 0.8 厘米（图八二，3）。

玉簪　3 件。标本 M109：1，局部灰白色。呈弯月形，表面隆起，背面为平面，中间束腰，两端突出成锥状。长 7、宽 1.4、厚 0.5 厘米（图八二，4）。

玉烟嘴　2 件。标本 M83：5，棒槌形。中间穿孔，嘴前端束腰状。前凹平直。长 6.5、直径 1 厘米（图八二，5）。标本 M26：5，浅蓝色。成棒槌形，嘴成蘑菇形，束腰前伸平直，中间为近长圆锥形穿孔，前端平直。长 5.8、直径 1.8 厘米（图八二，6）。

玉佩　1 件（标本 M1：3）。灰绿色。圆饼形，中间穿孔，圆边，面平直。直径 4.8、孔径 0.6、厚 0.6 厘米（图八三，1）。

玉鎏指　1 件（标本 M9：6）。局部浅灰色。圆筒形，上端向上突出，下端向上微

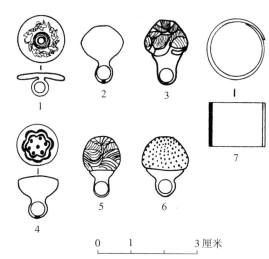

图七九　明清墓出土铜扣、顶针

1. A 型铜扣（M26：2）2-6. B 型铜扣（M148：4、M62：1、M53：2、M22：2、M22：3）7. 顶针（M29：9）

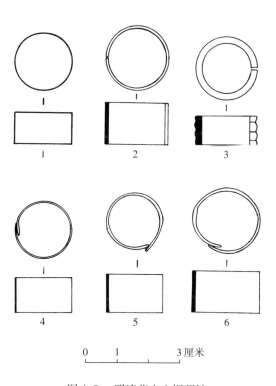

图八〇　明清墓出土铜顶针

1. M76：5　2. M11：5　3. M11：6　4. M2：5　5. M73：5　6. M73：4

内收。宽3.2、孔径2、高2.7厘米（图八三，4）。

玉把银钩针　1件（标本M138：5）。平而细长，三角形，把为浅灰褐色，下端成圆条形，把端弯曲。残长12.5、宽0.9、厚0.1厘米（图八三，3）。

银镶玉饰品　1件（标本M89：6）。灰黄色玉质。形状为平三角形蝴蝶，表层中部有圆角正方形，青铜包边，内镶透明玻璃块，底有一长方形青铜条。长3.5、宽2.4、厚0.9厘米（图八三，2）。

墨砚　3方。标本M35：3，灰色泥质岩。长方形，平底，面一端斜下成凹槽，中间隆起，另一端平直。长7.7、宽5.3、厚1.3厘米（图八三，5）。标本M71：5，灰色泥岩。长方形，平底，表层斜下成凹槽，三边有刻槽，一边没有。底部一端有房顶形，下有"金"字。长12.4、宽7、厚1厘米（图八四，1）。标本M67：4，浅灰色泥质岩。长方形，平底。表层一端斜下凹槽，中间隆起，另一端平直。长8.6、宽5.2、厚0.8厘米（图八三，6）。

骨柄木梳　1件（标本M22：19）。柄部为骨质，齿状为木质。呈半月形，上下端平，两端下弧形。长6.8、宽1.8、厚0.3厘米（图八四，2）。

骨饰品　3件。依据形状可分三型。

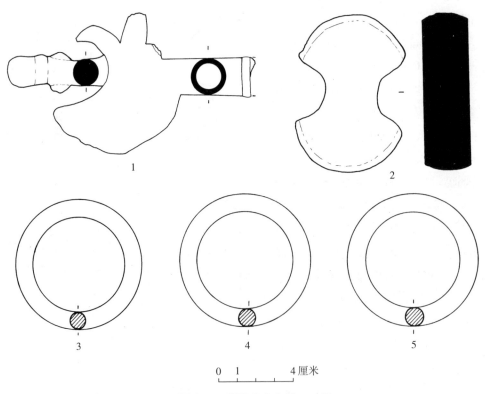

0　1　　　　4厘米

图八一　明清墓出土铁、玉器

1.铁钺形器（M93：1）　2.铁网坠形器（M29：2）　3~5.A型玉镯（M58：4、M11：4、M76：4）

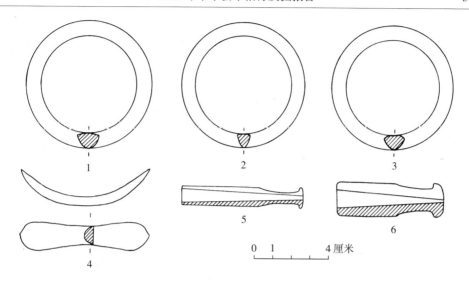

图八二　明清墓出土玉器

1~3. B型玉镯（M138：3、M109：3、M138：4）　4. 玉簪（M109：1）　5、6. 玉烟嘴（M83：5、M26：5）

A型　1件（标本M75：3）。多棱形。上下端平，中间穿孔，每个角均切割成一个等腰三角形。边长1.1厘米（图八四，3）。

B型　1件（标本M39：6）。残。椭圆形。面平，截面近梯形，中间有穿孔。残长3.2、宽2.4、厚0.5、孔径0.5厘米（图八四，4）。

C型　1件（标本M48：2）。残。长方形。中间有两对穿孔。残长3.8、宽2.8、厚0.4厘米（图八四，5）。

（5）玻璃器及其他材料制品

146件。主要为玻璃制品和玻璃料装饰品。

玻璃杯　1件（标本M100：7）。尖圆唇，敞口，斜弧腹，下底内收，平底。内底残缺成空。口径6.3、底径3、高5厘米（图八六，5）。

玻璃扣　9件。依据形状不同可分三型。

A型　1件（标本M108：5）。浅绿色。通体透明，蘑菇状，下端有圆形穿孔。上宽1.2、高1.2厘米（图八五，1）。

B型　6件。灯泡形。标本M6：11，透明。上端为球形，下端向下延伸出成环。长1.6、宽1厘米（图八五，2）。标本M9：5，透明。上端为球形，下端突出成乳钉，上有穿孔。长1.6、宽1.4厘米（图八五，4）。

C型　2件。半圆形。标本M115：1，灰绿色。表面为弧面，下端略出，平直，上有两孔眼。上宽1.4、下宽0.6、高0.75厘米（图八五，5）。

眼镜　2件。标本M22：16，分镜框、镜片、镜脚。镜框、镜脚为铜质，镜片为玻

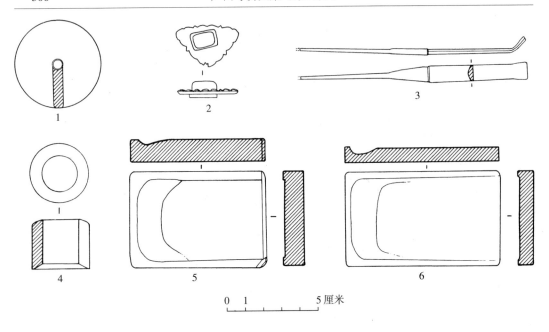

图八三　明清墓出土器物

1.玉佩（M1：3）　2.银镶玉饰品（M89：6）　3.玉把银钩针（M138：5）　4.玉鋬指（M9：6）　5、6.墨砚（M35：3、M 67：4）

璃。镜框为圆形，两镜框有弧形条连接，镜脚为直线，脚端略高为圆形。长10.8、宽4.7、镜片宽3.7厘米（图八七，1）。

玻璃镜片　3件。标本M90：1，圆形。直径4.5、厚0.2厘米（图八六，6）。

玻璃镜　2件。标本M11：11，平面呈椭圆形。背面涂有一层材料，上安有两半椭圆形环。长11.8、宽7.7、厚0.2厘米（图八六，1）。

塑料刀鞘　1件（标本M22：15）。半月形。由两块合并而成，中空，刀鞘背面略内弧，上有点状纹，刀鞘下面弧，一端宽，一端窄，窄的一面有穿孔。长8.1、宽1.7、厚0.7厘米（图八六，2）。

竹簪　2件。标本M11：12，扁长，平直，中束腰，两端突向外斜成锥状。长8.8、宽0.7、厚0.3厘米（图八六，3）。

玻璃料帽饰　1件（标本M23：2）。透明。椭圆形，中有长方形穿孔。长4.2、宽3.1、厚0.8厘米（图八六，7）。

玻璃料顶戴　1件（标本M23：1）。深绿色。成圆管状，下端中空，上端有耳。长7.7、宽1.6厘米（图八六，4；彩版三一，3）。

玻璃料葫芦　1件（标本M23：4）。近似葫芦。上下两端平，束颈，圆腹，中间穿孔，下端内凹。长2.3、下宽1.7厘米（图八五，3；彩版三一，4）。

玻璃料串珠　112件。标本M23：8，共112颗，其中大珠为4颗，小珠108颗，均为圆球形,大珠为黑绿色,小珠为淡黄色,内有杂质,中间穿孔,四颗大珠均距把小珠隔开,每 27 颗小珠就有一颗大珠。大珠直径 2.4、小珠直径 1.2 厘米(图八七,9;彩版三一,4)。

玻璃料珠　5 件。标本 M29:11,灰绿色,不透明,有四颗为圆球形,一颗为腰鼓形,中间穿孔。圆球形的直径 0.5 厘米,腰鼓形的长 1.1、宽 0.6 厘米(图八七,2)。

玻璃料坠子　6 件。叮分两型。

A 型　4 件。水滴形。标本 M23:5,上有一穿孔。长 2、宽 1.3、厚 0.7 厘米(图八七,3)。标本 M23:6,上端有一穿孔。长 2.2、宽 1.3、厚 0.7 厘米(图八七,4)。标本 M23:7,前后两面平直,上端有一小穿孔。长 3.4、宽 1.9、厚 0.9 厘米(图八七,5)。标本 M23:3,截面为变形菱形,上端有一小穿孔。长 1.9、宽 1.2、厚 0.7 厘米(图八七,6)。

B 型　2 件。椭圆形。标本 M22:17,平面为椭圆形。中间扁椭圆形,穿孔。长 2、宽 1.1、厚 0.8 厘米,孔长 0.95、孔宽 0.3 厘米(图八七,7)。标本 M9:1,平面、截面均为椭

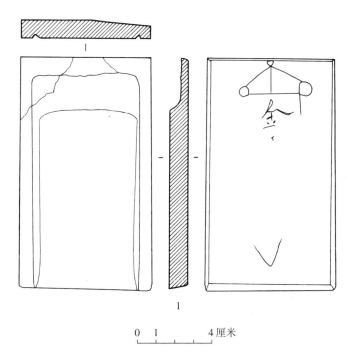

0　1　　　4厘米

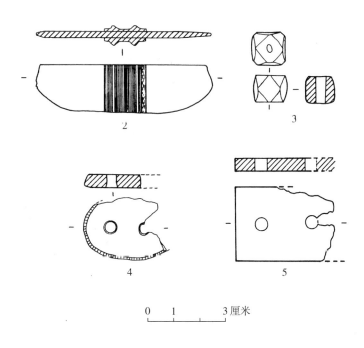

0　1　　　3厘米

图八四　明清墓出土器物
1. 墨砚(M71:5)　2. 骨柄木梳(M22:19)　3. A 型骨饰品(M75:3)　4. B 型骨饰品(M39:6)　5. C 型骨饰品(M48:2)

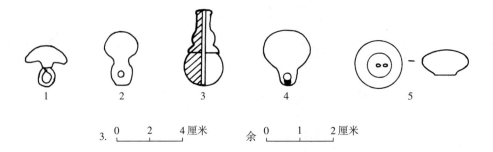

图八五　明清墓出土玻璃扣、玻璃料葫芦

1. A 型玻璃扣（M108：5）　2、4. B 型玻璃扣（M6：11、M9：5）　3. 玻璃料葫芦（M23：4）　5. C 型玻璃扣（M115：1）

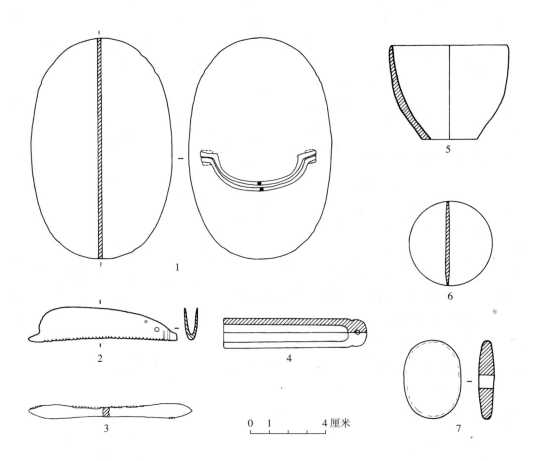

图八六　明清墓出土器物

1. 玻璃镜（M11：11）　2. 塑料刀鞘（M22：15）　3. 竹簪（M11：12）　4. 玻璃料顶戴（M23：1）　5. 玻璃杯（M100：7）　6. 玻璃镜片（M90：1）　7. 玻璃料帽饰（M23：2）

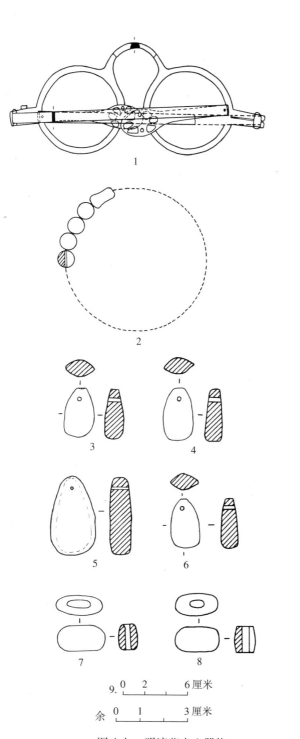

图八七　明清墓出土器物

1. 眼镜（M22：16）　2. 玻璃料珠（M29：11）　3~6. A 型玻
璃料坠子（M23：5、M23：6、M23：7、M23：3）　7、8. B 型
玻璃料坠子（M22：17、M9：1）　9. 玻璃料串珠（M23：8）

9

圆形，截面中部有圆形穿孔。长1.85、宽1.1、厚0.9厘米，孔长0.6、孔宽0.3厘米（图八七，8）。

（6）钱币

586枚，以崇祯、康熙、乾隆为主。钱币有圆形方孔、铜板、银币三类，钱币年号有开元、洪武、万历、崇祯、雍正、顺治、康熙、乾隆、咸丰、道光、嘉庆、同治、光绪等历代年号钱，也见有日本年号的宽永钱（图八八）。

（7）墓碑

2方，其中M57出土一方（图八九），地表采集一方（图九〇）。所用墓碑均为青灰色砖。M57的砖长25、宽12、厚6厘米，素画。一画阴刻："黄氏□□"字。采集的砖长约35、宽18.5、厚9厘米，素画。一画阴刻碑文，分三列：中间一列为"章起伦晚公之墓"文，右列为"乾隆三十九年三月初一日立"文，左列为"男金连媳周氏孙遇元交那招"文。

五、结　语

（一）遗址文化遗物特征、年代

此次在木棺汀遗址没有发现原生堆积，只能从探方内和探方外出土的文化遗物了解该遗址的基本内涵。探方内各单位出土的文化遗物，各时代均有，有陶器、青瓷、酱釉瓷、青花瓷、绿釉瓷等，但总体以青瓷和酱釉瓷为主，青瓷和酱釉瓷器物造型及施釉风格与兴安严关窑一致[1]，而出土的陶器常见于两广地区东汉时期墓葬中；至于出土的青花和绿釉瓷则为清代晚期产品。

另外，我们在探方外水沟旁采集到一批陶瓷器，主要为瓷器，陶器数量不多。瓷器中有青瓷、酱釉瓷、青白瓷等，其中以酱釉瓷为主。其次为青瓷，青白瓷最少。陶器胎质略粗，以夹细砂为主，质地较硬，为缸胎，呈灰褐色或红褐色胎为主，器表多数不施釉，器形有展唇罐、盆、擂钵、缸等。青瓷器胎质细腻，呈灰白或白色，通体施釉，但釉不及底，施釉较薄，容易剥落，青瓷中有少量为豆青，也见有釉下彩，均较暗淡，线条粗犷，纹饰有印花、鱼、刮削莲花瓣纹，器类有壶、罐、碗、碟等。青白瓷质地细腻，呈白色，通体施釉，釉色均匀，施釉略厚，不易剥落，器形为碗。酱釉瓷胎质细腻，施釉不均匀，局部易剥落，一般有月白色窑变釉，内外通体施釉，但釉不及底，器形有碗、碟、盏等。总体来看，这批瓷器胎质质地细腻，内外施釉，但普遍釉不及底，部分呈月白色窑变，大部分为碗和盏，碟较少，一般为敞口，弧腹，圈足，青瓷和酱釉瓷足根多有刮削痕迹，而青白瓷少见。青瓷和酱釉与严关窑产品一致，而青白瓷则与藤县中和窑相同，也发现少量瓷器来自湖南衡阳一带窑口。从这批出土文化遗物特征可知，该遗址的年代大致在北宋晚期至南宋。

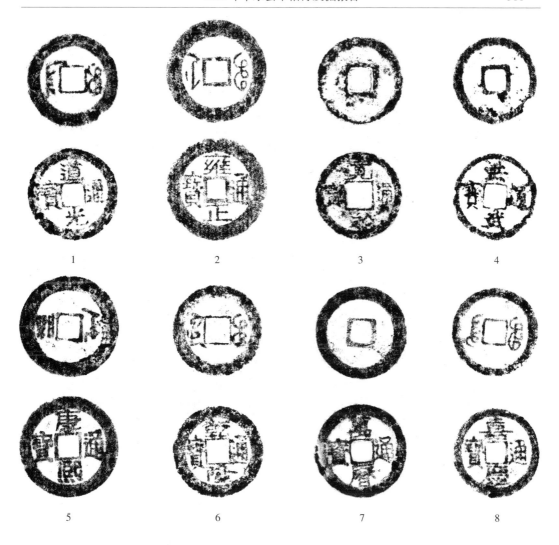

图八八　明清墓出土铜钱拓片（原大）

1.道光通宝（M53：3-1）　2.雍正通宝（M97：1-1）　3.宽永通宝（M109：7-1）　4.洪武通宝（M101：1）　5.康熙通宝（M97：1-2）　6.乾隆通宝（M133：3）　7.万历通宝（M109：7-2）　8.嘉庆通宝（M53：3-2）

　　从发掘实际情况看，首先在木棺汀发掘出土的文化遗物主要为宋代时期陶瓷器，没有发现窑具和窑床，也不见有大范围的废品堆积，由此可排除此处烧造的可能；其次从出土的器物来看，主要来自严关窑产品，少量来自中和窑，属于外来瓷器；最后，从地层堆积来看，由于在探方内原生堆积较薄且分布范围较小，大部分已被破坏，而且在所采集到大量瓷器的水沟旁，也因早年开荒造成较大破坏，仅在残剩一条窄断面发现有大量的陶瓷器。因此，初步判断木棺汀遗址出土的陶瓷器当是贸易交换而来。木棺汀地处茶江、漓江、荔江三江汇合处，沿漓江而上可以到达桂林，进入湘水，沿桂江而下可以

0　1　　3厘米

图八九　明清 M57 墓碑拓片

0　1　　4厘米

图九〇　采集的墓碑拓片

到达广州，直至出海，水路交通便利。木棺汀遗址在宋代有可能是当时民间贸易交换中心，也有可能是一处繁华的圩市，与临桂南边山钱村遗址具有类似作用[2]，不过两者也存在区别：如木棺汀出土的文化遗物比较集中分布，而且没有发现柱洞、灰坑，而钱村遗址文化遗物出土比较零散，且有大量的柱洞、灰坑。

（二）墓葬形制、随葬品组合特征

此次在木棺汀所发掘的墓葬，除一座为动物葬外，其余均为葬人。从墓葬形制来看，有土坑墓、砖室墓、砖石墓三类，以土坑占绝对多数，有144座；其次为砖室墓，共7座；最少为砖石墓，仅1座；从时代来看，汉墓有2座，唐代和宋代各1座，明代墓有15座。

（1）汉、唐、宋时期墓葬特点

汉墓中，1座完全被破坏具体情况不详，剩余1座（M119）为甲字形竖穴土坑墓，该墓墓底保留较好，有墓室、墓道，出土随葬品有陶器、青铜器、装饰品等，均为实用器，不见明器，其中陶器有常形罐、双耳罐、盆，出土的常形罐和盆与平乐银山岭的Ⅱ式罐、盆相同[3]，而且其墓葬形制也见于平乐银山岭，因此可以判断M119的年代为东汉前期。

唐代墓（M68），为长方形竖穴土坑墓，在广西唐墓中比较少见，从出土的随葬品来看，与灌阳画眉井隋代墓出土的同类器基本相同[4]，但M68出土一枚开元通宝，表明该墓年代为唐代中晚期。

宋代墓在广西发现不多，可比性材料较少，而此地发现的M47为小型的长方形竖穴土坑墓则更少见。从出土的随葬品来看，出土的青瓷碗接近唐代的风格，但又不同于广西严关窑出土的同类器，出土的罐不见于唐代，而见于宋代，因此M47为北宋时期。

（2）明清时期墓葬特点

此时期墓葬数量最多，有竖穴土坑、砖室、砖石三种。根据墓葬形制、打破关系、随葬品组合特征不同，大致可以分为三个时期。

第一期墓葬有15座，分别为M21、M24、M37、M44、M51、M60、M69、M75、M86、M101、M128、M129、M145、M146、M150，大致属于明晚期。墓葬有砖室和竖穴土坑，但以竖穴土坑墓为主。砖室墓一般有券顶和壁龛，不见墓道，墓室狭窄，墓室后侧两壁有壁龛；竖穴土坑墓为梯形，墓室狭窄。随葬品数量较少，砖室墓陶罐一般放在壁龛内，只有1座放在墓壁外，随葬陶罐一般只有一个，少量有两个；而土坑墓则放在墓室后侧墓坑外。陶罐一般用瓷碗做器盖。瓷碗主要为青瓷，也有青花等。除陶罐和瓷碗外，也有装饰品和铜钱，铜钱为洪武钱，少量为万历和崇祯钱，也见有日本年号的"宽永"钱。

第二期墓葬共有63座，分别为M2、M3、M5、M7、M13~M15、M25、M27、M28、M30、M33~M35、M39、M41~M43、M46、M49、M50、M52、M54~M57、M62、M66、M67、M70、M71、M74、M76、M77、M81、M84、M85、M87、M88、M90、M91、M96~M98、M100、M102、M106、M112、M114、M125、M126、M131~M133、M138~M141、M143、M147~M149、M152，为清代早期，大致在顺治—咸丰。此时期已不见明代晚期的长方形砖室墓，均为长方形竖穴土坑墓。随葬品部分继承明代晚期随葬器物，如高领罐和展唇罐等，而且器物摆放位置也大体与明代晚期墓相似，但大部分出现了此时期的风格：如明代出现的高领罐和展唇罐逐渐被双耳罐、广肩罐、短颈罐替代，而且明晚期青瓷碗也基本消失，由青花碗替代。随葬品数量增多，除承袭明墓风格的墓葬外，多数随葬两个双耳罐，以生活实用器为主，明器次之，实用器多为装饰品和服饰品，如镯、耳环、簪、扣、帽饰等。

第三期墓葬共有70座，分别为M1、M4、M6、M8~M12、M16~M20、M22、M23、M26、M29、M31、M32、M36、M38、M40、M45、M48、M53、M58、M59、M61、M64、M65、

M72、M73、M78~M80、M82、M83、M89、M92~M95、M99、M103~M105、M107~M111、M113、M115~M118、M120~M124、M130、M134~M137、M142、M144、M151、M153，为清晚期，大致为咸丰—光绪。整体风格与第二期类似，但此时期已不见明代随葬品组合特征和陶罐位置在墓坑外现象，也不见砖室墓，出现少量用砖砌一边墓壁和砖石混合结构，顶部没有券顶或顶部用石板盖住，流行梯形竖穴土坑墓。其大小规格与第二期一致，随葬品组合上，均为双耳罐、广肩罐、短颈罐，出现用将军罐或青花罐随葬组合，瓷碗均为青花，不见第一、二期的青瓷和青白瓷碗。随葬品依然以实用器为主，少量为明器。随葬品摆放位置均在墓穴内。

木棺汀发掘出土的大批明清墓葬材料，对于认识和研究明清时期的丧葬制度和社会风俗有重要意义。如木棺汀与崇左车站发掘的明清墓对比可知，崇左车站清代墓葬出土的罐、碗与木棺汀的基本一致[5]，但崇左车站清墓不见木棺汀出土的双耳罐，由此表明，二者当存在地方差异。明清时期，虽然封建制中央集权大大加强，文化方面也为大一统，但从丧葬方面反映来看，木棺汀一带清代墓葬总体上与贺州一带接近而与崇左有区别，表明文化发展不一致，体现地域和文化上的差异。

另外，我们从两方墓碑可知，该地墓葬并不属于家族葬，有黄姓和章姓，其发现的墓碑均用青砖，不见石墓碑。结合木棺汀明清墓规模不大，随葬品数量不多，且绝大多数制作比较粗糙，均为民间用器的情况分析，此地应为平民墓葬乱葬地。另外，多数墓葬有小米随葬，而不见稻谷和玉米一类五谷杂粮，这与本地世代承袭的种植水稻和以水稻为主要饮食的习惯有较大差异，也与当地目前仍流行的用糯米饭、黄豆、玉米等杂粮丧葬风俗存在一些差异。

（三）有关问题的探讨

平乐秦属桂林郡地，汉属苍梧郡，三国甘露元年（265年）始置平乐。此次在平乐木棺汀进行的考古发掘中，出土了一批具有地方特色的文物，这些墓葬材料对于研究广西东汉以后的地方社会风俗和葬俗历史提供了不可多得的材料。

在遗址中出土一批具有明显时代特征的陶瓷器，为我们认识该地区以及广西瓷器的发展和贸易提供了重要材料，遗址所出土的瓷器，主要来自兴安严关窑窑口，也有来自藤县中和窑、永福窑田岭、湖南南部衡阳一带。在该遗址中还发现一座宋墓，打破生土，但由于没有地层关系，难以判断其与遗址之间的关系，但从出土的随葬品与遗址出土的文化遗物相比较，随葬陶罐的胎质、火候及造型与遗址水沟旁采集的陶罐基本相似，而青瓷碗却不见于遗址，因此该墓葬不会晚于遗址的年代。

所发现的窑址为一座马蹄窑，出土的筒瓦口有唐代风格，因此初步认为该窑属于唐代中晚期。而在离窑址不远处，发现一座唐代中晚期的墓葬（M68），二者当存在密切关系。从出土物来看，墓葬出土的随葬品为典型的唐代生活用品，特别是在墓葬中，出现月白色窑变的青瓷钵，其釉色均匀，呈现蓝色。专家认为这种窑变有可能是人为烧制，从而改变了过去认为广西窑变技术落后的局面。该窑址的发现，一方面填补了平乐没有发现早于清代窑址的历史，另外就是对于确认在遗址中发现的唐代墓葬丰人有重大参考意义，墓主可能就是烧窑工。

附记：此次发掘的领队为林强，执行领队为何安益，参加发掘的人员有孙强、陈桂芬、鄢成林、黄志容、姚卯秀、宁永勤、张进兰、韩民兴、郭改应、刘涛、刘有日，此次发掘得到桂林市文化局、平乐县文化局的大力支持，在此深表感谢。

执笔：何安益　陈桂芬　宁永勤
　　　鄢成林　黄志容　姚卯秀
绘图：张进兰
描图：张进兰
摄影：何安益

注　释

［1］ 广西壮族自治区文物工作队等：《兴安严关窑址》，《广西考古文集》，文物出版社，2004 年。

［2］ 广西壮族自治区文物工作队等：《广西临桂县钱村遗址发掘简报》，《广西考古文集》（第二辑），科学出版社，2006 年。

［3］ 广西壮族自治区文物工作队等：《平乐银山岭汉墓》，《考古学报》1978 年第 4 期。

［4］ 广西壮族自治区文物工作队等：《广西灌阳县画眉井隋代纪年墓》，《广西考古文集》（第二辑），科学出版社，2006 年。

［5］ 广西壮族自治区文物工作队等：《广西崇左市汽车总站停车场北宋至明清墓葬发掘报告》，《广西考古文集》（第二辑），科学出版社，2006 年。

桂林电子工业学院尧山校区
三国至西晋墓的发掘报告

广西文物考古研究所
灵川县文物管理所

2005年9月，为配合桂林电子工业学院尧山校区工程建设，广西文物考古研究所会同桂林市文物工作队及灵川县文物管理所对建设用地范围的一座古墓葬（M2）进行发掘，现将发掘情况报告如下。

（一）墓葬形制

该墓（M2）位于学校中央大道西侧、17号教学楼南面约20米处。封土呈馒头形，直径约10、高1米。墓向350°。墓葬由墓道、甬道及墓室三部分组成；墓道长13.1米，前窄后宽，底部稍平，前端宽1米、深0.9米，后端宽1.54米、深0.8~1.72米；甬道长1.1、宽1.2米，仅在两端分别起券，侧壁并未砌砖，由于券顶已塌，高度不详。墓室长6.39、宽1.72米，除后壁尚保留有1.4米高的砖壁外，两侧壁均只残留一层墓砖，均错缝叠砌。墓砖有红砖和青砖两种，尺寸大小完全相同，长39、宽20、厚6厘米，在一条长侧边间饰菱形纹及两条短竖线构成的组合纹饰，正面通体饰粗绳纹。墓底平铺两层墓砖。该墓在早期和近年曾遭多次盗扰，在墓室西南部有一直径约0.96米的早期盗洞，东北部有一近年盗掘的盗洞，深入墓室约2.16米。随葬品全部散乱地摆放于墓室前端，大部分器物残缺不全，当为早期扰乱所致。出土器物除1件铁器外，其余均为陶器，器形有罐、壶等陶质容器及陶仓、灶、猪、鸡、羊、俑等模型明器（图一）。

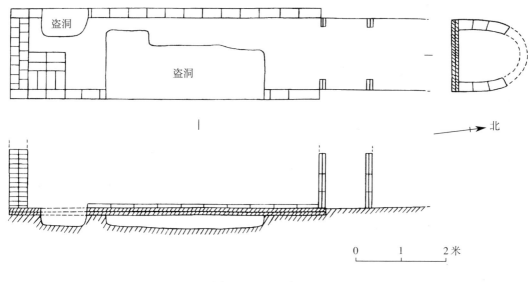

图一　M2平、剖面图

（二）遗　物

14件，其中陶器13件，铁器1件。

1. 陶器

13件。有罐、壶等容器及仓、灶、动物模型等明器。

四系罐　1件（标本M2∶5）。泥质灰陶。敛口圆唇，略呈子口状，唇下有一道凸棱，弧腹，底内凹。肩部有四个对称耳。肩腹各饰凹弦纹一道，腹部拍印方格纹。口径15、腹径22.8、底径17、高25.5厘米（图二，4；彩版三二，4）。

异型罐　1件（标本M2∶3）。泥质红褐陶，胎较软。穹隆顶略呈半封闭状，斜椭圆形口开在顶部一侧。平底。通体拍印方格纹，正面腹部外侧有一道堆塑装饰。口径9.8~15、底径15、高13.4厘米（图二，2；彩版三二，1）。

盘口罐　2件。可分两式。

Ⅰ式　1件（电子工业学院采）。泥质灰陶，胎较硬。盘口大部已残。平唇，鼓肩，弧腹，平底。饰弦纹。腹径14、底径10、残高11.8厘米（图二，1）。

Ⅱ式　1件（标本M2∶1）。灰褐色夹砂硬陶。盘口，平唇，唇部有一道凹槽，溜肩，弧腹，平底。腹部拍印方格纹。口径11、腹径15、底径9.6、高17.5厘米（图二，3；彩版三二，3）。

壶　1件（标本M2∶2）。泥质灰陶。颈及圈足均已残缺。溜肩折腹，肩两侧有两对

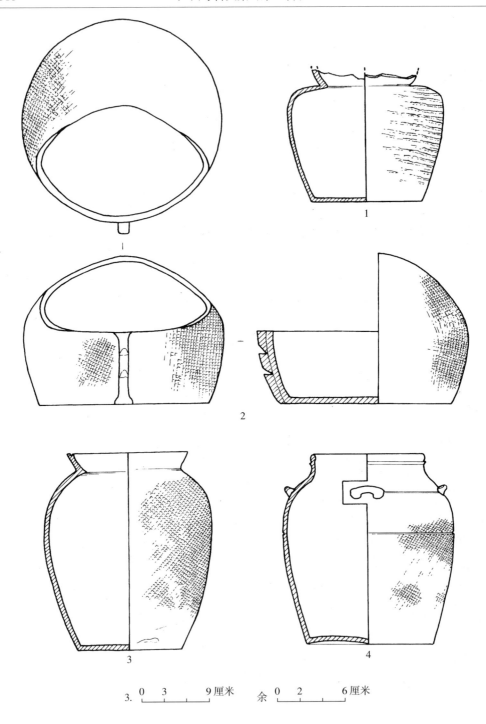

图二　M2 出土陶罐

1. I 式盘口罐（电子工业学院采）　2.异型罐（M2：3）　3. II 式盘口罐（M2：1）　4.四系罐（M2：5）

称耳，其中一耳已残。腹部饰凹弦纹五道。器体局部施青黄釉，流釉严重。腹径 17.2、残高 12 厘米（图三，1）。

灶 1 件（标本 M2：7）。泥质红褐陶。体形稍小。平面近椭圆形，方形灶门，器身前端稍窄，端部有圆形烟孔；后部略宽，中部有一个较大的圆形灶眼。长 15.5、宽 11.4、高 5.4 厘米（图三，2；彩版三二，2）。

仓 1 件（标本 M2：6）。泥质红褐陶，胎质较软。悬山顶，无瓦垄，屋脊两端略向上翘。房屋平面呈长方形，无门，四面为全封闭式，正面有窗，窗框用泥条贴筑，底及一侧已残。宽 21、进深 9.8、高 20 厘米（图三，3）。

猪 2 件。为一公一母。M2：10，泥质灰陶。作站立状，头、腿及尾部均已残缺。从残断痕迹看，腿与身体为分制。脊上刻划出鬃毛，腹部下垂，裆部有四个奶头，明显为

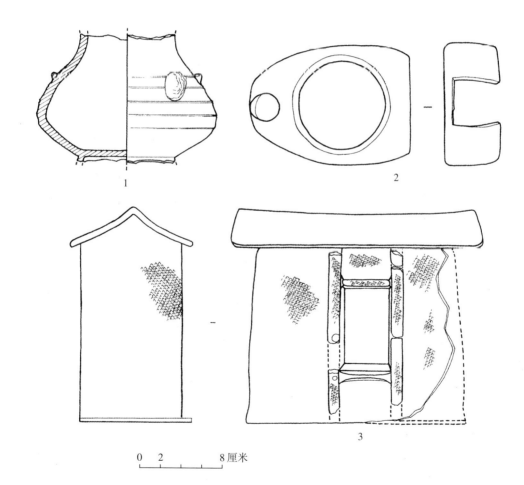

0   2   8厘米

图三 M2 出土陶器

1. 壶（M2：2） 2. 灶（M2：7） 3. 仓（M2：6）

一头母猪。残长7、残高6厘米（图四，1）。M2：11，泥质灰陶。作站立状，体态略瘦，头、腿及尾均已残缺。从残断痕迹看，腿与身体为分制。脊上刻划出鬃毛。从体形看，当为一头公猪。残长9、残高3.8厘米（图四，2）。

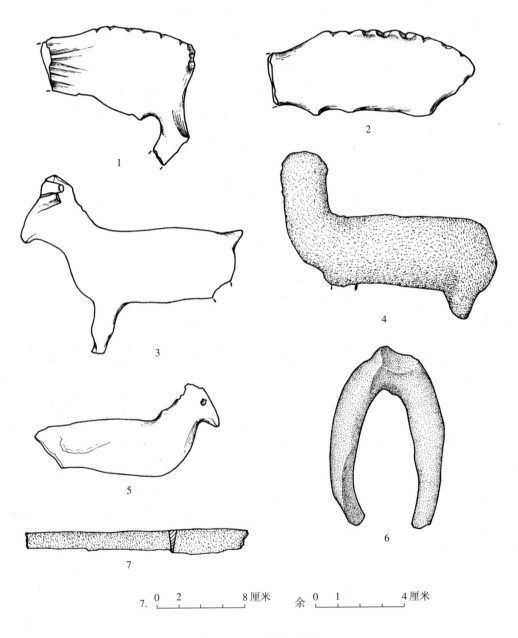

图四　M2出土陶、铁器

1、2.陶猪（M2：10、M2：11）3、4.陶羊（M2：12、M2：4）5.陶鸡（M2：9）6.陶俑残件（M2：13）7.铁削刀（M2：8）

羊　2件。山羊、绵羊各1件。标本 M2：12，泥质灰陶。体态肥胖，短尾，两前腿分立，直视前方；角及后腿均残缺。从残断处看，身与腿为分制。就体形看，应为山羊。长10、高7.7厘米（图四，3）。标本 M2：4，泥质红陶，火候较低。腿部均残，长颈肥臀，昂首而立，头略偏向一侧。从形态看，似为绵羊。体长9.4、残高7厘米（图四，4）。

鸡　1件（标本 M2：9）。泥质灰陶。造型古朴，呈蹲卧状，头上有冠，无脚。平底，底部有三个圆孔，呈三角形排列。长8、高4厘米（图四，5）。

俑　1件（标本 M2：13）。泥质红褐陶。两腿分开略内弧，脚掌似蹼，上身已残。从残断处看，上下身应为分制。残高8厘米（图四，6）。

2. 铁器

铁削刀　1件（标本 M2：8）。锈蚀严重，两端均残。背部厚钝，刃缘较薄。残长20、宽2、厚0~0.6厘米（图四，7）。

（三）结　语

从形制看，该墓由墓道、甬道及墓室三部分构成，在结构上与其他地区发现的汉晋时期墓葬并无太大的差异。在出土器物方面，墓葬出土的四系罐与合浦县岭脚村三国墓出土的 C 型四系罐基本相同，这一类型的四系罐极少见于三国以前的墓葬中。另外，该墓出土的近椭圆形陶灶、盘口罐等器物在汉墓中也极为罕见。从总体特征看，墓葬时代大致在三国至西晋之间。

附记：本次发掘得到灵川县博物馆的大力支持和协助，在此表示衷心感谢。参加发掘的有谢广维、秦文培、唐际红、欧阳海。

执笔：谢广维
绘图：谢广学
描图：张小波

宾阳县领方古城址调查与试掘

广 西 文 物 考 古 研 究 所
南 宁 市 博 物 馆
宾 阳 县 文 物 管 理 所

宾阳领方古城址位于宾阳县城东南约3公里的古城村（图一）。据史料记载，汉武帝元鼎六年（公元前111年）置领方县（今宾阳县境），为郁林郡所辖，并以现宾阳领方古城址为治所（都尉治）[1]，此后共有多个朝代以此为治所，直至宋代才迁出。20世纪60年代文物工作者曾作过调查，认为该古城即汉代领方古城遗址[2]。由于早期史料中对汉

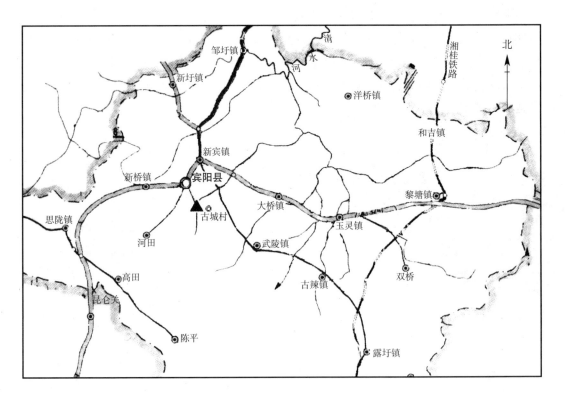

图一 宾阳领方古城位置示意图

领方县治所具体位置没有明确说明,前期的调查对古城始建年代又缺乏充足的实物依据,因此为进一步了解该古城址的真正年代和内涵,2005年11~12月,广西文物工作队（现广西文物考古研究所）与南宁市博物馆、宾阳县文物管理所对该古城址进行了为期一个多月的调查与试掘。试掘面积共100平方米,采用卫星定位仪对古城进行全面测绘,根据不同地形在东西南北分别各开2米×10米探沟一条（编号为T1101、T2009、T2602、T4104）,其中南面的选择地点紧靠南城门。

（一）地理环境与古城结构

宾阳领方古城址位于古城村中部,东北为小丘陵,南、北、西面为平坦农田,南面约2公里为大明山余脉的连绵高山,西约1公里有一条属清水江支流的武岭江自南向北流经,古城址利用一座高出地面约7米的自然小山坡经过挖、填修筑而成,其中南面及

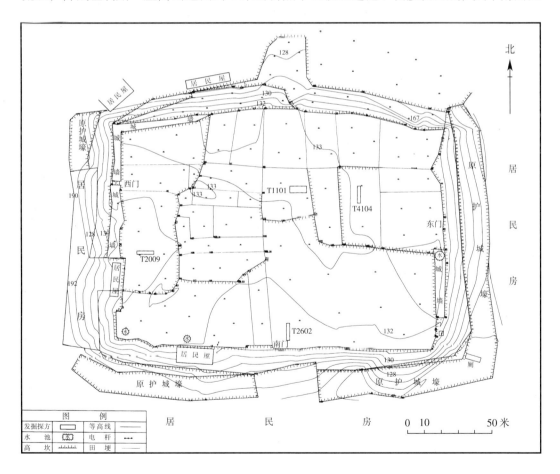

图二 领方古城平面图

西面尚可见到明显夯筑的城基。现存古城北面距地面高约 7 米，东、南、西面距地面高约 5 米，为东西长、南北宽的长方形结构，正南北向。城墙在 20 世纪 50 年代保留尚为完整，可见高达约 2~3 米城墙及部分残留的城门；至 70 年代由于利用古城开垦农田种植水稻，在平整土地时致使古城受到严重破坏。经测绘，古城址东西长 190、南北宽 130 米。城址东、南、西三面有护城壕，护城壕与城基相距 5~8 米，部分已被淤塞填平改建民房或辟为鱼塘、耕地等（图二）。城基、城墙均用红色或红褐色土夯筑而成，城基保存基本完整，宽 10~15、高 5~8 米，每层厚 10~20 厘米。城墙现尚存东面南段、西面北段及北面西段，其中东面残长约 40、宽约 5~6 米，高约 2 米；西面残长约 77、宽 5~8 米，高约 1.8 米；北面残长约 53、宽 0~5 米，高约 1.5 米。每层夯土厚约 10~20 厘米，为红、红褐、灰褐色，质地坚硬，夯窝清晰，直径约 15 厘米。设东、西、南三门，目前在东、西、南三面仍可看到每道城门均有一通向城外的斜坡，其中西面城墙尚可见到有宽约 3 米的豁口。东南、西南、西北转角处均有外凸角楼建筑痕迹。北面中部与古城相连接有一长约 23、宽 15~33 米的方形土台，高出周围地面约 3 米，低于城内平面约 4 米，台面平整。城内地形高低不一，北侧中部最高，东南部次之，西南最低，与北部最高处相差约 1.5 米。

（二）地层堆积

以 T2602、T4104 为例。

T2602 东壁（图三）：

第 1 层：耕土层，黑褐色亚砂土，土质疏松。厚 8~18 厘米。包含物有近现代青花瓷片、灰质陶片、瓦片等。

第 2 层：扰土层，黄褐色，土质较硬。厚 6~25 厘米。包含物有青花瓷片、陶片、瓦片、砖等。

第 3 层：灰褐色土，土质较疏松。厚 0~46 厘米。包含物较少，只在探方东北部距地表约 60 厘米的地层中出土有少量瓦片、陶片等。

第 4 层：红褐色杂土，土质较硬且黏。厚 0~30 厘米。包含物较少，有少量瓦片、陶片残片。

第 5 层：夯土层。厚 50~60 厘米。红、黄、灰褐色相间，土质较硬，结构致密，每层厚约 4~8 厘米。包含物有一些泥质、夹砂灰陶瓦片、瓦当、陶片及一片黄褐釉瓷片等。

第 6 层：红烧土层，土质较硬。厚 0~10 厘米。包含物有烧土块、炭粒、瓦片、陶片等。瓦片上多有火烧痕迹。

第 7 层：夯土层，红色亚黏土，土质纯，较硬，无包含物。

由于时间原因该探方暂未清理到底。

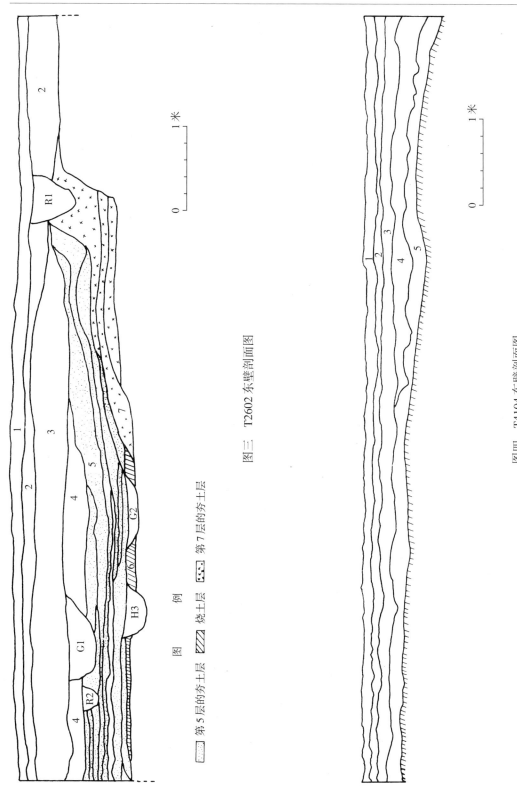

图三　T2602 东壁剖面图

图四　T4104 东壁剖面图

图　例

▨ 第 5 层的夯土层　　▨ 烧土层　　▨ 第 7 层的夯土层

T4104 东壁：

第 1 层：耕土层，黑褐色，土质疏松。厚 10~15 厘米。包含物有近现代青花瓷片、灰质陶片、瓦片等。

第 2 层：扰土层，土色为黄褐色，土质较硬。厚 7~27 厘米。包含物极少，有青花瓷片、陶片等。

第 3 层：红褐色，土较湿黏、松软。厚 4~45 厘米。包含物较多，有砖、瓦片、陶片、青白瓷片等。

第 4 层：灰土层。厚 0~32 厘米。含有许多炭粒，土较湿黏、松软，主要分布于南壁、东壁一半及西壁一小部分，土质较细，包含物有黄褐釉陶片、青瓷片、板瓦、筒瓦等。

第 5 层：土色为灰白，土质较细，黏湿、松软。厚 6~40 厘米。包含物较少，有板瓦、釉陶、陶片等。

第 5 层以下为生土层，土色橙黄，土质较硬。

（三）遗　迹

遗迹主要有灶、柱洞、夯土层堆积、灰坑及陶片沟，现介绍如下。

（1）灶

2 个。Z1，位于 T1101 中部，开口于第 2 层下。椭圆形，圜底。深 12 厘米，内南北长 0.7~0.95、内东西宽 0.45~0.7 米，里面填土为红褐色，只出土一小块三角形的板瓦，泥质红陶，火候较低，厚 1.2 厘米。Z2，位于 T1101 方中部，压在 Z1 下，距地表约 0.6 米，呈长方形，东西宽 0.84~0.98、南北长 1.02~1.15 米，深 0.26~0.76 米。Z2 灶口长 0.42~0.45、东西宽 0.25~0.3 米（图五）。填土为褐色，夹有木炭颗粒，土质上面较疏松，越向下越硬；四壁较规整，灶口向西，成斜坡状，包含物较多，有板瓦、砖、陶、瓷片等。板瓦有灰、红色，厚 2.2~2.6 厘米，均为泥质，有的火候较高，有的里面有布纹。砖，有灰和灰白色，灰色火候较高，比较宽大，有的厚达 4.2 厘米。

（2）柱洞

31 个，主要分布在 T1101 的第 3~5 层中。柱洞排列无规律，直径大小不一，洞径 13~50 厘米。大部分柱洞内无包含物，少数出土有碎瓦片、瓷片、陶片。其中有三个柱洞底部铺垫 20 厘米厚的瓦片（图五）。

（3）夯土层堆积

发现于 T2602 中，其中第 5 层为黄、红褐、灰褐色相间的夯土黏土，每层厚 5~8 厘米，夯层明显，未见夯窝。包含物有少量泥质灰陶瓦片、陶片及莲花纹瓦当、黄釉陶片等。第 7 层为红色亚黏土的夯土层，土质纯，较硬，无包含物。从地层结构及夯土情况

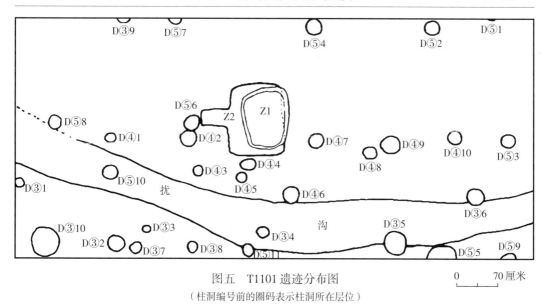

图五　T1101 遗迹分布图

（柱洞编号前的圈码表示柱洞所在层位）

0　　　　70厘米

看应是城门建筑基础。

（4）灰坑

3个，分别发现于 T2602 的第 2、3、5 层。

H1　开口于 T2602 第 2 层下，位于探方西南角，有一半压在西隔梁下，直壁，直径 1.04 米（由于坑太深未挖到底部）。填土为红褐色。包含物有少量红、灰瓦片，其中有一片刻水波纹。灰坑中间有一个直径约 0.24 米的木炭柱洞。

H2　开口于 T2602 第 3 层下，近圆形。有一小半被压在西隔梁。斜壁。直径 0.6 米（由于坑太深未挖到底部）。填土为黄灰色杂土。出土有少量的瓦片、一块灰质陶片。

H3　开口于 T2603 第 5 层下，近圆形。斜壁，圜底。直径 0.7 米，深约 0.3 米。填土为黄褐色黏土，无包含物。

（5）陶片沟

2条，发现于 T2602 中。

G1　开口于第 3 层下，条状贯穿探方东西。长 2.2、宽 0.45 米，深 0.1~0.3 米。沟内填充大量火候较高的残瓦片及少量陶片。瓦片多数为板瓦，少量为筒瓦，器形较大，厚重，以红、红褐、灰色为主，青灰色、灰白色次之，陶质有夹砂、泥质两种；均为素面，少数里有布纹。陶片有泥质灰、红、红褐釉陶及泥质灰白陶，大部分素面，少量腹部刻划水波纹、弦纹，器形以平底罐为多。

G2　开口于第 5 层下，条状贯穿探方东西分布，长 2、宽 1.1 米，深 0.15 米。沟内堆积大量火候较低的瓦片，器形较小，以灰、灰白色为主，许多瓦片上有火烧痕迹。瓦片多数为板瓦，少量筒瓦，大部分素面，少数筒瓦饰细绳纹。

（四）遗　物

出土遗物有砖、瓦、陶片、瓷片等，现分述如下。

1. 陶器

在遗址的文化层中出土了大量陶片，但绝大多数为碎片，完整器较少。陶质有泥质和夹砂，泥质以硬陶为主，还有少量火候较低的软陶；陶色以灰陶和黑陶居多，还有少量红陶、灰黑、灰白陶，有的陶器上施有黑色或红色陶衣；多为灰胎，还有少量紫红色胎。器形有罐、钵、碗、壶、盆等，罐多为平底，有横、竖耳，多为素面；少数器物腹部残片上刻划有水波纹、弦纹、锯齿纹，如标本T2602⑤：6，泥质灰陶片，上刻划鸟纹（图七，8）。

罐　由于大部分都为陶片，无法进行完全意义上的考古学型式划分。这里对所出土的器物口沿，依据其总体形态的区别进行类型的大致划分，分为三型。

A型　47件。卷沿。依据唇的变化，分四亚型。

Aa型　12件。方唇。标本T4104③：3，泥质硬陶。胎厚约1.2厘米（图六，2）。标本T4104③：6，硬灰陶。短颈。胎厚约0.8厘米（图六，3）。标本T4104③：9，四系罐。泥质灰陶。短颈，四个竖耳，平底，溜肩，上腹微鼓，下腹斜收。肩部耳之间刻有水波纹。口径17.2、腹径22、底径15.4、高15.4厘米（图七，4）。

Ab型　2件。尖唇，敞口，束颈。标本G1：3，泥质灰陶，质地坚硬，火候较高。器表施灰黑色陶衣。口径约5.8、胎厚约0.6厘米（图六，6）。

Ac型　31件。卷沿，圆唇。标本T2602⑤：2，泥质灰陶。口径约6、胎厚约0.6厘米（图六，7）。标本T4104③：5，泥质硬陶，灰色。短颈，敞口。颈上有刻划纹饰。胎厚约0.7厘米（图六，5）。标本T4104③：4，泥质红陶。敞口，束颈。从肩部开始向下饰有水波纹与弦纹相间的纹饰。施酱色釉。胎厚约0.4厘米（图六，4）。标本T1101④：4，泥质灰陶。直口，短颈。胎厚约0.6厘米（图六，8）。

Ad型　2件。卷沿，敛口，圆唇。标本T1101③：1，泥质白陶。溜肩，下部斜向下收，平底。口径13、腹径18、底径12、高11厘米（图七，1）。

B型　54件。折沿。依据唇的变化，分四亚型。

Ba型　23件。圆唇，敞口。标本T1101④：7，四系横耳褐釉罐。溜肩，四个横耳，平底。施褐釉。口径10、底径8.2、高13.4厘米，壁厚0.4厘米（图六，1）。标本T1101⑥：2，硬灰陶。束颈。胎厚约0.5厘米（图七，5）。

Bb型　14件。方唇，敞口。标本T4104③：7，泥质硬陶，灰色。束颈。胎厚约0.5

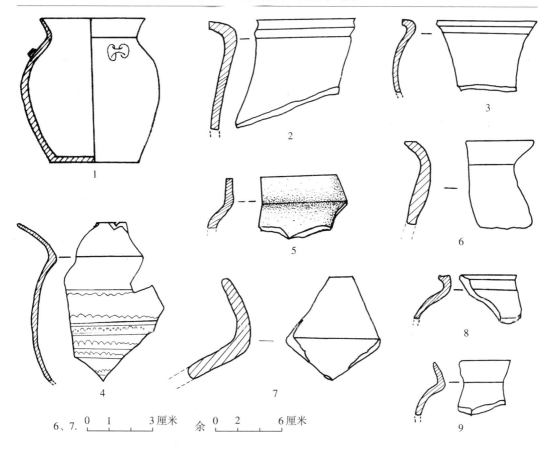

6、7. 0 1 3厘米　余 0 2 6厘米

图六　陶罐

1. Ba型（T1101④：7）　2、3. Aa型（T4104③：3、T4104③：6）　4、5、7、8. Ac型（T4104③：4、T4104③：5、T2602⑤：2、T1101④：4）　6. Ab型（G1：3）　9. Bd型（T1104④：5）

厘米（图七，6）。

　　Bc型　11件。平唇，敞口。标本T1101③：2，四系陶罐。泥质白陶，灰白胎，较厚。溜肩，四个横耳，平底。肩部有四道弦纹。口径8.9、底径8.5、高12厘米（图七，2）。标本G1：4，泥质灰陶，质地疏松。口径约5.4、胎厚约0.6厘米（图七，7）。

　　Bd型　6件。折沿，尖唇，敞口。标本T1101④：5，泥质灰陶。束颈。胎厚约0.8厘米（图六，9）。

　　C型　1件（标本T4104③：2）。夹砂灰陶，红胎。器形较丰满。双唇，直口，尖或平唇。盘口较浅，竖耳，溜肩，腹微鼓，平底。口径10.8、腹径18、底径11.5、高17.5厘米，壁厚0.6厘米（图七，3）。

　　盆　3件。标本T2602③：1，泥质灰陶。敞口，方卷沿。内外施釉，外部施釉只施上半部分，有流釉现象。口径约5.6、胎厚0.5厘米（图八，1）。标本T1101⑤：7，硬灰

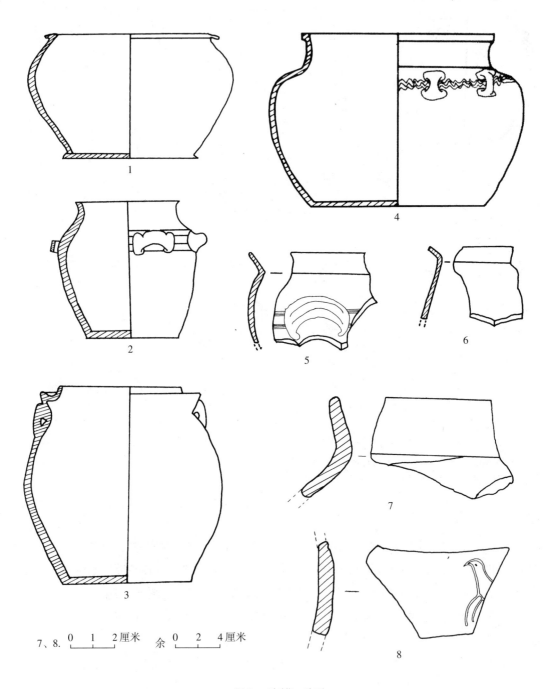

图七　陶罐、陶片

1. Ad 型罐（T1101③：1）　2、7. Bc 型罐（T1101③：2、G1：4）　3. C 型罐（T4104③：2）　4. Aa 型罐（T4104③：9）
5. Ba 型罐（T1101⑥：2）　6. Bb 型罐（T4104③：7）　8. 陶片（T2602⑤：6）

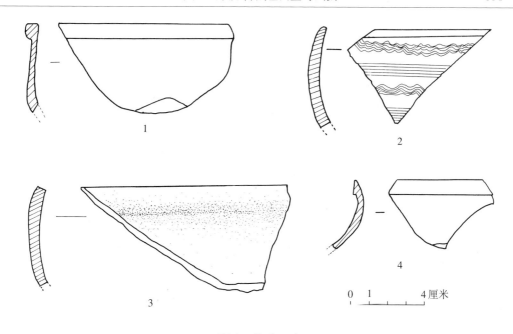

图八　陶盆、壶

1~3.盆（T2602③∶1、T1101⑤∶7、T1101⑤∶8）　4.壶（T2602③∶3）

陶。圆唇，敛口。刻划有水波纹与弦纹相间的纹饰。胎厚约0.5厘米（图八，2）。标本T1101⑤∶8，硬灰陶。方唇，敛口。胎厚约0.5厘米（图八，3）。

壶　1件（标本T2602③∶3）。泥质灰陶，火候较高，胎已烧成紫色钢胎。直口，尖唇，短颈。胎厚约0.4厘米（图八，4）。

碗　2件。标本T1101④∶2，泥质灰陶。敞口，圆唇，束颈，鼓腹，假圈足。口径9.2、足径4.9、高5厘米（图九，1）。标本T1101⑤∶9，泥质灰陶。直口，平唇，深弧腹，实底。口径10.4、底径6.8、高5厘米（图九，3）。

钵　3件。标本T1101⑤∶10，夹砂陶。敞口，平唇，斜腹，平底。口径10.4、底径8.4、高3.6厘米（图九，4）。

盒　1件（标本Z2∶2）。泥质陶，施绿釉，多已脱落。无盖，子母口，平唇，直腹，平底。口径5.3、底径6、高3.1厘米（图九，2）。

纺轮　2件。标本T1101④∶1，泥质灰胎，外施黑色陶衣。算珠形。直径2.7、孔径0.5、高2.7厘米（图一○，6）。标本T1101⑤∶5，泥质灰陶，火候较低。算珠形。直径3.2、孔径0.5、高3.5厘米（图一○，5）。

网坠　4件。标本T1101⑤∶4，泥质红陶。纺锤形，一端已残，中空，中身鼓度较小。长3.8、中鼓径1.3、中孔径1.1厘米（图一○，4）。标本T1101⑤∶2，夹砂灰陶。纺锤形，中空，中身鼓度稍大。长5.8、中鼓径3、中孔径0.9厘米（图一○，1）。标本T1101

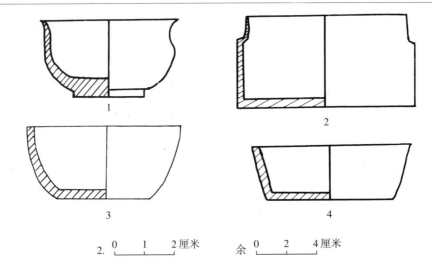

2. ⊢—0—⊢—1—⊢—2 厘米　　余 ⊢—0—⊢—2—⊢—4 厘米

图九　陶器

1、3.碗（T1101④：2、T1101⑤：9）　2.盒（Z2：2）　4.钵（T1101⑤：10）

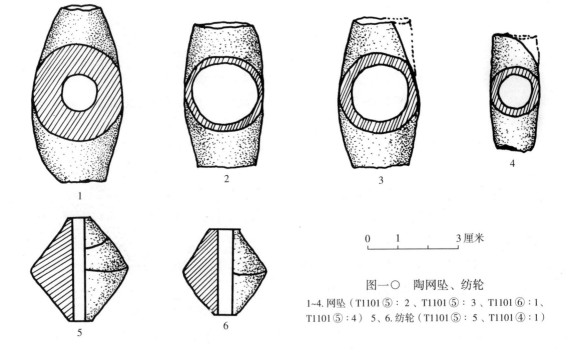

⊢—0—⊢—1—⊢——3 厘米

图一〇　陶网坠、纺轮

1~4.网坠（T1101⑤：2、T1101⑤：3、T1101⑥：1、
T1101⑤：4）　5、6.纺轮（T1101⑤：5、T1101④：1）

⑥：1，泥质灰陶，火候较低。纺锤形，一端已残，中空。长4.8、中鼓径2.7、中孔径1.8厘米（图一〇，3）。标本T1101⑤：3，泥质灰陶。纺锤形，中空。长4.8、中鼓径2.7、中孔径2.2厘米（图一〇，2）。

2.瓷器

没有完整器，均为残片。器形有碗、瓶、罐、盘等，为青瓷、白瓷、青白瓷，胎质细腻、坚硬，釉薄而有玻璃光泽；器表施青黄釉和褐釉的胎较疏松、厚，釉有开片现象，且多数已脱落。

碗　3件。标本 Z2：1。敞口，圆唇，玉璧底。灰黄胎，施青釉，釉有小开片现象，碗外边的釉已脱落。口径 13.8、底径 4.8、高 4.1 厘米（图一一，2）。标本 T1101④：3，敞口，圆唇，假圈足。施青黄釉，釉多已脱落，胎较疏松。口径 17、底径 5.2、高 5.7 厘米（图一一，1）。标本 T4104③：1，青白瓷。侈口，圆唇，玉璧底。釉较薄，胎较白且细腻。口径 15.2、底径 6.1、高 4.4 厘米（图一一，3）。

盘　1件（标本 T1101⑤：1）。敞口，圆唇，平底。灰胎，施青黄釉，有小开片，但多已脱落。口径 11.5、底径 4.8、高 3 厘米（图一一，4）。

3. 其他

砖　有青灰和红色两种。标本 T1101③：3，已残。红砖。并且在一侧印有汉五铢钱的"区"字。宽 15.2、厚 4.2 厘米。

瓦　分为板瓦和筒瓦。

板瓦　较多，有泥质和夹砂两类，泥质居多，火候不均。颜色有灰、红和青灰，灰色为多。多素面，有些里面有布纹。厚度为 0.7~3.7 厘米。其中花口板瓦 2 件。标本 T2602⑤：76，泥质灰陶，火候较低，质地疏松。边沿捏成水波纹，里圈为锯齿纹。瓦头厚约

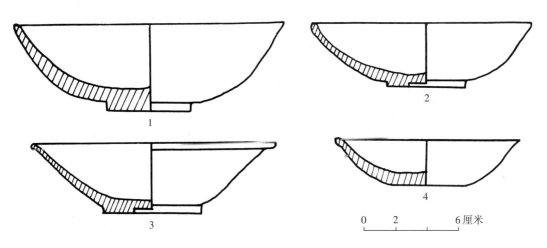

图一一　瓷碗、盘

1~3.碗（T1101④：3、Z2：1、T4104③：1）　4.盘（T1101⑤：1）

2.5、瓦片厚约 1.5 厘米（图一二，4）。

　　筒瓦　较少。泥质，火候不均。有榫接处呈凹弧状的。多为素面，少数饰中、细绳纹。其中有少量板瓦可能是因烧时火候问题，出现夹层现象，夹层为灰或砖红色。厚度约 0.8~2 厘米。标本 T2602⑤：1，泥质灰陶，火候较低，质地疏松。内外光素无纹。残长约 7.5、宽约 7、内弧深约 3 厘米，筒瓦接口处长约 1.5、瓦厚 1.5 厘米（图一二，3）。

　　瓦当　2 个。上面为组合图案，中心为莲花纹饰，周边饰以连珠纹。标本 T2602⑤：4，残。泥质红陶，火候不高，质地较疏松。中间为八瓣莲花纹及突起的莲蓬，莲花瓣瘦长。长约 2.5、直径 11、厚 1.5 厘米（图一二，1）。标本 T2602⑥：10，已残，仅存中间半个莲蓬。泥质红陶，质地疏松。厚 1.5 厘米（图一二，2）。

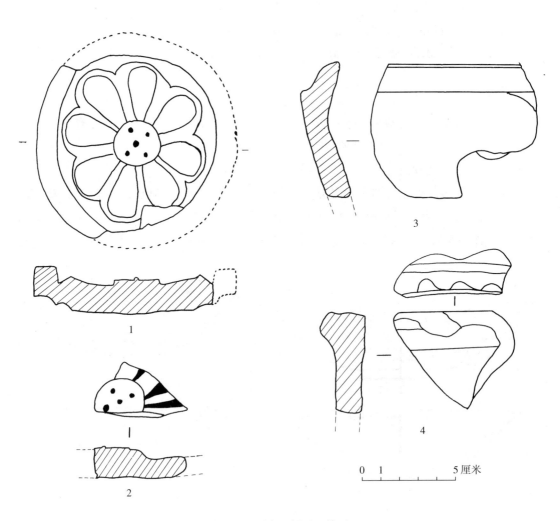

图一二　瓦当、板瓦、筒瓦
1、2.瓦当（T2602⑤：4、T2602⑥：10）3.筒瓦（T2602⑤：1）4.板瓦（T2602⑤：76）

（五）城址的年代与分期

此次试掘，由于地点分散、面积较小，各探方中所发现遗迹现象比较零散、复杂，无法为全面了解古城结构和布局提供可靠的考古学佐证资料，因此，从遗迹现象难以判断其年代。出土遗物中绝大部分都为砖、瓦、陶瓷片，除部分器物口沿外，极少完整器，因此，只能从少量陶瓷片的口沿及陶色、陶质、釉色等方面进行其年代的判断。首先从T2602第5、6层出土遗物看，砖、瓦器形较小，火候较低，部分饰绳纹，有莲花纹瓦当、刻划水波纹陶罐、酱釉陶片及花口板瓦等，与广西地区南北朝时期所流行的器物、器物纹饰、釉色基本相同，因此可判断T2602第5~7层年代应为南北朝时期。另外，G2出土的瓦片器形小，以灰、灰白色为主，筒瓦多饰细绳纹，其年代与T2602第5~7层年代相同。而G1与T1101第5、6层，T4104第4、5层中出土的砖、瓦及陶瓷器的器形、釉色基本相一致。如砖、瓦以红色为主，火候较高，器形较大且厚重，未见绳纹，这与G2有明显区别。陶器以灰、黑色硬陶为主，盛行四系陶罐、黄釉青瓷碗、杯等器物，胎体厚重，小假圈足，细开片，易脱落，有的釉不至底。纹饰有刻划纹、弦纹、水波纹。这些特征在T2602第5、6层及G1中均未见到，而与广西及相邻地区隋唐时期墓中出土的器物基本相同[3]，因此判断其年代应为隋唐时期。T1101第3、4层与T4104第3、4层及T2009第4层中出土的少量青色釉瓷和白色釉瓷，釉色和器形与广西地区所流行的宋代瓷器相一致。由此可见该城址的年代可分为三个不同时期，即T2602第5~7层为南北朝时期或略早；T2602第3、4层，T1101第5、6层，T2009第4层，T4104第4、5层为隋唐时期，其余为宋代。

据《汉书》记载汉武帝元鼎六年（前111年）置领方县，并以领方县为治所（都尉治），为郁林郡所辖，辖现南宁、武鸣、上林等地，但对汉领方县治所的具体位置并未说明。至唐代《元和郡县志》较明确记述"贞观五年于领方县置宾州、汉郁林郡之领方县，为都尉治所"。至宋开宝六年（973年）迁离此地，此后的各种地方志所载均以此地为汉领方县治所。而此次调查试掘，出土遗物中却未见有广西地区汉代普遍流行的各种典型方格纹、戳印纹、水波纹等印纹硬陶遗物，原因可能如下：（1）汉代领方县治当时仅作军事驻防的都尉治所，人员活动相对较少，城址规模较小，所留遗迹、遗物较少，因此难以发现；（2）古城使用年代较长，相互打破扰乱严重，特别是20世纪70年代对古城进行大规模的平整、开渠辟为农田时，致使古城受到极为严重的破坏；（3）年代较早的T2602试掘工作尚未结束，对该探方是否还存在年代更早的遗存还未了解；（4）此次试掘地点分散、面积较小。为此，对该古城址各个时期的建筑分布、结构及始建年代等问题的解决还有待于以后的进一步发掘工作。然而，此次调查试掘可以证明，该城址最迟在南北朝时期已进行较大的规模修筑，唐宋是其修筑及使用的鼎盛时期。

　　附记：此次调查试掘领队为李珍，参加人员有黄云忠、张龙、梅晓光、夏丽娜、程勇光、余卓才，蒲晓东、周梅清先后参加了部分工作。

　　　　　　　　　　　　　　　　　　执笔：黄云忠　梅晓光　夏丽娜
　　　　　　　　　　　　　　　　　　绘图：梅晓光　夏丽娜

注　　释

[1]　《宾州县志》，1937 年。

[2]　广西壮族自治区文物工作队 1963 年文物调查资料。

[3]　广西壮族自治区文物工作队：《广西壮族自治区钦州隋唐墓》，《广西文物考古报告集（1950~1990）》，广西人民出版社，1993 年。

北海一座唐墓

蒋廷瑜

（广西文物考古研究所）

1972年12月20日，北海市陶瓷厂在该市高德镇新建耐火材料车间，挖地基时挖到1面铜镜和3件青瓷罐。市革委会政工组闻讯后，即派副组长韦奇才和市文化馆张维瑞前往现场了解情况，并及时报告了自治区文化局，我受命于1973年1月29日赶到北海，进行调查和清理。经现场勘察，确定这些器物出自一座古代墓葬。

墓葬位于北海市东北约4公里处，邕（宁）北（海）公路东侧，小地名为"柚木林"。地面原有直径15、高约0.3米的土堆，北海陶瓷厂在此修建耐火材料车间，墙基正好穿过土堆，据负责施工的刘传尧说，土堆的土是经过人工动过的虚土。器物约在离地表0.8米深处发现，1面铜镜和3件青瓷罐排列在一条直线上，铜镜与青瓷罐间相距约0.8米。墓葬形制已受到破坏，仅隐约可以见到长方形的土坑痕迹，原应是土坑墓。铜镜和陶罐都在出土时被打破，但可复原。

铜镜　八瓣菱花形。圆纽，纽外有浮雕式瑞兽和鸾鸟各一对，其中双鸾分置圆纽两边，口衔花枝，曲颈展翅，翘尾提足，相对而舞；纽上方，天马昂首翘尾，撒蹄狂奔，前后飘有云彩；纽下，一兽似狮，腾空起舞，两侧各有一枝荷花。直径15.4厘米，中心厚0.3、边厚0.6厘米（图一）。这是流行于盛唐和中唐时期的对鸟纹铜镜[1]。

青瓷罐　3件，均已残破，其中1件四系罐，直口，矮领，长椭圆腹，平底，肩有四只桥形横系，腹下部有两道弦纹，外壁施釉至肩，内施釉至底。口径14.4、最

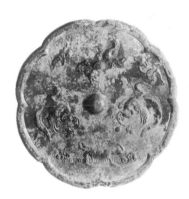

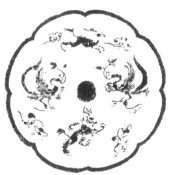

0 ┣━━━┫ 5厘米

图一　高德铜镜

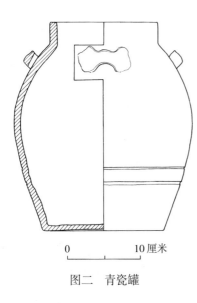

0　　　　10厘米

图二　青瓷罐

大腹径24、底径16、高27.4厘米（图二）。这件四系罐具有南朝青瓷器遗风，器形与广东阳山县犁埠1号墓出土的唐代四系瓷罐十分接近[2]。由铜镜和四系罐可以推定此墓的年代为唐代中期。

北海位于北部湾的东北岸，境内东北高而西南低，东北、西北为丘陵，南部沿海为台地和平原。先秦时期是岭南骆越人聚居的地方。汉代中国海上丝绸缎之路始发港合浦港就在北海境内，在北海市区的北部有一个庞大的合浦汉墓群，1965年8月在北海市水产加工厂出土过一件陶罐，内有约2000枚汉代五铢钱。发现唐代墓葬则是第一次，这一发现对研究汉代以后合浦港的历史有重要的参考价值。

绘图：蒋发姣

注　释

[1]　孔祥星、刘一曼：《中国古代铜镜》，文物出版社，1984年。

[2]　广东省博物馆、香港中文大学文物馆：《广东出土晋至唐文物》，香港中文大学，1985年。

柳江县立冲南窑址发掘简报

广西文物考古研究所
柳州市文物考古队
柳 州 市 博 物 馆
柳 江 县 文 物 管 理 所

里雍镇位于柳江县东部41公里处，距离柳州市35公里。柳江流经里雍镇境内，洛清江在柳江县白沙乡与柳江交汇，沿着洛清江北上可达鹿寨、永福、桂林等地，水路交通十分便利（图一）。柳江县地秦属桂林郡，尚未建县，西汉柳江县地先属南越，元鼎六年（公元前111年）南越被平定后，柳江县地划入郁林郡潭中县，宋属柳州马平县，元属湖广行中书省隶广西两江道宣慰司柳州路总管府。2005年4~6月，为配合柳州红花水电站的建设，广西文物工作队（现广西文物考古研究所）会同柳州市文物考古队、柳州市博物馆、柳江县文物管理所等单位对处于红花水电站库区淹没范围内的立冲南窑址进行考古发掘。现将发掘情况报告如下。

（一）立冲南窑址概况

立冲南窑址位于柳江县里雍镇立冲村委南面约500米的柳江南岸临江的坡上，窑址西30米有一条名为劳管冲的冲沟在此与柳江交汇，窑址地表种植有果树。2003年广西文物工作队在红花水电站库区淹没范围内进行文物古迹调查时，发现此处瓷片废品分布的区域较广，劳管冲与柳江交汇处的河岸及台地的地表遍布瓷片废品，较集中的是一片长约20、宽约20米的地带，因而推断这一带应该分布有窑址，但地表未发现窑址的窑口及窑床等遗迹。从河边台地的断面上看，距表土层下约50厘米处有一层废品堆积，而在废品分布范围内由坡上往下一直至河边的地表上都散布有大量的陶瓷残片，应该是河岸崩塌后雨水冲刷形成，GPS测量窑址废品堆所处中心位置为北纬24°12′38.8″、东经109°29′28.8″（图二；彩版三三，1）。

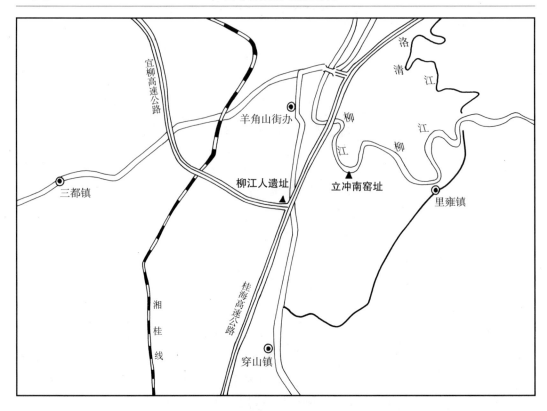

图一　立冲南窑址位置示意图

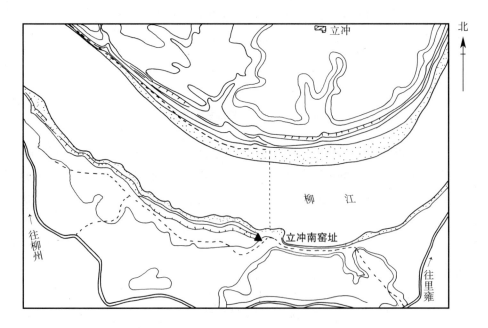

图二　立冲南窑址位置图

（二）发掘经过及收获

由于不清楚立冲南窑址的窑口位置，因此我们通过探沟发掘的形式来寻找窑口位置。我们在这地带附近开了两条探沟，编号分别为G1、G2，其中G1长、宽分别为10、1米，G2长、宽分别为6、1米。经过发掘清理，我们在G2的东北端发现了窑址的窑床后部的烟道，从而基本确定了窑址的类型及走向。后我们又沿着窑床的走向布了5个5米×5米的探方（探方编号为T1~T5），其中T1为完全将烟道揭露出来又往南面扩方，发掘面积共计147平方米。

遗址的地层堆积较为简单，从上至下可以分二层，其中第2层又可分为2a层和2b层，部分探方由于雨水冲刷及河岸崩塌的缘故，缺失第2a层。第1层为灰褐色表土层，土质疏松。厚10~100厘米。土层里夹杂有少量瓷器残件、从器物上敲打下来的支钉以及近现代废弃物品。第2a层，红灰色土层，土质较疏松。厚5~60厘米。夹杂有大量瓷器残件及从器物上敲打下来的支钉。第2b层，红色瓷器废品堆积层，含有大量的瓷器废品残件及从器物上敲打下来的支钉，还夹杂有窑砖及红烧土等，厚10~50厘米。第2b层以下为生土层。由于地势由南往北倾斜，各地层堆积的厚度也相应地由南往北逐渐变厚（彩版三三，2）。从各地层的包含物来看，第1层为现代扰乱层，第2a层和第2b层出土的器物基本一致，2a层应该是表土层被雨水冲刷或河岸崩塌造成移动后夹带着部分废品堆积覆盖在2b层之上形成的次生堆积层，2b层为原生堆积层（彩版三六，1）。

从发掘发现的残迹来看，立冲南窑址为一斜坡式分室龙窑，南北向，沿河岸坡地依势而建，南高北低。我们发掘清理的是残存的一段窑室，包括烟道、分室、火膛及通火孔等部分，残长17米，坡度21°。大部分地方只余窑底，局部地方可见残存的窑砖。窑砖均为红色，大多已破碎损坏，发现比较完整的一块长、宽、高分别为27、19、7厘米，其中长度部分为残长。窑室是用单砖砌筑而成，上部因窑顶已崩塌未知，尾部斜收成烟道，窑床底部垫有一层5厘米厚的沙层，沙层下的生土因长期高温燃烧而变成一层约5厘米厚的红烧土（彩版三四，1）。窑床底部未见遗留有烧造的成品，只见些罐、壶的残片，窑室内侧残存的砖上可见到黑褐色的琉璃质窑汗，内宽约1.1米，基本较平直。烟道位于窑室的尾部，偏东南方向，上部早已崩塌，下部残存的砖路可辨为单砖砌筑而成，长2.2、孔径约0.35米。窑室的前部（北面）紧接着一燃烧室，底部比窑床低0.9米，堆积有一层约0.3米厚的灰白色灰烬，估计是草木灰，我们认为此燃烧室是火膛。从残存的遗迹来看，虽然这一部分的窑室因河岸崩塌大多已被毁坏，但窑床底部的红烧土一直往北延伸；另外，从探方地层的剖面上看，原生形成的2b层继续往北延伸堆积，因此，我们认为此燃烧室属于了增加窑室中段以后的温度而设置的火膛，从而可以推断立冲南窑址结构上使用的是当时较先进的技术——坡状分室龙窑。火膛的西面有一路近圆形的

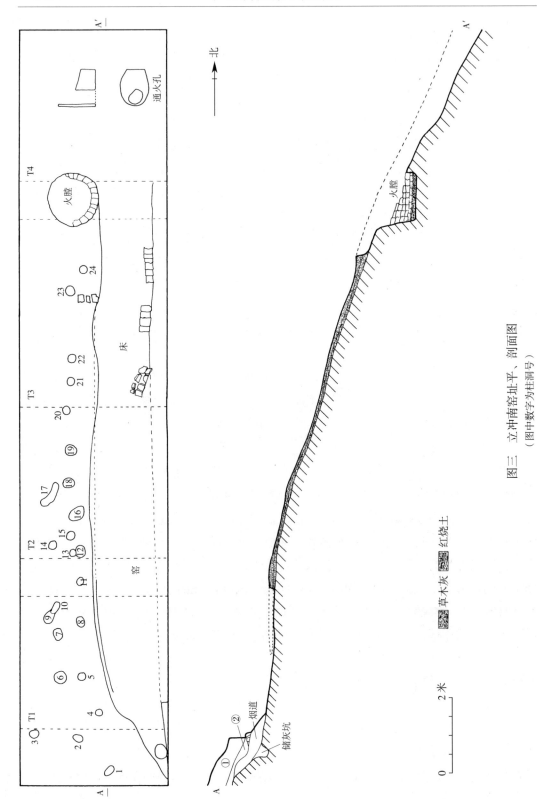

图三 立冲南窑址平、剖面图

（图中数字为柱洞号）

草木灰 红烧土

砖痕，直径约1.4米，可能是火膛崩塌后残存的部分，北面离火膛约2米远的地方见一通火孔，孔径约0.4米（彩版三五）。另外，我们在窑址保存尚好的西侧发现24个柱洞的痕迹（图三），东侧因河岸崩塌未知是否也有类似的柱洞（彩版三四，2）。这些表明原来窑址的旁边应该搭建有建筑，可能是为方便从窑中取出烧制好的产品，就近敲击支钉而搭建的。

（三）出土遗物

本次发掘我们从出土的遗物中挑选了2000余件标本（彩版三六，2），大多已残损，同一类型的器物数量较多的，我们只选取部分保存较好的标本。该窑烧制的产品主要为生活用具，以碗、碟、盏、杯为主，并有少量罐、壶、香炉、擂钵、盘、盆、盏托、器盖，没有发现印模及陶拍等制陶工具。器物的胎质方面，均用瓷土制坯，绝大部分经过淘洗，胎质较纯净。由于烧成温度较高，大部分器物瓷胎坚硬致密。瓷胎多为灰色，少数为灰黄色、红色和紫红色。釉色主要有青色、酱色、仿钧窑天蓝色等几种，青釉因釉色深浅不同又可分为青灰色和青黄色，其中多数是青灰色；酱釉也可分为酱褐色和酱黄色，其中多数是酱褐色。部分碗、盏、杯施点洒褐彩，少数仿钧窑天蓝釉的盏、杯以酱釉包口。部分器物有印花纹饰及以冰裂纹装饰，但在废品堆积中未见有刻花印模出土。部分器物在内底或器内口沿下有用褐彩书写的文字，字样有"天"、"地"、"福二"、"仲"、"崇"等，未见有年号题款的器物（彩版三八，6）。烧造技术方面，小件器物如碗、碟、盏、杯等采用支钉间隔后放置于垫具之上明火叠烧，大件器物如罐、壶、香炉、擂钵等则用垫具垫底后明火烧制，未见有匣钵此类窑具的遗物。值得一提的是，该窑使用的窑具中，有一类窑具器形似盏，灰白色胎，口径在12~18厘米之间不等，底部穿有一圆孔，孔径在1~2厘米之间不等，器身上部穿孔，制作较粗糙，少部分口沿处施青灰釉，绝大部分素烧。我们从其使用痕迹判断其具体功用应该是烧窑时倒过来覆盖于一摞摞叠放的碗或碟、盏、杯等器物的最上面一件之上，用来遮挡窑灰，有点类似匣钵盖的功能，应是当时工匠创造性发明使用的一种窑具，我们暂且称之为窑灰盖，此类器物在广西尚属首次发现。窑具除了大量用以间隔器物进行叠烧的支钉以及窑灰盖外，其余数量不多，主要有垫柱、垫圈、垫钵、支圈等。现根据立冲南窑址烧制的产品及其所使用的窑具选取标本进行介绍，标本编号为001~086。

1. 瓷器

碗　可分为三型。

A型　敞口，弧腹或斜直腹，圜底，圈足，挖足极浅。分为三式。

Ⅰ式　尖唇，斜直腹。标本001，灰胎，青灰釉，釉大多脱落。口径16.4、足径6.4、高4.8厘米（图四，1）。

Ⅱ式　尖唇，浅弧腹。标本002，灰胎，青灰釉，釉大多脱落。口径17.2、足径6.8、高5厘米（图四，2）。

Ⅲ式　尖唇，弧腹。标本003，灰胎，青灰釉，釉大多脱落。口径16.2、足径6.8、高5.8厘米（图四，3）。

B型　直口，直腹，圜底，圈足。分为三式。

Ⅰ式　标本004，尖唇。灰胎，青黄釉。口径10.4、足径6、高6厘米（图四，4）。

Ⅱ式　标本005，尖唇。灰胎，青灰釉。釉大多脱落，点洒褐彩。口径12.4、足径5.6、高6.4厘米（图四，5）。

Ⅲ式　标本006，尖唇。灰胎，青灰釉，釉大多脱落，点洒褐彩。口径13、足径7.4、

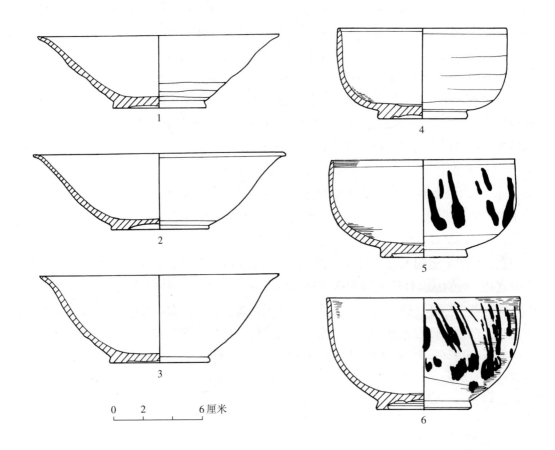

0　2　　　6厘米

图四　瓷碗

1. A型Ⅰ式（001）　2. A型Ⅱ式（002）　3. A型Ⅲ式（003）　4. B型Ⅰ式（004）　5. B型Ⅱ式（005）　6. B型Ⅲ式（006）

高6.2厘米（图四，6；彩版三七，1、2）。

杯　可分为三型。

A型　敞口，弧腹或斜直腹，圜底，饼足，足底内凹。分为四式。

Ⅰ式　标本007，尖唇，斜直腹。灰胎，青灰釉，釉大多脱落。口径10.8、足径3.8、高5.4厘米（图五，1）。

Ⅱ式　标本008，尖唇，弧腹。灰胎，青灰釉，釉大多脱落。口径9.8、足径3.2、高4.8厘米（图五，2）。

Ⅲ式　标本009，尖唇，弧腹。灰胎，青灰釉，釉大多脱落。口径10.2、足径4.2、高4.9厘米（图五，3）。

Ⅳ式　标本010，方唇，弧腹。灰胎，釉已脱落。口径9.2、足径2.9、高5厘米（图五，4）。

B型　侈口，斜沿，弧腹，圜底，饼足内凹。分为四式。

Ⅰ式　标本011，尖唇，弧腹稍浅。灰胎，青灰釉。口径13.2、足径3.8、高4.4厘米（图六，1）。

Ⅱ式　标本012，尖唇，弧腹。灰胎，青灰釉。口径12.7、足径4.3、高4.7厘米（图六，2）。

Ⅲ式　标本013，尖唇，深弧腹。灰胎，青灰釉。口径12.4、足径4.2、高5.6厘米（图六，3）。

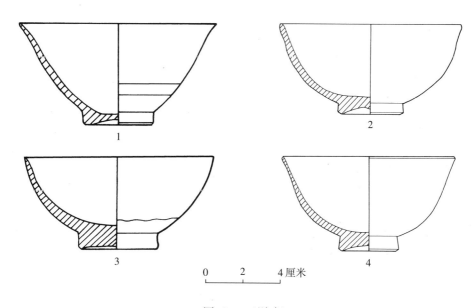

0　2　4厘米

图五　A型瓷杯
1. Ⅰ式（007）2. Ⅱ式（008）3. Ⅲ式（009）4. Ⅳ式（010）

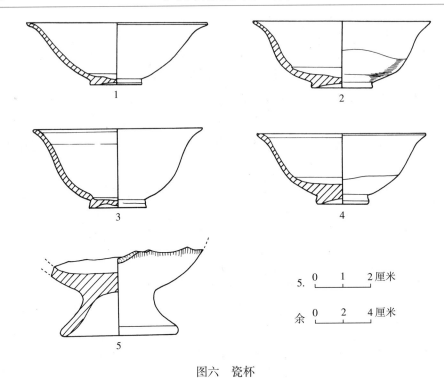

图六　瓷杯

1. B 型 I 式（011）　2. B 型 II 式（012）　3. B 型 III 式（013）　4. B 型 IV 式（014）　5. C 型（015）

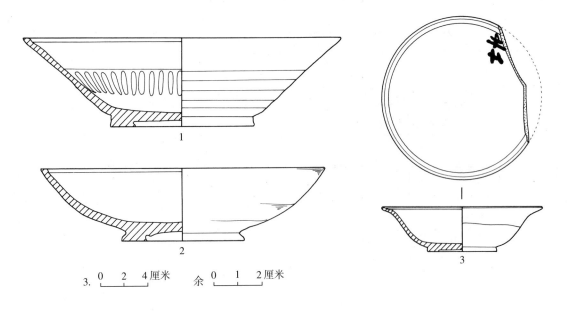

图七　A 型 I 式瓷碟

1. 016　2. 017　3. 019

Ⅳ式 标本014，圆唇，灰胎，青灰釉，施釉不及底，釉大多已脱落。口径12、足径3.7、高5厘米（图六，4）。

C型 标本015，杯的上部已残，只剩杯底部分。喇叭形圈足，内空，仿钧窑天蓝釉。足径4.3、残高3厘米（图六，5）。

碟 可分为两型。

A型 敞口，斜直腹或弧腹，平底，浅圈足。分为三式。

Ⅰ式 此类碟为主要烧制的一类器形（彩版三七，3）。标本016，圆唇，斜直腹。腹上修坯痕明显。灰胎，施釉不及底，釉已脱落。器内周壁饰印菊瓣纹，底纹已不清晰。口径13.4、足径6.1、高3.7厘米（图七，1）。标本017，尖唇，弧腹。腹上修坯痕明显。灰胎，施釉不及底，釉已脱落。口径12、足径5.2、高3厘米（图七，2）。标本018，圆唇，斜直腹。灰胎，青灰釉，施釉不及底，釉已脱落。器内周壁饰印菊瓣纹，底纹为团枝花卉。口径13.6、足径6.2、高3.1厘米（图八）。标本019，圆唇，弧腹。灰胎，青灰釉，施釉不及底。器内壁上有一用褐彩书的"地"字。口径13.6、足径5.8、高3.8厘米（图七，3）。

Ⅱ式 标本020，方唇，弧腹。灰胎，青黄釉，施釉不及底。口径12.4、足径5、高3.4厘米（图九，1）。

Ⅲ式 标本021，尖唇，弧腹。灰胎，青黄釉，釉色较重显青黑色，施釉不及底。口径10.4、足径6、高3.6厘米（图九，2）。

B型 敞口，斜沿，浅弧腹，平底，浅圈足。分为两式。

Ⅰ式 标本022，斜沿较宽，浅弧腹微折。灰胎，青黄釉，施釉不及底。口径13.6、足径6、高3.2厘米（图九，3；彩版三七，4）。

Ⅱ式 标本023，方唇，弧腹。灰胎，青黄釉，施釉不及底。口径12.4、足径5.4、高3.4厘米（图九，4）。

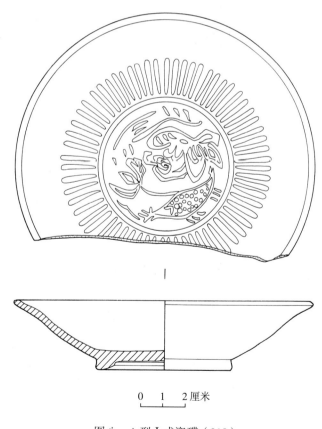

0 1 2厘米

图八 A型Ⅰ式瓷碟（018）

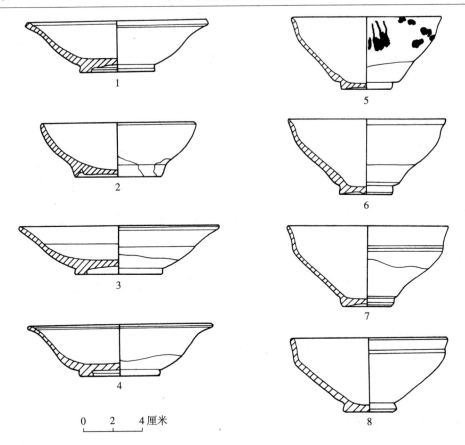

图九　瓷器

1. A型Ⅱ式碟（020）　2. A型Ⅲ式碟（021）　3. B型Ⅰ式碟（022）　4. B型Ⅱ式碟（023）　5~8. 盏（024~027）

　　盏　敞口，束颈，斜腹，平底，饼足。此类盏为主要烧制的一类器形，有多种釉色（彩版三七，5、6）。标本024，尖唇，饼足内凹。灰胎，青灰釉，施釉不及底，釉部分脱落，器内外周壁点洒褐彩。口径10、足径3.4、高4.8厘米（图九，5；彩版三八，1、2）。标本025，尖唇，饼足内凹。灰胎，酱釉，施釉不及底。口径10.6、足径3.6、高5厘米（图九，6）。标本026，尖唇，饼足内凹。灰胎，仿钧天蓝釉，施釉不及底，口沿部分以酱釉包边。口径10.8、足径3.4、高5.4厘米（图九，7；彩版三八，3、4）。标本027，圆唇。灰胎，青黄釉，釉不及底。口径10.6、足径3.6、高5厘米（图九，8）。

　　灯盏　可分为两型。

　　A型　敞口，斜直腹，平底。分为三式。

　　Ⅰ式　标本028，圆唇。灰黄胎，釉已脱落。口径8.4、足径2.7、高2.3厘米（图一〇，1）。

　　Ⅱ式　标本029，方唇。灰胎，青釉，釉不及底。口径7.4、足径2.8、高1.7厘米（图一〇，2）。

　　Ⅲ式　标本030，方唇，平沿，斜直腹较浅。灰胎，釉已脱落。口径6.2、足径2.4、高1.2厘米（图一〇，3）。

　　B型　标本031，敛口，圆唇，斜直腹极浅，口沿上附贴一小纽，平足。灰胎，酱褐釉，釉不及底，口径9.2、足径2.8、高1.4厘米（图一〇，4）。

　　壶　数量较少，仅见口沿或部分壶身。可分两式。

　　Ⅰ式　标本032，口沿已残。粗直长颈，颈的下部饰数道弦纹，椭圆腹。灰胎，青灰釉，颈腹处用褐彩装饰。残高13.8厘米（图一〇，6；彩版三八，5）。

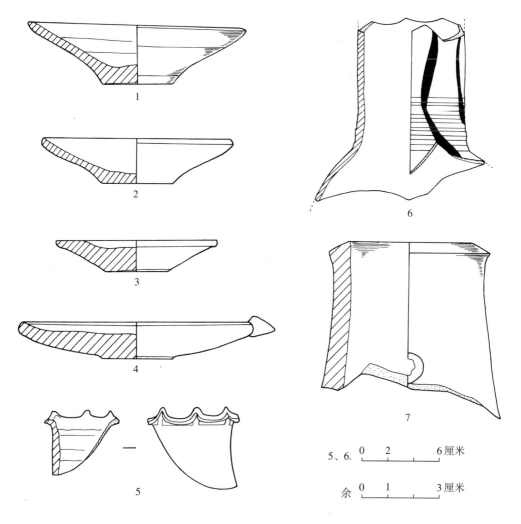

图一〇　瓷器

1. A型Ⅰ式灯盏（028）　2. A型Ⅱ式灯盏（029）　3. A型Ⅲ式灯盏（030）　4. B型灯盏（031）　5.瓶（034）　6. Ⅰ式壶（032）　7. Ⅱ式壶（033）

Ⅱ式　标本033，仅见口沿部分。斜沿，尖唇，斜直长颈。灰胎，釉已脱落。口径6.2、残高6.6厘米（图一〇，7）。

瓶　标本034，仅见口沿部分。口沿堆塑成波浪形花边，斜直颈。灰胎，酱釉。残高6.2厘米（图一〇，5）。

罐　数量较少，仅见局部口沿及部分罐身、罐底。标本035，方唇，侈口，束颈，斜肩，肩上有一黏附上去的桥形纽。紫红色胎，施酱釉。残高8厘米（图一一，1）。

盆　2件，仅见部分口沿。敛口，唇内外凸成宽平沿，弧腹。标本036，平底。灰胎，器外壁施酱釉。残高9.8厘米（图一一，2）。标本037，灰胎，器内壁施青黄釉。残高4.8厘米（图一一，3）。

器盖　可分五型。

A型　碟形，宽弧沿，宝珠纽，盖底平，稍内凹。分为三式。

Ⅰ式　标本038，宝珠纽粗大，盖底较厚。灰胎，釉已脱落。口径7.2、纽径2.2、高2.2厘米（图一二，1；彩版三九，4）。

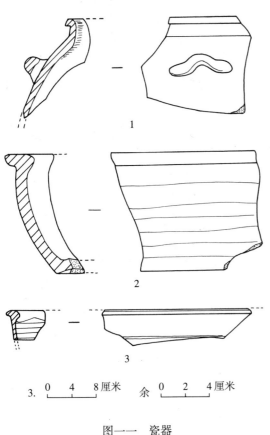

3. ⊢―――⊣ 0　4　8厘米　　余 ⊢――⊣ 0　2　4厘米

图一一　瓷器

1.罐（035）　2、3.盆（036、037）

Ⅱ式　宝珠纽较小，平沿，盖底较薄，盖上有两个小的透气孔。标本039，灰胎，釉已脱落。口径7.3、纽径1.4、高1.6厘米（图一二，2；彩版三九，4）。

Ⅲ式　宝珠纽较小，盖底较薄，盖上有两个小的透气孔。标本040，灰胎，釉已脱落。口径6、纽径1、高1.4厘米（图一二，4；彩版三九，4）。

B型　标本041，平沿，盖面弧拱，盖顶为一宝塔形纽，纽下堆塑四叶，另有一半圆形系附于盖面与沿交接处，子口。灰胎，盖面上施酱褐釉。口径7.4、子口径4、高4.9厘米（图一三，1；彩版四〇，5）。

C型　标本042，形如倒扣的碗，顶上有纽，纽已残，盖上有旋削痕迹。灰胎，盖面上施酱褐釉。口径14、高7.6厘米（图一三，2）。

D型　标本043，平顶，面斜直，形如倒扣的盏，宽弧沿，子口。紫红色胎，不上釉。盖径15、子口径11.2、高5.4厘米（图一二，3）。

E型 标本044，檐口罐盖，平顶，顶上开有三小圆孔，形体较大且低矮，唇内敛斜收。紫红色胎，不上釉。盖径22.8、口径18.4、高3.2厘米（图一四）。

双唇罐 大多已残，仅见口沿及部分器身。可分两式。

I式 标本045，双唇，斜直口，方唇，盘口较深。紫红色胎，施酱釉，部分脱落。残高7厘米（图一五，1）。标本046，已烧变形。能辨部分可见双唇，斜直口，方唇，盘口较浅。紫红色胎，施酱釉。残高8.6厘米（图一五，2）。

II式 标本047，双唇，敛口，盘口极浅，弧腹。紫红色胎，器外腹部施青黄釉。残高7厘米（图一五，3）。

鼓钉炉 标本048，已残，仅见器身部分。敛口，平唇，深弧腹，平底内凹，腹部有两排突起的乳钉纹。灰胎，口沿及器腹半部施釉，釉不及底。口径15.6、底径8.8、高6.4厘米（图一六，1）。

器足 仅见足部及部分器身，兽蹄形，形制大小相近。标本049，连接的器身部分尚见乳钉纹，足身中空。灰胎，外部及底部施酱褐釉。残高9厘米（图一六，2；彩版四〇，6）。标本050，实心足。灰胎，外部施酱褐釉不及足底。残高

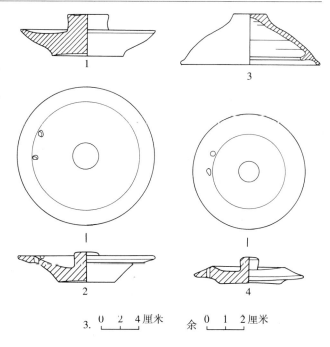

3. |0 2 4厘米   余 |0 1 2厘米

图一二 瓷器盖
1. A型I式（038） 2. A型II式（039） 3. D型（043） 4. A型III式（040）

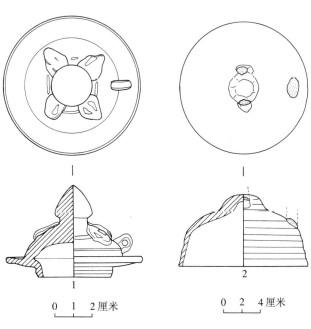

|0 1 2厘米 |0 2 4厘米

图一三 瓷器盖
1. B型（041） 2. C型（042）

6.9厘米（图一六，3；彩版四〇，6）。

执柄　标本051，器身部分已残。直把，喇叭形，空心。灰胎，施酱褐釉。长7.1厘米（图一七，1）。

器流　器身已残，仅见流部，皆为长弯流。标本052，灰胎，流外部施青灰釉，饰冰裂纹。残长6.8厘米（图一七，2；彩版三九，3）。标本053，灰黄色胎，流外部施酱褐釉。长7.1厘米（图一七，3；彩版三九，3）。标本054，红色胎。长9.7厘米（图一七，4；彩版三九，3）。标本055，灰黄色胎，流外部施酱褐釉。长11.4厘米（图一七，5；彩版三九，3）。

擂钵　标本074，仅见器底。残高4.5厘米（图一九，1）。

器嘴　标本075，仅见口部。盘口，长束颈。残高5.3厘米（图一九，2）。

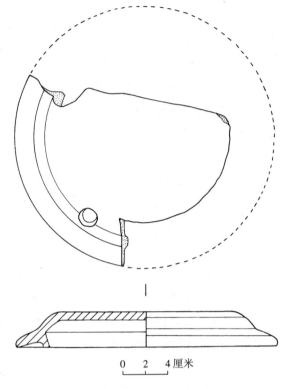

0　2　4厘米

图一四　E型瓷器盖（044）

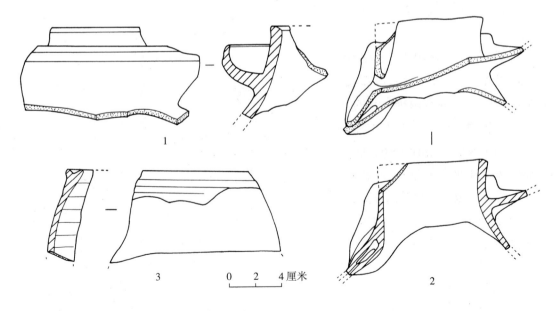

1

3　　　　0　2　4厘米

2

图一五　瓷双唇罐

1、2. I式（045、046）　3. II式（047）

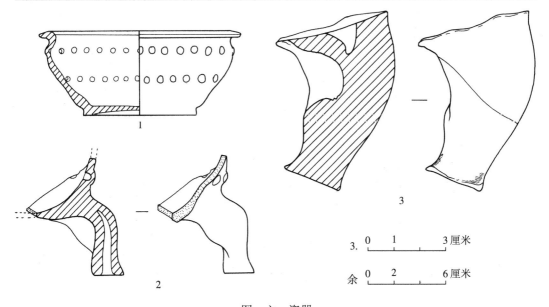

图一六 瓷器

1. 鼓钉炉（048） 2、3. 器足（049、050）

2. 瓦

瓦 皆为板瓦。按其厚薄及大小可分两式。

Ⅰ式 标本056，两块板瓦烧结在一起，较薄。长16.4、宽13.6、厚0.4厘米（图一八，1）。

Ⅱ式 标本057，局部烧变形。较厚，内饰布纹。残长16、残宽6、厚1.6厘米（图一八，2）。

3. 窑具

窑灰盖 灰胎，底部穿有一圆孔，器身上部分穿有小孔，制作较粗糙。少部分口沿处施月白釉，绝大部分素烧（彩版四〇，1、2）。标本058，残。器身内外刻划有纹饰，器内可见倒覆在器物之上烧制后留下的痕迹。底径4.4、孔径1.6~2.4、残高2.2厘米（图二〇，1；彩版四〇，4）。标本059，残。灰胎，素面，器身上穿有三个小孔。底径4.4、孔径1.2~2、残高3.4厘米（图二〇，2；彩版四〇，3）。标本060，残。灰胎，素面。底径4.8、孔径2、残高2.2厘米（图二〇，3）。标本061，残。灰胎，素面。底径4.4、孔径2.4、残高2.6厘米（图二〇，4）。标本071，残。灰胎，素面。口径17.2、底径4.4、孔径1.2、高4厘米（图二〇，5）。

垫圈 可分两型。

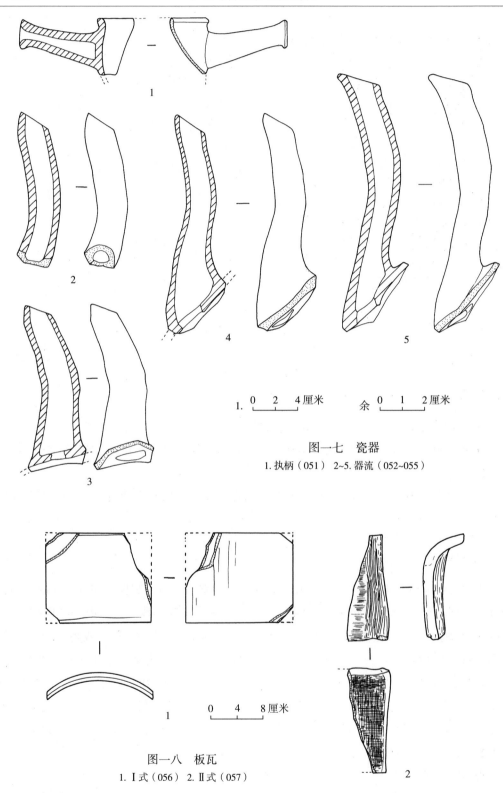

1. 0 2 4厘米   余 0 1 2厘米

图一七 瓷器

1. 执柄（051） 2~5. 器流（052~055）

图一八 板瓦

1. Ⅰ式（056） 2. Ⅱ式（057）

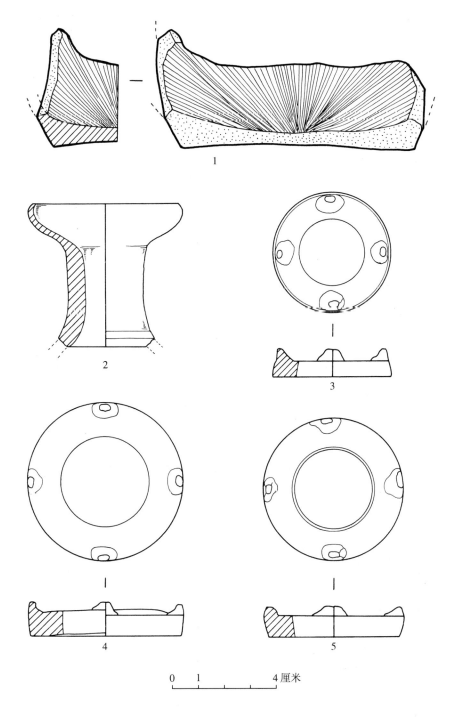

图一九　瓷器、窑具

1.瓷擂钵（074）　2.器嘴（075）　3~5. A 型垫圈（062、064、063）

A型　环形，制作规整，底部有四颗支钉，承载面平整，规格大小不同。标本062，直径4.6、高1厘米（图一九，3；彩版三九，1）。标本063，直径5.4、高1.2厘米（图一九，5；彩版三九，1）。标本064，直径6、高1.3厘米（图一九，4；彩版三九，1）。

B型　残。余部呈半环形，制作不规整，手工随意捏制。标本072，灰胎。厚0.5厘

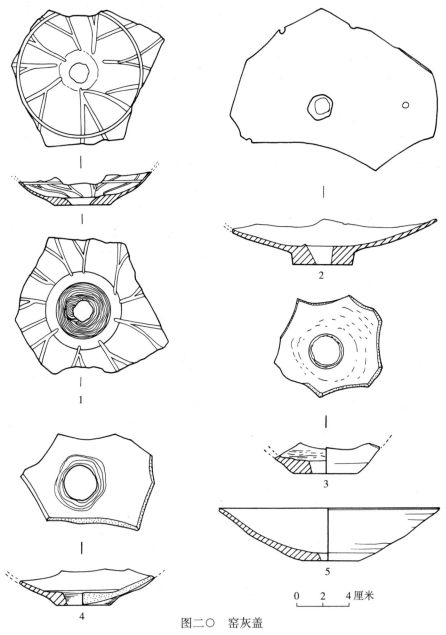

0　2　4厘米

图二〇　窑灰盖

1.058　2.059　3.060　4.061　5.071

米（图二一，2）。标本073，
灰胎。直径7.3、厚1厘米
（图二一，1）。

圆柱形垫具 圆柱
形，实心，平底。承载面中
央有一半圆窝，圆柱体有
的上端小下端大，有的上
端大下端小。标本065，上
端大下端小。口径8.4、底
径7.2、高5.4厘米（图二二，
1；彩版三九，5）。标本066，
上端小下端大，承载面一
端高一端低。口径7.2、底
径8.2、高6.4厘米（图二二，
2；彩版三九，5）。标本067，
上端小下端大，束腰。口径

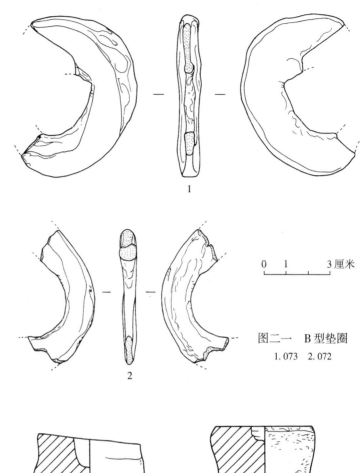

图二一 B型垫圈
1.073 2.072

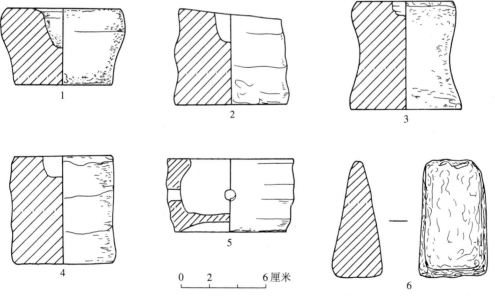

图二二 垫具
1~4.圆柱形垫具（065~068） 5.钵形垫具（069） 6.三角形垫具（070）

7.2、底径8、高7.6厘米（图二二，3；彩版三九，6）。标本068，直筒形，微束腰。口径7.2、底径7.6、高7.6厘米（图二二，4；彩版三九，6）。

钵形垫具　标本069，残。灰胎。钵形，器形较厚重。敛口，承载面平整，腹壁上开有一小孔。口径9、底径8、高5.2厘米（图二二，5）。

三角形垫具　1件（标本070）。三角形。灰胎。高8.2厘米（图二二，6；彩版三九，2）。

（四）结　语

立冲南窑址由于没有纪年器物出土，我们只能从其结构及烧造的产品、烧造技术等方面进行类比研究以推断其烧造年代。

（1）立冲南窑址结构上使用的是坡状分室龙窑，这种窑由宋代习见的不分室的坡状龙窑发展演变而来。优点是能够比较好的控制窑床内的温度，从而使明火叠烧的产品受火比较均匀，降低废品率，这种结构与永福窑田岭南宋时期的二号窑相似[1]。

（2）立冲南窑址烧制的产品基本上都是日用粗瓷，器类较单一，许多产品无论从器物的种类、造型、釉色、纹饰、烧造方法等与桂林兴安严关窑南宋时期的部分产品很近似[2]，碗、杯、盏、碟、鼓钉炉、双唇罐等瓷器不仅器形相似，在釉色及施点洒褐彩装饰等方面也近似，但未见有窑变釉产品。例如A型Ⅰ式瓷碟、B型Ⅰ式碗、B型Ⅱ式碗、C型杯、盏分别与兴安严关窑撇口形Ⅰ式瓷碟、直口型Ⅰ式碗、直口型Ⅱ式碗、XⅧ式杯、束领型Ⅰ式盏相似；但立冲南窑址烧造的产品在种类及印花的纹饰、烧造的精致程度上远不如兴安严关窑。

立冲南窑址烧造的部分产品如碗、杯、盏、碟等，虽然也与元代早期的柳城元代窑址[3]的产品有些近似，且仿钧窑天蓝釉的盏、杯以酱釉包口及施点洒褐彩等装饰手法在兴安严关窑、立冲南窑址、柳城元代窑址一直使用，但许多产品已经发生了明显的变化，如立冲南窑址的A型Ⅰ式瓷碟与柳城元代窑址B型Ⅰ式瓷碟器形虽然近似，但纹饰风格明显不同；柳城元代窑址的D型直口碗的腹部较立冲南窑址的B型碗浅。另外，柳城元代窑址的杯的腹外壁上多饰有刻削莲花瓣纹一周，并有元代典型器物高足杯，尤其是有的产品上出现了八思巴文，这些都具有典型的时代特征，体现了柳城元代窑址在烧造技术方面的继承和创新。

（3）立冲南窑址在烧造技术上使用宋代习见的支钉明火叠烧，器内一般都留有4~6个支钉痕迹，不用匣钵而是用窑灰盖，这样一方面提高产量，另一方面又提高烧造质量，节省了成本。

综上所述，立冲南窑址具有明显的南宋晚期特征，同时与元代早期的柳城元代窑址又有区别，因此我们初步推断该窑烧造的年代为南宋晚期。

　　广西境内目前发现的宋代窑址虽然都属于南方青瓷系统，但基本上可以区分为两大类。一类是白胎青白釉，窑址主要分布于西江流域的藤县、容县、北流、桂平等地，以北宋时期的藤县中和窑为代表；另一类是灰胎青釉，窑址主要分布于洛清江流域及柳江流域的兴安县、永福县、柳江县、柳城县等地，以南宋时期的兴安严关窑、永福窑田岭为代表，立冲南窑址就属于此类窑址。我们从立冲南窑址的发现情况，再结合灰胎青釉窑址的分布推测，灰胎青釉窑址的发展有一个由北向南沿着洛清江、柳江发展传播的过程，即从烧造年代较早的南宋时期的广西北部的兴安严关窑、永福窑田岭，沿着洛清江于南宋晚期传播至洛清江与柳江交汇的柳江县立冲一带，至元代又沿着柳江上溯传播至柳城县一带，这种传播途径的形成应与当时战乱频繁、动荡的社会形势有关。

　　总之，立冲南窑址的发掘为广西古陶瓷研究提供了不可多得的实物资料。

　　附记：本次发掘领队为熊昭明同志，执行领队为韦革同志，参加发掘的有韦革、潘晓军、陈坚、廖黔芳、蒋新荣等同志。特别值得一提的是，我所已退休老专家韦仁义同志多次亲临发掘工地现场指导，在此表示衷心的感谢。

执笔：韦　革　廖黔芳

绘图：刘　群　蒋新荣

摄影：韦　革

注　释

［1］　广西壮族自治区文物工作队：《广西永福窑田岭宋代窑址发掘简报》，《中国古代窑址调查发掘报告集》，文物出版社，1984年。

［2］　广西壮族自治区文物工作队、兴安县博物馆：《兴安宋代严关窑址》，《广西考古文集》，文物出版社，2004年。

［3］　广西壮族自治区文物工作队、柳城县文物管理所：《柳城窑址发掘简报》，《广西考古文集》，文物出版社，2004年。

平南县院国遗址发掘简报

广西文物考古研究所
平南县博物馆

院国遗址位于平南县上渡镇大成村委院国村民小组，浔江南岸，东西长约500米，南北宽约300米，总面积达15万平方米。由于历年来修筑民宅及防洪堤等，遗址仅沿岸宽度不足50米的地带保存较为完整，其余则多被破坏。2006年6~8月，为配合长洲水利枢纽的建设，广西文物考古研究所会同平南县博物馆对该遗址进行为期2个月的勘探和抢救性发掘，揭露面积300平方米（图一）。现将此次发掘的主要收获报告如下。

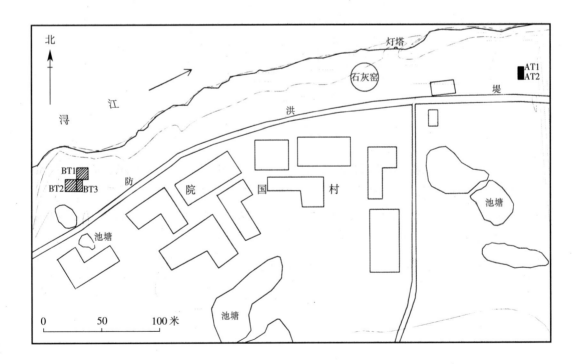

图一　院国遗址探方分布示意图

（一）地层堆积

在勘探的基础上，根据遗址的地貌及保存状况，进行分区布方发掘。东侧为 A 区，布探方 AT1 和 AT2，均为 5 米 × 5 米；西侧为 B 区，布探方 4 个，编号为 BT1~BT4，BT4 没有发掘，BT2 和 BT1 为 10 米 × 10 米，BT3 为 5 米 × 10 米。现以 AT1 北壁和 BT3 东壁为例分别说明 A 区和 B 区的地层堆积情况。

AT1 北壁可分为 3 层堆积（图二）。

第 1 层：耕土层，灰褐色土，厚 5~20 厘米。土质较松软，含沙量大。中间夹杂有陶瓷片、石块等。

第 2 层：灰黄土层，厚 10~20 厘米。质地较硬，含沙略少。出土器物有陶瓷残件、石块等。

第 3 层：青褐色土，厚 25~70 厘米。质地

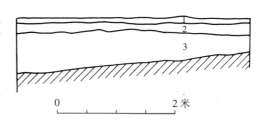

图二　AT1 北壁剖面图

较松，堆积自南向北倾斜，含沙量大。出土器物有陶器、瓦片、瓷片、残铁器、石块等。

BT3 东壁可分为 7 层堆积（图三）。

第 1 层：耕土层，灰黑色土，厚 5~25 厘米。内含瓦片、陶片、瓷片、石块等。

第 2 层：浅黄土层，厚 0~35 厘米，仅分布于探方东南角。该层土质较紧密，似经人为加工，但不见夯窝，亦无平整的层面，夹杂有数量较多的陶片、瓷片、瓦片等。

第 3 层：灰土层，厚 30~90 厘米。土质较疏松，含沙量较大，内含陶片、青花瓷片、瓦片等。

第 4 层：灰黄土层，厚 5~50 厘米。土质较密，含一定细沙，内含陶片、青花瓷片、瓦片、砖块等物，夹杂有一定数量的红烧土颗粒，在西南角直接叠压于生土层上。

第 5 层：灰褐土层，厚 0~40 厘米。除西南角没有分布外，其他地方皆有分布。土质

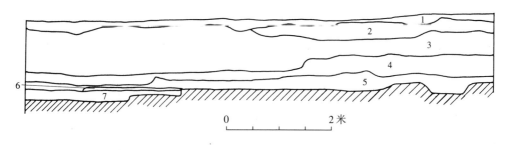

图三　BT3 北壁剖面图

黏性较大，含沙少，夹杂有似网纹般的红褐土、内含陶片、青花瓷片、砖块、石块等物。

第6层：浅黄土层，厚0~5厘米，仅分布于西北角。无包含物。

第7层：灰褐土层，厚0~25厘米，仅分布于西北角。土质疏松，含沙，较纯净，内含瓦片、瓷片。

AT1、BT3及其余探方的地层对应关系如下表：

探方 ＼总地层 ＼探方	1	2	3	4	5	6	7
AT1	1			2			3
AT2	1			2			3
BT1	1	2	3	4	5		
BT2	1		2	3	4	5	6
BT3	1	2	3	4	5	6	7

（二）遗　迹

仅发现柱洞、作坊等。

1. 柱洞

AT1的3层下发现柱洞26个，AT2的3层下发现柱洞40个，深8~48厘米不等，形状上有圆形、椭圆形，少数形状为不规则形（图四）。这些柱洞填充物皆为青褐色土及少量陶器碎片、炭粒、烧土等，在分布上无明显的规律可循，柱洞的大小形状及深浅不一，其性质目前还不明了。

BT3的5层下生土表面发现一柱洞，柱洞开口略呈方形，开口长20、宽17厘米，深25厘米，无包含物。该柱洞与BT2的4层下的作坊遗迹处于同一时期，但二者之间有无关系则不详。

2. 作坊

BT2的2层下探方西部，发现一正南北向的硬土台，南北长8.9米，东西宽约2.3米，厚约0.2米，呈一相对规整的长方形。其表面平整坚硬，经拍打压实，但无夯窝痕迹。通过对当地老人的走访，初步推测为砖瓦作坊的工作台。

BT2的西南、东北4层下各发现一圆弧形凹坑，两个凹坑坑壁较陡直，在探方内都没有完全暴露，最深处约0.45米。两坑相距0.7米，相间的生土脊被人为削低，并在脊上相向位置各置一小窝，间距约2.2米，宽0.3米，最深处约0.2米。推测这两个灰坑为制作砖瓦作坊的泥料坑。

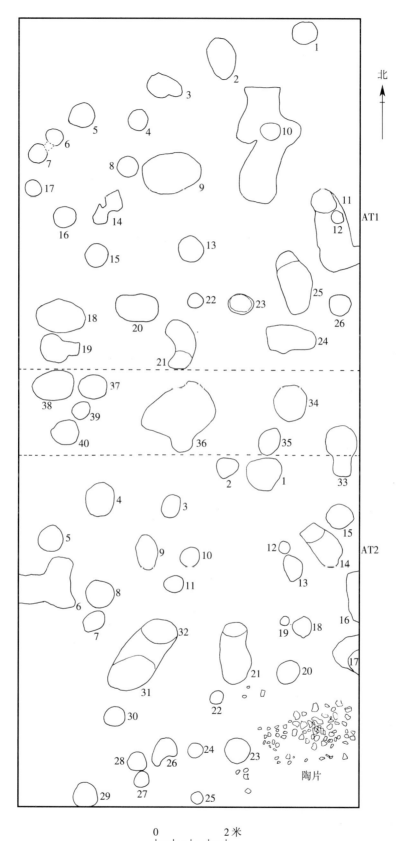

北

0   2米

图四 柱洞分布平面图

（三）遗　物

遗址所出遗物有陶器、瓷器、铁器、砺石、钱币等，器形除碗、罐、钵、杯、盘、缸、板瓦、筒瓦外，还有陶珠、器盖、器柄、器流、烟嘴、羹柄、盘口壶、砖块等器物残片。现将部分出土、采集器物描述如下。

瓷碗　104件，均较破碎，以器足为主。

标本采：004，残。素面，灰白胎，胎质紧密，青黄釉。圆唇，侈口，斜直腹，平底，矮圈足玉璧底。内壁满釉，外壁施釉至腹底部，内底见四个支钉痕，内外皆可见轮制痕迹。口径14.9、底径5.9、高4.1厘米（图五，1）。

标本 AT1③：005，残。器形、质地与采：004相近。高4.4厘米。

标本 AT2③：003，碗底，残。灰白胎，青黄釉。大弧腹，平底，假圈足。内底支钉痕迹两个。里外施青釉，但剥落严重，有积釉现象。胎色质地疏松，火候低。足径4.8、足高0.3、胎厚0.6厘米。

标本 BT2③：002，青花碗底，残。弧腹，平底，圈足。里外满釉，内底一圈刮釉露胎，应为叠烧工艺所致，足底刮釉露胎。外腹部有青花图案，足壁青花双圈旋纹，色泽暗淡。做工粗糙，釉面可见胎孔，胎色灰白，质地坚硬。足径7.5厘米。

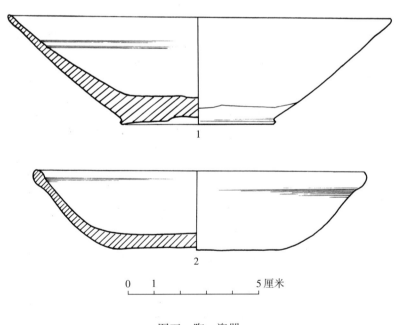

0　　1　　　　　　　　　5厘米

图五　陶、瓷器

1. 瓷碗（采：004）　2. 陶钵（AT2③：010）

标本BT3③：004，青花碗底，残。弧腹，平底，直壁圈足。内底一圈刮釉露胎，应为叠烧工艺所致。内底中心有一直径2厘米的青花单旋纹，旋纹外侧釉上錾刻一"工"字。足壁青花单旋纹，足底刮釉露灰白胎，外底无釉。足径6.4厘米。

标本BT3⑤：004，青花碗底，残。腹部缺失。平底，圈足。内底中心有一直径1厘米的小凹坑，其外饰青花纹一圈，内底一圈刮釉露胎，应为叠烧工艺所致，足部刮釉露胎，外底施釉。外壁下青花弦纹一圈，外底中心有一小圆突。足径6厘米。

陶罐　174件。器形上可分为四系罐、无系平底罐等，施釉情况可分为施青釉者、内外施酱釉者、仅内壁施酱釉者等。

标本AT1③：003，四系罐，上半部残失。仅存两系，系为贴塑而成。鼓腹，下腹部斜直收，平底。内腹可见轮制痕迹，腹部可见施青黄釉痕迹。灰陶，褐色胎，胎质紧密。残高11.8、底径7.6厘米（图六，1）。

标本AT1③：004，四系罐，残。侈口，平沿，短束颈，圆肩，鼓腹，下腹斜收，平底。上腹部可见三系，另一系残失，系为贴塑而成。系孔小而不规则。可见轮制留下的旋纹。灰陶，胎质紧密。口径11.1、底径11、高13.6厘米（图六，2）。

标本AT2③：002，罐底，残。小弧腹，平底。无釉，里外施黑陶衣。外底有一细圈突起，似为烧造工艺所致。火候高，明显轮制痕迹。胎厚0.7厘米。

标本BT1③：001，罐底，残。小弧腹，平底。器形较大。胎色紫红，胎多含杂质，工艺较粗糙。底胎厚1.3、腹胎厚1厘米。

标本BT2⑤：001，口沿，残。方唇，折沿，侈口，短直颈，圆肩，鼓腹。腹部以下残。内外壁皆施酱釉，有气泡现象。胎色紫红。口径19、胎厚0.6厘米。

标本BT3③：002，口沿，残。侈口，方唇。内壁可见酱釉痕迹，外壁有同心圆状的

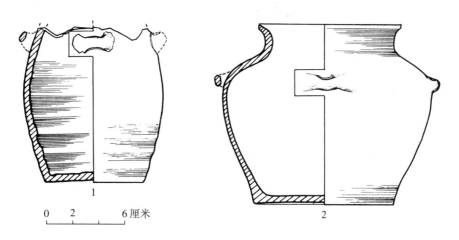

0　2　6厘米

图六　陶四系罐
1. AT1③：003　2. AT1③：004

印花。泥质红褐陶，火候较高，质地坚硬。残宽8.7、残高5.5、胎厚1.7厘米。

标本BT3③：003，口沿，残。敛口，方唇。内壁可见酱釉痕迹。外壁素面。泥质红褐陶，火候较高，质地坚硬。残宽7.8、残高4.5、口沿处胎厚1.3厘米。

陶缸　48件。皆为碎片，器形较大。从口沿观察有圆唇、敛口、平沿者和侈口、折沿者等。施釉情况可分为青釉、酱釉。

标本AT2③：007，残。圆唇，敛口，斜弧腹，腹部以下残损。器形较大。里外壁皆施青釉，但剥落严重。胎色灰白，质地粗糙。残高6、腹部胎厚0.7厘米。

标本BT2②：005，口沿，残。方唇，折沿，弧腹。腹以下残失。内壁施酱釉，口沿上有少许滴釉，胎色灰白，胎含杂质较多。胎厚0.6、口沿宽2.2厘米。

标本BT3⑤：001，口沿，残。圆唇，敛口，宽平沿，弧腹。器形较大。内壁施酱釉。灰白陶，胎含细砂等杂质较多，火候较高，质地坚硬。口沿宽2.8、残宽7.5、残高5、胎厚0.6厘米。

瓷杯　7件。小圆唇，深弧腹，外壁多施青花。

标本BT2②：004，青花杯，残。圆唇，敞口，斜直腹稍深，平底，直壁圈足。足底刮釉露胎，外底无釉，其他各处满釉。外壁、内壁及内底施青花花卉。质地坚硬。口径5、底径2.2、高2.9厘米。

标本BT2③：004，青花杯，残。小圆唇，敞口，斜弧腹稍深。里外施釉，足底刮釉露胎，外腹部施有竖、横交叉的几何状青花。胎色白，质地坚硬。口径5.4、足径2.6、高2.2厘米。

标本BT3③：005，青花杯，残。腹部以上缺失。弧腹，平底，圈足。内底青花单旋纹，外腹部饰长约1厘米的竹节纹。足壁青花双旋纹。足底刮釉露胎，外底不施釉。残高3.4厘米。

瓷盘　4件。敞口，折沿，弧腹，平底。

标本BT2②：001　青花盘，残。胎色灰白。尖唇，敞口，小折沿，浅弧腹，平底，矮圈足。里外满釉，足底刮釉露胎，内底一周青花双旋纹，盘心缠枝花卉。

陶珠　1件（标本AT1③：001）。泥质灰陶。珠中部成"V"形脊，向两边孔口处斜直收。长2.6、孔径0.5、腹径2.1厘米。

陶器盖　2件。皆为宝珠顶。

标本AT2③：011，残。子口内敛，小尖唇，沿内凹，弧顶，中间一宝珠顶纽。盖面施酱釉。胎色灰白。盖径4.6、子口径2.1、高2.7厘米。

陶钵　4件。以撇口、斜弧腹、平底器形为主。

标本AT2③：010，残。圆唇，撇口，斜弧腹，平底，内壁口沿一圈刻划旋纹。内壁施青釉，有气泡现象，外壁仅口沿施釉。制作粗糙，里外皆有颗粒杂质。口径12.9、底径6.2、高3厘米（图五，2）。

陶饼　1件（标本AT2②：001）。泥质灰白陶，质地疏松。剖面呈长方形，正面部分因使用而磨损成弧形。直径4.5、厚1.2厘米。

瓦　194件。可分为板瓦、筒瓦。基本不见完整器。

板瓦　可分两类。一类火候较低，泥质灰白色，器形较大；一类火候较高，泥质，以青灰色为主，器形较小。

标本采：002，板瓦，一端残。泥质灰白胎较松，可见绞胎痕迹。平面近梯形，后端宽厚，前端略窄薄，断面呈弧形。正反面皆为素面。长35.7、宽端26.4、厚1厘米（图七）。

标本BT3⑤：003，板瓦，残。泥质灰白陶，火候较低，质地疏松。瓦头上沿捏压出波浪形花纹，中部刻划出一弦纹，下部每隔1.5厘米有一戳印纹。断面呈弧形。残长5.6、残宽9.3、瓦身厚1.4厘米。

筒瓦　多为细小残片。泥质灰白陶。火候较低，易破碎。

砺石　3件。

标本AT1③：002，残。青灰岩石制成，一面为磨面，另一面为自然平底面。磨面光滑平整。残长10.5、残宽7.4、厚2.4厘米。

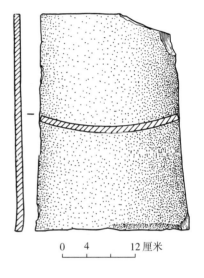

图七　板瓦（采：002）

铜钱　1枚（标本BT2②：006）。锈蚀严重，外圆内方，一面上书"□□通宝"，具体年号不可考。外径2.5、内径0.5厘米。

（四）结　语

院国遗址是一处面积较大、堆积也较丰富的遗址，虽然遗物很少，但还是比较有时代特点。依据地层状况及出土遗物的分析，遗址可以分为三期。

第一期，AT1第3层、AT2第3层、BT2第6层、BT3第7层属本期。酱釉器物比较少。板瓦的火候明显偏低，胎中杂质较多，颜色白中偏黄。出土四系罐器形较小，内外皆不施釉，可见明显的轮制痕迹。另有数量较多的施灰黑陶衣的平底陶罐。碗有玉璧形底的斗笠碗及假圈足碗。该期的板瓦、四系罐及假圈足碗，其造型、制作工艺及质地与桂平罗播窑址、社步窑址所出相似[1]。推测其年代亦与二者相同，大体为唐朝时期。

第二期，AT1第2层、AT2第2层、BT1第4~5层、BT2第3~5层、BT3第4~6层属

本期。酱釉器物多只在内壁施釉，遗物以厚胎、平底、平折沿的缸等大型器物为主。仅少量板瓦、筒瓦。出现较多红砖等，砖体较粗厚，火候低。砖、瓦数量占所出遗物一半以上。少量红陶器。碗类以圈足青花碗为主，内底刮釉露胎，应为叠烧工艺所致。另有少部分陶碗。青花盘、杯等器物烧制质量比碗好。依酱釉器、碗等青花器的工艺及质量推测，该时期可能在清早期。

第三期，BT1第2~3层、BT2第2层、BT3第2~3层属本期。酱釉器物多两面施釉，遗物亦以厚胎、平底、平折沿的缸等大型器物为主，缸的火候高，质地紧密，部分器表印花。少量板瓦、筒瓦，其中板瓦多呈青灰色，胎较薄且质地紧密。砖为青灰砖，火候高，质地坚硬。砖、瓦数量占所出遗物一半以上。碗类亦以圈足青花碗为主，内底刮釉露胎。青花盘、杯等器物质量明显比碗好，胎体薄，质地紧密。此期青花器物普遍比第二期质量好。依酱釉器、碗等青花器的工艺及质量推测，该时期应为清晚期。

1988年全区文物普查时发现该遗址，疑是清光绪《平南县志》等所载的"郭县古城"，年代初步定为汉代。通过此次勘探发掘，排除了该遗址作为城址的可能性，其最早的年代也只到唐代，这对于正确认识院国遗址及当地历史文化具有一定的意义。

附记： 本次发掘的领队为熊昭明，参加发掘的人员有熊昭明、韦军、龚海、莫建华、李超、石武等。此次发掘还得到桂林甑皮岩遗址博物馆、桂林市文物工作队等单位的大力支持，在此表示感谢。

执笔：韦　军　熊昭明
绘图：陈丁山　张小波

注　释

[1]　陈小波：《广西桂平古窑址调查》，《中国古代窑址调查发掘报告集》，文物出版社，1984年。

贺州上两遗址发掘报告

广西文物考古研究所

上两遗址位于贺州市沙田镇道石村名为上两的小缓坡上，东北距离贺州市中心约10公里（图一）。遗址东边约250米处为道石村29组村民的房屋，北边约1500米处为道石圩场，西约1500米处为道东村佛子角自然村，东南约1500米处有一条小河自东北向西南方向流过。周围地势比较开阔，附近主要为水田和果园。遗址原为旱地，地表种植有各种农作物，破坏程度比较严重。

该遗址是2003年9月广西壮族自治区文物工作队（现广西文物考古研究所）在对平（乐）钟（山）高速公路贺州段及贺州连线文物古迹分布状况进行调查和勘探时发现的，总面积约1000平方米。为配合

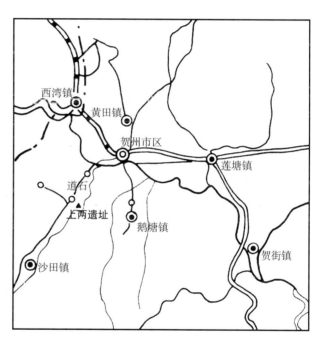

图一 贺州上两遗址地理位置示意图

高速公路的建设，广西壮族自治区文物工作队会同贺州市博物馆于2003年11~12月对该遗址位于公路建设用地范围内的部分进行了抢救性发掘，发掘历时1个多月。此次发掘的部分位于整个遗址的西北部，共揭露面积400平方米，所有探方均为10米×10米，共计4个，编号分别为T1~T4，全部为正南北方向（图二）。

尽管此次发掘的面积不是很大，但仍然发现了不少遗迹现象和文化遗物。现将此次发掘的主要收获报告如下。

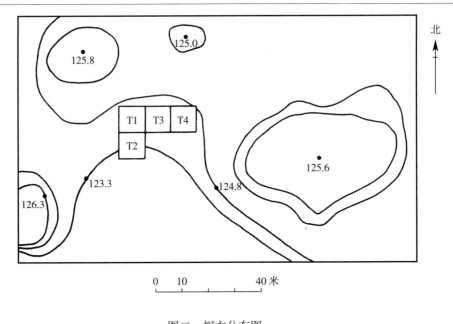

图二 探方分布图

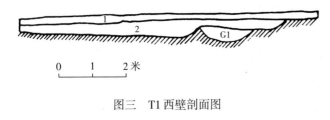

图三 T1西壁剖面图

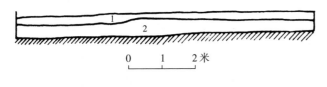

图四 T3南壁剖面图

（一）地层堆积

由于遗址的地貌比较平坦，地势起伏较小，各个探方的地层堆积情况基本一致。根据土质、土色的不同，可以分为2层。现以T1西壁和T3南壁为例加以介绍。

T1西壁地层堆积（图三）：

第1层：耕土层，厚15~20厘米。呈灰色，土质较硬，夹杂大量植物根系和细沙。出土有少量碎瓦片。

第2层：黑灰色土层，厚0~50厘米。土质较硬。出土有较多的碎砖瓦片和瓷片。

第2层下即为生土。

T3南壁地层堆积（图四）：

第1层：耕土层，厚15~28厘米。呈灰色，土质较硬，夹杂大量植物根系和细沙。出土有少量碎瓦片。

第2层：黑灰色土层，土质较硬。厚30~55厘米。出土有较多的碎砖瓦片和瓷片。

第2层下即为生土。

（二）遗 迹

此次发掘共发现柱洞49个，沟1条，灰坑1个，墓葬1座。

1.柱洞

49个，编号分别为D1~D49。各个探方都有分布，都开口于第2层下，打破生土层。平面为圆形或近圆形，一般直径在20~30厘米之间，最大直径为50厘米，最小直径为10厘米。多为直壁或直斜壁，少量弧形壁，圜底或平底。洞深一般在20~30厘米之间，最深者达50厘米，最浅者为12厘米。填土多为细软的黄黑土，一般不含文化遗物，只有少量填土中含有一两片细碎的陶瓷片。所有柱洞排列看不出规律，也不见居住面(图五至图七)。现选择D16、D18、D20、D22、D23、D33、D34、D37、D40、D42共计10个分别介绍如下。

D16：平面呈圆形。口径25、深26厘米。圜底，斜弧壁。填土黄黑色，细软，夹杂两片细碎的青瓦片和褐瓷片（图八，1）。

D18：平面呈椭圆形。长径35、短径24、深17厘米。圜底，斜弧壁。填土黄黑色，细软，不见文化遗物（图八，2）。

D20：平面呈圆形。口径20、深32厘米。圜底，斜弧壁。填土黄黑色，细软，含细碎青瓦片和陶片各一块（图八，3）。

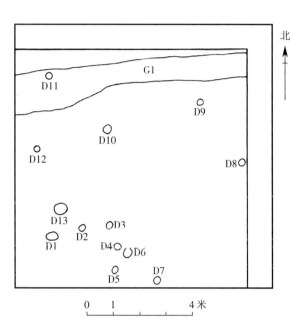

图五　T1②层下柱洞平面分布图

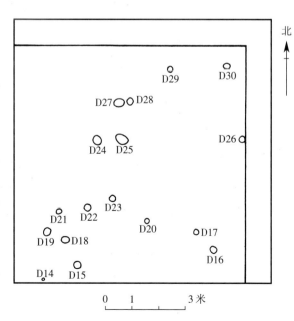

图六　T2②层下柱洞分布图

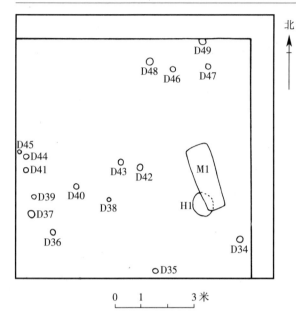

图七　T3②层下柱洞及H1、M1分布图

D22：平面呈圆形。口径25、底径16、深30厘米。近平底，斜弧壁。填土黄黑色，细软，不见文化遗物（图八，4）。

D23：平面呈圆形。口径25、深24厘米。圜底，斜弧壁。填土黄黑色，细软，不见文化遗物（图八，5）。

D34：平面呈圆形。口径25、深40厘米。圜底，斜弧壁。填土黄黑色，细软，含少量细碎瓦片和青釉瓷片（图八，6）。

D37：平面呈圆形。口径30、深40厘米。近平底，直壁。填土黄黑色，细软，含少量细碎白瓷、青瓷片和灰陶片（图八，7）。

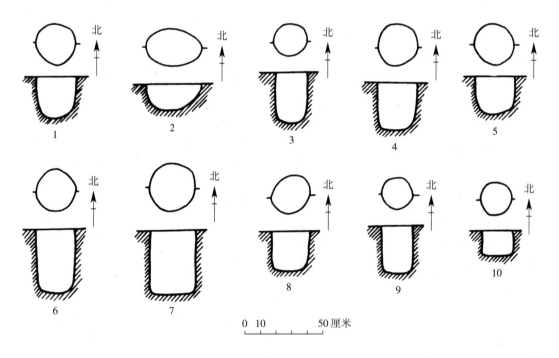

图八　柱洞平、剖面图

1. D16　2. D18　3. D20　4. D22　5. D23　6. D34　7. D37　8. D33　9. D40　10. D42

D33：平面呈圆形。口径25、深26厘米。近平底，直壁。填土黄黑色，细软，不见文化遗物（图八，8）。

D40：平面呈圆形。口径20、深32厘米。近平底，直壁。填土黄黑色，细软，含少量细碎瓦片、陶片和石块（图八，9）。

D42：平面呈圆形。口径20、底径18、深15厘米。近平底，斜直壁。填土黄黑色，细软，含细碎白、青瓦片少许（图八，10）。

2. 灰坑

1个（编号H1）。该灰坑位于T3东部偏南，开口于第2层下，打破生土层，其东北部分被M1打破。平面略呈椭圆形，口部长径90、短径80厘米。斜壁，近平底。底部长径80、短径70厘米，深196厘米。填土黄黑色，夹杂不少瓦片、陶瓷片和砖块等文化遗物（图九）。

3. 沟

1条（编号G1）。位于T1的北部，开口于第2层下。其方向大致为东西向，贯穿整个探方，长约9.1米。西宽东窄，沟的东部宽约1米，西部宽约1.5米。沟底大致为锅底状，东高西低。沟底呈倾斜状，西深东浅，东部深约0.3米，西部深约0.4米。沟内填土为灰黑色，夹大量的瓷片和瓦片（图一〇）。

4. 墓葬

1座（编号M1）。位于T1东部偏南，开口于第1层下，打破H1。为近长方形竖穴土坑墓。方向155°。墓口长2.4、宽0.86米，墓底长2.3、宽0.8米，深0.2米。壁稍斜，平底。尸骨无存，墓底见棺钉1枚，其他葬具无存。填土灰褐色，夹杂有少量残碎的陶片、青花瓷片等。未见随葬品。0.2米的深度应该是残存的深度，而不是原来的深度，由于耕作等因素，使得原来的墓口遭到了破坏（图一一）。

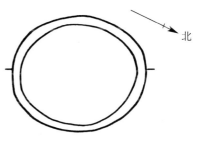

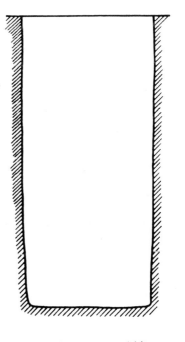

0 10   50厘米

图九　H1平、剖面图

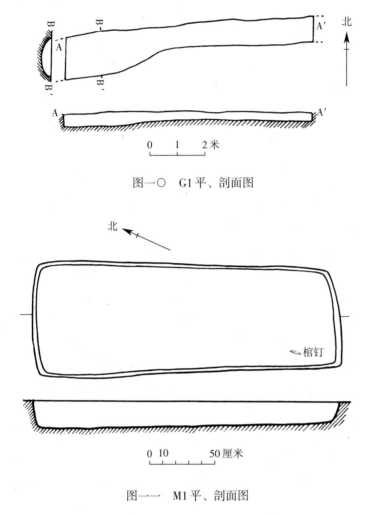

图一〇　G1平、剖面图

图一一　M1平、剖面图

（三）遗　物

本次发掘所获遗物主要为陶瓷器（片），均残，不见完整器，出土的数量不是很多。可辨器类主要有碗、罐、坛、碟、盆、缸、碾轮、碾槽、陶范（？）等，一般属于日常用品，也有砖、瓦等建筑构件。陶器（片）约占40%，瓷（片）约占60%。

1. 瓷器

瓷器（片）大部分为青瓷，约占95%，也有少量青白瓷，接近5%，偶见黑釉瓷，不到1%。胎以灰、灰白为主，二者所占比例达到85%，也有红色胎，约占15%。大部分胎体比较薄，制作比较精细，也有部分制作粗糙。在烧制方法上主要为支钉垫烧和匣钵烧造，在许多器底留有支钉的痕迹。釉以青釉为主，只有少量的青白釉和黑釉，大部分器物胎釉结合不是很紧密。以胎装饰为主，印花为主要的装饰手法，还有刻划花纹等。纹饰题材以植物花卉为主，也可见鱼等动物纹样。装饰的风格粗犷随意，具有浓厚的民间气息。

碗　11件。可以分为三型。

A型　5件。敞口，束颈，口外撇。标本H1∶1，残，可复原。青白瓷。近圆薄唇，弧腹，圜底，高小圈足。灰白胎，胎薄，胎质细密。除圈足外器身饰青白釉，釉色均匀亮泽。口径15、高6.5厘米（图一二，1）。标本G1∶1，残，可复原。青瓷。圆唇，弧腹，圜底，矮圈足。灰胎，胎薄，胎质细密。器内侧可见支钉痕迹。除外壁下腹和圈足不施釉外，器身其余部分施青釉，釉色比较均匀。器外壁上腹饰莲瓣纹。口径14.3、高6厘米（图一二，3）。标本 H1：17，下部残。青瓷。圆唇，灰胎，胎薄，胎质细密。除外壁下腹不施釉外，器身其余部分施青釉，釉色比较均匀。器内壁上腹可见饰鱼纹。口径 15.5、残高4.2 厘米（图一三，1）。标本 G1：5，残，可复原。青瓷。圆唇，弧腹，圜底，矮圈足。灰胎，胎薄，胎质细密。器内侧可见支钉痕迹。器内侧施满青釉，外侧上部也施有青釉，釉色比较均匀。口径 11.6、高 4.7 厘米（图一二，4）。标本 G1：4，残，可以复原。青瓷。圆唇，弧腹，圜底，矮圈足。灰胎，胎薄，胎质细密。器内侧可见支钉痕迹。器内侧和外侧上部施满青黄釉，釉色均匀。口径 13、高 4.7 厘米（图一二，2）。

B 型　4 件。敞口，圆唇稍外卷，无束颈。标本 H1：2，残，可复原。青瓷。圆唇，弧腹，圜底，矮圈足。暗红胎，胎薄，胎质细密。器内侧可见支钉痕迹。除外壁下腹和圈足不施釉外，其余部位都施釉，釉色青中略带黄，且不均匀，显得色彩有点斑驳。口径 11、高 5.1 厘米（图一二，6）。标本 H1：12，残，可以复原。青瓷。圆唇，弧腹，圜

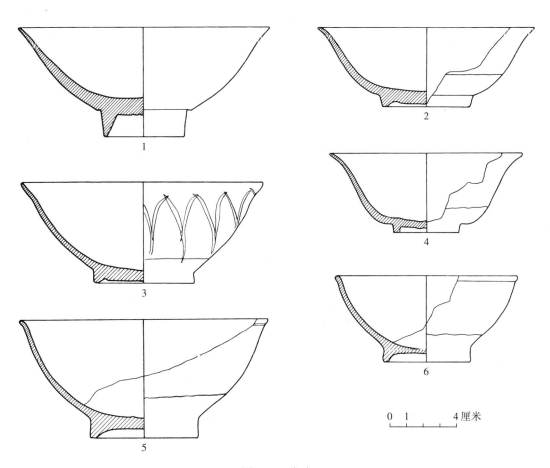

图一二　瓷碗

1~4. A 型（H1：1、G1：4、G1：1、G1：5）5、6. B 型（H1：12、H1：2）

底，矮圈足。暗红胎，胎薄，胎质细密。器内侧可见支钉痕迹。除外壁下腹和圈足不施釉外，其余部位都施釉，釉色青中带黄，不均匀，有严重的脱釉现象。口径14.8、高7厘米（图一二，5）。标本G1∶12，残。青瓷。圆唇外卷严重，弧腹。灰胎，胎薄，胎质细密。器内侧可见支钉痕迹。除外壁下腹不施釉外，其余部位都施青釉，釉色呈酱色，且不均匀，有严重的脱釉现象。口径14.4、残高2.4厘米（图一四，1）。标本G1∶11，残。青瓷。圆唇，弧腹。暗红胎，胎薄，胎质细密。器内侧可见支钉痕迹。除外壁下腹和圈足不施釉外，其余部位都施釉，釉色青中带黄，且不均匀，有脱釉现象。口径16.2、残高3.4厘米（图一四，2）。

　　C型　2件。敞口，圆唇，深腹，无束颈。标本T1②∶2，残，可复原。青瓷。圆唇，弧腹，圜底，矮圈足。灰胎，胎薄，胎质细密。器内侧可见支钉痕迹。除外壁下腹和圈足不施釉外，其余部位都施青釉，釉色均匀。内腹下部及内底可见荷叶类花纹。口径17.9、高5.8厘米（图一三，2）。标本T1②∶3，残。青瓷。圆唇，弧鼓腹，底残。灰胎，胎薄，胎质细密。器内侧可见支钉痕迹。内壁和上腹施青釉，釉色不均匀，有脱釉现象。口径14、残高5.8厘米（图一四，3）。

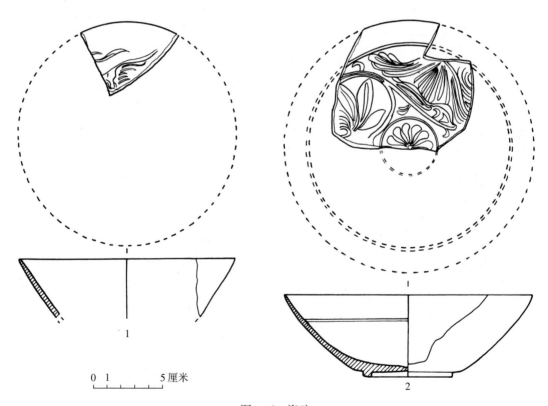

0　1　　　　5厘米

图一三　瓷碗

1. A型（H1∶17）　2. C型（T1②∶2）

碟 4件。分两型。

A型 2件。敞口，不外撇。标本G1：3，残，可复原。青白瓷，为浅碟。圆唇，外腹稍折，大平底。圈足已经脱落不见。灰白胎，胎薄，胎质较好。周身施釉，釉略带米黄色，釉色均匀。口径9.2、残高1.9厘米（图一五，1）。标本T1②：5，残，可复原。青瓷。近尖唇，外腹稍折，平底，矮圈足。灰白胎，胎薄，胎质较好。内壁及外腹上部施青釉，釉色不太均匀，可见脱釉现象。内壁有支钉痕迹。口径13.4、高3.2厘米（图一五，2）。

B型 2件。敞口，外撇，束颈。标本H1：4，残，可复原。青瓷。圆

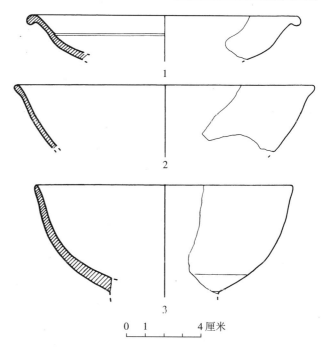

图一四 瓷碗
1、2.B型（G1：12、G1：11） 3.C型（T1②：3）

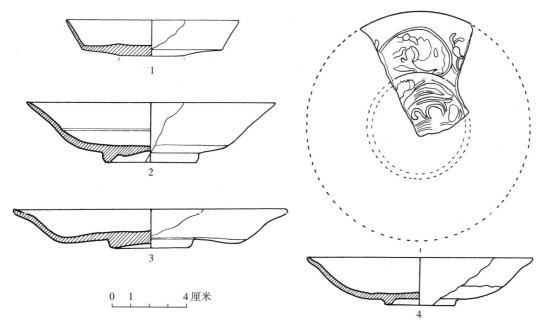

图一五 瓷碟
1、2.A型（G1：3、T1②：5） 3、4.B型（T1②：7、H1：4）

唇，敞口，宽沿，弧腹，近平底。矮圈足。灰胎，胎薄，胎质较好。除下腹外侧和圈足不施釉外，其余部分施青釉，釉色均匀亮泽。内壁的腹和底部饰有植物花纹。口径12.2、高2.5厘米（图一五，4）。标本T1②：7，残，可复原。青瓷。圆唇，敞口，折腹，近平底，圈足稍内凹。灰胎，胎薄，胎质较好。器内侧可见支钉痕迹。除下腹外侧和圈足不施釉外，其余部分施青釉，釉色均匀亮泽。口径14.6、高2.1厘米（图一五，3）。

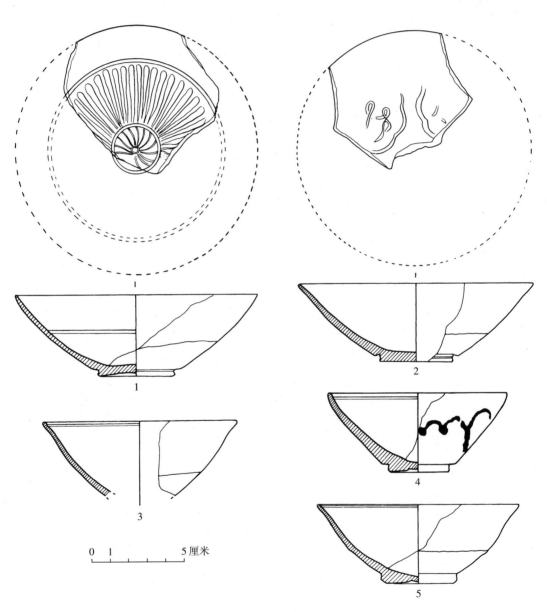

图一六　瓷盏

1、4. A 型（T1②：1、G1：2）　2. B 型（H1：8）　3、5. C 型（G1：13、H1：3）

盏　5件。分三型。

A型　2件。敞口，不外撇。标本G1：2，残，可复原。青瓷。圆唇，敞口稍内敛，弧腹，小平底，圈足稍内凹。灰胎，胎薄，胎质较好。器内侧可见支钉痕迹。除下腹外侧和圈足不施釉外，其余部分施釉，釉呈酱色，釉色不均匀，有滴釉和脱釉现象。口径9.5、足径3.2、高4.2厘米（图一六，4）。标本T1②：1，残，可复原。青瓷。圆唇，敞口，深弧腹，半底，矮圈足稍内凹。灰胎，胎薄，胎质较好。器内侧可见支钉痕迹。除下腹外侧和圈足不施釉外，其余部分施釉，釉呈酱色，釉色不均匀，有脱釉现象。内壁下部及器底可见菊瓣纹。口径13.2、高4.3厘米（图一六，1）。

B型　1件（标本H1：8）。残，可复原。青瓷。薄圆唇，敞口稍外撇。弧腹，小平底，矮圈足。器底与圈足交接处稍内凹。灰胎，胎薄，胎质较好。下腹外侧和圈足不施釉外，其余部分施釉，釉呈酱色，釉色不均匀。器内侧下部可见釉下植物花纹。口径12.6、高4.2厘米（图一六，2）。

C型　2件。敞口，圆唇稍内撇。标本H1：3，残，可复原。青瓷。圆唇，敞口，弧腹，圜底，圈足稍内凹。灰胎，胎薄，胎质较好。器内侧可见支钉痕迹。内壁全施釉，外壁只在中腹以上部位施釉，釉色青中略带黄，釉色不均。口径10.6、高4.2厘米（图一

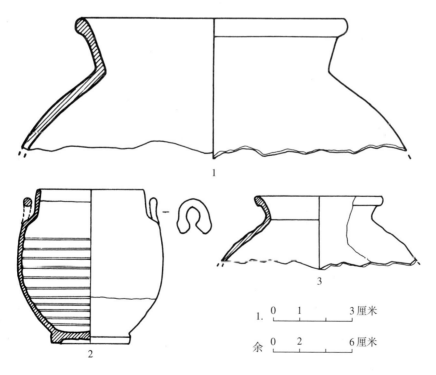

图一七　瓷罐

1、3. B型（G1：6、H1：18）2. A型（H1：5）

六，5）。标本 G1：13，下腹及底残。青瓷。圆唇，弧腹。灰胎，胎薄，胎质较好。内壁全施釉，外壁只在中腹以上部位施釉，釉色青中略带黄，釉色不均。有滴釉和脱釉现象。口径 10.4、残高 4 厘米（图一六，3）。

罐　3 件。分两型。

A 型　1 件（标本 H1：5）。残。可复原。青瓷。直口瓜棱罐。近直口，窄斜肩，弧腹，近平底，矮圈足，肩部有双桥形耳。灰胎，器内壁可见数道一周周的凸棱，似瓜棱。器内壁不施釉，外壁除下腹一小段、圈足以及外底不施釉外，其余部分施酱釉，釉色不是很均匀，有脱釉现象。口径 7.8、高 11.8 厘米（图一七，2）。

B 型　2 件。敞口，圆唇外翻。标本 H1：18，残。青瓷。敞口，束颈，溜斜肩，灰胎。外壁及口沿内壁施青釉，釉色均匀。口径 9.4、残高 5.6 厘米（图一七，3）。标本 G1：6，残。青瓷。敞口，束颈，溜斜肩，灰胎。外壁及口沿内壁施青釉，釉色均匀。口径 10.2、残高 5 厘米（图一七，1）。

钵（？）　1 件（标本 H1：19）。残。青瓷。敛口，带子母口，斜弧腹。上腹部有一残耳。灰胎，施青黄釉，脱釉严重。残高 3.4 厘米（图一八，1）。

器盖　1 件（标本 G1：7）。青瓷。敞口，近圆唇，顶平，灰胎。施青釉，釉色不均，有脱釉现象。口径 11.2、高 2.8 厘米（图一八，2）。

2. 陶器

陶器（片）大多火候较高，属于缸胎。有红胎、灰胎、内红外黑胎等类型，三者的比例分别大致为 35%、60%、5%。有的属于釉陶。

坛（双唇罐）　3 件。均残。双唇，近直口，内唇方，外唇圆且稍外卷。盘口较深。溜肩。暗红胎，外壁施青黄釉，有脱釉现象。标本 G1：15，釉陶。口径 10、残高 4.8 厘米（图一八，3）。标本 G1：16，口径 10.2、残高 5.2 厘米（图一八，4）。

缸　4 件。分两型。

A 型　1 件（标本 H1：7）。残。敛口，尖唇，斜肩。胎内暗红，胎外呈黑色。壁较厚，未见施釉。口径 42、残高 10 厘米（图一九，1）。

B 型　3 件。直口，方唇。标本 H1：13，残。近直口，方唇，短颈，大斜肩。胎内暗红，胎外呈黑色。壁较厚。未见施釉。残高 6.5 厘米（图一九，2）。标本 H1：14，残。直口，方唇，短颈，大斜肩。胎内暗红，胎外呈黑色。壁较厚。未见施釉。口径 15.4、残高 5.4 厘米（图一九，3）。标本 G1：14，残。釉陶。直口，方唇，短颈，大斜肩。胎内暗红，胎外呈黑色。壁较厚。颈部以上施少量青釉，有脱釉和滴釉现象。残高 4.2 厘米（图一九，4）。

盆　4 件。分两型。

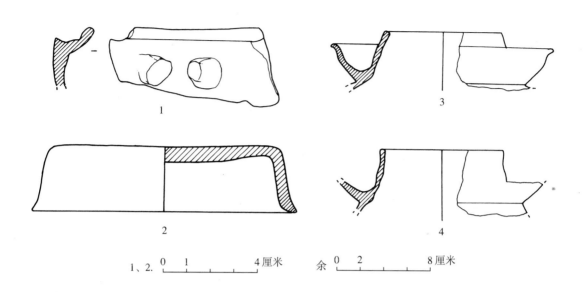

1、2. 0 1 4厘米   余 0 2 8厘米

图一八 陶、瓷器

1. 瓷钵（？）（H1∶19） 2. 瓷器盖（G1∶7） 3、4. 陶双唇罐（G1∶15、G1∶16）

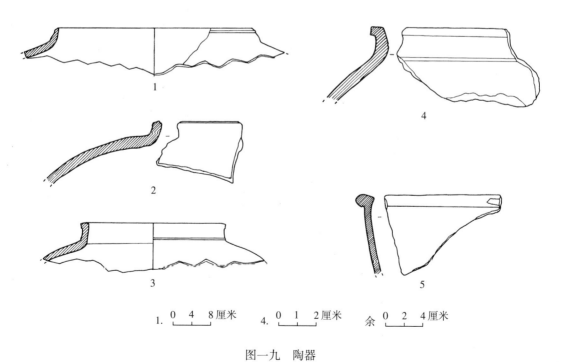

1. 0 4 8厘米   4. 0 1 2厘米   余 0 2 4厘米

图一九 陶器

1. A型缸（H1∶7） 2~4. B型缸（H1∶13、H1∶14、G1∶14） 5. A型盆（H1∶6）

　　A 型　2 件。敞口，圆唇外卷。标本 H1：6，残，釉陶。斜弧腹，斜肩，壁较厚。灰胎，内外施米黄色釉。釉不均匀，且有脱落现象。残高 8.6 厘米（图一九，5）。

　　B 型　2 件。敛口，圆唇外卷。标本 H1：11，残。斜弧腹，斜肩，暗红胎，壁较厚。未见施釉（图二〇，1）。

　　罐　1 件（标本 T1②：14）。肩以下残。釉陶。圆唇，直口高领，短斜肩。暗红胎，外施青釉，釉色均匀。口径 16.2、残高 4.2 厘米（图二〇，2）。

　　擂钵　1 件（标本 T1②：16）。残。釉陶。敞口，厚圆唇外卷，斜弧腹，内壁有竖向的凹槽。外壁施青釉，釉色斑驳，脱釉严重。残高 6.8 厘米（图二〇，3）。

　　碾槽　1 件（标本 G1：19）。残。大致呈长方体。下部稍宽，底平，束腰，上部有一条纵向的弧形凹槽。器身残长 11.8、宽 5.9、高 5.9 厘米，凹槽残长 10、口宽 2.8、深 3 厘米（图二一，1）。

　　陶范（？）　1 件（标本 G1：21）。一端残。平面呈梯形。底平，朝上一面中间有一个平面大致呈三角形而横截面呈弧形的凹槽，凹槽一端浅而另外一端深。推测为制作农业工具如犁类的范（图二一，2）。

　　碾轮　3 件。均残半，算珠形。平面圆形，中间有一圆，中间厚四周薄，截面大致呈三角形。标本 G1：10，器身较薄，胎内灰外黑。直径 11.6、孔径 2、最大厚度 1.7 厘米（图二二，1）。标本 G1：8，器身较厚，灰色胎。直径 10、孔径 1.2、最大厚度 2.2 厘米（图二二，2）。标本 G1：9，器身较厚，灰色胎。直径 10、孔径 2、最大厚度 2.8 厘米（图二二，3）。

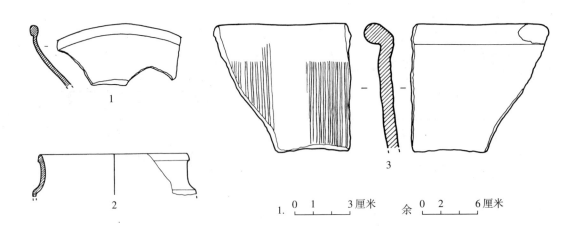

1. ０　１　　３厘米　　　余　０　２　　６厘米

图二〇　陶器

1. B 型盆（H1：11）　2. 罐（T1②：14）　3. 擂钵（T1②：16）

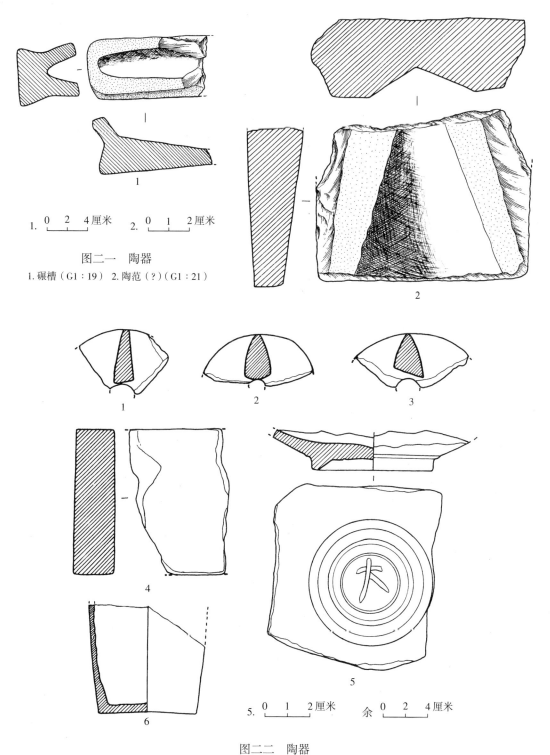

图二一 陶器

1.碾槽（G1：19） 2.陶范（？）（G1：21）

图二二 陶器

1~3.碾轮（G1：10、G1：8、G1：9） 4.砖（G1：20） 5、6.器底（G1：17、H1：15）

3. 陶瓷器器底、器足、器耳

在所有陶瓷片中器底和器足等占了很大的比例，由于这些残片无法辨认其具体属于何种器物，因此很难进行考古学意义的类型学分析。这里将大致进行介绍。

器底　数量不少，大部分为碗类器物，也有少量属于瓶或壶类器物。标本 H1∶15，筒状，平底。暗红胎。内侧有一道一道的旋痕。底径 8.6、残高 9.6 厘米（图二二，6）。标本 G1∶17，器身上部残，斜弧腹，圜底，矮圈足，器底外壁见一个刻划的"大"字。灰胎，器内壁施青黄釉。内壁见支钉痕迹。底径 5.4、残高 1.8 厘米（图二二，5）。

圈足　出土不少，从其形态来看大致有三种类型。第一类很小且较高，胎薄，内壁很直。一般为青白瓷。第二类为矮圈足，内壁稍斜。第三类为环形矮圈足，在制作器物时在圈足内壁刮削出一个较深的凹槽，由于这类圈足本身很矮，看起来像一个圆环。

器耳　均为半圆形。有两种情况，一种横截面大致为圆形，如标本 H1∶10，灰胎，素面（图二三，1）。另外一种横截面大致为扁弧形，很扁薄，如标本 H1∶9，施酱釉，外壁有刻划的花纹（图二三，2）。

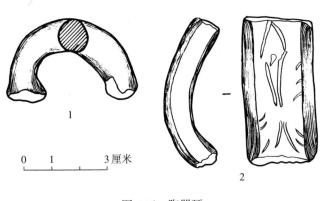

图二三　陶器耳
1. H1∶10　2. H1∶9

4. 建筑材料

砖　2 件。长方体，青砖。标本 G1∶20，残。残长 8.2、宽 12.8、厚 3.6 厘米（图二二，4）。

瓦　4 件。均为筒瓦，且残。横截面为半圆形，有的内壁有布纹。

（四）结　语

1. 遗址的文化特征和性质

本次发掘所获遗物主要为陶瓷器（片），器类主要有碗、罐、坛、碟、碾轮、碾槽、陶范（？）等，一般属于日常用品，另外见有少量的砖、瓦等建筑构件。瓷器（片）占大多数。瓷器（片）中大部分为青瓷，也有少量青白瓷，偶见黑釉瓷。胎以灰、灰白为主，也有红色胎。大部分胎体比较薄，制作比较精细。绝大部分采用轮制，许多器物壁上可见转轮留下的痕迹。足部大部分割得较矮，许多留有旋削痕。在烧制方法上主要为支钉垫烧和匣钵烧造，在许多器底留有支钉的痕迹。釉以青釉为主，只有少量的青白釉和黑釉，大部分器物胎釉结合不是很紧密。装饰以胎装饰为主，印花为主要的装饰手法，还有点洒褐彩、刻划花纹等。纹饰题材以植物花卉为主，也可见鱼等动物纹样。装饰的风格粗犷随意，具有浓厚的民间气息。有些器底还刻有文字。陶器（片）大多火候较高，属于缸胎。有红胎、灰胎、内红外黑胎等类型。从出土器物的窑口来看，主要为两大类型的产品，一类为本地产品，为青瓷；另外一类为藤县中和窑的产品，为青白瓷。偶尔也见龙泉窑（或仿龙泉窑）、建窑（或是仿建窑）、景德镇（或仿景德镇）的瓷器残片。本地烧制的产品中一些器物在花纹的装饰与兴安严关窑的产品相类似，但整个器物的造型却不同，尤其是器底的做法区别较大。

遗迹现象包括柱洞、灰坑、墓葬、沟等，主要为柱洞。柱洞平面为圆形或近圆形，多为直壁或直斜壁，圜底或平底。填土多为细软的黄黑土，一般不含文化遗物。没有发现居住面。

根据发现的大量柱洞和陶瓷日用品，我们推测该遗址应该是当时人们居住的一个场所。

2. 遗址的年代

由于发掘的面积较小，且地层堆积很薄，许多遗迹中没有包含物，且大多数包含遗物的单位也是既出宋代遗物也出元、明时期的遗物，因此很难对遗址进行具体确切的分期。

第2层和开口于第2层下的H1、G1是出土物比较丰富的遗迹单位，出土的大部分器物为宋，但也有少量的明代器物，因此其年代可能是从宋到明代一直延续堆积的结果。所有柱洞均位于第2层下，但只有D3、D20、D31、D32、D34、D35、D37、D40、D42等共9个柱洞填土中包含有少量瓷片，这些瓷片均为宋瓷，由此可以推测这些柱洞最早可能早到宋代。其余柱洞因没有包含物无法确定其具体年代，只能推测应该处于宋至明之间。M1的年代应该较晚，其填土中包含的青花瓷片属于清代晚期，因此其年代当不早于清晚期。

综合分析笔者认为该遗址延续的时间较长，从宋代到明代一直都有人在这里居住，甚至到了清代晚期仍然有居民在该地或者附近生活。

附记： 担任本次发掘的领队为韦江，执行领队为杨清平，参加发掘的有覃芳、韦革、周学斌、郭建军。瓷器鉴定工作得到了韦仁义研究员的大力帮助，在此谨表谢意。

执笔：杨清平　覃　芳　韦　革　韦江

绘图：蒋发娇　蒋新荣

昭平县篁竹、白马山古墓葬发掘报告

广西文物考古研究所

昭平县文物管理所

　　篁竹、白马山墓葬位于昭平县城东约70公里的巩桥镇的东北，两处相距约5公里，但大体上是同一区域（图一）。其中篁竹墓葬位于巩桥镇篁竹村东面的缓坡上，由于桂林至梧州高速公路同古至马江段的黄姚互通立交在此建设将缓坡的中间部分破坏，中间部分墓葬分布情况不明（图二）。白马山墓葬位于巩桥镇岩头村西面约300米的白马山山麓下的缓坡，东距黄姚至界塘的公路约100米，正好处于设计中的桂林至梧州高速公路K176+560至K177+000之间（图三）。为配合桂林至梧州高速公路同古至马江段的建设，2004年11月~2005年1月,广西壮族自治区文物工作队会同昭平县文物管理所对其进行考古勘探及发掘，清理了一批东汉至近代时期的墓葬共15座，其中东汉中期石室墓1座、南朝时期石室墓1座、宋朝时期土坑墓1座、明朝时期土坑墓2座、清朝时期土坑墓4座、近代土坑墓3座及瓮棺二次葬墓3座，其中2004年11月曾试掘了白马山古墓葬中的M12、M13（原墓葬编

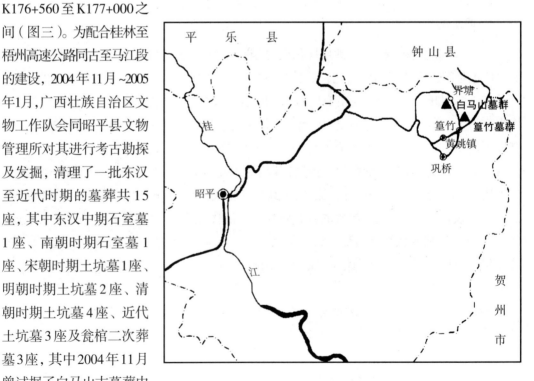

图一　篁竹、白马山墓葬位置示意图

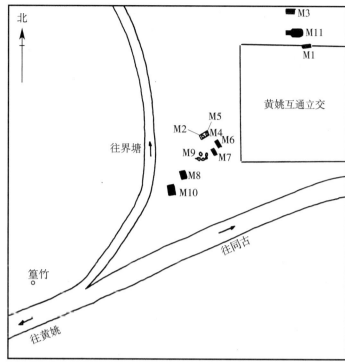

图二　篁竹墓葬分布示意图

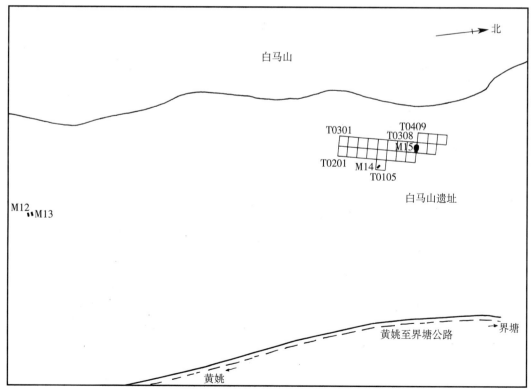

图三　白马山墓葬分布示意图

号为2004ZGBM1、M2），为方便整理后将这批墓葬统一编号为 M1~M15（附表）。

　　白马山遗址位于白马山东麓，桂林至梧州高速公路同古至马江段沿线文物调查时在此地表发现数量较多的宋代陶瓷片，考古发掘探方分布情况如图三所示。该遗址地层堆积较简单，除了局部探方还保存地层堆积外，大多已被扰乱。从保存下来较完整的地层看：第1层为现代耕作的表土层，第2层为近现代及清代扰乱层，第3层为明代文化层，第4层为宋代文化层，第5层为生土层。

一、东汉中期石室墓

　　1座（M15）。

（一）墓葬形制

　　M15　位于白马山遗址T0308北隔梁表土层下，由于耕作将地表夷平已不见封土。墓葬平面呈"凸"字形，由墓室、甬道、封门及墓道组成。墓向90°。墓室近长方形，长3、宽1.46、残高1.02米，甬道长1.14、宽0.86、残高0.9米。封门处只在平甬道顶部的位置

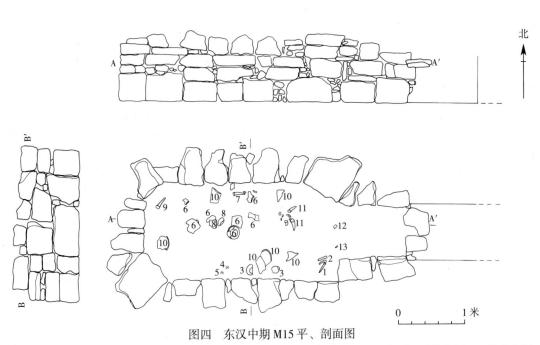

图四　东汉中期M15平、剖面图

1. 铁棺钉　2. 铁刀（残）　3、8. 陶罐（残）　4、5. 铜钱　6. 陶四系罐碎片　7、9. 器足　10. 陶四系罐（残）　11. 陶鼎（残）　12. 黛砚石　13. 石镞

平铺两块料石，下面为填土。墓道前端伸入T0308的东壁内，未发掘。发掘部分由封门平伸出1.06、宽0.84米，深0.7米。墓室由不规则天然石灰石块筑砌而成，料石较厚重。墓室及甬道四壁用不规则天然石块单层筑砌，将石料的自然平面朝向墓内，壁面平整，石缝无泥浆抹隙。墓底未铺石板。墓顶已崩塌，但从残存的痕迹看，从0.8米的高度开始起券，应该为穹隆顶。随葬品由于早年受盗扰及墓室崩塌，原先摆放位置已乱，清理距墓底约0.2米见到随葬器物，种类有陶罐、鼎、角状器足、铁棺钉、铁刀及黛砚石、石镞等，另有铜钱2枚，一枚为剪轮钱但已锈蚀不能辨，一枚为五铢钱。尸骨及葬具皆朽，不见痕迹（图四；彩版四一，1）。

（二）随葬品

1. 陶器

7件，分泥质灰陶、红陶和夹砂灰白陶等几种，器形包括鼎、罐、四系罐等。泥质灰陶、红陶陶器质地较坚硬，陶土多经淘洗，烧制火候较高。夹砂灰白陶陶器里夹杂石英颗粒，烧制火候较低。四系罐的耳及鼎的三足都是手捏成型后贴附于器身上。

鼎　1件（标本M15：11）。可见部分口沿、器身及两角状足。夹砂灰白色粗陶，质地坚硬，烧制火候较低。盘口，器身拍印方格纹，足呈角状，为手制成型后捏合上去。口径16.2、高约20厘米（图五，1）。

鼎足　2件（标本M15：7、9）。夹砂橙红色粗陶，烧制火候较夹砂灰白色粗陶高，同M15：11鼎不是一件。完整的鼎足M15：9外表有烟炱，长18.5、最大端直径5.2、最小端直径1厘米。

罐　2件。泥质红陶。形制相近，大小不一。侈口，尖唇，沿外翻，束颈，圆肩，斜收下腹，平底或微内凹，最大径在腹上部，颈以下至近底部之间拍印细方格纹。标本M15：3，肩部有随意的刻划符号。口径7.4、最大腹径10.8、底径7.8、高9厘米（图五，2）。标本M15：8，口径9、最大腹径13.6、底径9.1、高12.6厘米。

四系罐　2件。可分两型。

A型　1件（标本M15：10）。口沿已残缺。夹砂灰白陶，质地坚硬。腹微鼓，长身，平底内凹，肩上有四个对称半环耳。耳间及腹部各饰弦纹一道，施一层薄薄的青黄釉，部分脱落。底径22.8、残高29.2厘米（图五，3）。

B型　1件（标本M15：6）。泥质灰胎，无釉，质地坚硬。敞口，平唇，短颈，鼓腹，平底微凹，肩上有四个对称半环耳，耳间饰弦纹一道，颈以下拍印细小方格纹。口径13.2、最大腹径24、底径14.4、高23.6厘米（图五，4）。

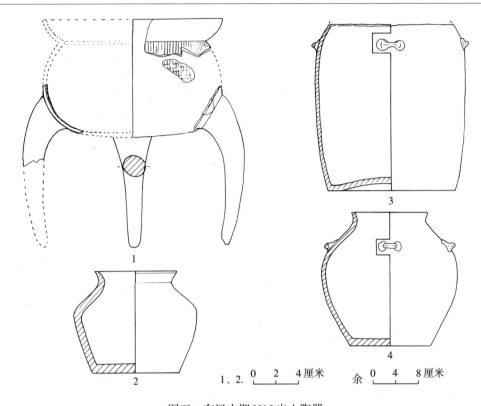

图五　东汉中期 M15 出土陶器

1. 鼎（M15∶11）　2. 罐（M15∶3）　3. A 型四系罐（M15∶10）　4. B 型四系罐（M15∶6）

2. 铜器

铜钱　2 枚。标本 M15∶4，铭文已锈蚀不能辨，但可看出是剪轮钱。标本 M15∶5 为五铢钱。

3. 铁器

2 件，包括棺钉、刀。

棺钉　1 件（标本 M15∶1）。长条形，一端已锈蚀，一端较尖。残长 10 厘米。

刀　1 件（标本 M15∶2）。大多已锈蚀，可辨为长条形，平头。

4. 石器

2 件，包括黛砚石、镞。

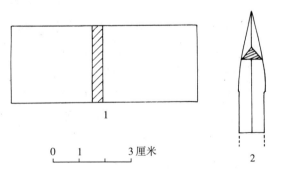

图六　东汉中期 M15 出土器物

1. 黛砚石（M15∶12）　2. 石镞（M15∶13）

黛砚石　1件（标本M15∶12）。长方形，系用砂岩石片制成。长7、宽2.9、厚0.4厘米（图六，1）。

镞　1件（标本M15∶13）。三棱形，系用石灰石制成，镞锋磨成锥状，铤部已断。残长4.6、宽1厘米（图六，2）。

二、南朝石室墓

1座（M11）。

（一）墓葬形制

M11　地表葬有现代坟，未见封土痕迹。墓葬平面呈"凸"字形，由墓室、甬道、封门及墓道组成。墓向330°。墓室近长方形，长2.9、宽1.62、残高1.2米，甬道长1.4、宽0.92、残高1.1米。墓室四壁用天然石块筑砌，壁面平整，石缝无泥浆抹隙。墓底未铺石板，墓顶和部分墓壁已崩塌，从残存的痕迹看，从0.9米的高度开始起券，应该为错缝筑砌形成的穹隆顶。封门由一些石料堆在一起堵住，门的顶部有一长石条架在上方，似横梁状。墓道前端已被破坏，剩下部分由封门平伸出2.9、宽1.28、深0.6米。随葬品由于早年受盗扰及墓室崩塌，原先摆放位置已乱，仅见的种类有几件陶瓷器及铜发钗、铁器等，另有一枚铜钱已锈蚀不能辨。出土的两个器盖均能盖上M11∶1青瓷钵，但不能盖上M11∶3青瓷钵。墓室内葬具已朽，墓主尸骨散布于各处，能辨认出两个头盖骨分别分布

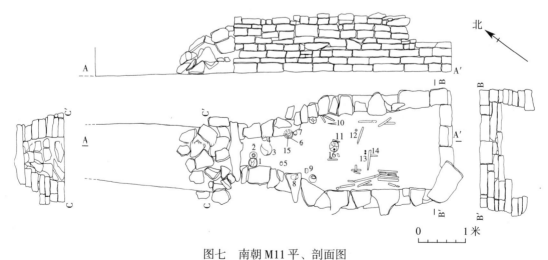

图七　南朝M11平、剖面图

1、3.青瓷钵　2、6.青瓷器盖　4、15.陶碗　5、7.陶罐　8.陶双系罐　9.陶四系罐　10.铜钗　11、14.铁刀　12、16.陶纺轮　13.铜钱（其余部分为散乱的人头骨及肢骨）

于墓室前部的两侧。据此情况再加上墓内出土铜钗、陶纺轮等女性用品和铁刀等男性使用的器具，我们推断该墓可能是一座夫妻合葬墓（图七；彩版四一，2）。

（二）随葬品

1. 陶瓷器

陶罐　2件。泥质红陶。形制相近，器身不甚规整，制作粗糙。侈口，尖唇，短直颈，圆肩，斜收下腹，平底，颈以下至近底部之间拍印细方格纹。标本M11：7，口径7.6、最大腹径9.8、底径6.4、高9.4厘米（图八，1）。

陶双系罐　1件（标本M11：8）。硬陶，灰白胎，质地坚硬。敛口，短颈，圆腹，平底微内凹。外挂青黄釉，大部分脱落，釉不及底，腹部以下裸露陶胎。肩、腹部拍印细方格纹，肩附双耳，肩、口沿部各饰弦纹一圈。口径9、最大腹径13.8、底径9、高11.2厘米（图八，2）。

瓷器盖　2件。青瓷。灰白胎，质地坚硬。子母口，盖上有纽，饰四道弦纹，盖上留有一圈烧制时垫支钉的痕迹。通体施青黄釉开细冰裂纹，釉薄而莹亮，部分脱落。标本M11：2，纽残缺。

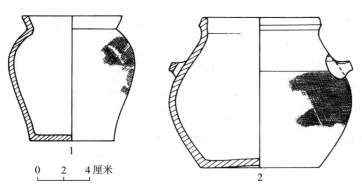

图八　南朝M11出土陶器
1. 罐（M11：7）2. 双系罐（M11：8）

直径18、残高3.2厘米（图九，1）。标本M11：6，半圆形纽。直径18.4、高3.2厘米（图九，2）。

瓷钵　2件。青瓷。灰白胎，质地坚硬。敛口，圆唇，鼓腹，平底，通体施青黄釉开细冰纹，釉薄而莹亮，部分脱落。腹部饰弦纹数道，下腹部留有一圈烧制时垫支钉的痕迹。标本M11：1，口径20.8、底径10.8、高11.2厘米（图九，3）。标本M11：3，口径17.6、底径11.2、高8.6厘米（图九，4）。

陶碗　2件。形制相近，大小不一。敛口，圆唇，鼓腹，平底，碗内底部饰弦纹数道。M11：15，釉陶，灰胎，施黄褐釉开细冰纹，部分脱落。标本M11：4，釉陶，灰黄胎，无釉。口径11、底径6.2、高4厘米（图一〇，1）。

陶四系罐　1件（标本M11：9）。敞口，圆唇，沿外有一周凸棱，腹微鼓，长身，平底

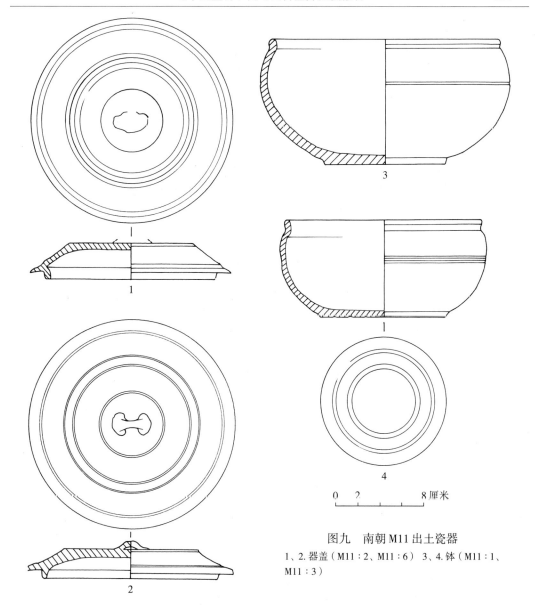

图九　南朝 M11 出土瓷器

1、2. 器盖（M11：2、M11：6）　3、4. 钵（M11：1、M11：3）

微凹，肩上有四个对称半环耳。耳间及腹部各饰弦纹一道。釉陶，灰胎，质地坚硬，器内外呈灰黑色，器内有旋削纹。口径 19.2、最大腹径 22.8、底径 19.2、高 22.4 厘米（图一〇，2）。

陶纺轮　2 件。可分两型。

A 型　1 件（标本 M11：12）。泥质灰胎，质地坚硬。表面有同心圆弦纹，呈黑褐色。直径 3.4、高 3 厘米（图一〇，3）。

B 型　1 件（标本 M11：16）。泥质灰胎，质地坚硬，表面光洁。器形较 I 式显得矮胖。直径 3.2、高 2.3 厘米（图一〇，4）。

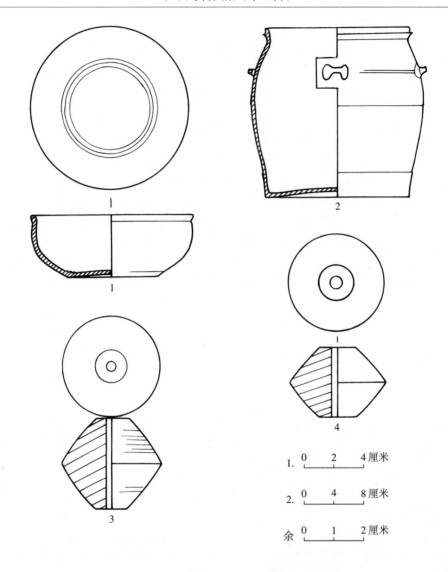

1. 0　　2　　4 厘米

2. 0　　4　　8 厘米

余 0　　1　　2 厘米

图一〇　南朝 M11 出土陶器

1. 碗（M11：4）　2. 四系罐（M11：9）　3. A 型纺轮（M11：12）　4. B 型纺轮（M11：16）

2. 青铜器

2 件，包括铜钗及铜钱。

铜钗　1 件（标本 M11：10）。呈 "V" 字形，用一根长铜条弯曲中间形成双股，上部粗圆往下逐渐细尖，其中一股末端向上卷折，另一股末端直且尖。长 16.2 厘米（图一一，1）。

铜钱　1 件（标本 M11：13）。已锈蚀不能辨。

3. 铁器

刀　2件，皆已锈蚀。可分两型。

A型　1件（标本M11：11）。锥状柄，身微内曲，近柄端处较宽，然后逐渐收杀成刀尖。长15.8、最宽1.8厘米（图一一，2）。

B型　1件（标本M11：14）。锥状柄，长条形，平头，身微内曲。长40.8、宽3厘米（图一一，3）。

三、宋朝土坑墓

1座（M14）。

（一）墓葬形制

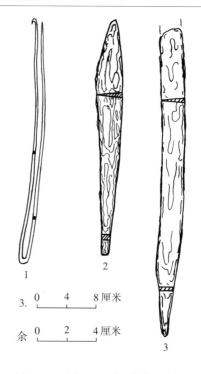

图一一　南朝M11出土铜钗、铁刀
1. 铜钗（M11：10）2. A型铁刀（M11：11）
3. B型铁刀（M11：14）

M14　长方形竖穴土坑墓，无墓道，地表由于耕作已被夷平不见封土。该墓开口于岩头白马山T0105第3层下，墓向20°。墓穴开口距地表0.5米，墓穴长2.6、宽1米，深0.5米。墓穴填土为原坑土夹少量五花土，墓边修得不甚规整，尸骨及棺具皆朽，仅在瓷碗内的填土里见些许暗红色的棺材板痕迹。随葬品仅陶魂瓶、瓷碗、陶长曲折颈折腹瓶各1件，摆放于墓穴的北侧，应是置于棺外（图一二；彩版四二，1）。

（二）随葬品

陶魂瓶　1件（标本M14：1）。盘口，折唇，束颈，丰肩，长圆腹，肩部有一周镂空的围栏，腹部有两周褶裙，平底。釉陶，灰白胎，施青黄釉，釉不及底且大部分脱落。口径8.5、腹径14.4、底径7.8、高22厘米（图一三，1）。

陶长曲折颈折腹瓶　1件（标本M14：2）。敞口，平唇。长颈部有多处曲折至腹部再折收，平底。青灰色胎衣，无釉。口径7.2、最大腹径12、底径9、高12.4厘米（图一三，2）。

瓷碗　1件（标本M14：3）。敛口，尖唇，沿外凸，斜弧腹，矮圈足，挖底极浅。灰白胎，施淡青釉，开细小冰裂纹，釉不及底且部分脱落，口径17.2、足径6、高5.6厘米（图一三，3）。

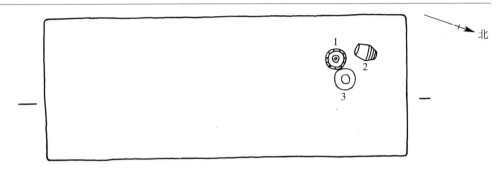

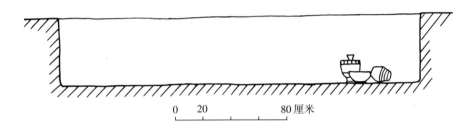

图一二　宋朝M14平、剖面图

1. 陶魂瓶　2. 陶长曲折颈折腹瓶　3. 瓷碗

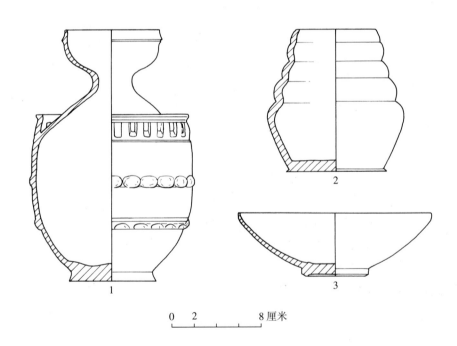

图一三　宋朝M14出土器物

1. 陶魂瓶（M14：1）　2. 陶长曲折颈折腹瓶（M14：2）　3. 瓷碗（M14：3）

四、明朝墓葬

2座（M1、M3）。

（一）墓葬形制

M1　长方形竖穴土坑墓，无墓道。墓葬被破坏，有无封土不明。墓向110°。墓穴长2.25、宽0.6米，深0.3~0.36米。棺具及尸骨已朽，但仍能看出尸骨的大致摆放位置，墓主头向朝东。该墓最大的特点是棺具外以一层6厘米厚的石灰做椁，而随葬器物放置于棺椁外。随葬品有置于棺内锈蚀不能辨的铜钱一枚及置于棺椁外的陶四系罐2件，陶四系罐口沿部分别倒扣一瓷碗，另在墓旁扰乱的填土里采集铁棺钉2枚（图一四；彩版四二，2）。

M3　长方形竖穴土坑墓，无墓道，地表由于耕作已被夷平不见封土。墓穴开口距地表0.65米，墓穴长2.4、宽0.46~0.6米，深0.5米，形状不太规整，大致南宽北窄。墓向125°。尸骨及棺具皆朽，但铁棺钉仍保持在原来位置，墓底摆放棺具的位置掘一2厘米

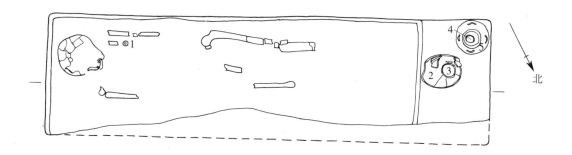

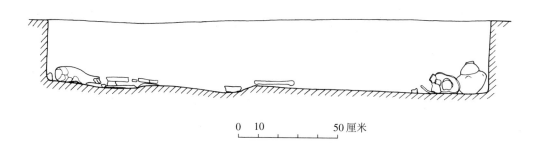

0　10　　　　　50厘米

图一四　明朝M1平、剖面图

1. 铜钱　2、5. 陶四系罐　3. 瓷碗残片　4. 瓷碗

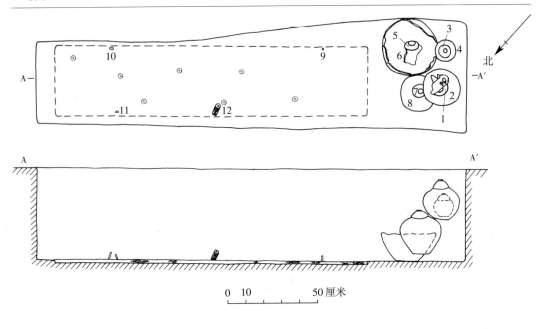

图一五　明朝M3平、剖面图

1、3、5、7. 瓷碗　2、4、6、8. 陶四系罐　9~11. 铁棺钉　12. 铜钱

深的方坑后铺洒炭屑以防潮，大致可以看出棺具原来的尺寸为长1.75、宽0.38米。随葬品中铜钱散布于棺内，共计16枚，为"洪武通宝"及"万历通宝"两种钱币，而大件陶器分两层叠置于棺外，2件小陶四系罐叠压在2件大陶四系罐之上。陶罐口沿部均以瓷碗为盖，瓷碗反扣于其上（图一五；彩版四二，3）。

（二）随葬品

1. 陶瓷器

11件，包括瓷碗、陶四系罐。

瓷碗　5件。可分三型。

A型　1件（标本M1：4）。敞口微撇，薄尖唇，深腹微弧收，平底，矮圈足。器内口沿下青花一周后又二周，里心青花绘"V"字形图案，器外口径沿下青花一周后外壁腹上绘缠枝花卉，青花色较灰、淡，浓聚处呈黑色。灰白胎，除圈足底着地处露胎通体施淡青色釉。口径11.8、底径4.8、高6.8厘米（图一六，1）。

B型　3件。侈口，薄尖唇，腹微弧，平底，矮圈足，挖底极浅。碗底有用蓝色颜料书写的"仁"及"仁子"字样款识。青灰胎较薄，施淡青色釉，碗底及碗内底部露胎。标本 M3：7，口径 13.2、底径 6.3、高 4.6 厘米（图一六，2）。

C 型　1件（标本 M3：1）。侈口，圆唇，深腹微弧收，圜底，矮圈足。青灰胎，胎质细密，除圈足底着地处露胎通体施淡青色釉，再用青黑色釉在碗底及口沿、外壁腹点

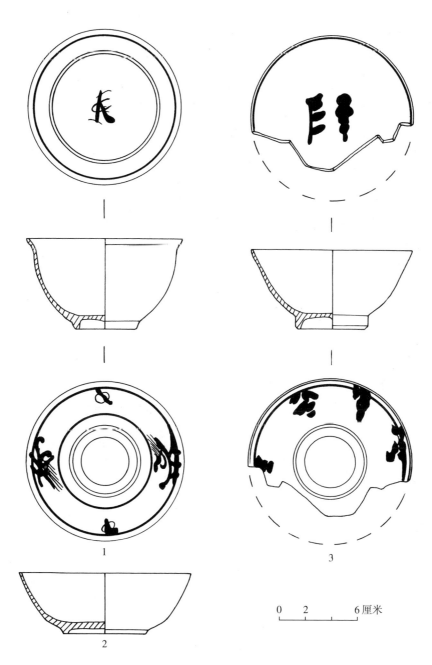

图一六　明朝墓出土瓷碗

1. A 型（M1：4）　2. B 型（M3：7）　3. C 型（M3：1）

彩。口径12.4、底径5.6、高5.8厘米（图一六，3）。

陶四系罐　8件。可分五型。

A型　2件。形制相同。小口，圆唇，卷沿，短颈，鼓肩，斜收下腹，平底深内凹。灰白胎，质地坚硬，施黑褐色酱釉，四耳近口沿部，器形较大。标本M3∶8，口径10、最大腹径32、底径11.2、高32厘米（图一七，1）。

B型　1件（标本M3∶2）。形制与Ⅰ式相近，只是口径与腹径的比例较Ⅰ式大，器形较Ⅰ式小，平底微内凹。口径9.2、最大腹径24、底径10.8、高20.8厘米（图一七，2）。

C型　1件（标本M3∶4）。侈口，圆唇，卷沿，短颈，折肩后斜收下腹，圈足底稍外撇。灰红胎，质地坚硬，除底外通体施黑褐色酱釉，肩部弓形四耳隆起较高，器形较小。口径7.4、最大腹径14.2、底径9.8、高11.4厘米（图一七，3）。

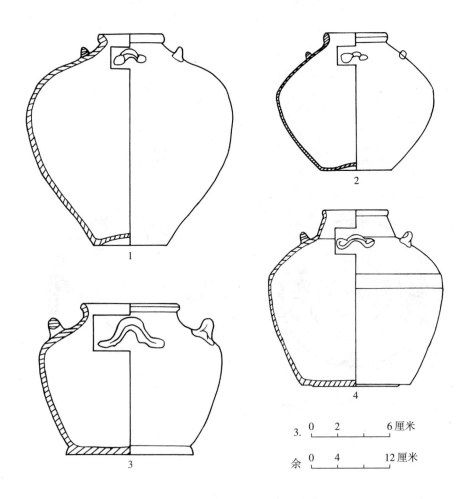

图一七　明朝墓出土陶四系罐
1.A型（M3∶8）2.B型（M3∶2）3.C型（M3∶4）4.D型（M1∶2）

D型　1件（标本M1：2）。敛口，圆唇，颈较长，鼓肩，斜收下腹，平底外凸。灰白胎，质地坚硬，施黄褐色釉，部分脱落，器内可见釉滴痕迹。口径10、最大腹径26.4、底径16.4、高26.4厘米（图一七，4）。

E型　1件（标本M1：5）。敞口，圆唇，卷沿，短颈，鼓肩，斜收下腹，圈足底内凹。灰白胎，质地坚硬，施稍淡的黑褐色釉，釉不及底。口径8.8、最大腹径18.6、底径9.8、高14厘米（图一八，1）。

2. 青铜器

17件，皆为铜钱，包括"洪武通宝"、"万历通宝"等，部分锈蚀不能辨。

3. 铁器

5件，全是棺钉。可分两型。

A型　3件。形制相同，圆形钉头，钉体较粗短。标本M3：9，长8.9厘米（图一

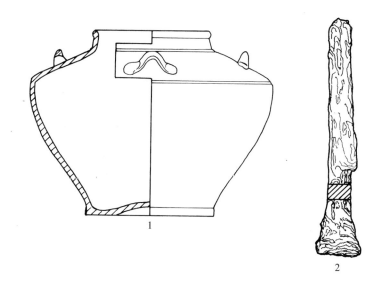

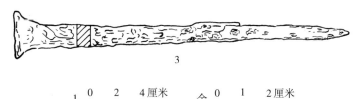

　　　　1. 0 2 4厘米　　余 0 1 2厘米

图一八　明朝墓出土器物

1. E型陶四系罐（M1：5）　2. A型铁棺钉（M3：9）　3. B型铁棺钉（M1：采）

八，2）。

B型　2件。均为M1采集。形制相同，扁形钉头，钉体较扁长。标本M1：采，长12.6厘米（图一八，3）。

五、清朝墓葬

（一）墓葬形制

4座，均为长方形竖穴土坑墓，无墓道。形制大小相近，而年代跨度较大，从清至近代。可分两型。

A型　2座，为M7、M8。棺具及尸骨皆朽，仅见少量随葬品。M7，墓穴南端开口已被破坏，北端距地表0.5米。墓向52°。墓穴长1.9、宽0.58米，深0.26米。随葬品有铜钱6枚及残瓷片一块，其中1枚可辨为"乾隆通宝"（图一九）。M8，墓穴开口距地表0.3米，墓向184°。墓穴形状不太规整，长1.8、宽1.1米，深0.3米。随葬品有口沿部分别倒扣一青花瓷碗的陶罐2件及陶瓮棺1件（图二〇）。值得一提的是，M7原来墓主的

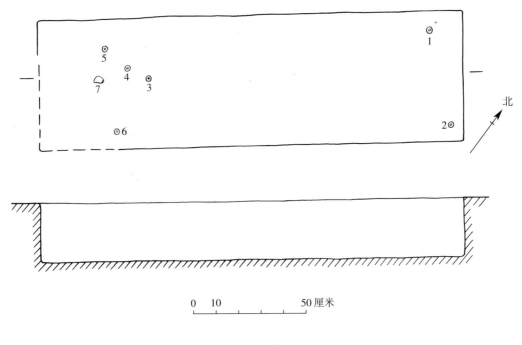

图一九　清朝M7平、剖面图

1~6. 铜钱　7. 残瓷片

骨骸应该已被迁移进行二次葬，空余墓穴及数枚铜钱，而 M8 的情况表明该墓主的后人在将墓主的骨骸捡起进行二次葬时则选择葬于原处，出土的陶瓮棺 M8：1，敛口，内折唇，椭圆鼓腹，平底内凹。除口沿及底内部外，施黄褐釉。口径 22.8、底径 16.4、高约 48 厘米（图二〇）。

　　B 型　2 座，为 M12、M13。长方形竖穴土坑墓，无墓道。棺具皆朽，仅存少量残骸。特点是：封土堆呈馒头形，由大量乱石块堆起而成，直径约 3、高约 1 米。墓穴填土为原坑土夹少量五花土。随葬品简单且组合方式相同，放置于棺具外上部的填土里，而铜钱、瓷碗等小件放置于墓底，铜钱为清代早期铜钱。以 M12 为例，墓穴开口距地表 1.2 米，墓穴长 1.9、宽 0.7 米，深 0.47 米。墓向 256°。随葬品出土有口沿部倒扣一青花瓷碗的带把陶罐 1 件、"康熙通宝" 3 枚、瓷碗 2 件（图二一）。

（二）随葬品

1. 陶瓷器

9 件，包括碗、四系罐、带把罐。

瓷碗　5 件。可分四型。

A 型　1 件（标本 M13：2）。敞口微撇，薄尖唇，深腹微弧收，矮圈足，平底。碗底有用蓝色颜料书写的"仁"字样款识。青灰胎较薄，施淡青色釉，碗底及碗内底部露出陶胎。口径 11.2、底径 4.7、高 4.6 厘米（图二二，1）。

B 型　1 件（标本 M13：1）。敞口，圆唇，深腹微弧收，圜底，圈足较高。器内口沿下青花二周后又二周，里心青花绘"Z"字形图案，器外口沿下青花二周后外壁腹上绘缠枝花卉，圈足底

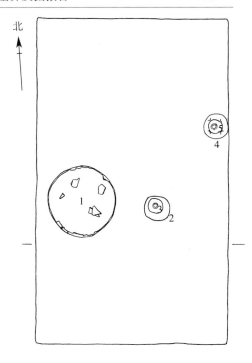

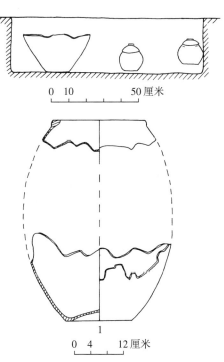

图二〇　清朝 M8 平、剖面图及
出土陶瓮棺

1. 陶瓮棺　2、4. 陶四系罐　3、5. 瓷碗

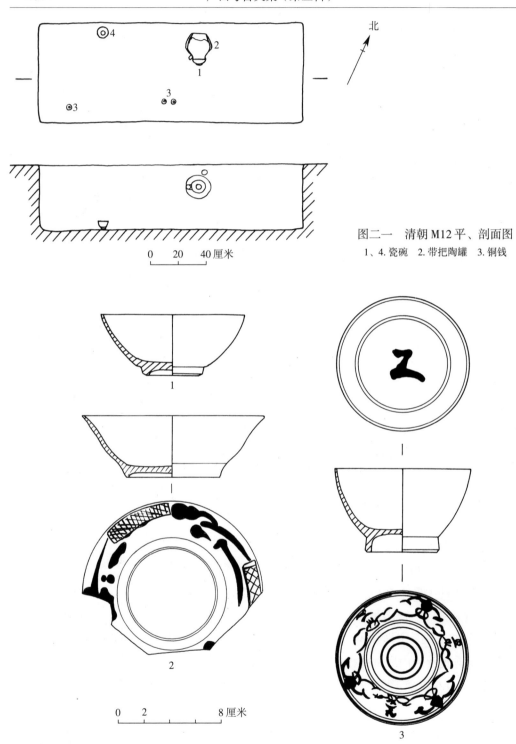

图二一　清朝M12平、剖面图

1、4. 瓷碗　2. 带把陶罐　3. 铜钱

图二二　清朝墓出土瓷碗

1. A型（M13∶2）　2. C型（M12∶1）　3. B型（M13∶1）

内青花二周，青花色较灰、淡，浓聚处呈黑色。白胎，胎质细密，通体施淡青色釉。口径10.4、底径5.6、高6.2厘米（图二二，3）。

C型　1件（标本M12：1）。口沿残，白胎，胎质细密。侈口，圆唇，深腹微弧收，平底，矮圈足。除圈足底着地处露胎通体施淡青色釉，器内底部用青花点彩，器外壁腹上绘缠枝花卉，青花色较艳，但浓聚处仍呈黑色。口径14、底径7.2、高4.6厘米（图二二，2）。

D型　2件。形制相近。敞口，尖唇，深腹弧收，圆底，矮圈足。通体施淡青色釉，器内外用青花绘一条四爪盘龙及水藻图案，圈足底内有款识但难辨，青花色较蓝、艳，浓聚处呈深蓝色。标本M8：3，口径12、底径5、高5.8厘米（图二三）。

四系罐　2件。形制相同。敞口，尖唇，沿外凸，短颈，鼓肩，斜收下腹，平底内凹。器身施黑褐色釉，釉不及底。标本M8：4，口径8.2、最大腹径16.2、底径8.4、高15厘米（图二四，1）。

带把罐　2件。侈口，圆唇，束颈，鼓肩，折斜收下腹，平底内凹。灰白胎，质地坚硬，肩部有一执把，中空，标本M13：3，口径8.2、最大腹径16、底径8.8、高15.4厘米（图二四，2）。

2. 青铜器

14件，包括铜钱及铜纽扣。

铜纽扣　1粒（标本M13：5）。圆形附一环纽。

铜钱　13枚，包括"康熙通宝"、"乾隆通宝"等，部分锈蚀不能辨。

六、近代墓葬

3座，为M4、M6、M10，形制相同。均为近代一次葬的长方形竖穴土坑墓，无墓道。墓穴内不见尸骨、棺具、随葬品，应是墓主的后人将棺具翻出后捡了骨头进行二次葬所致。墓穴尺寸长2.28~3.04、宽0.68~1.28米，深0.38~0.69米。M4被M2、M5打破，墓穴长2.28、宽0.68米，深0.65米。

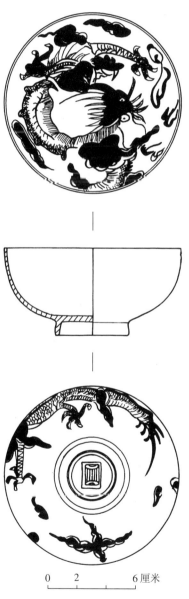

0　2　　6厘米

图二三　清朝M8出土D型瓷碗
（M8：3）

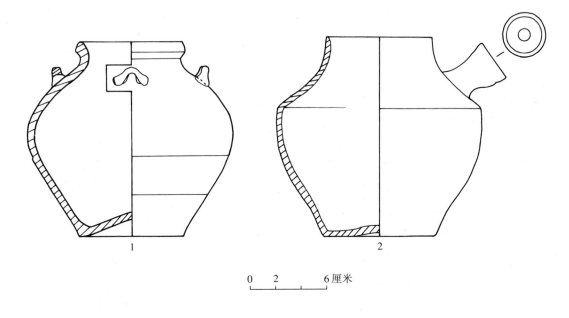

0　　2　　　　6厘米

图二四　清朝墓出土陶器
1. 四系罐（M8：4）　2. 带把罐（M13：3）

七、瓮棺二次葬

3座，为M2、M5、M9，其中M2、M5分别打破M4，M5可能为M4一次葬后在后来进行的瓮棺二次葬时选择葬于原处的遗迹。按其墓葬形制不同可以分为两型。

A型　2座，为M2、M5。M2，以青砖砌成一中空的方形基座，大小刚够放置瓮棺，方形基座边长50、残高30厘米。瓮棺内为从一次葬中捡出的骨骸，没有其他随葬品。青砖尺寸为长25、宽12、厚7厘米。M5，仅见一圆洞形坑及碎砖几块，不见瓮棺（图二五）。

B型　1座（M9）。距表土0.5米深处发现墓穴开口，呈圆形，直径0.48米，被现代墓打破。墓穴呈圆洞形，瓮棺已不见，墓壁呈弧形，最大直径在腹部，长0.7米，底径0.44米，深0.56米。在平墓穴开口的地表上以墓穴为圆心用9块大块石料围成半圆形（图二六）。

出土陶瓮棺1件（标本M2：1）。广口，筒形腹，平底内凹。施黑褐色酱釉。口径32.8、底径34、高40.4厘米（图二七）。

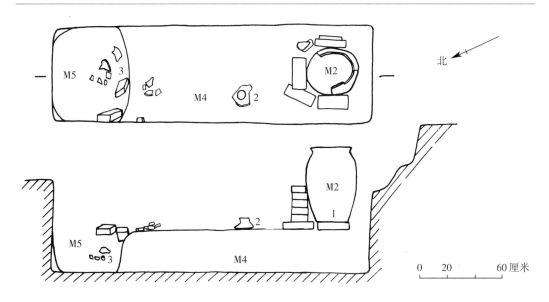

图二五　M2、M4、M5 平、剖面图
1.陶瓮棺　2.瓷碗（残）　3.瓷碗残片

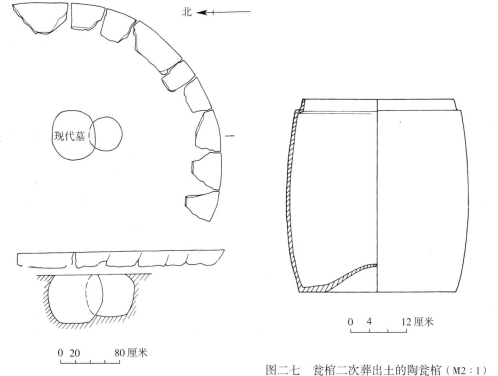

图二六　M9 平、剖面图

图二七　瓮棺二次葬出土的陶瓮棺（M2∶1）

八、结　语

　　这批墓葬均无准确的纪年物共同出土且部分被盗扰，我们只能依据墓葬形制及随葬品大致推断其年代。

　　广西的石室墓主要分布在钟山、昭平、平乐、荔浦、蒙山等一带，流行年代从东汉中、晚期至南北朝时期，构筑形式基本相似，具有很浓厚的地域特色。这次发掘的M15与1963年在此地发掘的东汉中期的界塘一、二号墓[1]在形制及随葬品方面非常相似，特别是鼎与界塘一号墓Ⅰ式鼎的足完全相似，这种鼎是由角状足手制成型后捏合上陶釜而成的，与平乐银山岭汉墓中的Ⅰ式鼎[2]、广西北流铜石岭汉代冶铜遗址出土的角状足及陶釜组合而成的鼎[3]相似。这种角状足及陶釜在梧州富民坊西汉晚期陶窑已有生产[4]，沿桂江溯流而上发现这类器物也就很正常。而罐、A型四系罐与钟山县张屋东汉早、中期的Ⅰ式罐、Ⅱ式四系罐相似[5]，出土的剪轮钱、五铢钱为东汉时期墓葬所常见。据此，我们认为M15的年代与界塘一、二号墓的年代相当，同为东汉中期。M11的部分陶器虽然与M15的相似，但后人沿用前朝的器物也很正常；两墓的主要差别体现在瓷器上。M11出土的几件瓷器在胎质、火候、施釉等几方面已经具备早期瓷器的基本特征，而这些瓷器在器形、胎质、釉色等方面与广西地区南朝墓葬出土的瓷器非常相似，铜钗、四系罐与广西融安安宁南朝墓出土的金发钗、四系罐相似[6]，器盖及钵与广西苍梧倒水南朝墓的相似[7]，因此，我们认为M11的年代为南朝时期。

　　土坑墓中，年代最早的为M14。M14开口于T0105第3层下，而T0105第3层为明朝时期文化层，故M14年代应早于明朝。其出土的瓷魂瓶及瓷碗为广西宋代时期所常见的器形，瓷魂瓶与全州永岁江凹里早期[8]的相似，瓷碗则与全州永岁江凹里晚期Ⅲ式瓷碗[9]、桂平宋瓷窑的Ⅲ式碗[10]造型相似，类似的魂瓶在昭平县城的宋墓也曾出土[11]，因此，我们可以断定M14为宋代时期的墓葬。

　　巩桥、黄姚这一地区在明代相当繁荣，黄姚古镇里现存的许多古建筑如大戏台、吴氏宗祠等都是明万历年间建造的。M3出土的铜钱为"洪武通宝"及"万历通宝"，而随葬的酱釉四系罐及倒扣在其上的青瓷碗为这一地区常见的明代随葬器物。M1出土的铜钱虽已锈蚀不能辨，但该墓出土的酱釉四系罐及青瓷碗与M3非常相似。因此，我们可以断定M1、M3为明代时期的墓葬。

　　M7、M8、M12、M13出土的铜钱为清代早中期的"康熙通宝"及"乾隆通宝"，而随葬的陶带把罐、酱釉四系罐及倒扣在其上的青花瓷碗为这一地区常见的清代随葬器物。因此，我们断定这4座墓为清代早中期的墓葬。

　　M4、M6、M10均无随葬品出土，考虑到二次葬的原因且瓮棺二次葬为这一地区近代普遍的丧葬方式，我们断定它们与 M2、M5、M9 瓮棺二次葬皆为近代时期的墓葬。

综上所述，我们可以看到昭平县巩桥、黄姚各个历史时期的丧葬方式及其演变规律：东汉晚期至两晋南北朝时期为石室墓的流行时期，同时，这一时期也并行土坑墓、砖室墓，形式上还有些汉代厚葬礼仪的遗风。至宋代，丧葬礼仪相对变得简单，墓葬形制演变为以土坑墓为主，规模不大，随葬品很少且以生活实用器为主。明代一直至清代早中期，也是以土坑墓为主，规模也不大，随葬品也很简单，基本上是铜钱和陶瓷器的组合，铜钱及小件瓷器放置于棺内，大件陶器置于棺外；值得一提的是，这时候又流行瓷碗倒扣于大件陶器口沿部这种特殊的器物放置方式，这种放置方式汉代及南北朝已有，至宋代流行覆碗式盖檐口坛。另外，明代墓葬出现了墓底洒炭屑以及用石灰做棺椁这种具有地方特色的防潮方法。清代早中期至近代这一时期则流行瓮棺二次葬，人死后先是掘好土坑墓进行一次葬，规模不大，随葬品也很简单，大致与清代早期的相同，过了一定时间（一般三五年以上，因各地的风俗情况不同而不同），其后人再掘开土坑墓捡起骨骸放入瓮棺进行二次葬，瓮棺内无其他随葬品，这种葬俗是以二次葬为重。

昭平县，西汉初期为南越国属地，汉武帝平定南越后为临贺县辖地，开始受汉文化影响。这批墓葬在年代上具有延续性，为我们了解昭平地区及桂东北地区与中原地区的文化交流，了解昭平各个历史时期的经济、文化等社会状况特别是丧葬制度及其演变提供了不可多得的实物资料。

附记： 本次发掘及整理得到昭平县文体局、文物管理所的大力支持，在此表示衷心感谢。发掘领队为韦江同志，参加发掘的有韦江、韦革、杨清平、覃芳、何安益、陈卫、吴秋连、黄运化、李金生、张进兰、闫有奇、闫仪信等同志。

执笔：韦　革　陈　卫

绘图：刘　群　李新民

摄影：韦　革

注　释

［1］　广西壮族自治区文物工作队、昭平县文物管理所：《广西昭平东汉墓》，《考古学报》1989 年第 2 期。

［2］　广西壮族自治区文物工作队：《平乐银山岭汉墓》，《考古学报》1978 年第 4 期。

［3］　广西壮族自治区文物工作队：《广西北流铜石岭汉代冶铜遗址的试掘》，《考古》1985 年第 4 期。

［4］　李乃贤：《广西梧州富民坊汉代印纹陶窑址发掘》，《中国古代窑址调查发掘报告集》，文物出版社，1984 年。

［5］ 广西壮族自治区文物工作队、钟山县博物馆：《广西钟山县张屋东汉墓》，《考古》1998 年第 11 期。

［6］ 广西壮族自治区文物工作队：《广西融安安宁南朝墓发掘简报》，《考古》1984 年第 7 期。

［7］ 广西梧州市博物馆：《广西苍梧倒水南朝墓》，《文物》1981 年第 12 期。

［8］ 广西壮族自治区文物工作队、全州县文物管理所：《全州古窑址调查》，《广西考古文集》，文物出版社，2004 年。

［9］ 同［8］。

［10］ 广西壮族自治区博物馆：《广西桂平宋瓷窑》，《考古学报》1983 年第 4 期。

［11］ 昭平县文物管理所藏。

附表　昭平县巩桥镇篁竹、白马山墓葬登记表

（长度单位：米）

墓号	方向	墓葬结构								葬具或葬式	墓葬形制	随葬器物				墓葬年代
		封土		墓道			墓室					陶器	铜器	铁器	其他	
		高	直径	长	宽	坡度	长	宽	高							
M1	110°	—	—	—	—	—	2.25	0.6	0.38（残高）	葬具已朽	土坑墓石灰椁	D型陶四系罐1、E型陶四系罐1、A型瓷碗1、瓷碗残片	铜钱1	铁棺钉2（采）	—	明代
M2	—	—	—	—	—	—	方形基座长0.5	方形基座宽0.5	残高0.3	瓮棺	瓮棺二次葬	陶参棺1	—	—	—	近代
M3	125°	—	—	—	—	—	2.4	0.46～0.6	0.5	葬具已朽	土坑墓	B型瓷碗3、C型瓷碗1、A型陶四系罐2、B型陶四系罐1、C型陶四系罐1	铜钱16	铁棺钉3	—	明代
M4	27°	—	—	—	—	—	2.28	0.68	0.65	不见葬具	土坑墓	—	—	—	—	近代
M5	—	—	—	—	—	—	—	—	—	不见葬具	瓮棺二次葬	瓷碗（残）及残片	—	—	—	近代
M6	180°	—	—	—	—	—	2.8	0.8	0.38	不见葬具	土坑墓	—	—	—	—	近代
M7	52°	—	—	—	—	—	1.9	0.58	0.26	葬具已朽	土坑墓	残瓷斗1	铜钱6	—	—	清代
M8	184°	—	—	—	—	—	1.8	1.1	0.3	葬具已朽	土坑墓	D型瓷碗2、D型陶四系罐2、陶瓮棺1	—	—	—	清代
M9	—	—	—	—	—	—	—	—	—	不见葬具	瓮棺二次葬	—	—	—	—	近代
M10	112°	—	—	—	—	—	3.04	1.28	0.69	不见葬具	土坑墓	—	—	—	—	近代
M11	330°	—	—	2.9	1.28	—	2.9	1.62	1.2	夫妻合葬	石室墓	青瓷钵2、青瓷器盖2、陶碗2、陶双系罐2、陶罐1、A型陶纺轮1、B型陶纺轮1	铜镜1、铜钱1	A、B型铁刀各1	—	南朝时期
M12	256°	3	1	—	—	—	1.9	0.7	0.47	葬具已朽	土坑墓	C型瓷碗1、陶带把罐1	铜钱3	—	—	清代
M13	246°	2.9	0.9	—	—	—	1.9	0.9	0.46	葬具已朽	土坑墓	陶带把罐2、A型瓷碗1、B型瓷碗1	铜钱4、铜纽扣1	—	—	清代
M14	20°	—	—	—	—	—	2.6	1	0.5	葬具已朽	土坑墓	陶魂瓶1、陶长曲折颈折腹瓶1、瓷碗1	—	—	—	宋代
M15	90°	—	—	1.06	0.84	—	3	1.46	1.02	葬具已朽	石室墓	陶鼎2、陶罐1、A型陶四系罐1、B型陶四系罐1、陶鼎足2	铜钱2	铁棺钉1、铁刀1	黛砚石1、石镇1	东汉中期

注："—"表示无此项内容。

略论广西地区旧石器时代向新石器时代过渡的有关问题

杨清平

（广西文物考古研究所）

尽管到目前为止学术界对于在旧石器时代向新石器时代过渡中的许多问题还没有完全达成共识，但由于新、旧石器时代是人类历史上文化内涵不同却又紧密联系的两个时代，因此探索人类如何从旧石器时代演变为新石器时代的问题就成为一件十分有意义的事情。笔者不揣浅陋，试图对广西地区旧石器时代向新石器时代过渡的有关问题进行初步分析，不妥之处，敬请大家指正。

（一）

旧石器时代和新石器时代是人们根据人类物质文化遗存的不同，尤其是当时人们主要的生产生活工具——石器在制作技术上的差异而划分出来的。相对于旧石器时代而言，新石器时代不仅在石器制作的技术上产生了革命性的变化，而且在经济形态、居住形式以及其他物质文化方面都有了质的飞跃，例如出现了陶器、产生了农业、人们过上了相对定居的生活等等。从目前发现的考古遗存分析，广西地区的新石器时代考古学文化是在本地旧石器时代的基础上发展而来的。既然新、旧石器时代的考古学文化有很大的差别，同时二者之间又存在着继承和发展的关系，它们之间必然存在一个如何过渡的问题。从逻辑学分析和实际情况来看，应该说在广西地区新、旧石器时代之间客观上是存在一个过渡时期的。

那么在这样一个过渡时期，中国各地过渡的形式是否都一致呢？要研究这个问题，我们有必要对中石器时代的概念和中国地区旧石器时代向新石器时代过渡时期文化的内涵进行对比分析。

中石器时代的概念最早是由 H·威斯特罗普于 19 世纪 60 年代提出来的，但直到 20

世纪20年代，R·马卡里斯特才明确限定了中石器时代的概念。有人也称之为续旧石器时代、后旧石器时代等等。在中国直到1936年郑师许先生在《学术世界》上发表了《中石器时代之研究》的论文，才真正意义上的第一次直接谈到了中石器时代和中石器文化的问题。对于中石器时代的概念《辞海》中是这样说的：中石器时代是"考古学分期中旧石器时代和新石器时代之间的一个阶段，开始于距今约1万年。当时的经济生活主要是狩猎和采集，使用的工具以打制石器为主，也有局部磨光石器，并发明了弓箭，使狩猎的生产效率增长。结束时期各地不一，最早的距今约七八千年便进入新石器时代。"《中国大百科全书·考古学卷》说中石器时代是"处于旧石器时代和新石器时代之间的过渡阶段，其特征是：这时的人类依然过着渔猎的经济生活，农业和畜牧业还没有出现。工具以打制石器为主，用间接打击法制作的典型细石器尤为流行，仅有个别的磨制石器，陶器还没有产生。这一时代当开始于1万多年以前地质上的全新世时代，下限则延续得比较长，在先进的新石器时代开始以后，某些边远的地区还保留了中石器时代的原始状态。"

　　严格来讲，不管是《辞海》还是《中国大百科全书·考古卷》对于中石器时代所下的定义都是很模糊的。从目前研究的结果来看，欧洲的中石器时代概念大致包括以下内涵：从时代上讲，开始于末次冰期之后，结束于农业出现之前；绝大多数欧洲的中石器时代文化没有发展成为新石器时代农耕文化，但在一定程度上与其有关联；石器方面的特征是用间接打击法制作的几何型细石器和复合工具的使用；经济生活以渔猎为主，农牧业经济尚未出现。其中几何型细石器是其最主要的特征，这一特征也是欧洲学者最早提出中石器时代概念的一个最重要原因。从世界各地发现的现在被认为属于中石器时代的一些文化遗存来看，它们一个最主要的特征是存在大量的几何型细小石器，不管是欧洲的塔登诺阿文化、马格勒摩斯文化还是西亚的凯巴拉文化、纳土夫文化都存在着典型的细石器。我国河北虎头梁、河南灵井、陕西沙苑、青海拉乙亥、内蒙古海拉尔松山及扎赉诺尔、黑龙江顾乡屯、新疆七角井等遗址也存在细石器。既然中石器时代内涵的一个最重要的方面就是它的大量典型细石器的存在，那么从严格意义上讲中石器时代文化就应该指的是从旧石器时代向新石器时代过渡时期那些以存在大量典型细石器为主要文化特征的石器文化。尽管有学者认为由于中石器时代标准器物与新、旧时代标准物划分的标准不统一，如果把它作为与新、旧石器时代平行的概念，不仅在逻辑上存在矛盾，而且在实际操作上也有困难，因此没有所谓的中石器时代[1]。但笔者认为由于世界各地在从旧石器时代向新石器时代过渡的过程中许多地区确实存在以典型细石器为主要特征的石器文化，因此为了研究的需要把这些地区的过渡时期称为中石器时代是可以的，只是这样一个时代属于相对的概念，且并不具有普遍的意义。

　　有学者把中国地区旧石器时代向新石器时代过渡阶段的各地考古学文化内涵界定

为：（1）这种文化只存在于旧石器时代晚期末一直发展到新石器时代早期前一阶段。（2）其主要的社会经济类型为渔猎和采集，采集已发展到水边，变成后来的大量捕捞，所以为后来贝丘遗址的出现创造条件。在内陆地区，狩猎经济由于工具的改善而有较大发展，与渔猎和采集经济形成一种综合经济。这种经济类型的改变与当时的生态环境变化有直接的关系。（3）生产内容和方式的改变必然带来生产工具的改革。渔猎和采集以及捕捞要求大量的竹木器工具，所以适合加工这类工具的石器应运而生。大型非陡刃砾石工具早在南方地区存在，但它不适宜进行竹木器的加工，后来的陡刃砾石工具就是在实践过程中逐渐形成的。北方地区细小型石器向细石器转化和发展，复合工具的大量使用，也是狩猎经济在中石器时代新的环境下发展的必然结果。（4）这个时期的文化和欧洲中石器文化一样，都不具有制陶工业，农业和畜牧业均处于萌芽阶段。个别地区由于生态环境允许，已产生了集中采集经济，出现了石磨盘、杵臼和镰刀之类工具的现象就一点也不奇怪，但不具备普遍意义。（5）原始艺术和宗教观念已经出现，这是中石器文化的特点之一。（6）社会结构开始由游动群体走向半定居或定居生活。这象征着原始群的解体，氏族社会的开始[2]。这样的描述虽然比较全面地概括了中国地区所发现的从旧石器时代向新石器时代过渡时期文化遗存的特征，但与严格意义上的中石器时代的概念比较它在内涵上有了大幅度的延伸。其实从上面有关专家对中国地区从旧石器时代向新石器时代过渡时期文化遗存的内涵界定中我们可以看出，在我国各地过渡的形式并不是完全一致的，既存在以典型细石器为主要特征的过渡文化，也存在其他形式的过渡文化。

据专家研究，武鸣苞桥 A 洞、岜勋 B 洞、腾翔 C 洞、桂林 D 洞、东岩洞、来宾盖头洞、柳州白莲洞、柳州陈家岩、崇左矮洞、柳州鲤鱼嘴、庙岩、轿子岩、释迦岩以及大岩等遗址或属于或者包含有从旧石器时代向新石器时代过渡时期的遗存[3]。有学者对包括广西在内的岭南地区旧石器时代向新石器时代过渡时期的遗存的内涵作了如此的归纳总结：（1）遗址均分布于石灰岩洞穴之中，洞穴的相对高程在 20 米以下。（2）文化堆积一般胶结坚硬，多呈黄灰色或灰褐色，内含大量螺壳，还有灰烬、炭屑、烧骨、石器和脊椎动物化石，均属于含介壳的文化堆积。（3）文化遗物绝大部分为石片和制作简单的打制石器。部分遗物还有少量仅刃部磨光的切割器和凿打加磨的穿孔砾石等。但均无陶片共存。（4）动物化石无论是脊椎动物还是软体动物，几乎全部是现生种类。人类化石无明显的原始性质，均属于新人类型（晚期智人）。（5）人们的经济生活均是渔猎和采集[4]。这显示广西地区在新旧石器时代演变过程中其考古学文化在过渡形式上与中国其他地区并不完全一致，尤其与北方地区细小型石器向细石器转化和发展以及复合工具大量使用的情况差别明显。

（二）

要研究广西地区从旧石器时代向新石器时代过渡的相关问题首先应该确定这个过渡时期的大致时间。现在对这个问题的看法不是很一致，有专家认为大约距今20000～10000年[5]，也有人把它界定为距今1.8万～1.2万年[6]，等等。由于过渡时期本身不是一个诸如新、旧石器时代这种意义上的时代概念，且人类文化在从旧石器时代向新石器时代过渡的演变发展是一个从量变到质变的过程，因此要确切划分过渡时期的年代范围几乎是不可能的。我们只是为了研究的需要，根据考古发现的有关材料进行大致的区分，以引起学者对该时期有关文化遗存的关注。随着考古工作的不断开展和广西地区新石器时代早期文化遗存的大量发现，为我们研究该问题提供了更多的资料。

所谓从旧石器向新石器时代过渡时期的结束时间应该处于新石器时代开始不久而考古学文化尚未进入快速发展之前的时间范围内。1988年桂林市文物管理委员会发掘的庙岩遗址在第5层出土了极原始的陶器残片，表明该遗址已经属于新石器时代，经过碳-14测定陶片的年代在距今15000多年。但从目前的考古材料来看，年代能够早到距今15000年前的新石器时代遗址也就庙岩一个，而且此后很长的时间范围内广西地区可确定的新石器时代遗址极少，因此可以这么认为当时的新石器文化发展是极其缓慢的，属于新石器时代发展的最初时期。近年来由中国社会科学院考古研究所、广西壮族自治区文物工作队等单位组成的考古发掘队在桂林的甑皮岩第一期和临桂大岩第三期文化遗存中均发现了原始的陶容器[7]。经过研究，这两处文化遗存距今约12000～11000年。在此后的年代里当地的新石器时代考古学文化进入了相对的快速发展期。因此把广西地区过渡时期的结束时间大致定在距今约12000～11000年应是比较合适的。

至于过渡时期的开始时间理论上应该是旧石器时代即将结束的时间。在旧石器考古学中多采用距今12000年作为其结束时间。但由于广西地区旧石器时代末期考古学文化面貌并不十分清楚，因此其结束的年代也不太确定。大岩遗址和白莲洞遗址都存在新旧石器时代地层关系叠压的情况，从文化面貌来看这两个遗址的旧石器时代遗存已经属于该时代晚期，他们的年代有可能最晚到了距今约16000～15000年。据此我们把距今16000～15000年作为广西地区过渡时期开始时间的推测应是合适的。这样的推测与过渡时期遗存文化面貌所反映的气候变化的年代相对应。根据研究广西地区大部分过渡时期相关的洞穴遗址有一个共同的特征，即属于螺蛳壳堆积。这种堆积呈灰黄或灰褐色，内含大量螺壳，还有灰烬、炭屑、烧骨、石器和脊椎动物化石，属于含介壳的文化堆积，它是在气候转暖、环境变化的条件下，螺蚌类水生动物迅速繁殖的情况下形成的，是远古人类拓宽食物的标志。因此，广西地区过渡时期的洞穴遗址堆积总体上应该是在冰期后气候转暖的环境条件下形成的。实际上气候转暖并不是开始在冰后期，而在末次冰期最盛期之后气温便开始回升。末次冰期在我国称之为大理冰期，其最盛期在距今18000～15000年。这个时候冷值达到最高峰，地球上冰川发育，全球海平面大大降低。大约在距今15000年之后气候开始迅速回升。由于气温的回升，冰川逐渐消退，海平面开始上升。末次冰期大约在距今10000～11000年结束。气温的回升，海平面的提高，全球的自然生态环境发生很大的变化。在包括广西地区在内的华南地区水域相应扩展，加上适宜的气温，促使螺蚌等水生动物大量繁殖。捕捞水生动物便成为广西地区过渡时期文化的一种基本生产方式。螺蚌壳堆积便是在新的气候生态环境下开始出现的新的堆积形式，年代最早不会超过末次冰期的高峰期，其最初发生的时间可能在距今16000～15000年，也就是说这时广西地区人类文化面貌有可能开始从旧石器时代逐步向新石器时代过渡。

总体来看，广西地区在距今约16000～11000年的考古学文化当处于从旧石器时代逐渐向新石器时代过渡的阶段，因此这段时间范围内的遗址应该引起我们注意。

（三）

由于广西地区的新石器时代文化是从本地旧石器时代文化直接继承和发展起来的，因此过渡时期的遗存就起到了上接旧石器时代文化下传新石器时代文化的作用。通过分析我们可大体看出本地区文化从旧石器向新石器时代过渡的演变轨迹。

（1）本地旧石器时代的文化因素仍然占据主流。

广西地区旧石器时代不论是早期还是中晚期均属于砾石石器文化，石器的原料都是取自河滩的砾石。石器多为单面打制而成，制作简单，保留较多砾石面，以石核石器为主，砍砸器和刮削器是常见的类型，且以砍砸器为主。综观广西地区过渡时期的文化遗存，所出现的石器基本上保留着砾石石器工业传统，砾石石器占主导，旧石器时代的文化因素仍然占据主流。

（2）一些新石器时代的典型因素开始萌芽或者出现。

我们通过分析广西地区过渡时期遗存，可以看见部分新石器时代的典型特征开始萌芽或者出现的情景。

目前广西发现最早的陶容器是在桂林的甑皮岩第一期文化，距今12000～11000年，属于新石器时代的早期。陶器为一件圜底釜，敞口，圆唇，斜弧壁。夹粗石英，灰白陶，内、外壁及胎心同色，近口沿部分呈灰褐色，石英颗粒较大，最大粒径1.1～1.5厘米。火候极低，不超过250°，胎质疏松。器表开裂，呈鳞片状。制作粗糙，捏制成型。器表大部分为素面，仅在近口沿部分隐约可见纹饰，似乎为粗绳纹，滚压而成，后又经过抹平。口径27、高16.4、口沿厚1.4、胎厚3.6厘米。在大岩第二期文化遗存中曾经发现了两件烧制的陶土块，泥质，均残，一件为圆柱形，另外一件为凹形。两件陶土块虽然不是陶容器，但显然经过人工捏制和烧制，表明新石器时代的典型特征之一——陶器的制作技术开始萌芽。

有无磨制石器通常被认为是划分新石器时代与旧石器时代的主要标准之一。广西地区磨制技术从产生到广泛运用也经历了一个长期的过程。从目前的情况来看，磨制技术最早可能应用于对骨器和石器局部尤其是刃部的磨制。在临桂大岩第二期文化遗存中发现了磨制的骨锥[8]；在白莲洞遗址过渡时期遗存中发现了原始的磨刃切割器一件，该切割器是将扁平的砾石石片的疤痕磨光而成为弧状斜刃[9]。白莲洞遗址过渡时期遗存中磨刃切割器的发现说明石器磨制技术已经在此时开始出现了。穿孔技术也在过渡时期开始出现，它不仅包含了穿孔本身而且有些器物还含有磨孔的技术。在柳州白莲洞遗址过渡时期遗存中发现了2件穿孔"重石"，这些"重石"都是在矽质砂岩上两面琢凿成孔，再加磨孔壁而成的。在武鸣苞桥A洞、岜勋B洞、腾翔C洞、桂林D洞等地也发现有类似的穿孔"重石"。

（3）出现了一些因可能受同时期其他文化影响而产生的新因素。

在柳州的白莲洞、鲤鱼嘴等遗址内属于过渡时期的遗存中发现丰富的黑色细小燧石器，这是一种以黑色燧石为原料，类似细石器但又不具备细石器的加工技术和典型细石器制品的细小石器。它有以各种燧石加工的小石片石器，也有少量柱状细石核。从理论上讲，一个地区只要存在发达的小石器文化，同时又有优质石材资源以及"安柄技术"（复合工具）的需求，那么细石器就可能发展起来。我们仔细分析发现广西地区旧石器时代晚期石器并没有明显小型化的趋势，因此该地区细小石器如何发展的轨迹很不清楚。其实这一因素在这些遗址中并不是最主要的文化因素，它的出现更大程度上也许与外界的影响有关。在旧石器时代晚期阶段，贵州、四川、云南等地已经存在具有地域特征的以小石器为主的文化，并且在此基础上发展成为某些具有细石器技术特征的石器文化，例如在贵州南部的普定穿洞、六盘水桃花洞、安龙观音洞等遗址中均出土了典型的细小燧石器，因此笔者认为广西地区这种细小石器技术因素的出现或许与云贵高原的细石器或细小燧石器遗存有着密切联系。当然由于在我国黄河流域及其以北地区存在着以几何形细石器为特征的过渡义化，如内蒙古海拉尔、山西沁水下川、河南许昌灵井等，也有人认为广西地区过渡时期出现的黑色细小燧石器也有可能受到了它们的影响，但笔者认为这种来自北方的影响由于受到空间距离的限制其存在的可能性相对要低些。当然包括来自云贵川地区在内的外地文化因素对广西地区考古学文化影响的实现途径如何，还有待新材料的出现和更加细致的研究。

（4）出现了产生原始稻作农业的可能。从上面的分析可知，广西地区从旧石器时代向新石器时代过渡时期的文化遗存总体上应该是在末次冰期最盛期之后气候逐渐转暖的环境条件下形成的。尽管当时在盛冰期时退至南岭附近的北亚热带北界已经开始逐渐往北推移，但南方地区的气候仍较今日干凉，广西山地丘陵地带的山前地区成为这一时期文化发展的主要场所，洞穴居住的方式被广为采用。在当时的气候环境下，野生稻分布的北界应较现在更偏北一些，即在南岭一线，而桂林 D 洞、东岩洞、柳州白莲洞、陈家岩、鲤鱼嘴、临桂大岩等遗址刚好位于南岭附近。稻作农业起源的"边缘理论"[10]认为在野生稻分布的边缘地区，既有栽培稻所赖以产生的基本物质基础，又有因野生稻数量不多，不便采集而激发起的人工培育的动力，同时这一地区在这一时期又有较为发达的文化，因而出现栽培稻也不是没有可能。根据现有的材料我们还可以从逻辑学方面进行这样推测：到新石器时代的中期，随着气温的进一步回暖，整个南方地区的气候与环境已经接近了现在的情况，稻作农业文化的中心逐渐北移。洞庭湖平原的彭头山文化的农业生产已脱离了农业最初发生时期状态的事实，似乎也可以作为我们推测南岭附近在过渡时期出现稻作农业的旁证。当然这只是推测，还缺乏直接的考古学证据。随着考古工作的不断开展，这种推测的合理性也许会被逐渐证明。

（四）

综合上述，笔者认为在我国从旧石器时代向新石器时代的过渡过程中，各地过渡的形式并不是完全一致的，既存在以典型细石器为主要特征的过渡文化，也存在其他的过渡文化。从目前的考古资料可知，广西地区的新石器时代文化是在旧石器时代文化的基础上直接发展起来的，因此在它们之间也存在一个逐渐过渡的时期，但在过渡形式上与中国其他地区并不完全相同。

结合分析目前所发现的广西最早新石器时代文化遗存、旧石器时代结束的年代、一些过渡时期遗存的测年数据，以及它们的文化面貌所对应的环境变化等方面的因素，笔者觉得广西地区距今约 16000～11000 年文化基本上处于旧、新石器时代的过渡时期，值得大家关注。

根据稻作农业起源的"边缘理论"，再结合当时的气候、地理环境以及考古材料等方面的因素我们推测该地区当时出现了产生原始稻作农业的可能。

我们可以从广西地区已经确定的一些与过渡时期相关的遗存看到许多新石器时代的典型文化因素，诸如制陶技术、磨制技术等开始萌芽或者出现的情景，同时也出现了一些或许与外来文化有关的文化因素，但总体而言，过渡时期的文化面貌仍然是当地旧石器时代砾石石器工业文化因素占据主流。我们从这些不同因素构成的文化面貌中可以窥视当时广西地区从旧石器时代向新石器时代过渡的大致轨迹。随着考古材料的不断增加和研究工作的不断深入，这种逐步演变的轨迹会变得越来越清晰。

注　释

［ 1 ］ 陈文：《新旧石器时代的划分和岭南早期新石器文化》，《华南考古（1）》，文物出版社，2004 年。

［ 2 ］ 张镇洪等：《人类历史转折点——论中国中石器时代》，广西人民出版社，1997 年。

［ 3 ］ 何乃汉等：《试论岭南中石器时代》，《人类学学报》1985 年第 4 卷第 4 期；何乃汉：《再论岭南中石器时代》，《广西博物馆文集》第二辑，广西人民出版社，2005 年；彭书琳：《漓江流域的史前文化》，《广西博物馆文集》第三辑，广西人民出版社，2006 年。

［ 4 ］ 何乃汉等：《试论岭南中石器时代》，载《人类学学报》1985 年第 4 卷第 4 期。

［ 5 ］ 何乃汉：《再论岭南中石器时代》，《广西博物馆文集》第二辑，广西人民出版社，2005 年。

［ 6 ］ 周国兴：《再论白莲洞文化》，《中日古人类与史前文化渊源关系国际学术研讨会论文集》，中国国际出版社，1994 年。

［ 7 ］ 中国社会科学院考古研究所等：《桂林甑皮岩》，文物出版社，2003 年。

［ 8 ］ 同［ 7 ］。

［ 9 ］ 柳州白莲洞博物馆等：《柳州白莲洞石器时代洞穴遗址发掘报告》，《南方民族考古》第 1 辑，四川大学出版社，1987 年。

［10］〔美〕B·M·费根著，云南民族学院历史系民族学教研室译：《地球上的人们——世界史前史导论》，文物出版社，1991 年。

试论广西新石器时代文化

彭长林[1]　吴艾妮[2]　周然朝[2]

（1.广西文物考古研究所　2.云南大学民族考古研究中心）

广西新石器时代考古开始于1935年裴文中等在广西桂林、武鸣等地进行的洞穴考古调查，迄今为止已发现新石器时代遗址约400处，发掘40余处[1]。遗址类型多样，有洞穴、岩厦、山坡、河旁台地、河旁贝丘和沙丘遗址等。由于过去基础工作薄弱，许多遗址未能进行调查和发掘，对广西新石器时代的文化面貌认识不清晰，难以进行文化类型的划分。近年来，全区各地均有数量较多、规模较大的遗址发掘，使我们对各地新石器时代文化内涵有个较为清楚的认识，建立本地区的文化发展序列和文化类型的时机也基本成熟。本文主要根据已发表的材料，综合论述广西新石器时代早、中、晚各时期的文化类型及其分布、特征，归纳各文化类型的源流和发展演变过程，并在此基础上对人地关系及与周边地区新石器时代文化的关系等问题，提出一些初步的看法。

（一）文化类型、分布及特征

就广西自然与人文环境而言，大致可以分为以桂林为中心的桂东北地区，以柳州为中心的桂中地区，以玉林、梧州为中心的桂东地区，以南宁为中心的桂南地区，以钦州、北海为中心的沿海地区和以百色为中心的桂西地区。新石器时代早、中、晚各期不同文化类型的分布基本上与这些区域吻合，有的较为发达的文化类型包括两到三个区域。

1. 新石器时代早期

迄今为止，在我国发现的新石器时代遗址中，早期遗址的数量很少，而且大多集中在华南地区，其中广西是早期遗址数量最多的省区之一，分布地域广，文化内涵比较丰富，是中国新石器时代早期文化研究的主要地区之一。从发现的遗址来看，主要集中在桂东北、桂中和沿海地区，可形成单独的文化类型，而桂南、桂西目前只发现少量遗址，虽然各有特点，但难以看出该地区的文化面貌，桂东此期情况不明。

（1）甑皮岩类型

桂东北是早期遗址发现最多的地区。这类遗址主要分布在桂林及其周边地区的石灰岩溶洞中。迄今为止，在桂林及其附近地区发现含有人类活动遗存的洞穴遗址共38处，除少数属旧石器时代晚期和中石器时代外，绝大多数是新石器时代[2]。从采集的遗物来看，多为早期遗址。经过发掘的有桂林甑皮岩遗址、桂林庙岩遗址[3]、临桂大岩遗址[4]、临桂太平岩遗址等，其中以甑皮岩遗址的发掘最为重要。该遗址位于桂林市的石灰岩洞穴中，1973~1974年和2001年进行了两次发掘，清理墓葬26座，出土了大量石制品、陶器、骨器、角器和动植物遗存，是中国境内新石器时代早期文化内涵最丰富的遗址之一，该遗址第二至四期被命名为"甑皮岩文化"，时代为新石器时代早期[5]。桂东北地区的其他遗址内涵与之相似，属同一文化类型。

该类型可分为前、后两段。

前段以庙岩遗址、甑皮岩遗址第一期、大岩遗址第三期为代表。石器以单面打制的砾石石器为主，有砍砸器、尖状器、切割器、穿孔石器及制作石器的石锤、石凿等。骨蚌器较多，有骨锥、骨铲、骨铲、穿孔蚌刀等，磨制和加工技术较此前有所发展。陶器数量虽少，但却是中国目前发现最早的陶容器之一，为手捏成型的夹粗砂敞口、浅弧腹的圜底釜。年代为距今12000~11000年。

后段以甑皮岩遗址的第二至四期（即甑皮岩文化）、大岩第四期为代表。打制石器减少，磨制的斧、锛增多。骨、蚌器减少，新出现磨制精细的骨针和鱼镖等。陶器以夹砂红褐陶为主，陶器制法以泥片贴塑法为主，纹饰以印痕较深、较细密的中绳纹最具特点，器形均为圜底的釜、罐类，有敞口罐、高领罐、敛口罐、敛口釜等。从遗址中出土的大量的水、陆生动物骨骼和种类丰富的植物遗物来看，当时的经济形态为稳定的采集狩猎经济。此外，葬式特别的屈肢蹲葬和在墓坑中摆放石块、以蚌壳覆盖头部的现象说明该类型的埋葬习俗具有独特性，在死者身上撒赤铁矿粉的行为说明某种宗教意识的产生。年代为距今11000~8000年。

（2）鲤鱼嘴二期类型

桂中发现的早期遗址较少，目前能够确认的只有柳州的鲤鱼嘴遗址和白莲洞遗址，以鲤鱼嘴遗址的内涵最具代表性。该遗址属岩厦贝丘类遗址，1980年和2003年进行了两次发掘，可分为三期，其中第二期为新石器时代早期[6]。此外，白莲洞洞穴遗址第三期的部分遗物也属这一类型[7]。

该类型石器以燧石质细小石器和较大的砾石打制石器为主，器形有砍砸器、刮削器、穿孔石器、磨光石斧和石锛。陶器多为夹粗砂红褐陶，部分为灰褐陶，质地疏松，火候较低，以泥片贴筑法制成；器形以敞口、束颈的圜底（釜）罐为主，器表饰粗绳纹或中绳纹，部分器物口沿上压印一周花边，口沿下施一周附加堆纹。还有少量骨锥、针、刀等。墓葬葬式为仰身或俯身屈肢葬，死者身旁放置一两件石核。年代在距今9000年左右。

（3）亚菩山、马兰咀山类型

北部湾沿岸的钦州与防城港地区迄今发现数处贝丘遗址，有亚菩山、马兰咀山、杯较山等遗址，其中亚菩山、马兰咀山遗址经过试掘，文化层厚达1米以上。石器分打、磨制两种。打制石器不仅数量多，而且型式相当复杂，均为石核石器，原料多为扁椭圆形砾石，用石锤直接两面敲打而成，器形厚重粗大，疤痕深而短。器形以蠔蛎啄最具特色，还有砍砸器、尖状器、三角形器、锤、球、网坠等。磨制石器较少，磨制粗糙，器形有斧、锛、凿、磨盘、杵、石饼、砺石等。骨器有锥、镞及穿孔骨饰。蚌器有铲、环、网坠。陶器均为夹粗砂陶，陶色有红色和灰黑色，纹饰以绳纹最多，也有篮纹和划纹，器形多敞口的圜底罐类器。经济形态以采蠔、捕鱼、狩猎和采集获取食物。从其特征来看，应属新石器时代早期文化[8]。

桂东遗址发现不少，过去认为桂平的大塘城、庙前冲、下庙、龙门滩、望步、那禾冲、岭营嘴等遗址遗物形制原始，可能属于新石器时代早期。但2006年对大塘城遗址的发掘使我们得以了解该遗址的内涵是属于新石器时代中期以后的遗存，其他遗址的文化内涵与之相似，属于同一类型的遗址，因此桂东新石器时代早期的遗址尚未分辨出来。

桂南贝丘遗址多见，但大多属于新石器时代中、晚期，目前确定属于早期的遗址仅有邕宁顶蛳山遗址一处。该遗址位于邕宁县的河旁一级阶地，1997～1999年对该遗址进行了数次发掘。共分为四期，其中第一期为新石器时代早期。第一期陶器数量较少，基本上属灰黄陶，器壁厚薄不匀，火候不高，夹石英颗粒，器类简单，仅见手制圜底罐（釜），器表均施以粗绳纹，器物口沿上多捺压花边，沿下见有附加堆纹。另外，此期还见有大量的玻璃陨石质细小石器、石核和少量穿孔石器等。年代约在距今10000年[9]。从顶蛳山遗址第一期的遗物来看，它与其他地区存在着一定的差别，而与后来的桂南数量较多的贝丘遗址有直接的传承关系，是该区域新石器时代早期的典型遗存，只是目前发现的遗址很少，难以成为一个独立的类型。

桂西发现的新石器时代遗址多集中在右江流域，有洞穴、台地、山坡和贝丘几种遗址。早期遗址数量较少，经过发掘确认的只有百达遗址。该遗址位于百色市以西约50公里的阳圩镇六丰村百达屯右江河旁一山坡上，背山面水，处于右江及其支流——者仙河的交汇处，面积约25000平方米。2004～2005年发掘了1万平方米，堆积厚1～5米，从旧石器时代中晚期延续到新石器时代中期，出土石器达5万余件，还有房屋遗迹、石器加工遗迹和墓葬等。新石器时代早期遗存以大量的打制石器和数量较少的斧、锛坯件为主要特征，石器有砍砸器、尖状器、刮削器、石斧、石锛、石凿、石刀、研磨器、石锤、石砧等，陶器仅见罐一种，骨器有骨针、骨锥等。时代距今约9000年[10]。

2. 新石器时代中期

中期以桂南、桂东和桂西增长势头最强劲，遗址数量和规模均较大。桂东北、桂中基本延续早期文化，沿海地区这一时期遗址较少发现。

（1）甑皮岩第五期类型

桂东北以甑皮岩第五期和大岩第五期为代表，距今大约8000～7000年。打制石器数量已很少，通体磨光的石斧、石锛数量明显增加。骨器有锥、针、铲等，不见蚌器。陶器以夹细砂的红褐陶和灰白陶为主，另有部分夹细砂或夹炭的灰黑、灰褐、灰白陶，并出现泥质陶。制陶技术方面，泥片贴筑法继续使用，但出现了慢轮修整。陶器的胎壁较薄，烧制火候也较高。器表纹饰的种类大增，除了绳纹以外还出现了各种刻划纹、戳印纹、弦纹等，部分器物口缘并捺印花边。器类明显增加，器形包括敞口罐、高领罐、直口或敛口盘口釜、圈足盘、盆、钵、支脚等。此期大岩发现墓葬8座，主要葬式是仰身屈肢、蹲踞和俯身直肢葬。8座墓葬均有随葬品，有石器、骨器和穿孔蚌器等，但不见陶器。随葬品的出现，反映了丧葬习俗和死亡观念的又一个变化。生计方式仍主要为从事采集、狩猎的经济模式[11]。

（2）南沙湾类型

桂中此期可分为前、后两段。

前段有早期延续下来的鲤鱼嘴第三期，台地遗址则位于柳江沿岸的一级阶地上，有兰家村、鹿谷岭、响水和曾家村等十余处。鲤鱼嘴第三期陶器仍以夹砂红褐陶为主，纹饰以细绳纹居多，制法仍为泥片贴筑法，但部分陶片有轮修痕迹。器壁较薄，火候较高，器形仍为圜底（釜）罐为主。石器较少，早期的燧石细小石器和砾石打制石器基本不见，只有少量磨制石器。年代距今6500年左右[12]。柳江沿岸台地遗址除与鲤鱼嘴遗址第三期内涵相似外，还有双肩石斧、网坠等[13]。

后段遗址发现不多，仅有象州南沙湾和山猪笼两处贝丘遗址，均位于柳江沿岸的一级阶地上。1996年调查发现有打制石器、磨制石器和少量陶片等[14]。南沙湾遗址面积较大，堆积厚1米多，1999～2000年作过两次发掘，出土了比较丰富的遗物，可以作为这类型的代表[15]。遗迹少见，只有几个房屋柱洞，形状不明。石器数量较多，有少量打制的石核或石片砍砸器，但大部分石器用河边砾石直接磨制而成，许多石器形态不是很规整，也有少量磨制石片石器。大部分磨制石器通体磨光，尤其是砾石石器磨制较精，部分石片石器器身留有打制的疤痕。扁薄小巧型石器较多，器类有斧、双肩斧、锛、锤、双端刃器、穿孔石器、饼、网坠、砺石等。出土少量磨制较精的骨锥、骨针、骨匕、骨钩、角锥等，不见蚌器。陶器均为夹砂陶，通常为夹粗细不等的砂质颗粒和贝壳粉末，不见泥质陶。火候较高。均为手制。陶色有红、红褐和黑灰三种。纹饰主要为粗绳纹和中绳纹，不见细绳纹，有的在口沿上有锯齿状的花边纹饰。器形均为敞口、折沿或卷沿、鼓腹、圜底的釜、罐之类，部分罐口部较小，少有直口器，不见三足器和圈足器。各种水、陆生动物骨骼多见，显示出渔猎经济的特点。年代约在距今 6500～5500 年。

（3）大塘城类型

桂东新石器时代遗址发现较多，多为河旁台地遗址，在平南、容县、桂平、贵港、贺州、钟山、富川、昭平、岑溪、藤县等市县发现了 80 多处遗址，以浔江、郁江流域的桂平、贵港较为集中[16]。1980、1983 年两次对桂平的新石器时代遗址进行了调查[17]，1996 年又对桂东的部分遗址进行了调查[18]，主要有桂平的大塘城、上塔、长冲根、庙前冲、下庙、龙门滩、望步、那禾冲、岭营嘴、牛骨坑等遗址及一些石器分布地点，各遗址的文化内涵相对单纯，遗物相似，属于同一类型的遗址。2006 年对大塘城、上塔和长冲根遗址进行了较大面积的发掘。其中大塘城遗址面积最大，文化层堆积厚 1 米多，出土遗物较多，是这一类型具有代表性的遗址。大塘城和长冲根遗址均发现石器加工遗迹，还有房屋和灰坑等。房屋多为平地起建，有圆形和方形两种。长冲根遗址还发现一座在岭南极为罕见的半地穴式房屋。打制石器不少，有石核和石片砍砸器、尖状器、盘状器、刮削器。磨制石器多磨刃石器，有斧、锛、凿等，大塘城遗址发现 1 件巨型石斧毛坯，通体磨光的石器很少，其他还有石锤、石砧及砺石等。陶器大多为残片，均为夹砂陶，以泥片贴筑法制成，火候较低，多为红陶，也有灰陶和灰褐陶，纹饰有粗篮纹、粗绳纹、细绳纹、划纹、附加堆纹等，可辨的仅有侈口、直口或敛口的罐（釜）等。没有动、植物遗物残留，但从其工具和遗址位于河旁台地来看，仍应为渔猎、采集的经济生活模式[19]。

（4）顶蛳山类型

中期桂南贝丘遗址出现较多，至今已发现 30 余处，分布在以南宁地区为中心的左江、右江、邕江、郁江及其支流两岸的台地上[20]。主要有扶绥江西岸和敢造，武鸣岜勋，南宁豹子头和青山，邕宁顶蛳山、那北咀、牛栏石、青龙江、长塘、天窝，横县秋江、冲里、火烟角、西津、江口等十多处[21]。这些遗址堆积很厚，多在 1～3 米之间，大部分经过试掘或发掘，其中顶蛳山、豹子头、秋江和西津遗址发掘面积较大，因此其内涵比较清晰。大多属于以顶蛳山遗址第二、三期为代表的文化类型，又被称为"顶蛳山文化"。年代距今约 8000～7000 年。

该类型可分为前、后两段。

前段主要有顶蛳山遗址第二期、豹子头遗址早期[22]及西津遗址第四、五层[23]等。顶蛳山遗址第二期堆积以螺壳为主。石器数量较少，有斧、锛、穿孔石器、砺石等，有的通体磨光，但大部分仅刃部磨制较精，且器形多不规整。蚌刀数量较多，大多穿一孔，少数有两个穿孔，部分作鱼头形。骨器数量也很多，有斧、锛、铲、锥、针、镞等。玻璃陨石质细小石器仍有少量发现。陶器数量较早期明显增加，仍为手制，器形较规整，夹颗粒较大且不规整的石英碎粒，器物火候不高；陶色驳杂，以灰褐色为多；器表多饰以印痕较浅的篮纹，并有极少量的绳纹，绳纹为滚压法制成；器类仍较简单，仅见直口、敞口或敛口的圜底罐，不见平底和圈足器。该期墓葬发现较少，葬式有仰身屈肢、侧身屈肢、俯身屈肢和蹲踞葬等。豹子头遗址以鱼头形穿孔蚌刀数量最多。西津遗址第四、五层出少量单肩或双肩石器。

后段包括顶蛳山遗址第三期、豹子头遗址晚期、秋江遗址第一期[24]和西津遗址第二、三层等。顶蛳山遗址第三期堆积仍以螺壳为主。石器制作方法与第二期相同，但数量增多。蚌器数量较多，制作精致，以刀最多，还有铲。骨器数量也多，制作精致，新出现鱼钩和装饰品。陶器数量较第二期增多，以夹砂红褐陶为主，夹砂较细，用粗石英砂作羼和料的情况已基本不见；均手制，器形较规整，火候较高；器类除第二期的圜底罐继续存在外，新出现敛口或直口的釜及高领罐等新器形；纹饰仍以绳纹为主，但绳纹较规整、纤细，篮纹基本不见。此期发现的墓葬较多，除与第二期相似的仰身屈肢、侧身屈肢、俯身屈肢和蹲踞葬外，还发现了数量较多的肢解葬，这种独特的埋葬方式在华南地区首次发现。秋江遗址第二期、西津遗址第二、三层和敢造遗址、长塘遗址也有分布密集的各种屈肢葬和蹲踞葬，有的在人骨四周撒有赤铁矿粉。豹子头遗址晚期、秋江遗址第二期鱼头形蚌刀较多见，西津遗址第二、三层则大量出现双肩石器、饭勺形蚌匕和梯形单面的鳖甲刀。此外还有石矛、石网坠等新出现的器物。从各遗址出土的石器、蚌器、骨器和数量甚多的水、陆生动物来看，经济形态以渔猎、采集为主，农业经济的痕迹不明显。

（5）革新桥类型

桂西中期文化集中在右江中上游、红水河中上游两个地区的河旁台地和周边的洞穴、岩厦。河旁台地遗址有百色百达、革新桥、坎屯，田阳坡落，都安北大岭遗址等；洞穴遗址有隆林岩洞坡、下岜洞、敢来洞等；岩厦遗址有百色百维、德保岜考山等。其中百达、革新桥和百大岭遗址均经过大面积的发掘。革新桥遗址面积约5000平方米，2002～2003年发掘1600平方米，可作为这一类型的代表[25]。北大岭遗址面积约45000平方米，2004～2005年也发掘了数千平方米[26]。革新桥、北大岭遗址均有较大规模的石器加工遗迹，北大岭遗址的石器加工遗迹面积达1600平方米，出土石器数万件。百达遗址也揭露出两处小型石器制造场和一处居住遗迹。文化遗物以大量的石制品为主，打制石器与磨制石器共存，石器种类丰富，器形有打制的砍砸器、刮削器、尖状器，磨制的斧、锛、凿、切割器、研磨器和加工石器的石锤、石砧、砺石及敲砸器、锤捣器等。其中革新桥遗址和百达遗址的凹刃石凿器形较大，形制特别，很少见于其他类型。百达遗址的巨型石斧重达数公斤，磨制较精细，用途不明。陶器数量很少，均为夹砂陶，以红褐为主，有少量褐色及黄褐色，火候很低，多采用泥片贴筑法，纹饰以粗绳纹为主，有少量中、细绳纹，器类单调，主要为釜、罐类。此外，还有月牙形穿孔石器、石环、梯形穿孔小玉石饰片和磨制精细的骨针等。遗址中还出土有各种水、陆生动物骨骼和较多的炭化果核，说明其为渔猎、采集的经济生活模式。墓葬葬式有仰身和侧身屈肢葬、肢解葬等，大部分墓坑不明显，有的有石器随葬。年代距今约 7000～6000 年。

3. 新石器时代晚期

晚期各地文化发展出现一定的差距，桂南以大石铲为特征的文化进入了高速扩张的时期，遗址分布非常密集，向四周辐射范围很广，桂东北、桂西和沿海地区也呈现出蓬勃发展的态势，而桂中和桂东则步伐缓慢，与其他地区拉开了一定差距。

（1）晓锦类型

桂东北该期遗址数量很多，迄今已发现遗址近百处，在湘江流域就有 70 多处[27]。这些遗址大部分为山坡遗址，还有少量洞穴和岩厦遗址。以资源晓锦，灌阳五马山、狮子岩、钟山、金家岭，全州龙王庙、显子塘、马路口，兴安磨盘山及桂林大岩第六期为代表。晓锦遗址在 1998～2002 年经过数次发掘，遗迹和遗物丰富，是该区域最典型的遗址[28]。此外，五马山遗址也于 1977 年发掘过 200 平方米[29]。

该类型可分为前、后两段。

前段主要有晓锦遗址第一、二期和兴安磨盘山遗址。石器以磨制为主，存在少量打制石器，磨制石器有斧、锛、凿、柳叶形镞、砺石、穿孔石矛、钺、饼、臼、钻、刀等，打制石器有砍砸器、刮削器、尖状器、石锤。第一期器形大而厚重，第二期则以小型为主。陶器均夹砂，大多夹细砂；手制；陶色有红、红褐、灰、灰褐、灰黑几种，有少量白陶；纹饰多绳纹，还有戳印纹和刻划斜线、水波、弧线纹及少量彩绘纹；器形以圜底器占绝大多数，有少量的圈足器，不见三足器；器类以平唇或斜平唇折沿束颈罐和釜、平唇或斜平唇高领罐、盘口罐和釜、器座、算珠形纺轮为主，还有盆、钵、圈足盘、器盖、支脚等。社会生活方面，能够因地制宜地利用斜坡来修建半干栏的房子，并有平地堆烧的简单陶窑。经济形态出现原始栽培水稻，开始了稻作农耕的生产方式，这在当时是一个质的飞跃。墓葬为长方形竖穴土坑墓，随葬少量陶器。年代距今约 6000～4000 年。

后段遗址发现较多，广西湘江流域发现的大部分遗址都属该期。主要有晓锦遗址第三期、五马山遗址、大岩遗址第六期等。石器基本为磨制，大多通体磨光，制作精致，器类多样，有小型锛、斧、双肩穿孔铲、剑、柳叶形或三棱、四棱形镞、凿、锤、网坠、环、刀、砺石等。陶器仍以夹砂为主，但泥质陶逐渐增多；制作方法出现慢轮加工技术；陶色与前段相当，但新出现磨光黑皮陶；纹饰仍以绳纹为主，刻划纹少见，新出现了方格纹、叶脉纹、花瓣纹、镂空、绳纹弦纹组合纹，也有较多的素面陶；圜底器仍占多数，新出现凹底器；器形与前段相比差别较大，不见前段的典型器物，新出现大量的圆唇卷沿罐和釜、圆饼形和乳突形纺轮、高柄竹节形豆，主要器类有釜、罐、盆、钵、盘、纺轮、支脚等。社会生活方面，不仅能利用平缓的斜坡修建半干栏式房屋，还知道平整地面来修建圆形或方形的干栏式房屋，并且在房屋周围开挖水沟排水。该段所发现的稻米较前段相比，不仅数量多得多，而且稻谷颗粒饱满，说明培育稻种技术的发展，稻作农业已较发达，房屋周围大量储藏坑的出现也表明了剩余食品的富足。墓葬与前段一样，为长方形竖穴土坑墓，有少量陶器随葬。年代在距今 4000～3000 年之间，已是新石器时代最末期。

（2）石脚山类型

桂东该期遗址不多，目前发现的有桂平牛尾岩洞穴贝丘遗址、城都台地遗址[30] 和平南石脚山洞穴遗址[31]，以石脚山遗址为代表。该遗址已被严重破坏，1991 年曾对残余部分进行了发掘。其遗物特点鲜明，与该地区此前文化差别较大。石器均为磨制，有的通体磨光，主要有斧、锛、砺石、圆形石片等，且有一定数量的单肩或双肩的斧或锛。陶器以夹砂陶为主，泥质陶也占一定的比例。陶器火候高，制作规整，为快轮制陶。陶色种类较多，以灰褐陶为主，其次黑皮、红褐、黄、灰、红陶，还有少量白陶。陶器纹饰精美，种类繁多，以绳纹为主，还有篮纹、水波纹、曲折纹、席纹、划纹、划纹与席纹组合纹、划纹与绳纹组合纹、压印几何纹、网格纹、戳印纹等，并发现一片白衣黑彩陶片，绘圆点和圆圈组合纹。器形有折沿或卷沿圜底釜和罐、高领罐、鼎、豆、圈足盘、圆饼形和乳突形纺轮等。从陶器看与桂东北有不少相似之处，年代也大致相当。

（3）大龙潭类型

此期桂南可以分为前、中、后三段，以大龙潭遗址所代表的文化类型最具特色。

前段目前仅见顶蛳山第四期，该期已不含螺壳。石器数量较少，多为磨刃石器。骨器制作精致，以锛为主，还有斧、矛、镞、锥、针等。不见蚌器。陶器制作工艺有了明显的提高，开始运用轮制技术，夹砂陶仍占较大比例，但新出现泥质陶，陶色种类较多，有红褐、灰褐、黑、灰等色，纹饰以细绳纹为主，出现多线刻划纹，器类有高领罐、圜底罐、敛口釜、敞口斜直壁小圈足杯等。经济形态发生了较大变化，稻作农业经济开始出现。年代约为距今 6000 年[32]。

中段存在以大龙潭遗址为代表的大石铲为主要特征的文化类型，该类遗址主要位于靠近江河湖泊的低矮丘陵坡岗上，其分布范围很广，涉及广西的南宁、邕宁、武鸣、扶绥、崇左、龙州、宁明、大新、隆安、玉林、北流、容县、贺县、贵县、平南、贵县、平果、田阳、德保、靖西、来宾、浦北、合浦等 36 个市县的 116 处地点，在广东西部、海南及越南的广宁省也有发现，但以桂南地区分布最为密集。目前资料表明广西的隆安、扶绥、南宁、武鸣、邕宁、崇左一带，尤其是左江、右江与邕江交汇的三角地带，遗址分布密集，出土石铲数量最多，器形最为典型，应是该类遗址所代表的原始文化分布的中心区域[33]。其中 1978、1979 年两次对隆安大龙潭遗址[34]、1973 年对扶绥那淋屯[35]、

1985年对崇左吞云岭[36]和靖西那耀[37]等遗址的发掘与试掘，使我们对该类遗址文化内涵有了较为清晰的了解。在所发掘的遗址中，大龙潭遗址内涵最为丰富，是这一类型的典型代表。

这类遗址出土的遗物单纯，以形制特殊的磨光石铲为主要特征，其他类型的石器及其他质地的遗物较少。大龙潭遗址发现有不少灰坑，有的坑内密集竖放完整的石铲。地层中也出土大量的石铲。石铲大多形体硕大，器身扁薄，棱角分明，制作规整，许多器物无使用痕迹，特征极明显。每组2~20件不等，都以一定的组合形式排列，有U形、圆圈等形状，以刃部朝上、直立或斜立的为主。同时发现许多未成形的半成品或石片。在这些遗址中还出土少量的石斧、锛、锄、犁、镞、凿、祖、穿孔石器、砺石等，斧和凿有的有双肩。此外，大龙潭遗址出土1件泥质小罐，崇左吞云岭出土少量夹砂绳纹陶片。关于此类遗址的性质，目前尚有争议：一种意见认为该类石铲遗址是石器制作工场，而另一种意见则认为应是原始社会与农业祭祀活动有关的遗存。从遗迹情况、大石铲的非实用性特点和晚段岩洞葬中发现大石铲作为一种随葬品来看，大石铲主要是作为一种礼器而非实用工具存在。年代在距今5000年。

后段则以岜旺、弄山岩洞葬为代表。这两处岩洞葬位于武鸣县境内的天然岩洞中，2001年和2003年分别对两处岩洞葬进行了发掘。均为多人二次合葬。随葬品丰富，以陶器为主，还有石器、玉器等。石器均通体磨光，制作精致，有单肩、双肩的锛、大石铲、石刀、碾槽，少量玉器饰品如玦、坠等。陶器为夹细砂的绳纹陶，有相当部分在绳纹上饰多线刻划的曲线纹和水波纹，并有少量彩绘。流行圜底器和三足器，有釜、罐、杯、钵、碗、壶等，以敞口、束颈、圜底的釜最多。年代在距今约4000年[38]。

（4）独料类型

北部湾沿海地区的防城港、钦州、灵山、合浦、北海等地共发现遗址50多处，大部分为山冈遗址，少量为沙丘遗址[39]。其中钦州独料遗址保存较好，堆积较厚，1978年进行了发掘，出土了丰富的遗迹和遗物，是这一类型遗址的代表。发现有房屋、灰沟、灰坑等生活遗迹，表明已有稳定的聚落。石器数量较多，一般都经过磨制，部分石器通体磨光，还有的利用天然砾石稍加打制或琢磨。打制石器有敲砸器、刮削器、尖状器、网坠、饼、砧等。磨制石器中斧的数量较多，部分有双肩，其他有锛、凿、铲、锄、犁、镰、刀、镞、矛、磨盘、磨棒、杵、锤、弹丸等。陶器均为夹砂陶，以夹粗砂红陶为多。手制，少量经慢轮加工。火候一般较低，少量火候较高。纹饰以绳纹为主，次为篮纹、曲折纹、网纹、指甲纹及少量的划纹、拍印纹。器形多为敛口和直口的釜、罐类，有少量敞口器，并发现一件手捏制的陶祖。石器工具中出现较多的农业生产工具，说明其经济生活以农业为主，此外出土大量果核说明采集经济也占一定比例。年代为距今4500~4000年[40]。

（5）感驮岩类型

桂西发现的遗址较分散，有洞穴、河旁台地等类型，主要有那坡感驮岩[41]、百色革新桥遗址晚期[42]、百色坎屯、马山六卓岭和尚朗岭[43]及德保岜考岩、隆林下岜山、岩洞坡等遗址，此外在田林、百色、田阳、田东、德保、靖西、平果乐尧山区等市县有不少石器散布地点，采集器物主要为通体磨光的双肩石斧[44]。其中1997～1998年发掘的感驮岩遗址面积虽不大，但遗物丰富。该遗址共分为三期，其中第一期为新石器时代晚期，可以作为这一类型的代表。

该类型可分为前、后两段。

前段以坎屯遗址、百色革新桥遗址晚期为代表。坎屯遗址位于百色市阳墟镇供元村百必屯，总面积为700平方米，2005年发掘面积约130平方米，揭露出一个面积约80平方米新石器时代的石器制作场，发现墓葬14座。石器类型有石锤、石砧、砍砸器、尖状器、刮削器、石斧、石锛、石凿、石钵、石祖等，基本延续新石器时代中期的特点，新出现的石祖形体巨大，较为独特，石锛有的为双肩，磨制精细。陶器只有零星陶片，器形不辨。骨器有磨制的骨针、骨匕等。墓葬形制为长方形土坑墓，葬式为仰身屈肢葬，人骨架大多不完整。年代大约为距今5000年。

后段以感驮岩遗址第一期为代表。石器多通体磨制，主要器形有双肩斧、有肩有段斧、靴形斧、锛、刀、镞、拍、石片、砺石、锤等。骨器有锛、刀、矛、多刃器等。陶器以夹砂陶为主，有少量泥质陶。陶色以灰褐色为主，其次为红色和红褐色。陶器与前段相比增加较多，以夹砂陶为主，有少量泥质陶。盛行绳纹，刻划纹发达，流行复线水波纹、复线带状纹、S形勾连曲折纹、短线纹、乳丁纹及镂空等，有少量磨光陶。流行圜底、三足和圈足器，主要器形有三足罐、杯形罐、高领罐、双耳罐、钵、杯、圆饼形纺轮等。年代约在距今4700年。

（二）源流及相互关系

广西新石器时代早期几种文化类型的出现是与该地区旧石器时代晚期至中石器时代的先行文化较为发达分不开的。这两个时期的遗址绝大多数为洞穴遗址，少量为河旁台地遗址或山坡遗址，有的遗址如桂林大岩遗址、柳州鲤鱼嘴遗址、白莲洞遗址和百色百达遗址都是从旧石器时代晚期或中石器时代延续至新石器时代，其间没有文化间隔期，说明新石器时代文化是源于当地的旧石器时代晚期和中石器时代文化。从文化特点来看，旧石器时代晚期的石器属砾石石器，多单面打制而成，制作简单，石器个体普遍较小，以石核石器为主，器物组合简单，仅有砍砸器、刮削器、尖状器或手镐，并有不少石片石器和燧石小石器。有些石器与人类化石和动物化石共存[45]。中石器时代大部分继承了旧石器时代晚期的特点，仍以砾石打制石器为主，器形有砍砸器、刮削器、尖状器等，也有燧石小石器，新出现少量局部磨光的石器和磨制的骨锥及穿孔石器、穿孔蚌器等，并开始出现烧制的陶土块，成为陶器起源的先导。经济活动方面，贝类采集成为当时比较重要的生计方式。此外，在大岩遗址发现了两座仰身和侧身屈肢葬的墓葬，轿子岩遗址发现一座蹲踞葬，在死者头骨和肢骨部位都压放数件未经加工的石块。至新石器时代早期，各地形成了具有地方特色的文化类型，在继承中石器时代的文化内涵基础上又有较大的发展，彼此之间的交流也更加密切。打制石器的制法、器形和种类与此前相差不大，但数量逐渐减少，而磨制石器、骨器、蚌器的种类和数量逐渐增多，磨制石器多为磨刃石器。陶器开始出现，并逐步扩散至全区各地，均以装饰绳纹的圜底釜、罐为基本容器，这也奠定了广西新石器时代陶器以圜底釜、罐为主要器皿并贯穿始终的基础，成为广西新石器时代文化的特色之一。屈肢葬、蹲踞葬和在墓中放置石块的埋葬方式延续了中石器时代的，并成为此后广西新石器时代的一种最常见的埋葬方式。而在死者身上撒赤铁矿粉的行为则说明人类思维方式的推进和宗教意识的产生，也一直延续到后来并且影响到广东的新石器时代文化。生计方式也基本延续着此前的狩猎、采集方式，贝类在食物中占有较大比例，只是在食物来源的范围和数量方面有较大增加。

从各地内涵来看，甑皮岩类型和鲤鱼嘴二期类型及顶蛳山第一期之间的关系较为密切。从石器来看，甑皮岩类型和鲤鱼嘴二期类型在许多方面一致：石器有打制砍砸器、刮削器、尖状器、穿孔石器和磨制长方形或梯形的石斧、锛，使用骨、蚌器；陶器均以饰粗绳纹或中绳纹、敞口、束颈、圜底的陶釜（罐）为主，在口沿上压捺花边；对死者采用屈肢葬和在死者周围放置石块的习俗等。但二者之间的区别也很明显：鲤鱼嘴二期类型发现的燧石小石器是继承当地中石器时代的做法，而甑皮岩类型基本不见；甑皮岩类型的蹲踞葬葬式和在死者身上撒赤铁矿粉的习俗也不见于鲤鱼嘴二期类型。这似乎表明了二者之间既有相当密切的文化交流又各自保留着自己的特点。顶蛳山一期与二者也有相似之处：石器中的穿孔石器和敞口、束颈、圜底的釜（罐）及口沿压捺花边的做法都相似，但它受鲤鱼嘴二期类型的影响更大，石器中以细小的石片石器为主的特点和陶器口沿下饰附加堆纹的做法与鲤鱼嘴二期类型一致。这与鲤鱼嘴遗址位于甑皮岩、顶蛳山遗址之间，便于与二者交往有关。亚菩山、马兰咀山类型的磨制石器特点与以上类型相似，都是磨刃石器，陶器也是敞口、圜底釜之类，纹饰有绳纹、篮纹和划纹，还有骨、蚌器，看来是与桂南的顶蛳山第一期有联系。打制石器较为独特，两面加工而成的厚重粗大的石核石器不见于上述地区，而与相距较远的桂西北地区则有一定的相似之处，与蠔蛎啄相似的尖状砍砸器在桂西的百达遗址发现较多，其用途也有撬开贝壳取肉的作用，二者之间是否有渊源关系目前仍不得而知。

新石器时代中期各地区文化有了一些变化，桂东北受到来自湖南高庙下层文化的影响，出现了新的陶器种类和纹饰。但这一类型对其他类型的影响相对较小，复杂多变的刻划纹饰不见于其他类型。桂中和桂南相似之处更多一些，最早出现在顶蛳山文化中的双肩石器在蓝家村、响水、南沙湾遗址中都有少量出现，部分陶器形制也基本一致，显示出两地文化交流的强度要大于其他地区。桂南除石器类工具外，蚌器发达是其显著的特点，而在其他地区较少发现，显示其区别于其他类型的独特特征。大塘城类型打制石器和磨刃石器的特点与早期桂东北的甑皮岩类型相似，陶器制法、器形、种类等也相似，但其纹饰大多为粗篮纹，说明该类型接受了桂东北早期文化的一些影响，但自身独立发展的特点也很明显。桂西革新桥类型与百达遗址新石器时代早期特征有较多相似，显然是本区域文化一脉相承而来的。在不少遗址都发现有规模较大的石器制造遗迹，石器的数量也相当多，部分石器加工相当精致，反映了这一地区石器制造方面的进步性。但与其他类型的交流似乎不多，基本上属于独立发展，只从革新桥类型的屈肢葬和随葬石块来看与其他类型相似，这也应是早期甑皮岩类型中传承下来的，在顶蛳山类型中得到广泛的继承，并向周边传播开来，革新桥类型的肢解葬毫无疑问也应源于顶蛳山类型。此外，革新桥、大塘城类型发现的巨型石斧是彼此发生关系的结果还是各自独立创造则无法判断。总的来说，这一时期各地之间交流还不是太多。各类型发展也很不均衡，早期较发达的桂东北地区此时已显没落，桂中和桂东则基本维持原状；桂南和桂西在早期零星分布的基础上发生较大的变化，不仅遗址数量多，而且分布范围广，形成该时期广西两个较为发达的文化类型。沿海地区的遗址少见，可能与全新世大暖期发生海侵有关。

新石器时代晚期发生了较为显著的变化，遗址的数量、密度和分布区域大大扩张，文化特点也发生了巨大变化，显示出高速发展的势头。桂东北和桂东处在长江中游和珠江三角洲两大区域的交通枢纽，在吸收这两地文化因素的同时，也发展出一些自身的特点。两地之间相似的文化因素较多，显示二者作为文化中转站的特点。相比之下，晓锦类型与区内其他文化类型交流还是不多，双肩石器和大石铲都没有在这一地区出现。桂南大龙潭类型的源头可能是桂西的革新桥类型，因为在都安北大岭遗址中发现的灰坑中有整齐叠放的打制双肩石器[46]，与大龙潭遗址出土摆放整齐石铲的灰坑相似。大龙潭类型是该期广西最强劲的文化类型，影响遍及桂中、桂西、桂东和沿海地区，大龙潭类型的岩洞葬中出土的陶器从器形到纹饰都与桂西感驮岩类型颇多相似之处，而感驮岩遗址一期陶器有部分继承了中期顶蛳山遗址第四期的特点，反映出桂南与桂西文化的交流与继承，从某种意义上说，这两个区域已属于同一个文化圈[47]。

在进入青铜时代后，广西文化面貌发生了巨大变化。原来高度发达的大石铲文化突然间消失殆尽，而且没有留下任何后继文化的踪迹，其中原因尚难确定。只有其中的岩洞葬习俗在青铜时代的桂西地区得以普遍流行开来，部分陶器特点也见于岩洞葬文化。桂东北和桂东则被广东发达的几何形印纹陶文化所同化，原有的文化也不复存在[48]。只有桂西的感驮岩类型的后继文化进入了较为繁荣的阶段，第二期后段及其后众多岩洞葬显然延续了这一文化的特点，而武鸣马头墓葬群的陶器也有该类型的特点[49]，显示出这一文化从桂西向桂南的扩张趋势。从文化上看基本呈现出东、西两种文化格局，东面基本上被东来的几何形印纹陶文化占据，西面则由感驮岩类型的后继者南下占据着原来大石铲文化的中心区域，形成东、西对峙的局面。而这一时期也是广西两大族群——西瓯和骆越开始出现的时期，暗示着原来各地独立发展的小区域文化类型已合并为东西两大部分，从此进入了一个新的发展时期。

（三）人地关系

广西地处热带和亚热带，气候温暖湿润，雨量充沛。丘陵、山地占广西总面积的76%，其中大部分又为喀斯特地貌，石灰岩溶洞极多。河流遍布全区，水网密布，水量很大，土壤肥沃，适宜水稻种植，动植物资源也十分丰富。这种优越的自然条件适宜人类生活，但也限制了人们的创造力。由于山地、河流的分隔形成了许多大小不同的自然区域，从而使各地始终处于相对独立的发展演变中，没有形成统一的文化。

旧石器时代晚期，当北方还处在末次冰期最盛期的严寒中，位于南方的广西大部分地区都已是高温湿热的热带和亚热带森林环境，这主要是因为广西位于北回归线北侧附近，为热带与亚热带的过渡地带，西面与北面分别有云贵高原和南岭山地的屏障作用，因而晚更新世期间受气候变化的影响并不显著。从这一时期各遗址所出土的动物骨骼种类可以看出，森林动物在种类和数量上都占有较大的优势，喜水、喜热和沼泽类动物也不少，无喜冷动物[50]。经济形态为采集和渔猎，这与自然资源的丰富有关，也与当时人口的稀少和生产能力的低下有关。严重依赖自然环境的古人类，只能根据自然界提供的条件，选择适合之地生产生活。对居住地的选择上，古人类已有针对性。而广西发育的喀斯特地形，分布较广的岩溶洞穴，无疑为史前人类提供了当时最为理想的居住条件。洞穴的特点是冬暖夏凉，遮风挡雨，并且可以防御野兽的袭击。广西发现的史前洞穴遗址，洞口一般高出附近地面5~30米，多为南向。洞穴附近有丰富的水源和广阔的森林草地，为人类提供了稳定的食物来源[51]。洞穴是当时人类选择居住地的首选，只是在盆地内没有可供人类居住的天然洞穴时，才选择台地作为居处。新石器时代早期也基本延续了这种生存方式。从甑皮岩、鲤鱼嘴、白莲洞等遗址发现的动物骨骼来看，狩猎野兽、捕捞鱼类、采集贝类是获取肉食资源的唯一方式，没有家养动物的出现。但相比旧石器时代晚期而言，食物的种类和数量都有所增加，这与人类利用自然资源的能力提高有关，也和全新世全球气候逐步变暖使动物种类和数量增加有关。在这些肉食来源中，贝类占主要地位，这从几个遗址中贝壳堆积的厚度可知，甑皮岩遗址出土的贝类种类占动物种类将近一半；此外，食草动物的数量远多于食肉类动物，这表明人们捕获动物的能力还处在相对较低的阶段。当然采集植物果实、根茎也是主要的食物来源之一，石器中砍砸器、刮削器的数量较多，而它们基本是用来加工竹木工具的，说明当时主要的生产工具是竹木制品。尖状石器、穿孔石器、骨锥、骨铲、蚌刀也多是挖取植物块茎、采摘果实用。在甑皮岩遗址发现有炭化块根茎遗存，另外对工具类表面进行残留物的分析发现有附着在石器和骨器刃部的芋类淀粉颗粒，表明根茎类植物一直都是甑皮岩先民的主要食物之一[52]。沿海地区亚菩山类型获取食物的方法也不少，蚝蛎啄是当地人们针对蚝蛎特点而创造的一种独特工具，既可用来敲砸，也可用来撬壳，适宜去除蛤蚧、螺、贝等软体动物的壳；石球是用来狩猎的投索球；网坠的使用说明人们捕获鱼类有了更好的方法；磨盘和杵则是加工果实类的工具。各种工具的专业化倾向表明食物来源的多样和数量的丰富。

另外，海平面的变化对古人类的生态环境也造成了重要影响。全新世距今10000年前，全球海平面在−50米至−30米的位置，我国东部海平面当时则处于约−30米至−20米的位置。海侵、海退对人类的活动产生了巨大影响，海侵时海平面上升，淹没大陆架，人类被迫后退，重新选择居住地，此前的遗址也已被海水淹没。而海退时，大陆架出露成为陆地。玉木冰期极盛期，南海海平面降低130米，古海岸线在今珠江口外200公里处，此处形成广阔的三角洲。而冰期过后，气候又开始变暖，气温升高，海平面上升，因此，原海滨遗址又被海水淹没，早期遗址从此消失。今天，我们在广西沿海一带只找到与亚菩山遗址相当的新石器时代遗址，而更早的遗址则没有发现。其中原因大致如上述[53]。

新石器时代中期是全新世大暖期最稳定、环境最良好的时期，虽然华南地区一直处在较为稳定的温暖环境，变化不如北方明显，但全球气候的变暖还是给人类的活动提供了更好的环境。广西这一时期的文化发展较快，人们的活动空间逐渐由洞穴为主转向河旁台地为主。这一方面是由于人们掌控自然的能力加强，不再需要洞穴来防备野兽的侵袭；另一方面洞穴空间的狭小难以容纳规模扩大的人口，此外逐年堆积的废弃物也限制了人们的活动范围。而河旁台地由于空间广阔，可以安排更多增加的人口。台地周围的食物来源更丰富，也是人们放弃洞穴选择台地的原因之一。当然，建筑技术的提高使人们可以建造宽敞、坚固、耐用的房屋，而不再需要单纯靠洞穴来遮风避雨。虽然洞穴遗址在广西一直存在，但从规模来看显然无法与台地遗址相比。顶蛳山文化在桂南分布地域大，人口多，呈现出一种扩张的态势，而甑皮岩、鲤鱼嘴、白莲洞等洞穴遗址此时已接近其发展的尾声，仅有少量遗存，这是人们为适应经济生产和社会规模的扩大必然出现的结果。在经济形态方面，基本延续着此前的狩猎、采集的方式，农业的出现极其缓慢。这与气候最暖期岭南野生动植物资源丰富、没有食物缺乏的危机有关，发展农业失去了动力。对此问题笔者已有专文讨论，此不赘述[54]。沿海地区处于全新世大暖期所引发的海侵时期，没有人类活动。越南北部红河三角洲新石器时代中期也基本没有遗迹发现，原因也在于此。

　　自距今5500年始，在经历了长时期稳定的大暖期后，全球气候开始进入了波动期，气温逐步下滑，给人类的生存与发展带来了相当大的压力，同时也激发了人类生存与发展的活力。广西的气候变化虽没有北方大，但也有明显的降温。距今6000～3000年期间的晓锦遗址里，陆生种子草本中的耐旱草本菊科占有一定含量，说明当时气候从湿热转为干热，季节性加强，气候更替较为明显。大约距今3000年以来，柳州地区气温下降，适应温干的松林面积扩展[55]。气候的变化使得狩猎、采集的生产方式出现季节性的食物短缺，人类必须设法适应这一变化。此时长江流域稻作农业已相当发达，并且对岭南施加了很大的影响，从粤北的石峡文化、桂东北的晓锦类型、桂东的石脚山类型可以看出。笔者认为，岭南在新石器时代中期就与长江流域有着广泛的交流，但当时并未采用农业而继续沿用狩猎、采集的生产方式，其原因在于有丰富的自然资源，而人口相对较少；新石器时代晚期，由于环境恶化、自然资源发生短缺，人类为了适应其生存需要而能动地接受了先进的长江流域稻作农业文化[56]。农业的发生使以采集、渔猎为主的贝丘类遗址完全消失，让位给农业经济类型的台地和山坡类型的遗址。大龙潭类型、独料类型和晓锦类型即是这种变化的突出体现，遗址数量和密度大大增加，石器的形制逐步精致和复杂化。随着人类对环境改造能力的提高，人口的迅速增加，剩余财富开始出现，社会结构也随之复杂化，出现了大规模的农业祭祀习俗——大石铲文化。这种稻作农业文化成为此后广西最富地方特色的文化传统，"那"文化圈的提出即是对广西及邻近地区壮族稻作文化的总结，其影响一直延续至今。

（四）与周边新石器时代文化关系

　　广西地处岭南西部，东面为珠江三角洲，东北与长江中游地区相邻，北面和西北面的山地是云贵高原向南延伸的部位，西面则与越南北部山区接壤，南面通过北部湾的海上交通可以与珠江三角洲和东南亚地区往来，便捷的交通网络使广西自古以来与各地的互动和往来十分频繁，著名的壮侗走廊和土家—苗瑶走廊即是古代族群大规模迁徙的民族走廊，其路线多在广西周边与其他地区相邻的山间通道[57]。广西新石器时代文化承继了本地旧石器时代和中石器时代的文化传统，发展出具有自身风格的文化体系，并在演变过程中不断吸收周围文化的因素，同时也对周边文化施加自己的影响。

1. 与广东的关系

　　广西与广东同属岭南，自然环境十分相似，交通极其便利，从文化来看也属同一文化圈，两者之间的关系十分密切。

早期的甑皮岩类型和鲤鱼嘴第二期类型与广东英德牛栏洞、青塘遗址新石器时代早期部分在文化特点上有一些相似之处。主要是石器上以打制的砾石石器为主，石器的打制方法基本一致，均以单面加工为主，有刃部较陡的直刃和弧刃砍砸器、盘状器、刮削器、穿孔石器等，磨制石器也都为磨刃的长方形或梯形斧、锛之类，磨制骨、角类的锥、针，生计方式中贝类食物来源占有重要地位。这些相似性既有对相似的自然环境适应性的因素，也有文化往来的因素。

新石器时代中期与广东境内的文化关系更为密切，而且似乎有了远距离的海上交流。南海西樵山遗址的早期文化以燧石为原料的细石器数量众多，是该遗址的主要特点之一。而广西的小石器技术传统从白莲洞遗址旧石器时代开始出现，到新石器时代早期的鲤鱼嘴第一期类型仍较繁盛，而且影响到顶蛳山遗址一期出现玻璃陨石质细小石片石器，直到中期的鲤鱼嘴遗址第二期和顶蛳山类型前段还有部分存在。从原料看，西樵山早期遗物和鲤鱼嘴一期类型都有燧石和砂岩，加工技术都以直接打击的方法打下石片再做单向修理制成，器形都有三角形尖状器、长刮削器、石核等。从时代来看，西樵山细石器出现在距今 7000 ~ 6000 年之间，晚于广西小石器存在的年代[58]。虽然鲤鱼嘴第一期类型的小石器与西樵山细石器还有很大的差距，但后者受到广西小石器制作技术的影响是完全有可能的。此外，广西和广东都是两广型双肩石器分布最多的地区，在广东最早出现于距今 5500 ~ 5000 年间的西樵山文化中期，广西则最早出现于距今约 8000 年的西津遗址，两者之间是否有某种传承关系仍没有定论。有学者认为两广型双肩石器起源于西樵山文化[59]；也有的认为西津遗址与西樵山遗址的双肩石器是分别起源于本地，只是后来各地出现的双平肩石器才是西樵山文化传播的结果[60]；也有的认为顶蛳山文化才是两广类型有肩石器的制造者[61]。笔者以为，顶蛳山文化无疑是两广类型双肩石器的首创者。双肩石器最早出现在顶蛳山文化的前段，从数量上看也已是当时的重要工具，而在西津遗址第二、三层出现的有肩石器已经开始有平肩的趋势，且年代也在距今约 7000 年，较西樵山文化双肩石器的出现早 1000 多年。西樵山文化的双肩石器应该是从顶蛳山文化传入，并在西樵山文化得到了迅猛的发展，然后又传回到广西甚至更远的云贵高原和东南亚地区。

亚菩山、马兰咀山类型的典型器物蚝蛎啄和手斧状石器在粤东潮州陈桥类型出现[62]，而且也是两面打制的加工方法，而这种方法在其他地区均未发现。从年代来看，亚菩山、马兰咀山类型也早于陈桥类型，因此陈桥类型的蚝蛎啄和手斧状石器可能是受亚菩山、马兰咀山类型的影响出现的。此外，陈桥类型墓葬的人骨有撒赤铁矿粉的现象，而这种葬俗最早出现在早期的甑皮岩类型和鲤鱼嘴一期类型中，在顶蛳山类型的部分遗址中有发现。陈桥遗址的这种葬俗显然是从顶蛳山类型传播去的。陈桥类型的遗物和葬俗分别受亚菩山、马兰咀山类型和顶蛳山类型的影响，而顶蛳山类型与亚菩山、马兰咀山类型之间并没有相似之处，看来陈桥遗址的文化是分别受上述两种文化的影响，或许顶蛳山类型的影响是顺西江而下逐步影响至陈桥类型，而亚菩山、马兰咀山类型则可能是沿海路向北影响至陈桥类型，这条海上交通线也是后来汉代海上丝绸之路的一部分，由此我们可以想见早在新石器时代中期就可能有海上航线的开通，虽然规模很小。

新石器时代晚期，长江中游与珠江三角洲都十分繁盛，他们之间的联系也非常密切，而它们之间交往的路线主要是沿着长江流域的湘江、资水上溯，进入岭南后又沿江而下直通珠江三角洲。桂东北的晓锦类型和桂东的石脚山类型都位于这一交通线上，他们的文化因素中也都有长江中游和珠江三角洲的文化因素存在[63]。相比之下，石脚山类型含有更多的珠江三角洲文化因素，是在珠江三角洲文化的影响下出现的，而与该地区新石器时代中期的大塘城类型关系很少。此时桂南的大龙潭类型迅速繁荣起来，向东一直影响到粤西和海南岛，广东封开出土的大石铲显然是大龙潭类型的典型器物[64]。而珠江三角洲所特有的有段有肩石器在桂东北的钟山和阳朔、桂中的柳江、桂南的龙州以及桂西北感驮岩一期类型的出现，也表明珠江三角洲新石器时代晚期文化的强势影响，云贵高原出现的这类石器显然也是从珠江三角洲经由广西传播而来的[65]。独料类型与广东增城金兰寺中层都出土了陶祖[66]，二者之间也可能有联系。

2. 与长江中游地区的关系

广西东北与长江中游地区相邻，洞庭湖水系的湘江、资水和沅水均发源于桂东北，穿越南岭的湘桂走廊是联系珠江和长江流域的重要通道，而广西与长江中游地区的交流也主要通过这些交通便利的水、陆路线。

新石器时代早期的甑皮岩文化可能受到彭头山文化的一定影响，陶器中的各种敞口罐、高领罐与彭头山文化的同类器物相似[67]。但此时长江中游地区的文化也多局限在洞庭湖周围，对岭南的影响还很小。

新石器时代中期，长江中游地区距离岭南较近的沅水流域出现了陶器纹饰非常发达的高庙文化，它对甑皮岩第五期文化施加了巨大的影响，甑皮岩第五期新出现的盘口罐和釜、圈足盘、豆及突然增多的各种刻划纹等都是受其影响而出现的。但此时长江中游文化的影响基本局限在桂东北，并未深入到岭南腹地，在桂中和桂东遗存基本未见长江中游的文化因素。

新石器时代晚期，长江中游的汤家岗文化、大溪文化、屈家岭文化、石家河文化等源源不断地对岭南施加了强烈的影响，在岭南东部的许多地区都可见到长江中游的文化因素。此时珠江三角洲出现了较为繁荣的彩陶、白陶，为釜、罐、钵、盘、碗、乳突形纺轮陶器组合，以及以圜底器和圈足器为主而缺少三足器的陶器造型，装饰中的部分刻划纹和镂空等文化因素大多可在长江中游的文化中找到其祖型，其来源无疑是长江中游地区的强势文化[68]。此后，在新石器时代末期，湘西南的斗篷坡遗址则出现了大量与珠江三角洲相似的文化因素，而与周围属于石家河文化的遗址相距甚远，反映了珠江三角洲的文化反过来向北扩张的态势[69]。在晓锦类型和石脚山类型中两个区域的文化因素均有发现，说明了桂东北和桂东在联系长江中游地区和珠江三角洲文化交流的桥梁作用。晓锦类型的原始栽培稻应是由长江中游引进[70]。桂南顶蛳山遗址第四期的栽培稻和稻作技术据研究也是由外地引进的[71]，其最可能的传播路线应是从长江中游地区经桂东北、桂中传入，这也与国外考古学家提出的稻作文化的传播是从长江中下游地区呈波浪式向外传播的观点一致[72]。但以上两区均未发现比顶蛳山遗址第四期更早的稻作痕迹，这是需要将来考古发现来证实的。此外，感驮岩类型出现有圆锥状足的三足陶器，在本地并无三足器传统，北面和西面的云贵高原和越南北部也没有发现，唯一的可能是从东面传播来的。从其形制看，与石峡文化的宽扁足不同而接近长江中游地区的大溪文化—屈家岭文化系统的三锥状足器。虽然在其传播路线上的桂东北和桂中尚未发现，但马山六卓岭遗址和武鸣岜旺、弄山岩洞葬正好位于从桂中向桂西传播的路线上[73]。少量出现的彩陶也应是与三足器一起由长江中游地区传入，因为本地并无使用彩陶传统，它在本地突然出现显然是外地传入的结果，而大溪文化彩陶十分发达，珠江三角洲地区的彩陶也是在其影响下出现的。其后的武鸣马头元龙坡墓地出土的铜卣、铜盘和田东南哈坡、大岭坡发现的铜罍、铜甬钟均是长江中游地区传入的[74]，证明这条文化传播路线的存在。不过，长江中游的文化影响主要在桂东北和桂东地区出现，这主要因为二者位于长江中游地区和珠江三角洲的中间地带，起着文化交流和互动的桥梁作用，其他地区如桂中、桂南、桂西和沿海地区则很少发现。

3. 与云贵高原的关系

广西与云贵高原有较大范围的地域连接，地形上由云贵高原向广西盆地倾斜，西江上游的红水河及其主要支流之一的右江都发源于云贵高原，使得两地之间的交通非常便利，而文化之间的交流也在考古学上有不少反映。

锐棱砸击的石器制作技术兴起于距今约5万年的贵州水城硝灰洞遗址，在沉寂了相当长的时间后又于距今约15000年以后在云贵高原再度繁荣起来，距今14000～12000年的普定白岩脚洞虽以锤击法为主，但锐棱砸击技术已经占有相当重要的地位，而时代稍晚的普定穿洞和兴义猫猫洞锐棱砸击技术和反向加工方法完全占据了主导地位[75]。新石器时代早期的桂西百达遗址已经使用这一技术加工石器，至中期的革新桥类型锐棱砸击法成为加工石器的重要方法，与锤击法、碰砧法等技术同时存在，这是云贵高原先进的石器加工技术在桂西得到广泛应用。不过，在广西其他地区并没有出现这一技术加工的石器，说明其影响范围只在桂西。

新石器时代晚期云贵高原东、南部不少遗址都出土有段石锛、有肩石斧、有段有肩石器及网坠，均与两广地区的同类器物相似。李昆声先生在总结了云南南部的云县芒怀、孟连老鹰山、景洪曼蚌囡、麻栗坡小河洞、保山马鞍山五处遗址的陶器特点后指出，云南这五个遗址与东南地区的早期遗址有明显的共同之处[76]，桂西感驮岩一期类型的陶器和石器也与此相似。粤东流行的陶鸡形壶在滇中的通海海东[77]、元谋大墩子[78]遗址中均有发现。云贵高原的大墩子、白羊村、石寨山、闸心场各遗址中出土有少量印纹陶器，器形以罐类为主，纹饰多斜方格纹、点线纹与圆圈纹，是受南方印纹陶之影响而发展起来的[79]，最远到达川西南的金沙江中游地区，在仁和平江席草坪洞穴遗址中发现了少量火候较高、质地坚硬的印纹陶片[80]。以上分析说明云贵高原的东、南地区受到岭南文化影响的范围之大和程度之深，而其途径无疑是经由珠江流域上游地区的水陆通道。此外，在云南的云县忙怀遗址、麻栗坡小河洞遗址、元谋大墩子遗址和宾川白羊村遗址等存在树皮布石拍。这种树皮布石拍从新石器时代中期至商周时期在中国东南、华南和东南亚地区都有分布[81]，而云南则是树皮布石拍分布西北方向最远的地区。桂西新石器时代中期的百色革新桥遗址和晚期的马山尚朗岭遗址以及越南冯原文化都有发现，而且与云南的树皮布石拍一样都是方格槽面[82]，云南所发现的树皮布石拍应该是从桂西或越南传入的。当然，云贵高原对桂西的新石器时代文化也有一定的影响，感驮岩遗址第一期的杯形罐与云南永平新光遗址的侈口罐接近[83]，马山六卓岭遗址所出的双耳陶器和靴形石斧被认为来源于云南新石器时代晚期文化[84]。2000年在更远的桂东北越城岭山区的资源县资江河岸距地表约2米的河沙层中发现两把半月形穿孔石刀，与云贵高原大墩子等遗址出土的同类器物一致，而在岭南和长江中游一带从未发现过，说明当时小规模的文化交流可以达到很远的地区[85]。此后的青铜时代仍有较多联系，但已超出本文论述范围，兹不论述。

4. 与越南北部地区的关系

广西西部与越南北部接壤，珠江上游支流之一的左江即发源于越北山区，彼此之间只有低矮的丘陵山地相隔，同时广西和越北南部均位于北部湾沿岸，陆路和海路交通都十分通畅。越北红河三角洲是越南古文化最发达的地区，它与广西的文化交流一直都未间断过。

越北旧石器时代末期至新石器时代初期的和平（Hoa Binh）文化，其最典型的石器"苏门答腊"器物和短斧在广东封开黄岩洞、阳春独石仔和桂东北甑皮岩均有发现，两者之间或许会有某种联系[85]。新石器时代早期北山（Bac Son）文化基本延续和平文化的特点，新出现磨刃石器，陶器纹饰为篮纹和绳纹[86]，与广西类似，不知二者之间是否有联系。总的来说，旧石器时代晚期至新石器时代早期广西与越北之间能证明它们之间已经开始某种文化交流的证据还很模糊，二者共同之处是文化交流还是对相似的自然环境适应的结果仍不得而知。

越北新石器时代中期距今6000～5500年的多笔（Da But）文化的陶器使用泥敷模制法，均夹粗砂，纹饰以篮纹为主，器形为直口、敞口或敛口的圜底釜（罐），墓葬中普遍存在的蹲踞葬和在死者身上撒赤铁矿粉的做法。从越北和广西新石器时代中期文化对比来看，越北这一时期文化不发达，与广西相似之处不多，特别是制陶采用泥敷模制法不见于广西，但陶器形制相似程度很高，其中的绳纹高领罐与顶蛳山第四期的同类器物基本一样。此外，蹲踞葬和在死者身上撒赤铁矿粉的葬俗在较早的顶蛳山文化中较多出现，其起源应在更早的甑皮岩文化中，从中可以看出这种葬俗由桂东北向南传至桂南再传入越北的路径。

越北新石器时代晚期距今4500～4000年各地文化开始兴旺起来，主要有河江（Ha Giang）文化、麦花（Mai Hua）文化、下龙（Ha Long）文化等，与桂西的感驮岩一期联系和桂南的大龙潭类型有许多地方相似。双肩石器在越北大部分文化中都是常见甚至是主要的石制工具，而且一直向南都有发现，在越南南部的海湖（Bien Ho）文化中发现有几种类型的双肩石器。越北的高平、谅山、广宁、宣光、海防五省发现的15件大龙潭类型的大石铲是该文化向南传播最远的地方[87]。河江文化的方格槽树皮布石拍与桂西新石器时代中期革新桥遗址及晚期感驮岩遗址的同类器物相似，麦花文化中的绳纹敞口圜底钵、绳纹敞口圈足碗、下龙文化的绳纹敞口束颈高领圜底罐在武鸣岜旺、弄山岩洞葬中发现较多。这种共同之处表明新石器时代晚期广西与越北文化的交流更加频繁。从两地文化对比来看，广西新石器时代晚期文化在此前长期发展的基础上有了较大的扩张，此时已经达到一个鼎盛时期，而越北红河三角洲由于此前处在长期的海侵时期，文化发展受到很大限制，处在缓慢发展过程中，只是到了晚期才重新繁荣起来，因此两者之间的文化交流基本上是从广西及广东、云南等地向南传播到越北，反方向的传播很少。

（五）结语

本文就广西新石器时代的文化类型、发展序列、文化源流和相互关系、人地关系、与周边文化关系等问题提出一些粗浅的探讨，目的在于为建立广西新石器时代的文化谱系提供一些借鉴。就本文来看，这种探讨还是浅层次、不完善的，还有诸多问题需要探讨，诸如社会结构、在岭南文明起源过程中的地位和作用、宗教意识形态等等。这一方面需要将来的考古调查和发掘更深入，更带有课题意识，另一方面也需要提高研究深度和广度而不仅局限在发掘报告的撰写。

注　释

［ 1 ］ 李珍：《广西新石器时代考古七十年述略》,《广西考古文集》(第二辑), 科学出版社, 2006 年。

［ 2 ］ 中国社会科学院考古研究所等：《桂林甑皮岩》第 504～507 页, 文物出版社, 2003 年。

［ 3 ］ 谌世龙：《桂林庙岩洞穴遗址的发掘与研究》,《中石器文化及有关问题研讨会论文集》, 广东人民出版社, 1999 年。

［ 4 ］ 傅宪国等：《桂林地区史前文化面貌轮廓初现》,《中国文物报》2001 年 4 月 4 日。

［ 5 ］ 广西壮族自治区文物工作队等：《广西桂林甑皮岩洞穴遗址的试掘》,《考古》1976 年第 3 期; 中国社会科学院考古研究所等：《桂林甑皮岩》, 文物出版社, 2003 年。

［ 6 ］ 柳州市博物馆等：《柳州市大龙潭鲤鱼嘴新石器时代贝丘遗址》,《考古》1983 年第 9 期; 傅宪国等：《柳州鲤鱼嘴遗址再度发掘——基本建立柳州地区史前文化发展序列》,《中国文物报》2004 年 8 月 4 日。

［ 7 ］ 柳州白莲洞洞穴科学博物馆等：《柳州白莲洞石器时代遗址发掘报告》,《南方民族考古》第一辑, 四川大学出版社, 1987 年。

［ 8 ］ 广东省博物馆：《广东东兴新石器时代贝丘遗址》,《考古》1962 年第 12 期。

［ 9 ］ 中国社会科学院考古研究所广西工作队等：《广西邕宁县顶蛳山遗址的发掘》,《考古》1998 年第 11 期。

［10］ 谢光茂：《广西旧石器时代考古回顾与瞻望》,《广西考古文集》(第二辑), 科学出版社, 2006 年。以下百色百达遗址和坎屯遗址的资料由谢光茂先生提供, 谨致谢忱。下不复注。

［11］ 中国社会科学院考古研究所等：《桂林甑皮岩》, 文物出版社, 2003 年。

［12］ 傅宪国等：《柳州鲤鱼嘴遗址再度发掘——基本建立柳州地区史前文化发展序列》,《中国文物报》2004 年 8 月 4 日。

［13］ 柳州市博物馆：《广西柳州新石器时代遗址调查与试掘》,《考古》1983 年第 7 期。

［14］ 中国社会科学院考古研究所广西工作队等：《1996 年广西石器时代考古调查简报》,《考古》1997 年第 10 期。

［15］ 广西壮族自治区文物工作队：《象州南沙湾贝丘遗址 1999～2000 年度发掘简报》,《广西考古文集》, 文物出版社, 2004 年。

［16］ 陈远璋：《广西考古的世纪回顾与展望》,《考古》2003 年第 10 期。

［17］ 何乃汉、陈小波：《广西桂平县石器时代文化遗存》,《考古》1987 年第 11 期。

［18］ 同［14］。

［19］ 部分资料为广西文物考古研究所内部资料。

［20］ 同［ 1 ］。

［21］广西壮族自治区文物考古培训班等:《广西南宁地区新石器时代贝丘遗址》,《考古》1975年第5期。

［22］中国社会科学院考古研究所广西工作队等:《广西南宁市豹子头贝丘遗址的发掘》,《考古》2000年第1期。

［23］彭书琳、蒋廷瑜:《西津贝丘遗址及其有肩石器》,《广西文物》1992年第3~4期。

［24］广西壮族自治区文物工作队等:《广西横县秋江贝丘遗址的发掘》,《广西考古文集》(第二辑),科学出版社,2006年。

［25］广西壮族自治区文物工作队等:《广西百色革新桥新石器时代遗址》,《考古》2003年第12期。

［26］林强等:《广西都安北大岭遗址考古发掘取得重要成果》,《中国文物报》2005年12月2日。

［27］李珍:《广西湘江流域史前文化遗址的调查与研究》,《广西考古文集》(第二辑),科学出版社,2006年。

［28］广西壮族自治区文物工作队等:《资源县晓锦新石器时代遗址发掘简报》,《广西考古文集》,文物出版社,2004年。

［29］同［27］。

［30］同［17］。

［31］广西壮族自治区文物工作队等:《广西平南县石脚山遗址发掘简报》,《考古》2003年第1期。

［32］同［9］。

［33］同［16］。

［34］广西壮族自治区文物工作队:《广西隆安大龙潭新石器时代遗址发掘简报》,《考古》1982年第1期。

［35］广西壮族自治区文物考古训练班等:《广西南部地区的新石器时代晚期文化遗存》,《文物》1978年第9期。

［36］何乃汉:《崇左吞云岭新石器时代遗址》,《中国考古学年鉴·1986》,文物出版社,1988年。

［37］梁旭达:《靖西县那耀村新石器时代遗址》,《中国考古学年鉴·1988》,文物出版社,1989年。

［38］广西壮族自治区文物工作队等:《广西武鸣县芭旺、弄山岩洞葬发掘报告》,《广西考古文集》(第二辑),科学出版社,2006年。

［39］广东省文物管理委员会.《广东南路地区原始文化遗址》,《考古》1961年第11期。

［40］广西壮族自治区文物工作队等:《广西钦州独料新石器时代遗址》,《考古》1982年第1期。

［41］广西壮族自治区文物工作队等:《广西那坡县感驮岩遗址发掘简报》,《考古》2003年第10期。

［42］同［25］。

［43］广西壮族自治区文物工作队等:《广西马山县六卓岭、尚朗岭新石器时代遗址发掘报告》,《广西考古文集》(第二辑),科学出版社,2006年。

［44］广西壮族自治区文物工作队:《广西百色地区新石器时代文化遗存》,《考古》1986年第7期;容

　　　　观复:《广西左右江流域新石器时代遗物简介》,《文物参考资料》1956 年第 6 期。

［45］ 同［10］。

［46］ 同［26］。

［47］ 何安益:《论顶蛳山第四期与感驮岩第一期的关系——兼谈其他问题》,《广西考古文集》(第二辑),科学出版社,2006 年。

［48］ 广西壮族自治区文物工作队:《广西几何形印纹陶的分布概况》,《文物集刊》1981 年第 3 期。

［49］ 广西壮族自治区文物工作队等:《广西武鸣马头元龙坡墓葬发掘简报》,《文物》1988 年第 12 期。

［50］ 梁旭达:《广西史前经济浅说》,《广西考古文集》,文物出版社,2004 年。

［51］ 林强:《广西史前生态环境》,《广西考古文集》,文物出版社,2004 年。

［52］ 中国社会科学院考古研究所等:《桂林甑皮岩》343 ~ 345 页,文物出版社,2003 年。

［53］ 同［50］。

［54］ 彭长林:《岭南稻作农业起源的反思》,《农业考古》2005 年第 1 期。

［55］ 同［51］。

［56］ 同［50］。

［57］ 李星星:《论"民族走廊"及"二纵三横"的格局》,《中华文化论坛》2005 年第 3 期。

［58］ 曾祺:《西樵山的开发和西樵山文化的外向型特征》,《纪念黄岩洞遗址发掘三十周年论文集》,广东旅游出版社,1991 年。

［59］ 傅宪国:《论有段石锛和有肩石器》,《考古学报》1988 年第 1 期。

［60］ 彭书琳、蒋廷瑜:《试论广西的有肩石器》,《纪念黄岩洞遗址发现三十周年论文集》,广东旅游出版社,1991 年。

［61］ 覃芳:《顶蛳山文化衰变的人类学探索》,《广西考古文集》,文物出版社,2004 年。

［62］ 广东省文物管理委员会:《广东潮安的贝丘遗址》,《考古》1961 年第 11 期。

［63］ 何安益、彭长林:《从晓锦遗址看新石器时代洞庭湖区与珠江流域地区原始文化的交往》,《广西考古文集》,文物出版社,2004 年。

［64］ 杨式挺、邓增魁:《广东封开县杏花河两岸古遗址调查与试掘》,《考古学集刊·6》,中国社会科学出版社,1989 年。

［65］ 彭书琳、蒋廷瑜:《试论广西的有肩石器》,《纪念黄岩洞遗址发现三十周年论文集》,广东旅游出版社,1991 年;广西壮族自治区文物工作队等:《广西那坡县感驮岩遗址发掘简报》,《考古》2003 年第 10 期;李昆声:《论云南与我国东南地区新石器时代文化的关系》,《云南考古学论集》,云南人民出版社,1998 年。

［66］ 莫稚:《广东调查发掘的新收获》,《考古》1961 年第 12 期。

［67］ 中国社会科学院考古研究所等:《桂林甑皮岩》第 463 ~ 464 页,文物出版社,2003 年。

［68］ 何介钧:《环珠江口的史前彩陶与大溪文化》,《南中国及邻近地区古文化研究》,香港中文大学出

版社，1994年。

［69］ 何介钧：《长江中游新石器时代文化》第306页，湖北教育出版社，2004年。

［70］ 同［63］。

［71］ 赵志军等：《广西邕宁顶蛳山遗址出土植硅石的分析与研究》，《考古》2005年第11期。

［72］ 科林·伦福儒、保罗·巴恩著，中国社会科学院考古研究所译：《考古学理论方法与实践》第527页，文物出版社，2004年。

［73］ 广西壮族自治区文物工作队等：《广西马山县六卓岭、尚朗岭新石器时代遗址发掘报告》、《广西武鸣县岜旺、弄山岩洞葬发掘报告》，《广西考古文集》（第二辑），科学出版社，2006年。

［74］ 广西壮族自治区文物工作队等：《广西武鸣马头元龙坡墓葬发掘简报》，《文物》1988年第12期；万辅彬、田丰、蒋廷瑜：《论田东出土万家坝型铜鼓的意义》，《广西民族学院学报》（哲学社会科学版）1997年第3期。

［75］ 王幼平：《更新世环境与中国南方旧石器文化发展》，北京大学出版社，1997年。

［76］ 李昆声：《论云南与我国东南地区新石器时代文化的关系》，《云南考古学论集》，云南人民出版社，1998年。

［77］ 云南省考古研究所等：《通海海东贝丘遗址发掘报告》，《云南文物》第49期。

［78］ 云南省博物馆：《元谋大墩子新石器时代遗址》，《考古学报》1977年第1期。

［79］ 阚勇：《云南印纹陶文化初论》，《云南考古文集》，云南民族出版社，1998年。

［80］ 马云喜：《攀枝花先秦考古发现与研究》，《中华文化论坛》2002年第4期。

［81］ 邓聪：《史前蒙古人种海洋扩散研究——岭南树皮布文化发现及其意义》，《东南文化》2000年第11期。

［82］ 何安益：《百色新石器时代原始文化》，《广西博物馆文集》（第2辑），广西人民出版社，2005年。

［83］ 云南省文物考古研究所等：《云南永平新光遗址发掘报告》，《考古学报》2002年第2期。

［84］ 同［43］。

［85］ 广西文物考古研究所调查资料。

［86］ 王幼平：《中国南方与东南亚旧石器工业的比较》，《考古学研究》（三），科学出版社，1997年。

［87］ 何文缙主编：《越南考古学·越南石器时代》有关章节，越南社会科学出版社，河内，1999年。以下有关越南新石器时代文化内容除注明出处外均出丁该书，不另作注释。

［88］ （越）Trinh Nang Chung：《中国广西大石铲文化与越南北部的关系》，《考古学》1999年第3期（河内）。

广西史前贝丘遗址与生态环境的关系探讨

林 强

（广西文物考古研究所）

广西史前贝丘遗址的发掘和研究工作已历经多年，一系列的发掘报告和论述对我们认识其文化面貌起到了积极作用。近年随着考古学各相关学科的兴起，特别是植物考古学、动物考古学等学科的介入，为深入研究遗址的生态环境，探讨人与生态环境之间的互动关系起到了重要作用。本文试图通过探讨广西史前贝丘遗址的产生、消亡、生业方式等方面与生态环境的关系，为今后全面深入研究贝丘遗址的文化内涵提供一点参考。

（一）

广西史前贝丘遗址主要分布在南宁、桂林、柳州、崇左、桂平、钦州、防城港等地区，共发现40余处，主要特征为地层堆积包含大量的软体动物硬壳。根据遗址自然地理分布状态，大体上可以分为洞穴、河旁台地、海滨三种类型[1]。洞穴类型主要分布于桂北地区的桂林、柳州市，代表性遗址有柳州白莲洞[2]、鲤鱼嘴[3]及桂林庙岩[4]、桂林甑皮岩[5]等遗址；河旁台地类型主要集中分布于以南宁地区为中心的左江、右江、邕江及其支流附近，代表性遗址有邕宁顶蛳山[6]、南宁豹子头[7]、横县秋江[8]、象州南沙湾[9]等遗址；海滨类型集中分布在北部湾沿海地区一带，代表性遗址有东兴亚菩山[10]、马兰咀[11]、杯较山[12]等遗址（图一）。

贝丘遗址的产生标志应该是在地层中开始出现贝壳堆积，并开始有一个较长的堆积时期。在人类活动期间，遗址保留下来丰富的信息，具体体现在遗址中发现的居址、墓葬、工具、动植物遗存等。广西史前贝丘遗址的出现，根据现有的考古材料和测年数据一般以洞穴类型为早（表一）。白莲洞的螺壳层主要分布于2、3、4组，洞室东侧的第1~6层，西侧的1~3层。其包含螺壳的地层堆积主要为东侧剖面第1~6层，第7层如下不含螺壳。第6层的堆积为棕褐色含岩屑亚黏土，顶部富集螺壳，有一定程度胶结，出土打制石器和穿孔砾石，厚43厘米。西侧剖面螺壳堆积主要为第1~3层，3层以下不包含

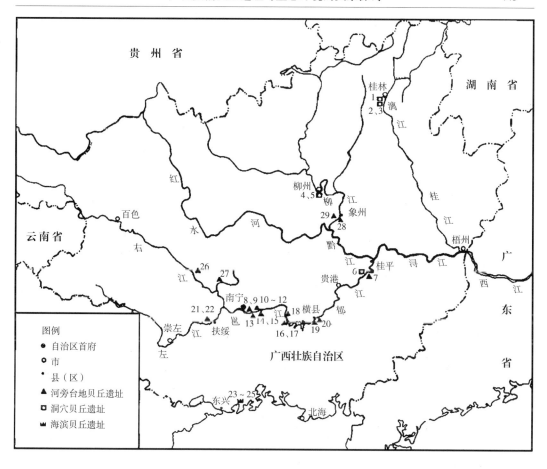

图一 广西史前贝丘遗址分布示意图

1. 桂林甑皮岩 2. 临桂大岩 3. 桂林庙岩 4. 柳州白莲洞 5. 柳州鲤鱼嘴 6. 桂平牛尾岩 7. 桂平牛骨坑 8. 南宁豹子头 9. 南宁青山 10. 邕宁那北咀 11. 邕宁牛栏石 12. 邕宁长塘 13. 邕宁顶蛳山 14. 邕宁青龙江 15. 邕宁天窝 16. 横县秋江 17. 横县火烟角 18. 横县冲里 19. 横县西津 20. 横县江口 21. 扶绥江西岸 22. 扶绥敢造 23. 东兴杯较山 24. 东兴亚菩山 25. 东兴马兰咀山 26. 平果城关 27. 武鸣芭勋 28. 象州南沙湾 29. 象州山猪笼

螺壳，西3层的堆积为黄褐色亚黏土，含较多螺壳及动物化石，出土打制石器和穿孔砾石，厚18～36厘米。西4层顶部的年代经^{14}C测定，早至距今19910 ± 180[13]。庙岩的堆积分为6层，都含有螺蚌壳，其中第2层发现最多，土质为灰黄色亚沙土层，包含大量螺壳。5、6层的绝对年代分别为18140 ± 320和20920 ± 430[14]。鲤鱼嘴遗址的地层堆积为3层，都包含大量的螺壳。最早的两个数据为21025 ± 450和23330 ± 250。这是目前广西史前贝丘遗址已知最早的几个绝对年代。对华南地区岩溶洞穴遗址螺蚌壳的^{14}C年代数据，也有多种不同的看法，其中主要的观点基本上认为年代偏老1500～2000年，扣除此数后，较为接近地层的实际年代[15]。甑皮岩遗址的发掘者对螺蚌壳的测年作了一

表一 广西史前贝丘遗址 ¹⁴C 年代数据表

遗址名称	编号	物质	层位	数据（距今，年）	说明
柳州白莲洞	BK82092	钙板	东1层	7080 ± 125	数据出处见原思训、高世君：《白莲洞遗址年代的再测定》，《中日古人类与史前文化渊源关系国际学术研讨会论文集》；注释〔2〕
	BK94044	钙板	东2层上部	7140 ± 60	
	BK94022	钙华	西南2层	9260 ± 90	
	BK81025	螺壳	东文化层	12980 ± 150	
	BK94011	螺壳	西1层下部	17680 ± 300	
	BA92017	螺壳	西3层	18450 ± 410	
	BK82097	钙板	西4层顶部	19910 ± 180	
桂林庙岩	BA92030-1	炭化核桃皮	2层	12730 ± 370	数据出处见注释〔4〕
	BA92033-1	炭化核桃皮	3层中部	12630 ± 450	
	BA92034-1	炭屑	4层中部	13710 ± 270	
	ZK-2841	螺壳	5层	17238 ± 237	
	BA94137a	陶片腐殖酸	5层	15560 ± 500	
	BA94137b	陶片残渣	5层	15660 ± 260	
	BA92036-1	炭屑	5层下部	18140 ± 320	
	BA92037-1	炭屑	6层下部	20920 ± 430	
柳州鲤鱼嘴	PV-0376	螺壳		5815 ± 100	数据出处见：《中国考古学中碳十四年代数据集》，文物出版社，1991年
	PV-0378②	螺壳	上层	7860 ± 110	
	PV-0401	人骨	上层	10505 ± 150	
	PV-0402	人骨	上层	11785 ± 150	
	BK82090	螺壳	上层	12880 ± 220	
	PV-0379①	螺壳	下层	18555 ± 300	
	PV-0379②	螺壳	下层	21025 ± 450	
	BK82091	螺壳	下层	23330 ± 250	
桂林甑皮岩	BA01245	木炭	DT6 ㉓	10500 ± 140	数据出处见注释〔5〕（原报告测年数据较多，现只列北京大学应用加速器方法测定木炭样品的数据）
	BA01246	木炭	DT6 ㉙	11960 ± 240	
	BA01239	木炭	DT6 ㉘	9440 ± 280	
	BA01244	木炭	DT4 ㉛	9380 ± 170	
	BA01243	木炭	DT6 ㉚	9770 ± 130	
	BA01238	木炭	DT6 ㉘	9380 ± 180	
	BA01242	木炭	DT4 ㉘	9490 ± 190	
	BA01241	木炭	DT4 ㉗	9180 ± 100	
	BA01240	木炭	DT4 ㉖	9210 ± 240	
	BA01237	木炭	DT4 ㉔	8980 ± 330	
	BA01236	木炭	DT4 ㉓	8460 ± 290	
	BA01235	木炭	DT4 ㉑	10160 ± 80	
	BA01234	木炭	DT4 ⑳	8970 ± 80	
	BA01233	木炭	DT4 ⑲	9040 ± 150	

续表

遗址名称	编号	物质	层位	数据（距今，年）	说明
	BA01232	木炭	DT4 ⑱	8890 ± 160	
	BA01231	木炭	DT4 ⑰	8870 ± 80	
	BA01230	木炭	DT4 ⑯	9070 ± 250	
	BA01229	木炭	DT4 ⑮	9010 ± 80	
	BA01228	木炭	DT4 ⑭	6500 ± 120	
	BA01227	木炭	DT4 ⑬	9010 ± 150	
	BA01226	木炭	DT4 ⑫	8740 ± 170	
	BA01225	木炭	DT4 ⑫	9040 ± 100	
	BA01224	木炭	BT3 ⑦	8790 ± 170	
邕宁顶蛳山	ZK-2955	螺壳	T2302 ⑥	10365 ± 113	数据出处见注释[6]
象州南沙湾		动物骨骼	ATb2 ③	5390 ± 260	数据出处见注释
		动物骨骼	ATa1 ⑥	6070 ± 130	[9]
		动物骨骼	BTa2 ④	6580 ± 150	
		螺壳	ATa1 ④	8740 ± 120	
横县秋江		螺壳	T1 ③	8790 ± 165	数据出处见注释
		螺壳	T1 ④	8680 ± 250	[8]
		螺壳	T1 ⑥	8050 ± 185	
		螺壳	T3 ③	9060 ± 135	
		螺壳	T3 ④	9350 ± 160	
		螺壳	T6 ④	9290 ± 215	
		螺壳	T4 ④	10820 ± 150	
		人骨	T3 ④	8060 ± 185	
邕宁牛栏石	ZK-3233	螺壳	TO2 ③	8203 ± 42	数据出处见：《放
	ZK-3238	螺壳	T02 ⑬	9738 ± 44	射性碳素测定年代
邕宁顶蛳山	ZK-3234	螺壳	T2302 ⑦东隔梁	11088 ± 51	报告（三二）》,《考
	ZK-3235	螺壳	T2302 ⑤东隔梁	10981 ± 57	古》2006年第7期
	ZK-3240	螺壳	T2302 ③东隔梁	11584 ± 63	
邕宁凌屋	ZK-3237	螺壳	T01 ⑤	9342 ± 45	
	ZK-3241	螺壳	T01 ⑨	9557 ± 48	
横县秋江	ZK-3236	螺壳	③层	9340 ± 52	
	ZK-3239	螺壳	⑤层	10191 ± 50	
南宁豹子头	ZK-0856	骨头	T2 ②	5155 ± 300	数据出处见：《中
	ZK-0840	螺壳	距地表下 110 厘米	9625 ± 120	国考古学中碳十四
	ZK-0839	螺壳	距地表下 50 厘米	9985 ± 200	年代数据集》,文
扶绥江西岸	ZK-0848	螺壳	距地表下 25 厘米	9385 ± 140	物出版社, 1991 年
	ZK-0850	螺壳	距地表下 60 厘米	8950 ± 130	
	ZK-0851	螺壳	距地表下 100～110 厘米	9245 ± 140	

系列有意义的测试，也认为螺蚌壳偏老年代的扣除值为1500年[16]。原思训先生强调"淡水螺蚌壳的^{14}C年代普遍偏老"，如庙岩第6层的螺壳样品比木炭样品偏老600多年[17]。我们据此对以上洞穴遗址的螺壳标本测年作一校正。鲤鱼嘴的下层文化两个螺壳年代21025±450和23330±250，分别扣除1500年后年代数据为19525±450和21830±250。但从文化特征看，地层中都发现夹砂陶片和磨制石器出土，另外遗址的其他测年数据差异较大，因此其年代可能没有这么早，遗址的实际年代有待继续研究。庙岩的第6层为棕黄色黏土层，厚约33～45厘米，堆积较纯净，只含少量的石灰岩角砾，以及兽牙、螺蚌壳，无其他文化遗物。而第5层则出现了原始陶片，第5层的两个螺壳年代为18140±320和17238±2237，6层的年代为20920±430。大岩遗址的第一期为灰黄色黏土堆积，夹杂少量碎螺壳，文化遗物仅见砾石打制石器和制作打制石器而打下的剥片，另见少量兽骨，打制石器加工技术简单，基本为单面加工，石器工艺风格与岭南旧石器时代晚期发现的石器相似，而第二期则开始出现烧制的陶土块及陶器[18]。从文化特征分析，我们可以推测庙岩第6层的年代与大岩的第一期年代应相当，应该为旧石器时代晚期。另外，崇左矮洞发现淡水螺、丽蚌、鱼牙、鹿类的牙齿化石，并发现数件打制石器，年代也应为旧石器时代晚期[19]。因此，对庙岩遗址的年代作修正后，其年代上限大致在距今19000年左右，大致代表了广西贝丘遗址的最早年代。

同时期的江西万年仙人洞下层文化，年代为距今20000～15000年，其文化特征是以大件砾石器与石片石器共存，尚有少量骨器、蚌器，包含少量的螺蚌壳和兽骨，不见磨制石器和陶制品[20]。这时期正是大理冰期的后期，大理冰期是指距今72000（75000）～10000年的冰期，末次冰期的最盛期在距今18000～15000年。这个时期的冷值达到最高，冰川发育，全球海平面降低。我国东海平面低于今海平面150米以上。寒冷的气候环境下，喜暖的螺蚌类水生软体动物不可能得到大量的繁殖，但广西由于南岭的屏障作用，寒冷的气候减弱，各种喜暖水生动物还是存在分布，但不一定是人类的主要食物来源，经济形态应还是以狩猎为主。在遗址早期堆积中只发现极少的螺蚌壳，也可能体现了当时的气候环境。

大约在距今15000年，气候进入一个温暖期，气温开始回升，虽然期间气候仍有波动，但趋势变暖，冰川消退。各种螺蚌类水生软体动物得到适宜的生长气候，大量繁殖，为人类提供了食物来源。这时期我国华南地区发现了不少的洞穴贝丘遗址，遗址地层堆积中的包含物螺蚌壳逐渐增多，形成极富特色的贝丘堆积。持续的暖湿气候，使人类在数千年的时期皆以螺蚌等水生动物为主要食物，进入一个洞穴类型贝丘遗址的繁荣期。不仅广西发现了较多的自距今15000～8000年的洞穴贝丘遗址，如庙岩的第5～2层的年代在距今18000～12000年之间，甑皮岩第一期至第五期的年代为距今12500～7600年。广东、湖南、江西、福建、海南等省也发现较多的洞穴遗址，年代也在距今15000～8000

年之间。另外，还发现较多的具有代表性的洞穴遗址。如广东黄岩洞的堆积主要为四种，除最下层的棕黄色亚黏土堆积不包含螺蚌壳外，其余三种堆积皆含螺蚌壳。年代在距今11000年左右[21]。阳春独石仔堆积自上而下分为5层，皆包含螺壳，其下文化层的螺壳比中、上文化层少。年代为距今16000～11500年[22]。牛栏洞堆积分为三期，第二期和第三期的堆积都含有大量的螺壳，第一期的年代在距今12000～11000年，第二期在11000～10000年，第三期在10000～8000年[23]。湖南道县玉蟾岩[24]、三角岩[25]等洞穴遗址的年代也相当。三亚落笔洞的堆积包含大量的陆生、海生动物，最早年代在距今10000年左右[26]。华南地区发现大量的这些基本在同一时期、文化性质基本一致的洞穴贝丘遗址，也正好反映了一个相类似的生态环境。

华南地处我国亚热带中南部，属亚热带季风型气候，高温多雨。山多平原少，岩溶地貌发育，形成众多的洞穴。在末次冰期的极盛期，也因为南岭的作用，减低了气候剧烈变化对人类的影响；而华北地区在距今10000年前由末次冰期向冰后期转变，气候历经冷暖频繁波动，并出现强降水，这种不稳定的气候对洞穴岩层产生冷缩热涨的崩解作用，导致全新世初华北洞穴岩层易崩塌，洞穴的不稳定和不安全的因素影响了人类对洞穴的选择，只能选择侵蚀期后的河谷岸旁。而华南的洞穴在全新世前期环境较稳定，没有出现华北地区的剧烈波动现象[27]。洞穴具有冬暖夏凉的特点，并能提供遮风避雨、最大限度阻挡动物袭击的条件，所以，对当时生活技能较低的人类来说，选择洞穴作为理想的居住地是必然的，也因此留下了众多的洞穴遗址。

随着气候环境的好转，人类生活技能的提高，人类的活动范围愈来愈广。人类逐渐放弃洞穴居址，走向广阔的河旁、海滨阶地，形成了石器时代的一个转折点。但相似的经济方式，使贝丘遗址得以延续。从已知遗址的¹⁴C测年数据（表一）可看到，在距今8000～6000年，出现了大量的河旁台地和海滨类型贝丘遗址。广西以顶蛳山文化为代表，在河流两岸集中了一批河旁台地遗址，其中经过发掘和试掘的有顶蛳山遗址、秋江遗址、江口遗址[28]、南沙湾遗址、豹子头遗址、敢造遗址[29]、西津遗址[30]、长塘遗址[31]、江西岸遗址[32]等；海滨类型有亚菩山遗址、马兰咀遗址、杯较山遗址等。从地理环境看，河旁台地贝丘遗址基本上位于河流拐弯处或两河交汇处的台地上，前临河，背靠山，地势开阔。海滨类型遗址皆是临海，或者在临海河口处。良好的生态环境为人类提供了便利的生活条件，遗址周围水源的鱼、虾、螺蛳、蚌、文蛤、牡蛎等为人类提供了丰富和稳定的食物来源，与生态环境的密切关系，形成了独具特色的贝丘遗址。

总的来说，广西的贝丘遗址有三种类型，他们的产生都与当时的生态环境有着密切联系，在年代上桂林地区的洞穴类型较早，顶蛳山文化、亚菩山等遗址的年代比洞穴类型晚。这三种文化类型之间或可有联系，古人类的一支或数支从桂北顺江而下，通过郁江进入邕江等河流，寻找到合适的居址营造了一个繁荣的贝丘文化。

（二）

从人类的发展进程看，经济发展水平愈低，对生态环境的依赖程度愈高，反之则愈低。史前人类由于缺乏大规模改造自然环境的能力，只能高度依赖自然环境提供的条件生存。贝丘遗址中出土的动植物遗存和工具，应当是客观反映了当时的生业方式，也反映了人与生态环境的关系。

贝丘遗址出土的大量螺蚌壳，反映了当时一个繁荣的捕捞业。由于贝丘遗址周围往往都有大范围的水域，为人类提供了丰富的水生食物资源，人类充分依靠大自然的恩赐，捕捞河或浅海软体动物和鱼类等，如河旁台地和洞穴类型以淡水螺蛳、蚌为主，海滨类型以文蛤、魁蛤、牡蛎，以及淡水螺蛳、乌蛳为主。庙岩发现的蚌类有杜氏珠蚌、近矛形楔蚌、卵形丽蚌、甑皮岩楔蚌、短褶矛蚌、弯边假齿蚌、付氏矛蚌、精细丽蚌，田螺有中华圆田螺、方形环棱螺、桶田螺，蚬有斜截篮蚬、曲凸篮蚬[33]。甑皮岩遗址发现的贝类有中华圆田螺、桶田螺、方形田螺、削田螺等，蚌类有杜氏珠蚌、圆顶珠蚌、圆头楔蚌、甑皮岩楔蚌等，蚬有斜截篮蚬、曲凸篮蚬、美好篮蚬、原坚篮蚬、卓丁篮蚬、横廷篮蚬，以及鲤科、鳄等水生动物[34]。秋江遗址有鲤鱼、青鱼、鲇鱼、龟、中华鳖、蚌、圆田螺、螺蛳等[35]。其他洞穴类型和河旁台地类型贝丘遗址出土的螺蚌壳的种属大致一样。从遗址发现大量的螺蚌壳，我们大概也可以看出，当时人类的生业方式中捕捞业占有重要地位。

除了捕捞业外，狩猎业同样占有重要地位。贝丘遗址地层中发现了大量动物遗存，这些动物为当时的人类提供了丰富的肉类和热量来源。白莲洞遗址发现的动物有陆龟、鸟类、竹鼠、鼠类、猕猴、金丝猴、貂、花面狸、狐、蝙蝠、野猪、水牛、斑鹿、赤麂、鹿科、秀丽漓江鹿、羊等[36]。庙岩遗址动物群的种属有竹鼠、扫尾豪猪、豪猪、黑熊、虎、貂、猪獾、秀丽漓江鹿、水鹿、斑鹿、赤鹿、水牛、猪、山羊等[37]。甑皮岩遗址动物群的种属有草鹭、池鹭、鹳、天鹅、雁、鸭、雕、石鸡、白马鸡、原鸡、雉、鹤、伯劳、鸦、沙鸡、桂林广西鸟等，以及猕猴、红面猴、兔、仓鼠、褐家鼠、姬鼠、中华竹鼠、豪猪、貂、豺、狗獾、猪獾、水獭、大灵猫、小灵猫、花面猫、食蟹獴、猫、豹、虎、亚洲象、犀、野猪、獐、麝、赤鹿、小鹿、水鹿、梅花鹿、秀丽漓江鹿、水牛、苏门羚等。鲤鱼嘴遗址发现的动物群有猕猴、野兔、咬洞竹鼠、黑鼠、豪猪、狐狸、熊、猪獾、虎、猞猁、南方猪、犀牛、麂、斑鹿、水鹿、羚羊、牛、爬行类等[38]。秋江遗址的动物有猕猴、竹鼠、豪猪、豹、苏门犀、野猪、家猪、麂、水鹿、羊、水牛等[39]。从以上遗址的动物群分析，当时人类的食谱极为广泛，除了水生动物外，陆生动物也是其主要的食物来源，基本上是周围自然环境所能提供的可食用动物，都是人类的猎取对象。可以看到，当时人类的生业方式应该是捕捞业和狩猎业并重，另外还有采集业，这与岭南地区有众多的植物果实、块茎、花等可食资源是分不开的。甑皮岩遗址的各期浮选结果和工具的残余物分析表明，甑皮岩人的食物结构中始终包括有块茎类植物[40]。同样，广西河岸贝丘遗址的生业方式是以捕捞、狩猎和采集为主，并没有明显的农业痕迹[41]。广西甚至于整个东南亚地区自旧石器以来发达的砾石石器工业，一定程度上反映了当时的生活形态，依赖丰富的动、植物自然资源，以及没有人口迅速增长的压力，因此人类积极的原始农业行为并没有被激发出来，这与黄河流域的情况是有区别的[42]。

正是古人类遗留下来的动植物遗存，为我们探讨当时的生态环境提供了客观依据。这些动物群除了少量的绝灭种如犀牛、秀丽漓江鹿等，绝大多数是热带亚热带现生种，都生活在现代的东洋界区系内。从动物生态习惯看，如赤麂主要栖息地为草丛、密林、山地和丘陵，水鹿栖息于阔叶林、季雨林、稀树草原与高草地，水獭主要活动于河流、湖泊和溪水，绝大部分种属是林栖性动物或生活在丘陵灌木林地带并有湖沼分布的生态环境，反映了当时一个良好的生态环境。

除了动物反映了当时的生态环境外，孢粉分析也为我们恢复自然环境提供了另一个途径。白莲洞周围地区生长由多种北温带植物区系成分所组成的暖温带落叶阔叶林，与现今植被和气候相比，气候较今凉干[43]。庙岩的孢粉中针叶树松始终占有重要位置，草本植物数量也较多，反映寒冷气候的孢粉未见，庙岩气候总特点是温暖湿润；甑皮岩的孢粉分析同样反映了温暖湿润的气候特点。

我们通过对遗址的动物群和孢粉分析，末次冰期后的广西气候特点趋势是温暖湿润，但在末次冰期结束后的初期，寒冷气候结束，气候偏于凉干。由于广西地处低纬度地区，光照强，雨水充沛，有利于动植物的生长，因此遗址周围往往存在大片沼泽湖泊，有广阔的森林植被，水草丰茂，反映温暖潮湿的气候和植物繁盛的良好生态环境。特别是在甑皮岩、鲤鱼嘴、秋江遗址分别发现象、犀，犀、象等是热带动物，其出现地点也并非都是热带[44]，但反映了当时的气候比今还湿热，桂南纬度比桂北更低，气候也更湿热。沿北部湾分布的海滨类型贝丘遗址，因为海进产生宽阔的河口湾，具有独特的生存环境，产生了贝丘遗址。据研究，在北海市打席村沙堤下伏的黑色淤泥层，其^{14}C年代为距今7144 ± 141年，该层未发现海相微体化石。在距今7000年前海水尚未进侵到现代海岸附近，冰后期海进的时间约距今6000年，当时的海岸线沿古海蚀崖分布，钦江三角洲等河流入海口地区均为宽阔的河口湾[45]。正是广阔的湖泊、沼泽地以及河口湾、茂密的森林，多样性的物种，为人类提供了理想的生存环境。

随着人类自身的发展，从旧石器时代进入新石器时代，从单一的打制石器进入多元化的磨制工具，工具类型逐渐增多。早期洞穴遗址出土大量的石器、骨器、蚌器，石器种类有石锤、砍砸器、切割器、尖状器、穿孔器、石凿，骨器有锥、铲、鱼镖、针等，角器有锥、铲等，蚌器有刀等类型。到了新石器时代中期，工具类型更加丰富，石器主要以磨制石器为主，遗址出土斧、锛、穿孔石器等磨制石器，并出土大量骨器，种类有锛、斧、铲、镞、锥、针等，蚌器有刀、铲两种，秋江除了出土斧、锛外，另出土石凿、石矛、石镰等工具。出土的石器、骨器和蚌器说明，人类依赖自然环境提供的资源，并制造、利用工具有限地改造环境。石斧、石锛用于加工木具，或是用以采集、挖掘，提高工作效率。骨镞的使用，大大提高了狩猎的成功率，骨锥、针等则证明人类已懂得利用兽皮或是其他自然植物缝制衣服，抵御寒冷气候对人的伤害，提高人类的生存能力。遗址中出土的网坠、鱼钩、鱼镖等捕鱼工具，说明捕鱼技术已多样化和提高。这些工具的发明、制造和广泛使用，说明人类适应环境的能力已逐渐提高，并对自然环境产生了一定的影响。人群的增长，狩猎水平、成功率的提高，有可能对大型哺乳动物进行过量的捕杀，导致人类狩猎活动范围的扩大，从而影响动物的正常繁殖、生长。另一方面，对鱼类、螺蚌类等进行过度捕捞，也会极大影响它们的正常生长，在一个较长时期内造成主要食物来源的不足。我们从甑皮岩遗址各种贝类在各期所占比例的变化看，第一期的中国圆田螺比例最高，占总数的91.68%，从第二期开始下降，第三期比例最低，第四期又趋回升，但第五期又下降。而蚬在各期中的比例正好与中国圆田螺相反，第一期最低，仅占总数的3.6%，第二期增加，第三期最多，第四期减少，第五期又增加[46]。目前虽然不能完全解释清楚这种变化的因素，但可能与螺、蚬的生长量有关。当捕捞量的影响威胁到人类的生存时，人类就可能被迫放弃现有的生业方式甚至迁移，另选择新的生业方式或居址，这是下面要讨论的问题。

（三）

广西贝丘遗址与其他类型遗址一样，同样经历了一个产生、发展、消亡的阶段。分析一个遗址的消亡，需着重从两个方面考虑：一是自然因素，自然灾害事件、环境的改变，导致生存环境产生重大变化，人类已不宜在原住地继续生活，被迫废弃遗址；二是人为因素，战争、流行性疾病等突发性事件导致人类迁移，或是人口的不断增长而过度捕捞或狩猎，自然生态失衡，从而导致生存压力不断增大，食物短缺，进而废弃遗址。

从广西史前贝丘遗址的消亡年代看，白莲洞遗址的年代下限为距今7000年左右，甑皮岩为7600年左右，南沙湾遗址为5500年左右。遗址的地层堆积变化提供了印证，顶蛳山遗址的第四期堆积叠压在螺壳层之上，已不含螺壳，石器、陶器类型也已发生较大变化[47]。这些都说明人类的食物来源和结构已有重大变化，人类的生业模式不再以捕捞业、狩猎业和采集业为主，而是可能向农耕时代迈进。

广西包括岭南地区地处温暖湿润的亚热带—热带地区，水系发育，地形多样，动植物种类繁多，贝丘遗址的传统生业方式一直以狩猎、捕捞和采集业为主，生存压力显然较轻，因此除非自然环境发生重大变化，人类不会轻易放弃传统生业方式。我们所知，胶东半岛的贝丘遗址年代为距今 6000 ~ 4860 年；辽宁的贝丘遗址年代为距今 7000 ~ 3000 年；福建的贝丘遗址年代为距今 8000 ~ 3500 年[48]。广西包括以上地区的贝丘遗址都存在了一个很长的时期，这与一个稳定的生态环境是密切相关的，很难想像在一个多变的环境中人类能维持长时期的单一传统生业方式。

全新世后期经历了新冰期 II（距今 5000 或 4000 年）、新冰期 III（距今 3000 ~ 2500年，即周朝冷期）、南北朝冷期（距今 1700 ~ 1400 年）、北宋冷期（距今 1100 ~ 800 年）[49]。气候冷暖反复波动，对动植物的影响是非常明显的，同时对人类的活动产生重大影响。从前面所述可知，广西贝丘遗址的最后消亡时间大致在距今 5000 年，而此段正是经历了一个新冰期，温度降低，发生海退，湖泊沼泽发生变化，逐渐消失，原来的生态环境产生巨大变化，螺蚌的生长和产量受到影响，传统的生业方式受到威胁，迫使人类寻求新的生业方式。如前所述，顶蛳山等遗址的堆积在后期已产生重大变化，说明人类为适应环境的变化，已逐步改变传统的生业方式。同时，由于广西位于亚热带地区，夏季暴雨较多，容易形成洪水灾害，这对生活在河边的人类是致命的打击。据统计，自 974 ~ 1950 年广西各主要河流共有大小水灾 804 次[50]，江河两岸几成泽国，一片汪洋。据李珍先生相告，在邕宁牛栏石遗址的螺壳堆积层上出现一层厚约 1 米的淤沙层，显然是洪水造成的堆积。因此，广西常见的洪灾对河旁贝丘遗址的消失同样起着重要影响。

从珠江三角洲贝丘遗址的消亡，我们也可以看出生态环境在其中的重要作用。距今6000 年前，珠江三角洲一带的海侵达到鼎盛期，海岸线位于现在的南海、佛山、广州一带，后来海岸线逐渐南移[51]。大约在距今 6000 ~ 5000 年以来，珠江三角洲一带以热带—亚热带温暖潮湿气候为主，与现在气候相似，从而产生大量的贝丘遗址。广东三水市银洲贝丘遗址的堆积从早期以文蛤为主，逐渐变为以河蚬为主，到晚期又发现田螺增多。而这三种贝类的生态各不相同，文蛤生存于含盐度较大的潮间带环境，河蚬多见于江河入海口的咸淡水交汇环境，而田螺则生存于淡水环境[52]，因此反映了一个海退的过程。正是由于距今 5000 年左右的海退及东江、北江、西江夹带的泥沙在海湾内不断堆积，使珠江三角洲的海岸线不断南移，导致地貌格局的巨大变化。自然环境的变化导致了人类获取贝类等海产资源的活动范围减少，贝类来源的严重不足可能是珠江三角洲贝丘遗址消亡的最主要原因[53]。

另外，日本霞湖地区有近 300 处绳纹时代的贝丘遗址，其分布与海水的进退并在时间上有一个明显的规律，贝丘遗址的数量由少到多，堆积由薄变厚，规模由小变大；而晚期贝丘遗址数量骤减，则是长时间的海退引起海湾面积大规模缩小，导致贝类的减少，绳纹人的经济生活方式也产生了变化，晚期遗址开始出现了下层是贝壳堆积，上层则变为不含贝壳的文化层。绳纹时代开始进入弥生时代，而弥生时代是以水稻耕作为主[54]。因此，对海滨类型贝丘遗址而言，气候的变化，海平面的波动对其影响巨大，是影响其产生和消亡的主要因素。广西沿海贝丘遗址的消失原因也可能正是这些环境因素的影响，海退使原生活居址离海滩较远，增加采集贝类的难度，人类只好放弃遗址。

当然，除了自然环境的变化导致贝丘遗址的消亡，农耕文化对遗址的消亡也起到了一定的作用。由于人类是活动的一个群体，贝丘遗址的消亡并不一定代表人群的消亡，广西新石器时代晚期兴起的以隆安大龙潭遗址为代表的大石铲类型文化，也许会给我们一些启示。这种与贝丘遗址具有早晚关系，文化性质不同的遗址一直被认为与农业有着密切关系[55]。桂南以独料遗址为代表的新文化类型，出土了大量的斧、锛、铲、锄、镰、磨盘等与农耕有关的石器[56]。这些新兴起与农耕文化有密切关系的遗址取代了贝丘遗址，成为贝丘遗址消亡的见证者。

胶东半岛的贝丘遗址由于受到兴起的大汶口文化影响，先进的农耕文化逐渐取代了落后的狩猎捕捞业，加上此时正是自然环境出现变化之际，导致了贝丘遗址的消亡[57]。因此，正是自然环境和农耕文化的共同作用，人类放弃了传统的狩猎捕捞业，转而走向农耕。

从世界范围来说，同样在生产力低下的时期，人类高度依赖自然环境。如果自然环境产生改变，可能给人类带来严重的后果，导致生存压力增大，从而放弃遗址被迫迁移。在距今4000年前后的古埃及文明衰落被认为与严重的干旱事件有关，当时撒哈拉的淡水湖全部干涸，导致文明结束；两河流域的美索不达米亚平原，也由于气候干旱破坏了农业生产的基础，最终导致居民远走他乡，城址被弃；印度河流域的哈拉帕文化同样受气候异常变化发生干旱，农业受到严重影响，人口被迫东迁，导致文化突然衰落[58]。世界范围内发生在距今4000年左右的文明衰落都可能与当时的气候异常，降温事件发生有相当密切的联系。

（四）

综上所述，广西史前贝丘遗址的产生、发展、消亡以及其生业方式与生态环境有着密切联系，生态环境的变化在其中起着重要作用。当然，要完全解决贝丘遗址与生态环境的相关问题，今后还有许多工作要做，一是加强对贝丘遗址的多学科综合研究，发掘每一个遗址都尽可能做植物学、动物学、年代学等方面的综合工作，全面了解遗址所包含的信息；二是对遗址所在区域甚至更大范围内的地理环境作更深入的调查、了解和研究，研究气候、河流、地理等方面对遗址的影响，探索遗址与环境变化的关系。

注　　释

［ 1 ］　何乃汉：《广西贝丘遗址初探》,《考古》1984 年第 11 期。

［ 2 ］　柳州白莲洞洞穴科学博物馆等:《广西柳州白莲洞石器时代洞穴遗址发掘报告》,《南方民族考古》第 1 辑，四川大学出版社，1987 年。

［ 3 ］　柳州市博物馆等:《柳州市大龙潭鲤鱼嘴新石器时代贝丘遗址》,《考古》1983 年第 9 期。

［ 4 ］　谌世龙:《桂林庙岩洞穴遗址的发掘与研究》,《中石器文化及有关问题研究会论文集》,广东人民出版社，1999 年。

［ 5 ］　中国社会科学院考古研究所等:《桂林甑皮岩》, 文物出版社，2003 年。

［ 6 ］　中国社会科学院考古研究所广西工作队等:《广西邕宁县顶蛳山遗址的发掘》,《考古》1998 年第 11 期。

［ 7 ］　中国社会科学院考古研究所广西工作队等:《广西南宁市豹子头贝丘遗址的发掘》,《考古》2003 年第 10 期。

［ 8 ］　广西壮族自治区文物工作队等:《广西横县秋江贝丘遗址的发掘》,《广西考古文集》(第二辑)，科学出版社，2006 年。

［ 9 ］　广西壮族自治区文物工作队:《象州南沙湾贝丘遗址 1999～2000 年度发掘简报》,《广西考古文集》, 文物出版社，2004 年。

［10］［11］［12］　广东省博物馆:《广东东兴新石器时代贝丘遗址》,《考古》1961 年第 12 期。

［13］　同［ 2 ］。

［14］　同［ 4 ］。

［15］　北京大学历史系考古专业 14C 实验室、中国社会科学院考古研究所 14C 实验室:《石灰岩地区碳 - 14 样品年代的可靠性与甑皮岩遗址的年代问题》,《考古学报》1982 年第 2 期。

［16］　同［ 5 ］。

［17］　原思训:《14C 测年与我国陶器溯源》,《华南及东南亚地区史前考古》, 文物出版社，2006 年。

［18］　傅宪国、贺战武等:《桂林地区史前文化面貌轮廓初现》,《中国文物报》2001 年 4 月 4 日。

［19］　贾兰坡、邱中郎:《广西洞穴中打击石器的年代》,《古脊椎动物与古人类》1960 年第 1 期。

［20］　彭适凡、周广明:《江西万年仙人洞与吊桶环遗址》,《华南及东南亚地区史前考古》, 文物出版社，2006 年。

［21］　宋方义等:《广东封开黄岩洞洞穴遗址》,《考古》1983 年第 1 期；宋方义、邱立诚等:《广东封开黄岩洞遗址综述》,《纪念黄岩洞遗址发现三十周年论文集》,广东旅游出版社，1991 年；宋方义、张镇洪等:《广东封开黄岩洞 1989 年和 1990 年发掘简报》,《东南文化》1992 年第 1 期。

［22］　邱立诚等:《广东阳春独石仔新石器时代洞穴遗址发掘》,《考古》1982 年第 5 期。

［23］ 英德市博物馆等：《英德史前考古报告》，广东人民出版社，1999年。

［24］ 袁家荣：《道县蛤蟆洞、三角岩洞穴遗址》，《中国考古学年鉴（1996）》，文物出版社，1998年。

［25］ 袁家荣：《湖南道县全新世早期洞穴遗址及其相关问题》，《纪念黄岩洞遗址发现三十周年论文集》，广东旅游出版社，1991年。

［26］ 郝思德、黄万波：《三亚落笔洞遗址》，南方出版社，1998年。

［27］ 周昆叔：《华北全新世下界不整合与新石器早期文化》，《中石器文化及有关问题研讨会论文集》，广东人民出版社，1999年。

［28］ 广西壮族自治区文物工作队：《广西横县江口新石器时代遗址的发掘》，《考古》2000年第1期。

［29］～［32］ 广西壮族自治区文物考古训练班等：《广西南宁地区新石器时代贝丘遗址》，《考古》1975年第5期。

［33］ 同［4］。

［34］ 同［5］。

［35］ 同［8］。

［36］ 同［2］。

［37］ 同［4］。

［38］ 同［3］。

［39］ 同［8］。

［40］ 同［5］。

［41］ 李珍：《广西河岸贝丘遗址的发掘与研究》，《广西博物馆文集》第一辑，广西人民出版社，2004年。

［42］ 水涛：《论甘青地区青铜时代文化和经济形态转变与环境变化的关系》，《环境考古研究》第二辑，科学出版社，2000年。

［43］ 孔昭宸、杜乃秋等：《白莲洞遗址孢粉分析及对植被和自然环境的探讨》，《中日古人类与史前文化渊源关系国际学术研讨会论文集》，中国国际广播出版社，1994年。

［44］ 黄镇国、张伟强等：《全新世中国热带北界变迁的探讨》，《第四纪研究》2002年第4期。

［45］ 广西壮族自治区地方志编纂委员会编：《广西通志·自然地理志》，广西人民出版社，1994年。

［46］ 同［5］。

［47］ 同［6］。

［48］ 中国社会科学院考古研究所：《胶东半岛贝丘遗址环境考古》，社会科学文献出版社，1999年。

［49］ 同［44］。

［50］ 同［45］。

［51］ 同［48］。

［52］ 袁靖：《关于中国大陆沿海地区贝丘遗址研究的几个问题》，《考古》1995年第12期。

［53］ 同［48］。

［54］　袁靖：《从贝丘遗址看绳纹人与环境的关系》，《考古》1995 年第 8 期。

［55］　广西壮族自治区文物考古训练班等：《广西南部地区的新石器时代晚期文化遗存》，《文物》1978
　　　　年第 9 期；广西壮族自治区文物工作队：《广西隆安大龙潭新石器时代遗址发掘简报》，《考古》
　　　　1982 年第 1 期。

［56］　广西壮族自治区文物工作队：《广西钦州独料新石器时代遗址》，《考古》1982 年第 1 期。

［57］　同［48］。

［58］　吴文祥、刘东生：《4000aB.P. 前后降温事件与中华文明的诞生》，《第四纪研究》2001 年第 5 期。

广西红水河流域新石器时代遗址
的发现和研究

林　强　　谢广维

（广西文物考古研究所）

红水河是珠江流域西江水系干流，发源于云南省沾益县的南盘江，在贵州省望谟县蔗香村与北盘江汇合后始称红水河，自西向东横穿广西中部，至象州县石龙镇与柳江汇合改称黔江。红水河干流全长659公里，本文所指流域包括乐业、天峨、南丹、东兰、巴马、大化、都安、马山、忻城、合山、来宾等县，流域分布较多的新石器时代遗址（图一）。为进一步研究流域的新石器时代文化的源流、发展演变关系，本文对主要遗址的发现作介绍，并对相关的几个问题进行探讨。

（一）遗址发现

红水河流域的遗址根据其分布的地理环境，可分为台地遗址和洞穴遗址，现将部分典型遗址作简单介绍。

1. 台地遗址

主要分布在红水河两岸台地，或在两河交汇处的三角地，地势较平缓，遗址周围往往是岩溶发育地区。

（1）马山六卓岭

位于马山县金钗镇独秀村那烂屯六卓岭上，处于红水河的右岸台地上。遗址出土大量陶片，绝大部分为夹细砂陶，少量夹粗砂，不见泥质陶；陶片有夹砂红陶、红褐陶、灰褐陶和灰陶四类。陶器的胎壁普遍较薄，部分较厚，大部分陶器烧制的火候高。陶器制作方法一般是手制，纹饰有绳纹、刻划纹。其中以绳纹为主，另有素面陶。绳纹极少见交错式绳纹；刻划纹有多条平行斜线、旋涡、曲折、水波、勾连纹、弦纹等，也有少量

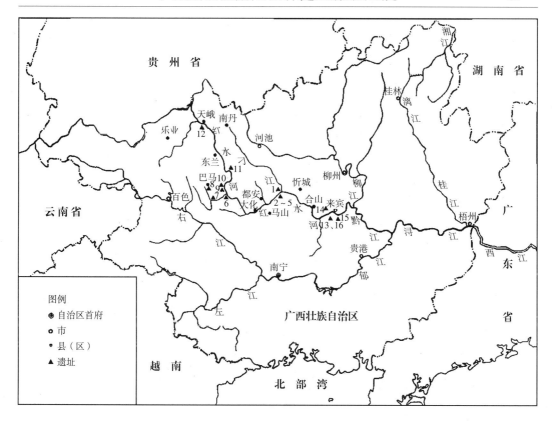

图一　广西红水河流域新石器时代遗址地理位置示意图

1. 都安北大岭　2. 马山六卓岭　3. 马山索塘岭　4. 马山拉如岭　5. 马山古楼岭　6. 大化大地坡　7. 大化江坡

8. 巴马坡六岭　9. 大化琴常　10. 大化音墟　11. 东峨坡文岭　12. 天峨塘英　13. 来宾鸡笼山　14. 来宾屯山岩

15. 来宾根村岩　16. 来宾邑拉洞　17. 大化布屯

的刻划纹和绳纹组合纹。纹饰制作比较规整，绳纹普遍压印较深，比较细密，而刻划纹较浅。陶器有圈足器、三足器、圜底器，未见平底器；器类主要有高领、双耳器、钵等，其中以高领罐和双耳器最有特色。石器中打制石器有砍砸器、刮削器、石锤、石饼等，其加工比较简单，为单面加工。磨制石器部分通体磨光，大部分仅磨制刃部，器形有石斧、穿孔石锛、石拍、板状石器、石芯、石管、砺石等，其中板状石器数量最多，而且器形比较特殊。

文化堆积层较差，新石器时代的遗物主要出于第4、5层，包含少量的夹砂绳纹陶片、石制品。从以上的器物特征判断，遗址年代已在广西新石器时代晚期[1]。

（2）马山古楼坡

位于马山县金钗镇乐江村上凌屯古楼坡地上，北为红水河，与北大岭遗址隔河相望，地层中可见大量的动物骨骼、炭屑、红烧土，以及一些石器、石片、碎屑等石制品。石器有打制和磨制两种，以打制居多；打制石器主要为砍砸器，磨制石器有石斧及斧、锛毛坯。

地层分为2层，第1层为灰褐色沙黏土耕土层，第2层为棕红色的沙黏土层，剖面出露石制品、动物骨骼、炭屑等，地层保存较好。遗址文化性质与北大岭类似，存在石器制作场遗迹，其时代应与北大岭遗址早期相当[2]。

（3）巴马坡六岭

位于巴马瑶族自治县巴马镇巴廖村停岁屯东北方向的坡六岭上，地表散布大量的砾石、石锤、砺石、断块、石片、碎屑，以及石斧、研磨器等石器或石器毛坯等，特别是石英断块和碎屑较多。遗物全是石制品，类型丰富，有石斧、石锤、研磨器、毛坯、石拍、砺石等石器。

遗址的地层有3层，自上而下第1层为灰褐色的耕土层；第2层为灰黄色沙黏土层，土质较板结，出露少量的石器；第3层为棕黄色沙黏土层，同样出露少量的石器。遗址文化性质与北大岭基本相同，应为一个石器制作场，出土的石制品类型也与北大岭类似，但已出现方格纹石拍，年代可能为北大岭早期稍晚阶段[3]。

（4）都安北大岭

位于都安瑶族自治县百旺乡八甫村那浩屯东南约1公里的北大岭，地处红水河与刁江交汇处的台地上。遗址可分为早、晚两期。早期遗迹主要有石器制作场和墓葬。墓葬墓坑均不甚明显，葬式有仰身屈肢、侧身屈肢和肢解葬三种。陶器仅见夹砂陶，火候较低，胎壁较厚，胎质粗糙，疏松多孔，手制，内夹石英颗粒、植物碎末等。器形多为敞口圜底釜。以夹砂红褐陶为主，有少量的褐陶及黄褐陶；纹饰以粗绳纹为主，有少量中绳纹及细绳纹，胎壁大多较厚。石制品类型包括斧、锛、凿、研磨器、石刀、砺石、石砧、石锤、砍砸器、刮削器、石片及大量的石料、断块、碎片等。其中以原料、断块、碎片和石器毛坯、半成品为主，石器以斧、锛、凿、研磨器为主。晚期主要发现灰坑等遗迹。遗物主要有陶器、石器。陶器完整器较少，胎壁较薄，有泥质和夹细砂两种；陶色有红、褐、红褐、灰褐、黑褐几种，纹饰主要为细绳纹，其次为刻划纹。圈足多有镂孔。器物多圜底和圈足，主要器形有高领罐、带耳罐、陶罐、陶钵、陶盆等，以高领罐居多，有敞口、直口两种，有的领中部有一道装饰花边，有的为一道凸棱。石器以双肩石器为主，器形有铲、斧、锛等，均通体磨光[4]。

早、晚两期的地层和器物特征都有明显的不同，早期地层的土质为棕红色沙黏土，晚期地层为灰褐色沙黏土，差异较大。早期的器形多为粗绳纹的圜底釜，火候低，胎体厚。石器以磨制斧、锛为主。晚期的陶器类型已增加，以高领罐为主，器壁较薄，纹饰常见细绳纹，石器出现较多的双肩石器。两期的器物、文化性质差异较大，过渡不明显，存在时代缺环。

（5）大化音墟

位于大化瑶族自治县北景乡音墟屯红水河西岸台地上，1990～1991年进行发掘，遗址文化层分为上下两层，厚约30～200厘米，均为红土堆积。出土器物较少，仅有少量陶片和石器。陶器有夹砂灰陶、红陶和泥质红陶、灰陶。纹饰以绳纹、方格纹为主，还有少量素面陶片。石器类型有斧、锛、铲、石拍和砺石等。斧、锛器形较小，磨制精致。石拍的拍面为方格纹，刻槽清晰。

从陶器、石器特征分析，遗址时代为新石器时代晚期[5]。

（6）大化琴常

位于大化瑶族自治县岩滩镇常吉村琴常屯东约500米的弄石坡，东临红水河。1990年12月～1991年6月进行发掘。遗址出土了大量的石片和砺石，石器以斧、锛、铲为主，多数仅在刃部加工磨制，通体磨光较少。也出土少量磨制精致的小型石器和大石铲。陶器分夹粗砂、细砂两种，以红陶、红褐陶为主，有少量灰陶，火候低，多饰绳纹。器形有钵、罐等，陶足有柱状、锥状和方形足。遗址中发现的墓葬皆为长方形竖穴土坑墓，多无随葬品，有的只在墓底放置一块石头[6]。

遗址的原报道较简单，但从石制品组合看，存在大量断块、砺石、半成品、成品，也应该是石器制作场的特征，陶器、石器的特征与北大岭相似，但器形有所变化，特别是出现了石铲，因此年代上比北大岭遗址早期稍晚。

（7）大化大地坡

位于大化瑶族自治县羌圩乡古龙村古龙屯北面的大地坡，红水河与灵岐河交汇处的二级阶地上，地层包含大量的石片、碎屑，特别是一种石英的碎屑较多。从采集到的石器看，遗址至少应存在早、晚两期不同的文化遗存，但主要堆积以早期为主，器类主要包括砍砸器、石斧、石锛及其毛坯和半成品，此外，石锤、砺石等石器制作工具也比较多。在北大岭遗址晚期普遍存在有切割痕迹的石料，用于切割的砺石在遗址中也有发现。

遗址的地层堆积较厚，保存较好，第1层为灰褐色耕土层，土质疏松；第2层为棕褐色沙黏土，包含物有石器、断块、石片、碎屑等石制品，厚约1米。遗址文化性质与上述两处遗址类似，从发现石制品类型、特征可以确认存在石器制作场遗迹。遗址早期的文化特征与北大岭相似，晚期发现的切割砺石主要用以磨切、加工石器，石器制作技术已比早期有明显进步，这也是早期不见的器形[7]。

（8）东兰坡文岭

位于东兰县大同乡信河坡圩屯南100米的山坡上，地表散布大量的磨制石器、半成品、砺石等，石器主要类型有斧、锛等磨制石器，其加工特点是对刃部磨光，通体磨制较少[8]。

遗址石器特征与北大岭发现的石器类似，但打制石器已减少，也存在石器制作场的遗迹，年代上也应与北大岭早期稍晚阶段相当。

（9）天峨塘英

位于天峨县六排镇塘英水泥厂背后红水河南岸台地上，地面散布打制石器和磨制石器，打制石器的类型主要为砍砸器等，磨制石器主要为斧等[9]。

遗址石器特征与北大岭等遗址发现的石器类似，存在石器制作场的遗迹，年代上也应与北大岭早期相当。

2. 洞穴遗址

主要分布在岩溶石山发育地区，地点主要在来宾、大化等县。

（1）大化布屯

位于大化瑶族自治县乙圩乡联二屯附近的布屯洞穴，洞口朝东南，右前方为一片开阔地，有小溪流经洞口。洞内堆积已被破坏，发现的遗物有20余件，可分为石器、蚌器和陶片。石器类型有双肩石斧、双肩石锛、石斧、石刀等。陶片破碎，能看出的器类为罐。陶片有夹砂红陶、夹砂灰褐陶，火候较高。纹饰有绳纹、划纹。石器基本上是通体磨光，加工精致[10]。

（2）来宾鸡笼山

位于来宾县石陵乡巴苗村北约1000米的鸡笼山东侧，洞口距地表约30米，洞内最宽20、窄处约10米，进深35米。堆积较厚，达约3.5米，为螺壳、蚌壳堆积，遗物主要有砾石、打制石器和兽骨等[11]。

（3）来宾屯山岩

位于来宾县桥巩乡屯村北约5米的屯山岩，洞口朝南，距地表30米，洞高12、宽4米，进深15米。洞内发现螺壳堆积，器物有砍砸器、刮削器等打制石器[12]。

（4）来宾根村岩

位于来宾县蒙村乡良峡村西南约100米，岩洞洞口向南，洞高10、宽8米，进深24米。发现螺壳堆积，文化遗物有陶片、石片等。陶片为夹砂绳纹陶[13]。

（5）来宾岜拉洞

位于来宾县迁江镇岜拉村南50米，洞口朝东，分上洞口和下洞口，均发现螺壳堆积，采集到打制石器、磨制石斧和夹砂绳纹陶片[14]。

这些洞穴遗址都未经考古发掘，从其分布规律看，除布屯外，其余遗址的洞口离地面都较高，鸡笼山达30余米，这可能与当时的生态环境，甚至年代的早晚有较大关系。从遗物初步分析，布屯的年代为新石器时代晚期，其余4处洞穴遗址的年代可能比布屯早，为新石器时代中期。

（二）文化特征和时代

　　根据目前的材料可知，红水河流域新石器时代遗址的分布主要为台地遗址和洞穴遗址，其中台地遗址主要分布在红水河两岸台地上，常见于两河交汇的三角处，发掘材料比洞穴遗址丰富；洞穴遗址的材料仅限于调查材料，没有经过考古发掘，地层堆积、文化内涵不甚清晰，因此本文的重点是对流域台地遗址的文化特征和年代做初步的研究分析。

　　台地遗址的文化面貌基本类似，地表和地层中包含大量的石制品，砍砸器与磨制石器共存，石制品类型有砍砸器、斧、锛、斧（锛）半成品、斧（锛）毛坯、石锤、断块、砺石、碎屑等，应是制作石器的场所。我们可以依据以上的论述，结合地层和出土物特征，将台地遗址分为三期，第一期包括北大岭早期、大地坡、古楼坡、索塘岭、拉如岭、塘英，第二期包括坡六岭、坡文岭、音墟、琴常等遗址，第三期包括北大岭晚期、六卓岭等遗址。

　　第一期的文化特征：以北大岭遗址早期为代表，陶器以夹粗砂红褐陶为主，有少量的褐陶及黄褐陶，火候较低，器壁较厚，纹饰以粗绳纹为主，器形多为敞口圜底釜。石器中打制石器和磨制石器并存，并且打制石器的数量不少，打制石器的加工技术简单，一般作单面加工，少部分作双面加工，类型多为砍砸器、刮削器、石锤等。磨制石器主要对刃端加工并精磨，小部分通体磨光。器形主要有斧、锛、凿、研磨器、石锤等。遗址中通常发现石器制作场，出土大量的石料、断块、石片、碎屑、石砧、石锤和石器毛坯、半成品等制作石器产生的石制品。墓葬特征以在北大岭发现的墓葬葬式有仰身屈肢、侧身屈肢和肢解葬三种为代表。

　　第二期的文化特征：以坡六岭遗址为代表，遗址中仍有石器加工场遗迹，陶器的陶质出现了夹细砂灰陶，纹饰还以绳纹为主，新出现了方格纹，器形增加了陶钵，并且出现了较多的三足器。石器除了打制石器与磨制石器并存外，并且出现大石铲、石拍及磨制较精的小型斧、锛。

　　第三期的文化特征：以北大岭遗址晚期为代表，陶器有夹细砂和泥质陶两种，陶色有红、褐、红褐、灰褐、黑褐等，胎壁较薄，纹饰主要为细绳纹，其次为刻划纹。器形多圜底和圈足，圈足多有镂孔。主要器形有高领罐、带耳罐、陶罐、陶钵、陶盆等，以高领罐居多，有敞口、直口两种，有的领中部有一道装饰花边，有的为一道凸棱。石器以双肩石器为主，打制石器明显减少。器形有磨制石锛、斧、铲等，多为通体磨光，并且在北大岭晚期、六卓岭等遗址发现一种板状石器，类似刀状，刃缘与石斧刃类似，其功能用于磨切石料，加工规整的石器，在石料上可观察到平、直的磨切痕迹，可称之为"磨切器"。

从器物变化看，陶器从第一期的夹粗砂、以粗绳纹为主、器形单一；到第二期的纹饰略有变化，纹饰增加，器形出现三足器；到第三期演变为夹细砂、泥质陶，以细绳纹并有较多的刻划纹为主，器形也增加，出现圈足器，并且以高领罐最具特征。石器从第一期大量的打制石器与磨制石器并存，第二期的打制石器减少，开始出现大石铲和石拍，第三期以磨制石器为主，双肩石器流行。因此，流域的三期演变关系还是基本清楚的，同时，红水河流域的第一、二期文化特征更非常明显，普遍存在石器制作场，墓葬流行屈肢葬、肢解葬，石器组合以打制石器与磨制石器并重，石器类型以砍砸器、磨刃石器、研磨器为特色，陶器以敞口圜底釜为主，纹饰以粗绳纹为主，胎体较厚，疏松多孔，制作粗糙，这些文化因素与广西其他的文化类型相比，具有显著的地域特征，代表了一种新的新石器时代文化类型。

关于遗址三期的年代，据北京大学第四纪年代测定实验室对北大岭早期地层的三个碳样进行测定，年代分别为距今 8180 ± 50（BA05513）、8320 ± 40（BA05512）、8770 ± 40（BA05514）年，考虑到测年会略有偏差，其年代大致在距今 8000～7000 年，相当于广西新石器时代中期；第二期的年代稍晚，流域遗址发现大石铲的形状只是大型的双肩石器，并没有平肩出现，年代上应比桂南大石铲的年代早。石拍的流行年代据邓聪先生认为环珠江口的石拍流行于距今 6000～5000 年间，是东亚已知最古老的"树皮布文化系统"[15]。据谢光茂先生相告，百色革新桥遗址石器制作场的地层测年在 6500 年左右，因此，第二期的年代应在距今 7000～6000 年之间；第三期双肩石器、陶器特征，已为新石器时代晚期，年代大致在距今 6000～5000 年，甚至更晚。

（三）石器制作场的文化性质

石器制作场是人类生产制作石器的"作坊"，一般认为其文化内涵是目的性明确的制作石器所进行的生产活动的遗留。其包含的遗物是以若干种规范的石制工具（半成品、成品、废品）、石料、废片、碎屑及相关的设施（工棚、工作台面、制作生产工具的加工工具、砥磨工具、锤击、切割器具等）[16]。确立一个石器制作场，简单的判断就是所发现的大量石制品能够复原制作石器的完整工艺流程，其流程如下：

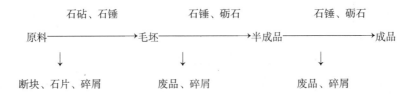

从以上流程分析，人类选择合适的原料，捡拾江边河滩上的砾石或是开凿岩块，然后利用石锤、石砧等加工工具把原料打制成定型毛坯，毛坯经过初步的去粗、啄打等工序后并略加磨砺成半成品，再加以磨砺、啄打等工序后，就形成了一个成品。同时，在加工制作石器时在地层中保留下了断块、废品、石片、碎屑等副产品。作为制作场的生产设施，可能存在"工棚"等遗迹，具备以上生产要素的是一个标准的制作场。但由于堆积情况的复杂性，或许"工棚"遗迹难以寻找，但在江西新余拾年山遗址的制造厂内清理出2座圆形房屋和5座简易式工棚，棚内分布有大量石料、半成品、废品及石锤、石钻等石制品，并且发现蓄水缸，缸的周围堆有细砂，遗址应存在一处有工棚、设施齐备、生产环节齐全的石器制作场[17]。由于一个制作场都可能经过了较长的稳定使用时期，当时人类当然也会在制作场附近有其他活动，如居住、煮食甚至埋葬等，并有地表水的冲刷作用，这些人为和自然因素对石器制作的原始工作面会形成一些扰动，时间的长期性也会形成了一个堆积层，因此石器制作场的文化因素需作具体分析。

北大岭的石器制作场内发现数万件石器，从砾石到成品制作各个阶段的石制品都可见到。石制品分布密集，其中有15个探方石制品超过1000件，T606多达1700余件之多。石制品包括大量制作石器的原料、制作工具（如石砧、石锤、砺石等）、不同制作阶段的产品（如石斧、石锛、研磨器等的毛坯、半成品、成品）以及碎片和断块。原料、石锤、砺石基本上都是河滩砾石，发现三处石料堆放点，其中两处为平地堆放，一处置于坑内。石料集中堆放，层层叠叠。K6001为直径约60厘米的小坑，发现石料123件，石料均是作石锤使用的椭圆形或圆形砾石，绝大部分并无使用痕迹。部分石砧很大，上面有砸击、锤击痕迹，砺石大多残断，显然经过反复长期使用。毛坯、半成品器身留下加工痕迹，在器侧、端或通体加工，对半成品的磨砺基本上是主要对刃端，有一些石器直接磨砺出刃端，并未经过打制。在一些石砧或砺石周围往往有较多的石锤及石器制成品分布，似是当时加工的位置。我们选择对包含石制品的土进行淘洗，发现了大量的小石片、碎屑，是为制作石器的证据；并对一些石器进行了拼对，复原了不少的石器。在红水河流域的台地遗址也发现了大量的石制品，包括砾石、砺石、石锤、断块、碎屑，以及石器毛坯、半成品、成品等，明显包含了石器制作的基本要素。红水河的河滩有丰富的不同岩性砾石，为石制品的原料来源，在当时的生产力下，人类只能就近选择合适的石料，不可能在离原料很远的地点建立石器制作场，另外河滩也为人类的生活提供了食物、用水等生活保障。大块的岩石可用作石砧，硬度较大的圆形、椭圆形、扁圆形的砾石适宜作石锤，扁长形的砾石便于加工成斧、锛，而砂岩是用作砺石的最佳石料。从加工技术看，当时人类已具有熟练的技术，根据石料的形状采取不同方向、不同的加工方法，锤击、砸击法是两种主要的打坯方法，因此原料的来源和加工技术为石器制作场的建立提供了必要的前提。

同样，右江南岸的革新桥遗址发现的石器制作场内有许多分布集中的石制品，以石砧为中心，散布许多砾石、断块和碎片等，在石砧的周围发现有石锤和砺石，如果石砧兼用作砺石，则周围没有砺石，有的石砧周围还有石斧、石锛的半成品或成品。还有的石制品分布呈扇状，石砧在"扇"的把端，有可能是制作石器的人的位置[18]。在其他省发现的石器制作场如广东西樵山遗址[19]、史老墩遗址[20]，江西拾年山遗址[21]，湖北红花套遗址[22]的确认，也为红水河流域台地遗址发现的石器制作场的文化性质提供了相互佐证的材料。

红水河流域的台地遗址处于红水河两岸，有丰富的砾石材料，提供了制作石器的基础，木作业的需求直接推动了石器生产制作的产生、发展，形成了一个稳定的生产时期，石器制作技术的进步提高了生产效率。各方面的因素形成了红水河流域发达的石器制作业，从而留下了众多的遗址，出土的石制品包含了不同制作阶段的产品，可以复原当时石器的制作流程，遗址石器制作场的文化性质也是可以确认的。

（四）石器的功能

上面提及红水河流域的台地遗址发现大量的打制石器和磨制石器，出土这么多的石器又当何解释呢？我们认为应该从木作业方面考虑。红水河流域新石器时代台地遗址普遍存在的石器制造场，出土了大量的打制、磨制石器，打制石器仍以旧石器传统的砍砸器、刮削器为主，磨制石器以斧、锛、凿为主。对于磨制石器的起源，传统观点认为多与农业的产生有关，也有学者表达了不同的意见，认为与木作业有更多的联系[23]，特别是双肩石器的用途，与南方的频繁木作活动有关[24]；而红水河流域遗址中普遍出土的研磨器，也不代表是加工稻谷的，"研磨器可以用来加工野生植物、肉类、软骨、盐或颜料"[25]。南方地区高温多雨，植被发育，兽虫较多，为了适应南方特有的环境，产生了干栏式建筑。为了建造房子，就需要大量的木作工具，用于砍、割、剖、凿等，遗址中出土大量的石器，往往具有木作特征，如砍砸器的利刃适宜砍伐较大的树木，石锛、石凿适宜剖、凿，因此应该是与建筑中的木作工具有较大的联系。在革新桥遗址石器制作场出土的石凿具有典型的凹刃，刃缘锋利[26]，显然是用于木作业中的凿穿工序。在英国西南地区Smoerset levels遗址保存了至少距今5000年前的带有石斧砍伐痕迹或截面的枕木和木桩，当时人类已熟悉运用石器劈裂、切割、结合和凿洞等制作木制品工艺[27]。东南亚地区的传统建筑多以干栏式为主，当时发达的木作业所需工具为石器制造业提供了广泛的机会，石器制成后可以作为不同人群交换的用品。东南亚地区的石器系统也是双肩石器主要分布地区，其建筑传统所需的石器数量、类型显然与中原地区有差异。目前所发现的石器制作场主要分布在长江以南地区，如上所述的广西、广东、江西、湖北等地，分布的地域刚好是干栏式建筑发达地区，这是一个很有意思的巧合。在浙江河姆渡遗址距今

7000～6000年发现的干栏式建筑，出土了大量的木构件，留下了砍伐、裁截、开板、劈削、挖凿榫卯等工艺痕迹，用于这些工艺的工具主要有骨器、木器和石器。据发掘者研究，使用石斧进行采伐和截断，也同样使用石斧进行剖裂成板材，锛用作修整。榫口主要用梯形石斧砍成，卯口用石凿和条形锛凿成[28]。这表明当时的人类已能熟练使用石器进行木作业，而南方流行的干栏式建筑正体现了石器广泛应用于建筑的用途。

除了建筑所需工具外，人类迁徙、活动所需的舟船也需要工具进行制造。广西有发达的水系，有数条主要河流如红水河、黔江、柳江、浔江、桂江、郁江、邕江、左江、右江等，在史前时期陆路交通不发达的情况下，最便利、安全的交通工具当然是船，不管是制作独木舟，或是简单的木排、竹排，都需要工具进行砍伐、截断、剖、凿等，新石器时代人类只有石器可用，因此制作大量的石器用于木作业是可信的。

红水河流域处于一个喀斯特地貌发育地区，海拔较高，地表水源缺乏，杂草、灌木丛生的地理条件，并不利于水稻的种植，石斧、石锛也不适合作为农业工具的锄、挖、收割之用。同时，广西地区具有丰富的动植物资源，如在贝丘遗址发现的动物有猕猴、竹鼠、豪猪、豹、苏门犀、野猪、麂、水鹿、羊、水牛等，并在甑皮岩人的食物结构中始终包括有块茎类植物，这与岭南地区有众多的植物果实、块茎、花等可食资源是分不开的[29]。在有充足的自然食物来源的条件下，人类改变已有的生业方式的主动性应不高。

独特的地理环境、丰富的动植物资源和传统的建筑方式、生活方式，以及适宜的人群数量，使红水河流域的新石器早、中期时代的人类并没有产生农耕的主动性，其石器系统与发达的木作业有明显的关系。当然，随着社会的进步，人群的增加，生存压力的增大，小规模的农耕产生后，石器与农耕的联系愈来愈密切。

（五）余　论

红水河作为广西的一条重要河流，在该流域发现的新石器文化具有显著的地域特色，在构建广西史前文化序列方面具有重要意义。今后工作的重点应加强对流域史前遗址的调查和发掘工作，并在发掘工作中注重多学科研究，动物考古学、植物考古学、年代学、石器微痕分析等学科的介入，将有助于逐步解决流域史前遗址的年代、分期、生业方式、生态环境等重要课题。

注　　释

[1]　广西壮族自治区文物工作队等：《广西马山县六卓岭、尚来岭新石器时代遗址发掘报告》，《广西考古文集》（第二辑），科学出版社，2006年。

［ 2 ］ 广西文物考古研究所：《广西红水河流域新石器时代遗址考古调查报告》，见本书。

［ 3 ］ 同［ 2 ］。

［ 4 ］ 林强、谢广维等：《广西都安北大岭遗址考古发掘取得重要成果》，《中国文物报》2005年12月2日。

［ 5 ］ 邱龙：《大化县音墟新石器时代遗址》，《中国考古学年鉴·1992》，文物出版社，1993年。

［ 6 ］ 李庆斌：《大化县琴常新石器时代遗址》，《中国考古学年鉴·1992》，文物出版社，1993年。

［ 7 ］ 同［ 2 ］。

［ 8 ］ 梁旭达：《红水河流域原始文化概述》，《红水河文化研究》，广西人民出版社，2001年。

［ 9 ］ 同［ 8 ］。

［10］ 林强：《大化瑶族自治县布屯新石器时代洞穴遗址调查与试掘》，《广西文物》1992年第1期。

［11］ 同［ 8 ］。

［12］ 同［ 8 ］。

［13］ 同［ 8 ］。

［14］ 同［ 8 ］。

［15］ 邓聪：《史前蒙古人种海洋扩散研究——岭南树皮布文化发现及其意义》，《东南文化》2000年第11期。

［16］ 曾骐：《论史前时期石器制作场——兼谈香港西贡蚝涌的考古发现》，《中国史前考古学研究》，三秦出版社，2003年。

［17］ 江西省文物考古研究所等：《江西新余市拾年山遗址》，《考古学报》1991年第3期；曾骐：《论史前时期石器制作场——兼谈香港西贡蚝涌的考古发现》，《中国史前考古学研究》，三秦出版社，2003年。

［18］ 广西壮族自治区文物工作队：《广西百色市革新桥新石器时代遗址》，《考古》2003年第12期。

［19］ 曾骐：《珠江文明的灯塔——南海西樵山古遗址》，中山大学出版社，1995年。

［20］ 英德市博物馆等：《英德沙口史老墩遗址》，《英德史前考古报告》，广东人民出版社，1999年。

［21］ 同［17］。

［22］ 红花套考古发掘队：《红花套遗址发掘简报》，《史前研究》1990～1991年辑刊。

［23］ 钱耀鹏：《略论磨制石器的起源及其基本类型》，《考古》2004年第12期。

［24］ 王仁湘：《关于我国新石器时代双肩石器的几个问题》，《中国史前考古论集》，科学出版社，2003年。

［25］ 科林·伦福儒、保罗·巴恩著，中国社会科学院考古研究所译：《考古学：理论、方法与实践》，文物出版社，2004年。

［26］ 同［18］。

［27］ 同［25］。

［28］ 浙江省文物考古研究所：《河姆渡》，文物出版社，2003年。

［29］ 中国社会科学院考古研究所、广西壮族自治区文物工作队等：《桂林甑皮岩》，文物出版社，2003年。

蹲葬探源

陈远璋

（广西壮族自治区文物局）

蹲葬，又称"屈肢蹲葬"、"屈肢蹲踞葬"、"蹲踞葬"、"坐葬"，其特点是：死者头部顶朝上，面朝下，脊椎向前弯，上体向前靠，腹部近贴大腿，双手下垂于两侧，或交于胸前，或反剪于背，或抱膝于前，双腿屈膝，形似蹲坐状。其中具体形态或可有些变化，但屈膝蹲坐的基本姿势是不变的。这种葬式是我国南方，尤其是广西地区史前时期一种富有特色的埋葬方式和葬俗。本文拟就此作一些粗浅的探讨。

（一）蹲葬发现概况

蹲葬是我国史前时期极富特征的葬式之一，考古资料显示，除广西之外，在黑龙江、广东等地以及南方邻国越南也发现了一些蹲葬，而以我国广西境内发现的蹲葬最多、最为丰富、最具代表性。现将蹲葬发现情况分别简单介绍如下。

1. 广西区域内

迄今为止，已在广西境内的桂北地区洞穴遗址、桂南地区贝丘遗址等十余处遗址的墓葬中发现了蹲葬。

（1）洞穴遗址

桂林庙岩遗址：位丁桂林市雁山区李家塘村东约0.5公里的孤峰南麓。庙岩有南、东两个洞口，洞道长16.8米，洞底面积约130平方米。1988年7~8月发掘50平方米，地层自上而下分为六层，第1层为扰乱层，第2~6层为文化层，文化堆积厚2.4~2.9米，其中在第2~5层发现了面积不等的烧灰层。文化遗物有石器、骨器、蚌器及陶片等。石器有砍砸器、刮削器、盘状器、穿孔器、铲形器、球形器、石锤、石砧、石核、石片、砺石等；骨器有锥形器、尖形器、铲形器、扁形器等；蚌器有蚌刀、穿孔器等。仅在第5层发现了5块灰褐色陶片[1]。此外发现了两具人骨，其中一具为保持较完整的蹲葬[2]。

桂林甑皮岩遗址：位于桂林市南郊象山区独山南麓。洞口西南向，面积约200平方米。1973年6月、1974～1975年、2001年4～8月，对该遗址进行过多次发掘。文化堆积在钙化板下，厚0.2～2.5米。发现了灰坑、烧坑和墓葬。出土文化遗物有石器、骨器、蚌器、陶器（片）及25种动物骨骼等。石器包括打制的砍砸器、盘状器、刮削器；磨制的石斧、锛、矛、穿孔器等，多磨刃部，通体磨光者少；骨器有锥、针、笄、镞、鱼镖等；蚌器有蚌刀；陶器多已残碎，可辨器形有瓮、罐、釜、盆、钵、碗等[3]。1998年11月对甑皮岩遗址墓葬资料进行整理时发现人骨架35具，葬式包括蹲葬、二次葬和侧身屈肢葬，其中21具为蹲葬。墓葬的墓坑不明显，除在BT2M5、BT2M7、DT2M1人骨头部旁置有砾石、石块，以及DT3M1人骨旁有2件蚌刀外，其余均未见有随葬品。但在BT2M2、DT2M3人骨的盆骨上发现有赤铁矿粉[4]。2001年4～8月发掘，在第四、五期各清理蹲葬墓2座，其中2座1973年已发现。至此，甑皮岩遗址共发现蹲葬人骨架23具。此次发掘发现了墓葬的葬坑：为近圆形的竖穴土坑墓，墓坑直径约0.6～0.7米，深约0.5米，随葬品极少或无。第四期墓葬的人骨上压大小不等的不规则石块9件；BT2M9，人骨头部用2件相叠的大蚌壳覆盖。第五期文化BT2M1，未见随葬品；BT2M4，人骨膝盖上放置石块2件[5]。

桂林市轿子岩遗址：位于桂林市甲山乡唐家村轿子山东南麓。洞口东南向。分主洞与支洞，文化堆积主要分布在主洞，面积约26平方米。1980年试掘。文化堆积厚约1米，出土打制石器、石料各10余件，此外还有双孔蚌刀、骨锥及猪、鹿、麂、猕猴、竹鼠、豪猪等动物骨骼及螺蚌、鱼龟等水生动物遗骸，并发现了椭圆形灰坑、柴草灰烬及蹲葬人骨架1具[6]。

临桂大岩遗址：位于临桂县二塘镇小太平村东南约500米的下岩门山北麓。大岩遗址由A、B两洞组成，文化遗物均出自A洞。2000年10月～2001年1月发掘，揭露面积72平方米。地层自下而上分为六期，第一期堆积夹杂少量碎螺。仅见砾石打制石器、剥片及少量兽骨。第二、三、四期以螺壳堆积为主。第二期打制石器占较大比重，出现了磨制骨锥、穿孔蚌器以及烧制的陶土块等。第三期石器仍以打制石器为主，但器类没有明显变化，不见磨制石器。骨器有锥、锛两种，数量明显增加。同时出土了较多的水陆生动物遗骸。第四期陶器、石器、骨器、蚌器数量较少。石器仍以打制石器为主，出现少量磨制石斧、石锛；陶器多夹砂红褐陶，器形以敞口、束颈、鼓腹的圜底釜为主，器表多饰粗绳纹；蚌器仅有少量穿双孔的蚌刀。第五期堆积含螺壳数量较少。打制石器数量少，磨制石器数量增加；陶器以夹砂红褐陶为主，其次为夹砂灰褐陶，夹砂黑陶较少，新出现少量泥质陶。器形包括釜、罐、壶、钵等，器表饰粗绳纹、细绳纹、篮纹、弦纹、刻划水波纹、戳印纹等，部分器物口沿捺压花边。骨器的种类也较多。第六期为棕红色黏土堆积，出土遗物仅见陶器和石器两种。石器包括磨制的斧、锛、镞等；陶器以夹砂的红陶和灰白陶为主，器类仅见宽沿罐一种，器表饰拍印的方格纹。墓葬见于第二、五期，共10座：其中第二期2座，分别为仰身屈肢葬、侧身屈肢葬，无随葬品，但在头部及肢骨处压放数件未加工的石块；第五期8座，其中一座仅见头骨，并随葬石铲、蚌刀各1件；其余7座葬式包括仰身屈肢葬、俯身直肢葬及蹲葬，均有随葬品，随葬品有石器、骨器、穿孔蚌器等[7]。

（2）贝丘遗址

南宁市青山、武鸣岜勋遗址：据报道："在敢造、岜勋、青山、长塘、西津等遗址的文化层中，都发现了墓葬。这些墓葬的墓坑不明显，头向和葬式各不相同。能辨出葬式的有屈肢蹲葬、仰身葬、侧身屈肢葬和二人侧身屈肢合葬。在个别墓的头骨旁发现置有骨锛、骨竿和石斧，一般没有随葬品。多数在人头骨附近放一两块石头，有的是红色的矿石，有的在人头骨下垫有白膏泥，个别人骨架四周撒有赤铁矿粉。"[8]青山遗址位于南宁市青秀山龙象塔南面山脚，在邕江北岸台地，面积约800平方米，1963年试掘。文化层堆积厚2米左右，发现有墓葬，葬式多为屈肢葬（包括蹲葬）。出土石器有斧、锛；蚌器主要是穿孔蚌刀，以及夹砂绳纹红陶片、炭屑、红烧土等。岜勋遗址位于武鸣县锣圩镇岜勋村，武鸣河与水响河汇流的龙水岸边，面积约200平方米。1963年试掘。文化层堆积厚2米，含螺蚌壳、石器、动物骨骸、红绕土、磨制的石斧、石杵。发现有墓葬，葬式多为屈肢葬（包括蹲葬）。

南宁灰窑田遗址：位于南宁市青秀区三岸园艺场西500米灰窑田岭山脚，属邕江东岸一级阶地。面积约4000平方米。2006年4月发掘200多平方米，螺壳堆积厚2米，出土了陶、石、骨、蚌器等文化遗物。陶器有罐、釜；石器有磨制的斧、锛等；骨器包括锥、针、镞等；蚌器有刀、匕等。共发掘墓葬50余座，葬式有蹲葬、侧身屈肢葬、仰身屈肢葬、俯身屈肢葬、肢解葬。随葬品少或者没有随葬品[9]。

邕宁县顶蛳山遗址：位于南宁市邕宁县蒲庙镇九碗坡村东，邕江支流八尺江右岸第一阶地的顶蛳山坡地，面积约5000平方米。1996~2001年，多次进行发掘，揭露面积约1050平方米。文化堆积分为四期：第一期陶器数量较少，均为夹砂陶，且器类仅见圜底的罐或釜形器。器表施粗绳纹，器物口沿上多捺压花边，沿下有附加堆纹。发现了玻璃陨石细小石器、石核和少量穿孔石器等。第二期陶器的数量增加，但器形仅见直口、敞口或敛口的圜底罐，器表多饰印痕较浅的篮纹，有少量绳纹。有较多蚌器、骨器和磨制石器及少量玻璃陨石质细小石器。墓葬发现较少，葬式有仰身屈肢、侧身屈肢、俯身屈肢和蹲葬等。第三期陶器数量较多，新出现敛口或直口的釜及高领罐等。器表纹饰仍以绳纹为主，篮纹基本不见。蚌器、磨制石器数量较多。发现墓葬较多，除有仰身屈肢、侧身屈肢和蹲葬外，还发现了肢解葬。第四期堆积不含螺壳。文化遗物基本不见蚌器，石器较少。夹砂陶占较大比例，出现了泥质陶。陶色有红褐、灰褐、黑、灰等，黑陶数量较第三期增多。器表纹饰以细绳纹（多拍印而成）为主，出现了多线刻划纹。器类有高领罐、圜底罐、釜、杯等，其中高领罐的器形较小，与第三期有较大差异[10]。顶蛳山二、三期共发现墓葬300多座，人体骨骸400余具，葬式包括各种屈肢葬及蹲葬、肢解葬。多无随葬品，少数墓随葬一两件石器、骨器或蚌器，亦有部分墓葬放置数量不等的石块。

邕宁县长塘遗址：位于南宁市邕宁县长塘乡长塘村。南临邕江，面积约3000平方米。1964年试掘25平方米，文化层厚3米。第1层为褐色，厚0.5～0.8米，含大量螺壳、绳纹夹砂陶片、石斧、石锛、蚌刀等；第2层为黄褐色，厚1米，含石器等，还有屈肢葬人骨架15具，其中多为蜷曲很甚的蹲葬，亦有一些侧身屈肢葬。墓坑痕迹均不明显，其中一具用螺壳垒成椭圆形墓坑，两具骨架周围撒有赤铁矿粉。多无随葬品，但人骨架旁多置有石块，一具人骨手握蚌器，一具骨架上置有牛腿骨[11]。

扶绥县敢造遗址：位于扶绥县扶南乡那普村西南1.5公里敢造渡口。遗址在左江西岸台地上，面积约1000平方米，文化堆积厚约2米。1973年9月试掘，出土的石器有斧、锛、凿、矛；蚌器有匕、刀；骨器有锛、簪等。发现人骨架14具，大多已残缺不全，保存较完整的只有2具。除M5头骨周围有烧土围成半圆圈外，骨架四周均未发现明显的墓坑。从头骨的位置和方向看，有5个头顶向上，下巴朝下，脊柱弯曲，下肢屈膝，应为蹲葬；其余有仰身、侧身屈肢葬。骨架周围无随葬品或极少随葬品：M5头骨旁置有骨笄1枚，一些骨架或头骨旁置有石块[12]。

横县西津遗址：位于横县附城乡西竺村。遗址在邕江和西竹坑小溪江合口，面积约900平方米，文化堆积厚5～6米。1973年9月试掘，发掘面积144平方米，出土的石器有斧、锛、凿、刀、矛、网坠等；陶器有罐、钵、釜类器，以夹砂绳纹红陶为主；骨器有锛、镞、锥、针；蚌器有刀、匕等。同时发现墓葬100余座，墓坑不明显，出土人骨架70具，多头骨坐于四肢骨上，上肢骨曲向胸前，下肢骨作蹲式，成抱膝状，为蹲葬；也有少量仰身、俯身和侧身屈肢葬。发现一些以小砾石围成的圆形墓坑，随葬品较少，多一两件石、骨、蚌器或石块。M14人骨架上、下肢骨上各置猪下颌骨1件。有的骨架周围有赤铁矿粉[13]。

横县秋江遗址：位于横县平朗乡秋江村。遗址在郁江与马峦江汇合口的一级台地上，面积约2000平方米，文化层厚0.8～2.85米。1974、2002、2004年三次发掘。1974年发掘共发现人骨架27具，分布密集，未见明显墓坑，葬式多为蹲葬，余为侧身屈肢葬及二次葬。随葬品少，多为一两件石、蚌器[14]。2002～2004年共发掘109.5平方米，获得了地层关系明确的文化遗物。文化堆积分为二期，出土有石器、骨器、蚌器、角器、陶片等。第一期文化为螺壳堆积层，陶器以夹砂陶为主，多饰粗绳纹及少量附加堆纹，骨、蚌器发达。第二期文化堆积为灰褐色沙土，不含螺壳，缺少骨、蚌器，陶器多泥质陶，不见附加堆纹，细绳纹增多，还有划纹，出现了薄胎黑灰陶。此外，还发现了人骨遗骸61具，主要见于T1、T3、T4的第4层，T5的第3层，属第一期文化。人骨架分布密集且凌乱，均未见墓坑，在一些骨架旁发现一两件石器、骨器、蚌器。葬式多屈肢葬，有蹲葬、仰身屈肢、侧身屈肢、俯身屈肢、肢解葬和二次葬[15]。

2. 广西区域外

在广西地区外发现的蹲葬不多，主要见于：

广东肇庆市高要县龙一乡蚬壳洲遗址：位于广东省肇庆市高要县鼎湖区广利镇龙一乡。蚬壳洲遗址在西江河谷平原的台地上，面积约20000平方米。1986年试掘，清理侧身屈肢葬墓3座、灰坑1个，发现红烧土遗迹1处，出土了少量陶片、石器[16]。1987~1988年再次发掘，地层分为5层，其中第4、5层为新石器时代文化层。出土了一批陶、石、骨器：陶器多已成陶片，以夹砂陶为主，大多饰粗、细绳纹，少量饰刻划连弧纹、拍印小方格纹、彩色条状纹；彩陶为赭红色，泥质彩陶一般加白陶衣。器形有釜、罐、盘等。此外还有石锛、石斧、石刀、骨哨、骨笄等。发现墓葬24座，人骨28具。墓坑以抹角方形、椭圆形竖穴土坑墓为主，大小不等，整体布局有一定规律。葬式以侧身屈肢葬为主，仅有1例为蹲葬（87GXIT32M19），墓坑近圆形，直径0.8米，深0.11米，无随葬品。还有1例为俯身屈肢葬（87GXIT22M32）。多无随葬品，仅M20随葬骨笄1件，M28随葬多孔石刀2件[17]。

云南元谋大墩子遗址：位于云南元谋县龙川支流——张二村河北岸台地。遗址面积约5000平方米，1972、1973年三次发掘，揭露面积496平方米。出土遗物包括陶、石、骨、角、牙、蚌器及兽骨，发现墓葬37座：其中竖穴土坑墓19座，瓮棺葬17座，圆坑墓1座。土坑墓葬式有仰身直肢、仰身屈肢、侧身屈肢、俯身屈肢、母子合葬等。圆坑墓（M20），墓坑作圆形，直径、深皆50厘米，墓坑圜底，坑壁不平整，墓底残存头骨及肢骨碎片。死者为婴儿，头向西北，葬式不明，随葬穿孔骨珠1粒[18]。有学者认为是蹲葬。从该遗址墓葬的情况来看，瓮棺葬用于埋葬幼童，其墓穴多属略有倾斜而不规则的浅竖穴坑，较瓮棺稍大，报告称："瓮棺葬中……保存稍好的有七座。根据牙齿判断，大多不足周岁，乃至初生不久的婴孩。头向与瓮口方向一致。一般下肢蜷曲于瓮底，头骨靠近瓮口。"葬坑及葬式似具备了蹲葬的特征，但其含义与形式并不同于广西新石器时代的蹲葬。M20为婴孩墓，因此，该墓应与瓮棺葬有关，而并非本文所指的蹲葬。

四川巫山大溪遗址，位于四川省瞿塘峡东口（夔峡），大溪与长江交汇处的三角地带，长江南岸三级台地上。遗址面积约15000平方米，1959年7~8月、11~12月两次发掘，发掘面积228平方米。文化层分上、下两层，出土鼎、罐、釜、甑、钵、豆、盘、碗、杯、球、珠等陶器；斧、锛、锄、凿等石器；锥、针、凿、刀、笄、璧、环等骨器及玉玦、玉璜等。发现墓葬74座。墓葬排列紧密而重叠，多达4层。未发现有葬坑的痕迹，找不出彼此间的界线。按发掘报告分析，其葬式分为四种：仰身伸直葬；仰身屈肢葬，又分为Ⅰ、Ⅱ、Ⅲ式三种屈肢葬；俯身葬；侧身屈肢葬。除仰身伸直葬、俯身葬外，皆为蜷曲很甚的屈肢葬。随葬品多少不一，有的无随葬品，随葬品最多者达58件[19]。亦有学者认为其中有蹲葬存在。从该遗址发掘报告提供的图版观察，其中有的葬式似与蹲葬有相似之处。但由于①墓葬的墓坑不明显，彼此间界线不明显，对确定人骨葬式产生了诸多的不确定因素；②发掘报告对墓葬的仰身屈肢葬、侧身屈肢葬的描述比较清晰，对于仰身屈肢葬，无论是Ⅰ式、Ⅱ式、Ⅲ式都明确为："上身仰卧"；对侧身屈肢葬描述为："侧身屈肢而葬"。因此，不能肯定四川巫山大溪遗址出现的屈肢葬中有蹲葬存在。

黑龙江依兰县倭肯哈达洞穴：位于黑龙江依兰县东郊倭肯河东岸的东山肯哈达洞穴中。遗址发现了两具蹲葬人骨，姿势大致相同：头部顶骨向上，面朝下，头在膝盖上方，脊椎弯曲，上肢抱膝，下肢紧并蹲踞。其中一号人骨伴出柱状白玉佩、管状饰；三号人骨随葬白玉佩、璜、兽形佩、黑色管状石饰各1件，穿孔兽骨片30余片[20]。

国外如越南境内的新石器时代贝丘遗址中也发现了蹲葬[21]。

由此而观之，我国史前时期蹲葬盛行的区域主要在广西地域，分布于桂北及桂南两大区域。桂北地区蹲葬，见于洞穴遗址，以桂林甑皮岩遗址为代表，目前发现仅限于桂林、临桂范围；桂南地区蹲葬则发生于贝丘遗址，以邕宁顶蛳山二、三期文化为代表，分布范围以西江流域的邕江、左江沿岸为主。

（二）蹲葬源自桂北洞穴遗址

广西是蹲葬盛行的区域，但在我国广东、黑龙江以及邻国越南也发现了蹲葬存在，那么这些蹲葬究竟源于何处，发生于何时呢？试分析如下。

①北京大学考古学系实验室、中国社会科学院考古研究所实验室提供了庙岩遗址[14]C年代测定的10个数据：

庙岩遗址[14]C年代测定数据表

地层	标本（螺壳）	[14]C年代（距今）
2	BA92030-1（炭化核桃皮）	12730 ± 370
右2层	ZK-2839（螺壳）	12707 ± 155
左2层	ZK-2840（螺壳）	13547 ± 168
3M	BA92033-1（炭化核桃皮）	12630 ± 450
4M	BA92034-1（木炭屑）	13710 ± 270
5L	BA92036-1（木炭屑）	18140 ± 320
5层	BA94137a（陶片）	15560 ± 500
5层	BA94137b（陶片）	15660 ± 260
5层	ZK-2841（螺壳）	17238 ± 237
6L	BA92037-1（木炭屑）	20920 ± 430

说明：[14]C数据采自谌世龙：《桂林庙岩洞穴遗址的发掘与研究》，《中石器文化及有关问题研讨会论文集》，广东人民出版社，1999年。

上述 ^{14}C 测定年代标本中，螺壳标本 3 个，炭化核桃皮标本 2 个，木炭屑标本 3 个，陶片标本 2 个，数据测定的年代在距今 20000~12000 年之间，其测年数据有一定的差距。第 6 层标本 BA92037-1（木炭屑）测年为距今 20920 ± 430 年，但根据发掘者提供的发掘资料，该层堆积比较纯净，只含有少量角砾以及兽牙、螺蚌，其余文化遗物均无发现。第 5 层以上，除 BA92036-1（木炭屑）、ZK-2841（螺壳）两个标本外，其余标本测年约距今 15500~12500 年之间。石灰岩地区水下动植物标本 ^{14}C 测定年代一般偏老，结合庙岩遗址出土文化遗物的情况，庙岩遗址的年代距今约 15000~12000 年较为适宜。虽然发掘报道没有确指蹲葬出现在该遗址的哪一个发展阶段，但至迟应在距今 12000 年以前。

② 桂林甑皮岩遗址有大量不同层位的木炭标本和一些兽骨、人骨标本的 ^{14}C 年代测定数据，《桂林甑皮岩》报告对该遗址五期文化的年代进行了确定：第一期距今约 12000~11000 年；第二期距今约 11000~10000 年；第三期距今约 10000~9000 年；第四期距今约 9000~8000 年；第五期距今约 8000~7000 年 [22]。蹲葬主要见于第四、五期文化，属于新石器时代中期，但也不排除蹲葬存在早于第四期文化的可能性，如 DT2 的 M5~M7，其年代大体在第四期之前，而 M5~M7 均为蹲葬，表明在甑皮岩遗址的第三期文化，即距今约 10000~9000 年间的新石器时代早期，蹲葬已在甑皮岩遗址出现了。

③ 桂林轿子岩遗址的年代无 ^{14}C 年代测定数据可供参考，地层自上而下，分为三层，第 1 层为石钟乳盖板；第 2 层为灰褐色含螺壳胶结土，厚约 1 米；第 3 层为生土。蹲葬出于第 2 层，但第 2 层没有文化分期的划分。有研究者从出土的石器、骨器、蚌器以及伴出的哺乳动物化石分析，轿子岩遗址的年代为距今 15000~12000 年，处于旧石器时代向新石器时代过渡阶段 [23]。因此，可以肯定蹲葬在轿子岩遗址出现的年代不会晚于距今 12000 年。

④ 临桂大岩遗址中发现了旧石器时代向新石器时代过渡的地层关系及文化遗物。第一期打制石器具有岭南旧石器时代晚期同类器物的典型特征，属旧石器时代晚期；第二期属旧石器时代晚期向新石器时代的过渡阶段；第三、四期属新石器时代早期，大约距今 10000 年；第五期属新石器时代中期；第六期属新石器时代晚期。蹲葬出现在第五期文化，即新石器时代中期 [24]。

从以上介绍可知，在桂北洞穴遗址中，最早出现蹲葬的轿子岩遗址、庙岩遗址的年代大约都在 15000~12000 年间，处于旧石器时代向新石器时代过渡阶段，由于两个遗址对于蹲葬出现的层位都没有作具体划分，因此，可以认为最迟在旧石器时代向新石器时代过渡阶段，即距今 12000 年以前，蹲葬已经出现了。桂林甑皮岩遗址、临桂大岩遗址出现蹲葬的时间则要稍晚一些。

⑤ 邕宁县顶蛳山遗址的文化遗存自下而上分为四期，第一期年代距今约 10000 年；

第二、三期出现大量墓葬，葬式有蹲葬，年代距今约8000～7000年，属新石器时代中期；第四期年代距今约6000年[25]。以顶蛳山二、三期文化为代表的桂南贝丘遗址，有相对集中的分布范围，文化面貌有明显的共同特征，如有相同类型的器物组合，器类以敞口、束颈、深腹、圜底的罐和敛口、深腹、圜底釜为主，并有少量高领罐，早期纹饰多篮纹，晚期盛行绳纹；有鱼头形蚌刀；盛行屈肢葬、蹲葬等。桂南地区南宁市青山遗址、邕宁长塘遗址、扶绥县敢造遗址及横县西津遗址、秋江遗址皆属顶蛳山文化的范畴，为新石器时代中期遗址。蹲葬在这些遗址中出现的时间，不会早于顶蛳山遗址第二、三期，即距今约8000～7000年间。

⑥横县秋江遗址属顶蛳山文化，根据不同地层共做了8个14C年代测定数据，包括7个螺壳标本、1个人骨标本。其中螺壳标本测定包括年代数据多偏老，最老的T4④螺壳测定年代为距今10820±150年。最新的T1⑥螺壳测定年代为距今8050±185年，与T3④人骨测定年代距今8060±185年比较接近。综合出土文化遗物考虑，秋江遗址第一期的年代大约与顶蛳山遗址二、三期相当，为距今8000年；第二期与顶蛳山遗址第四期的年代大致相当，为距今6000年左右[26]。蹲葬仅见秋江遗址第一期文化，其年代应属于新石器时代中期。

⑦南宁灰窑田遗址文化内涵与顶蛳山遗址第三期文化基本相同，两者年代相当，即距今约7000年。蹲葬的出现即在这个时间段内。

有研究认为，广西河岸贝丘遗址的年代距今8000～6000年，分为四期：第一期以顶蛳山第二期为代表，包括豹子头早期、秋江早期；第二期以顶蛳山第三期为代表，包括豹子头晚期、牛栏石、凌屋、那北嘴等遗址；第三期以西津遗址为代表，包括江口、秋江晚期；第四期仅见于南沙湾遗址[27]。第一、二、三期文化的共同特点是屈肢葬与蹲葬流行。而在第四期文化中，并没有发现蹲葬。象州南沙湾遗址的年代为距今6500～5500年，已属于桂南贝丘遗址的晚期阶段。

由此可知，桂南贝丘遗址蹲葬出现和盛行的时代，处于新石器时代中期的早、中期阶段，而至新石器时代中期的晚期阶段，贝丘遗址蹲葬习俗则可能产生了变化。

广东肇庆市高要县龙一乡蚬壳洲遗址发现的蹲葬仅1例，且蚬壳洲遗址的年代已属于新石器时代晚期；黑龙江依兰县倭肯哈达洞穴遗址亦为新石器时代晚期遗址；云南元谋大墩子遗址、四川巫山大溪遗址存在的"蹲葬"尚存质疑，且年代亦进入了新石器时代晚期。故这些遗址不可能是蹲葬的源头。越南境内新石器时代贝丘遗址的年代约距今7000～4000年，与桂南新石器时代贝丘遗址大致相当或稍晚，其发生的蹲葬可视为桂南贝丘遗址葬俗的南方延伸地，而绝非起源地。

从以上分析可知，蹲葬产生的源头应该在广西境内。就目前的考古资料而言，可以肯定，史前时期富有特色的蹲葬，主要发生、盛行在广西地区，地域上涵盖桂北、桂南地区，存在于旧石器时代向新石器时代过渡或新石器时代的遗址中，即以甑皮岩遗址为代表的桂北洞穴遗址，以顶蛳山遗址为代表的桂南贝丘遗址。从时间上看，桂北蹲葬见于新石器时代早、中期或之前（旧石器时代向新石器时代过渡）的洞穴遗址，新石器时代晚期，包括洞穴遗址、山坡遗址中尚没有发现。桂南蹲葬则发生于新石器时代中期早、中阶段的贝丘遗址，新石器时代中期的晚期阶段的贝丘遗址（晚期贝丘遗址）和新石器时代晚期的各类遗址，迄今尚未发现蹲葬的存在。

桂北洞穴遗址与桂南贝丘遗址分属不同历史阶段，不同的文化类型，其间文化内涵、面貌并不完全相同，但却共同具有相同的葬俗——蹲葬，那么二者之间的关系究竟如何呢？

桂北地区迄今已发现了70余处史前文化遗址，其中包括洞穴、山坡类型遗址。除洞穴遗址外，在山坡遗址中并没有发现蹲葬。而在洞穴遗址中，蹲葬也仅见于新石器时代中期以前遗址。显然，在新石器时代中期以后，桂北地区盛行一时的蹲葬消失了。而在此时，桂南地区葬俗以蹲葬为特征的顶蛳山文化正处于兴盛时期。洞穴、贝丘遗址在年代、居住方式、生活方式上虽然存在着差别，但也存在一定的联系，如桂北洞穴遗址常见的长方形、梯形石器，在桂南贝丘遗址中仍可见到，石器多斧、锛是二者共同特点；陶器风格也有相似之处，如多夹砂（粗石英砂）陶，器表纹饰绳纹、篮纹、刻划水波纹也很相似，桂北洞穴遗址的敞口、直口、敛口的圜底釜、罐类器，也见于桂南贝丘遗址。有研究者认为：在距今7500年左右，桂北"甑皮岩人"已南迁，南迁路线与漓江、桂江、浔江、郁江流域有关[28]。这一时间与桂南贝丘遗址发生蹲葬及屈肢葬的时间相大致吻合，说明桂南贝丘遗址蹲葬的习俗源自桂北洞穴遗址。

有学者认为：在桂北发现屈肢葬最早的是位于桂林西郊的轿子岩洞穴遗址，因此，屈肢蹲葬在广西经历了桂林轿子岩洞穴遗址—庙岩洞穴遗址—甑皮岩洞穴遗址—南宁地区贝丘遗址等漫长的历史[29]。亦有学者认为：庙岩遗址、轿子岩遗址蹲葬的年代最早[30]。学术界对于轿子岩、庙岩两遗址年代的认识并不完全一致，有学者认为轿子岩遗址属于中石器时代，而庙岩遗址则属于新石器时代早期阶段[31]。也有意见认为：广西新石器早期文化可分两期：第一期距今15000～9000年，包括桂林庙岩遗址（15000年）、邕宁顶蛳山一期（10000年）及桂林甑皮岩第一、二、三期（12000～9000年）。第二期距今9000～8000年，包括桂林甑皮岩第四期（9000～8000年）等[32]。还有研究者认为：庙岩遗址较早阶段、大岩遗址第一期，属旧石器晚期之遗存；大岩遗址第二期、庙岩遗址较晚阶段、轿子岩遗址属中石器时代遗存[33]。从目前所掌握的资料观之，庙岩、轿子岩遗址的年代大体在距今15000~12000之间，出现蹲葬的年代应大致相当，但因两遗址蹲葬出现的层位并不明确，因此具体孰早孰晚，仍需要做更多的工作。

在桂南贝丘遗址中，蹲葬都发生在新石器时代中期的早、中阶段。以顶蛳山遗址为例，"顶蛳山遗址的新石器时代早期遗存与第二、三期遗存尽管在地层上有明确的叠压关系，但文化面貌却存在较大差异。第二、三期陶器常见的篮纹和圜底罐、釜、高领罐等不见于早期，而早期的粗绳纹和口沿饰附加堆纹的釜也不见于第二、三期。早期数量众多的玻璃陨石质细小石器至第二期锐减，第三期则基本不见。种种迹象表明，不宜将顶蛳山遗址早期遗存与第二、三期遗存归入同一个考古学文化[34]。顶蛳山遗址分为四期，第一期文化即顶蛳山遗址的早期遗存，属桂南河旁台地的新石器时代早期遗存，也是桂南贝丘遗址的早期形式。在该期文化中，并没有发现蹲葬或其他屈肢葬。第二期发现了少量墓葬，葬式有仰身屈肢、侧身屈肢、蹲葬。第三期蹲葬已大量存在，并出现肢解葬。很显然，桂南河旁台地新石器时代早期遗址中，蹲葬习俗尚未形成。到中期始兴盛起来，这也是桂南贝丘遗址蹲葬习俗受桂北蹲葬南移影响的证据。

对于蹲葬的传播路线，有学者认为"如果把桂林和广西南部地区出土屈肢蹲葬的遗址在地图上标注出来，并用线连接，我们即刻可以得出'甑皮岩人'的迁徙路线：桂林诸遗址—漓江—桂江—浔江—郁江—横县西津遗址—邕宁县顶蛳山遗址、长塘遗址—南宁市青山遗址—武鸣县岜勋遗址—扶绥县敢造遗址"[35]。可为一家之说。笔者注意到，在桂北与桂南之间的桂中（柳州、来宾）地区，是旧石器时代晚期智人发现较多的地区，地处桂中的柳州、柳江、柳城、鹿寨、融水、来宾、忻城、武宣等市、县发现了不少旧石器时代或新石器时代的洞穴遗址；同时也在柳州、融水、象州等地发现了一些贝丘遗址。虽然迄今在桂中地区尚未发现蹲葬，但已在柳州市大龙潭鲤鱼嘴遗址发现了屈肢葬，屈肢葬人骨的年代距今约9000年。鲤鱼嘴遗址发掘报告称只发现了仰身、俯身屈肢葬，没有发现蹲葬。但也指出一些人骨葬式不明[36]。仰身、俯身屈肢葬在屈肢葬中所占比例很少，应该不是正常的葬式，考虑到人骨周边并无明显墓坑，且葬于螺壳堆积中，其稳定性较差，可变因素较大，如遭到自然或人、动物的扰动，墓葬的形式就会发生变化。因此，鲤鱼嘴遗址的屈肢葬中很有可能存在蹲葬。但无论如何，屈肢葬在距今9000年左右已进入了桂中地区。所以，笔者认为柳州市大龙潭鲤鱼嘴遗址与桂北蹲葬向桂南传播有关。蹲葬的发展序列可以考虑为：轿子岩遗址（或庙岩遗址）—甑皮岩遗址（三、四、五期）—大岩遗址（五期）、大龙潭鲤鱼嘴遗址—桂南贝丘遗址（横县西津、秋江遗址—顶蛳山二、三期等）。也就是说，桂北洞穴遗址的蹲葬通过洛清江进入柳州（或者其本身就处在蹲葬区域），然后经柳江通过各水路进行传播。其中一支由柳江—黔江—浔江—西江流域—广东肇庆（高要）一带；一支由柳江—黔江—郁江—邕江—左江流域—越南。也可能通过这些水路传播至桂西、桂东南及沿海地区。

综上所述，可以认为，广西史前时期蹲葬习俗是从旧石器时代晚期至新石器时代早期，由桂北洞穴遗址发生、发展而来的，至新石器时代中期，渐次发展至桂南地区或其他地区，成为沿江河岸贝丘遗址的主要葬式之一。

（三）蹲葬起因探源

奇特的蹲葬习俗引起了学术界的关注和研究，一些学者对蹲葬产生的原因提出了自己的意见，归纳起来主要有如下几种观点：（1）蹲踞姿势说。此观点基于古代岭南地区"坐皆蹲踞"习俗，认为把死者生前"坐皆蹲踞"的休息姿势用以安葬死者是很自然的，只有这样死者才能安息[37]。（2）睡眠姿势说。此观点认为"埋葬死者不过是人类的一种极为低级的意识，或者可以说是一种十分原始的动物性本能。当初是不会有什么灵魂观念的"。产生蹲葬的真正、直接原因不是"灵魂不灭"观念，与自然环境及生产力低下无关。人类实施蹲葬是由人类早期的原始生活习性——蹲式睡眠姿势决定的，这是产生蹲葬的本质原因[38]。（3）祖先崇拜说。此种意见认为：蹲葬"主要是受刚刚从神灵过渡过来的初期祖先崇拜观念所支配的"。因为人是由猿进化而来的，"不难看出屈肢蹲葬是颇象猿人的屈蹲坐的，这就是说明这种葬式就是对祖先传统纪念性崇拜"[39]。（4）原始社会制度投影说。该意见认为包括蹲葬在内的屈肢葬，盛行于原始社会，是原始社会制度的投影，其渊源是基于原始人信仰灵魂不灭的观念[40]。（5）生产力低下说。此说认为：蹲葬出现于生产工具简陋的石器时代，发现在结构松散的螺、蚌壳堆积中，证明了蹲葬的发生主要是由于当时生产力低下的缘故，同时人骨穿孔、撒赤铁矿粉表明蹲葬具有浓厚的迷信色彩[41]。（6）原始宗教说。认为甑皮岩已形成固定、统一的葬式（最流行的是蹲葬）；墓葬皆在公共墓地，人骨面朝洞口方向，且大多集中埋在红烧土旁；在人骨上撒有赤铁矿粉；生人与死人共用一洞穴，住葬合一，生人居于光线较亮的洞右侧，死者葬于较阴暗的洞左侧，是朴素的阴阳观念的一种反映。由此认为该葬式反映一种原始宗教信仰和灵魂观念的存在[42]。（7）限制亡灵说。认为蹲葬因为蜷曲很甚，在捆绑时必须用非常残忍的手段，是受到灵魂不灭宗教信仰意识支配的，其最根本的目的是限制亡魂自由[43]。

上述观点并未指出蹲葬产主的初始、本质的原因，因此都存在可以探讨的空间。笔者认为蹲葬只是体现葬俗的载体和形式，而通过这种载体和形式所反映的更深的含义和原因，才是探索蹲葬不可缺少的重要一环。笔者赞同蹲葬习俗的产生与"灵魂"观念有关，同时也认为蹲坐睡眠姿势与蹲葬的葬式有着相当密切的关系。必须讨论的问题是：与蹲葬联系在一起的"灵魂"观念，究竟代表着什么？是害怕灵魂作祟、神灵崇拜、祖先崇拜、回归母体的意识、限制亡灵？抑或是其他的意识？而这种意识究竟与蹲坐的睡眠姿势存在什么样的关系？

笔者认为，在蹲葬盛行的地区，蹲葬的姿势与"灵魂"观念的产生有极其密切的关系。"灵魂"观念从产生之时起，就对原始人类社会、活动、意识、行为等有着重要的控制作用。而葬俗的产生与形成，也应如此。

原始人"灵魂"观念的产生应与睡眠有关。我们今天所说的"灵魂"，对于原始人而言，只是一种无法解释的神秘现象。由于科学知识水平的低下，原始人在与大自然的斗争中常会产生一些困惑，包括自身生理现象的困惑，最常见的是原始人每天必须经历的睡眠过程。正是在这睡与醒之间所产生的一些生理现象和反应，对原始人灵魂观念的产生及其葬俗、葬式的产生和发展有着极大的影响。而这种生理现象和反应，起关键作用的则就是因睡眠而产生的梦幻。

当然，仅仅是劳动辛苦而蹲踞休息，是不足以生梦的，人只有在入睡时，才有可能产生梦幻。原始人在甜睡中会经常做梦，梦中常会发生许多荒诞古怪或日常的事情，有兴奋、痛苦、恐惧……在梦幻中，人犹如白天一般的活动，且梦中闪烁着飘忽的神秘色彩，呈现出虚幻多变的境界，梦境朦胧迷茫，而身躯却躺着或坐着未动，而在梦幻中却活动如常，在产生梦游时，人会在不知觉的情况下移动自己的身体。这些现代医学尚不能完全诠释的现象，当然使原始人大惑不解，在他们的观念中，梦幻是人的身体中存在的一种无法理解的神秘力量在起作用。

原始人究竟如何把梦幻同灵魂联系在一起，目前尚无直接的证据。恩格斯根据北美人的材料，分析过先民的梦魂观念："在远古的时代，人们还完全不知道自己身体的构造，并且受梦中景象的影响，于是就产生一种观念：他们的思维和感觉不是他们身体的活动，而是一种独特的、寓于这个身体中而在人死之时就离开身体的灵魂活动。从这个时候起，人们不得不思考这种灵魂对外部世界的关系。既然灵魂在人死时离开肉体而继续活着，那末就没有任何理由去设想它本身还会死亡。这样就产生了灵魂不死的观念"[44]。

睡眠是产生梦幻的直接原因，而梦幻导致了"灵魂"观念的发生，"灵魂不死"观念引发了原始人对于灵魂寓所——人体的重视。在原始人看来，灵魂就在他们的身体里，并控制着身体的活动，睡眠时梦幻发生，即灵魂离开人体活动之时，当一个人长睡不醒时，其他人会认为他的灵魂还没有回家，就会保持其入睡的姿势，睡眠的姿势便渐渐成了灵魂离开肉体时的象征，成了一种神圣的姿势，披上了神秘的色彩。对原始人的思维和行为产生深刻的影响。可以说，灵魂观念导致了广西原始人有特定意识埋葬死者的行为，而睡眠姿势则决定了葬俗的形式。因此，原始人在处理死者时，会选择死者最常用的睡眠姿势予以安葬，以期望死者有一天会醒来。时至今日云南永宁纳西族、独龙族依然认为人死是一种长眠，故死者须仿照其生前面朝火塘侧身屈肢睡眠姿态安葬[45]。四川甘孜藏族自治州九龙县的藏族和普米族，亦有按照死者生前的坐卧习惯处理尸体葬俗[46]。而在原始时期，岭南地区与睡眠姿势相关的就是屈肢姿态，包括蹲坐、侧身屈肢姿势，而其中，以蹲坐姿势具有最悠久的历史和影响。

蹲葬习俗产生之初，其内在原因，即缘于此，仅仅是因为"灵魂不死"观念，而不是在蹲葬发展过程中由"灵魂不死"观念而派生的其他意识。

在人类发展的早期，"结巢而居"是已经证实的历史，人类在树上栖身，休息和睡眠必然承袭人类的祖先——类人猿的蹲坐姿势，而不可能是其他的姿势。原始人类在进入洞穴居住之后，休息和睡眠的蹲坐姿势必然会在相当长的时间得以保持：一是"结巢而居"已经养成原始人蹲坐休息、睡眠的习惯；二是蹲坐休息简便易行，至今日仍是人类主要的休息姿势；三是因为洞穴面积不够宽畅，蹲坐姿势所占面积小，可以容纳更多的人；四是睡眠时须围绕火堆，面对火堆蹲坐而眠，不仅可使有限的火堆温暖更多的人，而且可使身体大部分避寒避湿。蹲坐姿势的长期存在，使得睡眠与蹲坐发生着紧密的联系，也使睡眠时梦幻与蹲坐发生着紧密的联系：蹲坐—睡眠—梦幻—灵魂不灭—蹲葬（屈肢葬），即为蹲葬产生与发生的过程。

综上所述，笔者认为，蹲葬的起因源自原始人类因梦幻而产生的灵魂不死观念和蹲坐的睡眠姿势：睡眠姿势是其外在原因，"灵魂不死"观念则是其内在原因。

（四）蹲葬与屈肢葬

在岭南，包括广西地区，在史前时期的一些遗址中，蹲葬与其他屈肢葬，如仰身屈肢、侧身屈肢、俯身屈肢等葬式共存；也有肢解葬、二次葬及其他屈肢葬共存的实例。如在桂北大岩五期发现的8座墓葬中就包括蹲葬、仰身屈肢葬、俯身直肢葬。桂林甑皮岩遗址发现人骨37具，其中蹲葬23具，侧身屈肢葬3具，二次葬5具，葬式不明6具。邕宁顶蛳山遗址发现墓葬300多座，人体骨骸400余具，葬式包括仰身屈肢葬、侧身屈肢葬、俯身屈肢及蹲葬、肢解葬。在蹲葬盛行的遗址中，出现了仰身屈肢葬、侧身屈肢葬、俯身屈肢及蹲葬、肢解葬、二次葬等不同的葬式，说明了蹲葬与这些葬式有着极为密切的关系。

蹲葬与屈肢葬（包括仰身、侧身、俯身屈肢）有共同之处，都是一种蜷曲肢体的葬式。有的研究者认为："这类形态的尸身埋葬时，头顶朝天，脚底踩地，称之屈肢蹲葬；而脸朝天，背朝地为仰身屈肢；脸朝墓坑壁面，身体一侧贴地为侧身屈肢。"[47] 显然，脸朝地，背朝天，则应为俯身屈肢。这同时也说明，蹲葬与屈肢葬虽然存在蜷曲肢体的共同特征，但所表示的形式是不同的，即下葬的方式有区别。

笔者认为不同的下葬方式，其初始基本的内涵是基于"灵魂不死"观念，而在屈肢表现形式上的不同意味着其间存在一些年代差别。

在广西地区，最早的蹲葬见于桂林轿子岩遗址及庙岩遗址，各发现蹲葬1具，时间约在距今15000~12000年之间。

蹲葬以外的屈肢葬在临桂大岩遗址、桂林甑皮岩遗址、柳州大龙潭鲤鱼嘴遗址及桂南顶蛳山遗址二、三期文化都有发现。临桂大岩遗址二期文化发现的2座墓葬，葬式分

别为侧身屈肢葬及仰身屈肢葬，年代距今 15000～12000 年。柳州大龙潭鲤鱼嘴遗址发现
6 具人骨遗骸，其中仰身屈肢葬、俯身屈肢葬、侧身屈肢葬各 1 具，另 3 具葬式不明[48]。
根据发掘简报，人骨在 T1 下文化层的上部（有文章称为顶部），虽然研究者对遗址文化
分期有不同见解，但均确认人骨出现的地层归于新石器时代早期。北京大学考古学系对
人骨标本 [14]C 年代测定的结果是 PV-401（人骨）距今 10510 ± 150 年，PV-402（人骨）距
今 11450 ± 150 年。英国牛津大学 AMSC14 法测得人骨年代为 OXA2774（人骨）距今 8400
± 90 年，OXA2775（人骨）距今 8270 ± 80 年。结合出土遗物考虑，有研究者把人骨的
年代定位于距今 9000 年左右[49]。显然，柳州大龙潭鲤鱼嘴遗址侧身屈肢葬要晚于临桂
大岩遗址的，而与甑皮岩遗址第四期以后出现的侧身屈肢葬年代大致相当。顶蛳山遗址
二、三期及秋江遗址、灰窑田遗址等桂南贝丘遗址的侧身屈肢葬已进入新石器时代中期，
从时间上来说就更晚了。因此，目前广西发现最早的侧身屈肢葬见于临桂大岩遗址二期。

　　仰身屈肢葬在广西出现也很早，在桂林大岩二期文化，仰身屈肢葬是与侧身屈肢葬
同期出现的葬式，距今约 15000～12000 年。柳州大龙潭鲤鱼嘴遗址，顶蛳山遗址二、三
期，秋江遗址，灰窑田遗址也发现了仰身屈肢葬，但年代上比临桂大岩二期文化晚。因
此，可以认为，最早的仰身屈肢葬见于临桂大岩二期文化，与蹲葬、侧身屈肢葬出现的
时段大致相当。

　　俯身屈肢葬最早见于柳州大龙潭鲤鱼嘴遗址，如该遗址下文化层（上部）发现的 2
号骨骼，死者头北足南，下肢并拢前曲，上肢曲向胸前，为俯身屈肢葬。年代距今约 9000
年，为新石器时代早期。在新石器时代中期的临桂大岩五期文化、南宁灰窑田遗址及邕
宁顶蛳山二、三期亦发现了俯身屈肢葬。顶蛳山第二期 M19、第三期 M35 都是蜷曲很甚
的俯身屈肢葬。但这些俯身屈肢葬出现的时间大致相当或晚于柳州大龙潭鲤鱼嘴遗址的，
也晚于蹲葬、侧身屈肢葬及仰身屈肢葬出现的时间。

　　从上分析看，在广西地区，蹲葬、侧身屈肢葬、仰身屈肢葬出现的年代大致相当，
约距今 15000～12000 年。目前尚无确切的证据显示三者孰早孰晚。因此，蹲葬与侧身屈
肢葬、仰身屈肢葬很可能是在新石器时代早期同时并存的葬式。

　　肢解葬在桂北洞穴遗址中尚未发现，主要见于桂南新石器时代中期的贝丘遗址，如
邕宁顶蛳山遗址三期、南宁灰窑田遗址、横县秋江遗址。广西较早的二次葬出现在桂北
的桂林甑皮岩遗址四期或五期以及桂南邕宁长塘、横县秋江等遗址中。甑皮岩遗址发现
二次葬 5 具，由于原发掘简报对地层未进行分期，二次葬究竟是四期或五期难以判断，只
能概而推测二次葬的年代距今约 9000～8000 年，属于新石器时代中期。邕宁长塘、横县
秋江遗址的年代距今约 8000～7000 年。由此看出广西二次葬发生的时段应距今 9000～
8000 年，二次葬与肢解葬时间大体相当（或较肢解葬稍早），但都明显比蹲葬、侧身屈肢
葬、仰身屈肢葬晚。

肢解葬的特点是将死者在关节进行肢解，然后安葬的葬俗，是桂南新石器时代中期（或稍早）贝丘遗址出现的葬式。二次葬是对死者骨骸重新安葬的葬俗，最早出现的二次葬发现于桂北甑皮岩遗址四期或五期，其后见于桂南新石器时代中期贝丘遗址。顶蛳山遗址发掘者指出："这类墓葬中的骨骸，尽管在关节见明显的切割痕迹，但是从未切割部分的人体关节，尤其手、脚趾关节均未脱离原位的情况看，与二次葬有较大的差异，应是在死者软组织尚未腐烂时有意肢解、摆放而成。"[50] 有学者认为"肢解葬实际上是将僵硬挺直了的尸体进行分解，然后按屈肢葬的姿势埋葬。"[51] 这种说法有一定的道理。如顶蛳山遗址三期 M92："肢解葬……股头向东北，面朝右，墓主被腰斩，上半身反转，俯身于墓坑中部；右上肢倒背于背部，左肱骨压在左胸下，尺骨、桡骨向右折；盆骨及双下肢反转倒置于墓坑左侧，双腿屈折。"[52] 秋江遗址 T1M10："肢解葬。头向南，头骨残缺，有一残断胫骨、腓骨压在脑骨上。一下肢骨曲于头部，另一下肢骨曲于胸部之上。肩胛骨、锁骨位于头部之下约 20 厘米。"T1M12："肢解葬。头向西北，按屈肢方式摆放，肱骨压在头骨之上，头骨、下颌骨在胸部位置。"[53] 这些都是很明显的屈肢葬。可见肢解葬的确与屈肢葬有相当密切的关系。因遭受意外死亡而无法屈肢的情况下，肢解的目的就是使死者尸体具有屈肢的形式，是选择蹲葬或其他屈肢葬的姿势安葬死者，应该会考虑死者生前的睡眠习惯。因此，肢解葬所表现的葬式，有可能是屈肢葬，亦有可能采用蹲葬。从发掘的情况来看，肢解葬多表现为蹲葬以外的屈肢葬的形式，可能与人体在分解肢体后，安葬时尸块叠压（不需要蹲葬墓坑的深度）的埋葬方式所造成的现象有关。

二次葬则是将死者进行二次埋葬，从甑皮岩遗址发现的 5 具二次葬看，骨骸比较零乱，比较难判断其埋葬的方式，但从保存稍好的 DT2、DT2M1 发现的两具二次葬观之，DT2 "四肢可见屈肢相连"，DT2M1 "肢骨不全，但存在的肢骨仍然相连曲弯"[54]，两墓骨骸四肢（或肢骨）屈曲相连，都是屈肢葬所具有的特征，显然这些二次葬也是按屈肢葬摆放的葬式，说明早期的二次葬与屈肢葬有关。因此，笔者认为肢解葬、二次葬是在特殊状况下的屈肢葬形式。肢解葬、二次葬的出现，表明当时的原始人强烈排斥屈肢葬以外的其他葬式。在桂北洞穴遗址、桂南贝丘遗址，乃至广西新石器时代早期的遗址中，都没有发现屈肢葬以外的其他葬式如直肢葬（包括仰身、侧身、俯身）的原穴墓葬，只是在新石器时代中期临桂大岩遗址五期、南宁市青山遗址发现有直肢葬；横县秋江遗址第一期文化 T3 第四层堆积中发现似仰身直肢葬（T3M25、T3M39）两具，数量极少。说明在广西新石器时代早期阶段，广西地域并没有屈肢葬以外的葬式，到了中期，仍然盛行以屈肢葬为主体的葬式，偶尔发现极少数直肢葬，其形成原因还有待于进一步探讨。

蹲葬、侧身屈肢葬、仰身屈肢葬、肢解葬、二次葬都是广西史前时期出现的赋予特定意义的葬式。有研究者认为"仰身屈肢、侧身屈肢、俯身屈肢等葬式也是蹲踞葬的变型，其原型都是蹲踞葬。"[55] 这种观点或许有一定的道理，但尚未获得有效的证据。从广西目前所能查阅的资料，最早出现的是蹲葬、侧身屈肢葬和仰身屈肢葬，其年代都在距今12000年以前，并不能证明蹲葬就早于侧身屈肢和俯身屈肢葬。又从资料统计可知，仰身屈肢葬及俯身屈肢葬在遗址的墓葬中所占比例很少，应该不会是新石器时代所常有的正常葬式。一种原因可能是死者在初下葬时应该是蹲葬或者侧身屈肢葬，只是由于偶然的原因，葬式发生变化。从考古资料看，新石器时代早期墓葬的墓穴并不十分明显。轿子岩遗址、庙岩遗址、大岩遗址发现的墓葬均未见有关墓坑的报道，1973年甑皮岩遗址试掘简报称墓葬"均无墓扩痕迹"，2001年甑皮岩遗址发掘时，在四、五期发掘的4座蹲葬，发现存在近圆角方形、近圆形的竖穴墓坑，这一发现是否意味着甑皮岩遗址发现的墓葬都有原葬墓穴？因1973年发掘资料已散失而难以查证。但甑皮岩遗址四期BT2M8发现于探方西北第10层下，BT2M9位于探方北部第14层下，甑皮岩遗址探方分期对照表分析，BT2M8属于四期较晚阶段，BT2M9属于四期较早阶段。两墓皆为1973年发掘时已发现但未清理的墓葬（部分人骨已取出），坑壁均非常清楚。据此推测，甑皮岩遗址四期墓葬应该是有墓坑的。甑皮岩遗址第二至第四期属于新石器时代早期的后段，第四期的年代应归于新石器时代早期向新石器时代中期的过渡阶段。因此，可以理解为在新石器时代早期较晚阶段，人类有意识地为死者埋葬挖掘墓坑的行为已经存在。在新石器时代中期桂南贝丘遗址中，除顶蛳山遗址的墓葬发现墓坑外，其他遗址均未见有明显墓坑的报告。这又说明新石器时代墓葬是复杂的，不可一概而论——至少有相当部分墓葬的墓坑是不太明显的（包括新石器时代早期或更早阶段）。这跟墓葬选择的地点、堆积物以及形式有关。洞穴遗址往往是居住与葬地同穴，人类对于墓葬的干扰在所难免；而居住在河旁贝丘遗址的人类，仍然习惯于将死者埋葬在"垃圾堆"里。在邕宁长塘遗址、横县西津遗址不仅发现了以小砾石或螺壳围成的墓扩，还发现了一些墓葬在结构疏松的贝丘堆积之中。直至新石器时代晚期这种现象依然存在，如广东高要县龙一乡蚬壳洲遗址M2"头北足南，面朝西，头骨下垂，双膝弯曲至上颌处，侧卧于贝壳中"[56]。横县秋江遗址的"原始居民当时埋葬人类遗骸时很可能没有挖墓坑，而是采用将尸体平放于地面，尸体上掩盖泥土和螺壳的埋葬方式"[57]。人类早期埋葬活动的墓坑简单，加之年代久远，人类的活动、动物的扰乱以及自然变化的影响，都有可能改变死者原有的葬式。另外，新石器时代墓葬分布密集，保存条件很差，再加上后期入葬的墓葬对原葬墓的扰乱、打破，都可能使死者原有的葬式发生改变。因此，仰身屈肢葬、俯身屈肢葬很可能就是变动了的蹲葬或侧身屈肢葬。当然也不能完全排斥是由其他特殊原因所造成。

所以，蹲葬与侧身屈肢葬很可能是广西史前时期最早出现，且同时并存的两种葬式。这两种葬式所发生的原因是相同的，都与原始人类睡眠姿势及睡眠所产生的灵魂观念有关。原始人类从巢居进入洞穴之后，一方面，原来蹲坐的睡眠方式和习惯依然在长时间得以保持，另一方面蹲坐的睡眠方式也获得了改变的空间。尽管洞穴的空间有限，但对于一些群体较小的原始人群体来说，改变蹲坐的睡眠方式则成为可能，而最先改变的睡眠方式就是侧身面火而眠。围着火堆而眠，是穴居原始人类的共同特点，蹲坐睡眠的最大特点是只占居最小的面积，而侧身屈肢面朝火堆，不仅可以使身体的更大部分比蹲坐获得更大面积温暖，适应族群生存的需要，而且可以获得较蹲坐的睡眠更高的睡眠质量，对于族群的发展十分有利。这种睡眠姿势的改变在原始人类走出洞穴之后，会获得更大的空间。睡眠时蹲坐、侧身蜷曲的姿势已经融入了他们的生活，成为生活的一部分。而在睡眠时所产生的梦幻，决定了他们采用蹲坐、侧身屈肢作为安葬死者的方式。具体到每一个死者，可能会以死者生前所习惯的睡眠姿势为原则，决定以蹲葬或者侧身屈肢葬来安葬死者。这就是在同一时期出现蹲葬与侧身屈肢葬共存的原因，也是造成各遗址之间，或同一遗址中蹲葬与侧身屈肢葬多少不一的原因所在。可以认为，在桂北地区，在旧石器时代末至新石器时代早期，以蹲葬、侧身屈肢葬为主的屈肢葬俗逐渐形成。

综上所述，岭南地区的蹲葬起源于桂北旧石器时代末至新石器早期之间的洞穴遗址，由于睡眠与梦幻的密切关系及由此而产生的"灵魂不死"观念，睡眠的姿势成为生者安葬死者的最好选择。在这种观念的影响下，蹲葬与几乎同时期出现的侧身屈肢葬，构成了广西新石器时代早、中期的主要葬式，并由此而派生出仰身屈肢、俯身屈肢、肢解、二次葬等葬式，形成了广西地区新石器时代所特有的葬俗。

注　释

［1］ 谌世龙：《桂林庙岩洞穴遗址的发掘与研究》，《中石器文化及有关问题研讨会论文集》，广东人民出版社，1999年。

［2］ a. 张子模、周海：《广西桂林甑皮岩遗址人骨葬式的再研究》，《中石器文化及有关问题研讨会论文集》，广东人民出版社，1999年；b. 漆招进：《桂东北漓江流域的石器时代洞穴遗址及其分期初探》，《桂林文博》2001年第1期。

［3］ 广西壮族自治区文物工作队等：《广西桂林甑皮岩洞穴遗址的试掘》，《考古》1976年第3期。

［4］ 张子模、周海：《广西桂林甑皮岩遗址人骨葬式的再研究》，《中石器文化及有关问题研讨会论文集》，广东人民出版社，1999年。

［5］ 中国社会科学院考古研究所等：《桂林甑皮岩》，文物出版社，2003年。

［6］ 阳吉昌：《三十年来桂林市重大考古发现及研究》，《桂林文博》1994年第1期。

［7］ 傅宪国、贺占武、熊昭明、王浩天：《桂林地区史前文化面貌轮廓初现》，《中国文物报》2001年4月4日。

［8］ 广西壮族自治区文物考古训练班、广西壮族自治区文物工作队：《广西南宁地区新石器时代贝丘遗址》，《考古》1975年第5期。

［9］ 广西文物考古研究所提供资料。

［10］ 中国社会科学院考古研究所广西工作队、广西壮族自治区文物工作队、南宁市博物馆：《广西邕宁县顶蛳山遗址的发掘》，《考古》1998年第11期。

［11］～［14］ 同［8］。

［15］ 广西壮族自治区文物工作队、横县博物馆：《广西横县秋江贝丘遗址的发掘》，《广西考古文集》（第二辑），科学出版社，2006年。

［16］ 广东省博物馆、高要县文化局：《广东高要县蚬壳洲发现新石器时代贝丘遗址》，《考古》1990年第6期。

［17］ 广东省博物馆、肇庆地区文化局、高要县博物馆：《高要县龙一乡蚬壳洲贝丘遗址》，《文物》1991年第11期。

［18］ 云南省博物馆：《元谋大墩子新石器时代遗址》，《考古学报》1977年第1期。

［19］ 四川长江流域文物保护委员会文物考古队：《四川巫山大溪新石器时代遗址发掘记略》，《文物》1961年第11期。

［20］ 李文信：《依兰倭肯哈达的洞穴》，《考古学报》1954年第7期。

［21］（英）杰里米·戴维森著，陈思明译：《越南近来的考古活动》，《考古学参考资料》二集。转引自张超凡：《桂林甑皮岩屈肢蹲葬之我见》，《甑皮岩研究》，漓江出版社，1990年。

［22］ 同［5］。

［23］ 同［5］。

［24］ 同［7］。

［25］ 同［10］。

［26］ 同［15］。

［27］ 李珍：《广西河岸贝丘遗址的发现与研究》，《广西博物馆文集》（第一辑），广西人民出版社，2004年。

［28］ 漆招进：《试论"甑皮岩人"的去向》，《史前研究》（2004），三秦出版社，2005年。

［29］ 同［2］。

［30］ 同［28］。

［31］ 同［5］。

［32］ 梁旭达：《广西新石器时代早期文化遗存初探》，《华南及东南亚地区史前考古》，文物出版社，2006年。

［33］ 陈远琲：《再谈甑皮岩遗址的内涵变化及考古学意义》，《史前研究》（2004），三秦出版社，2005年。

［34］ 同［10］。

［35］ 同［28］。

［36］柳州市博物馆、广西壮族自治区文物工作队:《柳州市大龙潭鲤鱼嘴新石器时代贝丘遗址》,《考古》1983 年第 9 期。

［37］覃彩銮:《壮族地区新石器时代墓葬及其有关问题的探讨》,《广西民族学院学报》(哲学社会科学版) 1984 年第 3 期。

［38］张超凡:《桂林甑皮岩屈肢蹲葬之我见》,《甑皮岩研究》,漓江出版社,1990 年。

［39］周鸿:《从葬俗特点看甑皮岩原始先民的神灵崇拜和祖先崇拜》,《甑皮岩研究》,漓江出版社,1990 年。

［40］容观琼:《我国古代屈肢葬俗研究》,《中南民族学院学报》(哲学社会科学版) 1983 年第 2 期。

［41］廖国一、卢伟:《试论广西地区先秦两汉时期墓葬所反映的几种特殊风俗》,《桂林文博》1996 年第 1 期。

［42］同［4］。

［43］覃芳:《邕宁顶蛳山遗址葬俗试释》,《广西民族研究》2002 年第 2 期。

［44］恩格斯:《路德维希·费尔巴哈和德国古典哲学的终结》,《马克思恩格斯选集》第四卷,人民出版社,1972 年。

［45］宋兆麟:《云南永宁纳西族的葬俗——兼谈对仰韶文化墓葬的看法》,《考古》1964 年第 4 期。

［46］陈宗祥:《川西少数民族丧葬制度试探》,《中国民族学研究会学术讨论会论文》,1980 年。

［47］陈远琲:《华南地区史前墓葬探析》,《华南与东南亚地区史前考古》,文物出版社,2006 年。

［48］同［36］。

［49］蒋远金:《鲤鱼嘴遗址研究》,《广西博物馆文集》(第三辑),广西人民出版社,2006 年。

［50］同［10］。

［51］覃芳:《从秋江遗址葬俗探讨岭南二次葬源流》,《广西博物馆文集》(第一辑),广西人民出版社,2004 年。

［52］同［10］。

［53］同［15］。

［54］同［2］。

［55］同［28］。

［56］同［16］。

［57］同［15］。

百色坎屯新石器时代墓葬人骨

彭书琳

（广西文物考古研究所）

本报告材料是百色市阳圩镇供园坎屯新石器时代遗址出土的人骨，其发掘过程所出的遗物、遗迹见发掘报告。据田野记录，该遗址共出墓葬14座，人骨标本16具，其中小孩2具，成人骨架14具。该遗址出土的人骨架保存极差，2小孩和另一成人骨骼全毁，各保存有2枚臼齿；其余成人有的只留有几块残段碎骨，有的虽有颅骨、四肢骨、椎骨、肩胛骨和髋骨等，但仍破碎和残缺不全，特别是颅骨、面骨、髋骨无一完整骨块，只有少部分四肢长骨、下颌骨等可以复原。经拼对整合后，可供观察的只有4个颅骨（男性M4，女性M1、M2、M3），除M3无下颌骨，其他配有下颌骨，但仍有严重缺失。颅骨除M4具有部分面骨外，其余面骨、枕底骨均缺失（彩版四三、四四）。四肢长骨可供测量、观察的也只有4个个体（男性M4、M9，女性M1、M2）的个别长骨。本文主要从颅骨、个别长骨的形态观察和测量，对坎屯遗址人骨性别、年龄及其身高，进行初步探讨。

坎屯遗址人骨测量标准、方法及形态观察，主要根据吴汝康、吴新智编著的《人体骨骼测量方法》[1] 和邵象清编著的《人体测量手册》[2] 二书的规定进行测量与观察。测量结果见附表一至附表三。

每个墓葬编号的人骨数，是根据骨骼保存状况、外观、粗细比例及骨的颜色等均协调时，这样的人骨便视为1个个体。有的墓葬编号虽然只有1个，出土的人骨也不多，但有一侧或二侧骨块的，便确定该墓葬人骨分属2个或3个个体。坎屯遗址墓葬编号的人骨数量，绝大多数为1个个体，但也有2个个体的人骨，如M3就多出另1个个体的左侧第二、三臼齿各1枚；M7、M11分别多出小孩乳臼齿各2枚。此外M6和M7的骨骼从保存状况、形态特征都非常相似，M7的一些碎骨片可以粘补到M6的骨骼上，这样便认为M6和M7的骨骼是同一个个体。

（一）墓葬人骨保存状况

M1　左右两侧下肢骨缺失。有颅骨、下颌骨，两侧上肢肱、尺、桡骨残段和髋骨、脊椎骨、肋骨、指骨等残段碎块。经拼对整合，颅骨和上肢长骨可以进行部分形态观察和测量，颅骨仍缺整个面骨、颅底部分和左侧顶结节以下颅侧壁；两侧肱、尺、桡骨均缺失上关节部分。墓主腰椎椎体周缘长有不规则的齿状骨质增生。伴出有猪牙和鱼脊椎骨。

M2　有颅骨、下颌骨，上、下两侧四肢长骨及部分指骨、掌骨、跟骨、舟骨、趾骨、脊椎骨、肩胛骨、锁骨、髋骨、肋骨等残段、碎片。上颌骨右侧残段上附着有两前臼齿和第一臼齿。经拼对整合，两侧肱、尺骨较完好，颅骨仍缺面骨、上颌骨、左右侧颞骨及颅底部分，下颌骨缺左侧下颌角区及下颌枝。伴出石核和石片各1件，均为红色砂岩。

M3　缺失整个四肢骨和躯干骨。有颅骨、上颌骨、下合角区、椎骨、指骨和趾骨等残段、碎片。颅骨破碎严重，经拼对整合，仍有面骨、颅底部分严重缺失。此外有另一个体的左下第二、三臼齿各1枚，编为M3-1。伴出有鱼牙和鱼脊椎骨。

M4　是一具比较完整的骨架，不过保存较差，骨骼破碎严重，绝大多数骨骼已成碎片，好多无法剥取和复原。经拼对整合后，颅骨、下颌骨，两侧（除左侧尺骨下端缺失外）肱、尺、桡骨及手掌骨等较完好，但整个下肢骨仍然残段缺失。墓主人5个腰椎上下缘和左、右两侧跟骨后端均长出不规则的齿状骨质增生（图一）。

M5　骨骼保存极差，缺失甚多。只有上下肢骨残段、碎片及一条两头断缺的锁骨。伴出的有磨制骨器，不过已残去一半。动物有龟、鳖壳和一小段鹿角。

M6　骨骼保存极差，缺失严重和破碎，无法拼对。骨骼只有左侧股骨、胫骨、腓骨残段、髌骨、跟骨、股骨头等；右侧肱骨下段，且无下关节部分。

M7　保存很差，缺失严重。骨骼只有右侧胫、腓骨各一残段和一些肢骨碎块，其他均无。此外有一5~

图一　坎屯 M4 骨架

6岁小孩乳臼齿齿冠2枚，其中一枚完好，另一残半。编为M7-1。伴出一件磨制骨器残半和偶蹄类动物骨骼一段。

从骨骼的保存状况、外观和粗壮程度、大小比例等观察M7的右侧胫、腓骨与M6的左侧胫、腓骨均很相似，同时在M7的肢骨碎片中找到了与M6的股骨可以拼对的骨片，因此认为M6与M7是同一个体的两侧骨骼。这是工作人员在墓葬出土时疏忽写错了标签，或是将两墓出土的骨骼碎片放混了，还是坎屯遗址当时的居民有意进行分肢葬等等问题，有待进一步考察。

M8　骨骼保存极差，缺失太多。颅骨：有近矢状缝的顶段和后段2片，额骨1块，乳突及部分顶骨、枕骨等10余片；另有左侧下颌骨、肋骨、桡骨、腓骨等残段碎块。在这些残段碎块中有的桡、腓骨及一些动物骨骼被火烧过，骨的颜色呈黑色。同出的动物有鹿牙、龟、鳖、鱼等动物骨骼。

M9　除颅骨缺失外。其他骨骼均有，但不完整，且较破碎。经拼对整合，两侧尺、桡骨和股、胫、腓骨比较完整。但因墓主年龄不大，骨骼两端骨骺尚未完全愈合，两侧尺、桡骨下端，锁骨胸骨端的骨骺均已脱落遗失。

M10　此墓的骨骼甚少，只有颅骨1块，尺、肋骨各一残段，髌骨、跟骨、距骨、舟骨各1条和左上第二臼齿1枚。

M11　骨骼严重缺失，且破碎，无法拼对复原。有颅骨、颞骨乳突、下颌、股骨、坐骨、舟骨等残段骨片；左上第二前臼齿和左下第一、二臼齿各1枚。此外另有6~7岁小孩的乳臼齿2枚，编为M11-1。

M12　保存甚差，严重缺失。只有肱、锁、股、胫、肋骨各1残段，趾骨3条。伴出的动物有龟。

M13　保存极差。有股骨上段，胫骨下关节面（髁踝部分），两侧腓骨下段，及坐骨、跗骨、趾骨等残段。伴出一枚骨针。

M14　保存极差，颅骨只有颞骨、枕骨部分，以及肱骨、尺骨、桡骨、锁骨、股骨、肋骨等残段、碎片。

（二）骨骼性别与年龄的鉴定

人骨的性别确定主要根据出土的残存颅骨、下颌骨、髋骨、四肢骨等其他骨骼上的性别标志来判定死者的性别。

年龄鉴定主要依据牙齿的萌出和牙齿的磨耗程度、颅骨缝的愈合、耻骨联合面的年龄变化、锁骨的胸骨端、肩峰端的年龄变化、骨化点的出现和骨骺的愈合以及骨骼上的其他因年龄变化而产生的现象等综合观察。考虑到原始人类牙齿磨耗较现代人要大，因此在用牙齿磨耗程度来判断这批人骨年龄时，又参考了朱芳武等研究甑皮岩遗址人骨年龄的经验[3]作了一些适当的修正。

百色坎屯遗址各墓葬人骨性别与年龄的估计详见表一：

表一　坎屯遗址出土人骨性别、年龄表

墓号	性别	年龄（岁）	墓号	性别	年龄（岁）
M1	女	约50	M8	女	约45
M2	女	约55	M9	男	17~18
M3	女	55以上	M10	男	约25
M3-1	？	约40	M11	男	约25
M4	男	约45	M11-1	？	6~7
M5	女	约45	M12	男	约30
M6、7	男	30~35	M13	男	约35
M7-1	？	5~6	M14	女	约30

从表一得知，坎屯新石器时代遗址出土的人骨16具，其中男性7例，女性6例，因为年龄较小或保存较差等原因无法确切判断性别的3例。男女两性比例为1.17:1，虽然由于个体数量较少使这个比例有可能与实际性别比例有一定差距，这个比例较之我国新石器时代总体的性别比例偏低[4]，与甑皮岩新石器时代遗址男女性别比例一样，但总体的性别比例趋势，即男性明显多于女性的趋势是一致的。

表二　两性死亡的年龄分布

年龄组	男　性		女　性	
	数　量	比例（％）	数　量	比例（％）
青年（15~23岁）	1	14.3	0	0
壮年（24~35岁）	5	71.4	1	16.6
中年（36~55岁）	1	14.3	4	66.7
老年（56岁以上）	0	0	1	16.7
未成年（0~14岁）	2（12.5%）			

从表二还可以看到，坎屯新石器时代遗址居民两性死亡年龄分布情况，说明当时人们的平均寿命较短（33.9岁），无论男女，都死于壮年期和中年期的最多，进入老年的很少。按性别观察，在壮年（24~35岁）男性死亡率高于女性；进入中老年期（36~55岁以上）的又是女性较男性高。这种现象说明当时生产力水平很低，人们的生活条件艰苦，大部分人在35~50岁之间死去。原始社会中，壮、中年期男性的死亡率高于女性的现象，

可能是由于男子担负着比女性更繁重的劳动，或负有参加部落间械斗的义务等，因而致死较多。具体原因因标本例数过少目前尚难以判断。

（三）形态观察

坎屯遗址出土的几例女性，整个骨骼都显得纤细，骨壁薄而轻，骨表光滑，肌脊和肌线欠发育。颅骨较小，额鳞前下部较陡直，上部明显向后上弯曲，额顶结节较明显，眉间和眉弓均较弱，眉弓分布范围均不达二分之一，颞骨乳突较小，乳突上嵴发育较弱，枕外隆突不明显，下颌颏形为尖形，下颌角区较光滑，且呈内翻等显示了女性特征。

男性整个骨骼均显得粗大、厚重，骨表粗糙。颅骨大而重，额骨较向后倾斜，凸度均匀，眉弓稍显，乳突较大，枕外隆突明显；下颌角区比较粗糙，且向外翻等显示了男性特征。

（1）顶面观

头型　坎屯新石器时代遗址出土的可供观测的男、女性头型均为卵圆形，这种头型的额、顶结节比较平缓，整个头形前窄后宽，颅最宽处的位置在前后、上下方向大致位于颅骨中三分之一部分。

颅骨缝　男女颅骨上的矢状缝在前囟段和顶段多为简单的微波形或深波形，顶孔段以后为锯齿型。M2、M3 二女性头骨从前囟段至人字点之间有顶骨矢状凹陷存在，其中M3 的顶骨矢状凹陷存在于顶骨全程。M1 颅骨顶孔间区有一卵圆形的凹陷。在几例颅骨中未发现额中缝和矢状脊存在。

颅顶形状　M2、M4 为两侧顶骨略平坦的两面坡形；M1、M3 为略呈圆穹隆形。颅外侧壁呈垂直状。

顶孔　M1、M2 颅骨顶孔仅有右孔，M3、M4 颅骨左右两侧顶孔俱缺。

（2）侧面观

男性前额向后上方倾斜。女性额部一般较丰满，额鳞前下部较陡直，上部明显向后上弯曲。顶骨与枕骨相交的枕项平面都呈较圆钝转折。在枕骨大孔后缘与上项线之间均有不同程度的纵行骨质隆起，而M4 的骨脊隆起在大孔后缘部分，长为全程的1/2，骨质隆起多呈锐利的脊状。颅形比较长，颅指数为长颅型。

（3）后面观

顶结节　颅骨最大宽位置较高，在顶结节或其近处，顶结节与乳突位置在同一垂直线上。自顶结节向下颅骨外侧壁均几乎垂直，上下宽相近。后面观颅形多为顶部比较钝的五边形，后枕部上鳞部分一般比较明显向后膨隆。

乳突　坎屯人男性两侧乳突为中等大小，乳突上嵴中等发育；女性乳突为小或特小，乳突上嵴发育微显。

枕外隆突　多数不发达，多缺如或稍显。

腭形　男性腭形为抛物线形。腭圆枕形状为瘤状。

（4）前面观

眉弓　无论男女眉间、眉弓均发育较弱，眉弓范围不达眶上缘的二分之一，属于微显或稍显。

眶形　M4男性，眼眶外下缘比较圆钝，眶口中轴和法兰克福平面相交的角为锐角。眶口形状为椭圆形。眼眶不高，眶指数属于偏低的中眶型，与形态观察一致。旧石器时代的柳江人也具有低矮的眼眶，新石器时代颅骨上还存在这种特征的继承性，如新石器时代早期的甑皮岩人，眶指数也属偏低的中眶型，眼眶较低是南亚蒙古人种类型的特征。

梨状孔下缘　M4梨状孔侧缘不直接过渡为下缘，仅是向下延伸，与梨状孔下缘一起围成明显的浅凹，为鼻前窝型。梨状孔形状为梨形。鼻前棘略有凸起，高度小于宽度，属稍显。M1、M2鼻额缝和额颌缝呈弧形上凸，而M3、M4鼻额缝明显高于额颌缝，二者呈阶梯状相交。男女组鼻骨均较短宽，鼻根点略有凹陷。

鼻骨类型　M4鼻骨上窄下宽，中部最窄，为Ⅰ型。

犬齿窝　M4眶下窝较浅，略呈浅凹。

颧骨宽而高，颧骨后缘结节较发育。颧骨上颌骨下缘转角明显。

坎屯遗址男性鼻颧角为145°　所显示的上面水平扁平度大。颧上颌角为138°　显示水平方向的面部突出程度中等。面部在矢状方向的突出程度比较小，鼻面角为平颌型。但上齿槽突颌较明显，用齿槽面角73°　所示齿槽突颌为突颌型。

下颌骨形态特征　3例女性下颌颏形为尖形；男性下颌骨前部下缘平直，颏结节明显，为方形。M1～M3三例舌面左、右侧在第一至第二前臼齿之间的下方有下颌隆起（下颌圆枕），这种结构在现代蒙古人种较多出现。颏孔均左右侧各1个，M1、M2两侧颏孔位置在下颌体中部稍偏下，第一、二前臼齿之间；M4颏孔位置在下颌体中部，第二前臼与第一臼齿之间。下颌体平直，无摇椅式下颌出现。

M1肱骨左右侧各有一滑车上孔，孔呈圆形。

由上述的观察，坎屯遗址的头型以卵圆形为主。颅矢状缝简单。眉弓不发育，皆不达眶上缘的二分之一部位。眶角圆钝，眶形主要是椭圆型。颧骨大而前突，颧骨上颌骨下缘转角处欠圆钝。鼻骨低而宽，鼻根点略有凹陷，鼻前棘低矮。梨状孔下缘呈浅鼻窝型。犬齿窝浅平。侧面观眶口平面位置向后倾斜。颅面横向较扁平，不是突颌型的总面角。下颌圆枕出显率高。颅形较长，颅指数为长狭颅。中等的眼高，眶指数为偏低的中眶型等都具有明显的蒙古人种特征。类似特征在我国南方地区如广东佛山河宕、闽侯县石山、桂林甑皮岩等新石器时代遗址人类头骨上是常见的特征。长的颅型和偏矮的眶型及低的鼻前棘等特征，在广西更新世晚期的柳江人头骨化石和新石器早期的甑皮岩头骨上均具有。而坎屯遗址居民头骨上的这些特征，似乎是这种体质上继承关系的延续，是继承和发展了我国旧石器时代原始人的体质特征的结果。总之坎屯人也具有南亚蒙古人种的特征。

顶结节位置较高，由顶结节向下的颅骨外侧壁比较直。在越南义安省、闽侯县石山[5]、广东佛山河宕[6]、浙江余姚河姆渡[7]等南方地区新石器时代遗址居民的颅骨中多有类似特征。在广西贵县（今为贵港市）罗泊湾汉墓出土的殉葬人以及笔者在观察广西地区一百多例现代人头骨标本中汉族（约占32%）、壮族（约占50%）也有类似这一特征。这可能与生活在一定的地理区域环境条件有关。

（四）颅骨测量比较

坎屯遗址人头骨比较破碎，而且例数很少，男性只有一例，因此本文只与华南地区古代、近代对比组十五项体质测量比较（表三）。

表三　坎屯组与华南地区古代、近代对比组的比较（男性）

（长度单位：毫米；角度：度；指数：%）

	坎屯组	柳江组	甑皮岩组	昙石山组	河宕组	广西汉族	壮族组	越南组
颅长	190.0	189.3	190.4	189.7	181.4	177.9	178.3	188.6
颅宽	136.0	142.2	138.8	139.2	132.5	138.7	140.6	133.4
颅指数	71.6	75.1	72.9	73.4	73.1	78.1	79.1	70.7
颅高	136.0	134.8	140.0	141.3	142.5	138.0	136.6	135.1
颅长高指数	71.6	71.2	73.5	73.8	78.4	77.6	76.6	71.6
颅宽高指数	100.0	94.8	100.7	99.5	106.2	99.7	94.8	101.3
最小额宽	92.7	95.2	92.3	91.0	91.5	91.1	94.3	96.0
额宽指数	68.2	67.0	67.3	65.4	69.4	65.7	67.1	–
上面高（n-sd）	68.5	68.4	67.7	71.1	67.9	71.9	69.4	70.1
眶宽（mf-ek）	43.0	43.1	43.1	42.2	41.1	42.6	43.3	–
眶高　右	33.0	29.0	35.8	33.8	33.0	33.7	33.9	32.9
面角（n-pr-FH）	81.0	86 .0	83.5	81.0	82.3	–	84.6	–
鼻颧角	145.0	143.5	144.8	143.8	142.6	145.0	145.3	–
眶指数（mf-ek）右	76.7	67.3	79.4	80.0	80.3	79.2	79.0	–
垂直颜面指数	48.1	48.9	47.0	48.1	45.7	50.4	50.9	–

注：1. 表中所用柳江、甑皮岩、昙石山、河宕、壮族、越南组数值均采自桂林甑皮岩附表七⑧。

　　2. 表中广西汉族数值是笔者与广西医学院的莫世泰、丁细凡等老师所测。

从表三可以看出，坎屯人在颅高、颅长高指数、颅宽高指数、最小额宽、上面高、眶指数、垂直颜面指数、鼻颧角八项头骨测量值落在南亚蒙古人种范围[9]。七项测量项目与柳江人很接近，柳江人的颅指数75.1是接近长颅型的中颅型，与坎屯人也很接近，都较现代人为低；柳江人的颅长高指数71.2，与坎屯人71.6非常接近，同属正颅型，与现代人相比属于相对较低的；柳江人的齿槽面角75.0与坎屯人的73.0较接近，同属突颌型；柳江人的上面高68.4、垂直颜面指数是48.9，与坎屯人的上面高68.5、垂直颜面指数48.1非常接近，较现代人为低，说明二者上面低矮。根据吴汝康和吴新智分别对柳江人和山顶洞人的研究，认为他们都属于原始的正在形成中的蒙古人种，并且它们各自代表了蒙古人种形成过程中的南方类型和北方类型[10]。

从上说明坎屯人的体质特征是继承了旧石器时代晚期正在形成中的蒙古人种中的南方类型——柳江人的体质特征的影响而形成的。

坎屯人与南方地区的甑皮岩组、昙石山组很接近，说明它们在种族和体质特征方面存在广泛的联系。同时与河宕组等也有明显的接近关系，说明他们在体质特征方面也具有一定的亲缘关系，只是他们之间的关系远不如前者。在近现代对比组中，坎屯组与广西汉族、壮族、越南组等也有不同程度的接近关系，他们在体质特征上具有一定的相似性，说明在现代华南人和东南亚人的形成过程中也受到我国南方地区新石器时代人类体质特征的影响。

张银运等在研究桂林甑皮岩头骨指出，甑皮岩组与蒙古人种中的南亚族最为接近，并指出头骨上的若干"赤道人种"倾向的形态特征，应该看做是继承和发展了我国旧石器时代晚期人类体质特征的结果，并不意味着有其他人种的混杂[11]。

韩康信等在研究昙石山人骨时指出，昙石山组"显示出在体质上与蒙古人种中的南亚类型相近的特点"[12]。

张振标等根据欧氏距离系数聚类的结果，将昙石山组和甑皮岩组划归为华南地区类型[13]。

陈德珍运用Penrose形状距离聚类和Q型相关系数的主要成分分析的方法，将昙石山、河宕、甑皮岩、河姆渡等四组划归华南类型[14]。

由上说明坎屯人体质特征是属于蒙古人种的南亚类型。

（五）脑容量与身高的估计

脑容量的推算采用皮尔逊的公式。可用于推算的只有男性（M4）颅头一个，颅底破损的女性（M3）颅骨，头高采用耳上颅高（po–b），并相应使用耳上颅高推算脑容量的公式。计算结果，坎屯M4男性脑容量为1458.8毫升，女性M3为1339毫升。用同一种方法计算柳江人为1458.9毫升，甑皮岩男性为1508.2毫升，汉族男性平均值为1429.24毫升，壮族男性脑量1429.4毫升，壮族女性为1239.2毫升。由上得知，坎屯人的脑容量与柳江人的最接近，比甑皮岩人脑容量低，而高于现代壮族、汉族脑容量。

利用莫世泰身高估计公式[15]推算出坎屯二例（M4、M9）男性身高分别为168.4和170.4厘米，平均身高为169.4厘米；甑皮岩BT2M1、BT3M1二例男性身高分别为164.64和158.28厘米，平均身高为162.52厘米。女性身高估计公式是笔者利用已知3例身高的女性标本推算出来的，推算坎屯M1～M3三例女性身高分别为156.0、158.4、157.5厘米，平均身高为157.3厘米；用同样女性计算公式，推算出甑皮岩BT2M2、DT2M5二女性身高分别为157.77和158.44厘米，平均身高为158.11厘米。由上得知坎屯和甑皮岩居民女性身高相近，而男性身高高于甑皮岩人男性，但二者男性明显高于柳江人身高156.69厘米。这说明坎屯人和甑皮岩人较之柳江人有了明显的进化。

（六）小结

（1）对百色坎屯新石器时代遗址的14座墓葬人骨的性别、年龄估计中，一共有16个个体，其中成年男性7例，女性6例，儿童2例，不明性别的1例。年龄最小的为5～6岁，最大的为55岁以上的女性。死于25～45岁壮、中年的人最多，进入中老年的少。从性别来观察，在壮、中年期男性死亡率高于女性，而进入中老期的又是女性高于男性。

（2）百色坎屯遗址人骨虽然保存较差，骨骼破碎和缺失严重，但为研究广西新石器时代居民的体质特征，提供了一些实物数据。

（3）坎屯人颅骨以卵圆形居多，颅顶缝比较简单，眉弓和眉间突度发育较弱，眶角圆钝，眶口向后倾斜，犬齿窝浅平，低的鼻前棘，梨状孔下缘呈浅鼻前窝型，颧骨下颌角下缘转角较明显，颅外侧壁较垂直，下颌圆枕出现率高等具有蒙古人种特征。坎屯人头骨为低面、垂直颅面指数低于50，鼻骨较宽短、鼻根平，偏低的中眶型指数，齿槽突颌及长颅型，狭颅型结合正颌型等为南亚蒙古人种类型的特征。

（4）坎屯人头骨的长颅型、较低的眶型在我国旧石器时代的柳江人头骨化石和新石器时代早期的甑皮岩人头骨上均具有。坎屯人这一特征，是继承和发展了我国旧石器时代晚期人类体质特征的结果。

（5）坎屯组与南方地区古代、近代组比较，坎屯人与旧石器时代晚期的柳江人体质特征上比较接近。与新石器时代的甑皮岩组、昙石山组等体质形态上也存在较多的接近关系，说明它们在种族和体质特征方面存在广泛的联系。总之，坎屯人无论从形态观察和测量对比上，都显示出南亚蒙古人种的特征。

（6）坎屯人眉弓不发育，分布范围不达眶上缘的二分之一。眉间隆起程度较弱，眼眶外下缘比较圆钝。鼻根点浅凹，鼻额缝明显高于额颌缝，两者呈阶梯状相交。颧结节不发育。鼻前棘稍显，乳突小，乳突上嵴不发育。在顶骨中后部及顶孔区有顶间沟存在。顶骨与枕骨相交的枕项平面呈较圆钝转折。在枕骨大孔后缘与上项线之间有纵行骨脊隆起。枕外隆突不明显等体质特征与现代中国人相似[16]。

（7）顶结节位置较高，由顶结节向下的颅骨外侧壁比较直。这可能与生活在南方这一特定的地理区域环境条件有关。

（8）在坎屯遗址人骨中没有发现多的病理现象，只在 M1 女性的第三、四、五腰椎和 M4 男性的 5 个腰椎的关节面周缘有不规则的齿状骨质增生，个别椎体间还出现连桥现象。

注　　释

［1］　吴汝康、吴新智:《人体骨骼测量方法》，科学出版社，1965 年。

［2］　邵象清:《人体测量手册》，上海辞书出版社，1985 年。

［3］　朱芳武、卢为善:《桂林甑皮岩新石器时代遗址 2 例儿童的年龄问题》，《人类学学报》1995 年第 2 期。

［4］　王仁湘:《我国新石器时代人口性别构成再研究》，《考古求知集》，中国社会科学出版社，1997 年。

［5］　韩康信、张振标、曾凡:《闽侯县石山遗址的人骨》，《考古学报》1976 年第 1 期。

［6］　韩康信、潘其风:《广东佛山河宕新石器时代晚期墓葬人骨》，《人类学学报》1982 年第 1 期。

［7］　韩康信、潘其风:《浙江余姚河姆渡新石器时代人类头骨》，《人类学学报》1983 年第 2 期。

［8］　中国社会科学院考古研究所等:《桂林甑皮岩》，文物出版社，2003 年。

［9］　同［5］。

［10］　吴汝康:《广西柳江发现的人类化石》，《古脊椎动物与古人类》1959 年第 3 期；吴新智:《周口店山顶洞人化石的研究》，《古脊椎动物与古人类》1961 年第 3 期；吴新智等:《广西东北地区调查简报》，《古脊椎动物与古人类》1962 年第 4 期。

［11］　张银运等:《广西桂林甑皮岩新石器时代遗址的人类头骨》，《古脊椎动物与古人类》1977 年第 1 期。

［12］　同［5］。

［13］　张振标等:《中国新石器时代居民体质类型初探》，《古脊椎动物与古人类》1982 年第 1 期。

［14］　陈德珍:《中国新石器时代居民体质类型及其承继关系》，《人类学学报》1986 年第 2 期。

［15］　莫世泰:《华南地区男性成年人推算身长的回归方程》，《人类学学报》1984 年第 3 期。

［16］　刘武、吴秀杰、汪良:《柳江人头骨形态特征及柳江人演化的一些问题》，《人类学学报》2006 年第 3 期。

附表一 坎屯遗址头骨测量表

（长度：毫米；角度：度；指数：%）

马丁号	项目			男性	女性			
				M4	M1	M2	M3	平均值
1	颅最大长（g–op）			190.0	183.4	180.0	189.0	184.1（3）
2	颅长（g–I）			181.0	178.2	173.0	180.0	177.1（3）
5	颅底长（enba–n）			105.0	–	–	–	
8	颅宽（eu–eu）			136.0	132.0	130.0	134.0	132.0（3）
9	额最小宽（ft–ft）			92.7	–	96.2	–	96.2（1）
10	额最大宽（co–co）			121.5	111.4	111.0	113.5	112.0（3）
11	耳点间宽（qu–au）			130.5	–	–	133.0	133.0（1）
12	星点间宽（ast–ast）			106.7	–	112.5	–	112.5（1）
7	枕大孔长（enba–o）			38.5	–	–	–	
16	枕大孔宽			28.4	–	–	–	
17	颅高（ba–b）			136.0	–	–	–	
18	颅高（ba–v）			140.0	–	–	–	
21	耳上颅高			123.0	–	–	114.0	114.0（1）
29	额骨弦（n–b）			119.8	113.7	106.5	112.5	110.9（3）
30	顶骨弦（b–l）			123.0	115.0	120.0	119.6	118.2（3）
31	枕骨弦（t–o）			101.5	–	–		
26	额骨弧（n͡–b）			137.0	130.0	125.0	125.0	126.7（3）
27	顶骨弧（b͡–l）			133.0	128.0	133.0	132.0	
28	枕骨弧（t͡–o）			120.0	–	–	–	
25	颅骨矢状弧（n͡–o）			390.0	–	–	–	
24	颅骨横弧（po͡–b–po）			327.0	–	–	–	
23	颅围长（g–op）			535.0	530.0	510.0	530.0	523.3（3）
47	上面高（n–sd）			68.5	–	–	–	
48	（n–pr）			67.0	–	–	–	
52	眶高	左		33.2	–	–	–	
		右		33.0				
51	眶宽（mf–ek）		左	42.5	–	–	–	
			右	43.0	–	–	–	
60	上齿槽弓长			50.5	–	–	–	
61	上齿槽弓宽（ecm–ecm）			65.5	–	–	–	
62	腭长（ol–sta）			44.1	–	–	–	
63	腭宽			40.2	–	–		
64	腭深			14.0	–	–	–	
43	上部面宽（fmt–fmt）			106.0	–	–	–	
43（1）	两眶内宽（fmo–fmo）			101.0	–	–	–	
	鼻根点至两眶宽矢高			14.7	–	–	–	
46	中部面宽（zm–zm）			108.0	–	–	–	
	颧上颌高			27.8	–	–	–	
40	面底长（pr–enba）			99.5	–	–	–	
72	总面角（n–pr–FH）			81.0	–	–	–	
73	鼻面角（n–ns–FH）			88.0	–	–	–	
74	齿槽面角（ns–pr–FH）			73.0	–	–	–	
	额侧面角（m–g–FH）			82.0	–	–	–	
32	前囟角（b–g–FH）			40.0	–	–	–	
32	额角（m–g–FH）			59.0	–	–	–	

续表

马丁号	项目			男性	女性			
				M4	M1	M2	M3	平均值
77	鼻颧角（fmo–n–fmo）			145.0	–	–	–	
	颧上颌角（zm–ss–zm）			138.0	–	–	–	
72（5）	伏格脱面三角（pr–n–ba）			108.0	–	–	–	
33	枕角（l–o–FH）			62.0	–	–	–	
33（4）	枕骨曲角（l–I–o）			124.0				
65	下颌髁间宽（cdl–cdl）			123.0				
65（1）	喙突间宽（cr–cr）			109.0				
66	下颌角间宽（go–go）			98.5	–	–	–	
67	颏孔间宽（ml–ml）			51.5	–	53.0	–	53.0（1）
68	下颌体长			86.0	–	–	–	
69（1）	下颌体高（颏孔处）	左		36.5	31.7	27.8	–	29.8（2）
		右		37.5	31.4	28.0	–	29.7（2）
69（2）	下颌体高（M1M2间）	左		35.3	32.0	27.6	–	29.8（2）
		右		35.0	32.4	29.8	–	31.1（2）
	下颌体厚（M1M2间）	左		15.0	16.0	15.5	–	15.8（2）
		右		15.5	15.2	15.4	–	15.3（2）
69（3）	下颌体厚（颏孔处）	左		14.0	14.6	13.4	–	14.0（2）
		右		14.5	13.4	13.0	–	13.2（2）
	下颌联合高（id–gn）			–	31.0	31.5	–	31.3（2）
71（a）	下颌枝最小宽	左		39.0	–	–	–	
		右		40	–	34.9	–	34.9（1）
70	下颌枝高	左		64.0	–	–	–	
		右		66.5	–	–	–	
	下颌切迹宽	左		38.0	–	–	–	
		右		41.0	–	–	–	
	下颌切迹深	左		14.2	–	–	–	
		右		16.0	–	–	–	
	下颌联合弧（id–gn）			–	33.0	35.0	–	34.0（2）
79	颏孔间弧（ml–ml）			63.0	62.5	65.0	–	63.8（2）
	下颌角	左		118.0	–	–	–	
		右		124.0	–	–	–	
	颅指数 8：1			71.6	72.0	72.2	73.6	72.6（3）
	颅长高指数	17：1	Ⅰ	71.6	–	–	–	–
		21：1	Ⅱ	64.7	–	–	60.0	60.0
	颅宽高指数	17：8	Ⅰ	100.0	–	–	–	–
		21：8	Ⅱ	90.4	–	–	85.1	85.1
	颅面高指数 48：17			46.3	–	–	–	
	凸颌指数 40：5			94.8	–	–	–	
	眶指数 52：51	左		78.1	–	–	–	–
		右		76.7	–	–	–	–
	前颌指数 46：（zm–zm）			25.7	–	–	–	–
	腭指数 63：62			91.2	–	–	–	–
	枕骨大孔指数 16：7			73.8	–	–	–	–
	垂直颅面指数（n–sd）47：17			48.1	—	—	—	—
	额指数 9：10			76.3	–	–	–	–
	额骨弦弧指数 29：26			87.5	87.5	85.2	90.0	87.6（3）
	顶骨弦弧指数 30：27			92.5	89.8	90.2	90.6	90.1（3）
	枕骨弦弧指数 31：28			84.6	–	–	–	–

附表二　坎屯遗址人类上肢长骨测量表

（长度：毫米；角度：度）

骨名称	马丁号	项目	男性				女性			
			M4		M9		M1		M2	
			左	右	左	右	左	右	左	右
肱骨	1	最大长	332.0	328.0	336.0	–	–	–	304.0	302.0
	2	全长	321.0	318.0	332.0	–	–	–	302.0	298.0
	3	上端宽	46.0	46.0		–				–
	4	下端宽	58.5	60.0	59.0	59.0	50.0	51.0	52.0	52.0
	5	体中部最大径	21.6	23.8	19.8	–	20.0	20.5	18.7	19.0
	6	体中部最小径	16.1	16.4	15.2	–	13.6	13.5	13.5	13.7
	7	体最小周长	61.5	63.0	56.0	–	51.0	51.5	50.0	51.0
	8	头周长	132.0	135.0	–	–	–	–	–	–
	9	头横径	41.8	43.3	–	–	–	–	–	–
	10	头纵径	41.8	42.3	–	–	–	–	–	–
	12（a）	滑车和小头宽	43.9	45.0	–	43.5	37.4	37.2	36.2	37.0
	13	滑车矢径	24.5	25.6	24.5	26.0	22.7	22.8	23.0	23.0
	16	髁体角	89.0	89.0	85.0	84.0	87.0	89.0	84.0	85.0
	18	扭转角	46.0	37.0	–	–	–	–	–	–
尺骨	1	最大长	–	280.0	–	–	–	–	242.0	244.0
	2	生理长	–	250.0	–	–	–	–	213.5	217.5
	3	体最小周	–	36.0	31.5	31.0			20.0	30.0
	15	骨干关节轴角	85.0	87.0	84.0	85.0	87.0	85.0	82.5	85.0
	9	喙突上关节面外侧部前宽	8.2	7.0	7.5	8.6	5.0	5.2	6.0	5.6
	10	喙突上关节面外侧部后宽	18.0	18.2	13.8	14.4	12.5	14.0	14.0	12.5
	11	体矢径	26.0	26.4	12.2	12.7	17.0	–	11.6	11.4
	12	体横径	25.5	26.2	14.7	16.0	13.0	–	14.0	13.7
	13	骨干上部横径	15.0	15.4	18.6	20.4	19.7	19.5	19.6	19.0
	14	骨干上部矢径	15.0	15.4	21.6	20.2	22.3	21.8	20.0	22.0
		体弦长	–	213.0	211.0	213.0	–	–	187.0	189.0
		体曲高	–	8.0	7.0	7.0	–	–	4.0	5.0
桡骨	1	最大长	260.0	260.0	257.0	258.0	–	–	–	–
	2	生理长	245.0	244.0	244.0	242.0	–	–	–	–
	3	体最小周长	40.0	41.0	40.0	38.5	36.0	35.5	33.0	35.0
	4	体横径	17.3	17.1	15.2	14.5	16.0	15.0	13.3	14.3
	5	体矢径	12.2	12.7	9.6	9.6	10.0	9.5	9.4	10.2
	7	颈干角	164.0	166.0	172.0	172.0	–	–	–	–
		体弦长	178.0	176.0	177.0	178.0	–	–	–	–
		体曲体高	4.2	4.5	4.0	4.0	–	–	–	–

附表三　坎屯遗址人类下肢长骨测量表

（长度：毫米；角度：度）

骨名称	马丁号	项目	M4 左	M4 右	M9 左	M9 右	马丁号	项目	M4 左	M4 右	M9 左	M9 右
股骨	1	最大长	–	–	456.0	458.0	14	颈头前长	–	–	72.0	69.0
	2	两髁长或生理长	–	–	448.0	449.0	15	颈高	29.5	–	30.0	30.5
	5	体长	–	–	356.0	358.0	16	颈矢径	26.7	–	25.0	26.0
	6	体中部矢径	29.2	33.4	28.8	29.0	19	颈矢径头最大径	–	–	43.5	43.3
	7	体中部横径	26.3	26.0	23.8	22.8	20	头周长	–	–	136.0	136.0
	8	体中部周长	87.0	92.0	82.0	83.0	21	上髁宽	–	–	75.0	77.0
	9	体上部横径	29.7	31.0	28.2	27.5	24	内髁宽	–	–	57.5	59.0
	10	体上部矢径	25.0	24.0	23.0	22.8	23	外髁宽	–	–	63.0	64.0
	11	体下部最小矢径	25.4	–	25.3	25.5	28	扭转角	–	–	43.0	38.0
	12	体下部横径	35.0	–	34.0	34.2	29	颈体角	–	–	125.0	121.0
	13	颈头宽	–	–	96.0	95	30	髁体角	–	–	99.0	100.0
胫骨	1	两髁长	–	–	–	372.0	6	下段宽	–	43.0	–	45.0
	2	生理长	–	–	350.0	352.0	7	下段矢径	–	33.2	30.5	33.5
	16	髁踝长	–	–	–	359.0	8a	滋养孔平面最大矢径	33.5	32.7	–	32.0
	3		68.0	–	70.0	71.0	9a	滋养孔平面最大横径	22.0	21.6	21.5	22.2
	4a		42.4	–	49.0	49.5	10	体最小周长	70.0	70.0	–	67.0
	4b		42.4	–	44.5	44.5	14	胫骨扭转角	–	–	–	14.0
腓骨	1	最大径	–	–	–	368.0	3	中部最小径	–	–	11.7	12.0
	2	中部最大径	–	–	12.4	14.0	4	最小周长	–	–	39.0	38.0

右江流域青铜文化族属试探*

蒋廷瑜

（广西文物考古研究所）

（一）右江流域概况

右江是岭南西江的一条重要支流，主源驮娘江发源于云南省广南县龙山，流经广西西林县城八达镇，至田林县与西洋江汇合称剥隘河，往南流至云南省的剥隘圩，然后拐向东，流入广西百色市区，与澄碧河汇合称右江。右江流经田阳、田东、平果、隆安，至南宁市郊江西镇同江村附近与左江相会，以下称邕江。全长724公里，流域面积40840平方公里。主要支流，右岸有西洋江、龙须河、龙床河，左岸有乐里河、澄碧河、百东河、武鸣河。右江是桂西的一条水上运输干线。自田林、百色，至田阳、田东、平果，沿右江两岸的阶地，发现旧石器时代遗址100多处，出土打制石器5000余件，被确定是距今80万年的人类文化遗迹，是岭南人类活动最早的地区。河谷两岸开发较早，距今5000年前已出现聚落，沿江两岸散布着大量的新石器时代文化遗址。大约3500年前进入文明社会，江中经常打捞出商周青铜器斧、钺、矛、一字格剑、人面弓形格剑，并发现早期铜鼓，是滇、越文化交流最频繁的地区。汉代句町国以此为中心，西林驮娘江畔曾发现过句町首领的铜棺墓和铜鼓墓。

（二）右江流域青铜器的发现

右江流域经常传出青铜器，而且有早期崖洞葬和西周、春秋、战国墓葬发现，很早就引起人们的注意。

（1）早期崖洞葬中的青铜器

---

* 本文是国家社会科学基金项目"滇桂地区与越南北部上古青铜文化及其族群研究"（编号: 06XMZ042）阶段成果之一。

右江支流武鸣河流域是早期崖洞葬的重要分布区，在武鸣县陆斡镇覃内村岜马山和两江镇英俊村岜旺屯都发现过新石器时代末期的崖洞葬，虽然没有见到青铜器，但其随葬的陶器和玉石器与青铜时代的崖洞葬相同，应是青铜时代的遗存。出土青铜器的崖洞葬在武鸣县两江镇三联村伏邦屯的独山已经发掘清理，发现人骨1具和一批随葬品，主要是青铜器，次为陶器和玉石器。铜器有剑、钺、矛、镞、斧、刮刀，陶器有圈底钵，玉石器有凸领环和砺石，时代属战国早期[1]。

（2）西周春秋墓群的青铜器

1985年在武鸣马头乡元龙坡发现一群，当年10月至1986年3月发掘350座，出土随葬器物1000多件，以夹砂陶器为主，还有铜器、玉石器。铜器110多件，有盘、卣、刀、矛、钺、匕首、镞、针、圆形器；除卣、盘、匕首等饰以夔纹、窃曲纹和云雷纹外，其余均无纹饰。玉器200多件，有环、钏、玦、管饰、穿孔玉片、坠子、扣形器、方形玉玦、镂空雕饰等，还有砂石铸范。铜器中的刀、匕首、镞、圆形器，富有地方特色。其中铜卣、铜盘、铜刀、铜匕首及铸造斧、钺、镞等青铜器的石范是广西地区首次出土。石范的发现，说明当时已经有了青铜冶铸业。经^{14}C测定，年代最早为距今2960±85年，最晚为距今2530±100年[2]。

（3）战国墓葬中的铜器

战国时期墓葬在武鸣、田东都有发现。

1985年发掘了武鸣安等秧岭战国墓86座。随葬品一般为实用的生产工具、生活用具和少量装饰品。青铜器86件，有剑、矛、钺、斧、镞、刮刀、镯、钏、带钩、铃；陶器有釜、罐、杯、钵、纺轮；玉石器有玦、璜；还有铁耑。个别陶器有刻划符号[3]。

1977年6月田东县祥周乡联福村修福屯西的锅盖岭发现2座战国墓，其中一墓出土青铜器6件、玉饰器4件；另一墓出土青铜器7件、玉器5件。青铜器包括鼓、剑、矛、戈、钺、斧、镦、叉形器，玉石器有玦、环、钏、管。铜剑有一件是一字格扁身短剑。玉玦两面平滑，边缘雕饰四个卷云形花牙；玉环两面好的周围突起一圈唇，是"T"形环[4]。

1984年2月在田东县祥周乡大索屯南面的虎头山发现2座战国墓。其中一座随葬品仅有陶罐1件。另一座墓则有铜剑3件、铜矛1件、铜斧1件、铜叉形器2件、玉镯1件[5]。

1993年4月在田东县祥周乡联福村联合小学大门前南哈坡发现1座战国早期墓。出土铜鼓2件、铜罍1件和铜錾钉、玉管、玉玦、玉镯等，所出铜鼓是原始形态的早期铜鼓。这两面铜鼓都是面部小，胸部外突，腰部极度收束，足短矮，扁耳细小，花纹简单、粗糙，在铜鼓分类中属万家坝型，填补了广西铜鼓发展序列的空白[6]。

1994年6月在田东县林逢乡和同村大岭坡出土铜鼓1件、铜钟1件，应是一座战国早期墓。铜鼓是典型的原始形态铜鼓，铜钟是岭南越式甬钟[7]。

（4）零星发现的青铜器

右江流域零星发现的青铜器可以追溯到商末周初之物。如武鸣县马头乡勉岭出土的兽面纹提梁铜卣。从《广西壮族自治区馆藏文物珍品目录》获悉，1974年西林县土产废品收购站拣选人面纹三角形铜匕首1件，1988年在西林县土黄村收购云纹三角形铜匕首1件，1988年在田林县平塘乡达洞村出土V型銎铜钺1件，1991年田阳县那满镇治瑭村征集到风字形铜钺1件，这些都已被确定为馆藏二级文物。还有未能定级和在定级以后出土的青铜器，如1982年6月德保县那甲乡府所在地附近出土铜斧1件，1983年3月田阳县百育镇七联村东邦下屯出土一字格铜剑1件。右江捞沙经常捞获青铜器，如1989年田阳县田州镇隆平村牌楼屯沙场在右江捞出两件青铜剑和1件玉戈，1997年10月在百色七塘新码头沙场捞获1件人面弓形格剑，2002年11月田阳县百育沙场在右江七联村与内江村之间的河道中捞沙挖出1件一字格剑，2003年在田东县平马码头打捞出铜鼓1面，2004年田东县平马镇升太村人在林逢镇右江河段捞沙打捞出一字格剑1件，2005年在百色萝卜洲附近捞沙捞出铜矛1件、铜钺4件、铜斧1件、铜戈2件、铜刀1件等。这些零星发现，已遍布田东、田阳、百色、田林、西林、德保等县。

（三）右江流域青铜器的分类

右江流域出土青铜器种类众多，可分为工具、兵器、礼器、乐器等，现逐一介绍如下。

（1）工具

包括斧、凿、刀、刮刀。

1）斧

元龙坡墓地出土23件。多呈"风"字形，銎部与身无明显分界线，有的刃较宽，有的刃与銎宽平直（图一，1）。

安等秧墓地出土铜斧31件，其中器身狭长的9件，束腰，双面弧刃，刃角外侈；风字形22件，扁体，刃部两角外翘呈弧形。

独山岩洞葬出土3件，有的似钺，銎呈鱼尾形，腰长斜，刃呈半月形，有的銎呈长方形，器身两侧有脊线。

锅盖岭出土4件，1件扇面形，刃部侈出上翘；1件弧刃，翘出两角；2件狭长身，弧刃两角亦外侈。

百色萝卜洲1件，"风"字形，方銎，弧刃，两角外翘（图一，3）。

田东县林逢打捞出1件铜斧，刃宽5.3、銎长3.7、銎宽1.9、高9.2厘米。

德保那甲铜斧，銎呈椭圆形，圆弧刃呈扇面形，外部有两条凸棱。长8.2、刃宽6、銎长径3.5、銎短径1.5厘米（图一，2）。

2）凿

元龙坡出土1件（M345：2），长方条形，实心无銎，半圆弧刃。

3）刀

元龙坡出土，多为长柄弧凸刃，直背脊或锋尖微翘，背脊棱突起如刃，柄扁平。其中M77：1长14、宽3.5、柄长5、厚0.15厘米（图二，1）。另有1件（M222：8）呈新月形，凸刃，凹曲背，通长13.7、宽4、柄长约3厘米（图二，2）。

百色萝卜洲一件，条形。直背，斜直刃，后部有柄，柄、身一次铸成（图二，3）。

4）刮刀

形状呈竹叶形，前端尖翘，两侧有刃，横断面呈人字形，背面隆起有纵脊；或呈弧形，背面圆滑无脊。后端直平，用竹片或木片上下夹持，再以绳索绑扎，编织竹器时使用。铸范依刀的形状，采用不平分型浇注。铸成以后再加激冷处理，提高韧性，令其坚硬锐利。武鸣独山岩洞葬出土1件，后部有小柄；安等秧战国墓出土8件，后部束腰，后端平（图三）。

（2）兵器

1　　　　　　　　　2　　　　　　　　　3

图一　铜斧

1. 元龙坡 M191：2　2. 德保那甲　3. 萝卜洲

1　　　　　　　　　2　　　　　　　　　3

图二　铜刀

1. 元龙坡 M77：1　2. 元龙坡 M222：8　3. 萝卜洲

包括戈、矛、钺、匕首、扁茎短剑、一字格剑、人面弓形格剑、镞、叉形器、镦等。

1）戈

勉岭铜戈，与勉岭铜卣同出，长胡两穿，似较晚出，但援、内平直，仍是早期铜戈特征，阑侧饰云雷纹一道、栉纹两道。这种云雷纹与铜卣的地纹相同，常见于商代晚期和西周早期的铜器上（图四，1）。

敢猪岩铜戈，出自武鸣县马头乡那堤村敢猪岩，器体扁薄，援前部残失，从残留部分观察，

图三　铜刮刀（安等秧）

原似近三角形援，中脊起棱，上下阑突出，长方形内，内后部有斜向相邻的二穿。此戈与河南殷圩和灵宝等地商代铜戈相近，当为晚商之物（图四，2）。

独山岩洞葬戈，长援微昂，阑侧饰云雷纹，短直内一穿，长胡四穿，胡末有刺。通长19.6、胡长5.5厘米（图四，3）。

锅盖岭铜戈，援长10、胡长11厘米。两穿弧援，援部翘起，内平直，一穿；中胡，阑侧二穿，援基上端另有一圆形小孔（图四，4）。

萝卜洲铜戈，2件，其中1件中胡二穿，与锅盖岭出土的相似；另1件长胡三穿，直

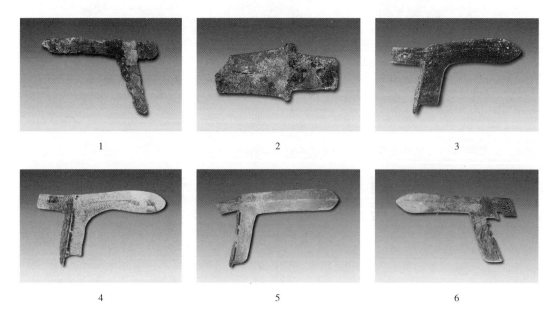

1	2	3
4	5	6

图四　铜戈

1. 勉岭　2. 敢猪岩　3. 独山岩洞葬　4. 锅盖岭　5. 萝卜洲　6. 百色民族博物馆

内、内、胡都有利刃，援锋呈圭形，中脊有棱（图四，5）。百色民族博物馆另藏1件与此类似，也是长胡三穿（图四，6）。这两件铜戈形制特殊，可能不是实用器。

2）矛

元龙坡铜矛21件，主要是柳叶形，扁圆形短小骹，器身截面呈菱形，刃部微内曲。最大的长24.5厘米，小的长14厘米（图五，1、2）。

安等秧铜矛6件，短身圆箍，中脊凸起，断面呈圆形或椭圆形，有的一侧单耳并有"王"字符号。

独山岩洞葬2件，1件锋端呈三角形，短叶，长骹，有双纽，长17.8、叶宽3.9厘米；1件长叶，圆骹两面饰云雷纹"王"字符号，云雷纹下方有桥形纽，长21.2、叶宽3.9厘米。

锅盖岭铜矛2件，桂叶形，两脊突起，圆筒箍，其中1件一侧有鼻纽，纽上方铸回形纹"王"字符号；另1件长箍，两侧附环耳，通长36.5、刃宽5.8厘米（图五，4）。

萝卜洲铜矛，直圆銎，柳叶形身，中脊起棱，棱饰叶脉纹，两侧各饰两道三角锯齿纹，齿中填饰斜线，与铜鼓太阳纹芒间的三角齿纹相似（图五，3）。

3）钺

钺是古越人最典型的器物。铜钺是由偏刃石钺演变而来的，由实用性兵器演变成了礼器，专用于庄严神圣的仪典场合，成为王权威势的象征。元龙坡出土10件、安等秧2件、独山1件、萝卜洲4件，此外，锅盖岭Ⅰ、Ⅱ式斧3件，安等秧Ⅱ式斧22件应归在钺内。右江流域的铜钺形式多样，可分为折扇形钺、"风"字形钺、靴形钺、铲形钺等多种类型。

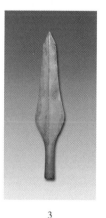

图五　铜矛

1.元龙坡 M196　2.元龙坡 M97　3.萝卜洲　4.锅盖岭

折扇形钺，直銎，长方形銎口，束腰，呈钝角折肩，刃外展，作展开的扇面形；没有什么装饰花纹，有的只在銎肩部铸出简单的几何图案。如元龙坡Ⅲ式钺。

"风"字形钺，长方銎，刃外弧出向两侧弯翘，有如新月，平视左右对称，轮廓线条柔和圆润，很像汉字"风"字的外形；大部分素面，有的在器身中部有近似梯形的框，框内装饰三角雷纹、菱形纹。田东祥锅盖岭出土梭形銎和方銎两种（图六，3）。萝卜洲2件，"U"形銎，宽弧刃，素面（图六，1、2）。另1件窄銎，銎口下铸有"V"形符号（图六，4）。

靴形钺，一般是椭圆形銎或六棱形銎，銎部较长，刃呈弧形，左右两侧不对称，前端高翘伸出很长，后根很短，因而又被称为不对称钺或斜刃钺。迄今最早见于武鸣马头元龙坡墓地（M147：3），伴出西周中晚期的提梁卣（M147：1）。由此可见本地区的不对称钺出现的年代至少可以追溯到西周中晚期和春秋早期。元龙坡M59：4钺，单斜弧刃，扁圆銎（图七，2）。安等秧M80：1号钺器身扁薄，銎呈椭圆形。萝卜洲铜钺，椭圆銎，

1　　　　　　　2　　　　　　　3　　　　　　　4

图六　"风"字形铜铜钺

1、2、4. 萝卜洲　3. 锅盖岭

1　　　　　　　　　2　　　　　　　　　3

图七　靴形铜钺

1. 萝卜洲　2. 元龙坡 M59：4　3. 元龙坡 M66：2

一边有肩，斜弧刃（图七，1）。元龙坡 M66：2 钺，肩向上收（图七，3）。

铲形钺，长方銎，双肩外折，长方形身，平直刃，有的是单层肩，像一般生产用具铲；有的是双层肩，肩分二级外折，器身内侧微凹，外侧微隆起。安等秧 M61：4 就是铲形钺，刃部呈弧形腰微束。

圆刃钺，"V"形銎，銎顶饰双层人字阳纹，田林县平塘乡六池村达洞铜钺，銎首为椭圆形，弧刃，器身上饰有纹饰（图八，1）。田东县祥周乡联福村虎头山 1 件；百色萝卜洲 1 件稍残，宽弧刃，近刃处有断续条形凹坑纹饰，合模铸成，銎上有一道凸弦纹，銎顶饰人字纹。

荷包形钺，田阳县七联村 1 件，短銎，圆刃，极像烟荷包（图八，2）。萝卜洲 1 件，椭圆銎，溜肩，圆弧刃（图八，3）。

4）匕首

元龙坡匕首无格，宽肩，扁叶，呈锐角三角形，截面呈菱形，茎部镂空并饰纤细线云雷纹和凿点纹（图九，1）。

西林县土产废品收购站拣选铜匕首 1 件，三角形，首为人头形，通长 30.5、叶宽 7 厘米（图九，2）。西林县土黄村收购铜匕首 1 件，三角形，首开叉，上部饰云纹，通长 24.2、叶宽 7 厘米（图九，3）。

5）扁茎短剑

扁茎短剑，形体短小，扁茎，没有剑格，肩成死折；剑首和剑身分离，剑首柄上有一个穿

1   2   3

图八　铜钺

1. 圆刃钺（平塘达洞）　2. 烟荷包钺（七联村）　3. 荷包形钺（萝卜洲）

1   2   3

图九　铜匕首

1. 元龙坡 M311　2、3. 西林

孔或凹口，剑茎上也有一个穿孔，二者以木片相夹而衔接；剑身很短，中脊起棱，没有任何纹饰，锋刃砥砺得相当锐利。

元龙坡3件（原称匕首），扁茎，平折肩，无格无首。锅盖岭2件，也是无格无首，折肩，茎上有一穿孔。独山3件、安等秧9件，扁茎，无格，斜肩，茎部有小穿孔。安等秧有2件宽格，其中1件短茎上有孔，接椭圆形玉剑首；1件茎部有弦纹相间的回纹和网状方格纹。

6）一字格剑

首、茎、身一次铸成，圆首，扁圆茎，一字形格，短扁身，呈梭形。

锅盖岭1件，通长29、刃宽6.5厘米。茎中空，两面均饰回形纹；身呈梭形，正背两面均饰两道卷云纹（图一〇，1）。

田阳七联村东邦1件，通长28、格宽11、厚2厘米。空首，椭圆茎，茎末端有格盖，盖宽于茎，盖面呈椭圆，饰菱形几何纹；茎中部收束，上下向外扩张；茎上下两端饰云纹，中间饰斜线纹；剑格宽于身，两头微翘；格面亦饰云纹；剑身扁，较薄，刃锋利，两面无纹饰；束腰，有胯（图一〇，2）。

田阳隆平村排楼屯1件，通长26.3、刃宽4.5厘米。茎椭圆空心，无首；茎身束腰，无纹饰；上端近格处的脊部有一"Y"形血槽，束腰，有胯；剑尖锋利。

田阳百育沙场1件，通长28、格宽11、宽7、厚2.3厘米。茎上饰云纹和斜线纹，盖面饰菱形纹，格面饰云纹，和锅盖岭出土的很相像（图一〇，3）。

　　　1　　　　　　　　　2　　　　　　　　　3　　　　　　　　　4

图一〇　一字格铜剑

1. 锅盖岭　2. 七联　3. 百育　4. 林逢

田东林逢镇打捞1件,全长27厘米,其中茎长8、身长19厘米,格宽8.9、叶宽4.2厘米,厚0.5厘米。茎两端粗,中段细,首、茎、格上都有精细的几何花纹。剑首平面呈菱形抹角的椭圆形,正中饰菱形纹,外围以扁长方块,内饰S形云纹;剑茎上自首而下饰六道回纹箍,靠近剑格处有一个对穿小圆孔,圆孔外亦饰S形云纹;剑格面上也有纹饰,以剑首为中心,左右两边纹饰对称,饰S形云纹条带(图一〇,4)。

7)人面弓形格剑

剑身上部铸有倒三角形的人面纹,剑格两端上翘,弯曲如弓,故名人面弓形格剑。这种短剑,形制独特,地域性强,目前只见于岭南地区,其中包括中国广西的百色、田阳、南宁、柳江、贵港、灵山,广东的广州,香港的大屿山、赤立角、南丫岛及越南的清化、海防等地。其铸作方法是用双面合范,将首、茎、身一次浇铸而成。茎、格、身均有纹饰。铸作工艺精良,纹饰精细,寒光逼人,有极高的工艺水平。这种剑已不是一般常人所能佩带,是代表一定身份的权力之器。

田阳隆平村剑,通长24.2、刃宽4厘米。剑首并列双环,环径1.7厘米。环体两面各饰四个长方回纹。剑茎扁体实心,上端中段两侧均有"山"形齿状棱脊,中部粗大,下端在栉纹边框内分三组填饰云纹。剑格两端上扬,中部呈弧形弯曲,表面饰栉纹。剑身宽厚,最宽处在基部。剑身上端饰V形图案,分三段向左右伸出羽状球纹,在顶端饰人面图案的地方只保留一个三角形框,没有出现人面纹。两面纹饰相同,唯有此处各异:一面的三角形是凸出的阳纹,另一面的三角形是凹下的阴纹(图一一,1)。

　　1　　　　　　　　2　　　　　　　　3　　　　　　　　4

图一一　人面弓形格铜剑

1.田阳隆平　2.百色一号　3.百色二号　4.百色新码头

百色一号剑，右江百色段捞出，柳州博物馆藏，长24.5、茎长10.6厘米，格宽4.5、刃宽3.4厘米。形制与田阳隆平剑相同，剑首双环并列，环体有几何纹饰，茎之中部粗大，分三组饰卷云纹、栉纹等几何图案，前端两侧有"山"形歧爪，剑格两端上翘，饰栉纹，剑身光滑，刃锋利，脊不明显。近格处饰阴线人面纹。人面呈倒三角形，轮廓框饰栉纹，人面下巴尖削，头似戴羽冠，眼、鼻、口用阴纹，均清晰（图一一，2）。

百色二号剑，右江百色段捞出，柳州博物馆藏，长32、刃宽5.8、格宽4.8厘米。无首，茎上部为椭圆柱形，中部扁平束收，近格处又扩宽。纹饰分成几组，有卷云纹、曲线纹、虚线纹等多种几何图案，格的两端上扬。剑身起脊，最宽处在中部，平缓向前收束，前端骤收成锋。近格处饰人面纹，头戴宝冠，冠沿两端向上翻卷，面部瘦长，五官清晰，人面侧有锯齿纹，下接长栅栏状纹饰，向锋部收束成箭头形，向下穿透一只横卧的青蛙，青蛙四肢伸展，头部和躯干清晰（图一一，3）。

百色新码头剑，从百色七塘糖厂新码头打捞出，通长30.4、身长18.2、格宽5.1厘米。首已残失，剑茎上细、中粗，下稍扁窄；上端有"山"形棱脊，两面均有锥刺小方块纹；格较窄，几近一字形；剑身上宽下窄。由于在水中长期浸泡和淘沙时反复摩擦，器表纹饰已磨蚀，但剑身基部人面图案仍隐约可见（图一一，4）。

8）镞

元龙坡墓地出土桃形镂孔铜镞，两端小，中间稍大，似桃形，两侧都有刃，中部有长条形透穿血槽，扁长条实铤，铤的左侧有一倒刺，是一种具有极强穿透力的远射程杀伤兵器（图一二，1）。

独山岩洞葬出镞1件，双翼形，翼长与铤齐，菱形脊，上端有倒钩，下有圆孔，椭圆形铤。

安等秧铜镞，双翼作倒须状，前较宽，有中脊，铤作六棱形，末端尖细。

9）叉形器

田东锅盖岭战国墓出土3件，菱形座，上出二叉，状如牛角，极具地方特色（图一二，2），宾阳韦坡战国墓也曾出过。

10）镦

元龙坡镦，扁长方形，中空，扁圆銎，合范铸成，两面皆有两道对称的凸弦纹。

锅盖岭镦，形如炸弹，上段呈圆筒形，口分

图一二 铜兵器

1.镞（元龙坡） 2.叉形器（锅盖岭） 3.镦（锅盖岭）

成四瓣，两侧各有一小穿，下段如杞榄，光滑圆润，末端有一小孔。通长9.8厘米，形制十分特殊（图一二，3）。

（3）礼器

1）卣

兽面纹铜卣，武鸣县马头乡全苏村勉岭山麓距地表2.7米深处出土，有提梁，有盖，器体呈椭圆形，下有圈足。通高40、腹径横24、纵19.4厘米，重10千克。器表呈灰黑色，是所谓"黑漆古"。盖和身上四面都有高耸的扉棱，通体以云雷纹为地，饰三重花纹。盖面和腹部是浮雕式的兽面纹，目、眉、耳突起，目似圆球，眉如卧蚕，眉尖突出器体外。盖的边缘、颈部、足部各装饰夔纹一圈，夔身上又饰以勾云纹。盖顶有纽，纽由6只蝉纹聚合成瓜棱形。提梁像一把弯弓，背面由两两相背的夔龙组成三角纹带，三角内又填饰蝉纹。提梁两端作成牛头形。全器构图严谨，刻镂精工。卣盖内有阴刻铭文"天"族徽。从造型、纹饰来看，与湖南宁乡出土的卣很相似，是商文化南传广西的物证（图一三，1）。

夔纹铜卣，武鸣县马头元龙坡147号墓出土，通高28.5、腹径12厘米。扁圆腹，圈足，有盖，有提梁。提梁做绳索状，提环饰牛头纹，盖顶有圈形抓手，圈足有直裙，盖上饰勾连云纹，上腹部饰夔龙纹带（图一三，2）。

2）盘

武鸣县马头乡元龙坡33号墓出土。通高12.5、口径30.5、底径22厘米。平唇，折沿，浅腹，双附耳，高圈足，圈足内有一个半环纽，盘内中心饰六瓣花纹，外绕三道重环纹，腹外郭饰窃曲纹，圈足外饰云雷纹（图一四）。

3）兽耳簋

田东祥周乡联福村联合小学前南哈坡出土，敞口，束颈，椭圆腹，兽耳带环，肩部饰涡纹和夔龙纹，腹部饰蝉形垂叶纹。形制和纹饰都有明显商周青铜器风格（图一五，1）。

1

2

图一三　铜卣

1.勉岭　2.元龙坡M147

图一四　铜盘（元龙坡M33）

（4）乐器

包括甬钟、鼓、铃。

1）甬钟

铜钟的形式是从铜铙演化而来的。右江流域有甬钟。元龙坡264号墓出土一件残片，正面留有三枚乳钉，另有3枚乳钉散落在墓中。田东大岭坡出土1件甬钟，高56、宽33.5厘米，重25千克，直筒甬，甬上有旋，旋上有干，钟体有36个乳钉状的枚，枚长有景，

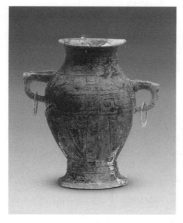

1　　　　　　　　　　　　　2

图一五　铜器

1.兽耳罍（南哈坡）　2.甬钟（大岭坡）

正面钲间、篆间布满精细的勾连雷纹和云纹，舞部、于部也有精致的几何图案花纹，隧部饰夔龙纹，但是背面无纹饰（图一五，2）。这种形制的甬钟在中原地区流行于春秋时期，正面有纹饰，背面无纹饰是岭南越式甬钟的特点。

2）鼓

5面，包括万家坝型和石寨山型。万家坝型有田东南哈坡2面和大岭坡1面；石寨山型有田东锅盖岭1面和平马码头打捞的1面。

南哈坡A鼓，通高32厘米，面径50、胸径60.5、足径66厘米，鼓面太阳纹中心隆起，有不规则的十六道芒，腰部由正倒V形纹带纵向划分成格子，其他地方光素无纹，腰部近足处有一周三叉纹和一周雷纹（图一六，1）。

南哈坡B鼓，通高37厘米，面径50、胸径60.5、足径66厘米，鼓面向内凹陷，中心太阳纹隆起，有短小杂乱的二十二道芒，芒外又有杂乱的晕圈，外围以绳索纹。胸凸鼓，胸腰间有两对桥形耳，腰部有纵向曲折的界格，足部有半菱形格子纹和勾连回纹，近足处有一周勾连雷纹（图一六，2）。

大岭坡铜鼓，通高29厘米，面径34、胸径40、足径50厘米，重18.5千克，鼓面中心稍微隆起，太阳纹不规则的十一芒，无晕圈，鼓胸素面无纹，胸腰之际有两对小扁耳，腰上半部用绳索纹夹对角三角纹纵向分格，下半部分别饰回纹、绳索纹各两道（图一六，3）。

锅盖岭鼓，形体较小，面径只有23厘米，鼓面中心太阳纹八芒，芒间饰斜线纹，外围三晕，主晕是翔鹭4只，等距离逆时针飞翔，另两晕饰锯齿纹和乳钉纹；胸部突出，饰回形纹和弦纹，腰以下崩残。属石寨山型（图一六，4）。

平马鼓，2003年出水。鼓面完整，面径43.5厘米，鼓身已残，腰足高21.2厘米，胸部有羽人划船纹。

3）铃

武鸣元龙坡出土5件，其中3件连在链环上。铃口呈鱼尾状，两角下尖，内有椭圆形舌。安等秧14号墓也出土5件，顶端有半环耳，圆肩或斜肩，断面呈橄榄形，平口，有舌（图一七）。

（5）其他

1）针

元龙坡101号墓出土，两件，形制大致相同，扁方柄，圆条尖锋，无针眼，推断为医疗用具（图一八，1）。

2）镯

安等秧出土10件，都是圆筒形，扁薄缘，有的外表饰回纹间凸点纹，有的素面。

3）钏

安等秧出土，扁平圆形，内缘两面起凸唇，断面呈"T"字形。外径8.2、内缘唇高1.4厘米。

4）伞状铜圆形器

武鸣县元龙坡墓群出土5件。圆形似镜，背面隆起成尖顶，正面伸出扁长的似鹰嘴

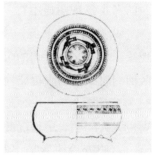

1　　　　2

3　　　　4

图一六　铜鼓

1.南哈坡A鼓　2.南哈坡B鼓　3.大岭坡　4.锅盖岭

图一七　铜铃（安等秧M14）

1　　　　2

图一八　铜器

1.针（元龙坡M101）　2.伞状圆形器（元龙坡M311）

的钩状舌。有的背面中心突出一个尖圆纽，圆面由弦纹、栉纹、云雷纹组成晕圈，正面舌末开一小孔；有的背面隆起，中心突出一条细长圆柄（图一八，2）。

（四）右江流域青铜器的族属

在分布地域明确的情况下，要确定这些遗存的属族，只要弄清它们的年代就行了。有的学者根据个别墓葬随葬品的类比，将右江流域的青铜文化年代上限定在战国晚期，把原定于战国时期的一些墓葬往后推到西汉早中期，显然有失偏颇，事实上也与整个广西的考古发现明显不符[8]。

武鸣元龙坡墓群，基本上没有受到外来文化影响，是当地原始文化的延续。即使出现接受外来文化影响的个别器物，也不失为早期特征。如147号墓铜卣，形状与中原地区西周时期的扁腹提梁卣相似，盖上的夔纹主要流行于西周中期，断它为西周不会有错；33号墓的铜盘，与中原地区西周附耳铜盘相似，西周以后很难再看到同类器形，断在西周也无大问题。更何况此墓地有多个[14]C年代支持，定在西周至春秋是站得住脚的。

武鸣安等秧墓群，形制除了墓底不设腰坑之外，与岭南地区其他各地战国时期流行的墓葬基本相同，随葬品也基本是实用的青铜兵器、生产工具和陶制生活用具，其中铜剑、铜矛、铜斧、铜钺、刮刀，与广西平乐银山岭和广东四会鸟旦山、罗定背夫山、德庆落雁山战国墓基本相似。因此原定战国时期没有不当。

田东锅盖岭墓出土的铜鼓，《中国古代铜鼓》把它列为石寨山中期，绝对年代为战国晚期。一字格剑多见于右江流域，而且只在战国时期墓中出现，在广西汉墓中没有发现。邻近贵州的夜郎地区个别汉墓有发现，剑首和剑身纹饰已经不同，滇池地区的一字格剑花样翻新，年代略晚，大部分已接近汉代，不能与右江流域的相提并论。所以把锅盖岭墓定在战国时期也不会有大问题。

至于田东南哈坡墓和大岭坡墓，所出铜鼓都是万家坝型铜鼓。铜鼓是中国南方少数民族的传统乐器和礼器，是从实用的炊煮器铜釜演化而来的。万家坝型是铜鼓的最早类型。流行年代从春秋时期到战国时期，战国晚期是它的最下限。与这些铜鼓同出的其他青铜器分别是铜罍和铜甬钟，都不会晚于战国时期。

其他一些有地方特色的青铜器也明显地反映出先秦时期的特性。

人面弓形格剑，只见于岭南地区，而且主要流行于右江流域，在百色、田阳、田东都有发现。右江流域应是这类铜器的发源地。其年代只有战国时期，没有再往下发展[9]。

"王"字铜矛，岭南地区主要发现于粤西地区，出土墓葬及遗址的断代都比较清楚，从战国早期到晚期。少数属于战国早期，多数属于战国晚期，未见于跨进汉代者，时代特点明显[10]。

叉形器除在田东锅盖岭出土以外，还在邻近的宾阳县韦坡战国墓中发现。不见于其他地方和战国以后的遗址。

刮刀是典型的越式工具，流行于战国时期岭南地区，其西界只到右江流域，没有再往西传。更多的则见于平乐银山岭战国墓和广东、广西其他战国墓，极个别见于西汉早期墓中。

扁茎短剑，只流行于广西、广东西部和湖南南部，是这些地区先秦墓葬中常见的随葬品。

铜刮刀、扁茎短剑、一字格剑、人面弓形格剑可以说是岭南地区先秦与汉代分界的标志物。

把右江流域青铜时代遗址的年代往后拉，是因为走入了"断代惟晚"原则的误区。断代惟晚，在一般情况下是指在一组器物中，以年代最晚的器物为标志来确定它们构成的年代，而不能把这一组器物定成同一个年代，拿这群器物中本来年代较早的器物作为晚的年代标志，把另外一组本来年代较早的器物拉晚，这种做法是不可取的。比如岭南地区的个别汉墓中随葬有双肩石器，不能把新石器时代晚期或末期出土双肩石器的遗址定到汉代。在两广地区发掘大量汉代墓葬，文化面貌已十分清楚，基本上没见到米字纹硬陶器，为了突出文化传播滞后论，硬把出米字纹陶器的墓葬都拉到汉代也是没有根据的。基于以上原则，我们基本上维持右江流域青铜器遗存原来判定的年代，不主张把它们通通往后拉，这是我们讨论该地区青铜文化族属的基础。

有关右江流域古代历史情况的文献记载十分贫乏。我们只能模糊地知道"古属百越地"。秦始皇统一岭南，把它划在象郡。《旧唐书·地理志》在邕州宣化县条下载："骦水在县北，本牂牁河，俗呼郁林江，即骆越水也，亦名温水，古骆越地也。"宣化县即今南宁，骆越水应是今之邕江及其上游右江。右江流域在先秦时期应属百越族群中的骆越。骆越的活动范围很广，右江流域是其重要中心地区之一。

从旧石器时代到新石器时代，右江流域的原始文化完全是在自身环境中发展的，很少受到外界影响，是一种本土的土著文化。考古发现表明，由于农业的不断发展和手工业的专门化，社会分工促使社会分化，生活在右江流域的原始居民由部落社会向酋邦社会转化，大约在距今4000年前进入早期国家社会，并与周围族群交流与融合，吸收外来文化。商周时期，右江流域的骆越以接受中原青铜文化为主，春秋战国时期，接受楚、越、滇文化的影响，发展自己的青铜冶铸业。武鸣元龙坡墓群出土砂石铸范及其相应的铜钺、铜刀、铜圆形器，说明西周至春秋时期，骆越地区已有自己的青铜冶铸业。而同时或随后出现的铜新月形刀、伞状圆形器、桃形镂孔镞、无眼针、叉形器、弹形镦、三角形云纹匕首、一字格剑、人面弓形格剑等独具特色的青铜器，不见或少见于其他地区，应是右江流域骆越人独创。接受外来文化影响后，出现墩形铜鼓、靴形钺、扁茎短剑、竹叶形刮刀等与周边地域极富特色的青铜器，并且伴出铜罍、甬钟、玉玦等礼器，说明已感受到先进文化的冲击，呈现出多元文化色彩，但是这些外来文化还没有改变骆越土著文化传统。

注　释

［1］　广西壮族自治区文物工作队等：《广西武鸣岜马山岩洞葬清理简报》，《文物》1988年第12期。

［2］　广西壮族自治区文物工作队等：《广西武鸣马头元龙坡墓葬发掘简报》，《文物》1988年第12期。

［3］　广西壮族自治区文物工作队等：《广西武鸣马头安等秧山战国墓群发掘简报》，《文物》1988年第12期。

［4］　广西壮族自治区文物工作队：《广西田东发现战国墓葬》，《考古》1979年第9期。

［5］　蓝日勇：《田东县大索屯战国墓》，《中国考古学年鉴（1985）》，文物出版社，1985年。

［6］　陈其复、黄振良：《田东县出土两面"万家坝型"铜鼓，填补了广西铜鼓发展序列的空白》，《中国古代铜鼓研究通讯》第9期（1993年）。

［7］　陈其复、黄振良：《广西田东县再次出土万家坝型铜鼓，《中国古代铜鼓研究通讯》第10期（1994年）。

［8］　李龙章：《广西右江流域战国秦汉墓研究》，《考古学报》2004年第3期。

［9］　邓聪：《人面弓形格铜剑雏议》，《文物》1993年第11期。

［10］　徐恒彬：《论岭南出土的"王"字形符青铜器》，《广东省文物考古研究所建所十周年文集》，岭南美术出版社，2001年。

广西铸铜业的发生发展及工艺艺术*

覃 芳

（广西文物考古研究所）

（一）广西铸铜业的发生与发展

广西地区的青铜铸造业，有其发生、发展和繁荣的历史演变过程。广西地区的青铜铸造业起源于何时，随着考古材料的不断增多，我们可以从考古学的材料中寻找其脉络。1974年1月，武鸣县马头乡全苏村第一生产队农民在勉岭山麓挖田头粪坑时，发现一件商代兽面纹提梁卣，这是迄今为止广西地区发现最早的青铜器。这是一件窖藏品，同时出土的还有一件铜戈。卣呈扁圆形，活提梁，带盖，器身和器盖四面均有高耸的扉棱，提梁置于正、背面脊上，通体以云雷纹为地，盖面和腹部饰以浮雕式的兽面纹，眉、目突起，盖面上两兽面纹向左右，腹面两兽面纹向前后，互不相眸，盖缘、颈、圈足均饰夔纹，盖纽饰六只蝉纹。提梁饰夔纹和蝉纹，两端作牛头形。盖内铭文"夬"字，应是作器主的族徽。同时出土的铜戈已残，阑侧饰栉纹和云雷纹，其云雷纹与卣的地纹完全相同，时代也应相当。铜卣器壁厚重，器身呈灰黑色，即所谓的"黑漆古"，其造型端重，花纹繁缛，具有商代晚期的作风，是一件工艺水平很高的青铜礼器。这件铜卣出土后，经鉴定认为，从卣的造型到纹饰内容都具有浓郁的中原文化特点，不是本地铸造，可能是广西地区的先民在与商王朝的交往中获得的赠品。尽管它是北方传来之物，却使广西先民对青铜器有了最早的认识，同时刺激和启迪了广西先民对铸铜技术的追求。近年考古发现证明：广西地区也和湖南、江西一样，在商代就铸造青铜器。

1997～1998年发掘的那坡县感驮岩遗址，在商文化层中发现1件铸铜石范，而另外还有两件则为采集品。编号AT01③：35石范残块为扁平的粉红砂岩，略呈长方形，残长约3.5、宽约2、厚约0.8厘米；一面凹凸不平，另一面平整且凿刻有器槽，因残损严重，

---

* 本文系2006年国家社会科学研究西部项目"滇桂地区与越南北部上古青铜文化及其族群研究"中期论文成果之一。

铸造器形不明。这件石范是在商文化层中出土。BT05①层发现的石范为采集品，由灰白色砂岩制成，略呈长方形，一端残缺，残长7、宽3.5、厚1.2厘米，其中一面磨制平整，另一面呈弧形，应是双面合范的一半。完好的一端磨平，有一椭圆形的浇铸口，石范内面有黑色浇铸痕迹。据观察，所铸之器似为刀。AT36①层发现的石范芯也是采集品，由粉红砂岩制成，略呈长方体。两端呈椭圆形，一端大一端小。芯体有多处长短不一的削痕。长4.4、宽3~4、厚1.8~2.2厘米。据观察，可能是小型工具銎部的内芯[1]。

20世纪60年代，广西文物工作队曾试掘过平南县石脚山遗址，在遗址中出土有石范，但未见报道，其年代也未经科学测试。1996年中国社会科学院考古研究所调查过该遗址，根据采集的文化遗物推测，其上限年代距今约6000~5000年，下限年代距今约4000年[2]。石脚山遗址是一处洞穴遗址，由于历年群众采石爆破，地层关系遭到破坏。但是从出土石范和其他文物情况看，估计石脚山遗址的年代和那坡县感驮岩遗址差不多，是从新石器时代晚期延续至商代的遗址，出土的石范可能是商代遗物。

1985~1986年发掘的武鸣县马头元龙坡墓葬，发现较完整的石范6套，残碎的有30余件，有些是人为打碎丢弃在填土中，可能具有某种宗教意识。石范均为红砂岩制成，整体呈长方椭圆形，正面扁平，刻凿各种器物模型，计有双斜刃钺、扇形钺、斧、镞、圆形器等，几乎所有器物都在墓葬随葬品中找到相对应的实物。有些范的内面有烧焦痕迹，说明使用过而后作随葬品的，墓主可能是专门的铸铜工匠。编号为M174：3的石范，表面上刻符号，很可能是占有符号，也可能是初期的文字符号[3]。

商周时期的青铜器在岭南地区屡有发现，有些在墓葬或窖藏中出土，有些则是在社会上流散后征集所得。广西发现的商代铜器共有4件，除武鸣县马头全苏勉岭发现的兽面纹提梁卣外，同此卣出土的还有一件青铜戈，长胡二穿，援、内平直，属早期铜戈特征，其年代与铜卣也相似。兴安县也发现一件商代铜卣，提梁作绚索形，器底有阴刻"天父乙"三字铭文，亦属商代晚期之物。武鸣敢猪岩出土的铜戈，也是晚商之物，器体扁薄，援前部残失，援中脊起棱，上下阑突出，长方形直内，内后部有斜向而相邻的二穿。在广西的商代遗址中发现有石范，尽管有相当部分石范出土的遗址中没有青铜器共存，如感驮岩遗址、石脚山的相关遗址，但从石范的功能及雕刻的模印看，只能说是铸铜的功用而不是另有其他功能。武鸣马头元龙坡墓地中出土的石范，有所铸青铜器共存，说明岭南地区商周时期的同类石范都是铸造青铜器的。一般认为，岭南地区在商周时期只能铸造一些小型的青铜器，如斧、钺、镞之类，而此时期在岭南地区出现的大件铜器均是从北方交流过来的。如果仅从石范铸器的情况看，这种看法是成立的，但从岭南发现一些大件器物分析，似乎在西周时期，岭南地区的工匠也能铸造大件器物了。杜迺松先生说："1958年横县镇龙那桑村出土的重34公斤的一件西周铜甬钟，高度达到68.5厘米，形体较大，这在西南地区的先秦铜钟中也是难得见到的。此钟与田东和同村出土的西周钟，均长身、长枚特征，极富地域色彩。所见以后东周时代百越的青铜钟仍承袭这一固定模式。"[4] 既是"极富地域色彩"，就应当是本地铸造。

春秋至秦汉时期，广西地区的青铜铸造业得到进一步发展，各地区发现了大批墓葬或窖藏，分别出土了大量的青铜器。另外还发现战国时期的铸铜石范。摘要介绍如下：

1993年，在广西灵川县定江镇聚田村新岩内，一位农民在洞内取土建猪栏时，发现有石斧、环形穿孔石器、磨制石器、方格纹硬质灰陶、夹砂灰陶罐、兽骨等，同时出土的还有5件铸铜石范和一些冶炼青铜器留下的铜渣。石范分双面范和单面范两种。编号为LW14的石范，是双面铸钺范，高10.6、宽8、厚3.2厘米。范为砂岩石制成，长方形，两面均凿成"风"字形铜钺范槽。LW7、LW435两件均为残件，但都能辨认出是双面范，器形也是"风"字形，銎部中间有凸棱一道。LW15为单面斧铸范，高8.9、宽8.8、厚3.6厘米，粉红色细砂岩石制成，有椭圆形浇注口，范的背面隆起，打磨光滑。LW16为单面钺铸范，高8、宽6.7、厚3.5厘米。褐色细砂岩石制成，横截面为半圆范面凿成钺形浅槽，为平銎弧刃，銎口为扁椭圆形[5]。

1971年在广西苏城县嘉会乡秋家村发现一座春秋晚期墓葬，随葬品几乎都是青铜器，计有鼎、尊、编钟、罍、剑、戈、钺、镞、斧、凿、车器等共33件[6]。

1974年在平乐县银山岭发现一处战国墓群，清理发掘110座墓，共出土青铜器377件，计有鼎、盆、钵、勺、剑、矛、钺、戈、镞、镦、斧、凿、刮刀、篾刀、钻头、削、锯、盖弓帽、铃、带钩、枚头等。另外还出土有陶器360件、铁器181件、铜铁合制器11件[7]。

1985年10月，在武鸣县马头乡附近的安等秧山坡上发现一处战国墓群，清理了86座墓，其出土青铜器86件，计有剑、矛、镞、斧、刮刀、钺、带钩、铃，用麻布包裹的铜片。另外还有铁器、陶器等[8]。

1977年6月，在田东县祥周乡锅盖岭发现两座战国时期的铜鼓墓葬，共出土铜鼓2件，均为石寨山型，其他铜器有剑、矛、斧、叉形器，另外还有部分玉器[9]。

1976年在贵县（今贵港市）罗泊湾发掘了一座西汉前期的大型木椁墓，出土铜器200余件，另外还有铁器、陶器、漆木器等。出土的铜器有铜鼓、钟、鼎、壶、筒、案、盘、匜、勺、灯、镜、带钩、剑、镦、镞及车马器等[10]。

1972年7月，在西林县八达乡普驮粮站发现一座西汉时期的铜鼓墓。出土铜器270余件，计有铜鼓、铜骑俑、马腿、坐俑、六博棋盘、钟、洗、耳杯、弹丸、弓帽、盖弓帽、车饰、辖、当卢、衔镳、带扣、铃、兽面牌饰、山羊牌饰、绵羊牌饰、环、镂空器等[11]。

除上述墓葬之外，广西地区战国至汉代的墓葬遍布各地。宾阳县、来宾县、象州县、柳江县、贺州市、岑溪市等地都有战国墓发现，合浦、贵港两地是广西最大的汉墓群区，其他较大的汉墓群区有平乐、钟山、武宣、兴安、昭平、梧州、贵县、柳州等市县。上述墓葬中出土的青铜器难以计数，这些出土资料反映了广西地区在西汉以前已经较为普遍兴起了自己地方上的青铜冶铸业。在众多的青铜器中，有许多器物与北方汉族地区出土的同类器物相近，有些还刻有汉族地区铸造铜器的地名，这类器物应当是从北方传来。同时也表明，广西地区的青铜铸造业是以仿制中原的器形为起点发展起来的，随着铸造工艺的不断进步，工匠们结合当地的实际情况，铸造出一些具有浓郁的越文化特点的青铜器。可证明是本地产品的青铜器有如下种类。

铜鼓，这是春秋以后出现的青铜乐器，西林、田东、贵港、贺州等市县的墓葬中都有出土。居住在广西地区的先民，素以崇尚和擅长铸造、使用铜鼓著称，这一点，历代史籍不乏记载。铜鼓既是广西青铜文化中最有代表性的器物，也是广西青铜冶铸业高度发展的重要标志。北流县出土的一面云雷纹铜鼓，面径165、高67.5厘米，重约300公斤，是目前世界上已知最大的一面铜鼓，故有"铜鼓王"之称。据统计，广西地区铸造的铜鼓，面径超过110厘米的就有15面。铸造铜鼓的技术相当复杂，而铸造如此大面径的铜鼓，就必须具有很高的冶铸和调音技术，可以说铜鼓是广西青铜铸造技术的杰作。

盘口鼎，考古学界称其为"越式鼎"，其口沿外折上耸，形如盘状，颈微束，腹较浅，平底微圆，三根扁足外撇呈等腰三角形，无盖，口沿外侧有两个对称的绳状半环耳，有的两耳间还连有链状提梁。这类鼎在桂东及桂东南地区的春秋战国墓中均有出土，另外在湖南、广东等地也屡有出土，岭北地区则未见，地域特点突出，也是岭南青铜文化中的代表器物之一。1976年贵县罗泊湾1号墓出土的一件越式铜鼎，口径23.5、通高28.5厘米，盘口，扁腹，平底，直足，下端稍外撇，口沿外附一对绞索形耳，口沿由侧卧刻"二斗少半"四字，应是该鼎的容量，实测容量为4060毫升，该器即有浓厚的地方特点。

羊角纽钟，整体形似半节橄榄，上小下大，中空平口，顶部有两个外撇呈羊角状纽，因而得名。这种器物在云南、越南、广东也有发现，但仍以广西地区发现为最多。除铜器实物外，在宁明花山等崖壁画上，也发现有羊角纽钟的图像。

铜筒，圆柱形，上部略大，口部外侧有两个对称的半环耳，大耳间又连有一个穿提系绳用的贯耳。身部有规律地饰以竹栉纹、弦纹、勾连云纹和圆圈纹为组合的纹带。这类器物仅见于岭南地区西汉前期墓葬中，其他地方尚未见到，应是本地产品。

竹节形铜筒，这种器物，目前在我国仅见于广西贵县罗泊湾1号西汉墓中，无疑也是本地产品。直腹，有盖，圈足。盖顶有环纽，上腹部有一对铺首衔环耳，系活链提梁，器身分两节，仿竹节形，器表绘黑漆彩画，每节绘两段共四段，每段自成一个完整画面，画的内容有禽兽、花木、山岭、云气等，器盖绘勾云纹，器足绘菱形纹，器里和底部均涂一层黑漆。该器造型特殊，形制与现在广西少数民族在野外劳动时携带的盛水或盛粥的竹筒相似。

除上述器物之外，具有广西地方文化特色的青铜器还有扁茎短剑、刮刀、斜刃钺、干栏式铜屋、镂空柄匕首等。

唐宋时期，广西地区的铜铸业逐渐走向衰落，主要原因是广西地区的陶瓷业兴起，人们的日常生活用器日趋用陶瓷器代替。特别是宋代，由于广州、合浦"海上丝绸之路"的繁荣，外商到广州定购大批瓷器，刺激了广西外销瓷的出现和发展，容县、桂平、北流等县市都有大窑群出现，所烧瓷器可与北方瓷窑媲美。尽管这一时期，广西地区的青铜铸造业走向衰落，但某些铸铜行业又悄然兴起，如唐代的铜镜铸造业和宋代的铜钱铸造业。

铜镜，广西汉代、晋、南朝墓中多有发现，学者多认为，汉至南朝时期广西地区墓葬中出土的铜镜，都是北方传来。隋唐以前广西地区能制造铜镜，目前尚无证据可以证明。但到唐代已能铸造铜镜，并将铜镜当作贡品向唐王朝进贡，这在史书中有记载。据唐代《元和郡县志》载：唐开元年间，桂州（治所在今桂林市）曾向朝廷进贡铜镜44面。可见当时广西铸造的铜镜是非常精美的。盛唐时期，铜镜铸造业繁荣发展，其形制、花纹和铭文都与汉代有所区别。唐代常见的装饰花纹有瑞兽、凤凰、鸳鸯、花鸟、蜻蜓、葡萄、团花、宝相花及人物故事等，构图生动活泼，富于变化。在造型方面，除传统图形外，新创制了菱花形、葵花形、方形等形式。广西各地都有铜镜发现，从北海、昭平、恭城、钟山、藤县等地出土的唐代铜镜看，其装饰和铸造工艺都达到很高水平，可与北方汉族地区同时期出土的铜镜相媲美。

唐宋时期，封建统治在广西获得进一步巩固发展，地方文化与汉文化相互融合、渗透，表现在铜镜的铸造上，无论是造型与纹饰，都与中原地区同类铜镜相近似，地方特点不明显。钦州隋唐墓中出土的十二生肖铜镜，背面纹饰分两个区域，内区饰云气、狮虎等瑞兽及八卦纹，外区饰十二生肖纹。镜的边缘有楷书铭文一周："淮南起照，仁寿传名，琢玉斯表，镕金勒成，时雍炎晋，节茂朱明，援镆鉴澈，用拟流清，光无影满，叶不枯荣，图□览质，千载为贞。"镜的正面，光亮可鉴，有很高的铸造工艺水平。1973年藤县城关公社东胜大队三合村黄村坝下出土的禽兽葡萄铜方镜，镜面为正方形，色黝黑，镜面光亮异常，须毛可鉴，高沿凹脊，桥形纽，镜背浮雕饰分两层：内层四兽葡萄图案，外层飞禽葡萄图案。此镜色黝黑，是所谓的黑漆古，图案清晰，制作精致，反映了唐代铸造铜镜工艺的精湛水平。昭平县出土的禽兽葡萄铜镜，背面图案繁密，铸有5只神态各异的怪兽蹲伏其间，中间1只略大，全身作弯弓状，作为铜镜的纽带，怪兽四周有8只小鸟，4只侧身站立，另4只展翅向外飞翔，外圈饰以整齐的云雷纹。各种禽兽的嘴、眼、鼻和羽毛都刻画得清清楚楚，还有一串串带叶的葡萄均匀分布其间。镜面光滑乌亮，制工精湛。另外，在恭城县出土的莲花纹铜镜、钟山县出土的连弧形葵花纹铜镜，工艺都相当精美。

隋唐时期，广西地区除铸造铜镜之外，铜钟的铸造水平也很高。铜钟主要是专为寺庙制作，体形硕大，造型浑重优美，纹饰高古庄重。容县人民公园内的开元寺铜钟，是唐贞元十二年（796年）于容州开元寺铸造的，口径1.09、通高1.83米，重达1750公斤。顶部有龙形纽可供悬挂。钟的身部纵横浮雕弦纹，豪放流畅，中部铸有4朵圆形花瓣。铸造这样高大的铜钟，没有高超的铸铜工艺是很难完成的。

宋代，广西地区的铜钱铸造业是非常发达的，从铜矿的掘采到冶炼、铸造，整套工艺设备齐全。由于广西地区有较好的冶炼铸铜技术基础，宋朝廷专门在梧州设有铸钱厂（当时称为钱监）。梧州钱监是当时江南地区六大铸钱厂之一。据《宋史·食货志》记载，梧州钱监每年铸钱18万缗，每缗1000枚，一年就铸钱1亿8千万枚，可见规模之大。1965年，梧州钱监遗址在梧州市郊被发现，考古工作者发掘清理了一处铸钱工场遗址，出土有熔炉、坩埚、风管、陶杵、铁锹、瓷片和"崇宁重宝"铜钱等物。新中国成立前后，在广西地区都发现有宋代窖藏钱币，多者百余斤，少者也有五六斤。宋以前的大量窖藏钱币少见，说明宋代的货币流通、商品贸易较以往繁荣兴旺。由于宋朝在广西地区开创了规模巨大的铸钱业，一直影响到明清时期。明代，广西宝钱局（当时铸钱的机构）开炉15座，每年铸钱9039600文，但从明嘉靖到清初，广西都未开炉铸造钱币，这对广西货币流通和商品贸易十分不利。到乾隆年间才恢复铸钱。乾隆的宝钱局建于桂林文昌门外，共有20个炉，每年可铸钱96000贯。

值得注意的是，唐宋至明清时期，广西铸造和使用铜鼓从未间断，至今遗留在东兰、天峨、南丹等地民间，仍有1400余件铜鼓，而流散在其他地区就难以计数了。但作为铸铜工艺而言，宋以后的铜鼓远没有宋以前的铜鼓那么精美，主要表现在个体矮小，那种硕大浑重的北流型铜鼓不复再见，在纹饰方面全部是采用铸印技术，以往鼓面立体蛙饰都已消失，这些都是铜鼓铸造走向衰落的具体表现。

（二）铸铜工艺

要了解广西地区铸铜工艺问题，首先要从探矿和冶炼技术谈起。古人是怎样探矿采矿的呢？宋朝范成大写的《桂海虞衡志》载，广西蛮人寻找铜矿的经验非常丰富，他们可以根据地表石头或泥土的颜色判断地下是否有铜矿床。书中说："铜绿，铜之苗也，亦出右江有铜处，生石中，质如石者名石绿，又有一种烂如泥土者名泥绿。"凡是在地表上看见有石绿、泥绿者"掘地数尺即有矿，故蛮人好用铜器"。这是对广西地区矿物学的较早记录。所谓"石绿"即是我们今日所见到孔雀石铜矿，"泥绿"很可能是孔雀石破碎后在烂泥中浸泡反应出来的颜色，既烂如泥，又有铜绿颜色。一般在铜矿埋藏较浅的地方，由于雨水冲刷或是其他物理原因，往往露出部分矿石或是绿泥颜色，顺着这些暴露于地表的"石绿"、"泥绿"下掘，就可以找到铜矿床。古人学会寻找铜矿的技术不是从宋代才开始，早在汉代以前，人们就有了丰富的寻找铜矿石的经验了，从考古发掘也可以证明这一点。

20世纪60年代，广西壮族自治区地质局第六地质队在铜石岭进行普查时，发现7个古矿井。经地质钻探，发现铜石岭地下有不同成因类型和产在不同层位、矿化不一致的原生和次生淋滤铜矿，当时清理了3个矿井，发现矿井深达20多米，井中有许多木质支架，井上的地面有许多孔雀石碎块。广西冶金研究所和国家冶金部矿冶研究院分别对铜石岭采集的矿石进行化验分析：硅孔雀石含铜量为2.85%，孔雀石含铜量则高达46.2%。这种矿石，只要同木炭一起加热，就可以还原出铜来。

铜石岭的范围相当大，方圆约有3平方公里。1977年冬和1978年春，广西文物工作队对该遗址进行了两次发掘[12]，发现铜石岭不但是采掘铜矿的地方，同时还就地造炉冶炼铜。在遗址内发现了一批炼炉、灰坑、排水沟、鼓风管、铜锭、炉渣及陶瓷器等遗存。

汉代的炼炉是体积很小的半地穴炉。考古工作者共发掘了14座炉室，其结构情况基本相同，炉底深入生土层15～20厘米，为圆形圜底，外径50厘米，内径在36～43厘米之间，炉壁用黏土掺和石英砂及稻秆等耐火材料制成，厚4～7厘米。从铜石岭遗址发现的炼炉结构情况看，当时是采用内热法进行冶炼：将经过打碎筛选的矿石装入炉内，以木炭作燃料，通过风管向炉内输风，使炉内温度达到1200℃左右，矿石即可溶化出铜液，待冷却后即变成铜锭。尽管当时炼铜方法较原始，却炼出了高质量的铜锭。在铜石岭采集的铜渣，经广西冶金研究所化验室化验，其化学成分为：铜0.65%，铅1.56%，锌2.72%，铁9.70%，硅45.86%。湖北省大冶铜绿山春秋早期冶炼铜渣中铜含量平均为0.7%，世界上一些地区发现属于青铜时代的炼铜渣，含铜量一般高于0.7%，最高达12%。炼渣含铜量少说明炼出的铜锭含铜量高，其他杂质相对少。在铜石岭出土的一块铜锭，经化验分析，含铜98.68%，铅0.142%，砷0.23%，锑0.625%。如此高的含铜量，说明当时的冶铜技术是很高的。

铜石岭炼铜工艺流程中的鼓风设备，我们仅发现了风管遗物，未见风箱。鼓风管呈圆筒状，系用黏土掺含谷壳、稻秆及石英砂手制而成，一端略粗，末端较细，多为方折状，外径一般7.7～9.8厘米，内径3.5～4.2厘米，长50厘米以上。从风管的结构看，鼓风箱是很大的。铜石岭出土的铜锭之所以含铜量高，与鼓风箱的鼓风量具有密切关系。据北京钢铁学院孙淑云等同志在《广西北流县铜石岭冶铜遗址的调查研究》[13]一文分析，当时炼铜一吨仅耗木炭约16.2吨，在汉代广西技术比较落后的情况下这种冶炼水平是很高的。如果以一座炉产铜0.9公斤/时，每天又能生产20个小时估算，那么一天产铜约18公斤，在当时气候条件下，一年可以工作180天，这样一个炉子一年可以产铜32吨。铜石岭炼炉排列非常密集，约在1.2～3.5米之间就有一个炼炉。尽管目前还没有进行全面的考古发掘，无法准确计算炼炉总数，但从炉室的密度看，至少有数百个炼炉。规模是很大的，每年的出铜量在当时来说也应是很多的。

根据考古调查材料揭示，铜石岭很可能有铸造铜鼓的作坊。1966年广西壮族自治区文物工作队潘世雄同志在铜石岭遗址调查时，发现了铜碎片一块。这块铜片长6.25、宽3.6、厚0.4~0.5厘米，延长的方向成均匀的圆弧形，由此推算出原器直径约137厘米，正好与北流型较大铜鼓的面径相当。广西迄今发现的青铜器只有北流型铜鼓才有这么大的直径。有学者认为这块铜片应是一面较大的北流型铜鼓残片。1978年，广西冶金研究所试验室对这块铜片进行成分分析，其中铜、铅、锡等主要化学成分与北流型铜鼓非常接近[14]。这块铜片在铜石岭遗址发现，有两种可能性：其一是当时在这里铸造铜鼓时遗留下来的；其二是后人遗弃之物，与在这里铸造铜鼓无关。这个问题，只有等待以后更多的考古发现，才能作出最后的判断。

关于青铜的冶炼技术，由于考古发现材料有限，只能作出上述简单介绍。下面我们将介绍广西地区在制作青铜器过程中的模铸、镶嵌、鎏金、铜铁合铸、失蜡等工艺技术。

模铸工艺，主要是指用石、泥、陶等质料做好器物模型，然后浇注铜液成器形。范一般是用红色砂岩制成，分上下范，也有人称子母范。先是用利器在上下范内刻好器物模型，再用砺石打光磨平，将上下范合拢，留有浇注口，将铜溶液倒入范内，待冷却后，拆开上下范，器物即告铸成。石范的优点是耐高温且能多次反复使用，但石质坚硬，加工困难，不宜制作容器和铸造花纹复杂的铜器，因此石范只能铸造简单的工具和武器，所以它的使用范围有限。武鸣马头元龙坡发现的石范，都是铸造小件的青铜兵器即是实例。很多地方的青铜铸造，最早都是从石范铸造工艺发展起来的，先有石范铸造，以后才出现了泥范、陶范以及失蜡铸造等工艺，广西地区的青铜铸造工艺也很可能是从石范铸造工艺开始发展起来的。

镶嵌工艺，一般是指用铜丝镶嵌图案花纹在漆器或竹木器上，或是用金银丝线镶嵌在铜器上。武鸣马头元龙坡的一些墓葬中，有漆器的痕迹，由于保存不好，所有漆器都已溶烂于泥土中。在一些漆器上发现有用铜丝卷成云雷纹镶嵌入漆器的表面，铜丝非常细，直径仅有2毫米左右，粗细均匀，说明当时的拉丝技术是相当高的。1969年12月15日，西林县修筑公路时，在普驮屯调龙山出土一件制作非常精致的汉代铜棺。遗憾的是铜棺出土时，正值"文化大革命"期间，随葬品被哄抢，铜棺被砸烂。后来，考古工作者从群众手中找回一些随葬品和232斤重的铜棺残片，并向在出土现场的有关人员了解铜棺的形制和花纹情况。据目击者回忆，铜棺长2、宽0.66、高0.68米，是用六块预先铸造好的铜板铆接而成，表面有用金丝镶嵌的花纹图案，内容有龙、鸟、猫、飞马等，镶嵌平整，线条流畅，工艺非常精致。

鎏金，汉代，广西的青铜铸造出现了鎏金装饰工艺，其技术可与中原地区同类工艺相媲美。鎏金，近代又称为"火镀金"。这种技术在中原地区出现于春秋战国时期。汉代的一些文献上称为"金涂"或"黄涂"。鎏金是将金和水银合成汞剂，涂在器表，然后加热使水银蒸发，金层就牢固地附在青铜器表面上。鎏金工艺流程大致分为五个程序：（1）做"金棍"。预备一根铜棍，将前端打扁，略起翘，沾上水银，晾干即成。（2）煞金。即溶解黄金，用水银作助溶剂，待金溶解后，倒入冷水盒中，使之成为稠泥状，叫做"金泥"。（3）抹金。即在青铜器上涂抹金泥。（4）开金。将烧红的无烟木炭放在扁形的铁丝笼中，用金属棍悬挑着，围着抹金的地方焙烤，以蒸发金泥中的水银，使黄金紧贴器物表面。（5）压光。用玛瑙或硬度达到七八度的玉石做成压子在镀金面反复磨压，将镀金压平，使其更加稳固并闪闪发光。1972年7月，西林县发现的铜鼓墓中，出土的铜骑马俑、山羊纹、兽面纹、绵羊纹铜牌饰，都是经过鎏金技术处理，工艺非常精湛。

铜铁合铸工艺，是指器物的主体或部件为铁质，而与青铜合铸成的器物，主要出现在战国时代。1974年广西文物工作队在平乐银山岭发掘了110座战国墓，出土了铁足铜鼎、铜首铁削、铁铤铜镞等铜铁合铸器物。就全国考古发现所知，铜铁合铸的兵器发现很多，但鼎则罕见。目前除在河北、安徽、湖北有发现之外，其他地方尚未见有报道。铜铁合铸对于青铜器来说，并不是为了提高器物的价值，这样做的目的是为了节省铜料，但在实际功用上是没有多大影响的。铜铁合铸器物不够美观，铜质与铁质交接处有明显的分水线，接得不好还出现隙缝。就工艺学而言，将两种硬度不同的物质结合在一起，是工艺技术进步的一种表现。

失蜡工艺，在广西地区主要用于铸造铜鼓。有关铜鼓的铸造，国内文献未见有详细记载。据清人屈大钧写的《广东新语》说："广州炼铜鼓师不过十余人，其法绝秘，传于子而不传于女云。"由于当时对铸造铜鼓工艺严加保密，无法用文字记载下来，随着铜鼓铸造业的衰落，其铸造技术也逐渐失传。但在国外，却找到了一些关于古代铸造铜鼓工艺的材料。泰国国家图书馆收藏有一份缅甸文《铜鼓制作法》，叙述了缅甸克耶邦用失蜡法铸造铜鼓（当地人称为蛙鼓）的工艺过程。根据《缅甸百科全书·铜鼓》与《中缅泰印边民志·吉耶族》等书记载，证实缅甸的铜鼓铸造技术是500年前由广西壮族传过去的。因此，缅文《铜鼓制作法》为研究广西乃至我国铜鼓的铸造工艺提供了重要资料。

缅甸克耶邦《铜鼓制作法》工艺流程大致是这样的：（1）用木料根据需要做成铜鼓模型，然后以黄色黏土和谷壳互相调和成浆，敷在模型上作内范，黏土、谷壳的比例是2∶1；（2）以一比一比例的黏土和牛粪相调和，再均匀地敷内范；（3）待敷过黏土羼牛粪的内范干得差不多以后，用板子拍打，使之平整；（4）再使内范光滑平整清洁；（5）用蜡均匀地敷在内范上，其厚度为四分之一寸；（6）把敷在内范的蜡均匀地刮去八分之一寸，然后用木板根据需要雕刻成各种动物或花卉图案，捺印在蜡面上；（7）用蜡捏塑成三叠累蹲蛙，粘在鼓面上；（8）晒干黏土舂碎，经筛选成泥粉，在蜡上敷三遍；（9）用一比一比例的黏土和谷壳调和，敷在外范上，厚约三寸或三寸以上；（10）在足部留失蜡口，当鼓范干透后，用慢火烘烤，让蜡熔化流尽，然后像露天燃陶那样，把鼓范置放在火中焙烧，待它熟透后取出，即可浇注铜液；（11）必须在鼓范热烫时浇注铜液，不能让它冷却；（12）浇注的黄铜中按比例掺进一些铝、锡。青铜液用坩埚熔炼后，从足部浇口浇入，浇注时不能让铜液冷却；（13）浇注完毕待冷却后，才慢慢将鼓范敲开；（14）铸成的铜鼓若有不平整或厚薄不均之处，可用锉刀或钢片刮锉平整[15]。

　　上述的失蜡铸鼓法主要是指西盟型铜鼓的制作方法。据考察，广西铸造的主体铜鼓北流型、灵山型、冷水冲型都是采用泥范铸造为主，仅在鼓面上的主体装饰如青蛙、马、牛、鸟等采用失蜡工艺。其铸造方法是：用蜡制成蛙形，在蛙爪处设置出蛙口，在蛙头某处设出气孔，然后敷以泥料，制成蜡蛙模型的外范；待外范自然干燥后，加热烘烤，使蜡蛙模型熔化后流出，蛙范制成后，嵌定在鼓的外范上，与鼓身一起浇注铜液而成。《铜鼓制作法》中说铸造铜鼓全部采用失蜡法，并且言明这种失蜡法是500年前从广西传艺过去的。就广西而言，铸造的铜鼓部分是用失蜡法，大部分用泥铸法。大件青铜器一般为分铸，即二次铸造。特别是有立体装饰的青铜器，一次铸造是不能完成的。

（三）青铜器造型的文化内涵

　　广西地区出土青铜器，有相当部分为精品，造型优美，制作精致，具有丰富的文化内涵。或取材于神话传说，或表现古人的图腾崇拜，或反映现实生活中的建筑艺术等。

　　1990年，在贺县沙田乡一个偏僻的岩洞中出土了一件神兽铜尊，一同出土的还有石寨山型铜鼓、铜盉、铜罍及陶器等多件器物。从出土器物分析，这是一个战国时期的岩洞葬。墓主身份特殊，很可能是部族的领导者之墓。兽尊形象张颔露齿，双目圆睁，双耳铸成直立双角形状，内侧又各生出一支小角，角的形式与长颈鹿差不多。尊的盖面浮雕一条盘卷团曲的真蛇形象，鳞纹清晰，昂起的蛇头巧妙的作为盖纽，形象栩栩如生。兽尊的尾部铸一条直立向上攀爬的立体小螭龙，龙的前胸有双足，后部亦有双足，头顶有单角。学者们多认为，该器物的造型取材于古代传说中的麒麟形象，但在盖面饰以蛇纹，则又是古代百越文化中蛇图腾崇拜。

　　用蛇作为青铜器的纹饰装饰，在其他地方也曾发现过。1971年，恭城县嘉会春秋墓中，出土一件青铜尊，上有四组蛇蛙纹饰，每组有两条蛇，一只青蛙。蛇首皆对着青蛙。直至宋代，广西地区出土的其他器物中仍有用蛇装饰的现象。永福窑田岭窑出土的瓷腰鼓，在两端鼓面上用褐色釉彩绘有双蛇盘卷成圆球状，各露出首尾。这些装饰内容可能是古人蛇图腾崇拜的艺术再现。古人蛇图腾崇拜的情况，在古籍中多有记载。《淮南子·原造训》云："九疑之南，陆事寡而水事众，于是人民被发文身，以象鳞虫。"高诱注"被，剪也；文身，刻画其体内，黥其中，为蛟龙之状，以入水，蛟龙不害也，故曰象鳞虫也"。将自己打扮成与蛇同类，显然是蛇图腾崇拜的具体再现。所谓蛟龙，实际上是蛇的形象，骆越人没有龙的概念，但有蛇神的概念。现代壮侗语中没有龙的自称，而有蛇的自称，龙是汉族文化传到骆越地区的，其传入的时间约在战国时期。广西地处亚热带，自古以来气候温和，雨水充沛，河流湖泊也多，既可供人渔猎，但也多有蛇毒伤人。于是人们想象人与蛇族同类，认为可以避免其伤害。所以下水渔猎时，就先把长发剪掉，在身上文刺蛇纹，打扮成蛇的形象使蛇误认为是自己的同类，从而就不会伤害人了，这就是蛇图腾产生的原因。贺县出土的神兽尊及恭城出土的铜尊，以蛇为纹饰，都是图腾文化的具体表现。

广西地区汉代的灯具形式丰富多彩，造型优美。就质地而言，有铜灯、滑石灯、陶灯，其造型有扶桑树形、凤鸟形、羊形、人俑形。

铜扶桑树灯是各类灯中的精品，有人称其为九枝灯，还有人称其为太阳神树灯。1976年在贵县罗泊湾1号汉墓中出土一件，灯呈扶桑树形，主干为圆树形，上细下粗，下端为宝瓶形，覆盘形底座。从主干分三层向外伸出9条枝干，每枝顶端托一桑叶形灯盏，主干顶端置金乌形灯盏，干、枝、叶、金乌分别铸造用榫卯套合，可以自由装卸。枝干有长短，上层的短，下层的长，上下之间互相错叠，枝干之粗端刻有"×"形符号。这件扶桑形铜灯造型繁复，主次分明，通过榫卯套扣合成一体，是研究铜器手工业和照明工艺宝贵的实物资料。其内容主要是根据我国古代"日出日入"的神话传说构思而成。《山海经·海外东经》载："汤谷上有扶桑，十日所浴，在黑齿北。居水中，有大木，九日居下枝，一日居上枝。"又《大荒东经》载："有扶木（扶桑树木），柱（高）三百里，其叶如芥。有谷日汤源谷，汤谷上有扶木，一日方至，一日方出，皆载于乌。"这件铜灯正好九枝在下，一枝在上，当与古代扶桑树的传说有关，止是按照这个神话传说设计制成的。树枝上共有九个桑叶形的灯盘，这是"九日居下枝"的象征；树顶端有一只金乌，金乌背上插有蜡锥，显然是表示这只金乌正在运载一个太阳准备升空，向西方运行。扶桑树上金乌的形象，与"日出日入"传说相吻合。

1971年在合浦县望牛岭西汉墓中出土一对铜凤灯，经修复后可看出是雌雄一对，与古书上所说"雄者为凤，雌者为凰"正相吻合。1984年又在合浦县一座编号为"零"号的东汉墓中也出土2件，其造型与望牛岭西汉墓出土的完全一样。这种情况说明两汉时期，专门有制作铜凤凰灯的作坊，而且从西汉一直传承到东汉。望牛岭1号墓出土的铜凤灯，灯作凤鸟形，背部有一圆孔，放置灯盏。凤首反转，嘴衔喇叭形灯罩，颈部由套管衔接，可以拆开和转动，调节灯光。灯罩与颈部及体腔相通，体内可容纳蜡烛烟尘，防止污染，保持室内清洁；凤尾下垂及地，与站立的双足保持器身的平衡，器身通体细刻羽毛纹。此等制作精巧，造型优美，能消烟除尘，防止污染，具有很高的艺术、科学水平。凤灯也和扶桑树灯一样，应取材于美丽的民间神话传说，是汉文化渗透到广西的实物证据。许慎《说文解字》对凤是这样解释："凤之象也，鸿前麟后，蛇颈鱼尾，鹤颡鸳腮，龙文虎背，燕颔鸡喙，五色备举，出于东方君子之国，翱翔四海之外，过昆仑，饮砥柱，濯弱水，暮宿风穴，见则天下大宁。"合浦出土的铜凤灯正是按照这种传说制成的。

两汉时期，广西东南部及南部地区的经济比较发达，但是某种残酷的家奴现象仍有存在，贵县罗泊湾一号墓内即有妻妾歌妓殉葬的现象。在青铜器造型艺术方面，也发现有这种家奴现象的遗迹。1973年梧州市大塘东汉墓出土一件人俑铜灯，灯的把柄为一羽人形象，头上顶着大盘状灯盏。羽人当是土著越人，与铜鼓上所饰的羽人歌舞划船者的身份相同可作佐证。这个头顶灯盏的羽人应是墓主生前驱使的掌灯家奴。就目前考古发现所知，广西地区仅在西汉时期发现有人殉情况，东汉以后未见有人殉，可能是受到汉律的约束而杜绝了。但墓主生前既享有家奴掌灯，死后也希望过着生前一样的生活，于是便铸一羽人家奴掌灯陪葬。

干栏式建筑是广西人们喜爱居住并善于建造的住房形式，大约从新石器时代开始就有，时至今日，一些山区的群众仍然喜欢居住在干栏式房屋。干栏式建筑之所以能在广西地区持续几千年而成为民居建筑特点，主要是因为南方潮湿气候和山地居住环境所造成的。它是一种在竹、木柱底架上建筑的高出地面的房屋，现代广西地区的干栏式建筑共分两层：上层住人，下层圈猪、牛、羊。广西汉代墓葬中多出土有干栏式建筑模型，除铜质的外，还有陶、滑石质料做成。干栏式建筑在史前时期就分布在我国各地和世界上部分地区。据安志敏先生考证："中国古代史书中又有干栏、高栏、阁栏和葛栏等名，当是由其他少数民族语言转译而来的音变。此外，一般所说的栅居、巢居等，大体所指的也是干栏式建筑。考古学和民族学中所谓的水上居住或栅居，以及日本所谓的高床住居，亦属此类建筑。这种建筑自新石器时代至现代都有流行。主要分布于中国的长江流域以南以及东南亚，中国内蒙古自治区，黑龙江省北部，苏联西伯利亚和日本等地都有类似的建筑。"[16] 安志敏先生认为，干栏等名称是少数民族语言称谓的转音，但没有言明是哪些少数民族的语言转音。根据语言学研究，干栏一名当是古骆越人称谓的转言。时至今日，干栏式建筑在我国不少地方都有存在。

汉代的干栏式建筑结构如何，实际的房子已看不到了，但干栏式建筑模型尤其是铜质的在汉墓中屡有出土，使我们从一个侧面了解当时的房屋结构情况。1971年，合浦县望牛岭一座西汉时期大型木椁墓中，出土一件干栏式铜仓，原顶部稍残裂，修复过。该件铜仓为一平台上有一大间建筑，平台下立柱8根，前面正中有活门两扇，各有门环，门下有槛，悬山顶，前后各铸十二瓦垄，作板瓦状，四壁均作"十"字纹饰，房前有走廊，走廊前缘有栏杆，栏杆作二横一竖式。汉墓中出土铜仓极为罕见，望井岭出土的此件铜仓具有明显的南方民族干栏式建筑风格。而干栏式的铜屋模型，在东汉时期的墓葬中也有发现。1972年，在梧州市低山的一座东汉墓中出土一件干栏式铜屋，也是单间结构，前面正中开单门，门上安有活环可以转动。屋顶为悬山顶，有对称九个瓦垄，屋下有四立柱，柱下部铸成牛足状，屋的两侧山墙壁上有宽带形"十"字纹饰。

以上两种干栏式铜建筑模型，显然都是汉代人们实际住房的艺术再现。从出土的两件建筑造型看，都具有严格的均衡、对称的美学原则。房屋的四个角都是90°垂直线，给人以稳重、安定的感觉；屋顶有平整的流线式横脊，两侧屋顶瓦面无论是长度还是宽度，都均衡对称；门前栏杆柱的间距、前后左右的"十"字纹饰，也是对称的。梧州东汉墓出土的铜屋，尽管只有四根支柱，且柱脚也比较高，正常情况下容易给人以高跷晃动之感，然而聪明的工匠巧妙地将支柱底部铸成牛足状，并使四角略向外斜撇，房屋的稳固感就大大加强了。

广西地区出土的青铜器中，有相当部分是乐器。从乐器的造型看，有些是模仿北方汉族地区的，有些则具有本地特点。从青铜乐器的起源和发展情况看，广西地区音乐也受汉文化的影响很大。铜铃最早发现在武鸣马头元龙坡西周墓中，出土的铜铃较小，高4厘米左右。这样小的铃很可能用作于铃、脚铃或胸铃，是人们踏歌起舞时，使铃震动而发出有节奏的声音。自西周至汉代，铜铃一直是人们喜欢用的乐器，像花山壁画上就有铜铃的图像，西林县普驮西汉铜鼓墓中也出土有铜铃，而且数量不少。

在广西地区使用铜钟作乐器，最早年代也是西周时期，西周以前尚未见到考古实物。西周时期的铜钟共发现4件，其中3件比较完好，分别出自灌阳县红旗乡仁江村钟山、忻城县大塘中学后背山和横县镇龙乡那桑村妹儿山。因为发现的情况不明，无法判断是窖藏还是墓中随葬品。另一件是在武鸣县马头元龙坡出土，仅见残片一块，上有枚钉三颗，是铜钟无疑。西周时期尽管发现的铜钟较少，但分布较广，几乎覆盖了广西各地，说明西周时期铜钟的使用是很广泛的。1958年横县镇龙那桑村妹儿山出土的西周时期的浮雕饰大铜钟，通高68.5、舞纵21.8、铣间宽33.5厘米，重34公斤。钟呈直圆甬式，体型厚重，鼓饰窃曲纹，正面鼓部左右两侧在窃曲纹上附以浮雕装饰物。钲、篆饰斜角雷纹，栾边饰水波纹，舞饰兽面纹，钲边、篆间以两行小乳钉为界。此钟正面鼓部、左右两侧在窃曲纹地上以浮雕装饰物，又极为少见。在我国边远地区发现西周遗物较少，上述铜钟的造型都与中原地区的造型一样，可能是北方传来的。但考虑到西周时期广西已有青铜铸造业，也不排除仿造的可能性。

春秋时期，广西地区发现的铜钟逐渐增多，共9件，分别出土于南宁市那洪乡，宾阳县芦圩镇、新宾镇、古辣乡及武宣县、北流县、恭城县、贺县等地。其中恭城县长茶岭春秋墓中出土2件，其余都是零星出土于窖藏中。所出土的铜钟形式，除贺县钟为镈钟外，其余皆为甬钟。这些钟的造型与北方汉族地区出土的同类器物大体相似，显然是受到汉文化的影响。但是从纹饰风格看，某些装饰特点又具有浓郁的地方色彩，如只在正面有纹饰，背面无纹饰，这是中原地区所没有见过的，应当是本地制造。

战国时期，铜甬钟的考古发现相应减少，目前仅在宾阳县韦坡村战国墓中发现3件。而在这时期发现了一种地方色彩很浓厚的羊角纽钟。羊角纽钟在世界上仅发现有27件，分别出土于越南北部，中国的云南、广东、广西。其中广西出土11件，4件出土于浦北县官垌乡大岭脚[17]，4件出土于容县六王乡龙井靴[18]，2件出土于西林县普驮西汉墓[19]，1件出土于贵县罗泊湾1号汉墓内[20]。容县出土的纽钟年代早些，为战国时期，其余均系西汉之物。

从上述考古发现青铜乐器测音情况看，秦汉以前的广西青铜器乐基本是停留在"一声"节奏乐水平上，还不具备演奏旋律乐曲的乐器。尽管春秋时期，恭城县长茶岭墓中同时出土了两件甬钟，容县六王乡同时出土4件羊角纽钟，但它们的形制大小差别不大，像容县的4件羊角纽钟，最大的1件通高22.8厘米，其余3件通高均在20.4～20.5厘米之间。这样微小的形制差异，如同时演奏，音色是没有多大差别的。因此，这4件羊角纽钟还没有音阶差异，不能像编钟那样演奏出旋律音乐。说羊角纽钟尚无音阶之别，还可从崖壁画中找到证据。宁明花山崖壁画第一地点第五处和宁明花山第一处第5、6、8组中，有羊角纽钟和铜铃、铜鼓同时存在的图像。图中有一个"干"字形的架子，架分上下两横排，上排两端各挂一个铜铃，下排两端各挂一个羊角纽钟。而其他地方发现的羊角纽钟都是单个或双个出现，都没有钟架。又如贵县罗泊湾1号汉墓出土的许多乐器中，打击乐器有铜鼓、羊角纽钟、铜锣、木腔皮鼓；弹拨乐器有瑟；吹奏乐器有竹笛等实物，羊角纽钟仅有1件。此羊角纽铜钟呈半截橄榄形，上小下大，顶有羊角形錾纽，合模铸成，上端开长方形孔，鼓部正面铸人面形，眼、鼻、口隐约可见。经测音，正鼓音为#C5-27，侧鼓音为E5-4。羊角纽钟是具有浓厚地方特点的一种乐器，但还不能演奏旋律音乐。羊角纽钟与铜鼓的分布地域相同，并多与铜鼓共出，有可能与铜鼓配合使用。

综观广西铸铜业的发生发展，是以引进中原工艺为起点，是在中原文化的影响下逐渐发展起来的，铸造出的青铜器，无论在器形还是在纹饰方面，既具有中原文化的因素，又具有浓郁的地域风格。

注　释

[1] 广西壮族自治区文物工作队、那坡县博物馆：《广西那坡县感驮岩遗址发掘简报》，《考古》2003年第10期。

[2] 中国社会科学院考古研究所等：《1996年广西石器时代考古调查简报》，《考古》1997年第10期。

[3] 广西壮族自治区文物工作队等：《广西武鸣马头元龙坡墓葬发掘简报》，《文物》1988年第12期。

[4] 杜迺松：《论黔桂滇青铜器》，《民族艺术》增刊《铜鼓和青铜文化的再探索》，1997年。

［ 5 ］ 莫志东:《浅析灵川出土的铸铜石范》,《中国古代铜鼓研究通讯》第 17 期,2001 年。

［ 6 ］ 广西壮族自治区博物馆:《广西恭城县出土的青铜器》,《考古》1973 年第 1 期。

［ 7 ］ 广西文物工作队:《平乐银山岭战国墓》,《考古学报》1978 年第 2 期。

［ 8 ］ 广西文物工作队等:《广西武鸣马头安等秧山战国墓群发掘简报》,《文物》1988 年第 12 期。

［ 9 ］ 广西文物工作队:《广西田东发现战国墓葬》,《考古》1979 年第 6 期。

［10］ 广西博物馆:《广西贵县罗泊湾汉墓》,文物出版社,1988 年。

［11］ 广西文物工作队:《广西西林县普驮铜鼓墓葬》,《文物》1978 年第 9 期。

［12］ 广西文物工作队:《广西北流铜石岭汉代冶铜遗址试掘》,《考古》1985 年第 5 期。

［13］ 孙淑云等:《广西北流县铜石岭冶铜遗址的调查研究》,《自然科学史研究》1986 年第 3 期。

［14］ 姚舜安等:《北流铜鼓探秘》有关章节,广西人民出版社,1990 年。

［15］(泰)清·犹地撰《泰国的史前时代》,《中国铜鼓研究会第二次学术讨论会论文集》103 页注译文,
文物出版社,1986 年。

［16］《中国大百科全书·考古学卷》134 页,中国大百科全书出版社,1986 年。

［17］ 蒋廷瑜等.《广西先秦青铜文化初论》,《广西壮族自治区博物馆重建三十周年论文选集》,1986年。

［18］ 广西壮族自治区博物馆:《近年来广西出土的先秦青铜器》,《考古》1984 年第 9 期。

［19］ 同［11］。

［20］ 同［10］。

蛇斗蛙纹图饰蕴意探源

陈丁山

（广西文物考古研究所）

　　1971年11月，广西壮族自治区恭城县加会公社秧家大队的社员在秧家南面1公里处的恭城—灌阳公路的路旁坡地上取土修路时，发现一批青铜器[1]。从现象看，整理者认为这批器物可能是一座墓葬的随葬品，年代属于春秋晚期或战国早期，这是桂北地区首次发现成批的先秦青铜器。这批青铜器无论形制或纹饰，大部分都属于中原青铜文化的范畴，但其中一件被命名为蛇斗蛙纹铜尊的器物因其具有浓厚的岭南地域越族特色而引人注目。青铜尊始于商，盛行于周，既是酒器，亦是礼器。《说文解字》段玉裁注："尊，酒器也，凡酒必实于尊，以待酌者。"《礼记·礼器篇》亦曰："宗庙之祭——五献之尊，门外缶，门内壶。"笔者以为，在已发表的考古资料中，该尊是广西地区发现年代最早且极具岭南地域越族特色的青铜酒器。对于这件蛇斗蛙纹铜尊，已有多位学者在各自论文中作出精辟论述，笔者在各位先生研究的基础上，再陈述一点管见，就教于方家。

（一）铜尊上所反映的蛇蛙鳄纹饰展示

　　根据考古发掘简报所附的铜尊图像展示图来看，铜尊口径16.8、足径12.3、高16.2厘米。尊身的肩部饰有以云雷纹为地和腹部饰有以雷纹为地的浮雕蛇斗蛙纹各一道，每道各有四组图饰。铜尊肩部的四组图案装饰：每组都是由蛇两条、蛙一只组成。蛇身粗短，呈蜷曲状，蛇头向上，两两相对，其中两组相对着的蛇头紧紧顶住青蛙的头部，另两组相对着的蛇头则紧紧顶住青蛙的胸肋之间。青蛙尽管被蛇顶住头或胸肋，仍四肢曲展，作匍匐跳跃状。四组图案分别以两只独立的青蛙来间隔。在铜尊的腹部也有四组蛇斗蛙组合的图案装饰，刻饰内容更加复杂一些，主体图案仍是两蛇一蛙，姿态与肩部大致相似，两条蜷曲的蛇将头高高昂起，把青蛙顶离地面，使蛇头和整只青蛙变成立体塑像，但蛇体变粗加大，蛙体却相反缩小。在蛇身之间的空隙中，还各有一只体型较大、形状各异的四足动物。从左起图饰内容依次为：第一组里刻饰的是一只突睛长吻、体粗尾细、身披坚甲的四足动物，头向左侧，尾尖则对着小蛙，在它左后足和右侧的大蛇之间，还游动着一条小蛇；第二组表现的是两条小蛇，其中一条大小和铜尊肩部的蛇相似，蛇口紧咬小蛙不放，在它左侧游动着另一条小蛇；第三组同样是一只突睛方口、体粗尾细、身披坚甲的四足动物，其长吻紧紧咬住小蛙，似乎在与左右两条大蛇争食一般；第四组是一只头向上仰昂着的大蛙，紧紧盯住被蛇咬住并顶离地面的小蛙，并做向前跳跃状。此外，在铜尊肩、腹部蛇斗蛙纹的周围布满了卷云纹。

对于铜尊上所表现的蛇斗蛙纹图饰蕴意的释读，学术界说法不一。有认为是反映了岭南地区以蛇为图腾的民族与以蛙为图腾的民族之间的相互斗争[2]；有认为图饰实际上是男女合欢的抽象表现[3]；还有则认为是象征着崇蛇的渔猎时代向崇蛙的农业时代的痛苦抉择和过渡，因为铸造蛇斗蛙纹铜尊的春秋晚期，正是古代壮族社会由渔猎经济转向农业经济的转折时期[4]。总之，众说纷纭，各有所据。而对于铜尊上所表现的纹饰除蛇斗蛙纹外，刻饰其中的突睛长吻、体粗尾细、身披坚甲的四足动物，笔者认为应当是鳄无疑。

（二）铜尊的纹饰反映了广西古代越人的图腾崇拜

原始社会时期的各氏族和部落在其发展早期都存在着图腾崇拜的现象，即把某些自然物神化，使之成为本族群的象征。在岭南百越之地，就曾出现过对蛙、蛇、鳄鱼、鸟等的动植物图腾崇拜[5]。先秦时期的岭南地区，主要居住着骆越、西瓯和南越等三个大的百越支族。据研究考证，当时骆越族的主要活动地区是在广西的邕江及左右江流域、越南北部的红河三角洲一带及至海南岛，即今广西南部和越南北部。后来秦置象郡，就大抵包括了骆越分布的范围。西瓯族则主要分布在今桂江流域一带，包括骆越以北、五岭以南、南越以西的大片区域。大致相当于秦置的桂林郡，汉置的郁林、苍梧两郡的范围。而广西东南部的贵县至广东西南部的茂名一带，是骆越和西瓯的杂居地区。南越族则主要分布在今广东翁江、大罗山以南、珠江三角洲及绥江流域。在南越族的东面，今福建省境内，还居住着闽越族。它们都属于百越民族系统，都有着自己的图腾崇拜。

（1）蛙图腾崇拜

骆越人崇蛙，以蛙为图腾。骆越族最有代表性的器物是铜鼓。铜鼓在骆越地区普遍存在，多有铜鼓者号为"都老"，"铸鼓二三，便可僭号为王"，铜鼓是骆越统治者财富和权力的象征。在所有铜鼓上的雕像中，以蛙的雕像最为广泛也最为典型。"有青蛙塑像装饰的铜鼓，从中国的广东、广西、贵州、云南，到越南北部、泰国、缅甸东北，覆盖了最主要的铜鼓分布区。但最多的最典型的青蛙塑像铜鼓则集中在广西境内。"[6]骆越的蛙图腾崇拜还表现在壮族（骆越后裔）从古传承至今一年一度的重大祭祀仪式蛙婆节上等等。

（2）蛇图腾崇拜

岭南地区还存在着崇蛇现象，以蛇为图腾的越族更多地见于广东及其以东的地区。《淮南子·原道训》云："九疑之南，陆事寡而水事众，于是人民被发文身，以像鳞虫。"这里的"被发文身"就是古越人的特征之一，"鳞虫"指的就是蛇，"九疑之南"指的是岭南地区，只是具体方位没有细说。《国语·鲁语下》曰"季桓子穿井，获如土缶，其中有羊焉，使问之仲尼……对曰：……木石之怪曰夔魍魉，水之怪曰龙罔象，土之怪曰坟羊"。潘光旦先生认为，"魍魉、罔象、坟羊都是'蛮'字之音切，水居之'龙蛮'则蜑也，今曰'水上居民'，或其他文身而傍水之百越族类。蜑至近世犹奉祀蛇神，蛇即龙也。如所推论不谬，则此无疑为'蜑'最早之纪录"[7]。可见在春秋早期珠江三角洲地域已有越人崇蛇的现象。《天下郡国利病书》引《潮州志》："其南蛮为蛇种，观其疍冢神官蛇像即可知。"疍民被认为是南越人之后，分布在整个珠江三角洲流域。《筒谿纤志》亦云："其人皆蛇种，故祭祀皆祭蛇神。"广州南越王墓出土了一座珍贵的漆木屏风，屏风由六件器体较大、铸造精致的鎏金铜托座支撑，托座两两相对，分别为蛇纹托座、越人操蛇托座、蟠龙托座[8]。蛇纹托座位于屏风两侧的底部，由三条蛇组成支托，正面一条，背面两条，相互绞缠，蛇首回旋在中部，蛇身上紧缚着向外飘扬的云纹带饰，蛇尾弯垂着地形成三支点，以支撑屏风取得平衡。越人操蛇托座以力士俑为主体，力士俑跪坐，面朝屏风转角的前方，两眼圆瞪，眼珠外突，鼻短而高，体矮胖，膀圆肩宽突胸，短袖短裤，跣足，口衔一条双头蛇，四颗犬齿把蛇咬紧，两手各操一蛇，两脚各夹一蛇，各蛇相互绞缠，向左右延伸，外接下垂的透雕云纹，形成多处着地支点。蟠龙托座在屏风翼障前端，承垫着展开的翼障，使之不致下坠和晃动。龙昂首曲体盘尾，四足踩在一个由双蛇组成的支座上。蛇头向后，蛇身分别向两边外旋，每条蛇各自卷缠一只青蛙，被缠的青蛙张口暴目，双肢前伸，力图挣脱被卷缠的绝境。龙的四肢踏在蛇身上，双耳后掠，额顶有一支插管，瞠目吐舌。一只青蛙蹲伏在龙口里，蛙体半露俯视，两前腿按在龙的口角上，神态安详，好像在庆幸得到龙的保护，逃脱了恶蛇的追袭。这三组托座，前两者反映了当时南越崇蛇的事实，后者更与恭城蛇斗蛙纹尊具有异曲同工之妙。

《说文·虫部》有："南蛮，蛇种。""闽，东南越，蛇种也。"《吴越春秋·阖闾内传》就有："……欲杂并大越，越在东南，故立蛇门，以制敌国。……越在巳地，其位蛇也，故南大门上有木蛇，北向首内，示越属吴也。"该书还记载伍子胥劝吴王夫差不可放越王勾践归国："夫越王好信以爱民，四方归之，年谷时熟，日长炎炎，及吾犹可战也。为虺弗摧，为蛇将若何……"以虺、蛇来比拟越王。《越绝书·九术》亦云："于是作为策楯，婴以白璧，镂以黄金，类龙蛇而行者，乃使大夫种献于吴。"文中越以蛇自代，以示屈从于吴。宋代《太平御览》中的有关条目也进一步指出："闽州，越地，即古东瓯，今建州亦其地也，皆蛇种。"大量的考古发现也充分证明了这一点，"在城村闽越国故城址出土瓦当中，一种极富地方特色的瓦当图案上，即有蛇、鸟纹样。也应是闽越国对蛇的重视以及蛇图腾崇拜的一例旁证，"在闽越国陶器上常见蛙纹或蛙头塑形，这些形象往往见于陶器耳系器錾上。蛙，亦闽越地区和我国南方习见的动物，同时也是蛇类喜食之物。闽越人将蛙形纹制于饮食用器之上，除了审美因素外，是否也是崇蛇观念的一种表现？是以蛙向蛇进奉食物之暗示？耐人寻味"[9]。因此，当时居住在今东南沿海的闽越族也存在着以蛇为图腾崇拜是毫无疑问的。

综上所述，南越族和闽越族都具有蛇图腾崇拜，这些地区的考古出土中也有许多表现蛇食蛙的器物，不约而同表现出对崇蛙氏族的斗争。

现有考古资料里，并没有关于西瓯图腾崇拜的确切物证。但是从贺县龙中战国岩洞葬出土的一件牺尊[10]，或许有所启示。从该墓出土器物分析，墓主的身份尊贵，很可能是西瓯族一个方国王者之墓[11]。该尊兽首顶生双角，竖耳瞪目，张吻露齿，相貌威严。尊背设一穴，穴口有盖，盖上浮雕一条盘蛇，蛇首高昂为纽，蛇身饰鳞纹。兽尊尾部还铸有一条小夔龙，夔龙单角四足，张吻弯尾，抬头向上攀爬。这些均反映了古代百越文化中的蛇图腾崇拜。贺县和出土蛇斗蛙纹铜尊的恭城，在春秋战国期间是西瓯族活动的地域。牺尊和蛇斗蛙纹铜尊均为彼此墓葬的随葬像生重器，又都表现出了对蛇的图腾崇拜。由此看出，西瓯族中也曾存在对蛇的图腾崇拜。西瓯与骆越之间多次发生战争，《史记》就有"瓯骆相攻……"等相关记载，平乐银山岭战国墓、武鸣安等秧战国墓等反映瓯、越方国的考古发现材料也表明，瓯骆故地上，凡是发现战国墓的地方，几乎都有青铜兵器，瓯越先人好武尚勇的风气一览无遗。

（3）鳄图腾崇拜

先秦时期岭南地区的越人以蛙、蛇图腾作为部族崇拜是显而易见的，笔者通过对恭城出土蛇斗蛙纹尊的解析，认为在当时还应该存在着一支以鳄图腾为崇拜的越族。

在蛇斗蛙纹尊腹部所饰的两只四足动物，扁头圆睛、方口长吻、体粗尾细、身披坚甲，无论是从体型外貌、爬行方式还是表皮外观来看，都极似鳄鱼。鳄鱼在淡水和海水中都能出入，吼叫时声音很响，像雷鸣，古人称它为忽雷，生性凶猛。据史学考究，"西汉（广西）地区多龙母庙，藤县、岑溪、梧州、肇庆等地皆有，所祀龙母，可理解为蛇或鳄图腾化身，祭祀甚为隆重"[12]。东吴建安中叶，孙吴交州刺史步骘赴南海."观尉佗旧治处，负山带海，博敞渺目……海怪鱼鳖，龟鼍鲜鳄，珍怪异物，千种万类，不可胜记。"唐代时期，中国的岭南地区"皆曰恶溪有鳄鱼食民物产，民是以穷"，"鳄鱼睅然不安溪潭，据处食民畜，以肥其身"，鳄鱼在岭南肆虐成灾。时任广东潮州府地方官的韩愈曾写下了《古文观止》中那篇著名的《祭鳄鱼文》，限鳄鱼七日内南徙于海，不然"必尽杀乃止"。到了清代，吴楚材、吴调侯将韩愈这篇《祭鳄鱼文》选入《古文观止》后，在文后神乎其神地注释道：韩愈发出这篇讨鳄檄文后，"是夕有暴风震雷，起湫水中。数日，水尽涸，西徙六十里，自是潮州无鳄鱼患"。因此可以推知，岭南自古就是有鳄鱼存在的，铸造在蛇斗蛙纹铜尊上的纹饰使我们认识到，早在春秋战国时期鳄图腾崇拜便存在于岭南地区了，其区域大致在今广西梧州、藤县、岑溪和广东肇庆、封开等地。

（三）氏族间"俗好相攻击"的表现

在中原青铜文化里，通常为了庆祝某次对统治阶级而言意义重大的事件或对敌对邦国的战争胜利，就会专门铸造出相关的青铜礼器或容器以资纪念。器物的器身和纹饰图案上大多会用铭文等直接描述的方式来表达相关事件的内容和结果，也有少部分器物是使用隐喻的方式，通过独特的纹饰图案来进行表达。毫无例外，岭南青铜文化里面也具有和中原青铜文化同样的基本因素，即铸造青铜礼器的目的是为统治阶级的要求所服务的。从现有已知考古出土资料看，岭南青铜器在器身和纹饰图案中采用直接表达方式的还比较少见，以蛇斗蛙纹铜尊为例，是采用通过刻饰南方独特的动物形象作为纹饰图案，使用隐喻的方式来表达相关内容。

古代越人在刻饰器物时，为保持美观，常在器物主纹饰空白处填补一些具有象征意义的纹饰，与主图饰相互呼应，以增加整个画面的艺术表现力。如广西罗泊湾1号汉墓出土大铜鼓（M1：10），在鼓身羽人划船纹、羽人舞蹈纹之间饰以衔鱼鸟纹和游鱼纹[13]；云南江川李家山铜鼓花纹羽人划船图像，间饰有水鸟，每条船下也有两条大鱼[14]；广州南越王墓出土的一件表现水战庆功场面的铜提筒（B59）在四只羽人船之间分饰以飞鸟、海龟、海鱼等等[15]。此外，河南省汲县山彪镇出土的战国水陆攻战纹铜鉴，其中水战场面中舟船之下就纹有多条游动的鱼；故宫博物院藏桑猎宴乐壶上的水战场面中舟船之下也都有多条游鱼等[16]。这都表明，当时以上这些区域存在着同样的表示水上战争的艺术手法。因此同理，蛇纹、鳄纹、蛙纹与上述的衔鱼鸟纹、游鱼纹一样，均与蛇斗蛙纹主图饰有所关联。蛙、鳄鱼、蛇都是水陆两栖动物，其中鳄鱼和蛇都是以蛙为食的种群。从图饰中或可窥出，在先秦时期的岭南地区，或在崇山峻岭中，或在江河湖面上，崇蛇氏族和崇鳄氏族曾联合起来与崇蛙氏族发生过激烈的战事。在蛇斗蛙纹铜尊肩部的四组图案中，其主纹饰都是两蛇对一蛙，蛇牙所对位置，不是蛙的头部就是蛙的胸肋部位，都是蛙类的要害命门之处，蛙们寡不敌众，亦无还手之力，只好坐以待毙。在铜尊腹部的四组图案中，主纹饰仍是两蛇对一蛙，蛇体越发变大，而蛙体进而缩小，蛇牙所向，仍是蛙的胸肋之间，蛙们仍然是反抗无力，欲逃无门。与此同时，鳄鱼也始终在旁边虎视眈眈，争夺猎物。在铜尊身上，则刻饰了几乎遍布尊体的云雷纹和雷纹。据考，古越人在日常使用的陶器上，常饰以同蛇花纹或蛇形状有关的几何形纹样，"其原因是由于陶器主人（古越族）对蛇图腾的崇拜"。而S形纹，"可能是蛇身扭曲的简化"；"回纹是从菱形纹演变而来的,他们都是蛇身上花纹的图案化,可能是从五步蛇(蕲蛇)身上的花纹演变来的"[17]。因此,遍布尊体的云雷纹和雷纹是对蛇斗蛙纹尊主纹饰所代表内容的一种补充。由此推断,在铜尊刻饰整体图案中,蛇应当是占据主动位置的。结合前面铜尊腹部四组立体图案空隙中鳄蛇争蛙、相互撕咬的情景来看,骆越族在铜尊所表现的这场战争中似乎始终处于下风的位置。

蛇斗蛙纹铜尊和广州南越王墓出土的鎏金蟠龙铜托座所反映与骆越民族争战数百年之久的崇蛇越族当为西瓯、南越或闽越先民中的一支。闽越族所占据的地域与骆越之间由于路途相隔遥远,当时在它们之间还存在着一个由强大的古南越族和西瓯族统治的广阔天地,因此闽越和骆越两者之间直接发生战争的可能性极小。综上所述,广西恭城春秋战国墓出土的蛇斗蛙纹铜尊和广州南越王墓出土的鎏金蟠龙铜托座一样,这两件不同时期的器物都反映了崇蛙的骆越先民与崇蛇的西瓯或南越先民之间曾在各种场合发生过多次战事,时间大约由春秋晚期一直延续至西汉早期。崇蛇氏族多次赢得战争的胜利,因此铸造了这件蛇斗蛙纹铜尊作为纪念。笔者认为,这应当是符合当时客观事实的释读。

蛇斗蛙纹铜尊是广西先秦时期青铜铸造业中的艺术瑰宝,铜尊上的蛇、蛙、鳄都是具有广西地方特色的动物,使铜尊本身充满浓厚的岭南地域特色。先秦时期的越族工匠铸造了这件铜尊,即展示了他们精湛的阴刻工艺手法,也突出表现了广西先秦时期氏族间弱肉强食的实景。这既是后来《汉书·高帝纪》谓"越人之俗,好相攻击"的具体反映,也是学术界探讨岭南先秦越人族属和图腾崇拜不可多得的实体物证。

注　释

[1] 广西博物馆:《广西恭城出土的青铜器》,《考古》1973年第1期。

[2] 蒋廷瑜:《铜鼓艺术研究》,广西人民出版社,1988年。

[3] 卢敏飞:《生殖崇拜的原始宗教仪式》,《广西民族研究》1991年第1期。

[4] 黄达武:《壮族古代蛇图腾崇拜初探》,《广西民族研究》1991年第1期。

[5] 何星亮:《中国图腾文化》,中国社会科学出版社,1992年。

[6] 蒋廷瑜:《铜鼓艺术研究》82页,广西人民出版社,1988年。

[7] 潘光旦:《中国民族史料汇编》288页,天津古籍出版社,2005年。

[8] 广州市文物管理委员会等:《西汉南越王墓》,文物出版社,1991年。

[9] 杨琮:《闽越国文化》442页,福建人民出版社,1998年。

[10] 贺县博物馆:《广西贺县龙中岩洞墓清理简报》,《考古》1993年第4期。

[11] 郑超雄、覃芳:《壮族历史文化的考古学研究》,民族出版社,2006年。

[12] 司徒尚纪、许桂灵:《岭南考古研究(4)》,香港考古学会,2004年。

［13］ 广西壮族自治区博物馆：《广西贵县罗泊湾汉墓》，文物出版社，1988年。

［14］ 云南文物工作队：《云南江川李家山古墓群发掘报告》，《考古学报》1975年第2期。

［15］ 同［8］。

［16］ 杨宽：《战国史》288页，上海人民出版社，1983年。

［17］ 陈文华：《几何印纹陶与古越族的蛇图腾崇拜——试论几何印纹陶纹饰的起源》，《考古与文物》1981年第2期。

广西出土的先秦两汉玉器*

熊昭明　　谢日万

（广西文物考古研究所）

就目前的考古发掘资料来看，广西地区出现和使用玉器[1]的时间较晚。武鸣岜旺、弄山两处岩洞葬，出土锛、玦、坠等12件玉石器，年代大致为新石器时代晚期的末段[2]。及至汉代，玉器的使用达到了一个高峰，大多是以透闪石—阳起石等矿物组成的软玉，相对于先秦时期"美石"之类的小件器物而言，种类数量也大幅增多。为阐述这种显然的变化，我们把先秦和两汉这两个阶段出土的玉器一并梳理并略为述介，请方家教正。

（一）出土玉器及有关命名的订正

据不完全统计，广西先秦两汉出土玉器的地点共20多处，均为墓葬，分布于9个县区，其中先秦地点4处（含2处岩洞葬）均在武鸣县（见下表）。此外，那坡县感驮岩遗址[3]出土一些石器，如锛、凿等，经鉴定为变质岩，颜色斑驳艳丽，异常精美，按传统或可称之为玉器，但为遵循考古报告，本文暂不列入。

表中平乐银山岭和田东锅盖岭两处原定为战国的墓葬，其年代一直争议较大，学者多认为定在西汉早中期为妥[4]，本文从此说。同样，灵川马山M2出现的方格纹底加戳印陶罐，应为西汉中期之物，M3的年代略靠前，至少也属西汉前期，报告中定为战国，过于偏早；合浦黄泥岗M1原定为新莽，实际上是东汉前期的砖木合构墓。上述四处墓葬的年代在下文论述中会作相应的调整。此外，广西先秦两汉的出土玉器，在发表的报告或简报中定名标准不一，多按其用途，少部分按外形特征，个别如西林普驮铜鼓墓中把"玦"作为"环"介绍，在一定程度上造成了理解上的混乱，因此，我们对表中所列的部分器物进行统一或订正，并作一些补充说明。

---

* 本文为作者参加2006年5月在四川成都召开的"第三届中国古代玉器与传统文化研讨会"上提交的论文，此次发表作较大幅度的删改。

广西先秦两汉出土玉器一览表

序号	出土地点	出土器物	年代	资料来源	备注
1	武鸣岜马山岩洞	镯（？）	西周晚期至春秋	《文物》1988年第12期	器物后的数字为件数，未注明者为1件，下同。为"瑗"
2	武鸣马头元龙坡	环Ⅰ式11、Ⅱ式、Ⅲ式2，钏18（？），玦100余，管饰100余，坠2，扣形器3，凿5，镂空雕饰，玉片2，穿孔圆玉片数以千计	西周晚期至春秋	《文物》1988年第12期	钏为"镯"或"瑗"
3	武鸣马头安等秧山	玉石玦55	战国	《文物》1988年第12期	报告把玉石器归为一类
4	武鸣独山岩洞	钏（？）	战国	《文物》1988年第12期	为"环"
5	平乐银山岭	玦40	西汉早中期	《考古学报》1978年第2期	分出自15座墓
6	田东锅盖岭	玦2、环、管饰、玉片	西汉早中期	《考古》1979年第6期	
7	灵川马山	璧、镯	西汉早中期	《广西考古文集》，文物出版社，2004年	
8	西林普驮	环6（？）、玉管100余	西汉前期	《文物》1978年第9期	其中5件"环"为"玦"
9	贵县罗泊湾	M1：印、璧、杯、玉片 M2：璧3、镯（？）、璜、拐杖首（？）、印2	西汉前期	《广西贵县罗泊湾汉墓》，文物出版社，1988年	镯为"瑗"；拐杖首为"龙首玉佩"
10	贺县河东高寨	璲（？）、佩3、龙3（？）、管饰2、环状器（？）、环、璧3、印	西汉前期	《文物资料丛刊》4，文物出版社，1981年	璲为"璜"；龙为"冲牙"；环状器为"瑗"
11	贺县铺门金钟	印2、璧12、瑗、镯、环6、龙（？）、珌3、剑格2、佩3、玉饰8	西汉前期	《考古》1986年第3期	龙为"龙首玉佩"
12	合浦望牛岭	玉塞3（琀、鼻塞2）、玉饰	西汉后期	《考古》1972年第5期	缠丝玛瑙耳塞
13	合浦堂排	玉猪（？）、耳塞2	西汉后期	《文物资料丛刊》4，文物出版社，1981年	玉猪为"猪形玉握"
14	合浦凸鬼岭	玉管	东汉前期	《广西考古文集》，文物出版社，2004年	编号M3：11

续表

序号	出土地点	出土器物	年代	资料来源	备注
15	平乐银山岭	坠、玉片	东汉前期	《考古学报》1978年第4期	
16	合浦九只岭	璧3	东汉	《考古》2003年第10期	
17	兴安石马坪	璧、璏	西汉—东汉前期	《广西考古文集》，文物出版社，2004年	
18	贵县城郊	璧、玦、印、带钩、环等	汉	《考古学报》1957年第1期	
19	贵县城区（贵县火车站、粮仓、新村、贵县高中、风流岭等地）	璏6、环、珩、带钩、璧	东汉	广西博物馆馆藏	1954～1956年发掘
20	合浦黄泥岗	璧、蝉、佩、带钩、璏	东汉前期	合浦县博物馆馆藏	
21	合浦风门岭M26、M27	碗、玉管3	西汉中、后期	《合浦风门岭汉墓——2003～2005年发掘报告》，科学出版社，2006年	
22	合浦风门岭M10	猪握2、珩、眼填2、耳塞2、鼻塞2、肛门塞	东汉后期	《考古》1995年第3期	原文地名为"丰门岭"

说明：

1. 器物名称均沿用原名，型式及出土数量随后，需统一或订正的器物加问号，并在备注中列出。
2. 读者除参照本表提供的资料外，尚希检寻引用的书刊。

　　一是瑗、环和镯的划分。这里涉及《尔雅》有关璧、瑗和环的区分，即"肉倍好谓之璧，好倍肉谓之瑗，肉好若谓之环"，是否可从？夏鼐先生认为这是儒家的系统化而将三者勉强加以区别，根据实物，它们的孔部与体部的大小比例并非整齐划一，故倾向于将孔部与体部的大致若一或孔部较小的都称璧，而体部窄细而孔大的称之为环，其中大的作镯子之用的，可称之为玉镯[5]。孙机先生则根据文献并结合出土实物研究后认为三者有明确区别，并非汉初经学家之故弄玄虚。他打一个比喻，出土青铜期的测试结果，合金成分虽与《考工记》记载的"六齐"时有出入，但仍然为科技史所承认[6]。孙先生所言确有道理，但实践中，在对瑗、环就孔部与体部的比例确实难以区分，考虑到这一点，本文还是基本按发掘报告的定名，并不作生硬划分。有几件原定名"镯"的，一些孔径较小，多不足5厘米，如罗泊湾M2出土的1件，内径仅有3.9厘米，成人、孩童的手腕一般不能穿入，故订正为"瑗"。至于马头元龙坡等地原定名为"钏"的，"钏"俗谓之镯，从简报上看，器体与大小均有所差别，可视具体情况归入"环"、"瑗"或"镯"一类。

二是关于"玉龙"，原定名依外形，难以直观了解其使用性质。金钟M1出土的一件"玉龙"，似璜形，一端为龙首，颈部和中部有小穿孔，应为佩饰，称"龙首玉佩"更贴切；河东高寨出土的3件，龙首回卷，尖端如獠牙，是杂佩中的组件，称为"冲牙"。

三是关于自罗泊湾M2出土的"玉拐杖头"。拐杖头作龙首，龙作昂首张嘴状，颈部刻细鳞片，有一小穿孔，身部饰绞丝纹，尾残。这件器物甫一面世，即引起考古学界的高度关注。夏鼐先生在其《汉代的玉器》一文发表前，特作补记予以介绍。这件器物实质上与金钟M1所出的"玉龙"区别不大，与湖南长沙市杨家山铁路工地M12[7]出土的龙首玉佩也很相似，应属佩饰类器物。

（二）出土玉器的分类

这些玉器大致有礼玉类、佩饰类、用器类和葬玉类等。按一般说法，璧属礼玉类；用器类有碗、杯、凿；葬玉类有琀、九窍塞。佩饰品可分为两小类，一是随身装饰物，如玦、坠、佩、环、瑗、璜、管、片饰等；另一类是实用品，或是附属于金属实用物的装饰品，如带钩、剑饰、玉印等。当然，这只是为了论述上的方便，并非严格意义上的分类。

璧，27件，均出自汉墓。出土时多置于死者的头部或腰背部，有的放在棺椁之间。其用途不再局限于礼仪上，也应有作为佩饰使用的。有四种类型：（1）素面，器形较小，贵县火车站M95出土一件直径仅4.4厘米（图一，2）。（2）两面满布简单的谷纹或涡纹，外圈施凹弦纹一周。器形有大小，玉质也有差别，如罗泊湾M2：101，青玉，直径16.7厘米（图一，3）；灵马M2：6，鸡骨白色，玉质松脆，直径6.9厘米。（3）谷纹之外，另有一周图案化的鸟纹或兽纹互相交缠，布置匀称。如九只岭M5：64，玉质坚硬呈青灰泛绿色，内外平边，两面纹饰相同，内重刻谷纹，外重为四组双身龙纹，内重、外重花纹间隔一圈短斜线划纹（图一，1）。（4）在前两种的基础上在玉璧的周缘之外另加一组透雕纹饰和文字。如黄泥岗M1出土的出郭玉璧，鸡骨白色，边缘有斜向凸棱，孔沿为平凸棱，上出郭，郭似三角形，透雕龙纹和文字，两龙对称，龙身有云纹缠绕，回首立足于吉祥语上。吉语为"宜子孙日益昌"六个篆字。前两类年代为西汉早中期，后两类同属东汉前期，但出郭玉璧的年代应稍晚一些。

佩饰类为出土数量最多的一种类型。环、瑗和镯三类合计将近50件，其中环占大多数。元龙坡的环，截面有平宽带状、竖宽带状、椭圆形等，均素面。西汉前期的锅盖岭M2：10，内缘向上下出领（也有称有领玉璧或镯）；西林普驮铜鼓墓出土1件，两面施谷纹，近边的谷纹被磨去，或是玉璧磨制而成；两面饰涡纹的环在贵县东汉墓中始见出现

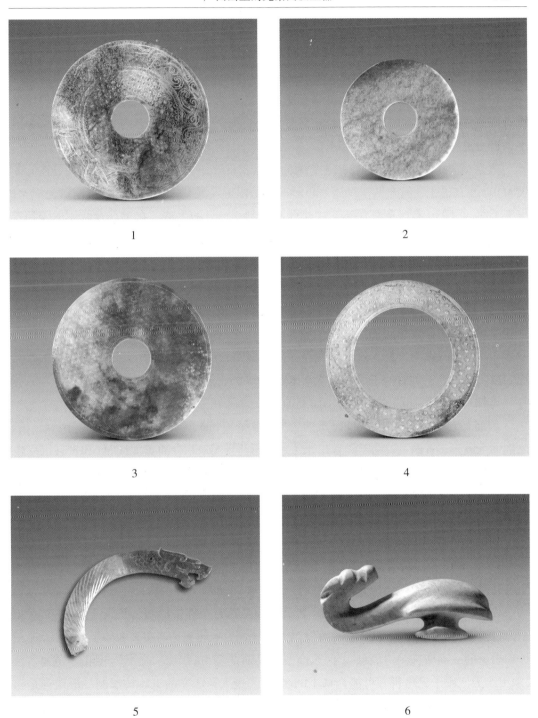

1   2

3   4

5   6

图一　广西出土的汉代玉器

1. 璧（九只岭 M5∶64）　2. 璧（贵县火车站 M95）　3. 璧（罗泊湾 M2∶101）

4. 环（贵县粮仓 M12）　5. 龙首玉佩（罗泊湾 M2∶107）　6. 带钩（贵县南斗村 M1）

（图一，4）。瑗的演变似环，从先秦时期的素面发展到贺县金钟 M1 的体饰绞丝纹等。

　　玦可辨约有 200 件，以先秦居多，外形有圆形、圆角形和方形等状，少数在缘面上钻孔。依玦体的截面形状有扁宽带形、椭圆形和圆管状，发展到西汉前期趋向复杂，外缘有花芽或玦体上施纹饰，造型也略有变化，见于平乐银山岭、田东锅盖岭等地的玦外缘有四对称的花芽；西林普驮铜鼓墓部分出土的玦，玦体往玦口方向收分，至玦口为最小，造型更富变化（图二，1~5）。

　　其余璜见 1 件，罗泊湾 M2 出土，两面施以云雷纹，中部有穿孔。垂胆形坠，在元龙坡 M197 等有出土，但未见于汉墓。心形玉佩是佩玉发展到汉代的精品，合浦黄泥岗 M1 出土 1 件，白玉，有红褐色沁斑，用镂雕与阴刻相结合的手法，在上部及两侧透雕翻卷的蟠螭纹和云草纹，并用阴线刻划在蟠螭的角、嘴、鼻、眼、爪子和须毛；龙首玉佩见 2 件，分别出自罗泊湾 M2 和金钟 M1，从其身上穿孔来看，是佩饰无疑（图一，5）。管有 200 多件，多集中在元龙坡和普驮铜鼓墓（图二，6），其余则较为零星。对穿孔或一头穿孔，管的两端有平切、斜割两种，管的形状有圆柱形、榄形、扁柱形等。先秦的玉管一般较短，而汉墓出土的玉管一般较长，从几厘米到十余厘米不等；组合佩饰中还有冲牙，高寨西汉墓有 3 件，透雕，龙首回卷，有角，尾曲尖，身刻云纹。至于元龙坡发现的镂空雕饰，中间镂空卷云纹，两侧镂空为圆圈，其用途目前尚不明确。

　　玉饰中有装饰功能的实用物，如剑饰、带钩和印。

　　剑饰有 11 件。贺县金钟 M1 出土的 2 件剑格和 1 件珌，剑格为素面或阴刻卷云纹，剑珌剖面为菱形，素面，未见玉剑首出土。兴安石马坪 M21、合浦黄泥岗 M1 和贵县汉墓也都是仅见剑鞘上的带扣（俗称昭文带，多称璏），素面很少，多有纹饰，其中贵县东汉墓出土较多，璏面饰卷云纹、谷纹或兽面纹（图三，1~6）。从墓葬的年代分析，其长度有越来越短的趋势，到东汉后期的贵县新村 M12 出土的璏，长仅 4.6 厘米。

　　带钩在西汉后期或东汉前期始见，出土数量很少。贵县南斗村 M1 出土 1 件用整玉琢成（图一，6）。合浦黄泥岗 M1 出土 1 件为子母型，钩为雁形，钩环圆雕一蟠龙，龙头和四肢高浮雕，躯体上的云纹以细线阴刻，出土时钩挂在一起，钩长与环径均为 4 厘米。

　　印有 6 件，罗泊湾 M2 出土 2 件，皆方形覆斗状，一件桥形纽，篆刻“夫人”二字；一件台纽，无字。贺县金钟出土的两件也大致相同，唯印文为“左夫人印”。贵县新村 32 号墓出土的一面印文为“危息”。河东高寨西汉前期墓 M4 出土“须甲”玉印。“危息”与“须甲”为何意未见考析，可能为墓主的名字，“夫人”印文的玉印按汉制一般认为是相当于王侯一级高级官吏的配偶。

　　用器类玉器较少，仅见碗、杯、凿数件。碗，风门岭 M26 出土 1 件，口部略残。黄褐，局部灰白。圆润光滑，直口浅矮圈足，口沿外侧旋刮凹槽一道，口径 10、足径 5.8、高 5.2 厘米。杯也仅见 1 件，罗泊湾 M1 出土。青玉底，红褐色沁，直口平沿，腹深呈筒

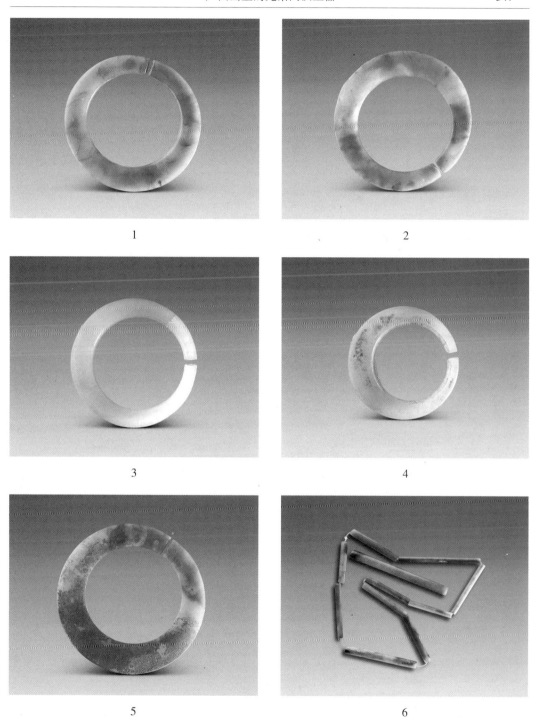

图二　西林普驮铜鼓墓出土玉器

1～5.玦　6.管

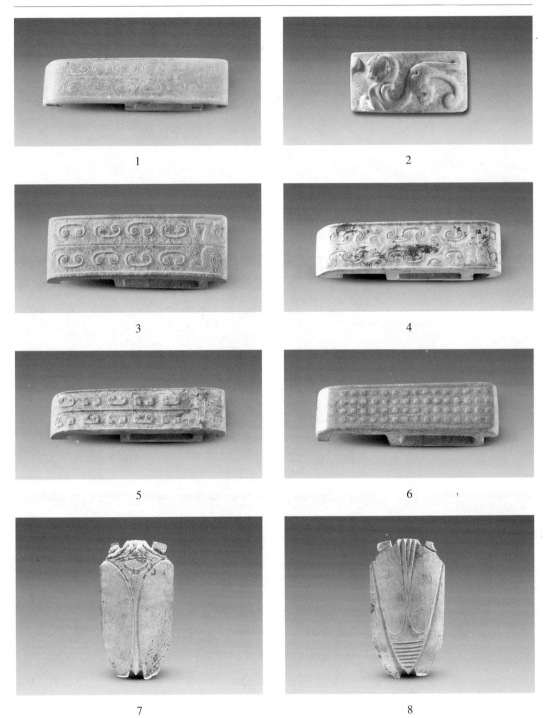

图三　贵县汉墓出土玉器

1~6.璏（风流岭 M20，新村 M12，贵县高中 M17，贵县火车站 M34、M90、M?）

7、8.琀（正、背面，贵县高中 M?）

状，圈足较高。腹部上下端各刻一周卷云纹，中部满饰的谷纹，造型别致，纹饰极规整。口径4.5、足径3.3、高11.3厘米。凿，元龙坡出土5件，通体磨光，刃锋锐利，应是实用的工具。有单面刃和双面刃两种，前者正面弧突，背面扁平。

　　葬玉类的玉器多见于西汉后期至东汉后期的合浦望牛岭M1、堂排、黄泥岗及风门岭M10，而以东汉后期的风门岭M10较为齐全，该墓出土猪形握一对，琀和肛门塞各1件、眼盖、耳塞和鼻塞各2件，与汉代葬玉的九窍塞相比，缺生殖器盖或塞一项。合浦堂排M4出土的一对玉猪，"卧式，打磨极光滑。长4.6厘米"。从其长度来看，与风门岭M10长11.6厘米的猪形握差别较大，但还是应属同一类器物。贵县汉墓的有关葬玉的资料很少，仅见玉琀1件，1957年贵县高中出土（图三，7、8）。元龙坡出土数以千计的穿孔圆玉片，直径在0.5厘米左右，皆作规整的圆形，磨制光滑，扁薄如纸。M270出土的玉片成串排列在一起，可能为殓葬的"珠襦"，同出的3件人面形或圆形的"扣形器"，可能是用于连缀的物件。

（二）一些认识

　　广西出土的两汉玉器与先秦时期相比，在质地、器物种类、加工工艺等方面都有很大的差别。先秦时期基本上为变质岩之类的"美石"，而汉玉大多是以透闪石—阳起石等矿物组成的软玉；先秦时期主要是小件的装饰品或用器，如玦、环、坠、凿、镂空雕饰等，到汉代，先秦的凿、垂胆形坠、镂空雕饰等地方特点较明显的器物消失，一些如玦、环发生了明显的变化，玉器种类也趋丰富，出现璧、龙首玉佩、心形玉佩、璜、冲牙、剑饰、葬玉、带钩、印、碗、杯等众多器物或器类，达到了用玉的高峰；先秦玉器形态简单，均为素面，而汉玉表面多饰几何纹或动物纹，隐起处常用纤细的阴线雕刻，以弥补其立体感的不强；先秦玉器脱胎于本地石器，磨光工艺已显成熟，掌握了透雕技术，到汉代，切割、管钻、抛光技术进一步发展，阴刻和浮雕在玉器上出现并广泛运用，镂透雕技法也更为成熟。这种显然的变化应与秦始皇统一岭南及其后的武帝平定南越，汉文化强力推进并使广西地区产生强烈的社会变革有直接关系。此后，本地玉器文化基本上融入了汉文化的大家庭。

　　广西不是软玉原材料的产地，也未见历史文献有关记载，原料应为外地输入。由于对出土的玉器未经测试和鉴定，难以科学判断其原料的来源，我们只能从其文化因素分析说明。在出土的玉器中，璧、龙首玉佩、心形玉佩、璜、冲牙、剑饰、带钩、印、杯等与中原所见大致相同，有的甚至如出一辙，这说明了广西出土的汉代玉器受中原文化的影响最大。岭北紧邻的楚文化，影响也很明显，如排列整齐、谷粒似旋涡的玉璧，最早出现在战国时期的长沙楚墓。这类璧不同于中原的谷纹璧，谷粒小而圆，为较高的凸起，且排列稀疏，见于罗泊湾 M2 等墓葬。此外，广西与其他周边地区密切交往，在出土玉器上也有体现，如银山岭、锅盖岭汉墓出土的外缘有四对称花芽的玉玦，与广东石峡遗址[8]所见相同，从年代的先后次序来看，为石峡文化影响或传播是有可能的；普驮铜鼓墓出土的玉玦、玉管、玉环等，从器形、颜色到玉质都与云南晋宁石寨山西汉墓[9]非常接近。西林是云南与广西之间的通道，这些玉器的原料和器形应与滇地有关。

出土的先秦两汉玉器种类缺少琮、圭、璋、琥等"六瑞"中的礼器，供赏玩的高水平的圆雕美术品类玉器几乎没有，似折射出该时期本地玉器工业欠发达。作为奢侈的随葬品，即便在厚葬盛行的汉代，有玉器随葬的墓葬也不多。新中国成立以来，广西发掘的汉墓已达 2000 座左右，出土玉器的墓葬仅数十座，比例不足 5%。一般是一墓一件或数件，多者如金钟 M1，有 30 多件，仅璧就有 12 件。一些大型的汉墓，如罗泊湾 M1，主棺室已被盗扰，估计原随葬的玉器应该不会太少。作为贵重的随葬品及墓主生前喜好之物，玉器多置于棺内尸体位置及周围。由于盗扰等各种原因，出土时大都较为散乱，原组合形式不甚明了，但亦可作大致推测，如金钟 M1 后室中部中间位置集中堆放的 8 件璧与 4 件环，应是与广州西汉南越王墓[10]一样，为一组或两组组佩的构件。西林普驮铜鼓墓出土数量众多的玉管，是否与数以万计的绿松石珠和料珠连缀成"珠襦"裹殓？由于该墓原已为施工所破坏，要弄清楚可能并非易事。

出土玉器是复原历史的重要实物之一，其在更广泛的层面上与当时的政治、经济、艺术、社会文化、生产生活等密切相关。但在现今的考古实践中，玉器似未得到应有的重视，在发掘时尤其是小件的玉组件，编号大都较为笼统；发表报告中大都归入玉石类或其他类，文字寥寥，尺寸不详，线图和图版也不多，且器物描述不一、定名混乱；经过专家鉴定的很少，基本亦未经科学测试，其成分不清，来源不明，如此等等，在一定程度制约了我们的深入研究，应在今后的工作中努力克服和改进。

注　释

[1]　广义的玉器概念还包括水晶、玉髓等（《中国大百科全书·考古学》），考虑到汉墓出土的水晶等数量较多，将另文介绍。文中选辑的图版照片多为首次发表，其余器物的线图、照片请翻阅相关报告及《广西文物精品》（广西壮族自治区文物管理委员等编，广西美术出版社，2002 年）等。

[2]　广西壮族自治区文物工作队等：《广西武鸣县岜旺、弄山岩洞葬发掘报告》，《广西考古文集》（第二辑）206 页，科学出版社，2006 年。

[3]　广西壮族自治区文物工作队：《广西那坡县感驮岩遗址发掘简报》，《考古》2003 年第 10 期。

[4]　广州市文物管理委员会、广州市博物馆：《广州汉墓》，文物出版社，1981 年；黄展岳：《论两广出土的先秦青铜器》，《考古学报》1986 年第 4 期；李龙章：《广西右江流域战国秦汉墓研究》，

《考古学报》2004年第3期。

[5] 夏鼐：《汉代的玉器》，《考古学报》1983年第2期。

[6] 孙机：《汉代物质文化图说》，文物出版社，1991年。

[7][8] 图见《中国出土玉器全集11》，科学出版社，2005年。

[9] 云南省博物馆：《云南晋宁石寨山古墓群发掘报告》，文物出版社，1959年；张增祺：《晋宁石寨山》，云南美术出版社，1998年。

[10] 广州市文物管理委员会等：《西汉南越王墓》，文物出版社，1991年。

铜牛补正

熊昭明

（广西文物考古研究所）

为纪念广西考古七十周年，由广西壮族自治区文物工作队编著的《合浦风门岭汉墓——2003～2005年发掘报告》[1]及时出版。该书的出版，为岭南汉墓的研究提供了丰富的资料[2]。但囿于时间和水平，书中出现了一些疏漏错误。本文补充论述和纠正的对象为M26出土的铜牛，这对铜牛形象逼真，工艺精湛，是不可多得的艺术精品，甫一面世，便令行内刮目，先后在广西博物馆举办的"出土文物精品展"、与广东省博物馆联办的"泛珠三角文物精华展"及与国家博物馆合办的"瓯骆遗粹"中展出，并作为《广西考古文集》[3]的封面，在一定程度上成了广西汉代青铜文化的代表作之一。为此，有必要作一补正，殷盼厘清。

（一）

这对铜牛出自墓葬的外藏椁。该墓为西汉后期的竖穴木椁墓[4]，分墓道和墓室两部分。墓道为斜坡式，长12、宽2.64米，坡度22°，底端顺坡势设外藏椁，外藏椁长3.9、宽1.3米，上端深2米，下端连接墓室，开口持平，深0.88米，两边留有狭窄的不规则通道。椁板已朽，近底部四周见板灰痕迹，底部有枕木沟。枕木沟抵两端，宽0.1、深0.06米。椁室内仅见器物3件，两铜牛置于中后部，一侧卧，一站立，据观察，侧卧的一牛应是塌陷的椁室所致，原亦站立。铜牛身上覆盖有一层厚约0.03米的朽木灰，当是椁顶板残余。铜牛后侧置一高51.6厘米的大陶瓮。

两牛编号分别为M26：1和M26：2，用失蜡法浇铸，实心足，腹空，存泥质内范。耳部为分铸后插上，其余各部位为一次铸成。牛作站立状，背脊中缝刮出一宽带贯穿首尾。前两足直，后两足略弯。尾斜下垂，两角弧内折，凸目圆睁，咧嘴，全身遍刻细小的三角形纹象征体毛。M26：1，体型矮胖，背脊较平。身长41、高24厘米。修复时部分内范脱出，余重4750克。M26：2，脊椎圆隆，较高，头顶刻有旋子。鼻、嘴、眼、眉心等部位用圆圈刻划，眉毛则用细线刻出。两睾丸下吊，较大。一耳入葬前已脱失。通长 40.5、高 27 厘米，重 6550 克。

其后的资料整理和报告编写，基于 M26：2 有明显隆起的肩峰和颈垂，两睾丸下吊，雄性黄牛的特征较为明显，我们作出了明确的判断。而 M26：1，体型矮胖，背脊较平，与前者在外观上感觉相去甚远，未经仔细琢磨，认定其为水牛。

（二）

报告出版不久，就有学者口头提出商榷[5]。笔者即到广西自然博物馆和广西水牛研究所查阅相关资料并请教有关专家，还远赴郊外实地观察水牛与黄牛的外形特征，细加比较分析后，觉得报告中对 M26：1 的种属判断出现错误，应是雌性黄牛，理由如下：

第一，水牛一般是骨骼粗大，肌肉发达；头型魁伟，头与颈衔接角度和地面几成平行，与肩结合良好，多有颈纹和胸纹。体躯稍短而低矮，前躯发达，腰腹粗圆。尻部（俗称屁股）发育较差，尤其斜尻。四肢粗短，前肢开阔，关节强健，蹄圆大结实。比照 M26：1，骨骼纤细，头短小，额宽阔，颈细长，颈垂大，胸部发达，背腰平直，臀端呈椭圆形，可排除作其为水牛的可能性。

第二，黄牛与水牛习性相去甚远。黄牛温顺，水牛暴烈；黄牛耐旱，水牛喜水，两类牛一般不能同圈喂养。作为随葬品，反映的是"事死如事生"的社会习俗，不会把水牛和黄牛葬在一起，也就是说，M26：1 不应是水牛。

第三，与 M26：2 相比，M26：1 的体型相当，高度与长度基本等同。区别之处是 M26：1 的角较细长，腹部浑圆，肌肉匀称，整体清秀细致，而这些正是雌性黄牛的基本特征。

第四，黄牛性情温顺，耐粗耐热，行动灵敏，善于爬山越岭，尤其是对虫害的抵抗力强，一直是岭南各族人民喜爱的牛种。

此前，岭南发现两汉时期牛的实物资料多为陶牛或青铜器上的装饰。铜牛的发现资料很少，仅广西柳州飞机场发现的一件，也属黄牛，工艺略逊，体型也较小，仅身长 9.5、前脊高 5、后股高 4 厘米，其年代曾被认为是战国时期[6]，后有研究者认为"明显属于西汉时期的滇式铜牛"[7]。学者也曾根据资料对出土牛类的种属进行研究归纳，如水牛与黄牛的体征区别主要在牛角，水牛的角为扁粗且起棱，两角根距宽，向上弯成半圆或禾叉形，角与额处在同一平面上，黄牛的角体为圆形，短小不起棱，两角根距较窄，上弯而朝前；其次是尾巴的区别，水牛的尾巴短，长度不超过后脚的飞栉，黄牛则反之[8]。具体到 M26 出土的这对黄牛，所描述的特征基本吻合，但我们也注意到，作为一种艺术的再现，其制作并非严格遵循实物，比如两角上弯而朝前、尾巴长度不超过飞栉等，表现得并不充分，制作者倒是在黄牛的肌肉、肩峰和颈垂特征方面作了较为明显的刻画。

（三）

　　一般认为，外藏椁发端于春秋，成熟于西汉，其源头则可上溯到商周时期。最早的记载见于《汉书·霍光传》，颜师古注引服虔说云：“在正藏之外，婢妾之藏也；或曰厨、厩之属也。”[9]也就是说外藏椁包括殉埋的婢妾、庖厨或仓房、马厩或车室等。广西地区西汉后期所见的外藏椁多位于墓道的一侧或甬道的两侧，如M26置于墓道底端的墓葬目前仅见两座，限于合浦汉墓的风门岭墓地[10]。

　　M26外藏椁的陪葬品别于它处的车马或炊厨具，改以两牛和一瓿，似曾未见。牛是南方更普遍使用的农耕畜种，以牛代替马当是与当地生产、生活形式直接有关，较好理解，也为厩之属；瓿为我国古代常见用以储存食物的器类，即《急就篇》颜注所概括的“瓿谓盛酒、浆、米、粟之瓿也”[11]，当为厨之属。以此看来，M26的外藏椁已把“厨、厩之属”简化而合为一体。本属外藏椁之物的铜马，该墓也有出土，不过，已移至室内，出自墓室前端。上述表现出的简化及随意性，说明本地区外藏椁之制已经衰微，是很值得探讨的现象。

　　附记：本文在查找有关资料中，得到广西自然博物馆谢志明、广西水牛研究所黄正、广西博物馆陈小波等诸先生的大力支持，在此一并致谢。

注　　释

[1]　广西壮族自治区文物工作队：《合浦风门岭汉墓——2003～2005年发掘报告》，科学出版社，2006年。

[2]　箫汶：《<合浦风门岭汉墓——2003～2005年发掘报告>出版发行》，《考古》2006年第4期。

[3]　广西壮族自治区博物馆：《广西考古文集》，文物出版社，2004年。

[4]　《瓯骆遗粹》（中国国家博物馆、广西壮族自治区博物馆编，中国社会科学出版社，2006年）把M26的年代定为东汉，其依据不详，关于这座墓葬的年代，报告中已作分析，本文不再赘述。

[5]　广西博物馆黄启善研究馆员向笔者提出M26：1为雌性黄牛的想法，并进行诸多有益的讨论。

[6]　广西壮族自治区博物馆：《近年来广西出土的先秦青铜器》，《考古》1984年第9期。

[7]　黄展岳：《论两广出土的先秦青铜器》，《考古学报》1986年第4期。

[8]　陈小波：《岭南地区牛的考古发现与研究》，《学术论坛》1999年第4期。

[9]　转引自谢广维：《广西汉代“外藏椁”初探》，《广西考古文集》（第二辑），科学出版社，2006年。

[10]　另一座在廉州炮竹厂内发现，同为西汉后期木椁墓，外藏椁内仅置铁斧1件（蓝日勇：《合浦县廉州炮竹厂西汉后期墓》，载《中国考古学年鉴·1986》，文物出版社，1988年）。

[11]　转引自孙机：《汉代物质文化资料图说》328页，文物出版社，1991年。

桂林郡早期治地不在今桂平县之我见

蓝日勇

（广西壮族自治区博物馆）

1976年参加发掘贵县罗泊湾一号汉墓时，我便开始涉及贵县和桂平县志书；1979年主持发掘罗泊湾二号汉墓后，因编写发掘报告以及研究南越国历史，又多次披阅《贵县志》，其中，对清光绪版中的《布山县考》一文尤感兴趣，该志主张桂林郡治布山县从秦代到南朝梁一直在贵县。而《桂平县志》对此论有异议，认为当在桂平县。细品"贵县说"和"桂平说"的各自理由，加上考古新发现，觉得还是"贵县说"踏实，因此将多年的胸臆积压。现借《布山县治考》新作见刊，"桂平说"再兴之机[1]，试将文献与考古材料相结合，发表自己的看法。

（一）桂林郡取名与桂平无关

《史记·秦始皇本纪》云："三十三年，发诸尝逋亡人、赘婿、贾人，略取陆梁地，为桂林、象郡、南海。""三十三年"时为公元前214年，广西设郡，推行郡县制，实始于此。"桂林"一词也当最早出于此。后来广西简称"桂"，可能与这里最早设"桂林郡"有关。关于秦桂林郡取名的原因，史、汉两书没有说明，是后来的《旧唐书·地理书》作这样的解释："江源多桂，不生杂木，故秦时立为桂林郡也。"这里仅说与"桂"这种植物有关，没有说到与桂平郡或桂平县有关。

据梁畴芬等编的《广西植物资源》一书，"桂"这种植物有肉桂、桂花、毛桂、阴香之分。肉桂，又名玉桂，属芳香植物，我国分布于广东、广西、海南和云南这四个省区。广西栽培于桂南、桂东南和金秀县。肉桂的皮、枝和子入药，有温中散寒的功效。桂油和桂皮是广西传统出口商品。桂花，又名木樨，木樨科，常绿乔木。桂花是我国特产，分布于长江以南各省区和陕西，广西主产于桂林地区，河池、百色、南宁、梧州等地区也有少量种植。毛桂，又名假桂皮、山桂皮、香桂子，为造纸糊料。阴香，又名山玉桂或桂树，药用树种，在我国分布于两广、海南、云南和福建。在广西产于玉林、梧州、南宁、柳州和桂林等地。树叶稠密浓阴，为良好的行道树和园林绿化树种。树皮、叶和根皆可提取芳香油，树皮供药用。从上可见，桂的分布地域广泛，不独桂平一县所植产。其实，民国九年（1920 年）版的《桂平县志》就说得相当清楚，在纪地物产条下记桂平有花之属的桂和药之属的桂两种。前者是桂花，"红者为丹桂，黄者为金桂，白者为银桂"。药之属的桂："旧志云，县以桂名，桂其土产者。桂林亦以桂名郡，而其种异以香。……本县土产之桂以味传，生于瑶山者为瑶桂，种于家园者为浔桂。"即桂仅是桂平的一种土产而不是特产。又，生植于桂平县的桂种，贵县也同样拥有。另外，以桂平县多有以"桂"字命名的村庄来佐证所论也是不坚实的。因为，民国九年版的《桂平县志》所记当时的一千多个村名中，只有一个"桂山村"（吉大二里）与桂有关。与此相反，清光绪二十年（1894 年）版的《贵县志》所记该县村名中，却有 6 个村带有"桂"字，分别是：桂塘村（棉村乡）、桂芳村（新塘乡）、早桂巷（西山乡）、桂平村（西山乡）、绿桂村（保卫乡）、塘桂村（蒙公乡）。凡此种种，因而说"桂林郡"的得名源于桂平，更甚而定郡治也在桂平，其不实之处非常显见。

按史书所载，桂平县之得名时间比桂林郡初立之时晚得多，依理两者应是风马牛不相及之事。《桂平县志》明言，"梁置桂平郡，县为郡治，桂平始见于此"。此处的"梁"是南朝时期建都于金陵的梁朝，存在时间从 502～557 年，离桂林郡初立年已有 700 年的间隔，此时梁朝置桂平郡不会是思念桂林郡而发。若是，应直取其名，而不应以"桂平"代之，其中之缘由无法解释清楚。

关于秦桂林郡得名的缘由，所知至今有两种说法，除了桂树之说以外，还有从壮语方面去解释。"林"是壮语"水"的意思，"桂林即远水，郁林是越水。邕江流域过去都是越人居住，故越人将流经自己居地的河流称为越水是极易理解。又邕江源远流长，故将之称为远水也合乎情理"[2]。这也许才是桂林郡得名之正解。

（二）"布山"县名非取于有名泉的"西山"

元鼎六年（公元前 111 年），汉武帝出兵灭赵氏南越国后，将岭南地区分置为苍梧、郁林、合浦、南海、珠崖、儋耳、交趾、九真、日南等九个郡，郡下设若干县。郁林郡辖县十二，首县是"布山"。按《续汉书·郡国志》关于"凡县名先书者，郡所治也"的说法，布山县是汉郁林郡治所在地已明了。但对于秦桂林郡是否有布山县，史书未载，而且郡治于何地，班固漏了这一笔，使后世有了争论。桂平说者认为"布山"是壮语地名，其中的"布"意为"泉"，"布山"即指有泉水的山，进而确定源于桂平有名泉的西山，以此肯定秦桂林郡治布山在桂平县。对这种观点，笔者不敢苟同。问题首先出在对"布"字意思的误解。壮语的"布"是人的意思，先前已有学者在不同的文章中谈过。壮族对地下自流出地面的清水，按出水量的大小分两种称呼，漫溢出的水量较小的称"bo"，"bo"与"布"声调区别很大，因此，"布"不是"泉"，否则，对壮族地区出现"布泉村"这种村名就很难解释得通。桂平西山在历史上应该一度称为"布山"才是，可惜史料没有响应。对于西山，县志如是称"一名思灵山，灵水出焉。灵或作陵。在城西五里，故名。"

实际上，只要仔细研读文献，可知今桂平县不是古代布山县治所在地。唐代杜佑撰的《通典》，应该是最早涉及桂平县与布山县关系的史书，该书明载："桂平，汉布山县地。"这段话是说桂平曾是汉布山县辖地的一部分，无一直接指明布山县治在桂平。宋代《舆地广记》载"桂平县，本汉布山县地，郁林郡所治也"，指明桂平在汉代是布山县辖地的一部分，属于郁林郡管辖的范围，"所治"与"治所"是不同的两个意思，混为一谈会导致错误。距今时限越长的历史文献，作者所记的事由于离开发生的事时间不长，其真实性较高。相反，越后代的人追述考究古远的事，曲解文献、传抄失误大有之，臆想的成分也越多。从清代的《浔州府志》，到清和民国各版的《桂平县志》，在布山县治的考究上，皆没有拿出什么新证。至于1974～1979年间出版的历史地图集、广西简史以及《辞海》等书籍，把桂林郡治和郁林郡治布山县标定在桂平县，可能是因作者撰稿时贵县罗泊湾一号汉墓尚未发掘，或是发掘后资料公布时来不及修改等原因所致。罗泊湾一号汉墓发掘简报刊于《文物》1978年第9期，自是年至2005年间，所知新的论著再没有将秦汉布山县与桂平县联系。

（三）考古发现无证布山县治在桂平

为了圆说桂林郡及郡治布山县都在桂平的观点，《布山县治考》的作者以桂平县境至今所见零星文物资料，加上理论推测来认定布山县治的城址在三角嘴和大塘城村，基础是非常薄弱的。

说是城址必须有关于城的遗存才能成说。这至少包括两个方面的依据：一是城垣存在，二是可以证明城和示明该城性质的相关遗物。但时至今日，三角嘴和大塘城村未见城墙断垣实物。地形适宜筑城，这种优势不只三角嘴和大塘城村有，不能成为布山县治必在这两块地上筑城的决定性因素。地面发现的瓦片、陶器残片，按所叙述的特征，有些应是汉代的遗物，桂平县开发较早，地面散布汉代遗物，完全属于正常。但这些汉代遗物，是西汉的还是东汉的，又分属那个时段，不得而知。从近年大塘村发现的墓葬都是西汉晚期和东汉的情况看，三角嘴地上发现的汉代遗物属西汉晚期以后的可能性很大。如是，顺《布山县治考》一文的推论，此时布山县治早移他处了，它们的存在对布山县治问题的讨论，已经没有多大价值了。

广西文物普查成果表明，汉代郡治所在地周周都存在大的墓群，地面存有许多封土堆，封土堆之大小与墓葬规模成正比。墓葬规模越大，墓主身份地位应越高。秦时桂林郡，今广西全境尽属之，郡守地位可想而知。因而，要论定早期桂林郡治，乃至布山县治所在地，大型墓葬的寻找和确认是关键。"桂平说"者将目光投向大塘城村及其附近先锋至东塔、福寿、复兴这一带原野上的土丘，希望这些土丘是汉墓封土堆，特别关注寻旺先锋周屋村那显得比较高大的大吉堆和小吉堆。认为大吉堆、小吉堆是大汉墓的看法，早于20世纪80年代初当桂平县文物普查结束时就提出，当时的广西文物工作队领导为了弄清真相，派笔者前去勘察。我按田野考古工作方法，在大吉堆顶部开挖了一条探沟，所见在2米深度内的堆积，主要由较纯的黄土与大小不一的河卵石混成，明显不是五花土，结论是自然土堆。时隔二十多年后的2006年，笔者趁参观大塘城遗址考古发掘之便，再登大吉堆，由于人工取土和周边建设，土堆底部堆积几处露出，都是黄沙生土。在大吉堆周边踏查，发现大吉堆附近的与那些同样是黄土和河卵石杂成的土堆，有的已被夷平，有的开作梯地，从土堆底部和阶地断面看全是生土，这多少佐证了我们对大吉堆性质的判断。

实际上，如果今日的三角嘴和大塘城村在秦汉时期是桂林郡治或布山县治，地面上应存有城址，北魏的郦道元沿江考察，不可能不见到，也不可能不记入《水经注》中。《水经注》仅记："郁水东巡布山县北，郁林郡治也。又东入阿林县，潭水注之。"说到桂平县，却没说桂平有城址。细研《汉书·地理志》，看看西汉初年南越国的史实，重视贵县的汉墓资料，就无需长文讨论布山县治的问题了。《汉书·地理志》云："郁林郡，故秦桂林郡，属尉佗。武帝元鼎六年开，更名。"从这条文献我们得知，汉武帝元鼎六年所开的郁林郡，是秦桂林郡更名而来的，秦桂林郡之地在元鼎六年以前为赵氏南越国统治范围。而南越国是在秦末汉初建立的，第一代南越王赵佗，原为秦军统帅之一，秦在岭南设置三郡后，他任南海郡龙川县令，所以，南越国的政治制度无法脱离秦代制度的影响，因循性的特点很明显[3]。如郡县制，赵佗在建国之初就因循了这种建置，只是"稍以法诛秦所置长吏，以其党为假守"罢了[4]。这说明南越国时期桂林郡建制仍在。又贵县罗泊湾发现南越国时期相当于郡守一级的贵族大墓，文献和考古发现对合，桂林郡的踪迹已见。特别是罗泊湾一号墓出土的许多漆盘、漆耳杯底部烙印的"布山"和"市府草（造）"铭文，就已将秦汉"布山"今何在的问题做了回答。上面举例的漆器铭文连起来是"布山市府造"之意，铭文示明这些漆器是布山市府漆器作坊制造的。按汉代制度，县以上可以设市。因此，布山县有市政管理机构，符合当时制度。布山县制造的漆器随葬在贵县相当于郡守一级官僚的大墓里，则南越国时桂林郡及郡治布山县在今贵县证据充分。南越国郡县制度又因循秦代，故而反证了秦桂林郡治原来就在贵县，不是从桂平迁来。

总之，将秦桂林郡及郡治布山县定在桂平，目前缺乏确切的新文字资料，考古发现也不足证，还是维持"贵县说"为好。

注　释

［1］　陈小波：《布山县治考》，《广西博物馆文集》（第三辑），广西人民出版社，2006年。

［2］　覃圣敏等：《广西左江流域崖壁画考察与研究》，广西民族出版社，1987年。

［3］　余天炽等：《古南越国史》，广西人民出版社，1988年。

［4］　《史记·南越列传》。

记弗利尔美术馆所藏灵山型铜鼓

江 瑜

（美国佛罗里达大西洋大学）

从 2004～2005 年，笔者有幸在美国华盛顿国立美术馆和著名的史密松学院所属的赛克勒暨弗利尔美术馆作博士后研究。我的指导老师是赛克勒暨弗利尔美术馆中国瓷器副研究馆员 Jan Stuart 司美茵女士[1]。由于我的主要研究方向是西周的铜器艺术，2005 年 3 月份期间，司美茵女士问我有没有兴趣看看弗利尔美术馆藏的一面铜鼓，并参考各发表资料，谈谈其具体年代如何。虽然我是半路出家，对铜鼓不熟悉，但是一看到该面铜鼓（图一），其高大、庄严与制作之精巧让我立即产生了浓厚的兴趣。于是我就开始仔细研究这面铜鼓。经分析，我认为该鼓属于灵山型铜鼓[2]。

图一 弗利尔美术馆藏铜鼓外观

本文分成两个部分：第一部分先详细介绍这面弗利尔美术馆所藏铜鼓外观和纹饰；第二部分是对该面铜鼓的铸造和年代问题加以探讨。

（一）详细描述

（1）测量数据

弗利尔美术馆所藏铜鼓的编号为 F1994.25a–b，根据馆内档案所载[3]，该鼓是由 The Virginia & Edward Chow 基金会捐赠。据称早在 1964 年这面鼓就一直陈列在日内瓦的 Chow 家[4]。1994 年 6 月 4 日该鼓在索士比伦敦拍卖会上卖出，Chow 基金会随即捐赠给弗利尔美术馆。接收后，美术馆内文物保护部门组织人员对这面鼓进行测量和观察：包括蛙饰，铜鼓通高 71 厘米；鼓面沿很薄，其边缘突出，并不下折，边缘到鼓身结合部位长 6.8～

7.5厘米；鼓面直径达118～120厘米；高与面径比是59%。此鼓在1998年10月到1999年4月在弗利尔美术馆"周年收藏品"上有过展出[5]。

鼓面正中装饰类似太阳纹，中央"圆突如饼"，有八道线或者光芒，"细长如针"[6]。鼓面边缘塑六对累蹲蛙，呈逆时针方向环列（图二）。

鼓胸壁微圆突，胸、腰部以单弦分开，同时鼓身开始向内微缩；单弦穿过鼓胸、鼓腰间两对对称扁形鼓耳。鼓耳表面以叶脉状线条纹装饰。耳根较宽，中间相对较窄。

图二　弗利尔铜鼓鼓面

鼓腰、足间以一周环突相间。鼓身的整个趋势是从腰中部到圈足开始向外延伸。最大径在圈足部分[7]。圈足上有一三维立体鸟饰，小鸟头向下，其具体位置在一对鼓耳正中间下方接近圈足底部。

据弗利尔美术馆文保部观察，此面铜鼓鼓身共有9个缝口，最大处宽14～18厘米（图三），其他的都不太明显，最小的直径约1厘米[8]。不过总体看来，这面铜鼓还是相当完整的。

该馆文保部也采取少量样品对其化学成分进行检测。经鉴定，铜鼓含铜67%，锡7%，铅

图三　弗利尔铜鼓鼓身缺口

26%。这一数据与姚舜安、蒋廷瑜、万辅彬先生对其他灵山型铜鼓的测量数据有所不同。他们所测量的十八面铜鼓中，含铅量最高是广西容县征集的153号鼓，该鼓含铜64.68%，锡8.58%，铅19.76%；另有一面广西贵县征集的144号鼓，其含量是铜69.36%，锡5.02%，铅18.98%。除此二鼓外，弗利尔鼓与其他铜鼓化学成分相差较大[9]。

（2）铜鼓平面装饰

该面铜鼓二维装饰（或者极浅浮雕）除鼓面中心的太阳纹外，共有三类：钱纹、羽虫纹、云纹。

钱纹　可分三型。

I型　圆形圆孔钱纹。分为两类。

I型A类，圆形双周线钱纹，以圆圈为界，内部中心处有圆饼状小突起，围绕它有两周针状短线条，构成圆圈内装填，外周共二十五条，内周十六条短线，事实上内周的短线已经呈点状（图四，1）。

　　I型B类，圆形单周线钱纹，其特征类似I型A类，唯圆圈内针状线条共十八条，排成一圈而非两圈，因此线条长度比I型A类长（图四，2）。

　　II型　连钱纹[10]。中间有类似菱形的突起（或可叫浅浮雕），其四面因菱弧问题有长短不一的针状线条，但各面的线条总体在一个水平线上，如果仅仅看四个面的线条，则大体呈方形；在整个鼓面的同心圆横向看，各菱形弧边形成圆形，只不过从纵向看，其圆形并不完整，俩俩菱形之间的横向构成一个贝壳状，贝壳里面被短线分离（图四，3）。所以该纹饰可称为连钱纹，并构成鼓面主要装饰。

　　III型　四出钱纹[11]，可分为三类。

　　III型A类，菱心四空圈钱纹，其周围细圆圈类似I型圆钱纹，但是中间不再是小圆饼状突起，而是实心菱形突起，菱形四边与外围圆圈之间填以空心小椭圆圈，状似人眼睛（图四，4）。

　　III型B类，菱心四实圈钱纹，其与III型A类不同的是菱形四边与外围圆圈之间填以实心突起（图四，5）。

　　III型C类，菱心四空圈太阳芒钱纹，此类钱纹主题接近III型A类，但是钱纹周边圆圈附加针状短线条，很像太阳光芒（图四，6）。

　　羽虫纹　虫身细长，用双线条刻画，头较大，属于侧面表现，眼睛很大，触角等用短线条表示，看起来像简化了的羽毛（图四，7）。

　　云纹：主要是螺旋形同心圆圈（图四，8）。

　　需要指出，鼓面纹饰大体分布于不同的装饰带，也即不同的晕圈之间；而在鼓身上，

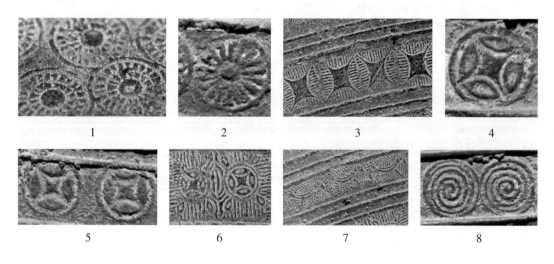

图四　弗利尔鼓鼓面纹饰

1.圆形双周线钱纹（I型A类）　2.圆形单周线钱纹（I型B类）　3.连钱纹（II型）　4.菱心四空圈四出钱纹（III型A类）

5.菱心四实圈四出钱纹（III型B类）　6.菱心四空圈太阳芒四出钱纹（III型C类）　7.羽虫纹　8.云纹

既有圆形单周钱纹与菱形四空圈四出钱纹逐一间隔的情况，很多情况下在鼓身的纵向缝线两边同一晕圈的图案也不同（图五）。例如在鼓身第三、四道三弦晕间，以缝线为准，一边是圆形双周线钱纹；一边是菱心四空圈四出钱纹。有的晕圈之间装饰带即使在缝线的同一侧，也可能有不同纹饰，包括不同类型钱纹共存。所以鼓身的变化比鼓面的多，但其纹饰类型没有超出鼓面所饰的三大类花纹。

图五　弗利尔鼓鼓身纵向缝线及两边晕圈装饰带

鼓面中心太阳纹外有二十三道三弦分晕；鼓身有三十三道三弦分晕。其中鼓颈有十一道，颈腰间以一圈单弦晕相隔；鼓腰有十五道，圈足七道，圈足与鼓腰间一周环突，环突上下各有一圈单弦分晕相间隔。

（3）铜鼓立体装饰

鼓面有六对累蹲蛙，鼓身圈足有一小鸟，胸腰间有两对桥形扁耳。同时接近圈足底部，在缝线旁还有一个半环形纽，似乎是移动铜鼓时用绳拴固之用。

累蹲蛙上，下面背负之蛙，其头高昂，屁股肥大，从后面看，呈两个半圆球性，四足较扁，后足矮，前足高，蛙腹中空，双眼圆睁，比例大（图六）。整个蛙身以长短不一斜线或叶脉纹加以变化。所负小蛙状似其翻版，不过尺寸小得多。小鸟比较生动，鸟腹中空，鸟背中间以一棱状突起为界，两边加以斜线叶脉纹，其各组方向相异。鸟头较尖，稍有残缺。鸟尾亦稍缺逸，不过整体看来还是很完整的（图七）。鼓耳装饰平淡，鼓耳双边各有从上到下一列小圆球状突起，耳平面以三条下垂线分为四条小带，各带内饰以叶脉纹。

（4）弗利尔铜鼓总体艺术风格

该面铜鼓体形很大，尽管没有科学称量，但是在2005年我们专门拍摄过。在把它从美术馆内一个角落移动到隔壁的摄影室时需要至少六个成年人很费力地才能搬动它。我们估计，该鼓应在100公斤以上。

近距离观察，这面铜鼓显得宏伟而不笨重，薄薄的鼓面给人以灵巧之感；鼓胸、鼓腰、圈足之

图六　弗利尔鼓鼓面边沿环列的累蹲蛙

图七　弗利尔鼓足部饰立体小鸟

间比例合理，高与面径比59%让鼓既不太高而显得单薄，又不太低显得矮胖。同时，各三弦晕线流畅，鼓身缝线两边各装饰带对称也较好，缝线规整，与鼓壁结合很好，完全没有突兀之感。

铜鼓平面和三维立体装饰偏重于抽象而非写实风格。这一点从小鸟和蛙饰可以看出。虽然它们属于不同的动物类型，但是具体是何种鸟类、什么样的蛙类，并不清楚。而鼓面和鼓身上面的各种钱纹、羽虫纹等都呈几何纹样而非具体写实的图案。例如对于钱纹我们不知道它们代表的是什么钱币，尽管从其形状和外观我们可称呼一部分纹饰为"四出钱纹"[12]。

（二）铸造和年代问题

（1）该面铜鼓属于灵山型铜鼓

以往（1980年前）国内外学者对广泛分布于中国南方和东南亚的铜鼓有很多不同的分类，其中主要的有1902年黑格尔的Ⅳ型说。其中的Ⅱ型鼓"差不多都是大型或者特大型。星体一般有八道光芒，芒线纤细，鼓面边沿都有蛙饰。大多数是六只，罕有四只的，且每只蛙背上又蹲有一只小蛙……鼓面总是大于鼓身，鼓体外形简朴，没有大的起伏，但胸、腰、足三节还是相当明显的"[13]。

1962年2月在广东省灵山县（现属广西）绿水公社绿水村一处山坡上挖出来了一件铜鼓，鼓很大，面径81、通高47厘米，附近没什么共存遗物，只在铜鼓内残存的泥土中找到一枚唐代的"开元通宝"[14]，自此以后，此鼓成为各学者讨论类似铜鼓时的标准器物。1964年黄增庆在《广西出土铜鼓初探》一文中把广西铜鼓分为四个类型，其中灵山县绿水村出的这面铜鼓属于第三类型早期[15]。1974年，洪声先生发表《广西古代铜鼓研究》，文中分了甲、乙、丙、丁四型，上述灵山鼓属于其乙型[16]。1978年，李定在《文物》上发表《铜鼓》文，共分三类，第二类型出现于两广地区，李定以广西灵山出土铜鼓为代表，称为"灵山式"[17]。同年汪宁生先生在《试论中国古代铜鼓》一文中，把此灵山鼓作为A至F六个类型中D型标准器，断定此鼓入土时间不能早于'开元通宝'钱发行之时，即唐高祖武德四年（621年）"[18]。1979年李伟卿先生的《中国南方铜鼓的分类和断代》文将当时已知的一千多面南方铜鼓分为三型七式，以前黑格尔的Ⅱ型，闻宥的甲式[19]，黄增庆的一、三型，洪声的甲、乙型，汪宁生的D型，都被归入李伟卿的Ⅱ型[20]。最后，1982年张世铨先生在《古代铜鼓学术讨论会论文集》上发表的《论古代铜鼓的分式》，概述了先前学者的各类分型定名，然后把铜鼓分为八类[21]，其中"以灵山县出土的十一面鼓为标准器"[22]，绿水村出土的那面铜鼓也被提及，而灵山式铜鼓作为八大鼓类之一被正式提出。在1988年中国铜鼓研究会编的《中国古代铜鼓》里面也采用这个以典型铜鼓出土地域命名的分类法[23]。1990年姚舜安、蒋廷瑜、万辅彬先生在《考古》上发表《论灵山型铜鼓》，在张世铨分类基础上进一步阐述了灵山型铜鼓与北流型和冷水冲型铜鼓的区别。该文对灵山型铜鼓的特点有精彩论述[24]。对比他们的分析，弗利尔美术馆这面铜鼓的特征，包括"体形凝重，形象精巧"，鼓面平展，较薄，边缘伸出，但不下折；"胸壁微凸，最大径居中；胸以下逐渐收缩成腰"[25]；胸腰间以细线，鼓耳为带状桥型叶脉纹扁耳；鼓面立体蛙，其后足靠拢，前足广开，且六只蛙皆为累蹲蛙，成逆时针环列；蛙的后腿肥硕生动；鼓面中心饰太阳纹，纹线细，中心较圆突；鼓耳下方接近圈足处饰有小鸟。鼓面、鼓身各弦晕间饰以云纹、连钱纹、"四出钱纹"等等，都与《论灵山型铜鼓》一文所分析的灵山型铜鼓特点相一致。

　　采用近年学界逐渐达成的共识，这面弗利尔美术馆所藏的铜鼓，当属于灵山型。这面鼓的尺寸在灵山型铜鼓中是很大的。1993年在广西玉林市沙田乡六龙村出土的一面铜鼓，面径133.7厘米，似乎是目前所知面径最大的灵山型铜鼓[26]；除此之外，德国柏林博物院收藏的一面铜鼓，面径127厘米，鼓有青蛙塑像六组，其中两组累蹲，鼓足部有两只小鸟塑像；第二面鼓藏于日本京都藤井有邻馆[27]，面径123.6～124厘米；第三面于1966年在广西桂平县大洋村出土，面径121厘米[28]。除这些铜鼓之外，弗利尔美术馆这面鼓可能是已知灵山型铜鼓里面径最大的[29]。

图八　弗利尔鼓鼓面中心第一（中心突起处）、第二打击点（图中左上角）

　　弗利尔鼓鼓面中心太阳纹突起，稍显凹凸不平（图八），应为第一打击点承受经年打击的缘故。鼓面还有第二打击点，也比较明显，位于太阳纹两道光芒之间，从鼓面中心往外看，跨第一道三弦晕，止于第二道三弦晕圈。

　　同时，鼓面内壁明显分为两个区域，与鼓面太阳纹相对的圆饼状突起在内壁也表现出来，从该突起向四周有四条浅棱。这四条浅棱长度大致相当于鼓面内径三分之二，形成四个扇形，其中两面扇形较大，面积约为另外两面扇形的两倍半。这两面较大的扇形显示出刮削痕迹（图九），而另外较小扇面区却没有这种痕迹。其刮削痕迹，可能就是姚舜安、蒋廷瑜、万辅彬先生在《论灵山型铜鼓》一文

图九　弗利尔鼓内壁（可看到众多芯垫、刮削痕迹、扇面区、鼓身缺口）

里所推断的铜鼓师在铜鼓制作好后进行调音时所留[30]。这一点，从其刮削痕迹的相对规整与刮线的波浪状可以得到印证，因为波浪线利于音频的振动与传播。

（2）铸造技术观察

弗利尔鼓鼓身外壁上有两道明显纵向或垂直缝线[31]，缝线两端的三弦晕对称结合较好，但并不是严格相合，而是略有错位，同时，晕圈内的装饰，例如钱纹，在缝线部分并不完整，而多被纵向缝线打断，鼓内壁呈黄色，有泥土痕迹，因此可以肯定该面铜鼓是用泥范合范分铸制作的。其中鼓身部分用两块泥范作外范，鼓面由另外一块泥范作范，鼓面与鼓身的结合比较紧密；由于内壁完整统一，内范（或者范芯）则应为一块。所以鼓面和鼓身是一次浇铸完成。这样的观察，与以往学者的论述相合[32]。

鼓面上有很多芯垫，分布较密，当与鼓形巨大有关；其形状不规则，大体呈方形（图一○）。在青铜溶液浇铸之时这些芯垫能保持内范与外范之间的一薄层距离，而这个距离，就是鼓面的厚度；芯垫为金属，在浇铸过程中与其他青铜材料结合在一起；但是由于其材质、化学成分可能与鼓主体材料不一样，所以这些芯垫与周围的区别很明显。

图一○　弗利尔鼓鼓面芯垫

所有的立体装饰，包括累蹲蛙、小鸟、纽环、鼓耳等与鼓身、鼓面结合部位都较为粗糙。它们打断鼓上三弦晕圈及各花纹。有的蛙饰下方鼓面稍微有所凹陷（图一一，1），因此它们与鼓面和鼓身用的不是同一个范，但是我并没有发现焊接的痕迹。同时，这些动物纹和耳、环纽装饰，其背部都有叶脉线纹，线纹斜直，但附件身上并没有范缝，所以我同意学界的观点，那就是这些附件是失蜡法所作[33]。累蹲蛙等立体饰件与铜鼓鼓身、鼓面的铸造关系有四种可能。第一是先用失蜡法浇铸好金

1　　　　　　　　　　　2　　　　　　　　　　　3

图一一　弗利尔鼓铸造技术痕迹

1. 鼓面凹陷　2、3. 鼓身、鼓面多余青铜

属立体附件，然后再把这些蹲蛙、鸟、马、牛等插入鼓范合铸；第二是铸好铜鼓鼓身并用失蜡法做好立体蛙饰等的范芯、外范、型腔，然后再把鼓身、鼓面与这些附件外范结合浇铸；第三可能是先把鼓身、鼓面与立体装饰分开浇铸，然后用某种外力方式把它们结合起来；第四是浑铸法，把耳范、蛙范等嵌入鼓范，然后一起浇铸[34]。综合观察弗利尔美术馆这面铜鼓，我认为该鼓上蛙饰等可能是用第一种方式，即金属蛙饰与鼓范结合浇铸法，因为用第二种方式得先铸鼓身再接蛙范，难度比较大，而且在浇铸蛙时青铜溶液容易流到鼓身、鼓面上，我们在弗利尔鼓面、鼓身上并没有发现在蛙、鼓交接处有多余的铜溶液流到鼓上。同时，由于鼓上并没有焊接的痕迹，第三种方式也不可能。第四种浑铸法，其难点在于累蹲蛙等对蛙范要求较高，蛙范嵌入鼓范然后再浇铸，蛙范容易破损。而且据我观察，这面灵山型鼓鼓耳、累蹲蛙、小鸟、纽环部位在靠近鼓身、鼓面的地方有少量多余青铜（图一一，2，3），这些青铜应该是金属蛙饰等与鼓范结合后，在青铜溶液浇铸过程中流到蹲蛙、鼓耳等身上的[35]。综上所述，这面弗利尔铜鼓上面青蛙、扁耳、纽环、小鸟装饰是先用失蜡法做好金属体，然后再嵌入鼓范合铸。

　　（3）年代

　　目前所知的灵山型铜鼓大多来源于窖藏，未见于墓葬，而且是单个出土的，极少有其他陪伴器物作为断代坐标。所以1962年何纪生先生记录的绿水村出土的铜鼓，因为其内填土有"开元通宝"铜钱而成为唯一的灵山型铜鼓断代"标准器"。当然我们也需注意，即使该铜钱是和铜鼓同时埋葬的，也不能肯定铜鼓被使用了多久或者传世多少代才被埋葬。这枚铜钱只能提供该铜鼓使用年代的下限[36]。

　　对此断代疑难，20世纪七八十年代很多学者在对南方或者广西铜鼓分类断代的时候，把灵山型铜鼓上的钱纹与同时期使用的铜钱比较，得出大致的年代[37]。姚舜安、蒋廷瑜、万辅彬三位学者在《论灵山型铜鼓》一文中则从三方面考量：第一，铜鼓本身的纹饰，主要是钱纹，包括四出钱纹、连钱纹、"X"字钱纹、圆孔货币纹等，指出其四出钱纹颇似东汉灵帝时候发行的四出五铢钱；"X"字钱纹跟六朝时代"五铢泉镜"的"X"字钱纹相似；而圆孔货币纹与六朝时代的圆孔货币纹几乎完全相同，由此他们推断"这些有钱纹的铜鼓可能铸自东汉至南朝"。第二依据是出土现象，绿水村出的"开元通宝"说明这类铜鼓在初唐已经埋在地下，所以"其下限可能是唐代"[38]。第三个方面是历史文献，从《后汉书·马援传》所引晋人裴渊的《广州记》[39]，到《隋书·地理志》以及《新唐书·诸夷蕃将列传》等都证明自汉代到唐高宗的时候，铜鼓被广泛使用。而到了唐僖宗的时候，从刘恂的《岭表录异》记载看，岭南的有蛙铜鼓已成为历史遗物，在从地下被发现时候，人们引以为怪，其上的蛙饰，也被视为鼓精。这三个方面证明灵山型铜鼓的时代上到东汉，下到唐代[40]。如果此说成立，那么这面弗利尔美术馆铜鼓的年代又如何呢？

　　中国古代铜鼓研究会1988年出版的《中国古代铜鼓》把灵山型铜鼓分为早、中、晚期，但是该书没有对其分期标准进行具体分析。从书中介绍看，与早期对比，灵山型铜鼓中期花纹表现出一定的格局，例如鼓面都有三足蛙、六只或者六只累蹲蛙，或单蛙累蹲蛙相间排列，二弦或三弦分晕，主晕上下多陪衬四出小钱纹、连钱纹等。晚期灵山鼓的格式与中期一致而花纹种类衰减，其面和身皆饰以二弦分晕[41]，如此的话，弗利尔鼓当属于第二期。不过它并没有如二期鼓那样鼓面、鼓身有三道主晕，且其蛙身没有同心圆纹或螺旋纹[42]。

何纪生在讨论北流型铜鼓时也兼及灵山型铜鼓[43]。根据何文，灵山型晚期铜鼓比较繁荣[44]，鼓面一般有六蛙，间负小蛙，背饰长条纹或同心螺旋纹（类似云纹），平面花纹有连钱纹、四出钱纹、圆钱纹、席纹、虫纹、四瓣花纹。依此，这面弗利尔鼓当属于灵山型晚期。

此外，从《中国古代铜鼓》书中图版一一三至一一四看，广西横县306号鼓、灵山县57号鼓、灵山县4号鼓以及横县3号鼓[45]的共同特点是鼓足部分接近底部饰有立体小鸟一只或者一对。在花纹方面，这几面鼓都装饰有四出钱纹、连钱纹、虫纹等，这些特征与弗利尔鼓相类似。是否我们可以说，装饰有立体小鸟的铜鼓可以划分到灵山鼓的晚期类？当然，这几面铜鼓的弦晕数和鼓面太阳光芒数也有相当大的不同，例如横县306号鼓面十六晕，一或二弦分晕，中心太阳芒十道；而横县3号鼓面十八晕，二弦分晕，十二道太阳芒；而灵山4号鼓鼓面十六晕，中心太阳纹十二芒；灵山县57号鼓，鼓面十八晕，中心太阳纹十芒。这些都与弗利尔鼓的三弦分晕，鼓面二十三晕，中心太阳芒八道不一致。同时，弗利尔鼓也是这些铜鼓中最大的，它比另外四面中最大的横县306号鼓（面径79.5厘米）也大得多。这也能解释其鼓面晕圈比其他的鼓多得多的原因。此外，所有的这些铜鼓鼓面上都有六蛙，呈逆时针环列，只不过其他四面铜鼓都是三单蛙、三累蹲蛙相间隔，而弗利尔鼓却是六累蹲蛙。

从鼓面和鼓身装饰的钱纹看，在六朝五铢泉镜上有圆形圆孔纹饰[46]，孔与外圈之间以八条针线状条纹装饰。这种纹饰，极像弗利尔鼓上的圆形单周线钱纹，不过不同的是，该圆形单周线钱纹内有十八条而非八条线。

弗利尔鼓鼓面、鼓身上的三类四出钱纹之间的共同点是中心的菱形较小，约占整个圆钱的五分之一，与其四边的四空圈或实圈（这时就变成突起了）的面积大体相等。这一点很重要，因为在我们对比中国内地历代发行钱币时会发现历史上不同时代发行了不同的四出五铢钱，而确凿无误饰有五铢钱纹的铜鼓，目前只知道有一件[47]，其他的都仅是图像有些类似而已。遍查《中国古钱谱》、《简明钱币辞典》以及《马定祥批注〈历代古钱图说〉》，我们可以发现，弗利尔鼓鼓面和鼓身上的菱心四空圈四出钱纹和菱心四空圈太阳芒四出钱纹，与梁武帝普通四年（523年）开始发行的背出四文较类似[48]；就钱的大小比较，新莽时期天凤元年（公元14年）发行的四出货泉有些类似于菱心四实圈四出钱纹[49]，不过这两个年代差别太大，或许该菱心四实圈钱纹是一种残留钱纹，而且这些钱纹在该铜鼓上面的分布与外观不如菱心四空圈钱纹规范和整齐。另外，《中国古代铜鼓》上面提到，"晚期鼓有一种小钱纹，这种钱纹只具形象，与传世所谓的'沈郎五铢'钱非常接近"[50]，但是该书没有列出此种纹饰，而目前已知的铜鼓钱纹与这个沈郎五铢钱相差还是挺大的[51]。

综上所述，弗利尔鼓可能属于灵山型鼓的晚期，就其上面所装饰的钱币纹饰来看，该面铜鼓的制作年代大致是南朝到唐代初期，时间跨度可能是5世纪末到7世纪之间。

附记： 本文所有插图皆来源于 Chow 基金会为纪念 Virginia and Edward Chow 而赠给华盛顿史密松学院弗利尔美术馆铜鼓的照片，该赠品馆藏编号 F1994.25a-b。本文作者得到该馆授权发表这些图片，在此表示衷心的感谢。

注　释

［1］ 现任伦敦大英博物馆亚洲部主任。

［2］ 在2005年3月我与蒋廷瑜先生的联系中此看法得到他的认同。在此谨表谢意。

［3］ 参照史密松学院赛克勒暨弗利尔美术馆注册办公室（Office of the Registrar）F1994.25a-b 条目。

［4］ 同样参照 F1994.25a-b 条目，内有 David Chow 给当时的美术馆馆长 Milo Beach 先生的信。

［5］ "Beyond the Legacy–Anniversary Acquisitions for the Freer Gallery of Art"，1998年10月8日到1999年4月13日。

［6］ 姚舜安、蒋廷瑜、万辅彬：《论灵山型铜鼓》929页，《考古》1990年第10期。

［7］ 此点与中国古代铜鼓研究会编：《中国古代铜鼓》93页（文物出版社，1988年）上所说不同。据该文，鼓身最大径当在胸的中部。

［8］ 据该馆文保部主任 Paul Jett 观察。

［9］ 姚舜安、蒋廷瑜、万辅彬：《论灵山型铜鼓》934页表1，《考古》1990年第10期；灵山型铜鼓数据，也参考万辅彬等著：《中国古代铜鼓科学研究》69页表3，广西民族出版社，1992年；灵山型铜鼓实验数据：《中国古代铜鼓》191页，文物出版社，1988年。

［10］ 参照张世铨：《论古代铜鼓的分式》，《古代铜鼓学术讨论会论文集》104页，文物出版社，1982年。

［11］ 张世铨：《论古代铜鼓的分式》，《古代铜鼓学术讨论会论文集》104页，文物出版社，1982年；蒋廷瑜：《古代铜鼓通论》137~139页，紫禁城出版社，1999年。

［12］ 蒋廷瑜：《试论五铢钱纹铜鼓》，《中国历史博物馆馆刊》1984年第6期；《古代铜鼓通论》137~139页，紫禁城出版社，1999年。

［13］ 弗朗茨·黑格尔著，石钟健、黎广秀、杨才秀译：《东南亚古代金属鼓》13~14页，上海古籍出

版社，2004年。原著见Franz Heger, *Alte metalltrommeln aus Südost-Asien*, Leipzig, K.W.Hiersemann, 1902.

［14］ 何纪生：《介绍广东灵山县出土的古代铜鼓》，《考古》1963年第1期56页。

［15］ 黄增庆：《广西出土铜鼓初探》，《考古》1964年第11期页578～579、583页，图7，588页。

［16］ 洪声：《广西古代铜鼓研究》，《考古学报》1974年第1期。按其分类，乙型又分三式，弗利尔美术馆这面铜鼓当属于洪声乙型Ⅱ式，但是洪声乙型Ⅲ式的特征之一是圈足有鸟形纽，据此则弗利尔鼓属于Ⅲ式，所以如要硬套某一缺乏标准器的铜鼓型式，是相当困难的。

［17］ 李定：《铜鼓》，《文物》1978年第11期，"灵山式"一词出现在88页。

［18］ 汪宁生：《试论中国古代铜鼓》，《考古学报》1978年第2期。

［19］ 闻宥：《古铜鼓图录》，中国古典艺术出版社，1957年。

［20］ 李伟卿：《中国南方铜鼓的分类和断代》，《考古》1979年第1期。

［21］ 张世铨：《论古代铜鼓的分式》，《古代铜鼓学术讨论会论文集》，文物出版社，1982年。

［22］ 张世铨：《论古代铜鼓的分式》，《古代铜鼓学术讨论会论文集》104页，文物出版社，1982年。

［23］ 中国古代铜鼓研究会编：《中国古代铜鼓》93～99页（文物出版社，1988年），专论灵山型铜鼓。灵山型铜鼓作为一个综合概念被逐渐确立的过程在《论灵山型铜鼓》一文929页有概述。

［24］ 姚舜安、蒋廷瑜、万辅彬：《论灵山型铜鼓》929～931页，《考古》1990年第10期。

［25］ 姚舜安、蒋廷瑜、万辅彬：《论灵山型铜鼓》929～930页，《考古》1990年第10期。

［26］ 广西壮族自治区文物管理委员会、广西壮族自治区文化厅编：《广西文物珍品》94页文物第113号，广西艺术出版社，2002年。

［27］ 据蒋廷瑜先生在1996年访问日本京都藤井有邻馆时观察，该馆共有四面蛙纹鼓，其中两面是灵山型和灵山–北流型铜鼓。参见蒋廷瑜：《我对日本研究铜鼓状况的考察》，《中国古代铜鼓研究通讯》第十九期40页，2003～2004年。

［28］ 有关这三面鼓的信息，承蒙蒋廷瑜先生提醒，在此致以谢意。

［29］ 姚舜安、蒋廷瑜、万辅彬：《论灵山型铜鼓》938～942页附表，《考古》1990年第10期。

［30］ 姚舜安、蒋廷瑜、万辅彬：《论灵山型铜鼓》933～934页，《考古》1990年第10期。

［31］ 国内学者称之为合范缝。例见《中国古代铜鼓》219页图一二三（文物出版社，1988年）。

［32］ 北京钢铁学院冶金史研究室、广西壮族自治区博物馆、云南省博物馆：《广西、云南铜鼓铸造工艺初探》，《中国铜鼓研究会第二次学术讨论会论文集》，文物出版社，1986年；万辅彬等著：《中国古代铜鼓科学研究》159页，广西民族出版社，1992年；蒋廷瑜：《古代铜鼓通论》125～126页，紫禁城出版社，1999年。

［33］ 可参考《中国古代铜鼓》225页（文物出版社，1988年）认为，灵山型、北流型等铜鼓是蜡模泥范法，其第二步是在"范芯敷上一层蜡，嵌入垫片，然后用刮板把高出垫片的蜡层刮去，并找（注：或当为凿）平抹光，再用蜡捏成实心耳块，蛙块和其他造型的蜡块粘于所需的位置"。万辅彬等也认为这些立体装饰是采用失蜡法铸造的，见《中国古代铜鼓科学研究》161页（广西民族

出版社，1992 年）；陈文：《岭南地区铸造古代铜鼓考》，《铜鼓和青铜文化——中国南方及东南亚地区古代铜鼓和青铜文化第四次国际学术讨论会论文集》50 页，贵州人民出版社，2001 年；A. J. Bernet Kempers 贝纳特·坎普斯在他的 *The Kettledrums of Southeast Asia，A Bronze Age World and Its Aftermath*，A. A. Balkema/Rotterdam/Brookfield（《东南亚铜鼓：青铜世界及其余波》192 页，1988 年）中讨论东南亚铜鼓时也肯定地说这些突出物是失蜡法所造；Richard M. Cooler 理查德·库勒尔则近距离观察过现代缅甸克伦人的失蜡法制作方式，见 *The Karen Bronze Drums of Burma，Types，Iconography，Manufacture and Use* 缅甸克伦铜鼓的类型、象征意义、铸造及其使用，*Studies in Asian Art and Archaeology, Continuation of Studies in South Asian Culture* 亚洲艺术和考古研究，南亚文化研究续，Jan Fontein 编辑，第十六期，Leiden，New York & Koln：E. J. BRILL，1995 年，61 页。

［34］ 姚舜安、万辅彬、蒋廷瑜等在讨论北流型铜鼓时候提及这一办法，见《北流型铜鼓探秘》90 页，广西人民出版社，1990 年。

［35］ 在另外一篇有关铜鼓铸造技术的文章中我专门探讨了两个问题：鼓身上纵向缝线的作用；青蛙、鼓耳等附件制作技术，《中国南方和东南亚古代铜鼓铸造技术探讨》，付刊。

［36］ 因为铜钱被发现于鼓内残存的泥土中，如果铜鼓被埋葬时正面放置意味着铜钱先埋；如果铜鼓是倒置的话，可能铜鼓先埋。可惜何先生没有记载铜鼓被村民发现时的放置方式。

［37］ 姚舜安、蒋廷瑜、万辅彬：《论灵山型铜鼓》932 页，《考古》1990 年第 10 期。

［38］ 同［37］。

［39］ 裴渊：《太平御览》记载（第 785 卷 14 页），《广州记》。

［40］ 姚舜安、蒋廷瑜、万辅彬：《论灵山型铜鼓》932～933 页，《考古》1990 年第 10 期。

［41］ 中国古代铜鼓研究会编：《中国古代铜鼓》93～99 页，文物出版社，1988 年。

［42］ 此外，在该书中粤 01 号铜鼓，即那面著名的绿水村鼓，在第 96 页被分为灵山型中期，而在 121 页断代时候又被划为晚期，根据《论灵山型铜鼓》的年代分析，此鼓当为晚期。

［43］ 何纪生：《北流型铜鼓初探》，《古代铜鼓学术讨论会论文集》，文物出版社，1982 年。

［44］ 这与《中国古代铜鼓》93~99 页（文物出版社，1988 年）所论完全相反；何纪生：《北流型铜鼓初探》135 页，《古代铜鼓学术讨论会论文集》，文物出版社，1982 年。

［45］ 分别是《中国古代铜鼓》，图版一一三：2；图版一一四：6、5、3（文物出版社，1988 年）。

［46］ 刘休智：《小校经阁金石文字》第 16 卷 80 页，1935 年。

［47］ 蒋廷瑜：《试论五铢钱纹铜鼓》，《中国历史博物馆刊》1984 年第 6 期。

［48］ 国家文物局《中国古钱谱》编撰组编：《中国古钱谱》149 页第 8 条，文物出版社，1989 年。

［49］ 孙仲汇、施新彪、周祥、胡薇、黄锡明编：《简明钱币辞典》149 页，货泉，四出，3 上，上海古籍出版社，1991 年。

［50］ 中国古代铜鼓研究会编：《中国古代铜鼓》121 页，文物出版社，1988 年。

［51］ 马定祥：《马定祥批注<历代古钱图说>》59 页沈郎五铢，上海人民出版社，1992 年。

广西合浦县风门岭 26 号汉墓
白膏泥的分析与研究

赵春燕[1]   熊昭明[2]

（1. 中国社会科学院考古研究所   2. 广西文物考古研究所）

在我国汉代较大型的墓葬中，尤其是楚墓，木椁上下四周填白膏泥是一种常见的做法，通常认为这是为了更好的保护墓中的埋藏物而采取的重要措施之一。广西合浦县风门岭 26 号汉墓也不例外，在该墓上下及四周都有白膏泥把整个椁室封护起来，构成与外部隔离的密封墓室。据现有资料记载，对汉墓中的白膏泥进行分析研究的文献较少，仅有 20 世纪 70 年代中期中国科学院地质研究所黄伯龄等人对马王堆汉墓及大葆台汉墓白膏泥的黏土矿物分析，他们的研究为阐明白膏泥在墓葬保存中的作用具有重要的意义[1]。风门岭 26 号墓在地理位置和地理环境上不同于长沙马王堆汉墓，也不同于北京大葆台汉墓，对风门岭 26 号墓白膏泥的分析与研究，将有助于深化我们对白膏泥在汉墓保存中所起作用的认识。为此，我们利用现代分析技术对风门岭 26 号墓的白膏泥及当地的生土样品进行分析与比较研究，获得一些初步结果。

（一）分析与测试

（1）样品的形貌观察

26 号墓出土的白膏泥样品外观为灰白色，块状，质硬。在显微镜下观察可见其面上有淡褐色条状或斑点，分布不均匀（图一）。生土样品采自当地，呈红色并夹杂不均匀的砂砾（图二）。

对白膏泥样品进行了专门的分离提纯，利用湿筛及沉降法分为三个粒级，分别求得其百分含量。分析结果显示，白膏泥样品中大于 0.1 毫米的粒级占总体的 3.16%，0.1 毫米至 0.001 毫米的粒级占总体的 70.88%，小于 0.001 毫米的粒级占总体的 25.9%。

（2）白膏泥与生土样品的化学组成分析

　　图一　白膏泥外观形貌　　　　　　　　图二　生土外观形貌

　　分别取 50 克白膏泥与生土样品，经风干、粉碎、过筛等前处理过程之后，利用 X 射线荧光光谱技术对它们的组成进行了分析，所用仪器为日本岛津产 XRF-1700 型波长色散 X 线荧光光谱仪，所得结果见表一。

表一　风门岭 26 号汉墓出土白膏泥与当地生土的化学组成

样品	化学组成(m/m%)						
	SiO_2	Al_2O_3	Fe_2O_3	MnO	TiO_2	CaO	K_2O
白膏泥	64.65	27.73	2.08	0.004	1.33	0.22	2.50
生土	51.93	34.17	10.12	–	2.08	0.03	1.03

样品	化学组成(m/m%)						
	MgO	Na_2O	CO_2	ZrO_2	SrO	SO_3	P_2O_5	Zn（ppm）
白膏泥	0.40	1.20	1.00	0.05	0.008	0.02	0.03	62
生土	0.21	–		0.19	–	0.09	0.09	–

　　从表一的分析数据可知，白膏泥与生土的主要化学成分是氧化硅，其次是氧化铝、氧化铁。生土中氧化铁的含量远远高于白膏泥，这也就是生土呈红色的原因所在。白膏泥中氧化硅的含量高于生土，而氧化铝的含量则低于生土。另外，白膏泥中所含有的一些微量元素比如锰、锌等在生土中并未检测到。上述说明风门岭 26 号墓出土白膏泥与当地生土的化学组成不同。那么，白膏泥来源于何处？结合田野调查，在墓葬东北数公里的石康、十字等乡镇均盛产白膏泥，风门岭 26 号墓出土的白膏泥，应来自这些乡镇。

　　（3）X 射线衍射分析

　　将风门岭 26 号墓白膏泥样品进行了 X 射线衍射分析（图三），分析结果显示其主要矿物相为石英。据文献记载，黄伯龄等人对北京大葆台汉墓白膏泥也做了 X 射线衍射分析。将风门岭 26 号墓白膏泥与北京大葆台汉墓白膏泥的 X 射线衍射谱图进行比较可看出，二者的物相组成不同。

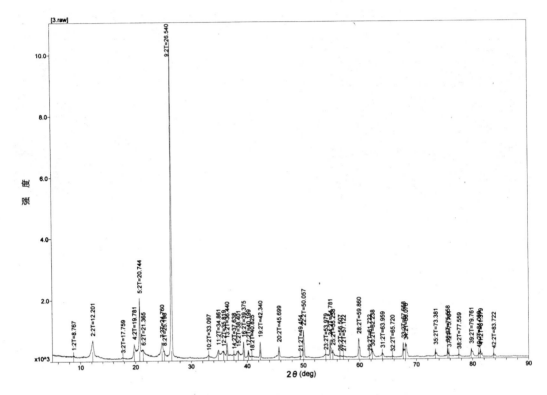

图三　风门岭 26 号汉墓白膏泥样品 X 射线衍射谱图

（二）结果与讨论

　　我们此次对风门岭 26 号墓白膏泥的分析结果表明：风门岭 26 号墓出土白膏泥的主要化学成分是氧化硅，其次是氧化铝、氧化铁。与黄伯龄等人对大葆台汉墓出土白膏泥的化学分析结果相比较，风门岭 26 号墓出土白膏泥的氧化硅的含量与大葆台汉墓出土白膏泥相差无几，但氧化铝的含量相差比较悬殊，关键成分氧化铁的含量也不同。风门岭 26 号汉墓白膏泥的 X 射线衍射分析结果也表明，与北京大葆台汉墓白膏泥的物相组成不同。因此，可以推断出虽然两座墓中都使用了白膏泥，但其化学组成和物相组成皆不相同。无疑，北京大葆台汉墓与风门岭 26 号墓使用的白膏泥都取之于当地。

　　将风门岭 26 号汉墓白膏泥的粒度与长沙马王堆汉墓中的白膏泥比较，小于 0.001 毫米的粒级成分含量低，因此，防渗性能不如马王堆汉墓中的白膏泥。另外，马王堆汉墓中外椁上下四周所填塞的白膏泥厚度为 0.6 ~ 1.3 米；风门岭 26 号墓椁室上下四周白膏泥厚度从 0.12 ~ 0.7 米不等，明显薄于马王堆汉墓。撇开其他条件不谈，仅从白膏泥的粒度及填塞厚度来看，风门岭 26 号墓的保存条件不如马王堆汉墓，这一点也已经被事实证明：

风门岭 26 号墓中的棺椁已朽，仅存残迹，而马王堆汉墓中的棺椁包括尸体都保存的相当完好。

（三）结　论

我们此次对风门岭 26 号墓白膏泥的初步分析结果表明：汉墓中填塞的白膏泥虽然是墓葬保存的重要条件之一，但白膏泥在墓葬保存中的作用要受许多内在因素影响。比如白膏泥的化学成分与结构、pH 值（测试结果显示 26 号墓白膏泥的 pH 值为 5.4，酸性较强），还有白膏泥的粒度组成等都对其在墓葬保存中的作用有重要影响。

注　释

[1]　黄伯龄等：《关于长沙马王堆汉墓白膏泥中的粘土矿物》，《地质科学》1975 年第 1 期；黄伯龄等：
　　　　《大葆台汉墓白膏泥中的粘土矿物分析》，《北京大葆台汉墓》，文物出版社，1989 年。

广西上林县唐代城址反映的土官土民生活

覃　芳

（广西文物考古研究所）

　　历史上，广西是少数民族聚居的地区。在封建时代，中央王朝为了更好地统治这一地区，采用了不同的手段进行治理。在西汉时期武帝统一岭南之后采取了"以夷制夷"的政策。唐宋时期则设立羁縻州，采用土官管理当地的事务，土官一般由少数民族首领充任并可以世袭。到元代，发展了唐宋时期的羁縻政策，开始在广西建立土司制度。明代进一步对土司制度进行完善，对土司的承袭、赋税、土兵等作出相应的规定，土司制度进入鼎盛时期。清代，中央王朝对土司采取维持政策，同时也逐步进行改土归流。1929年，广西地区土司改土归流完毕，土司制度也随之告终。

　　唐、宋时期的土司城址遗留下来的不多，主要分布在两个地方，一是钦州宁氏俚僚酋帅建立的土府遗存，一处则为上林县智城峒土府遗存。本文主要介绍的是上林县智城峒遗址以及反映的唐代土官、土民的生活状况。

　　2003年8月16日，我在中共上林县委办公室及县文物管理所同志的陪同下，考察了上林县唐代智城峒遗址及《智城峒碑》、《六合坚固大宅颂碑》。《智城峒碑》与智城峒遗址同在一处，《六合坚固大宅颂碑》则在澄泰乡洋渡村石牛山脚下，与前者相距约4.5公里。从碑文内容看，《六合坚固大宅颂碑》所称颂的坚固大宅应是智城峒唐时的整体建筑及其周围的生态环境。令人费解的是，为什么属于同一文化载体的遗物，又人为地将其分开数公里之远？另外，智城峒遗址已无地面建筑，非常荒凉，附近村寨又很少，韦氏土酋为什么在这里建筑城堡，建的又是什么形式的城堡？文献对此记载很少，若从生态环境学的角度来考察该遗址，或许能了解其更深沉的文化底蕴及土官、土民的生产生活状况。

（一）饭稻羹鱼的生产生活环境

　　民国《上林县志》说：智城山"四面石壁，环抱如城，中间开展宽广，约十余里。"

据实地测量[1]，智城峒周围的石壁，大部分垂直呈90°，猿猴难攀，山峰高度约在100～276米之间。智城峒分内城与外城两部分，中间有城墙隔开。总体形状呈弯月形，东西最宽为530米，南北最宽为250米，内城面积1.15公顷，外城面积5.04公顷，总面积6.19公顷，周长1.7公里。

城内的文化遗存有4道城墙、3个池塘和2个水井。其他房屋建筑均已毁坏无存。

（1）城墙

第一道城墙，位于智城峒东南方位的峒口处。据说原来的城墙是墙体两侧筑石，中间夯土，因附近的村民建房拆石头去砌房基而被毁坏，目前仅见土墙残存。城墙原长130米，两端连接高山山体，封锁整个峒城。现残存的土墙长70、残高1.5米，底宽30、顶宽10米[2]。

第二道城墙，在峒口之内，外距第一道城墙40米，仅残存土墙，残长100、残高2～3米，底宽40、顶宽10米。以上两道城墙中间各有宽10米的豁口，应是当年的城门设置。

第三道城墙，位于内城中间，墙体高大，保存较好，长30、高27米，底宽70、顶宽35米。

第四道城墙，位于内城的北面山腰上，因为此处有一天然豁口，于是用大石块砌墙，防御外人进入城内。墙体保存相对较好。

（2）池塘

第一个池塘，位于第一道城墙的外面，池水淹抵墙体下，外宽内窄，呈喇叭状，水域面积75亩。

第二个池塘，位于第二道城墙的内侧，近椭圆形，水域面积1.3亩。

第三个池塘，位于第三道城墙的外侧，略呈椭圆形，水域面积3.75亩。

根据实地观察，以上3个池塘的原生土质与相近城墙的墙土相近，应当是取土筑墙时形成的。

（3）水井

水井在内城、外城各一个。一个位于内城中部略偏东，水井已被破坏。从现场观察，井口的直径约3米，深度未明。根据峒外清水河河床水位较高及当年四周高山植被茂盛的情况看，井深约6米时，就会有水冒出。井壁全部采用天然石块筑成。位于外城水井的大小、结构与内城的大致相当。

城内的文化遗物仍保留不少，可能地下遗留的文化遗物还会多些。此次我们考察时，在峒外的小道上捡到青灰色布纹筒瓦残片，瓦片较厚且胎质较细腻，应是唐代的建筑材料。在这之前，上林县文物管理所也在城址内捡到过此类瓦片，还有残砖块，年代也应是唐代。现在在内城地表上还可看到石磉、石臼、石碾、碑刻等文化遗物。

石磉，仅发现一件，位于外城南面山下的小道旁。从现场观察，石磉原来是埋在地下的，很可能是近年来有人挖宝时将其暴露出地表，有半截仍埋在土里，周围呈四方坑形，这些都是近年新的扰乱痕迹。石磙呈长条圆形，长径150、短径64厘米，两端中心有圆形轴孔，孔径13厘米。

石臼，有方形臼和圆形臼两种。在外城东北面有一方形石臼，是利用一块天然巨石制成，其工序是：先将天然巨石表面凿平磨光，在其上凿方形臼孔6个，分两排排列，每排3个，臼长10、宽6、深10厘米；另外，在两排方形臼中间又凿一个圆形臼，直径5、深10厘米。圆形石臼又分单体石臼和连体石臼。在内城南面有单体石臼2个，一件裂为两半，一件完整。完整的一件是用天然石块琢磨成圆形，并在中心位置刻打臼孔，整个臼高约50、直径90厘米；臼槽直径43、深38厘米。连体石臼位于内城的西南面，先是将天然石块刻凿成长方形，凿成的石块长157、宽87、高50厘米。然后在其上面凿两个圆形臼槽，臼槽的大小与单体石臼相近。有人认为这种连体石臼是马槽，似为不妥，其功能应与其他石臼一样，都是脱粒谷物或粉碎块茎植物的工具。

石碾槽，位于内城的西面，由8块石头凿槽组合而成。先用8块石头预先制成上宽下窄的弧形碾槽，然后在地上拼接成圆形。碾槽外围周长485厘米，碾槽周长318厘米，碾轮及传动设置已毁坏无存，推测碾轮应是石质，传动设置为木质，而动力应是牛、马或是人力。像这样的大石碾，如果是人力传动，成年男性需要2人以上，而成年女性则需要3人以上。

智城碑，这是智城峒遗址地面上最重要的文化遗物。通过碑文的内容，使后人了解该城址的建造年代及建造者。碑属摩崖石刻，位于外城入口处25米的东面山脚下。碑高164厘米，宽78厘米。碑文上款有"廖州大首领左玉钤卫金谷卫金谷府长上左果毅都尉员外置上骑都尉检校廖州刺史韦敬办智城碑一首并序"。下款刻"维大周万岁通天贰年岁次丁酉肆月辛卯朔柒日癸酉检校无虞县令韦敬一制"。碑文由序文和诗两部分组成，内容是盛赞智城峒及其附近的自然环境，颂扬韦敬办文治武功。全碑共24行，真书，字径1.5厘米，首行42字，末行32字，其余每行47字，行文1108字。碑的下半部曾被野火焚烧过，有多处剥蚀脱落，有些字无法辨认。碑文中的"日、月、星、天、地、年"皆用武则天自造字，此外，还杂有变体字、异体字和简化字。智城峒碑于1963年作为独立文物单位，列于广西壮族自治区人民政府公布的第一批文物保护单位。1987～1989年文物普查时，发现智城峒古城址后，将智城碑列为智城峒古城址的附属物；并于1994年8月，由广西壮族自治区人民政府公布智城峒遗址为第四批广西文物保护单位。现这两处遗址、遗物加上《六合坚固大宅颂碑》已定为国家级文物保护单位。

以上介绍了智城峒遗址内的自然环境及文化遗存、遗物情况，现在我们再来看看智城峒周围的自然环境。智城峒遗址大致是坐北朝南，其北、东、西三面都是高耸的大石山，出入极其不便，不适宜人类居住。在遗址的南面，自然条件则非常好，在峒口前方约1.5公里处，有清水河。清水河自西向东流，经来宾县注入红水河。清水河是流经上林县最大的河流，在智城峒河段，河的两岸是冲积而形成的平坦谷地，土地肥沃，灌溉便利。这些优越的自然条件，对韦氏家族选择智城峒作为居住地有决定性的作用。

综合上述情况可知，唐朝的智城峒实际上是一个坞堡式的封建庄园，韦氏土官是最大的庄园主，同时也是这里的最高统治者。在峒外的近千亩良田应是韦氏土官所有。据宋朝范成大《桂海虞衡志》载：凡土官统治下的百姓地区，"其田计口给民，不得典卖，惟自开荒者由己，谓之祖业口分田，知州另得养印田"。又说："功剽山獠及博卖嫁娶所得生口，男女相配，给田使耕，教以武技，世世隶属，谓之家奴，亦曰家丁。民户强壮者可教劝者谓之田子、田丁，亦曰马前牌，总谓之峒丁。"这里说的是宋朝羁縻州的社会关系，唐朝也应与此相同。唐朝澄州是正州，但智城碑中则说韦氏家族世袭知州，其社会关系也和羁縻州差不多。推测在峒外的耕种者都是韦氏土官的部族，大部分居民与韦氏土官有或近或远的血缘关系，少部分为外姓人。他们在峒外建造村舍，种植水稻、桑麻，以及进行养猪、养鱼、养鸡、养鸭等养殖活动，他们与土官的关系应当是雇佣关系，要给土官纳贡所规定的粮食、布匹以及各种畜禽肉。他们与土官还有一层特殊的关系，即在与外界的战争中，凡是青壮年男子都成为土官的部兵，服从土官的统一指挥。就某种意义而言，这里的土地及其耕种者都属于土官的私有财产。

居住在峒内的人群，成分就比较复杂。居住在内城者，都是土官及其亲属，还有近亲的管理人员及家奴。在内城有石臼、石碾，显然都是粮食加工工具，另外还有水井。居住在内城的土官，终日或终月不出城外，仍然可以过着安静无虑的生活。

居住在外城的人，很可能是与土官血缘关系相近的族人，但他们不能脱离劳动生产，而是与居住在峒外的农民一样，也要直接参加生产劳动。外城发现的石碌，在20世纪70年代，一些壮族农村仍然使用，即在石碌外做一个木制的结实框架，两端装有传动轴，用牛力拉动。其操作过程大致是：先用石灰、黏土、石粒夯成坚实的地坪，壮族称为"禾堂"，将新割稻穗挑到"禾堂"铺平，然后驱牛拖着石碌在稻穗上反复碌压，就可达到脱离稻穗的目的。在外城中心有一块非常平整的地坪，可能就是当年的"禾堂"，这些情况有待今后的考古发掘加以证实。另外，碌"禾堂"的石碌不止一个，一般都有3~5个，可能地下还埋藏有石碌。可以推测，当年峒外种植的水稻，每次收割后，大部分是挑到外城的"禾堂"脱粒，这样可以防偷、防抢，非常安全。

在外城发现的连体石臼，每排3个方臼，显然是集体进行脱粒劳动的作坊，也就是唐宋时期文献所载的"舂堂"。唐朝人刘恂《岭表录异》载"广南有舂堂，以浑木刳为槽，一槽两边约排十杵。男女间立以舂稻粮，敲磕槽舷皆有遍拍，槽声若鼓，闻于数里，虽思妇之巧弄秋砧，不能比其浏亮也"。尽管刘恂所描述的脱粒工具是木质的而不是石质的，但通过书中的描述，我们可以联想到智城峒外城发现的连体石臼，其操作的场面与刘恂所说的"舂堂"是一致的。每边3人，共6人同时舂谷子，这些人大概都是妇女，集体在此作坊中进行粮食加工，是专门为土官服务的，属于家奴的性质。这些家奴及其家人可能都居住在外城，一般不得轻易出到峒外去，没有召唤，也不能随意进入内城。他们平时的劳动，很可能是在土官的管家监督下进行的。

现在我们再来讨论与智城峒相关的3个池塘的功能问题。有些人认为这3个池塘属于城池[3]，如果是城池，必然具有防御的功能。从现场考察的情况看，峒外75亩水面的池塘具有城池的防御功能，但在外城的2个池塘就不一定作防御之用。特别是第二个池塘，它位于第二道城墙的内侧，如果敌人是从外部进入的话，位于内侧的小池塘根本起不了防御的作用。因此认为，外城的2个池塘应当是人畜饮水的水池。土官居住在内城，专门打有水井，水井的水质要比池塘的好。而在外城居住的人，都是身份地位较低下的人群，土官不可能为他们打井，所以他们只能饮用池塘里的水。

《六合坚固大宅颂碑》载："黎庶甚众，粮粒丰储，纵有十载［无］收，从（众）人无菜色。"从智城峒及其周围的生态环境看，在没有战争破坏的情况下，这里居住的人们是衣食无忧的，生活也是有保障的。

（二）土酋、坞堡及神仙境界

据宋代王象之《舆地纪胜》云：韦厥"诏领澄州刺史，后隐于智城峒。"可见智城峒建造始于韦厥。韦厥是唐初人，据《舆地纪胜》说，他在高祖李渊武德七年（624年）"持节压胜生蛮，开拓化外"。据此可认为韦厥是在武德年间营建智城峒的，以后韦敬办在韦厥建筑的基础上扩建。我们现在看到的智城峒的建筑规模，应该是韦敬办扩建后的遗存。

韦厥"隐于智城峒"，并不是说他隐居深山老林不问政事，而是继续经营他的政治和军事实力。宋朝范成大《桂海虞衡志·志蛮》云："自唐以来内附，分析其种落，大者为州，小者为县，再小者为峒。"又说"有知州……知县、知峒"。"州、县"是汉朝以来历代王朝的封建建制行政单位，"峒"则是壮族地区旧有的建制单位，唐宋王朝在壮族地区推行封建建制时，亦将"峒"纳入建制单位，列于县的管辖之下。明朝邝露《赤雅》云："壮人聚而成村为峒，推其长者曰峒官。"又宋人周去非《岭外代答》云："一村中，推有事力者曰郎火。"由此可知，壮族最早的村级首领称为"郎火"，是民主选举产生的，中央王朝推行封建制后直接任命"郎火"为峒官，即是知峒。

韦厥原任澄州刺史，为何又隐归智城峒？考虑到澄州在唐代是正州，而不是羁縻州，韦厥很可能因某种原因被唐王朝革除知州的职务，只好回到智城峒经营自己的政治实力。后其子韦敬办又夺得廖州（即澄州）刺史一职。因文献记载不够详细，韦厥隐归智城峒之后，唐王朝是否仍封他为知峒，一时难以证明。但不管是否封为智城峒知峒，他都是智城峒周围一带的最高首领，拥有绝对的政治和军事实力。唐宋时期，壮族地区的上层有势力的酋帅纷纷划地，割据一方。唐宋王朝对他们实行羁縻统治制度，即"以其酋为都督刺史，虽贡赋、版籍多不上户部"[4]。羁縻州、县的政治、经济和一切内部事务，由其首领自己管理，中央王朝不加干预，但必须表示臣属，并进贡方物。唐代在邕管开始设置羁縻州、县28个，至宋代，在壮族地区聚居的左右江、红水河流域设置羁縻州44个，县5个，峒11个。随着社会的发展，元、明、清时，羁縻州制度发展成为土司制度。唐代智城峒，虽说是在正州正县的统辖下，但其社会性质也与羁縻峒差不多，属韦氏家族所统辖，属于土官割据的范围。这种情况在别的正州中也有存在，如唐朝的钦州是正州，但在其境内却设置博是峒、鉴山峒、贴浪峒、时罗峒、如昔峒、古森峒、时休峒等，都属羁縻峒。智城峒是否属于羁縻峒的性质，不得而知，但既然称之为峒，就应当与羁縻峒的性质一样。

唐朝时期，壮族地区的土官进入了各自割据的时代，土官与土官之间、土官与唐王朝之间时有战争发生。在左右江流域的西原蛮"黄氏强，与韦氏、周氏、侬氏相唇齿，为寇害，据十余州。又逐韦氏、周氏于江滨，袤地数千里"[5]。这种战争一直延续到明清时期。

由于连年战争不断，壮族的土官在建造自己的治所时，首先考虑到的是军事防御功能，同时又有处在便于生产生活的地理环境中。智城峒峒口处建有3道城墙，四周为高山绝壁，又把城分为内城与外城，峒外有75亩水面的护城池，这样的军事设施是固若金汤的。峒外是清水河冲积而成的谷地，有良田千亩，丰富的物产是立足于此地的根本。智城峒可以说是历代土官建城的典型范例，明清时期的土司州城相当部分是受到这种建城模式的影响。如平果县的旧州镇，是唐宋时期思恩州州治，明初为思恩州土府治所。正统十年（1445年）土知府才将府治迁到乔利（今马山县）。嘉靖六年（1527年）王守仁又将府治迁到荒田驿（今武明县境），《广西通志辑要》说："旧州土司司治（平果旧州城），本唐思恩州地，四周皆山，环列如城，又名寨城……以山为城，石垒其缺，周四里，为四门，明永乐间，思恩州岑瑛建。"据实地考察平果旧州，四面环山，南北有两个坳口，皆筑有坚固且厚的石墙，四周山上凡低矮凹缺的地方都筑有2米多高的石墙，城内平坦，有河水自东北向西南贯通，河的两岸有良田数百亩。地势险要，易守难功，只要派兵守住南北两个坳口，就可以拒强敌于城外。即使外敌围城数年，人们照样可以在城内进行劳动生产，生活不会受到影响。有学者认为，智城峒的地理环境及建筑设施与明代土官岑瑛依八峰山兴建的思恩州城（即平果县旧州城）很相似[6]，并非虚言。又今凌云县城，唐代属双城土州，宋朝在此设勘州，又称勘峒，宋仁宗皇祐以后置泗州城，直至明朝末年。今县城是泗城土州治所驻地。凌云县城的地理环境与平果县旧州城也相像，四周都是山，中有水源洞流出的水汇成溪流，贯穿南北腹地，是百色澄碧河的发源地。县城境内的河流两岸有近千亩的水田，灌溉非常便利。清朝谢启昆修的《广西通志》的《泗城府·凌云县》说："泗城旧土府，无城，治后枕东山，西、北、南三面筑石墙。"据实地考察，宋代的勘州治设在县城东部的山脚下，群众称为古勘峒，也有称为蛮王峒的，西面及北面仍有石墙存在，都是修在山峰之间的豁口处或低矮处，与绵延山峰连成防御体系。南面为水源洞河流流出的谷口，至今保留有城墙和水门的遗迹。

宋以后，壮族地区的土官一般是选择四面环山的谷地作为治所的首选，但这样的环境不是随意可以找到的，在没有四面环山的情况下，他们往往选择依山的高地造城作为治所。如靖西县的旧州城，位于县城南面约7公里，是著名的绣球之乡。据《广西通志》记载：归顺州"旧城在今治南十里，明弘治间建，周一里。天启七年，为莫夷攻破，移州治于计甲"。明旧州州治地面建筑已毁坏无存，据现场调查，明旧州州治在六峰山脚下的缓坡上，其地势要比现在的旧州街高，州治坐北朝南，前面有旧州河环绕，河与衙署之间有一片水田，当地群众称这片水田为官印田。旧州城依山建造，背靠的六峰山悬崖峭壁，石壁几乎呈90°，猿猴难攀，前面环绕的旧州河又是天然的护城河，只要将东西两端砌以高墙，便是很好的防御设施。忻城土司故治与靖西旧州土司故治在地形的选择上有许多相似之处。忻城土司故治在今忻城县城南面，建于明朝万历十年（1582年），现仅有土司衙门遗存，由衙门、祠堂、官邸、大夫第等建筑群组成，总面积38.9万平方米，其中建筑占地面积4万平方米，是全国现存规模最大、保存最完好的县级土司衙门建筑。衙门坐南朝北，背靠翠屏山，翠屏山南面有芒江环绕，是天然的护城河。衙门前面是低矮的街道民房，衙门居高临下，地势非常险要。类似的土司旧治还有云南广南侬氏土司旧址、富宁县阿用乡的阿用土司城址、马关县八寨的阿雅龙氏土司城址及广西马山县乔利的思恩土府城遗址、巴马县燕洞乡的云盘山上隆土州遗址等等。

总观唐宋以来壮族土官建城的模式，有如下几个特点：

（1）依山造城。从唐宋至明清时期，壮族的土官大致上是选择地势险要的山，并依山造城，一般是四面皆山，或一面靠山，在无山的地方也选择高地造城。

（2）旁水建城。壮族土官的城一般都临大河或小溪，利用溪河拐弯环绕的有利地势以作护城河。

（3）依田建城。在城址的附近都有大片的稻田，稻田一般在河流的两岸，灌溉便利。

壮族土官依山建造的城，其军事防御功能是主要的，在频繁的战争环境下，这些坚固的防御设施能起到有效的防卫作用。但从另外一方面看，经济不发达也是导致他们依山造城的一个重要原因。自唐宋以降，历代王朝在壮族地区推行官"分析其种落"的政策，各地土官所管辖的范围很小。如现在的上林县在唐代统属澄州，统辖有上林、无虞、止戈、贺水四个县；又如现在的大新县，自唐宋至明清，先后置有养利州、万承州、万形州、波州、太平州、安平州、下雷州等7个州，每个州的范围相当于现在的一个乡镇，有些甚至还比现在的乡镇小。统治这样小范围的土官，不可能具有雄厚的经济实力到平原地区建造大规模的城市，他们只能借助优越的自然环境，依山造城。在广西境内，只有在汉王朝统治的州县，才建造大规模的城市，如容州城、柳州城、邕州城、梧州城、钦州城等。

土官建的城不仅规模小，而且其经济仍停留在自产自销、自给自足的自然经济、低水平的乡村聚落的阶段。商品经济非常不发达。智城峒内保存的石磙、石臼、石碾等文化遗物，证明其经济的原始性、封闭性和村落性。在这种地方建城不利于经济发展。这一点，明朝的王守仁早已察觉。他在《处置八寨以图永安疏》中说："一改筑思恩府城于荒田。勘得思恩旧治，原在寨城山内，土历高山数十余里。其后土官岑瑛始移出地名乔利（今马山县境），就岩险垒石为城而居，四面皆崚山绝壁，府治亦荦确之上，芒利砑之石，冲射抵触，如处戈矛剑戟中。自岑浚被诸，继是二十余年，反者数起，曾不能有一岁之安。"他又说："盖思恩旧治，皆在万山之中，水道不通，故各夷所须鱼盐诸货，类皆远出展转鬻卖，往返旬月，十不致一，常多匮绝。旧府既地险气恶，有无所资食，故各夷终岁不一至府治，情益疏离，易生嫌隙。今府治（在武鸣县境内）既通江水，商货自集，诸夷所须，皆仰给于府，朝夕络绎，自然日加亲附归向。"[7]

王守仁认为，只要将府治迁移到交通便利、商品经济发达的地方，政府就可以组织"鱼盐诸货"，供给当地的壮族百姓，就可以达到"亲附归向"的目的。所说的颇有道理，然而民族矛盾是相当复杂的问题，并非将府治迁移到商品经济发达的地方就能解决的。但从他的奏疏中可以了解到，唐宋以来的壮族土官，在建设城市时，一味偏重军事防御功能，忽视商品经济在社会发展中的作用，只能导致经济更加落后，是不足取的。因而在后来的社会发展中，有相当部分的治所便被荒废，即使不荒废，也属于商品经济不发达地区，人民的生活非常贫困。

智城峒荒废于何时？目前尚难考证。宋代王象之《舆地纪胜》提到智城峒时，已从纪胜的角度记载，说明在宋以前就荒废，明朝徐霞客在上林流连50天，其足迹遍及洋度附近的山山水水，距离智城峒已很近，但《徐霞客游记》中并未提到智城峒、智城碑以及六合碑，说明当时当地的群众对智城峒以及相关碑刻的记忆已相当陌生。从上述情况分析，智城峒在唐代就已荒废，荒废的原因很可能与智城峒地处深山、交通阻塞、商品经济不发达有密切关系。

韦氏家族选择深山险要的智城峒建城，除军事防御功能的需要之外，还有一个重要的原因，就是与他们奉信道教有关。细读遗留的两块唐碑，字里行间无不充满浓郁的道教思想。如将在智城峒内修好的房屋称为"六合坚固大宅"，其本身就充满着道教色彩。六合是道教方位用语，即天地四方，道教人物庄子《齐物论》云："六合之外，圣人存而不论。"智城峒内的房屋建筑已荡然无存，但据其称谓可推测，韦氏家族很可能是按照道教的理念来构筑房屋的。或者是指智城峒的地理地貌，四周是高入云霄的大石山，在低矮及豁口处筑以城墙，确实是六合坚固。

《智城碑》满篇文章所表达的是追求道教的神仙意境。认为智城峒的环境是"千溪万壑，积涧幽阻，攒峰磊硌，神化攸归，灵祇是讬。"这样幽深寂静的环境，一定能吸引道行高深的神仙来此栖息。"玉室玲珑，冰泉澄澈，浮丘玩赏，子侨登谒，众化所都，群灵之（宅）。"各路神仙来到智城峒，他们飞临山峰的形态也描写得非常逼真，似乎确有其事。"兰茝驰馨，田家酒浊，涧户琴清。烈真登陟，灵仙所经，超超忽忽，元（气）之精。"碑文文笔飘逸潇洒，将智城峒描绘成道教神仙世界的最高境界。意念中道教大仙"子侨"也来登谒，子侨即是道教中的大神仙王乔。据《历世真仙修道通鉴》卷三载，其名王乔或名晋，字子乔，周灵王（公元前571～前545年在位）太子。生而神异，幼好道，喜吹笙作凤鸣。游伊洛（在今河南省境内）之间，道人浮丘公接往嵩山。又载三十余年后之七月七日，家人见其于缑氏山（在今河南省偃师市南）巅，乘白鹤升天而去。道教称之为"右弼真人"，治桐柏山（在今河南省桐柏西南），掌吴越水旱。又有一说法，说王乔是东汉河东（郡治在今山西省夏县西）人，汉明帝时为尚书郎，初为叶县（今属河南省）令，据传每月朔旦，常自县诣台朝帝，而不见车骑；每当朝时，叶门下鼓不击自鸣，声闻京师。另一说王乔是四川武（今四川省彭山县东）人，其地有北平山，山上有白虾蟆，谓之肉芒，谓乔好道，望山朝拜十余年，后得道升仙[8]。从各种传说中可知，王子乔在得道成仙前都曾任过官，一说是太子，一说是尚书郎，又说是县令，但最后的结果是相同的，即是他厌世转而求道。韦氏家族中的韦厥、韦敬办、韦敬一也曾当过知州、知县，估计他们在官场里也受到多方面的压制，或是兄弟争权互相残杀等原因，因而仿效王子乔，找一清净的地方，想修道成仙。

道家提倡清静无为，寡欲清心，与世无争，坐忘修性，只有这样才能进入神仙世界。神仙世界是什么？《庄子·逍遥游》有很好的注脚："藐如射亡山，有神人居焉，肌肤若冰雪，淖约若处子。不食五谷，吸风饮露，乘云气，御飞龙，而游乎四海之外。"《神仙传·彭祖传》也说："仙人者，或竦身入云，无翅而飞；或驾龙乘云，上造天阶；或化为鸟兽，游浮青云；或潜行江海，翱翔名山；或食元气；或茹芝草；或出入人间而人不识；或隐其身而莫之见。面生异骨，体有奇毛，率好深僻，不交流俗。"欲成为神仙，就必须上山学道，即是修炼。道教修炼的地方称为"洞天福地"，都是名山大川。《释名·释长幼》说："县，迁也，迁入山也。"神仙喜山而居，进山修道，称为"方外"之人，离尘出世，结茅为庐，饥食松果，渴饮清泉，不食人间烟火。从生态环境看，智城峒是非常符合道家修炼的地方。韦氏家族选择这里筑城结"州庐"，在某种意义上讲，是受到道教思想的影响所致。

值得提出来的是，智城峒位于覃排乡爱长村，而称颂智城峒的六合坚固大宅颂碑则位于澄泰乡洋渡村麒麟山，两者相距4.5公里。按常理说，六合坚固大宅颂碑也应当刻在智城峒前的石壁上，为何将同一文化载体的文化物拉开如此远的距离？这是违反常理的。个中原因很可能是智城峒人烟稀少，地处僻野，而麒麟山前面不远的洋渡村很可能是当时县治所在，人口较多，人气旺盛。韦氏家族并非真正想修道成仙，一方面在深山"结庐"筑城，另一方面又在人多的地方立碑张扬。实际上是以"道"作秀，向世人显示自己的存在。

注　释

[1]　参考上林县文物管理所资料。

[2]　2006年8月，广西文物考古研究所对智城峒遗址进行考古勘探与发掘，认为可能不是城墙。因发掘的材料没有公布，本文所用资料仍为上林县文物管理所资料与作者考察资料。

[3]　同［1］。

[4]　《新唐书》卷37《地理志·七下》。

[5]　《资治通鉴》卷222。

[6]　广西博物馆历史组编：《广西土司制度资料汇编》第二册147页，油印本。

[7]　（清）谢启昆：《广西通志》卷124《关隘略四·思恩府》。

[8]　任继愈主编：《宗教词典》156页，上海辞书出版社，1985年。

合浦县明代建筑考辨

张居英

（合浦县博物馆）

合浦现存的古建筑中，公布为县级文物保护单位以上的明代古建筑有12处。经深入调查，笔者认为属于明代修建的古建筑仅3处，即永安鼓楼（大士阁）、文昌塔、石康塔。

（一）

以往申报文物保护单位时因人员有限、时间仓促，故对不少文物点的历史未能做深入细致的考证工作，以致在断定年代上出现偏差。现以古文献、碑记、题记等资料为依据，将误作明代的古建筑列出如下：

海角亭　据清康熙六十一年（1722年）版《合浦县志》18卷《古迹志·亭馆》记载，海角亭是在明代隆庆年间迁来廉江（西门江）西岸现址的，但它在清代曾经重建。亭内现存清雍正十二年（1734年）陶正中所作的《复建海角亭记》石碑一方，碑文记载先一年廉州知府等地方官员"徘徊遗迹"，商议"以禄入之余构复旧观"重建了海角亭。从现在海角亭的建筑风格看，实为清代建筑物。亭内现存有元代石碑二方、明代石碑一方。

东山寺　据清代《重修东山寺碑记》[1]记载，明代所建东山寺"殿宇、廊庑、甍桷、栋垣，胥倾欹摧裂"，因此在康熙二十五年（1686年）要"重新正殿及前之天王殿"。此次"重修不啻缔造"、"工力浩大"、"共费钱六十万有奇"，应是大规模重建。另外，东山寺大门所嵌的石刻对联为"海门书院山长香山鲍俊题"，海门书院创办于清乾隆十八年（1753年）[2]，说明大门是乾隆以后重建的。寺内主要建筑正殿（大雄宝殿）已于1971年被拆毁殆尽[3]。现在寺内明代遗物是永乐十七年（1419年）重建时，监察御史周叔逵和进士喻俊（任灵山所吏目）[4]题书的"海角第一峰"、"东山寺"石刻匾额二方。所以东山寺也应是清代建筑。

大成殿　即合浦县学大成殿，据清乾隆年间《重建合浦学宫记》[5]记载，合浦县学在明嘉靖十五年（1536年）迁来现址，但"明末旋圮"。在"国朝康熙四十年再建南屯旧址，即今地也"，不久荒废。现存建筑是乾隆中期重建的。

广州会馆大门　据现存的残缺石碑《重建廉郡广州会馆碑记》记述："廉郡之建广州会馆由来久矣，创于康熙三十……"，石碑刻于清咸丰年间[6]。建筑本身的始建年代就是清康熙年间，重建时间则晚至咸丰时期。

孔庙　即廉州府学圣庙，明代《廉州府学记》记载孔庙的现址是在明代嘉靖十七年（1538年）从城东北迁来的[7]。但是，据清代《重修府学碑记》记载在康熙、乾隆、嘉庆时期，廉州府学已被多次"继修"、"改修"[8]。而根据民国三十一年（1932年）版《合浦县志》1卷"坛庙"记载"府学圣庙……光绪十一年知府李燧重建"。所以，现存孔庙是光绪十一年（1885年）的建筑。

天妃庙　民国三十一年《合浦县志》1卷《建置志·坛庙》记载此庙位于海角亭后面，经明万历、清康熙年间重修。根据现在大梁上所题"光绪十四年岁次戊子仲冬谷旦，阖城官绅暨文蔚、儒江绅耆重修"，而且整体建筑确是清代风格，因此，现存建筑应是清光绪十四年（1888年）的建筑。

永安北堂　传说此庙堂约于明末清初创建，现殿堂大梁上写有清同治年间的重建题记，应该是清代后期建筑。

永安南堂　此庙堂在1987年仅剩下后殿建筑，据大梁上所题"民国十三年癸亥岁春三月上瀚谷旦，绅耆商民等重修建立"。调查当地老人，说原来的建筑因基本上倒塌，民国时期全部拆除后重建。到1990年群众再次捐资重建部分建筑。

公馆武圣宫　又称为公馆关帝庙，位于公馆镇上。据民国三十一年版《合浦县志》3卷《礼俗志·寺观》记载"关帝庙，在公馆圩东，清乾隆间土民捐建。置有田租六十石"。所以，这是一处创始于乾隆年间的清代建筑物。

（二）

现存明代建筑永安鼓楼（大士阁）、文昌塔、石康塔是我县年代最为久远的建筑物。

（1）永安鼓楼（大士阁）

明成化五年（1469年）建。位于明代永安城址中央，当地称为"大士阁"、"四排楼"（图一）。"大士阁"是因为清代以来当地群众在此供奉观音大士而得名，1960年所立《永安城重修大士阁碑记》说从清道光六年（1826年）起已用此名称，"四排楼"则是因其前后座重叠相连的建筑形式，从正面看去四排柱子排列成行而得名，实际上这些都是民间俗称。这座建筑原是明代永安千户所

图一　永安鼓楼（大士阁）

城池的鼓楼，因清朝雍正以后永安水师军备渐废，转而成为这一带原籍福建的军屯士兵后裔膜拜观音大士的所在。

永安千户所为明初抵御倭寇而设，明崇祯十年（1637年）版《廉州府志》6卷《经武志·军卫》记载：永安城池始建于永乐十年（1412年），建有城墙、窝铺、4座城楼；成化五年（1469年），海北佥事林锦增建了门楼、角楼、月城楼各4座，敌楼8座，有正厅、吏目廨、厢房，还有"重门鼓楼"。"重门鼓楼"应是目前这座前后两重相连的建筑物。对此，已有熊昭明先生在《广西文物》1991年3～4期上发表研究论文《大士阁建筑年代略考》，以考古、文献资料结合，断定"大士阁"就是明成化五年的永安鼓楼。

鼓楼在1959年局部维修，在灰土夯筑的地板上加铺一层方形地砖；1984年局部维修；1991年部分采用原材料按原样落架大修。

永安鼓楼坐北向南，为木结构二层建筑，底层建筑面积168、上层81平方米；六进三开间，南北长16.8、东西宽10米，前后两座相连，中间无天井相隔。前座为九檩无廊木构架，通高6.4米；后座为十一檩无廊木构架，通高7.5米。鼓楼采用穿斗式结合抬梁式的木构架；底层36根铁木圆柱支承起整座建筑，柱径50厘米，铁木为合浦山口当地所产，木柱下垫以宝莲瓣石柱础。在这36根柱子间用72道木梁枋贯穿，升架起楼阁与瓦屋顶。

永安鼓楼是合浦县最具代表性的明代建筑，也是我县最有典型意义的古建筑。1988年公布为全国重点文物保护单位。

（2）文昌塔

明万历四十一年（1613年）建成，民间俗称"番塔"（图二）。

明崇祯十年版《廉州府志》1卷《图经志·历年纪》记载："（万历）四十一年合浦文昌塔成。廉之西南隅无岗，江流斜去，形家所忌；民无贮蓄，科目亦廖。乃请于抚按造塔以镇之。议将窑料备用，再计杂税之羡，而数用是敷乃成。塔名文昌，义取丁火之文明也。

图二　文昌塔

址于城南之冈，累层七，高丈十，贯以阶升，外局以环道，翼以扶栏，朱碧辉映，时有铮铮之声。峭出之间如文笔状，固一郡之望也。糜金八百有奇。"文昌塔自从明万历四十一年建成以来，明、清两代均无重修记录。直到1966年以后，底层的挑檐砖被拆毁，西面部分墙体被拆去，塔顶崩塌，塔身出现向西北倾斜的现象。该塔于1981年局部修复，但塔顶未能按原样恢复，改成了一个带有蒙藏佛塔风格的葫芦形塔顶。

文昌塔为平面呈正八边形的可上人楼阁式砖塔，七层，高35米，塔基为石砌，直径10米；塔身用青砖里外三层砌筑，底径8.41米，壁厚2.75米。塔身逐层向内收，每层高度依次有规则递减；每层各有佛龛6个，风门2个，沿塔内踏跺可登临塔顶。砖塔表面抹白色灰皮，在挑檐和八角边线涂朱红色浆。

文昌塔居高临下，背靠青山，北有河流，成为合浦的古迹胜景。

（3）石康塔

明天启五年（1625年）至崇祯三年（1630年）建，民间俗称"顺塔"（图三）。

明崇祯十年版《廉州府志》1卷《图经志·历年纪》记载"（天启）五年石康建塔。"清廉州知府周硕勋所作《书石康塔碑后》记载："乾隆十九年甲戌孟春，余按部往灵山。过石康，老僧以塔碑搨本示余。按：碑文石康古县治旧有綦隆墩、龙兴寺镇下关水口，故人民富庶，科第蝉联。迨县废而墩与寺俱废，殊有今昔盛衰之感。邑侯胡公创建兹塔，士庶以公造福无涯，为立祠尸祝焉。胡公讳可成，别号敬完，楚南人，黔中乡贡进士，撰文则鄰宦吏部侍郎。黄公仕宏溆石，则南宁府通判……峕崇祯三年仲秋立。"[9] 上述两条记载相对照，可知石康塔建于明天启五年至崇祯三年。

图三　石康塔

石康塔为平面呈正八边形的可上人楼阁式砖塔，残高约24米，塔身用青砖里外三层砌筑，底径6.17米，壁厚2.4米。塔身逐层向内收，每层高依次有规则递减；每层各有佛龛6个，风门2个，沿塔内踏跺可登临塔顶。砖塔表面为清水砖墙。该塔没有重修记录。1966年以后，此塔遭到较严重的破坏，底层部分墙体被拆毁，第七层以上崩塌，目前是岌岌可危。如再不维修的话，一旦倒下，将是莫大的损失。

注　　释

[1]（清）张辅：《重修东山寺碑记》，清道光十三年版《廉州府志》25卷《艺文三·记序》。

[2]（清）朱榑：《重修海门书院记》，清道光十三年版《廉州府志》25卷《艺文三·记序》。

[3]　合浦县博物馆：1988年《广西壮族自治区文物点登记表——东山寺》，调查填表者黎顺鉴。

[4]（清）道光十三年版《廉州府志》17卷《职官·明》。

[5]（清）胡溙·《重建合浦学宫记》，清道光十三年版《廉州府志》25卷《艺文三·记序》。

[6]　合浦县博物馆：1988年12月《广西壮族自治区文物点登记表——广州会馆大门》，调查填表者王伟昭。

[7]（明）黄佐：《廉州府学记》，清道光十三年版《廉州府志》24卷《艺文二·志》。

[8]（清）何天衢：《重修府学碑记》，清道光十三年版《廉州府志》25卷《艺文三·记序》。

[9]　合浦县博物馆：1987年《广西壮族自治区文物点登记表——永安北堂》，调查填表者陈瑞业。

[10]（清）周硕勋《书石康塔碑后》，1932年版《合浦县志》6卷《杂志·文征》中附文征皿第5页。

杨廷理及其家族墓葬调查与研究

程 州

（柳州市博物馆）

2000年11月，清代台湾知府杨廷理家族墓葬首次在柳州发现，其后不久，杨廷理本人墓葬也在柳州另一处地方找到；2001年清明节前后，杨廷理父亲、清朝乾隆年间广西右江镇总兵官杨刚之墓亦在柳州市东郊找到。上述发现，为柳州的历史、社会经济及海峡两岸的关系等方面的研究提供了难得的实物资料。本文主要介绍所发现的杨廷理及其家族墓葬的形制，并分析杨氏家族墓葬形制的变化所反映的社会历史背景。

（一）杨廷理及其家族墓

（1）杨廷理墓（M1）

墓葬位于柳州市南郊大桥园艺场底村(清代谓此地为三江塘)，西距柳石路约450米，东距柳江河约2公里，离柳州市中心约9公里。原地势为平缓土岭，视野开阔。

墓葬由青砖包筑三合土而成的圆形封土，墓向262°，封土直径3.98、高1.96米。具体形制为：以双层青砖平砌筑成十字形支架，支架与外筑砖体联结，砖体顶层内收16厘米，最后覆以三合土作顶。现可见暴露于地表的青砖29层，高度为179.6厘米，顶层单砖外伸6厘米，并在此基础上复砌打制成45°的青砖，再外伸6厘米，形成飘檐。砌筑规整、严密，砖体经磨制呈弧形，青砖的规格为：长25.3、宽13、厚5厘米，采用"三平一竖"的砌法砌筑，砖浆为石灰、草木灰合浆。三合土顶为分层叠压，层理清晰可见，至损坏处共21层，据测应为36层，每层厚度为4～8厘米，墓顶形为穹隆。三合土封顶筑法为稀浆浇注，压实收浆后复浇。墓体东面立碑，碑体紧贴青砖（由于年久失修，碑体往外倾斜13°），无碑顶，碑高138、宽78、厚15厘米，碑座长93.5、宽39厘米。碑座护石长93.5、宽14厘米，饰水波纹。祭台为青石质，长106、宽58厘米，外侧5厘米处作45°倒角。阴刻碑文，楷书体，文字为"公讳廷理字清和，丁酉科选拔，历任福建、台湾、建宁各府，荐升台澎兵备道，兼提督学政加按察使司，衔赏戴花翎。生于乾隆丁卯年三月初九日午时，殁于喜庆癸酉年九月二十九日申时，今卜葬于三江塘之左，庚山甲向兼酉卯"，"皇清诰授朝议大夫显考双梧府君杨公之墓"，"孝男立元、先、允、亮、冠、旭率孙庆宇、宗、安、寅、富、寀、宁、宽、定、宗、宓、宏等全勒石"，"嘉庆二十一年岁次丙子五月廿三日巳时立"等。墓体四周，以三合土夯实为护墓平台，三合土厚20~25厘米，护墓平台四周以高20、宽20厘米长度不等凿制成弧形青石围砌，平台呈椭圆状，西面弧半径218、东面弧半径408厘米。

墓葬封土因多年无人整修，已残损严重，封土之上草木丛生，因树根张力导致封土从中分裂，包筑三合土的部分青砖也剥落，原为紧贴砖壁的墓碑向外倾斜，封土脚部为泥土掩埋，墓碑前拜台为一土堆掩埋。墓葬曾经被盗，于墓碑右侧发现一80厘米×80厘米的盗洞，在敲落青砖之后，由斜下方打入墓穴，墓碑因盗墓掘土导致碑基右侧下沉，碑体向右倾斜3°，残存"几"字形护墓墙基础。

（2）杨刚墓（M2）

位于柳州市东郊蓝家村西北，席帽山南畔山腰处，距市区5.5公里。墓葬坐北朝南，背山，墓前100米处有一水塘。该墓在历史上曾多次被盗掘，封土三分之二被挖走。墓芯土质为回填黄土，残存封土高85厘米，中部残留盗洞深80、宽125厘米，中部可见石块堆砌，砌法较为整齐，应为封棺之用。从盗洞观察，墓室应为竖穴。墓顶封土杂草丛生，墓葬直径590厘米，以单层青石包筑，青石经凿磨呈弧形，长102、宽27、高28厘米。现残存底层青石基，石基与地表高度相同，墓四周散落部分青砖，数量不多，砖体长26、宽12.5、厚4.8厘米，砖上粘结灰浆，配浆以石灰为主，掺入草灰，草灰灰质较粗。该墓为大型青石包筑墓，砖仅用于护顶。墓南向有祭台，青石磨制，呈弧形，弧径100厘米，墓碑移位，倒卧于墓南侧，碑帽则覆于东侧。从祭台处测量，墓向330°，墓南面5米处有条石，长250、宽28、高19厘米，条石所在地应为拜台边沿。该墓砌筑用料以石材居多，凿磨均匀，规格较高。碑座不见，碑体保存较为完整，碑帽为双层重檐结构，顶檐饰有鸱尾、云纹，中间阴刻楷书体四字"气作山河"。二层碑帽檐雕刻瓦棱。碑帽顶宽68厘米，中檐宽94、下檐宽106、厚36厘米。墓碑宽53、高96、厚13厘米，阴刻碑文，楷书体，文字为"皇清诰授武显大夫显考杨公体乾府君之墓"；"公讳刚字体乾历官广西右江镇总兵官督金事"，"生于康熙庚辰年正月十八日寅时"，"卒于乾隆壬午年十二月二十三日亥时以癸未年七月二十一日辰时葬于席帽山之原壬山丙向"，"孝男廷、美、华、理，孝侄廷瑞□、□、□、□、瑄、珍、璧、琦、琰，孙立荣、□、齐全敬立"，"乾隆二十八年七月□日"等。

（3）杨廷理家族墓（M3～M10）

墓葬群位于柳州市东郊5公里处，马鹿山以东500米的二级坡地上，背靠马仔山，从调查情况及碑文记录看，此处属杨氏家族鹿山祖坟茔地。8座墓葬分别为杨廷理生母张氏墓（M3）、杨廷理继母王氏墓（M4）、杨廷理孙杨庆安墓（M5）、杨庆安妻朱氏墓（M6）、杨刚堂兄弟杨礼墓（M8）、杨廷理堂弟媳张氏墓（M9）、杨廷理儿媳陈氏墓（M10）。M7墓主情况不明，待查考。

　　M3　墓葬形制为青砖平砌包筑，筑法为"三平一竖"，青砖规格为：砖长25.5～26、宽12.5～13、厚5厘米，外侧砖体磨为弧面，竖砖采用单面剥削法制成楔形砖，用于围砌圆形墓体，墓顶砖体亦经单面切削呈楔形，采用双层叠压法履于回填土上形成圆弧形墓顶。墓顶部中央用青砖垒砌成圆形冠首，回填土为三合土，石灰含量较少。封土高192、直径380厘米，墓向215°。该墓曾被盗掘，墓左侧盗洞已被回填，墓体张裂，裂隙宽2、长140厘米。东侧墓砖体倾斜6°，墓东向用青砖成护碑墙体，并与墓体联结，护碑墙高103、宽200、厚30.5厘米，护碑墙左侧损坏严重，砖体被挖开。现墓碑为水泥制成，属外人将原碑取下后偷换安上，原墓碑高103、宽62厘米，倒卧于墓左侧，碑文被人雕琢，模糊不清，仅见"皇清诰封夫人显妣杨母张太君之墓"、"廷、美、培、理"、"重立"等文，"墓"字清晰，楷书体，字体清秀。碑栏纹饰雕琢精美，碑栏高103、宽12.5厘米，饰有云纹、葫芦、如意、宝剑、卷书等纹饰。碑座完好，高18、宽100厘米，饰水波纹。碑帽被取下，斜靠于墓左侧，保存完好，单层屋檐顶，碑帽宽95、高38、厚38厘米，顶饰鸱尾，碑帽檐雕刻纹饰。墓前左侧距墓体200厘米处残存一圆形护墓台，青砖磨弧较大，单层围砌，内填黄土，护墓台残高35厘米，最高处露于地表青砖6层，最低处仅见一层青砖与地表平行。墓体四周曾用4厘米厚的三合土打制护墓地坪，现残痕与部分地坪仍清晰可辨。

　　M4　保存较好，墓葬封土周围护墓围栏保存较为完整。墓葬形制仍为青砖三层采用"三平一竖"砌法包筑。因墓体保存较好，看不到青砖砌筑的十字形拉结支架。墓顶为圆弧形，采用打制楔形青砖多层铺护，墓顶封砖用灰浆嵌入加固，墓顶边沿用三层青砖筑成双层飘檐，双层青砖均匀外伸6厘米形成平行环状，顶层青砖采用打击法剥削成45°角，履于平行环状飘檐之上，形成45°斜面飘檐，墓体封土直径370厘米，现留存青砖24层，高190厘米，墓向264°。墓东侧以青砖砌成护碑墙，高98、厚42厘米。墓碑原立于封土外的护碑墙中，由于被盗时毁坏，后重立墓碑嵌于青砖护碑墙之中，碑脚为原样，饰有水波纹，墓碑高82、宽58厘米，碑质为青石。墓碑左右留边框5厘米，碑面负于边框4厘米，碑脚高28、宽70厘米。阴刻楷书体碑文："母生于雍正甲寅年四月二十日亥时，殁于嘉庆戊午年八月二十日寅时，今卜葬于马鹿山之阳，甲山庚向兼卯酉分金"，"皇清诰封恭人继妣杨母王老太恭人之墓"，"孝男廷理、培、美，孙立先、功、森、本、昌、三、旭、冠、元、贵、允、亮，曾孙庆宇、富、定、宝、宏、宗、安、成、恺、宽、宁、寅、怡、生勒石"，"嘉庆十七年六月二十六日午时立"等。墓体周围设护墓墙，规模较大，做工精细。护墓墙以墓体为中心，距墓边156厘米环墓砌筑，东向敞开，护墓墙厚42、残高76厘米，沿墓碑方向平行向外砌筑250厘米，并于护墓墙东侧正面，用3厘米厚磨制青砖拼成几何形图案，留有20厘米×20厘米龛洞，在东西两侧的护墓墙上亦用同样磨制青砖拼砌成"回"形装饰图案。

M5　墓葬形制近似于杨廷理墓（M1），但不见三合土浇注而成的封顶，墓向280°。封土为青砖平砌包筑而成，内填黄土，掺少量石灰。青砖长26、宽13、厚5厘米，外侧青砖经磨制呈弧形，竖砖经单面打击切削1～2.5厘米不等，砌法为"三平一竖"。从墓顶可见双层青砖平砌筑成十字形支架，支架与包筑青砖相连，形成拉力。现存封土高138厘米，可见暴露于地表青砖21层，灰缝1厘米，墓无石基，墓径313厘米。墓碑嵌于包筑青砖之中，碑座宽70、高20厘米。碑顶尚余青砖二层。碑高82、宽51厘米，为青石质，碑顶与上层砖体嵌3厘米灰浆，阴刻楷书体碑文："公讳庆安号静庭，葆庵公之次子也，生于嘉庆癸亥年十二月二十日午时，殁于道光庚寅年八月初一申时，今附厝于鹿山祖茔之侧，乙山辛向兼卯酉分金"，"清故显考杨公号静庭府君之墓"，"道光拾年九月初五立"，"同怀弟庆宁，孝男嗣昌"等。未见祭台、拜台，亦未见护墓台。

M6　位于M5以北60米处，形制同于M5，但规模较小。封土为平顶，仍为青砖包筑，内置双层青砖平砌十字形墓体支架，墓周三层青砖亦采用"三平一竖"砌法，包筑砖体宽42厘米。该墓靠近地面砖体的两层青砖在筑砌时，均匀外伸6厘米，形成稳定基础。此墓为杨氏诸墓中最小的一座青砖包筑墓，也是杨家唯一一座墓基外伸的青砖墓。墓高148厘米，可见20层青砖，墓径270厘米，墓向265°。祭台由两层青砖立砌围筑而成，内置青石，祭台青石为后人安放，祭台长93、宽47厘米。墓碑高82、宽43厘米，墓碑嵌于围墓青砖之中，阴刻楷书体碑文："元配朱氏生于嘉庆丁卯年五月初一日酉时，殁于道光甲申年八月二十日辰时，今附厝于鹿山祖茔之侧，甲山庚向兼卯酉"，"清故元配朱孺人之墓"，"道光四年九月十三日"，"杖期生杨庆安，孝男嗣昌"。

M7　不见封土亦未找到墓碑，仅存部分砖砌护墓围墙。青砖散落于地，从砖体尺寸、灰浆比例、磨制方法、砌法和构筑风格判断，应为嘉庆年间，筑造时间稍早于M3。从墓葬规模分析，墓主应是杨刚元配孟氏（待考），因封土不存，墓葬形制无从查考。

M8　封土难辨，未见砖砌墓体，墓葬形制无法查考，仅存墓碑，墓向290°，墓碑高100、宽52、厚17厘米，阴刻楷书体碑文："乾隆二十五年岁次庚辰仲春月"，"皇清待赠显考杨公讳礼号辅臣府君之墓"，"孝男坤琰，孝侄坤璜、璨、瑞、璋、瑄、璧、□、□、□仝立"等。

M9　封土已被荡平，仅存墓碑。因未进行试掘与发掘，无法辨别墓葬形制。在墓碑四周未见墓边痕迹，也未发现与该墓葬相关的青砖标本，对墓前杂物简单清理后，墓碑完整出露。从所保留的墓碑原土判断，墓碑未曾移动过。该墓规模较小，墓碑为青石质，碑高67、宽41、厚9厘米，阴刻楷书体碑文，"皇清待赠孺人显妣杨母张老太君墓"，"乾隆王午季春"，"孝男：立、基，孝侄：立品、东、本、高全立"等。墓向218°。

　　M10　墓葬形制为青砖包筑，顶呈圆弧形，墓向320°。封土高190、墓径360厘米，包筑青砖采用"三平一竖"错叠砌法。墓葬保存较好，未能观察到墓中联结支架砖体，从包筑青砖体联结部分判断，该墓心支架应为"十"字形。露于地表青砖共计26层。圆弧形顶做法为双层青砖结合构筑分层叠压于墓顶，青砖叠压层间填沙土，土质为黄土压碎，伴以少量石灰。墓顶及竖形筑墓砖均切割打制为单面梯形，打制边沿粗糙，采用梯形砖从墓顶至墓边作扇状排列，墓檐伸出墓体12厘米，墓顶砖体中缝灌浆，以加强拉结能力，并保护墓顶，免于雨水浸入。墓碑嵌于墓体碑墙内7厘米。碑墙用青砖筑成长方形，与墓体相连，高149、宽122、厚29厘米，护碑墙檐做内收弧形装饰，碑体至墙檐间用灰浆抹成弧形。碑座高7、宽70厘米，祭台长107、宽48厘米，青石质。墓碑高101、宽69厘米，阴刻楷书体碑文："妣系出山东滋阳县尉陈公讳圣增四女，邑庠生葆庵公元配，生于乾隆甲辰年八月二十五日酉时，殁于嘉庆壬申年九月廿九日子时，卜葬于马鹿山之阳作乙山亥向兼癸乾分金"，"皇清待赠孺人显妣杨母陈太君墓"，"嘉庆十八年岁次癸酉仲春月穀旦立"，"孝男庆宇、宗、安"等。距墓体148厘米处，用青砖砌筑护墓围墙，墙残高98、宽41厘米，护墓围墙在墓碑方向作弧形打开，延伸距离不明。

（二）杨廷理及其家族墓所反映的社会历史背景

　　根据实地调查发现，杨廷理及其家族墓葬尽管大小略有不同，墓心填土稍有差异，外围构筑物规格、数量不统一，但均有共同特点：其一，除杨刚墓为青砖包筑外，其余7座均为青砖包筑圆形墓，所用青砖规格统一，青砖制作工艺、烧制手法相同，面砖全部磨制，顶部竖砖经打制呈楔形。其二是墓葬包筑砖全部采用"三平一竖"砌法完成，灰浆均为石灰、草木灰合浆。其三是墓顶为圆弧形，墓檐尺寸相同，飘檐角度相同，墓心填土经碾碎后拌入少量石灰，所用三合土配灰比例相近。其四是墓体支架均采用青砖平砌筑成"十"字形，墓碑形制随时代发展产生渐变后形成统一风格。

　　杨廷理及其家族墓葬，在总体形制上有许多共同特点，但也表现出一定的差异性，而这些特点和差异正是杨廷理家族兴衰历史和当时社会经济发展状况的真实反映。

　　杨廷理墓葬是杨氏家族中最具有特色，也是最为特殊的一座。首先是他的墓葬构筑最为坚实，墓芯采用青砖砌筑十字形支架，并用三合土浆分层浇注（此种筑墓方法在柳州极为罕见）。其次是椭圆形的护墓地坪，三合土层厚达25厘米，并用青石围砌。从筑墓材料及筑造方法看，该墓的建造可最大限度地防止人为破坏。

　　从墓葬形制、用料和筑法分析，杨廷理墓葬的构筑，需要2个月左右时间。从杨廷理墓葬形制特点看，该墓的外观与其他青砖包筑墓的外形完全一致，特别之处在于墓基平台和墓芯三合土。墓基平台是用青石围砌，浇注25厘米厚三合土，收浆后夯实，表面收光，强度非常大，完全可抗击中度人为破坏。更为特殊的是，墓芯从墓基至墓顶，全部采用三合土分层筑造，这在柳州的墓葬中是没有的。现可见墓体上部分筑14层，墓体下部10层，按实际测量应为36层，每层的构筑均用高强度三合土浆浇注，收浆后压实，每层的浇注到收浆需一天左右才能完成，用此方法构筑的墓葬完全可抵抗最大强度的人为破坏。在调查中发现，杨廷理墓在历史上曾被盗掘，盗墓贼挖开青砖包筑体后，根本无法打开分层筑造的三合土，在残留的盗洞仅见一些凿痕，据此可知墓葬的结实程度。

杨廷理墓葬外观形制完全体现了杨氏青砖包筑墓的特点，也体现了杨家仕宦名门的社会背景。该墓由杨廷理儿孙监工打造。墓心和墓基的打造方式，说明了杨家在筑墓时，试图抵御某种人为的破坏，在某种意义上体现了杨廷理在宦海的险恶处境。

杨廷理（1747～1813年），字清和，号双梧，又号半缘、苏斋、更生，清代广西柳州府马平县（今柳州市）人。生于清乾隆十二年三月初九（1747年4月18日），拨贡出身。从乾隆四十三年（1778年）"入京朝考一等 名，奉旨以知县用"，至嘉庆十七年（1812年）的34年间，开始其浮沉的宦海仕途，三任台湾知府，政绩突出。在中国历史上，杨廷理首次提出开发台湾噶玛兰（今宜兰），并用毕生的精力付诸实施，拓展疆土，五度入兰，开文教之先河，其诗文颇丰。在杨廷理从政的一生中，时值康乾盛世末期，吏制日趋腐败，因其刚直不阿、"喜善而不能隐恶"[1]的性格，"办事认真则招忌，不遗余力则招怨"[2]，导致了他坎坷曲折的宦途，给杨廷理打击最大的是朝廷清查福建库款亏空案，因福州府邓廷辑以杨廷理原在侯官知县任内"交代未清"之款，摊上了首先亏空之名，又因杨廷理"叙刊年谱"语侵邓廷辑，复被劾参问，朝廷问罪戍伊犁八年。在台湾噶玛兰期间，因其卓著的政绩及开发疆土的政治主张，各种诬陷亦接踵而至，宦途几起几落。杨廷理在《东游草钞成仆梓奇慨》中有"幽幽莫漫攻吾短，早作三休作退谋"之语，透露了他隐退的打算。在如此复杂的境遇中，加之杨廷理刊修《台阳试牍》、《柳河东集》及诗文九集，并借款与其师，各方面的开支很大，而且为补交别人所欠银两，几次嘱妻回柳变卖田产，就连东园老家也"因官遍出典"[3]。杨廷理在嘉庆九年（1804年）回柳州祭扫祖墓时，亦无能力修墓建祠。在这样的社会背景下，杨氏家族不可能全部采用造价昂贵的条石筑墓，而是退而求其次，选用青砖包筑围砌。

杨刚墓是柳州发现的杨廷理家族中唯一一座采用青石包筑的大型墓葬。杨刚墓是用青石打凿围砌的，规格甚高，墓葬外观形制与乾隆年间柳州仕宦门第墓葬风格一致，但极为特别的是，墓葬的内部形制不同，其特点在于杨刚青石包筑墓的内层没有夯筑高密度厚实的三合土层，而是直接回填碾碎的沙土。这种情况在同时期柳州仕宦门第及名门望族的墓葬中是极少见的。这也印证了史书的记载，杨刚于乾隆八年（1743年）七月以义宁副将升任广西右江镇总兵官，至乾隆十四年（1749年）十月卸任，乾隆十六年（1751

年）杨刚降职为四川威茂协副将，乾隆二十一年（1756年）罢职归柳。此时的杨家尚无人位居高官，杨刚所开创的基业仅留下了一些田产，尚可荫及后人。同时，杨刚墓碑文的记载，纠正了乾隆《马平县志》本传载杨刚"二十八年以寿终"失误，杨刚殁于乾隆二十七年，与杨廷理《劳生节略》叙述相符。

以笔者实地调查情况来看，杨廷理生母张氏墓是杨家砌筑的比较早的保存较为完整的早期青砖墓，也是柳州所发现最早的一座青砖包筑墓。墓葬形制、墓碑仍保留青石墓的部分风格。据碑文及《劳生节略》记载杨廷理生母张氏卒于乾隆十五年（1750年）六月，葬于十一月。这一年杨刚已卸任广西右江镇总兵官，丧事从简。到了乾隆乙未年（1775年），杨廷理、杨廷培、杨廷美为张氏重修坟墓，树碑立传，并筑造青砖包筑墓。此时，杨家的经济并不宽裕，杨刚已辞世十三年，28岁的杨廷理正在柳州寒窗苦读。杨家首座青砖包筑墓的砌筑，正是从经济不宽裕的角度考虑，并借鉴了宋明时期砖石墓的经验，放弃造价高昂的青石，采用造价较低的青砖，首开柳州砌筑青砖包筑墓之先河。

杨廷理继母王氏卒于嘉庆戊午年八月二十日（1798年9月29日），这一年杨廷理正在伊犁戍所，戍边时间仅壹年零柒个月，杨立元、杨立允、杨立冠刚刚考中秀才，此时的杨家正处在极度艰难之中，所以只好将王氏暂时安葬于广州。到了嘉庆十七年（1812年），杨廷理三任台湾知府，并奉朱批"着施赏加一级"[4]，杨立冠也于三年前考中进士，"授庶常"[5]，于是在嘉庆十七年六月二十六日（1812年8月3日）杨家将王氏迁回柳州祖茔安葬。从王氏墓墓葬形制看，比以往增加了大型的护墓围墙，并于墙体拜台正面用青砖拼砌装饰花纹，墓碑嵌入碑墙之中，墓体的装饰手法有所增加，墓顶的构筑严密厚实。从王氏墓葬碑文考释，证实了杨廷理《劳生节略》中记录王氏生卒年月的撰误。在这一时期（嘉庆十八年），在此墓区安葬的杨廷理儿媳陈氏，其墓葬规格、形制特点亦与杨廷理继母王氏墓完全一致，同样显示了杨家此时家庭状况好转和柳州名门望族的格局。

道光四年（1824年）和十年（1830年），杨廷理孙杨庆安配偶朱氏及杨庆安相继被安葬在柳州鹿山杨家祖坟茔地，其墓葬形制与杨氏先人墓完全一致，只是规格小了一些，墓周不再构筑陪衬物和装饰体。这些变化反映道光年间社会经济的萧条，也反映杨氏家族的实力与经济基础已不及从前，但因其祖先的影响，杨氏家族在柳州依然保持着较高的社会地位和声望。

（三）与杨廷理墓葬有关的两件事

在介绍杨廷理墓葬特点的同时，有两件事不能不提，即杨廷理的墓位和下葬时间的选择。对这两件事的探讨可进一步说明杨廷理及家族墓形制特点形成的由来。

（1）从杨廷理碑文记载中可知其谢世于嘉庆癸酉年九月二十九日（1813年10月22

日），在柳州安葬的时间是嘉庆二十一年五月廿三日（1816年6月18日），其间的两年零七个月史料未有记录，碑文亦无交代。从《癸酉生日寓鸿指园述怀》中，可知嘉庆十八年三月初九（1813年4月18日）后杨廷理在台湾府署养病，居住于鸿指园，其诗作《东游草钞成付梓寄慨》记事止于癸酉年闰四月，即1813年5月。杨廷理是用诗文记事的，而在此之后一直未有诗作，据此分析，杨廷理在谢世前五个月的时间里，病情是很严重的。当他病故于台湾府署鸿指园后，从时间上推断并未在台湾下葬，可能停枢于台湾。笔者推测其停枢台湾的原因，当从他的特殊经历去考虑。杨廷理于乾隆五十一年（1786年）任台湾府南路理番同知（正五品，杨廷理以同知分驻）；因守城有功，擢任台湾知府（从四品）；乾隆五十五年（1790年）升台彭兵备道（正四品），兼提督学政（钦差待遇）；乾隆五十八年（1793年），又特加按察使衔（正三品）。这时的杨廷理正值仕途的巅峰时期，在杨廷理准备全面治理开发台湾时，被人陷害而发配伊犁八年。当他从伊犁回来时再度赴台，于嘉庆十六年（1811年）三月，委任淡水厅通判（正六品官，知县上司）；十二月，三任台湾知府；十七年暂代噶玛兰通判，这些职位均为当地最高行政长官，同年奉旨调补建宁知府时"奉朱批赏加一级"，此时也是杨廷理仕途的另一个巅峰时期，但又有人妒其官位和政绩，杨廷理经常被诬陷与非议。当他在赴建宁知府任前，病情已经加重，此时对于杨廷理来说他不得不考虑身后事。笔者推测杨廷理的灵枢停放在台湾一段时间的一个原因是，他曾被人诬陷亏空库银，有贪污之嫌，但事实上他两袖清风，没有足够的经济能力将灵枢运回祖籍柳州。当时他的官俸是微薄的，岁俸仅为纹银120两，除去生活方面的各种开支，为倡导文教，杨廷理还用自己的俸银为学生编印《台阳试读》。更为重要的原因是柳宗元对他的影响，他在《重刊<柳河东集>序》中说："古所云生为明君，殁为明神，其先生之谓钦"，"高山仰止，景行行止，虽不能至，心向往之"，"吾人生古人之后，不获亲炙其芳型，每续其遗文，虽越在千里之遥，犹将怅然高望"。杨廷理是崇拜柳宗元的，他的为人与为官深受柳宗元影响，他也知道柳宗元病逝于柳州后，自己也没有能力将灵枢运回陕西万年，而是停放在柳州罗池畔。杨廷理的坎坷经历与柳宗元极为相似，鉴于此，他在临终前可能交代了他死后停枢于台湾一段时间的希望。更何况杨廷理是舍不得离开台湾，更是舍不得离开噶玛兰的，因为在台湾的业绩足以让他感叹一生，清（道光）《噶玛兰厅志》有"厅人思其创建之功，且有捍御之力，设主于文昌坛右，生为祀之"。他也希望停枢于台湾一段时间，让那些非议自然消失再回祖籍，后来人也会了解他光明磊落的一生。杨廷理亦有诗云："盖棺论定他年事，青史还凭舆论真"。

（2）杨廷理墓不按当时的社会传统习俗葬于杨家祖茔，而是选择葬在妻子欧阳氏家族墓地。据推测也有多方面原因：其一是他不愿与族戚为伍，因为在他最艰难的时候"族戚中有起贪谋，设计揉搓者"[6]，更何况嘉庆九年（1804年）杨廷理回柳祭扫祖墓时感叹"四十年香火宁销歇"[7]。其二是对于欧阳氏，杨廷理的内心存有很深的感激，在与欧阳氏相伴的二十三年中，欧阳氏持家有方，她为杨家所生的两儿立元、立冠均有出息，加之舅父欧阳兰对杨廷理的影响很大，内弟欧阳学坡亦与他交情深厚。其三是杨廷理在他五十八岁回柳扫墓时，按照柳州习俗，他是来过欧阳家族墓地的，而且很了解这个地方。对欧阳家人的好感使得他情愿身后也与他们在一起，择墓于此应该是他自己的想法。

停柩与择墓两件事应该是杨廷理临终前"嘱办"的，而这种"嘱办"或愿望当然不便记录于史书或传记中，家人亦不会提及，自然就无从查考了。根据杨廷理的意愿，灵柩的启运自然就放在嘉庆二十年后，就清代葬俗而言，灵柩的启运是秘而不宣的，灵柩运抵柳州的时间应在嘉庆二十一年初春三月初九（杨廷理诞辰七十年）前，从碑文看，杨廷理的安葬是由其儿立元、立亮、立旭率孙完成的，在安葬时自然也会得到欧阳学坡等的鼎力支持。从上述情况看，杨家在修建杨廷理墓时，杨家做了充分的考虑与准备，这也是杨廷理墓形制形成的原因之一。

（四）杨氏家族墓葬形制对清朝中后期柳州仕宦家族的影响

在清乾隆至嘉庆年间，柳州区域内的青砖包筑墓仅见于杨氏家族，未见流行或被其他仕宦门第所接受。到了清道光十年前后，杨氏家族的墓葬形制开始被柳州部分仕宦门第和名门望族所采用，刘氏家族成功地借鉴了这种墓葬形制和构筑方法（在《杨廷理及家族墓葬与清朝中后期刘氏家族墓葬调查》中述及）。清嘉庆儒林郎（从六品文官）刘世清及其父于道光初年被安葬在柳州东郊的刘氏祖茔，刘氏诸墓的构筑采用杨氏族墓的形制并有所创新，如墓体拉结砖梁由四条增至五条。杨氏家族墓葬形制被仕宦门第接受有两方面原因：其一是杨氏家族有着显赫一时的历史，并一直保持着较高的社会地位；其二是道光年间柳州水患较严重，社会经济萧条，盗匪猖獗，部分靠田产获益的仕宦家族收入极不稳定。在当时，柳州的仕宦阶层和名门望族为其先人筑墓时，既要考虑墓葬坚固结实、美观大方，又要考虑与其身份、地位相衬，但墓葬的造价更是他们不得不考虑的重要因素之一。就当时的社会背景和一般仕宦门第经济基础而言，杨氏家族所开创的青砖包筑墓墓葬形制是其首选。

综观杨廷理及家族墓葬，其形制基本保持不变，是清朝中后期典型的中型墓葬。从考古学上看，墓葬封土中三层青砖包筑，并采用"三平一竖"法砌筑，墓体中央用青砖构筑十字形支架以及三合土顶的分层筑造在柳州同时期的墓葬中是不多见的，杨氏家族从清朝乾隆至道光年间的一百多年历史进程中形成了自己独具特色的墓葬形制。从历史学的研究上看，墓葬形制所保留的信息不仅证实了史料记载的准确性，也从一个侧面让我们了解有关那一时期整个社会背景、政治及经济文化等方面的真实情况，在一定程度上体现了当时杨氏家族在一段历史时期社会地位和生活条件的变化。

注　释

［ 1 ］［ 2 ］　杨廷理：《劳生节略》；刘汉忠编校：《杨廷理诗文集》，香港新世纪国际金融文化出版社，
　　2000 年。

［ 3 ］　杨廷理：《初抵东园书怀》；刘汉忠编校：《杨廷理诗文集》，香港新世纪国际金融文化出版社，
　　2000 年。

［ 4 ］［ 5 ］［ 6 ］　同［ 1 ］。

［ 7 ］　杨廷理：《拜别祖祠》；刘汉忠编校：《杨廷理诗文集》，香港新世纪国际金融文化出版社，2000 年。

［ 8 ］　同［ 1 ］。

岑溪市五世衍祥牌坊

刘统载　梁斐梅

（岑溪市文物管理所）

　　岑溪市五世衍祥牌坊建于清同治年间，距今有 100 多年历史，是同治皇帝为表彰岑溪水汶南禄村人瑞刘运昌五世同堂而赐建的。牌坊造型雄伟壮观，装饰精致典雅，集灰塑、瓷塑、碑刻、彩绘于一体，美轮美奂，蕴意丰富，具有浓郁的岭南古建特色。它保存完整，历史记载明确，是广西保存较完好的尊老牌坊之一，对研究古代社会制度和建筑工艺具有很高的价值。

　　五世衍祥牌坊位于岑溪市水汶镇莲塘自然村东侧山坡上，建于同治七年（1868年），已有 130 多年的历史。坊高 11、宽 10.2、厚 0.82 米，面阔三间，是一座四柱三楼单拱砖砌结构建筑。牌坊装饰考究，工艺精湛，造型雄伟独特，别具一格。它由双层坊身、四根坊柱和一巨型拱门构成，坊基有四组粗硕浑厚的扁葫形抱鼓磴支撑依托。坊身较厚，用数层大青砖错缝叠砌。坊墙批荡三层灰浆，灰浆以石灰、纸筋和胶料混合而成，经过复杂的工艺处理，黏固性极强，十分坚实紧密。一百多年来任凭风吹日晒雨淋，墙面仍然坚固如石，未开裂起翘脱落。坊正中是主楼，东西两侧为次楼，均为歇山顶。檐口装饰"寿"字瓦当勾头滴水，灰裹垄瓦屋面。正脊设瓷制寿字底座的火焰宝珠、雕塑夔龙和琉璃鳌鱼，四周则饰琉璃狮飞檐卷草。东西次楼均饰博古脊，中有双凤浮雕图案，岔脊饰以卷草和灰塑鹿儿。主次楼檐枋呈弯枋形式，上下两层装饰色彩鲜明的立体绘彩莲瓣纹，十分精美。

　　牌坊主楼枋下镶嵌着一块字体遒劲的"奉旨旌奖"龙头浮雕竖匾，格外醒目。竖匾下方有三块呈品字形排列的官宦题刻，居中是梧州知府刘楚英题书的《五世衍祥》匾，右边是岑溪知县李荣赐的《颐朝人瑞》匾，左边是五品学官黄立纲的《庆锡期颐》匾。众官员的褒嘉题刻，使牌坊更显气派不凡。

　　坊顶飞檐翼角凌空，琉璃鳌鱼、瑞狮，玲珑精致，形态各异。坊身共有大小灰塑人物 12 尊，有寿星、文官、土力、侍者等。人物飘逸洒脱，神形兼备。如立于"奉旨旌奖"浮雕竖匾两侧的一对灰塑文官，面庞丰满，头戴朝冠，身穿官袍，一手持笏板，一手扶腰带，颔首微笑，神态欣然。人物造型侧重面目和衣着，能将人物的面部表情、手势和衣褶等细节刻画得相当准确传神。寓意为"福、禄、寿"的蝙蝠、鹿、鹤等灰塑吉祥动物，装饰于坊身各部位，上下响应，生动欲跃，相映成趣。最为精湛的是正中二坊柱上的贴瓷塑龙，运用了灰塑加贴瓷的工艺，将一块块大小不同的青瓷片贴成四条凌空云龙。蛟龙昂首扬尾，龙目炯炯，五爪强劲，形象十分威猛。龙身鳞甲闪闪，龙须龙鳍清晰可见，富有立体感，确是独具匠心的精妙之作。龙的艺术形象众多是五世衍祥牌坊的主要装饰特点，计有云龙、夔龙、螭龙、团龙等共有四十多条，有灰塑，也有石刻，工艺不同、形态各异。如此众多的龙形象，主要是为了凸显皇帝龙恩浩荡这一主题。其艺术构思和手法运用之高超，令人叹为观止。牌坊集灰塑、瓷塑、碑刻、彩绘于一体，具有浓郁的岭南古建特色，极富艺术感染力和观赏价值。

　　五世衍祥牌坊的主人是谁，何故获"奉旨旌奖"殊荣？这里有段颇不寻常的来历。据记事碑记载，清同治年间，岑溪水汶南禄村出了个百岁人瑞，名叫刘运昌。刘公为人正直公道，疾恶行义，造福梓里，深得乡里人拥戴，同治二年（1864年）刘公寿属百龄又喜逢五世同堂，且内一些乡贤联名写信给岑溪知县李荣赐，请求县府向朝廷报请旌表人瑞，并为其修建牌坊。李知县呈文至梧州府，又传递呈广西巡抚张凯嵩上报京都礼部。同治四年（1865年），礼部上奏同治皇帝，获御旨恩准赐建牌坊，并指令广西巡抚制造匾额和支付建坊银两。同治六年（1867年），广西抚院的匾额和绸缎银两运到梧州府，知府刘楚英欣然亲笔题书五世衍祥牌坊贺词一并送到岑溪水汶南禄村。同治七年（1868年）兴工建牌坊，历时三年，于同治十年（1871年）建成。

　　牌坊是古代皇帝用来表彰忠、孝、节、义、寿者的一种纪念建筑物，也是帝王授予臣民的最高荣誉。它可分成功绩、节孝、忠义、尊老几类。古代的牌坊是不准擅自私建的。获建坊都必须具有显赫的功绩或卓著的德行，并获得当地官府的同意，逐级上报再经皇帝御批后方能建造。经皇帝赐建的又分两种待遇，一种是"奉旨"，另一种是"恩荣"者则要自己掏腰包建造。五世衍祥牌坊属前一类型。

　　据史载：自清朝康熙时期开始，朝廷对百岁以上老人给予建牌坊的特殊奖励，后来渐成政俗。如康熙九年（1670年）规定："凡妇孺民至百岁者，命给'贞寿之门'匾额，赏三十两银建坊。"四十二年又规定"凡百岁老民都要建坊"。雍正时期亦实行物质奖励，规定"逾百岁者加银十两，达110岁给六十两，120岁给九十两，更高者逐年增加"。乾隆皇帝继承祖、父之尊老政策，作明文规定："凡寿民登进岁者。由本省督抚请恩赏奉旨建坊，以昭人瑞。"嗣后清朝各代皇帝均循祖制，建牌坊表彰人瑞。岑溪五世衍祥牌坊就是根据这一规定而修建的。

　　五世衍祥牌坊历史记载明确，保存完整，它是清代尊老制度的产物，也是广西现存为数不多的尊老牌坊之一，对研究古代历史制度和建筑工艺都具有很高的价值。

广西乡土建筑保护若干问题的探讨

谢日万

（广西文物考古研究所）

一般而言，乡土建筑指的是处于乡村的民居、祠堂、寺庙、学堂、商店以及城楼、寨楼、牌楼、桥梁等古建筑，民族地区还包括民族传统代表性建筑。近年来，我国农民生活水平提高，许多历史悠久、内涵丰富的乡土建筑正面临消亡的危险，乡土建筑保护受到前所未有的冲击，但乡土建筑保护也逐步受到社会各界的关注和重视，国家和各省、自治区、直辖市都在积极探索新形势下乡土建筑保护的新办法和新路子。多年来，广西各级政府为保护有重大价值的乡土建筑做了大量工作，但由于诸多原因，目前广西乡土建筑保护还存在不少问题和困难。本文对当前广西乡土建筑保护的基本情况、存在的问题困难和解决的对策思路试作探讨，意在抛砖引玉，不当之处，请识者指正。

（一）广西乡土建筑保护的基本做法

广西各级政府很早就注意保护乡土建筑中有重大历史、艺术、科学价值的古建筑和民族传统代表性建筑，包括公布文物保护单位或登记保护、拨款维修一些已公布为文物保护单位的古民居、进行古民居调查登记、开展民族生态博物馆建设保护其中的重点村落、引导和扶持地方对乡土建筑维修保护、加强基本建设工程涉及的乡土建筑保护、加强乡土建筑旅游开发的保护管理等。

（1）选择有重要价值的公布为各级文物保护单位。

1963年第一批自治区级重点文物保护单位就有三江县马胖鼓楼。20世纪80年代起，各级人民政府公布重点文物保护单位工作逐步正常化后，基本上每隔几年就核定公布一批文物保护单位，其中选择重大价值或纪念意义的名人故居、革命旧址及民族传统代表性建筑公布为各级重点文物保护单位。现今全国重点文物保护单位中有苍梧县李济深故居、临桂县李宗仁故居、灵川县江头村和长岗岭村古建筑群、三江县程阳风雨桥和岜团桥及钦州市刘永福、冯子材故居等等，自治区级重点文物保护单位中有恭城县朗山民居、柳江县隆盛九厅十八井客家围屋、富川县风溪古建筑群、平南县大安古建筑群、西林岑氏家族建筑群、陆川县谢鲁山庄、南宁市雷氏民居中共广西省委第一次代表大会旧址、龙胜平等鼓楼群等等，市县级文物保护单位中有南宁市的雷经天故居、黄氏家族民居等等。灵川县大圩古镇也公布为自治区级文物保护单位，该镇还被建设部、国家文物局列入全国历史文化名镇名单。这些已公布为文物保护单位的，由政府按照《文物保护法》规定划定保护范围和建设控制地带，建立档案，不少的成立专门管理机构或设专人管理，保护管理工作做得比较好。

（2）政府拨款维修一些属于文物保护单位的乡土建筑。

国家和自治区财政安排重点文物保护专项经费对全国重点文物保护单位和自治区文物保护单位进行维修保护。1～5批全国重点文物保护单位，绝大部分已得到国家和自治区拨款补助维修保护，如苍梧县李济深故居、临桂县李宗仁故居、三江县程阳风雨桥和岜团桥及钦州市刘永福、冯子材故居等等。自治区级文物保护单位，自治区财政安排专项补助经费抢救维修保护西林县岑氏家族建筑群、陆川县谢鲁山庄、恭城县朗山民居等等。各有关地方人民政府也自筹资金抢救维修当地文物保护单位中的乡土建筑，如南宁市雷经天故居等。这些得到维修保护的乡土建筑，大部分在维修保护后向社会开放，取得良好的社会效益。

（3）进行古民居和民族传统建筑初步调查，为公布保护单位和历史文化名村做准备。

2003～2004年自治区文化厅、建设厅和民委共同组织全区古民居和民族传统建筑初步调查，发现具有文物价值的古民居、民族传统建筑等160多处，初步了解全区具有较高历史、艺术和科学价值的古民居和民族传统建筑情况，为推荐申报第六批全国重点文物保护单位和自治区重点文物保护单位及公布自治区级历史文化名村提供资料，并在积极争取自治区财政设立古民居和民族传统建筑保护专项经费。现正组织核定公布自治区第六批自治区文物保护单位和历史文化名村名镇工作。灵川江头村和长岗岭村古建筑群、马胖鼓楼、燕窝楼、恭城县古建筑群、富川县马殷庙等已于2006年被国务院公布为全国重点文物保护单位。

（4）开展民族生态博物馆建设，整体保护一批民族传统村寨。

从2003年开始，广西规划建设10个民族生态博物馆，目前已完成南丹县里湖白裤瑶族生态博物馆、靖西县旧州壮族生态博物馆、三江县侗族生态博物馆建设，今年建设那坡县黑衣壮族生态博物馆、灵川县长岗岭商道古村生态博物馆、贺州市莲塘客家围屋生态博物馆、东兴市京族三岛生态博物馆等。民族生态博物馆建设其中之一的重要内容，就是选择保存较完整的典型民族村寨划为保护区，进行整体规划保护，包括村落中民居等乡土建筑和传统生产生活习俗的原状保护展示。如南丹县里湖白裤瑶族生态博物馆将怀里村蛮降、化图、化桥三个白裤瑶生态文化环境保存较完整的屯划为保护区，对该三个瑶寨进行整体性规划保护，包括保护瑶寨生态环境和瑶寨传统有形文化遗产和无形文化遗产，政府拨款资助村容村貌整治，维修保护重要的有代表性建筑。通过瑶寨保护和民族文化保护宣传，激发瑶族群众对自身文化保护的认同感、使命感和自豪感，参与村寨生产生活的保护管理，政府选定几个"瑶族文化示范户"进行文化培训和物质资助，观众及研究者从示范户中可以看到传统的民族生产生活文物及其他民族文化元素。这种形式有助于民族村寨及其文化传统的整体保护和延续。已建成开放的生态博物馆在保护民族村寨和发掘展示传统生产生活习俗方面产生积极的效果，也调动了当地政府和当地村民保护传统建筑和文化风俗的积极性。

（5）加强基本建设工程中乡土建筑保护，抢救濒临破坏的乡土建筑。

近年来随着国家西南出海大通道建设和西部大开发战略的实施，广西交通、水利、电力等建设工程迅猛发展。广西各级文化文物行政部门按照文物保护法的有关规定，组织专业队伍配合业主单位做好工程建设用地文物调查评估，发现工程涉及古民居、古桥梁、古塔等文物古迹的，均根据有关规定提出保护方案实施保护，抓好基本建设工程涉及的乡土建筑抢救保护工作。先后完成平班水电站陆美芝故居、洞巴水电站达下古民居群、龙滩水电站达围古石拱桥、金难滩水电站平果石刻、桂林至阳朔高速公路钱村古石桥和赵家古塔、柳州阳河开发区明代张翀母墓迁移保护和洛湛铁路梧州旺步廖氏宗祠、长洲水电站桂平东塔保护等项目，使涉及重点工程用地的乡土建筑等文物古迹得到妥善保护。

（6）加强古镇古村旅游开发项目乡土建筑的保护管理。

随着经济发展和人民生活水平提高，乡村游、古镇游等传统历史文化旅游项目逐步发展。为拉动地方经济发展，发展旅游业，有关地方政府积极申请国债或引进企业投资进行古镇古村的旅游开发，如昭平县黄姚古镇旅游开发等，这些政府主导的保护开发项目大都在政府领导下组织编制古镇保护性开发规划和项目可行性研究报告，涉及文物保护单位或有价值的乡土建筑，基本上都按照《文物保护法》规定进行经报批后实施，利用国债或有关企业投资建设配套基础设施、维修保护古民居等乡土建筑，整治古镇古村落环境，开发传统特色产品，组织游客参观等，客观上对古镇、古民居等乡土建筑保护和利用有积极意义。

（7）引导和扶持地方对古村落古民居等乡土建筑维修保护。

一些古镇古村落所在地的乡镇政府和村民对维修保护当地古镇古村落有较高的积极性，自发筹资或组织村民捐款捐物和出劳力维修保护当地乡土建筑。有关政府文物主管部门积极引导他们按《文物保护法》的规定进行，使当地乡镇和村民的自发行动置于政府主管部门的指导之下，文物主管部门尽可能给予经费和技术上的帮助，调动地方积极性，维修保护达到较好的效果。如灵川县灵田乡江头村和长岗岭村的村民自发组织群众性保护组织，组织族人捐款捐物和出劳力维修爱莲祠等古建筑，县文物主管部门积极给予指导，协助他们请专业设计单位编制维修方案并上门指导，还争取上级部门拨给一定补助经费资助，使该村古建筑保护进入良性循环阶段。南宁市杨美村是市郊一处保存较好的古镇，村民自发组织保护维修和开发古镇游项目，南宁市文物主管部门因势利导，帮助他们规范保护管理文物古迹，并拨款补助维修市级文物保护单位魁星楼，使当地村民保护古镇的积极性大大提高。

（二）广西乡土建筑保护存在的主要问题

广西乡土建筑保护工作虽取得一定的成绩，但还存在一些问题，主要是乡土建筑家底不清，列入保护的还不多，废弃损毁和失盗现象时有发生，保护法规不健全，保护队伍薄弱，经费困难，管理难予到位，等等。

（1）乡土建筑家底不清，列入保护对象的还不多。

乡土建筑分布在广大农村，点多面广，数量众多。由于时代的发展要求和对事物认识的不同，以往历次文物普查和公布保护对象在各个时期都各有不同的重点，目前形势发展需要加强乡土建筑保护，但现实是还有大量的乡土建筑未进行过专门调查，其数量、分布、价值和保存现状等还不是很清楚，这就给要进一步加强保护管理带来很大困难。2003～2004年自治区组织的全区古民居和传统民族建筑专项初步调查，发现了一批具有较重要价值的古民居和民族传统建筑，但该次调查的广度和深度都还不够，覆盖面还小，也还达不到全面掌握乡土建筑基本情况的要求。过去政府保护工作重点是乡土建筑中具有重大历史、艺术和科学价值的古建筑、革命旧址、代表性建筑及极少的古镇古村等，这只是乡土建筑的少数，还有很多具有一定的历史、艺术和科学价值的乡土建筑未列入文物保护单位或登记保护，或公布为历史文化名村名镇。随着农村经济发展和城市化程度日益提高，新农村建设的全面实施，乡土建筑保护面临形势越来越严峻。如不及时进行全面调查甄别，选择公布一批文物保护单位或历史文化名村名镇，许多未列入保护的乡土建筑将有被拆除或破坏的危险。

（2）乡土建筑废弃损毁，拆建和失盗现象时有发生，许多有价值的乡土建筑濒临消失危险。

随着人口的增长，农村经济的发展和农民生活水平的提高，改善居住环境是农民的普遍愿望。当前，一些村民迁出古村另建新房或到城镇居住，不少古村落成了空心村，许多乡土建筑被废弃，年久失修，自然和人为破坏严重。居住在古村落中的村民，由于封建风水观念影响，大多愿意在自家旧房址或宅居地上兴建新房，加之国家实行耕地保护政策，《土地管理法》规定尽量在原宅基地或村中空地兴建新房，村民占用耕地兴建新房要经过严格审批，并交纳不薄的审批费用，因此，拆旧房在原址建新房或进行改建添建或在村中空地建房是村民的最佳选择。其结果就是一些古民居等古建筑被拆除或在村中空地建房，古村中出现各式各样的现代化新建筑，古村落传统格局和历史环境风貌改变严重，古村落逐渐失去了历经几十年甚至数百年延续形成的原有乡土气息和环境风貌。而靠近城镇的古村或古镇等城中村，因城市发展的需要，乡土建筑大片拆除屡见不鲜，而城中村村民原有古民居建筑等也大多被拆除建成楼房自住或租给外来人员居住，侥幸保存下来的大多也因是家族财产或失去使用价值而无人维护，建筑破败，拆改严重，环境杂乱。由于近年地下文物市场泛滥，受利益驱使一些不法之徒铤而走险，农村地区无人居住或管护的乡土建筑内具有一定艺术价值的构件或装饰品文物的被盗事件时有发生。

（3）乡土建筑保护法规不健全，难予依法管理。

现行文物保护法规中，对农村及乡镇中的普通乡土建筑保护缺少明确的管理规定。大部分普通乡土建筑没有纳入保护视野，没有得到应有关注和重视，政府主管部门对普通乡土建筑的拆除改建等无从监管，难予依法开展有效的保护管理工作。这是造成不少具有较高价值的乡土建筑受到拆除或破坏的主要原因。就已公布为文物保护单位或登记保护的乡土建筑而言，政府主管部门也由于保护法规上的缺失而产生保护管理困难的问题。如《文物保护法》规定了"谁使用谁维修"的原则，在乡土建筑所有者经济困难没有能力维修时，政府文物主管部门没有能从财政专项经费安排经费补助维修，加之文物主管部门经费紧张，乡土建筑所有者从保护中不得或少得实惠，从而影响了所有者保护的积极性，甚至会对文物主管部门的管理产生抵触情绪。自治区文物保护单位恭城县朗山民居曾发生过因长期得不到政府资金补助而造成当地村民与县文物部门关系紧张。在自治区文物主管部门安排一定数额的经费维修了该村中的一些建筑后，村民的态度就主动很多，积极性提高。核定公布自治区历史文化名村名镇的工作还没有启动，对已公布为全国历史文化名村名镇的，也还没有制定相应的管理法规，也没有具体的保护管理措施，客观上仍处于只公布无具体保护管理的状态。由于对未列入文物保护单位或历史文化村镇保护的一般乡土建筑的改造、改建及古镇历史环境风貌的控制保护等没有相应管理法规可循，在目前进行的一些古村镇保护性开发项目中，存在重保护规划轻检查管理的问题，难免存在开发性破坏的管理漏洞问题。

（4）保护队伍薄弱，经费困难，管理难予到位。

目前公布为文物保护单位或登记保护的乡土建筑由县级文物管理所或博物馆具体管理，但由于县级文物管理部门工作人员少，经费困难，处于乡村的乡土建筑大多只能派员不定期巡查，或聘请业余保护员代管。近些年由于经费紧张，县文物管理部门连日常巡查都难正常化，原聘用的业余管理员也难续聘，群众性保护组织建立不起来。公布为文物保护单位或历史文化名镇的，很多还没有建立专门管理机构或设专人管理，保护管理难予到位，保护效果可想而知。

（三）加强广西乡土建筑保护对策的思考

优秀的乡土建筑是祖先留下的珍贵文化遗产，具有重要的历史、艺术和科学价值，是进行社会主义精神文明和物质文明建设的重要文化资源，对开展国情教育、乡土教育和传统教育，了解中国传统文化，提高民族凝聚力，振奋民族精神有重要意义。《文物保护法》赋予各级政府保护具有文物价值的古建筑、近现代代表性建筑等的职责。乡土建筑作为中国古建筑的重要组成部分，在新形势下，我们应提高保护乡土建筑重要性的认识，克服过去选择公布文物保护单位定位的偏差，进一步拓宽文物保护的范围和内容，将乡土建筑特别是普通乡土建筑中具有一定历史、艺术和科学价值的纳入保护范围，保护好传统文化重要载体的乡土建筑。针对当前问题，我们要从如下几方面加强乡土建筑保护工作。

（1）开展普查，公布一批各级文物保护单位或自治区级历史文化名村名镇。

乡土建筑普查是进行乡土建筑保护的基础工作。通过乡土建筑全面普查，了解全区乡土建筑保存及其价值情况。在即将进行的全国第三次文物普查中，乡土建筑已经作为一个门类列入普查范围，这是乡土建筑普查的良好契机。我们要充分利用这次难得的机会，精心组织好乡土建筑普查工作。在普查中实行多学科合作，按乡土建筑的特点，对普查人员进行乡土建筑知识培训，组织具有古建筑知识的专业人员参加普查队伍，以保证乡土建筑普查质量。普查发现有重要价值的乡土建筑要进行科学的测绘记录，全面收录乡土建筑信息，建立科学的乡土建筑档案。通过普查并进行甄别鉴定，由各级政府选择具有一定历史、艺术和科学价值的公布为文物保护单位或登记保护，并按规定落实"四有"工作。国内大多数省、自治区、直辖市相继公布历史文化名村名镇名单，但我区这项工作至今未实施。广西应通过普查后，对保存文物特别丰富并且具有重大历史价值或者革命纪念意义的村庄村镇，及早公布一批自治区级历史文化名村名镇。这样，更多乡土建筑纳入政府保护范围，逐步改变乡土建筑保护的被动局面。

（2）加强保护宣传并使群众从保护中受益，提高群众的保护意识和积极性。

农民保护乡土建筑意识不高，很大程度是认为这些乡土建筑已没有使用价值或不适合现代生活需要，没有认识到乡土建筑在保护传统文化方面的意义。因此，我们应加强农村地区乡土建筑保护宣传，提高广大农民群众保护乡土建筑意义的认识。我们应总结历年文物宣传的经验，将宣传的触角延伸到农村地区。要扩大每年的"国际博物馆日"或"文化遗产日"等大型文物保护宣传活动的宣传面，除了在大城市和城镇开展宣传活动外，应学习文化下乡的经验和做法，加强农村地区的文物保护宣传，争取进入村寨特别是乡土建筑丰富的村寨，将宣传面扩大到广大农村地区的农民群众。广大农民群众是乡土建筑保护的参与者，提高他们的保护意识，乡土建筑保护工作将事半功倍。对属于个人或集体所有的乡土建筑，政府主管部门应加强对已公布保护的乡土建筑的宣传，包括树立保护标志，在媒体和政府信息网上公布相关信息，出版有关宣传物，编印小册子，使社会和乡土建筑所有者认识这些乡土建筑的价值和保护的意义，调动他们参与保护的积极性。同时，政府主管部门应主动做好有关乡土建筑的保护规划或保护方案，让乡土建筑所有者了解保护什么和如何保护，指导他们进行日常维护和小规模维修，对需要投入较大经费维修而所有者在经济上确有困难的，政府应给予适当的补助，让所有者从保护中受益。对所有者提出的内部改造或村容环境整治需要的局部拆除清理等合理要求，政府主管部门应根据实际情况支持和引导，合理规划建设新村新房用地，妥善解决保护与建设矛盾。保护性开发和合理利用条件较好的地方，政府主管部门应组织规划和评估论证，引导村民在规划指导下对乡土建筑进行旅游开发、教育基地、公共场所等合理利用建设，引来游客和资金，开发生产传统产品和民间文化利用，使村民获得收益，改善和提高生活水平。做到了这些，广大农村地区乡土建筑所有者或群众就必然会提高保护意义和价值的认识，参与保护的积极性就会大大提高，乡土建筑保护的被动局面就会得到扭转。

（3）加强专项法规建设，提高依法保护管理力度。

建立健全乡土建筑保护法规，使乡土建筑保护管理有法可依有章可循。希望国家文物局尽快公布实施乡土建筑保护的有关标准，对经鉴定具有历史、艺术和科学价值的普通乡土建筑列入保护。建议国务院尽快出台历史文化名城名镇名村保护条例，规范乡土建筑中历史文化名镇名村的保护管理行为。公布保护乡土建筑的所在地，应根据保护对象的实际，特别是规模较大的乡土建筑，制订具体保护管理办法，并组织编制专门的保护规划。鼓励和支持所在地的村民成立群众性保护组织，订立乡土建筑保护的村规民约。当前广西、贵州等省区开展的民族生态博物馆建设项目，是保护民族传统村寨和代表性建筑及民族传统文化的积极探索和有效手段，但民族生态博物馆保护区的划定及民族村寨等的保护，没有相关的法律依据，其建设和保护经费等还没有政策保障，建议自治区制订广西民族生态博物馆管理办法，以法规的形式将发展民族生态博物馆的政策固定下来，保证民族生态博物馆建设走上可持续发展的正常轨道。对公布为文物保护单位或列入政府登记保护、公布为历史文化名镇名村的乡土建筑，政府文物主管部门和建设主管部门应按职能明确分工，在各自职责范围内做好本职工作，切实履行保护管理的职责，并建立合作制度，发挥合力，改变过去重核定公布轻保护管理的现象。要做实管理工作，按规定树立保护标志，作出保护说明，通过适当的方式向社会公布，使之广为人知。特别是要改变过去只由县级政府文化主管部门登记在文物普查登记表上，很多没有向社会公布，管理工作做得不细，导致一些在保护范围内违法建设的单位借口不知是保护对象而拒不执行保护规定，造成保护管理上的困难。政府主管部门还应调研当前一些企业投资进行古村落古镇保护开发出现的新问题，有针对性的出台具体管理办法，加强执法督查和管理，杜绝保护管理漏洞，防止开发性破坏。

（4）加强保护管理队伍建设，建立多渠道资金投入保护机制。

随着乡土建筑保护对象的增多，保护管理任务加重，必需建立一支适应新形势需要的多元化和多层次保护管理队伍，人员包括从政府主管部门的管理干部到乡土建筑所在地的村民。乡土建筑所有制形式以村民所有为主，决定了乡土建筑的保护管理不能照搬政府统包统揽国有文物的管理模式，要建立政府主导、村民自主管理的新模式，政府主管部门要转变职能，加强服务意识，更多的是实行行业管理，主要起政策主导、专业指导和检查监督的作用。公布保护的乡土建筑或历史文化名村名镇，政府主管部门可以通过帮扶和资助的形式帮助乡土建筑所在地开展保护管理，指导村民成立群众性保护管理机构，协调落实由村民为主的管理人员，支持和鼓励村民自主管理自主经营，帮助培训管理人员和经营从业人员，实行持证上岗制度，帮助他们提高管理和业务水平。乡土建筑数量巨大，所有制形式多样而又以村民所有为主，这种状况需要建立多模式多渠道筹集资金投入乡土建筑保护机制。当前农村收入水平不高，完全由村民出资保护维修还不现实，乡土建筑的保护需要政府的支持。国家和自治区政府应设立乡土建筑保护专项经费。中央财政专项保护资金，用于抢救全国重点文物保护单位的乡土建筑和全国历史文化名村名镇，自治区的用于抢救乡土建筑中自治区重点文物保护单位和自治区历史文化名村名镇，地方财政的用于抢救本区域内乡土建筑。未列为保护对象的乡土建筑，通过相应的政策措施，鼓励引导社会资金进入。对于产权属村民个人或家族所有的乡土建筑，政府应给予适当的经济补助，政府主管部门给予必要的指导。乡土建筑保护要建立起政府、社会、集体、个人共同投入保护的机制。这是动员全社会参与共同保护文化遗产的要求。

（四）余　论

乡土建筑保护是近年提出的新课题。当前，保护传统文化载体的乡土建筑的呼声日益高涨和得到重视，近年有乡土建筑的古村落列入全国重点文物保护单位名单，建设部和国家文物局公布全国历史文化名村名镇名单。这些古镇古村类型的文物保护单位和历史文化名镇名村的保护管理，与过去公布的全国重点文物保护单位的保护管理要求都不同，产生相应的一系列问题，从而引起了乡土建筑研究和文物保护专家的重视并加以研究。如何保护和利用好乡土建筑，目前还处于探索研究阶段，很多的政策措施还没有跟上来，各地的做法也不完全一样。本文基于我区乡土建筑保护管理的实际，结合全国的普遍情况，提出加强我区乡土建筑保护管理的几点建议，希望对今后加强和推进我区乡土建筑保护有所裨益。但形势在发展，新情况新问题将会不断出现，解决问题的手段和途径也将有所不同，我们最终期待的是各级政府提高乡土建筑重要性的认识，重视乡土建筑的保护，尽快出台有针对性的和可操作性的法律法规和政策措施，切实推进乡土建筑的保护工作。

1. 百渡遗址全景

2. 西区探方分布

田东百渡旧石器遗址全景及西区探方分布图

彩版二

1. WT9 北壁地层

2. WT3 ②石英碎片分布

田东百渡旧石器遗址地层及石英碎片分布图

1. 外景

2. 调查

龙州更洒岩洞葬

1. A 型（07LZGS：1）

2. A 型（07LZGS：2）

3. B 型（07LZGS：3）

4. B 型（07LZGS：5）

龙州更洒岩洞葬出土陶釜

1. A 型陶壶（07LZGS：10）

2. B 型陶壶（07LZGS：8）

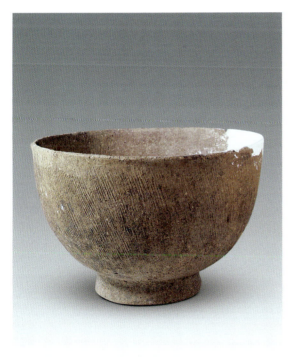

3. A 型陶碗（07LZGS：4）

4. A 型陶碗（07LZGS：23）

龙州更洒岩洞葬出土陶器

1. 石斧（07LZGS：20）

2. A 型石锛（07LZGS：17）

3. B 型石锛（07LZGS：15）

4. C 型石锛（07LZGS：19）

5. C 型石锛（07LZGS：14）

6. 玉凿（07LZGS：18）

龙州更洒岩洞葬出土玉石器

1. M2 封门位置的筑法

2. M2 随葬品的分布

3. M3 墓道的防潮沙隔墙

4. M4 椁室位置的填土

合浦文昌塔汉墓

1. M4

2. M4 铜镜出土现场

3. M5 器物出土现场

4. M6 器物出土现场

合浦文昌塔汉墓

1. M8 的封门柱槽

4. M7

2. M8 墓底的排水沟

3. M8 器物出土现场

合浦文昌塔汉墓

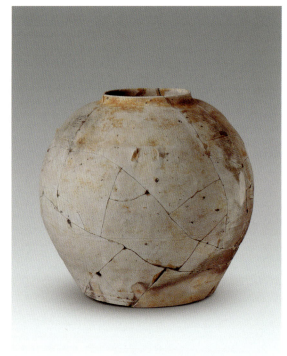

1. A 型 I 式（M5：6）

2. B 型（M8：31）

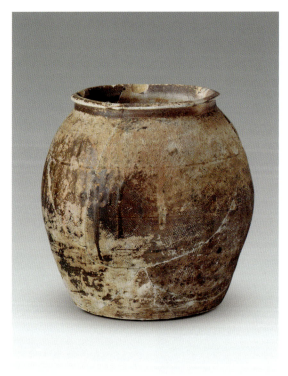

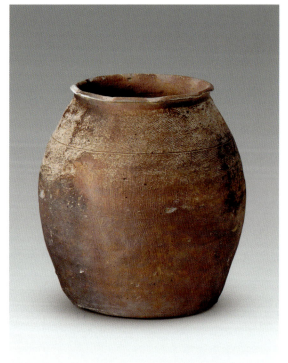

3. A 型 III 式（M6：9）

4. A 型 IV 式（M2：33）

合浦文昌塔汉墓出土陶瓮

1. A 型 Ⅱ 式（M8：17）

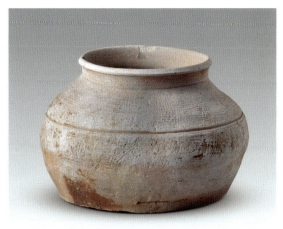

2. A 型 Ⅴ 式（M2：22）

3. C 型 Ⅰ 式（M4：14）

4. E 型 Ⅰ 式（M5：22）

5. E 型 Ⅱ 式（M2：26）

6. F 型（M8：6）

合浦文昌塔汉墓出土陶罐

1. A 型 II 式双耳罐（M4：11）

2. B 型双耳罐（M4：12）

3. A 型 II 式五联罐（M2：1）、
器盖（M2：2~6）

4. B 型五联罐（M5：1）

合浦文昌塔汉墓出土陶双耳罐、五联罐

1. A 型 I 式壶（M5：5）

2. B 型 III 式壶（M2：16）

3. A 型熏炉（M4：7）

4. B 型熏炉（M8：3）、盖（M8：8）

合浦文昌塔汉墓出土陶壶、熏炉

1. 井（M2：31）

2. 仓（M5：31）

3. 灶（M5：26）

4. 厕（M5：30）

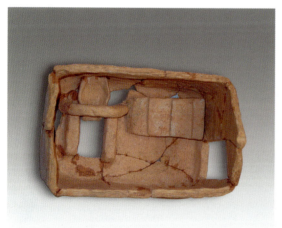

5. 厕（M5：30）

合浦文昌塔汉墓出土陶器

1. 滑石暖炉（M2：9）

2. 砺石（M2：34~36）（左→右）

3. 玛瑙串饰（M8：28）

4. 组合串饰（M4：15）

5. 组合串饰（M5：14）

合浦文昌塔汉墓出土器物

1. Ⅰa型（LM27）

2. Ⅰb型（LM32）

3. Ⅱb型（LM20）

阳朔高田汉至三国土坑墓

1. 砖木混合结构墓（LM19）

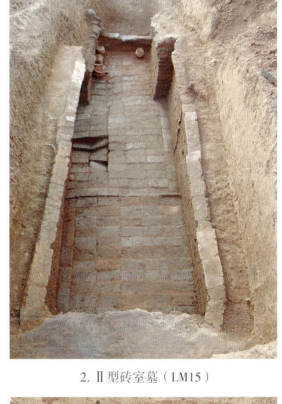

2. Ⅱ型砖室墓（LM15）

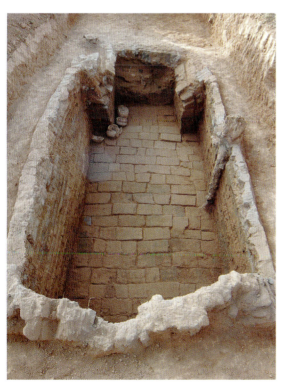

3. Ⅱ型砖室墓（LM6）

4. 砖石混合结构墓（LM28）

阳朔高田汉至三国墓

1. 穹隆顶

2. 墓室

阳朔高田汉至三国Ⅰa型石室墓 XM2

1. 穹隆顶

2. 墓室

阳朔高田汉至三国Ⅱ型石室墓 XM1

1. A 型（LM19：2）

2. B 型（XM4：8）

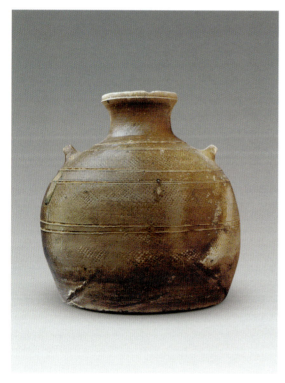

3. Eb 型（LM5：2）

4. F 型（LM31：6）

阳朔高田汉至三国墓出土陶壶

1. 陶三足盂（LM27∶3）

2. B 型陶盂（LM26∶9）

3. 陶卮（LM19∶5）和 A 型盘（LM19∶8）组合

4. 陶簋（LM19∶3）

5. 青瓷碗（LM14∶6）

6. 青瓷碗（LM22∶3）

阳朔高田汉至三国墓出土陶、瓷器

1. Ⅰ型（LM24）

2. Ⅱ型（LM25）

阳朔高田晋、南朝砖室墓

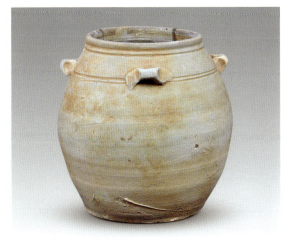

1. A 型四耳罐（LM25：16）

2. B 型四耳小罐（LM25：19）

3. A 型盒（LM25：12）

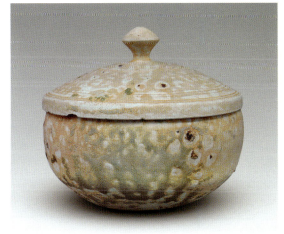

4. B 型盒（LM25：18）

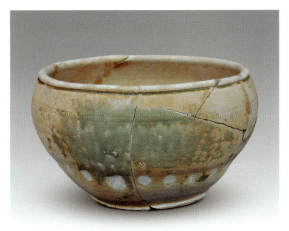

5. Aa 型钵（LM25：3）

阳朔高田晋、南朝墓出土青瓷器

1. A 型砚（LM25：30）

2. 狮座烛台（LM23：4）

3. LY1

阳朔高田窑址及晋、南朝墓出土青瓷器

1. 探方内出土墓葬平面分布（局部）

2. C 型青瓷碗（T7②：1）（宋）

3. D 型青瓷碗（T9②：1）（宋）

平乐木棺汀墓葬分布图及探方内出土器物

1. 陶常形罐（M119：5）

2. 陶双耳罐（M119：6）

3. 陶小口罐（M119：7）

4. 陶盆（M119：8）

5. 青铜铃（M119：9）

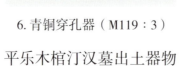

6. 青铜穿孔器（M119：3）

7. 耳珰形料饰件（M119：1）

平乐木棺汀汉墓出土器物

1. M68

2. 青瓷盘口壶（M68：1）

3. 青瓷钵（M68：3）

4. 青瓷钵（M68：5）

平乐木棺汀唐墓及其出土器物

1. 宋 M47

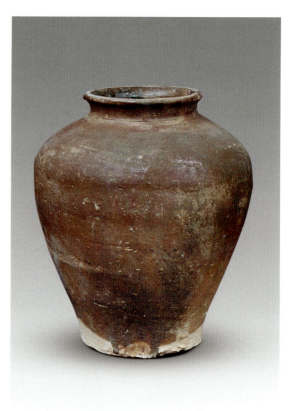

3. 明清墓 B 型陶广肩罐（M70：4）

2. 宋墓青瓷碗（M47：1）

4. 明清墓 C 型陶广肩罐（M8：2）

平乐木棺汀宋墓及宋、明清墓出土器物

1. A 型陶高领罐（M69：3）

2. B 型陶高领罐（M71：9）

3. 青花瓷罐（M64：7）

平乐木棺汀明清墓出土器物

1. Aa 型（M86：3）

2. Ab 型（M129：2）

3. Ba 型（M69：4）

4. Ba 型（M37：2）

5. Eb 型（M70：3）

平乐木棺汀明清墓出土瓷碗

1. 镀银铜钗（M6：1）

2. 铜帽饰（M83：2）

3. 玻璃料顶戴（M23：1）

4. 玻璃料葫芦（M23：4）和串珠（M23：8）

平乐木棺汀明清墓出土器物

1. 异型罐（M2：3）

2. 灶（M2：7）

3. Ⅱ式盘口罐（M2：1）

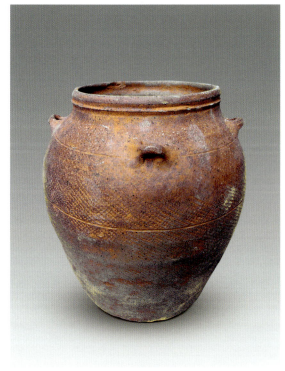

4. 四系罐（M2：5）

桂林电子工业学院尧山校区三国至西晋 M2 出土陶器

1. 地理位置及地貌

2. 地层堆积情况

柳江立冲南窑址及地层堆积

1. 窑床尾部的烟道（T1）

2. 残存的窑床及柱洞遗迹（T1～T4）

柳江立冲南窑床、烟道及柱洞遗迹

1. 残存的窑床及火道孔

2. 残存的火道孔

柳江立冲南窑址残存的窑床及火道孔

1. 废品堆积（T5）

2. 采集的标本

柳江立冲南窑址废品堆积及采集标本

1. B 型 III 式碗（006，侧视）

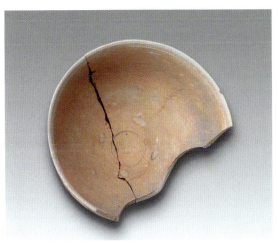

2. B 型 III 式碗（006，俯视）

3. A 型 I 式碟（0/9）

4. B 型 I 式碟（022）

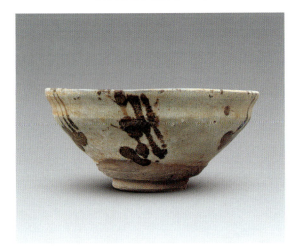

5. 盏（080，侧视）

6. 盏（080，俯视）

柳江立冲南窑址出土瓷器

1. 盏（024，侧视）

2. 盏（024，俯视）

3. 盏（026，侧视）

4. 盏（026，俯视）

5. I式壶（032）

6. 书有字款的瓷器残片（083~086）（上→下，
左→右）

柳江立冲南窑址出土瓷器

1. A 型垫圈（062～064）（左→右）

2. 三角形垫具（070）

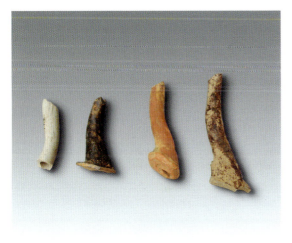

3. 瓷器流（052～055）（左→右）

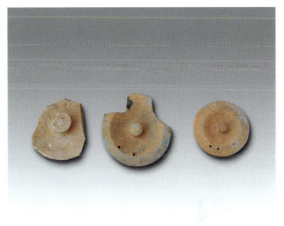

4. A 型 I～Ⅲ式瓷器盖（038～040）（左→右）

5. 圆柱形垫具（065、066）（左→右）

6. 圆柱形垫具（067、068）（左→右）

柳江立冲南窑址出土器物

1. 窑灰盖（081）

2. 窑灰盖（082）

3. 窑灰盖（059）

4. 窑灰盖（058）

5. B型器盖（041）

6. 器足（049、050）（左→右）

柳江立冲南窑址出土瓷器、窑具

1. 东汉中期 M15

2. 南朝 M11

昭平巩桥镇篁竹、白马山墓葬

1. 宋朝 M14

2. 明朝 M1

3. 明朝 M3

昭平巩桥镇篁竹、白马山墓葬

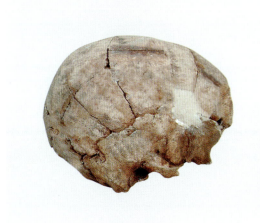

1. M1 侧视

2. M1 俯视

3. M1 后视

4. M2 后视

5. M2 俯视

6. M3 后视

百色坎屯新石器时代墓葬头骨

（M1、M2、M3 为女性）

1. M3 俯视

2. M4

3. M4 俯视

4. M4 侧视

5. M4 后视

6. M4 仰视

百色坎屯新石器时代墓葬头骨

（M3 为女性，M4 为男性）

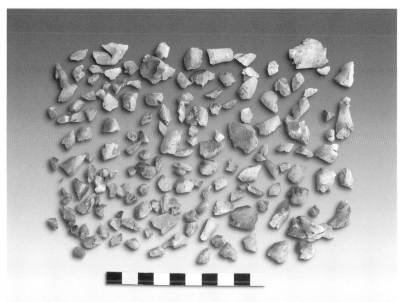

1. 石英碎片

2. 石锤（序 15）

3. 石砧（WT12②：475）

4. 石核（WT5③：98）

5. 石核（WT11②：261）

田东百渡旧石器遗址出土石制品

1. 石片（WT4②：37）

2. 石片（序26）

3. 石片（WT5②：161）

4. 石片（WT16②：314）

5. 石片（WT8②：519）

6. 砍砸器（WT9②：564）

田东百渡旧石器遗址出土石片、砍砸器

1. WT16 ② : 203

2. WT8 ② : 419

3. ET11 ② : 92

4. WT17 ② : 445

5. WT4 ② : 8

6. WT11 ② : 441

田东百渡旧石器遗址出土石砍砸器

1. 砍砸器（WT11②：262）

2. 刮削器（WT16②：167）

3. 刮削器（WT12②：482）

4. 刮削器（WT7②：501）

5. 刮削器（WT3②：11）

6. 手镐（ET3②：4）

田东百渡旧石器遗址出土石器

1. 手镐（WT17②：549）

2. 手镐（WT2②：41）

3. 手镐半成品（ET8②：13）

4. 砍砸器半成品（WT17②：348）

田东百渡旧石器遗址出土石器及半成品

1. 鼎（LM29a：3）

2. Ca 型壶（LM32：1）

3. Da 型壶（LM10：3）

4. Db 型壶（LM5：1）

5. Ea 型壶（XM4：9）

阳朔高田汉至三国墓出土陶鼎、壶

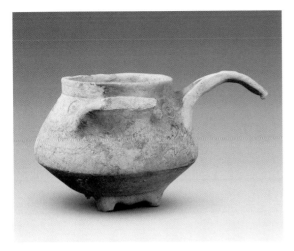

1. 陶三把罐（LM31：3）

2. 陶碗（LM10：8）

3. 陶鸟首杯（LM14：5）

4. 陶瓶（LM27：6）

5. 青瓷四耳罐（LM9：2）

6. 青瓷钵（LM9：1）

阳朔高田汉至三国墓出土陶、瓷器

1. 铁鼎（LM28：4）

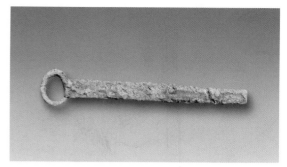

2. 铁削（LM27：12）

4. A 型青瓷壶（LM24：3）

3. 铁锄（XM3：1）

5. 青瓷四耳盘口罐（LM25：33）

阳朔高田墓出土器物

（1～3 为汉至三国，4、5 为晋、南朝）